I0752098

Capa:
Mosteiro da Batalha, pormenor do claustro.

PORTUGAL

Ciclo Internacional de Exposições Museu Sem Fronteiras

GRANDES MECENAS

MANUELINO

À DESCOBERTA DA ARTE
DO TEMPO DE D. MANUEL I

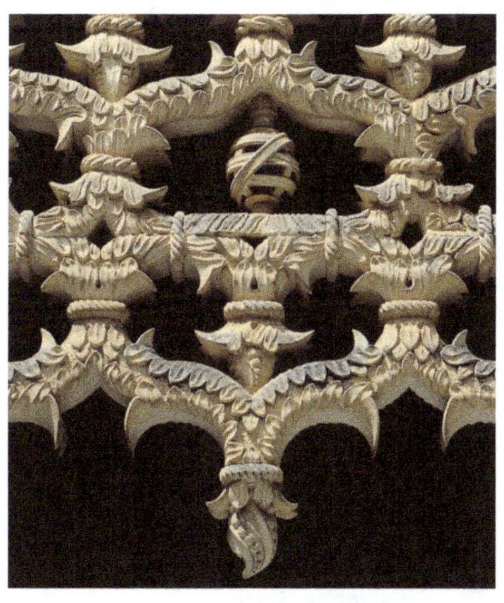

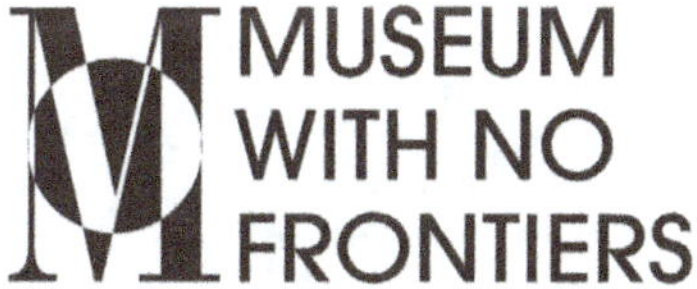

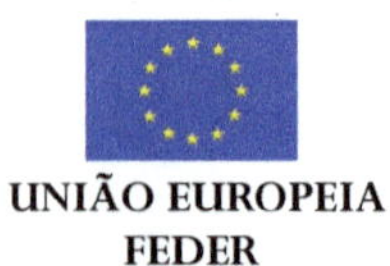

A Itinerário-Exposição "MANUELINO. À Descoberta da Arte do Tempo de D. Manuel I" foi co-financiado pela União Europeia através do Programa Operacional da Economia.

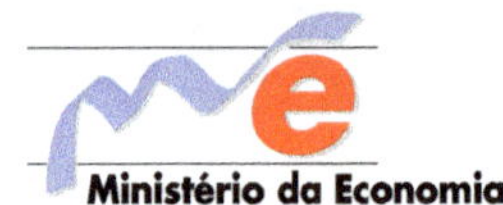

Secretaria de Estado do Turismo.

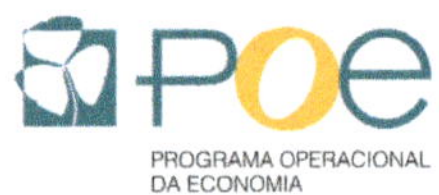

Programa Operacional da Economia.

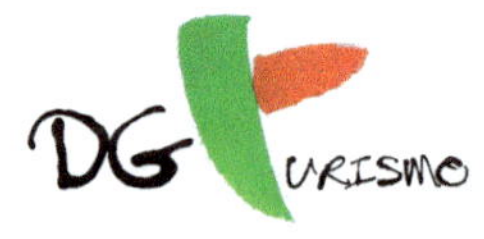

Realizada pelo Programa de Incremento do Turismo Cultural, com o apoio da Direcção-Geral do Turismo.

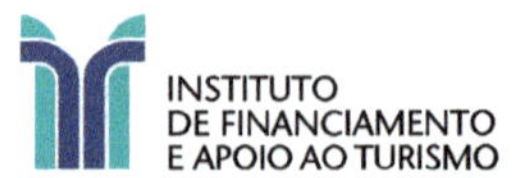

O projeto obteve ainda financiamento do Instituto de Financiamento e Apoio ao Turismo.

ISBN: 978-3-902782-44-1
(livre de poche)

ISBN: 978-3-902782-48-9
(eBook)

Ideia e concepção geral do programa Museum Sem Fronteiras
Eva Schubert

Direcção do projecto
Flávio Lopes
Coordenador do Programa de Incremento do Turismo Cultural

Coordenador científico
Pedro Dias

Comité Científico
Dalila Rodrigues
Fernando Grilo
Nuno Vassallo e Silva

Catálogo

Introdução
Pedro Dias

Autores dos circuitos
Pedro Dias, Coimbra
Dalila Rodrigues, Viseu
Nuno Vassallo e Silva, Lisboa
Fernando Grilo, Lisboa

Textos técnicos
Maria José Machado Santos, Lisboa

Personagens históricas
Maria João Bonina

Fotografia
António Cunha, Beja (A.C.)
Jorge Barros, Lisboa (J.B.)
Maurício Abreu, Setúbal (M.A.)
Rui Cunha, Lisboa (R.C.)
Laura Castro Caldas e Paulo Cintra, Lisboa (L.C.C + P.C.)

IPM
Abreu Nunes (A.N.)
Carlos Monteiro (C.M.)
Delfim Ferreira (D.F.)
Francisco Matias (F.M.)
José Pessoa (J.P)
José Rubio (J.R)
Luís Pavão (L.P)
Manuel Palma, Lisboa (M.P)

Concepção gráfica dos circuitos
José Russo, Lisboa

Design
Agustina Fernández, Madrid

Coordenação editorial
Sakina Missoum, Madrid

Coordenação técnica

Direcção de Produção, área do Património Cultural
Teresa Gamboa, Lisboa

Direcção de Produção, área jurídica
Isabel Menezes, Lisboa

Dinamização cultural e coordenação de eventos
Rita Morgado, Lisboa

Supervisão técnica
Miguel García López, Madrid

Agradecimentos

O PITC expressa o seu reconhecimento às seguintes entidades que possibilitaram a realização deste projecto:

Câmaras Municipais de Alcochete, Almeida, Alvito, Angra do Heroísmo, Arraiolos, Barcelos, Batalha, Beja, Braga, Bragança, Calheta, Caminha, Castro Marim, Celorico da Beira, Coimbra, Condeixa-a-Nova, Évora, Faro, Freixo de Espada à Cinta, Funchal, Golegã, Guarda, Guimarães, Lamego, Lisboa, Machico, Mafra, Meda, Miranda do Douro, Mogadouro, Montemor-o-Novo, Montemor-o-Velho, Moura, Palmela, Pinhel, Pombal, Ponta Delgada, Portimão, Porto, Praia da Vitória, Ribeira Brava, Santa Cruz, Santarém, Santiago do Cacém, Serpa, Setúbal, Silves, Sines, Sintra, Tarouca, Tavira, Tomar, Torre de Moncorvo, Torres Novas, Torres Vedras, Viana do Alentejo, Viana do Castelo, Vidigueira, Vila do Bispo, Vila do Conde, Vila Franca do Campo, Vila Nova da Barquinha, Vila Nova da Cerveira, Vila Nova de Foz Côa, Viseu;

Instituto de Financiamento e Apoio ao Turismo, Confederação do Turismo, Direcção-Geral dos Edifícios e Monumentos Nacionais, ICEP – Investimentos, Comércio e Turismo de Portugal, Instituto Português das Artes do Espectáculo, Instituto Português de Museus, Instituto Português do Património Arquitectónico e Regiões de Turismo.

Prefácio

Bem vindos a *Museu Sem Fronteiras*.

Através deste catálogo sobre a arte manuelina em Portugal, apresentamos-lhe um novo conceito de musealização que apela à viagem e à descoberta das obras de arte nos locais onde estas se encontram.

O vasto programa de *exposições* de Museu Sem Fronteiras agrupa-se em ciclos temáticos, abrangendo países europeus e mediterrânicos. Estas novas *exposições* mostram as afinidades entre correntes artísticas protagonizadas por diversos povos, permitem a revelação da história de cada um dos países segundo os pontos de vista dos especialistas locais e dão a conhecer o património artístico e cultural de cada região, contribuindo de forma objectiva para o diálogo cultural.

Os espaços expositivos destas mostras permanentes são os próprios locais onde se implantam os vestígios patrimoniais. Levar o visitante ao património e não o património ao visitante é a ideia que anima esta nova proposta cultural. Em cada país, os monumentos, conjuntos arquitectónicos, sítios e objectos de arte são apresentados nos seus locais de origem, enquadrados pela ambiência natural que os envolve.

A cooperação científica entre os vários países aderentes e a uniformização de métodos de apresentação de realidades artísticas distintas, contribui para a construção de uma Europa unida, e também para a valorização das especificidades de cada região, pois o sistema modular de Museu Sem Fronteiras permite a cada país apresentar a sua própria forma de olhar a história e o património, no contexto dos grandes ciclos temáticos, oferecendo a possibilidade real de apreciar o cruzamento de influências mútuas.

Este catálogo, escrito por prestigiados especialistas nacionais, permite-nos aceder à *exposição* sobre a Arte Manuelina em Portugal, incluindo, naturalmente, as Regiões Autónomas dos Açores e da Madeira.

Poderá ser usado como guia para uma viagem que o levará à descoberta de monumentos, sítios e objectos que testemunham a relação entre os Descobrimentos e a arte portuguesa dos primórdios da Era Moderna, mas também poderá servir como livro de referência científica, permitindo uma viagem imaginária ao Portugal Manuelino.

A exposição *Manuelino – À descoberta da arte do tempo de D. Manuel I*, realizada pelo Programa de Incremento do Turismo Cultural, com o apoio da Direcção-Geral de Turismo, é uma acção promovida pela Secretaria de Estado do Turismo.

Insere-se no ciclo internacional de Museu Sem Fronteiras – *Grandes Mecenas* – e faz parte de uma outra série portuguesa de *exposições* que abordam a arte islâmica, o românico e o barroco.

Estas acções combinam a investigação no âmbito da história de arte com a mediatização do património artístico. Promove-se, assim, o turismo, quer nacional, quer proveniente do estrangeiro, e valorizam-se os investimentos já feitos no restauro e na conservação dos bens patrimoniais. Além de tudo, a interpretação da nossa história e a valorização do património nacional permitem uma melhor gestão da imagem do país.

O empenho e a opinião de todos os fruidores destes projectos são indispensáveis à sua consolidação. Por isso, deste já agradecemos a sua participação, que poderá concretizar através do e-mail – dgt02@mail.telepac.pt

Eva Schubert
Presidente
Museu Sem Fronteiras

Fávio Lopes
Coordenador
Programa de Incremento do Turismo Cultural

Algumas indicações de ordem prática

Este livro foi concebido como um catálogo de uma exposição.

O tema central da exposição é "MANUELINO. À Descoberta da Arte no Tempo de D. Manuel I" e o seu espaço é um vasto "museu sem fronteiras" abrangendo todo o território português, incluindo os Açores e a Madeira.

A proposta de visita desdobra-se em 14 circuitos, independentes uns dos outros e abrangendo áreas geográficas determinadas. A ordem da visita é, assim, escolhida pelo interessado.

Para cada circuito é sugerido um tempo de visita de 1 ou 2 dias, dependendo das distâncias a percorrer ou do número e características dos locais a visitar.

Este livro fornece várias indicações práticas, nomeadamente sobre acessos, horários de visita e números de telefone. Recomendamos, todavia, o uso de mapas de estradas e planos das cidades para aceder aos locais, bem como a confirmação das condições de visita, as quais podem ter sido alteradas, após a impressão do livro.

As palavras em itálico, excepto aquelas a que se seguem explicações entre parênteses, fazem parte do glossário.

Recorda-se que, presentemente, os museus nacionais e os grandes monumentos portugueses encerram às segundas-feiras.

Os monumentos, conjuntos arquitectónicos, sítios e obras de arte seleccionadas para integrarem esta exposição permitem um conhecimento aprofundado da temática apresentada. No entanto, e porque não se procurou a exaustão, mas sim a coerência das temáticas de cada circuito, vários são os vestígios manuelinos não incluídos nesta publicação. Para o visitante mais curioso e demorado aconselhamos a obtenção de informações adicionais sobre outros monumentos manuelinos junto dos postos de turismo.

Para contextualizar esta exposição são ainda acrescentados destaques, quer apresentando temas relacionados com os circuitos de visita, quer indicações de paisagens de particular interesse que permitam melhor compreender as regiões visitadas.

Recordamos que, aos domingos e dias santos, realizam-se serviços religiosos em muitas igrejas incluídas nos circuitos de visita. Convidam-se os visitantes a proceder à visita, fora dos horários destinados ao culto.

SUMÁRIO

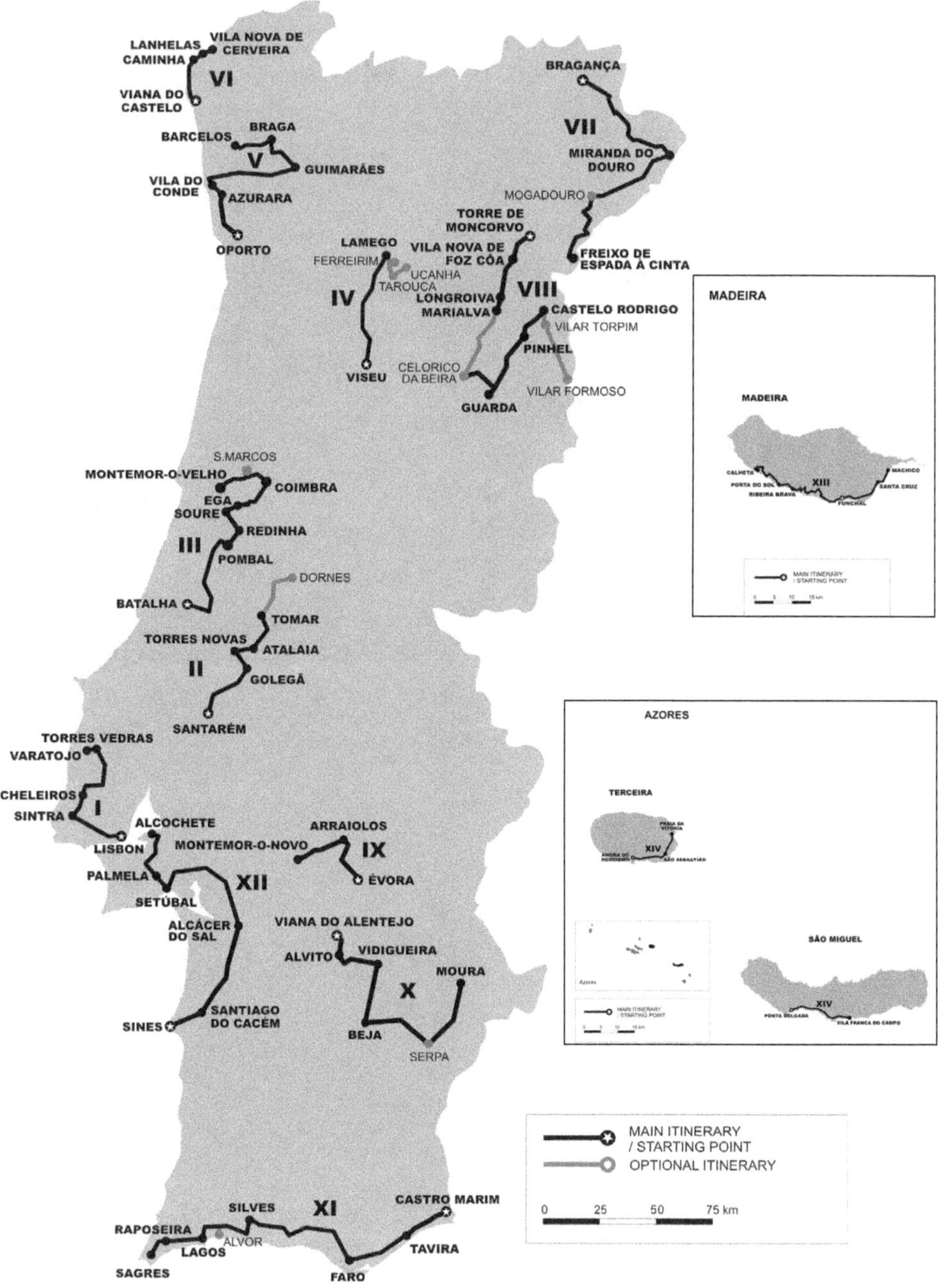

LANHELAS
VILA NOVA DE CERVEIRA
CAMINHA
VI
VIANA DO CASTELO
BARCELOS
BRAGA
V
GUIMARÃES
VILA DO CONDE
AZURARA
OPORTO
BRAGANÇA
VII
MIRANDA DO DOURO
MOGADOURO
TORRE DE MONCORVO
FREIXO DE ESPADA À CINTA
LAMEGO
FERREIRIM
UCANHA
TAROUCA
IV
VILA NOVA DE FOZ CÔA
LONGROIVA
MARIALVA
VIII
CASTELO RODRIGO
VILAR TORPIM
PINHEL
VISEU
CELORICO DA BEIRA
GUARDA
VILAR FORMOSO
S.MARCOS
MONTEMOR-O-VELHO
COIMBRA
EGA
SOURE
REDINHA
III
POMBAL
DORNES
BATALHA
TOMAR
TORRES NOVAS
ATALAIA
II
GOLEGÃ
SANTARÉM
TORRES VEDRAS
VARATOJO
CHELEIROS
I
SINTRA
LISBON
ALCOCHETE
MONTEMOR-O-NOVO
ARRAIOLOS
IX
ÉVORA
PALMELA
XII
SETÚBAL
ALCÁCER DO SAL
VIANA DO ALENTEJO
ALVITO
VIDIGUEIRA
MOURA
X
SINES
SANTIAGO DO CACÉM
BEJA
SERPA
SILVES
XI
CASTRO MARIM
RAPOSEIRA
ALVOR
LAGOS
TAVIRA
SAGRES
FARO
MADEIRA
MADEIRA
XIII
AZORES
TERCEIRA
XIV
SÃO MIGUEL
XIV
MAIN ITINERARY / STARTING POINT
OPTIONAL ITINERARY
0 25 50 75 km

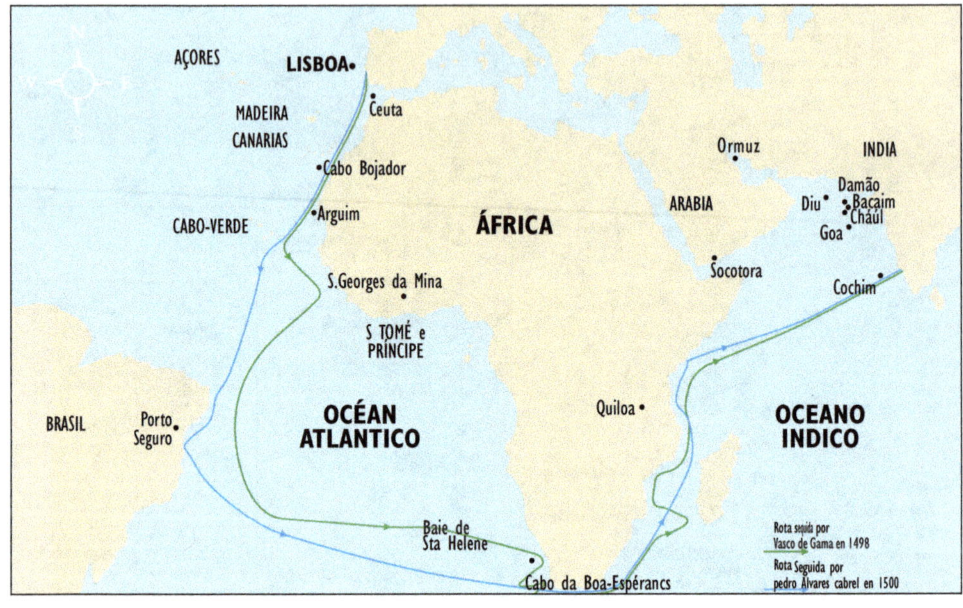

*Mapa dos descobrido-
res portugueses.*

D. MANUEL I E OS DESCOBRIMENTOS DE ALÉM-MAR

Pedro Dias

O reinado de D. Manuel I, conhecido nos manuais escolares de História como o *Venturoso*, foi dos mais fecundos monarcas portugueses e, certamente, também dos outros países europeus, com uma dinâmica que arrancou a nação da medievalidade e a fez entrar, definitivamente, na época moderna. Externamente, foi graças à acção do seu governo que se estabeleceu a ligação marítima entre a Europa e a Ásia extrema, sonhada havia muito pelo Infante D. Henrique, seu tio-avô, facto que alterou radicalmente a vida dos povos do Velho Continente e de muitos dos que habitavam as Américas, a África e a Ásia.

Importante é o facto de os Descobrimentos portugueses constituírem uma das mais notáveis sagas da Humanidade e terem permitido pôr em contacto os povos de todos os continentes que, até aí, se desconheciam ou dos quais apenas se tinham notícias vagas, quando não fantásticas. Foram o germe do tempo moderno, da era da globalização, que agora parecem querer mudar de contornos. Arnold Toynbee escreveu que a História do Mundo se divide em duas grandes eras, a *pré-gâmica* e a *pós-gâmica*, ou seja, a que precede as viagens oceânicas, e aquela de que a do almirante Vasco da Gama, em 1498, foi a verticial.

Portugal tinha uma situação privilegiada, situado no extremo Sudoeste da Europa, virado a África e às Américas, terra de passagem das navegações antigas, entre a Europa do Norte e o Mediterrâneo, com uma costa longa e cortada por inúmeros estuários que conheceram frequente actividade, pelo menos desde que os Fenícios se aventuraram pelo largo e transpuseram o estreito de Gibraltar. Primeiramente a pesca, e o comércio depois, transformaram os portugueses numa gente prática nas coisas do mar e nas viagens, o que veio a potenciar a sua Expansão, quando as condições se tornaram propícias. Já no século XII, as embarcações portuguesas demandavam os portos do Norte da Europa, transportando

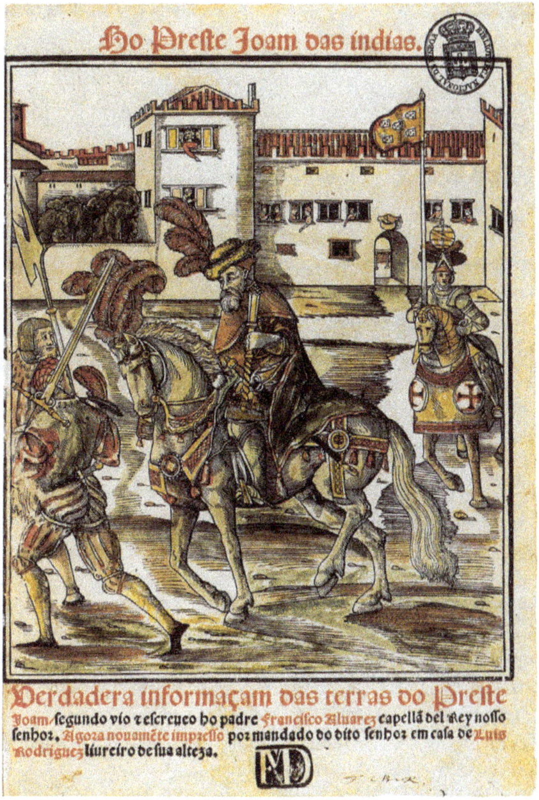

"Verdadeira Informação das Terras do Preste João", Padre Francisco Álvares, Lisboa, Luís Rodrigues, 1540.

produtos da terra e do mar, sobretudo o sal, esse bem precioso que podemos considerar o cimento da independência económica do jovem Reino.

A distância a que fica o Magrebe, terra de inimigos tradicionais que faziam razias às aldeias, vilas e cidades costeiras, matando e raptando, obrigou à criação de uma armada permanente que percorria a costa e prevenia essas sangrentas investidas. Era já importante a sua presença no mar no tempo do primeiro rei, D. Afonso Henriques, à frente da qual esteve o mítico almirante D. Fuas Roupinho.

A política de desenvolvimento da Marinha foi uma preocupação constante da Coroa. Em 1317, o rei D. Dinis chamou, de Génova, o almirante Pessanha que trouxe consigo duas dezenas de homens do mar, os quais vieram dar outra consistência à sua estrutura e organização. Esta presença estrangeira em Portugal acentuou-se, durante o século XV, juntando-se especialistas peninsulares, italianos e nórdicos, fossem cristãos fossem judeus, que trabalharam em conjunto na criação de uma verdadeira ciência náutica. Mas, se vieram homens de outras nações para Lisboa e Lagos, também se registou um caminho inverso, tomado por técnicos e pilotos portugueses que se estabeleceram noutros reinos e que foram determinantes para a evolução das respectivas marinharias.

Acordos internacionais de comércio marítimo e de pescas, plantação de florestas, para o aproveitamento da madeira tendo em vista o fabrico de embarcações, facilidades económicas, e até a criação de uma bolsa de seguros, entre 1370 e 1380, tudo isso surgiu, num Portugal razoavelmente estável e coeso, enquanto, mais a Norte, outros países europeus se digladiavam em guerras intermináveis.

Só com esta situação foi possível que, em 1341, os portugueses atingissem as Ilhas Canárias, por iniciativa do rei D. Afonso IV. Depois, resolvida a crise dinástica de 1383-1385, com a subida ao trono de D. João I, rapidamente a Coroa portuguesa se virou para a Expansão ultramarina, de que a ocupação da cidade de Ceuta, ou a sua reconquista cristã no estreito de Gibraltar, em 1415, foi o acto inaugural.

Considerou-se algumas vezes o espírito proselitista da aventura portuguesa como a reedição das Cruzadas medievais, na Terra Santa, por instigação do Papado. É verdade que o perigo das forças turcas era efectivo e que elas tinham desvastado já, parcialmente, o Leste da Europa, mas não foi este facto o motor ou a causa principal da Expansão portuguesa. Está bem documentado o espírito religioso do Infante D. Henrique, de D. Afonso V, de D. João II e dos príncipes seus sucessores, que desejavam aliar-se ao Preste João das Índias, cujo Reino seria poderoso e cristão, o que o tornava o aliado predestinado para fechar o cerco ao inimigo islâmico. O seu objectivo final era estabelecer o Império Cristão, em cujo seio haveriam de se integrar os cristãos indianos de São Tomé e os da Ilha das Sete Cidades, que viviam nos confins do Nascente e do Poente. Se esta não é despicienda, houve outras causas mais relevantes. Uma delas foi a mudança da mentalidade, da Filosofia, ilustrada na luta entre "realistas" e "nominalistas". Com a vitória destes últimos e a acção dos franciscanos, emergiu nas consciências europeias a certeza da necessidade imperiosa de conhecer o Mundo e de estribar esse conhecimento na observação directa e na experiência, lançando-se assim a semente que elevaria a curiosidade a um verdadeiro *topos* da acção portuguesa.

A partir da reconquista cristã de Ceuta, em 1415, os horizontes de Portugal estenderam-se por toda a costa Norte africana atlântica, cuja conquista se completou em 1514, já em tempo de D. Manuel I. O Atlântico próximo foi o passo seguinte, alcançando os homens da Casa do Infante D. Henrique as ilhas de Porto Santo, em 1418, e da Madeira, em 1425, e logo as do arquipélago dos Açores, por 1427. Depois, foi a continuação pela costa da África Subsariana, uma campanha sistemática e persistente. Teve particular importância a passagem do cabo Bojador por Gil Eanes, em 1434, ao fim de quinze tentativas falhadas.

Para que tudo isto fosse possível, a Corte portuguesa reuniu, em Lisboa, grande número de matemáticos, cartógrafos e técnicos navais portugueses e estrangeiros, que

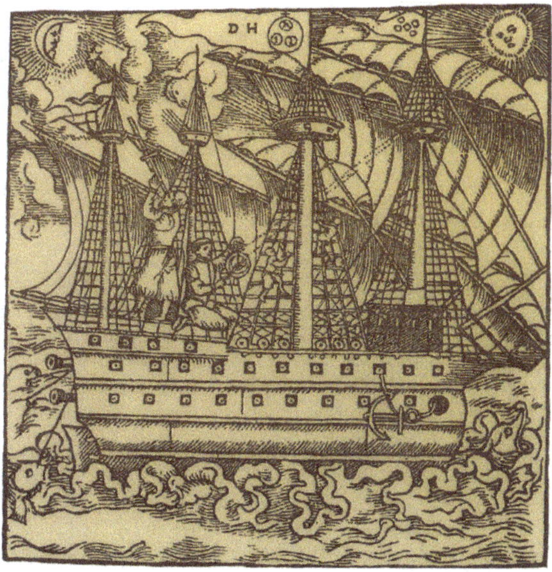

Representação da utilização do astrolábio e da balestilha. Gravura in "Wahrhaftige Historia (...)"de Hans Staden, Madburgo, 1557.

desenvolviam saberes ancestrais e recebiam constantes notícias trazidas pelos nossos marinheiros. A Matemática, a Cartografia, a Astronomia e, naturalmente, a Construção Naval, conheceram um progresso sem precedentes, tornando possível a navegação em mar aberto e com embarcações cada vez mais sofisticadas, mais seguras, mais rápidas e maiores. As pequenas barcas, em cem anos, deram lugar às caravelas, que graças à sua vela latina navegavam contra o vento, às caravelas redondas e às enormes naus e galeões da futura "Carreira das Índias".

Foi concebido um conjunto de instrumentos que permitiram saber onde estava um barco, em cada momento, nascendo assim a navegação por alturas, para determinar a latitude e, mais tarde, a declinação

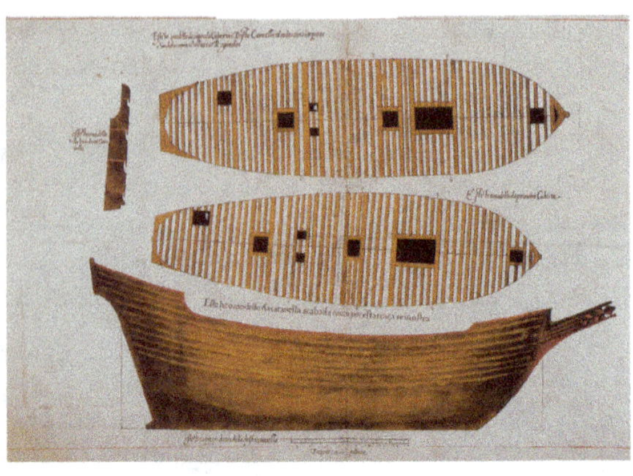

"Livro de Traças de Carpintaria com todos os Modelos e medidas para se fazer toda a navegação, assi d'alto bordo como de remo", Manuel Fernandes, 1616.

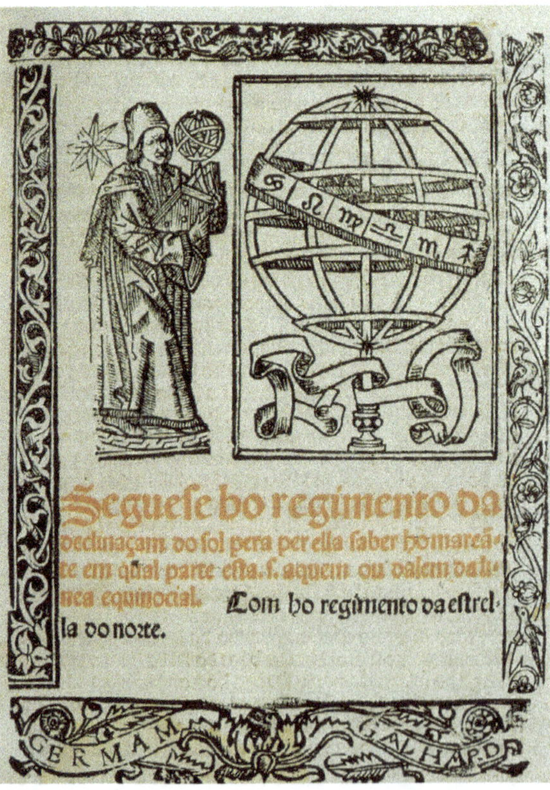

"Guia Náutico de Évora", Germão Galharde, Lisboa, cerca de 1516.

magnética, para conhecer a longitude. Estudaram-se e estabeleceram-se os regimes dos ventos, das correntes e das marés, cartografaram-se costas, barras, rios e até a própria superfície do mar, para escolher as rotas mais convenientes e mais seguras e para estabelecer as épocas propícias às viagens. Todos estes saberes foram passados a escrito, condensados em almanaques, regimentos, roteiros e tratados, não poucos deles impressos e com difusão universal.

O apoio às navegações obrigou à criação de diversas indústrias, sobretudo nas cidades e vilas da costa, para fornecimento de apetrechos e mantimentos, ao mesmo tempo que o comércio com o interior da Península e com as gentes da Flandres e dos Estados Germânicos se intensificou, trocando-se utensílios, armas e produtos manufacturados por produtos autóctones e ultramarinos. Portugal, por si só, não tinha capacidade para fornecer todo o apetrechamento dos seus navios e até para financiá-los, sendo esta uma das razões do envolvimento de tantos europeus, na sua aventura de além-mar. Em Lisboa e nas outras cidades costeiras, estabeleceram-se comerciantes, mercadores de toda a sorte, artistas e artífices, simples soldados de aventura e banqueiros vindos da Itália e da Alemanha. A partir dos meados do século XV, estes foram muitas vezes sócios nas armações dos navios que partiam para a África, para o Oriente e para o Brasil.

"Tratado de Drogas e Medicinas das Índias Orientais", Cristóvão da Costa, Burgos, Martín de Victoria, 1578.

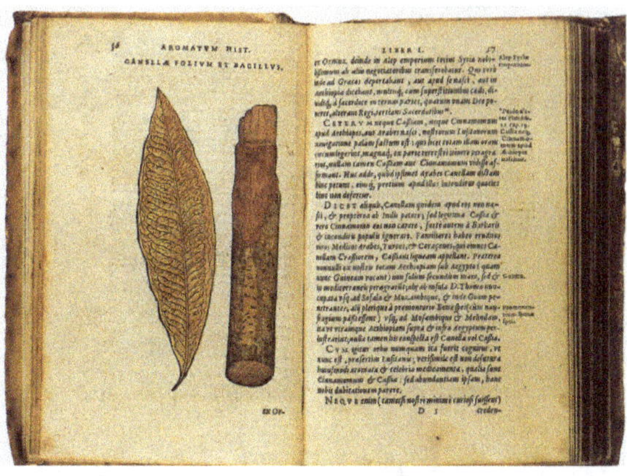

Os Descobrimentos portugueses permitiram ainda conhecer muito mais: a real dimensão da Terra; a diversidade dos seus habitantes, das plantas e dos animais; desfazer os mitos que ainda na aurora da Idade Moderna percorriam a cabeça dos homens europeus. Pensava-se que a zona equatorial era desabitada, que não havia antípodas, que monstros povoavam terras e mares, etc. As novidades eram anotadas rigorosamente e, mais tarde, transmitidas à Corte de Lisboa. No regresso ao Tejo, os navegadores traziam animais, novas espécies vegetais, homens de raças desconhecidas e até amostras de água, para se aquilatar das suas propriedades.

A faceta experimental e de alargamento excepcional dos conhecimentos técnicos e científicos é talvez o maior contributo da aventura portuguesa dos séculos XV e XVI.

No bojo das barcas, caravelas, urcas, naus e galeões, chegaram a Lisboa tecidos, esculturas de marfim, ouro e cristal de rocha, móveis de madeiras raras ou desconhecidas, com embutidos de marfim, revestidos a tartaruga e madrepérola, jóias, tecidos de seda bordada, veludos e cetins, enfim, obras de arte preciosíssimas que causaram a admiração de quem as via e aguçaram o espírito dos mais cultos, levando os poderosos a encherem com elas as suas câmaras de maravilhas que foram tão típicas dos palácios do renascimento e do maneirismo, por essa Europa fora.

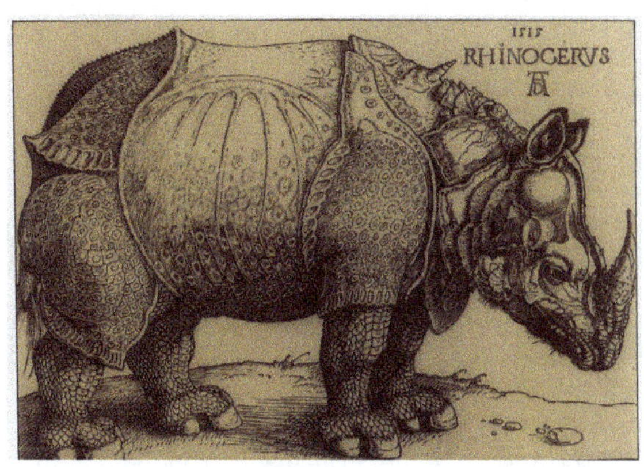

"Rinoceronte", gravura de Albrecht Dürer, feita a partir de um desenho português.

O Infante D. Henrique esteve à frente de toda a máquina política, administrativa e técnica dos Descobrimentos, até 1460 e, para ele, já o Oriente, e a Índia em particular, eram o objectivo principal, sendo certo que se encarava a chegada ao Índico através da rota meridional da África. Foi no seu tempo que se instalaram os primeiros colonos em muitas das ilhas desertas dos arquipélagos da Madeira, Açores, Cabo Verde, e noutras ilhas, como São

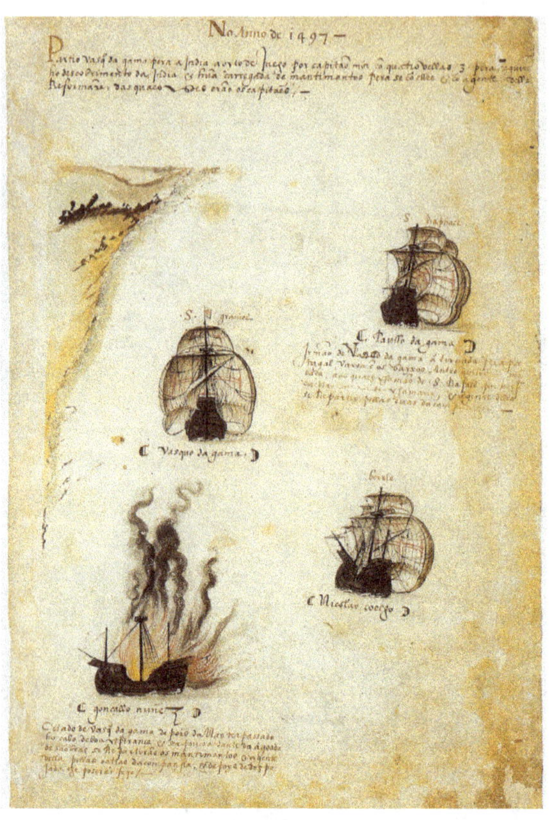

Armada da primeira viagem de Vasco da Gama à Índia. "Memórias das Armadas", cerca de 1568, Academia das Ciências de Lisboa.

Tomé, Príncipe, Fernando Pó e Ano Bom, entre os quais se contavam flamengos e alemães, estabelecendo-se também a primeira feitoria importante na costa, em Arguim, que seria substituída pela de São Jorge da Mina, em 1482.

Apesar de estar ao serviço de Castela, Cristóvão Colombo aprendeu a arte de navegar em Portugal, onde casou com a filha de um dos mais ilustres navegadores, Bartolomeu Perestrelo, donatário de Porto Santo. Se é verdade que a sua tentativa de alcançar a Índia, navegando para Ocidente, foi um total falhanço, ainda assim teve a virtude de pôr a Europa em contacto com a terra norte-americana, cuja existência, naturalmente, era já do conhecimento da Coroa portuguesa, como provam os escritos do cientista e navegador Duarte Pacheco Pereira e outros testemunhos coevos.

Foi na sequência deste incidente que Portugal e Castela dividiram entre si o Mundo descoberto e a descobrir, através do Tratado de Tordesilhas, assinado em 1494, e que recebeu a indispensável aprovação papal, para ter efeito e validade, como lei internacional, no seio da cristandade.

A partir daqui, as navegações dos Portugueses viraram-se, definitivamente, para o Oriente e preparou-se a viagem inaugural para a Índia, pela Rota do Cabo, já dobrado, em 1487, por Bartolomeu Dias. A ocidente, ainda teríamos, em Abril de 1500, o achamento oficial do Brasil, feito quando a armada comandada por Pedro Álvares Cabral, que se dirigia para o Malabar, se desviou um pouco mais para oeste do que seria a sua rota predestinada.

Alvo habitual das pesquisas historiográficas, o transporte e comércio de produtos ultramarinos, particularmente orientais, fazem esquecer outro aspecto importante dos Descobrimentos Portugueses. Na verdade, as especiarias, tecidos, madeiras e preciosidades da Ásia começaram a chegar à Europa em número e preço excepcionais e a procura da sua origem, das suas fontes, foi uma das causas próximas da Expansão. Mas os nossos navegadores fizeram mais: difundiram as próprias espécies e o seu cultivo, dando origem àquilo que ultimamente se vem chamando a "viagem das plantas". Os hábitos alimentares alteraram-se, não só na Europa, mas também na África, na Ásia e nas Américas, com plantações que permitiram desenvolvimentos económicos inusitados: o milho, a mandioca, a batata, o feijão, o tabaco, etc.

Tudo isto teve tradução no brilho e na riqueza mais ou menos duradoura das nações do Centro e do Norte da Europa que não participaram na acção do desbravar das águas desconhecidas e das terras inóspitas ou que apenas o começaram a fazer, e em menor escala, em tempos bem mais tardios e em áreas geográficas bem delimitadas. A Coroa de Portugal pode reclamar um enorme crédito pelo investimento em homens e bens, pela extraordinária aventura dos Descobrimentos, cujo vértice se situou, precisamente, no reinado de D. Manuel I, entre 1495 e 1521.

Com os Descobrimentos viu-se o que nunca se vira e tomou-se consciência de que a criatividade, essa característica fundamental do Homem, esse traço que nos distingue

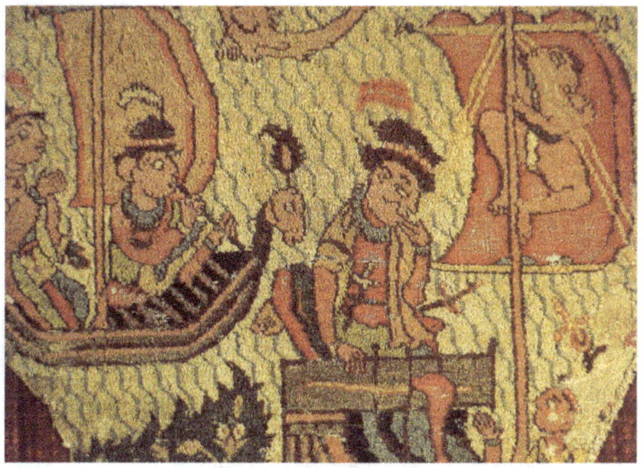

Tapeçaria persa, figuras portuguesas do séc. XVI.

das outras espécies com as quais compartilhamos o Planeta, não era apanágio dos cristãos, dos europeus e muito menos dos brancos.

O florescimento da arte *manuelina* decorreu durante o reinado de D. Manuel I – e daí o seu nome – e os primeiros anos do governo de D. João III, pelo menos até cerca de 1535, portanto no vértice da evolução do poder imperial lusitano, no clímax da sua potência, quer no contexto europeu quer mundial. Se tivermos em conta o apreço do rei D. Manuel e dos principais nobres e clérigos do Reino

Pedro Dias

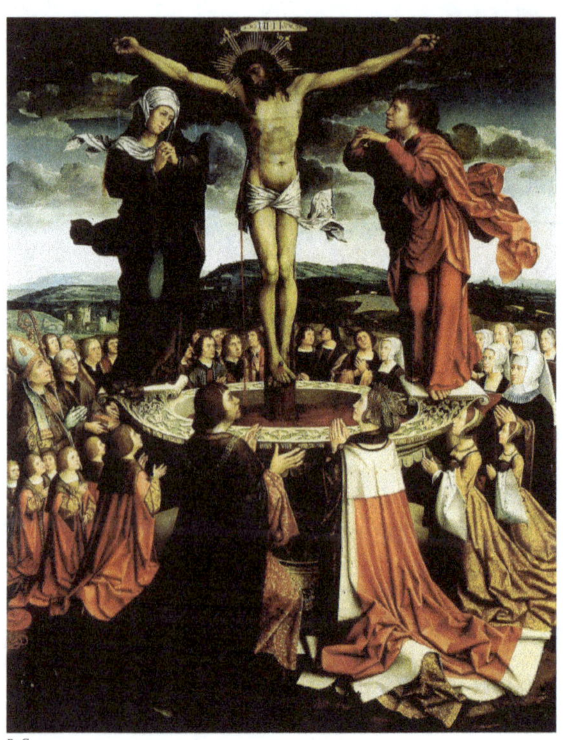
R. C.

D. Manuel I e a sua família adorando a "Fons Vitae", oficina flamenga, início do séc. XVI, Misericórdia do Porto.

pelas obras de construção, compreendemos porque se considera que ela é o emblema de toda esta época e do novo Império.
D. Manuel I encarnou conscientemente um projecto político imperial, aproximando a visão do *César* da Antiguidade Clássica do da Era Moderna, que devia expandir não só o território, mas também a fé verdadeira. A ideia de Império, de domínio sobre vastos territórios do Mundo que então se conheciam, como fizera Augusto, ou mesmo ultrapassá-lo, foram propósitos ou factos que estiveram sempre presentes nas páginas dos panegiristas do Monarca Venturoso. Também os títulos com que adornou o seu nome são mais uma prova dos seus propósitos. Designava-se, como os seus antecessores, Rei de Portugal e dos Algarves de Aquém e Além-Mar, e, depois, Senhor da Guiné, do Comércio e das Conquistas e Navegações da Arábia, Pérsia e Índia.
Na festiva embaixada que enviou ao Papa Leão X, em 1514, mostrou-se como o principal agente da expansão da Fé, do Império do Espírito Santo, posto que apoiado em coisas bem prosaicas, como a potência da sua artilharia naval. D. Manuel I assumia-se como o braço activo e visível da expansão da Roma Cristã, o sucessor de Constantino, e pretendeu encarnar a figura imperial que seria retomada, com algumas variantes, por Carlos V.
O poder e o *imperium* de D. Manuel I de Portugal assentavam em diversos pressupostos. Mas o "poder" só existe na medida em que é exercido; não é autónomo, é potência e não acto, e necessita de se fazer conhecer por sinais permanentes ou acções, mas estas são sempre de duração limitada. Assim, a arte, e a arquitectura em particular, foi e é um veículo excepcional para comunicar a existência e características do poder.

A imagem do Rei

No tempo que estamos a apresentar, D. Manuel I, Maximiliano de Áustria, Carlos V de Espanha, e já antes os Reis Católicos, tiveram uma mesma orientação, relativamente ao aproveitamento dos fenómenos artísticos: as pinturas, as esculturas, as tapeçarias, os objectos e alfaias de culto feitos de metais preciosos, os edifícios religiosos, civis e militares, os livros e até documentos, festas e cerimónias, tudo o que dizia respeito ao visível tinha a sua marca. Os símbolos da realeza de D. Manuel I, ou da missão que Deus parecia ter-lhe confiado, estavam plasmados nas fachadas e nas capelas-mores das igrejas, nos frontispícios dos livros manuscritos e impressos. D. João II, antes de o designar seu sucessor, dera-lhe como brasão as armas próprias de Portugal e, como divisa, a esfera armilar. Assim, a *spera* ou *sphera* tornou-se o paradigma da esperança e da universalidade da sua missão. Também o seu nome era justamente *Manuel* ou *Emanuel*, à imitação do de Cristo, o que quer dizer, "Deus em mim", anunciando uma outra redenção, a da cristandade, então em crise, e ao mesmo tempo a emergência de uma nova e brilhante Idade de Ouro, o Império do Espírito Santo. A representação da figura física do rei tornou-se uma obsessão. Vê-se na fachada axial da igreja do Mosteiro dos Jerónimos, em Lisboa, em escultura orante saída das mãos de Nicolau Chanterene; pintada no *políptico* que representava toda a sua família, que um desconhecido pintor fez para o Paço de Almeirim, perdido em grande parte; algumas vezes até como Rei Mago, noutros *retábulos* saídos da oficina do pintor Jorge Afonso e dos seus mais directos seguidores; na *Fons Vitae* da Misericórdia do Porto, ajoelhado ao lado da jovem rainha D. Leonor; e no quadro da Misericórdia de Lisboa, onde se representa o casamento com essa mesma sua terceira esposa. D. Manuel via-se ainda retratado nos vitrais do Mosteiro da Batalha; nos frontispícios de algumas crónicas, nas páginas da *Leitura Nova*, e nas gravuras das *Ordenações Manuelinas*. Figurava também em algumas das vinte e seis cenas ou encasamentos das tapeçarias que mandou fazer na Flandres, que relatavam os sucessos da viagem de Vasco da Gama e que ficaram conhecidas por "à maneira de Portugal e da Índia", e que se destinaram às paredes do claustro real do Mosteiro dos Jerónimos.

Capelas Imperfeitas, Mosteiro da Batalha.

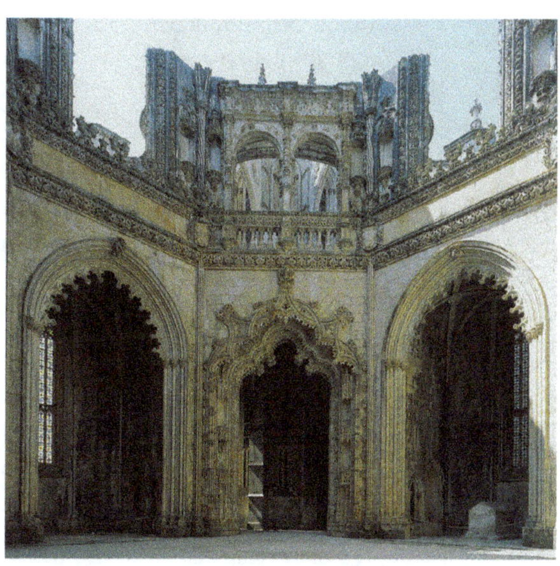

R. C.

Antiga Sé, Elvas.

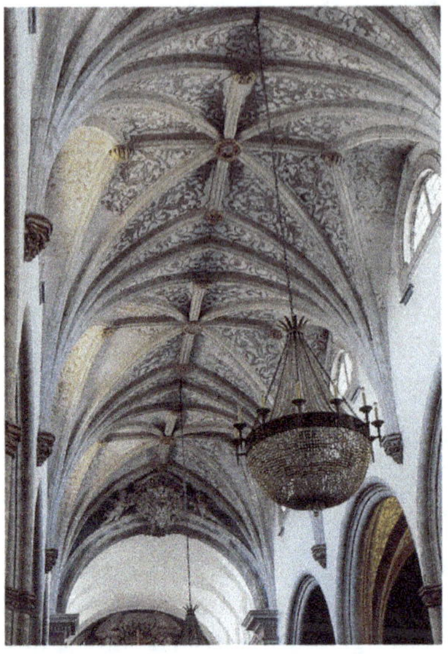

P. D.

A arquitectura

A arquitectura foi a disciplina que mais mereceu a atenção e o cuidado régios, pois a par da festa pública era a que mais se impunha aos olhos dos populares e de todos aqueles a quem se queria passar a mensagem do poder.

O manuelino – e estamos a restringir-nos ao campo arquitectónico – não foi um estilo e, por maioria de razão, um estilo único e exclusivo de Portugal. E na sua decoração feérica, que cobre substanciais partes das estruturas, não há referências explícitas à Expansão portuguesa e aos Descobrimentos de além-mar. Essas cordas que inflamaram a fantasia dos historiadores da Arte de outros tempos, tanto aparecem nos barcos como nos carros de bois; as âncoras que os arquitectos revivalistas do século passado repetiram, em tantas fachadas, não se encontram em nenhuma construção realmente manuelina; as velas mais não estão do que na mente de autores pouco atentos à realidade.

O modo português de construir do início do século XVI não foi diferente do de outras terras europeias, como Castela, França, Boémia ou Flandres. Lá como cá, as estruturas do gótico final perduraram, posto que o perfil das abóbadas tendesse para a horizontalidade e os pilares internos das igrejas e grandes salões se tornassem mais finos, permitindo a quase unificação do espaço. A iluminação aumentou através da abertura de vãos cada vez maiores e da unidade das abóbadas, nas quais apareciam também as novas nervuras de traçado curvo.

A decoração arquitectónica, no seguimento da do gótico flamejante trecentista, ganhou importância, tornou-se mais pesada e abundante e atingiu uma excepcional exuberância. Por toda a Europa, surgiram exemplos da sobrecarga ornamental, do uso de elementos arrancados da Natureza, para a qual o Homem se virava. Esta fase final do gótico teve um fulgor diferente de zona para zona, consoante as condições peculiares de cada uma. Assim, em França e na Inglaterra, assistiu-se ao normal fluir das correntes e ritmos que vinham de trás, sem que se registassem sobressaltos. Nos territórios da Coroa de Castela e do Ducado da Borgonha, o número de construções aumentou também paulatinamente, quer através da acção mecenática dos grandes senhores quer dos grupos profissionais, neste último caso com incidência especial na Flandres e nos Países Baixos.

Não podemos esquecer que foi neste período que se assistiu a um revivalismo de formas decorativas de origem islâmica, sobretudo da Andaluzia. É certo que sempre houve mouros a trabalhar em Portugal, mesmo depois da conquista definitiva do Algarve, em 1349, homens que se dedicavam à carpintaria, à olaria e a trabalhos em gesso, mas o surto *mudéjar* – como lhe devemos chamar – corresponde a uma moda que, então, se impunha no Reino de Castela e, particularmente, no círculo da Corte e que de lá importámos. Entre nós, foi nas obras régias de Sintra e Évora que a influência *mudéjar* mais se fez sentir, sobretudo a partir da viagem que D. Manuel I efectuou a Espanha, em 1498. Os construtores recorreram aos arcos de volta ultrapassada, às superfícies decoradas com azulejos sevilhanos, aos tectos de *almocarabezes* e às alcatifas marroquinas para dar a ideia de ambientes muçulmanizantes.

Os reinados de D. Afonso V e D. João II não foram tão férteis no campo da arquitectura civil e religiosa, no território europeu, já que esses monarcas se interessaram menos por esta actividade do que o Rei Venturoso que, ainda antes de chegar ao trono, dera mostras de apego às empresas artísticas. Ao tornar-se rei, para vincar a sua majestade, iniciou um número gigantesco de obras, quer de raiz, quer de reconstrução e acrescentamento.

Como em Portugal não havia mão-de-obra especializada suficiente, chamou centenas e centenas de construtores estrangeiros de Castela, de França, da Alemanha e da Flandres que se incorporaram nas companhas cuja direcção ficou a cargo de portugueses e espanhóis. De entre todos, destacam-se homens como os irmãos Arruda, Francisco e Diogo, filhos do mestre das obras da Batalha, João de Arruda, os autores da Casa do Capítulo do Convento de Cristo, de Tomar e da Torre de Belém; Mateus Fernandes, pai e filho, ambos também responsáveis pelo estaleiro batalhino, alfobre de tantos artistas de primeiro plano. Mas, se estes eram portugueses, aqui formados, não

A. C.

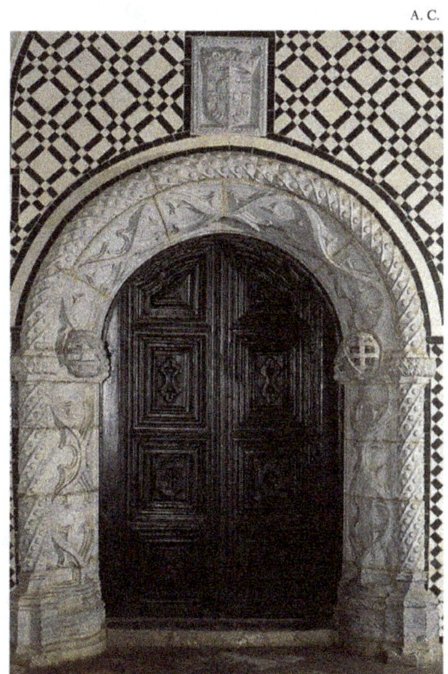

Convento da Nossa Senhora da Conceição, porta do refeitório, Beja.

Janela do Convento de Cristo, pormenor, Tomar.

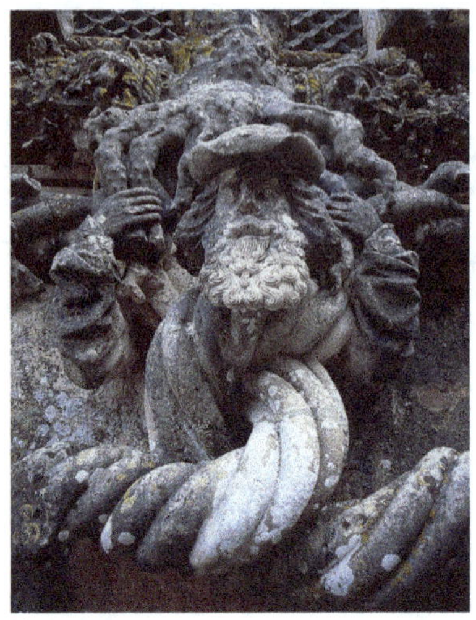

J. B.

lhe ficaram atrás estrangeiros, como o francês Boytac, mestre também na Batalha, em Coimbra e nos Jerónimos; e, particularmente, João de Castilho, um biscainho, que concluiu as formidáveis empreitadas de Tomar e Belém e encarnou a figura do arquitecto moderno, ao adoptar a gramática da renascença e ao impô-la nas principais empreitadas de D. João III.

O gosto de D. Manuel pelas artes teve um efeito multiplicador e a nobreza, numa atitude de simpatia muito comum em épocas recuadas, seguiu-lhe as pisadas, construindo novos palácios, melhorando os velhos, refazendo e engrandecendo as igrejas de que eram padroeiros, instituindo capelas em mosteiros, etc.

Mas este surto construtivo não seria possível sem adequadas disponibilidades financeiras. O gosto pessoal do Rei, a emulação dos fidalgos e o despique das comunidades populares ou religiosas não eram só por si suficientes, para erguer os edifícios; a base material, o dinheiro, era indispensável. A Portugal afluíam riquezas abundantes, em géneros e espécies, e foram esses caudais que permitiram financiar as empresas artísticas do reinado de D. Manuel I.

A Expansão ultramarina não enriqueceu só o rei e os seus familiares, mas a generalidade da população portuguesa, pelo que as comunidades de mercadores e assalariados das zonas ribeirinhas também refizeram e enriqueceram as suas igrejas e as suas moradias que consideravam emblemas da sua prosperidade. Os testemunhos deste movimento estão bem patentes em terras como Caminha, Viana, Vila do Conde, Azurara, no Minho, em Setúbal e em Sines, na costa atlântica abaixo Tejo, ou no Algarve, em Portimão, Alvor, Tavira, Cacela, Loulé e muitas outras dezenas de cidades, vilas e simples aldeias.

No interior Norte e no Centro, à parte das sés, as igrejas paroquiais raramente foram alteradas mais do que nas capelas-mores e nalgumas capelas de flanco, refeitas por iniciativa de nobres de segunda linha que também enriqueceram nas aventuras de além-mar. No entanto, no Ribatejo, na Baixa Estremadura e no Alentejo, muitas igrejas foram erguidas de raiz e feitas totalmente segundo o novo gosto. Lembremos que aos padroeiros cumpria fazer, manter e ornamentar a capela-mor, a sacristia, a casa do pároco e os celeiros, enquanto aos fiéis ficava idêntico encargo relativamente ao corpo dos templos. Por isso se vêem, em tanta aldeia e antiga vila do Norte e Centro de Portugal, igrejas com *ábsides* manuelinas e as naves renascentistas ou barrocas. É que as populações dessas zonas só vieram a conhecer efectivas melhorias do seu viver, mais tarde, quando começaram a dar frutos as novas culturas, como o milho.

Mas esta arquitectura – "manuelina" – foi levada muito para além da Europa; desde logo, nas recém-criadas vilas das ilhas dos Açores e da Madeira, fizeram-se inúmeras fortalezas, igrejas, capelas, câmaras, hospitais, misericórdias e palácios à maneira de Portugal continental. Ainda hoje, é enorme a quantidade destes edifícios que se conservam, no todo ou em parte, de que a Catedral do Funchal, iniciada ainda nos finais de Quatrocentos, é o maior exemplo. Mas há ainda as igrejas paroquiais de Machico, Santa Cruz, Ponta do Sol, Loreto.

Nos Açores, o manuelino está presente na Matriz de Ponta Delgada, na Matriz de Praia da Vitória e na de São Sebastião da Terceira, isto para não alongarmos a lista. Mas os mestres do manuelino foram também para as Canárias, para os arquipélagos de Cabo Verde, São Tomé e Príncipe e, logo em 1503, construíam uma fortaleza e uma feitoria, em Cochim.

Em Marrocos, os irmãos Arruda, Boytac, Francisco Danzilho e Bastião Luís deixaram-nos um rosário de fortalezas, feitas à nossa maneira, que em nada diferem das do Reino; assim foi em Ceuta, Arzila, Tânger, Azamor, Safi, etc.

Foi nas cidades dos portugueses da Índia, que o "manuelino" mais ultrapassou o seu tempo europeu. Nas areias de Ormuz ainda se descobre toda a estrutura da antiga cisterna da nossa fortaleza; em Goa, é visível o monumental portal da igreja do Convento de São Francisco,de cerca de 1521, mas as abóbadas de nervuras das igrejas de Chaúl e Baçaim, e mesmo da capela do *baluarte* da Ilha de Moçambique são, no mínimo, trinta ou quarenta anos posteriores. A partida dos mestres construtores, como Tomé Fernandes, e a sua fixação definitiva nas terras do Índico, quando os tratados ainda eram raros, faziam com que eles prolongassem a vida da arte que aprenderam e que era novidade, quando partiram de Lisboa.

Por tudo o que se disse, parece legítimo falar em "arquitectura manuelina" ou, simplificando, em

Arzila, Marrocos.

P.D.

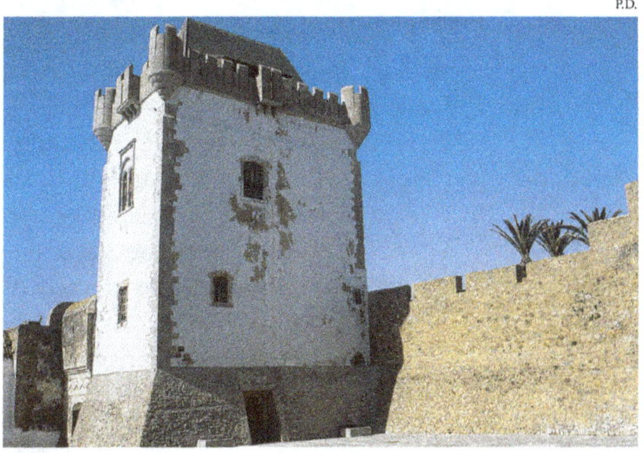

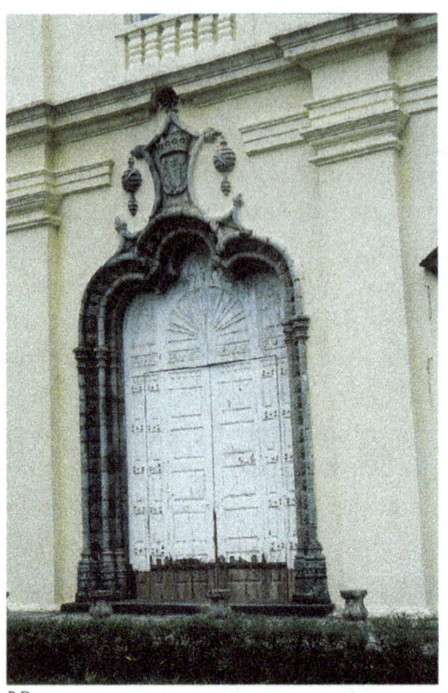

Convento de São Francisco, Goa.

P. D

"manuelino". Não porque esta forma construtiva fosse um estilo, tivesse unidade e peculiaridades para que seja considerada como tal, fosse exclusiva de Portugal e da época de governo do rei D. Manuel I, mas porque representa um fenómeno delimitado no tempo e no espaço, respectivamente, o início do século de Quinhentos e o território nacional europeu e as suas ilhas, cidades e fortalezas ultramarinas.

Há, no entanto, algo de característico que distingue o manuelino das restantes versões coevas do gótico tardio: o cariz popular da ornamentação e até de certos elementos das estruturas arquitectónicas. A necessidade de se conseguirem muitos construtores, em pouco tempo, para dar resposta aos desejos de uma clientela impaciente, levou a que mestres secundários e operários sem formação adequada fossem encarregues de levantar palácios, moradias, igrejas ou dependências de conventos. Sem terem passado pelos degraus que constituíam a escada que levava à mestria, viam-se a braços com problemas que solucionavam, melhor ou pior, mas sempre de forma empírica. Valorizavam excessivamente os elementos da decoração, abusavam das formas vistosas, acoplavam colunas e *colunelos* a pés direitos sem qualquer razão funcional, interpretavam mal esquemas comuns, do que resultou uma arte de claro recorte anti-erudito e mesmo ingénua.

Enfim, com grande pena dos amantes das lendas, nos edifícios manuelinos não se podem ver as cordas ou as velas dos navios dos Descobrimentos, mas é um facto que sem as cordas e os navios dos Descobrimentos não veríamos hoje tantos e tão peculiares edifícios do tempo de D. Manuel I.

A escultura

Também a escultura manuelina é gótica, na essência, se bem que ainda em vida de D. Manuel se tenham começado a executar obras claramente renascentistas, nomeadamente, pelo seu imaginador Nicolau Chanterene, activo nos Jerónimos, em Coimbra, em Sintra e em Évora. As principais oficinas continuavam a situar-se em Coimbra, onde o peso da tradição

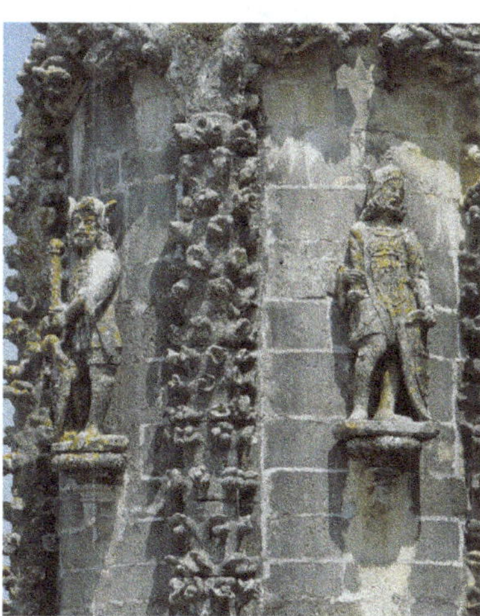
J.B.

Convento de Cristo, esculturas, Tomar.

gótica com dificuldade deixava aflorar as novidades vindas da Itália ou da Flandres. Diogo Pires-o-Velho e Diogo Pires-o-Moço eram os chefes de fila dessa pequena multidão de homens que, nas pedreiras de Ançã ou nos telheiros citadinos, deitavam mão à tarefa de suprir quase setenta por cento da produção nacional. É certo que depois da passagem de Chanterene pela cidade, entre 1518 e 1526, nada ficou como dantes e, logo nesse último ano, instalou-se lá também João de Ruão que dominaria todo o panorama escultórico nacional, até perto de 1580.

Se é certo que as importações da Itália eram escassas e se reduziam ao círculo da Corte, posto que fossem obras de grande valia estética saídas quase sempre das oficinas florentinas dos Della Robbia, já as da Flandres eram muitas e comuns, e por todo o Reino e nas terras de além-mar havia estatuária de madeira policromada e *retábulos* de pequenas dimensões do Norte da Europa. A policromia, o dourado e o dramatismo destas imagens adaptava-se às mil maravilhas ao sentir das gentes, à sua piedade epidérmica, longe da racionalidade que vigoraria, nas décadas seguintes, em que se valorizava mais o decoro, a proporção e a norma. A consciência de que neste extremo da Europa havia um bom mercado potencial fez que muitos mestres para cá viessem e se estabelecessem durante anos, ou até ao fim da vida. De todos destaca-se Olivier de Gand, o autor do formidável *retábulo* da capela-mor da Sé de Coimbra e da imaginária da *charola* do Convento de Cristo, em Tomar. Mas não podemos esquecer um tal Orte Maginário que trabalhou nos Jerónimos; João Alemão, activo em Coimbra e Alcobaça; ou Arnau de Carvalho, parceiro do

P. D

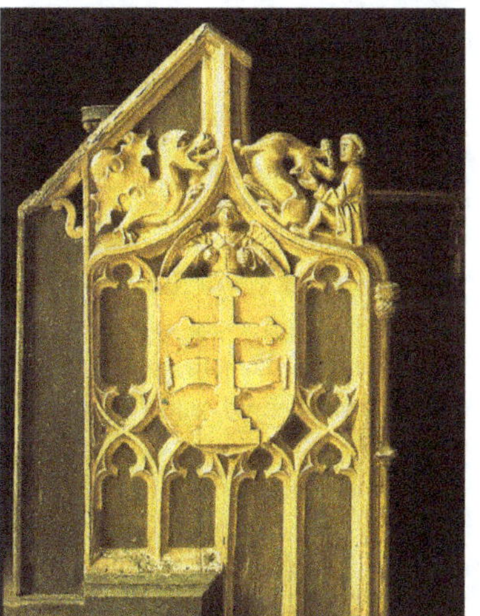

Igreja de Santa Cruz, pormenor do cadeiral, Coimbra.

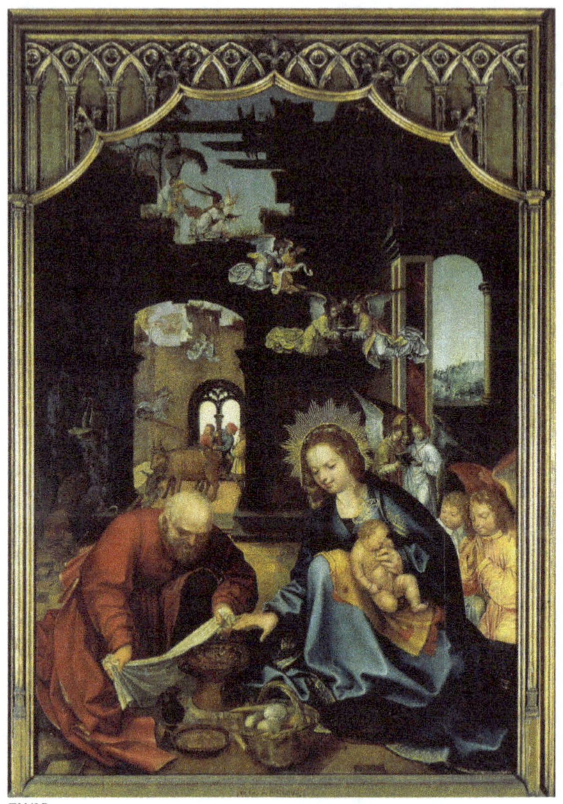

IPM/J.P.

Gregório Lopes e Oficina, "Natividade", do retábulo proveniente do Convento do Paraíso, óleo sobre madeira de carvalho, séc. XVI, Museu Nacional de Arte Antiga, Lisboa.

mítico Grão Vasco nas empreitadas dos *retábulos* beirões e durienses.

A pintura, a iluminura e a gravura

Mais do que em qualquer outra disciplina, foi na pintura, nas suas diversas variantes, que de maneira mais forte se fizeram sentir os ventos da Flandres. Desde os alvores do século XV, quando o pintor Jan Van Eyck visitou Portugal, que Bruges, Gand, Ypres, Malines, Bruxelas e Antuérpia eram locais de referência para as compras de obras de arte, o que foi incrementado significativamente após o casamento da Infanta D. Isabel com o Duque da Borgonha, Filipe-o-Bom. Por outro lado, também os *ateliers* da Flandres, do Hainaut e do Brabante tinham agentes comerciais activos, no Norte e no Sul da Europa, para onde escoavam a maioria da sua produção. Portugal, como também fez a Espanha, comprou, durante século e meio, milhares de pinturas e de *retábulos* que, como aconteceu com as esculturas, também enviou para as suas igrejas de África, do Oriente e do Brasil.

Os pintores flamengos desceram até Lisboa e Évora, nacionalizaram-se, adoptaram nomes portugueses, como Francisco Henriques e Frei Carlos, criaram oficinas onde industriaram jovens artistas nacionais, o que tornou esta nossa arte profundamente dependente do modo gótico, primeiro de Gand e Bruges e, depois, de Antuérpia. No fim do primeiro terço do século XVI, as influências do renascimento tornaram-se dominantes nas principais oficinas, mas mesmo o italianismo foi de segunda mão, dado que os seus veiculadores foram ainda flamengos, sobretudo os artistas da segunda geração de Antuérpia.

Lisboa, Évora, Viseu e Coimbra constituiram os centros mais activos, com destaque evidente para a Corte onde, no período manuelino, pontificou Jorge Afonso, depois da tutela esmagadora de uma figura como Nuno Gonçalves que se elevou acima de todos os outros, durante a segunda metade de Quatrocentos.

Em Évora, foi Francisco Henriques o grande artífice do flamenguismo, concorrendo com as fantásticas tábuas importadas que enchiam muitas das capelas da Sé Catedral e das outras igrejas da cidade. Em Coimbra, formou-se uma escola castiça, com Vicente Gil e Manuel Vicente e, na Beira, Vasco Fernandes fez todo o percurso da passagem do último gótico flamenguizante até ao nascente maneirismo.

Mas se a pintura em tábua se elevou a um patamar de excepcionalidade raras vezes conseguido em Portugal, com Garcia Fernandes, Gregório Lopes e Cristóvão de Figueiredo, com os enigmáticos "Mestres", como os chamados da Lourinhã ou de Palmela, e muitos outros, a pintura a fresco foi ainda mais impressionante, pela sua difusão por todo o espaço nacional. É um facto que a esmagadora maioria desapareceu, mas ainda assim temos exemplares que datam desde o início do século XV e que permitem reconstituir conjecturalmente os ambientes das nossas igrejas e moradias nobres.

Outra subdisciplina que teve grande brilho foi a iluminura. Importaram-se muitos livros miniaturados, sobretudo Livros de Horas, de França, da Flandres e da Itália, é certo, mas entre nós, em diversos *scriptoria*, de Lisboa, Coimbra, Alcobaça, fizeram-se exemplares belíssimos. Com a subida ao trono de D. Manuel I e a grande reforma do Estado que empreendeu, a iluminura teve um surto inopinado, exactamente quando nos outros países começava a perder terreno definitivamente para as artes tipográficas. O rei mandou copiar, em luxuosos volumes, com as portadas exuberantemente decoradas, a legislação, os novos forais, as crónicas dos reis passados e os tombos de heráldica, o que levou à criação de um activo e gigantesco *atelier*. A *Leitura Nova*, como ficou conhecida a letra então usada e também esses códices legislativos,

Iluminura, fólio de rosto da "Crónica de Duarte Galvão", início do séc. XVI, Arquivos Nacionais / Torre do Tombo, Lisboa.

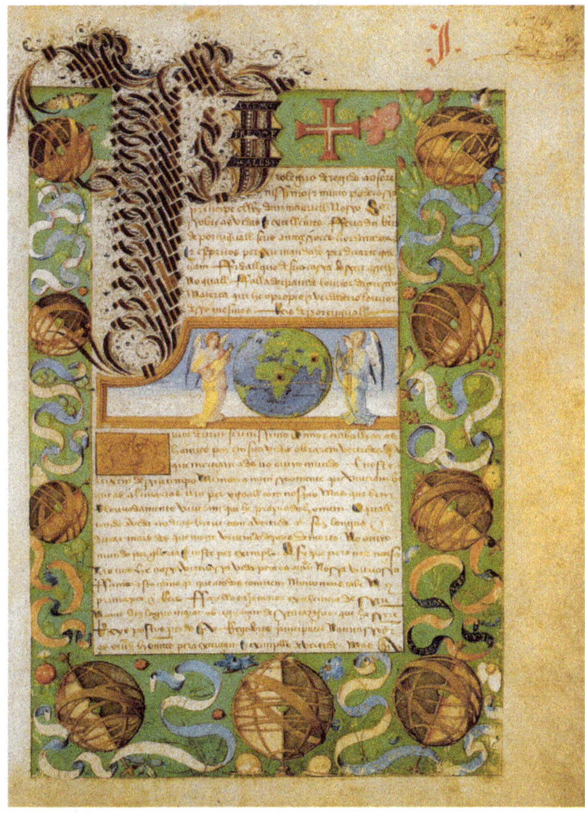

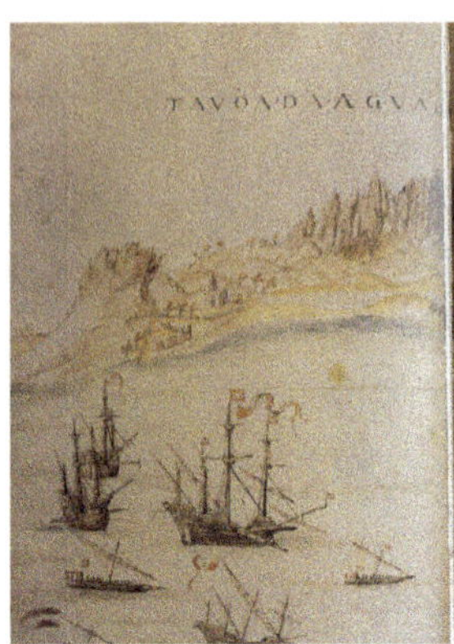
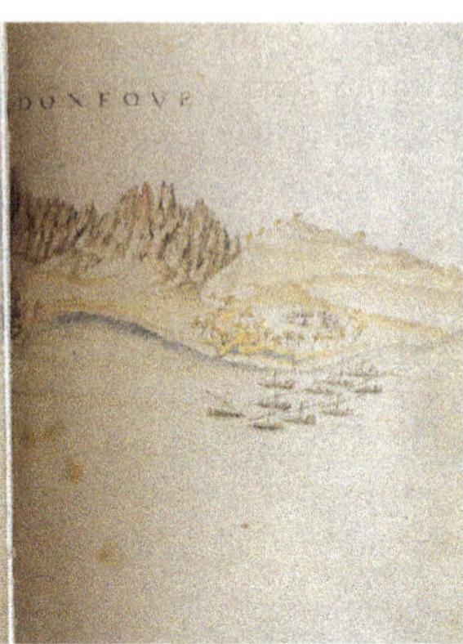

"Roteiro" de D. João de Castro.

mostra a evolução do gótico até ao maneirismo, as influências da Flandres e da Itália, e a genialidade dos executantes portugueses.
Com características próximas da iluminura, se bem que nem sempre rigorosamente feita com a mesma técnica, temos de enquadrar a decoração cartográfica. Não eram alvo de grandes cuidados estéticos as cartas que viajavam, as que iam nos navios das descobertas ou nos que faziam o comércio, mas apenas as que se guardavam na Corte ou que se ofereciam a outros príncipes, para propaganda política. Da imensa produção portuguesa são poucas as que restam do início do século XVI, mas há notícias que nos comprovam que elas eram abundantes. Ainda assim, as de meados de Quinhentos, e já da segunda metade do século, são suficientemente elucidativas para avaliarmos o que foi a produção manuelina.
Registos importantes, muitas vezes não totalmente destituídos de nível estético, são os desenhos topográficos ou vistas de cidades, algumas vezes reunidos em códices como o *Livro das Fortalezas* de Duarte D'Armas. Mas o brilho desta arte foi atingido além-mar, com obras como os *Roteiros* de D. João de Castro, e o *Códice Casamatense* já do tempo do reinado de D. João III.
Sem se enquadrar totalmente na disciplina pintura, mas baseada como esta no desenho, a gravura começou também então a sua evolução, trazida e desenvolvida por tipógrafos alemães que, em breve, abriam cunhos xilográficos, para iniciar volumes ou animar as páginas de texto com vinhetas. Gradualmente, a gravura autonomizou-se e veio a ocupar o seu lugar de ilustração do livro e, em seguida, de estampa devocional ou promocional.

A ourivesaria e a joalharia

As artes preciosas conhecem sempre grande desenvolvimento quando a sociedade respira bem-estar económico. Os séculos XV e XVI foram desses períodos, em que houve possibilidade de encomendar peças executadas com metais preciosos e com pedraria cara, quer para ornamento dos homens quer por reverência a Deus. A joalharia civil, a ourivesaria e prataria profana e as alfaias de culto foram objecto de uma atenção muito especial, até porque se vivia um período de vincada estratificação social, em que o manifesto da riqueza era um imperativo e não apenas um acto de vaidade vã.

Não podemos esquecer, no entanto, que os tesouros das igrejas sofreram razias, nalguns momentos, quando houve "requisição das pratas", o que ocorreu nos reinados de D. João I, D. João II e, depois, de D. João III. Estes factos, como a constante modernização que este rápido fluir da História potenciava, fez desaparecer as obras mais antigas, mas houve muitas que, por uma razão ou por outra, se salvaram da voragem dos fundidores. No campo estético, a arte da prataria e da ourivesaria sacra não se afastou da sua irmã de Castela, o que se justifica, em parte, pela origem de muitos dos artistas que para cá vieram trabalhar e que foram até privativos da Casa Real. Por outro lado, a mobilidade das peças era grande, pois os clérigos que viajavam faziam-se acompanhar das suas alfaias pessoais, o mesmo sucedendo com os senhores de maior estado que tinham capelas próprias.

No entanto, após o início do século XVI, a Corte de D. Manuel conheceu um gosto súbito pela joalharia oriental, vindo mesmo, para Lisboa, um ourives indiano que encantou o rei com a sua arte fina e exótica.

D. Manuel I, como padroeiro de centenas de igrejas, espalhadas de Lisboa a Malaca, encomendou milhares de obras de ourivesaria religiosa, a mais emblemática das quais é a Custódia de Belém, feita com as primeiras *páreas* de Quíloa, cujo desenho e execução se devem a Gil

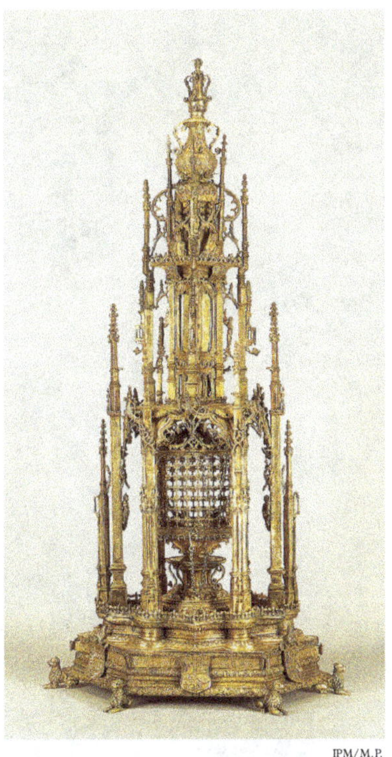

Custódia, prata dourada, produção portuguesa, 1527, Museu Nacional Machado de Castro, Coimbra.

IPM/M.P.

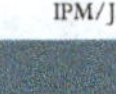

IPM/J.P.

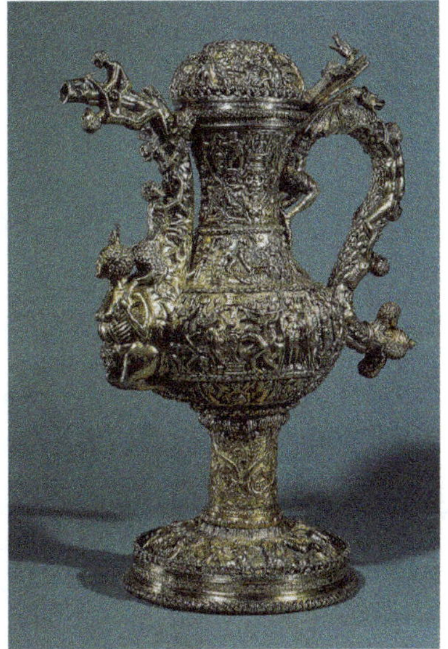

Gomil, prata dourada, trabalho português, séc. XVI, Palácio Nacional da Ajuda, Lisboa.

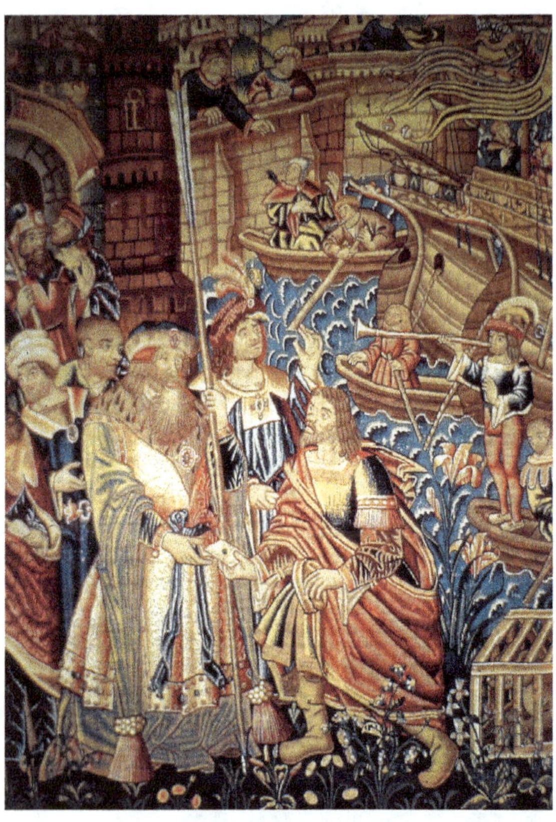

"O Desembarque", tapeçaria à maneira da Índia e Portugal, Museu do Caramulo.

Vicente, que foi também o fundador do teatro português.

A tapeçaria e os tecidos

Os portugueses importavam a maioria dos tecidos de que necessitavam para consumo interno e também para reexportar, pois eram moeda de troca, em África e no Oriente, contra especiarias, ouro, cobre, marfim, etc. Da Flandres vinham as toalhas e os frontais de altar em linho branco ou estampado e os tecidos mais ricos, como os brocatéis, os veludos e os brocados de ouro e prata, empregues nas vestes dos nobres e nos paramentos litúrgicos. Neste campo, a Itália e a Flandres disputavam a primazia como fornecedores dos comerciantes portugueses.

Mas, de Tournai, Bruxelas, Audenard e, antes de 1477, também de Arras, exportaram-se para Portugal centenas ou mesmo milhares de tapeçarias, durante os séculos XV e XVI. Ainda em 1580, quando os embaixadores da Signoria de Veneza, os cavaleiros Trom e Lippomani, estiveram em Portugal, assinalaram com admiração que se gastavam anualmente 40 000 cruzados na sua compra.

As tapeçarias usavam-se nos interiores das igrejas de mosteiros, conventos e catedrais, para dar maior conforto e por motivos estéticos nas ruas, cobrindo fachadas e ladeando vias durante cortejos e procissões. Nas touradas, justas de canas e outros desportos, também os recintos eram frequentemente delimitados com panos de armar.

A documentação sobre a encomenda directa é abundante, mas também chegavam a Portugal tapeçarias através de um comércio organizado, sobretudo quando se tratava de espécies com uma *iconografia* comum, da História Sagrada ou da História Antiga, ou simplesmente de "verduras" como então se dizia.

Quando Vasco da Gama, em pleno Mar Índico, recebeu o rei de Melinde na sua nau, tinha a coberta toda engalanada com tapeçarias.

Poucos anos depois, em 1505, D. Francisco de Almeida, o primeiro vice-rei da Índia, também recebeu o rei de Bisnaga numa sala de trono cujas paredes eram tapeçarias flamengas. Foi através das ofertas aos potentados asiáticos e africanos que as tapeçarias da Flandres alcançaram os extremos do mundo. D. Manuel I mandou tecer uma série com vinte e seis cenas que contava a viagem inaugural de Vasco da Gama à Índia, e que teve tanto êxito que os *ateliers* de Bruxelas fizeram muitas outras com a mesma *iconografia* que foram vendidas para toda a Europa e que passaram a ser conhecidas como "à maneira da Índia e de Portugal". Os encomendantes portugueses procuravam os melhores artistas do tempo para elaborarem os cartões das tapeçarias, recorrendo quase sempre para isso à Flandres. Contudo, D. Manuel I não deixou de pedir um cartão a Leonardo da Vinci.

O encontro das estéticas

A arte do tempo do reinado de D. Manuel I e, mais genericamente, do tempo dos Descobrimentos, é uma arte de encontros de estéticas várias, da Europa, por um lado, da África e do Oriente, por outro, que, neste território pequeno do Reino, produziram espécies que muitas vezes fugiram aos cânones ocidentais em que, a Arte Portuguesa sempre se alicerçou. As importações de Castela, do Levante peninsular e da Andaluzia eram constantes, como o eram as compras às cidades do Norte da Europa, sobretudo às da Flandres, do Brabante e do Sul da actual Alemanha. A vinda de artistas dessas paragens, como vimos, era mais do que uma simples ocasionalidade. Com o correr dos tempos e, sobretudo, com a abertura do caminho marítimo para a Índia, a chegada de artefactos e artigos do Oriente inflamou a imaginação dos nossos artistas que não deixaram de orientalizar disciplinas bem nossas. Não terá sido logo, durante o reinado de D. Manuel, mas no tempo dos monarcas seguintes, os oleiros de Lisboa imitavam na louça vidrada os desenhos da China Ming, as bordadeiras de Arraiolos faziam

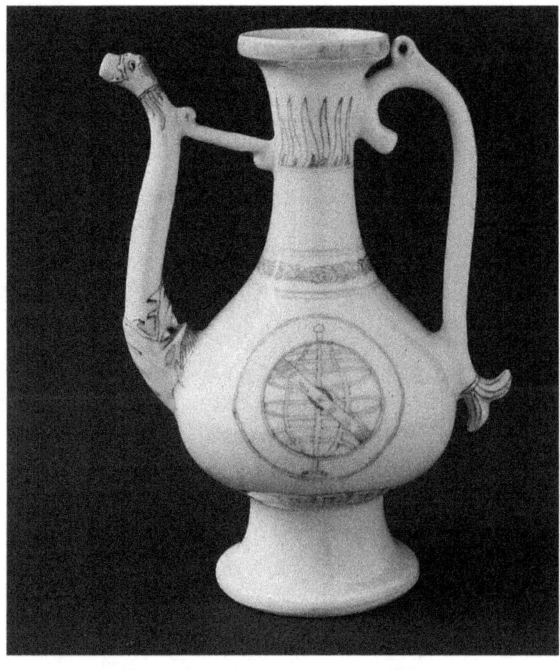

Gomil, porcelana "azul e branco", com a esfera armilar, China, Dinastia Ming, c. 1519, Fundação Medeiros e Almeida, Lisboa.

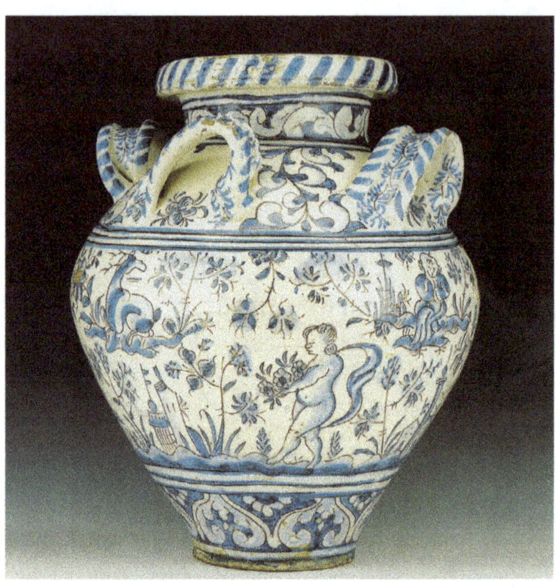

Pote de faiança decorado com motivos chineses, fabrico de Lisboa, séc. XVII, colecção privada.

tapetes persas e em Castelo Branco as colchas ganhavam formas industânicas.

Simultaneamente, homens e mulheres cobriam-se com joalharia indiana e cingalesa, vestiam sedas e brocados chineses e do Médio Oriente, reclinavam-se em cochins, no meio de fontes e tanques que lembravam os da Andaluzia e do Magrebe.

Mas a presença portuguesa noutras paragens motivou também os artistas e artífices dessas terras a produzir novos produtos, com outras funcionalidades, embora com o seu cunho tradicional. Assim nasceu o mobiliário a que chamamos hoje "indo-português" e, em seguida, o *namban*. Do mesmo modo, os pintores da porcelana do Império do Meio começaram a ornamentar os preciosos vasos azuis e brancos com as Armas e a Empresa dos reis de Portugal e com frases em louvor da Virgem. Na África, os habilíssimos artistas do Benim e da Serra Leoa inventaram saleiros, colheres, hostiários e um sem-número de objectos em que se viam representados europeus, que eram vendidos numa forma que antecipou o moderno conceito de *souvenir*.

Se é verdade que nos tesouros dos senhores da Pérsia, dos rajás indianos, dos daimios nipónicos e até do grão-mogol se encontravam as preciosidades da Europa, também o é que, nas cortes da Europa, as

IPM/M.P.

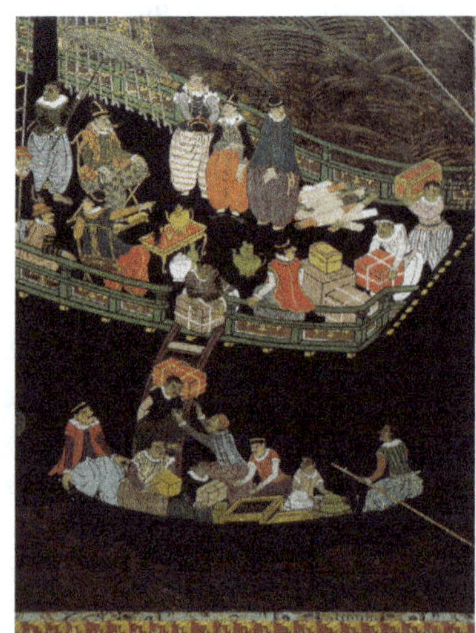

Biombo "namban", atribuído a Kano Domi, pormenor. Folhas com pintura a têmpera sobre papel de arroz revestido a folha de ouro, c. 1600, Museu Nacional de Arte Antiga, Lisboa.

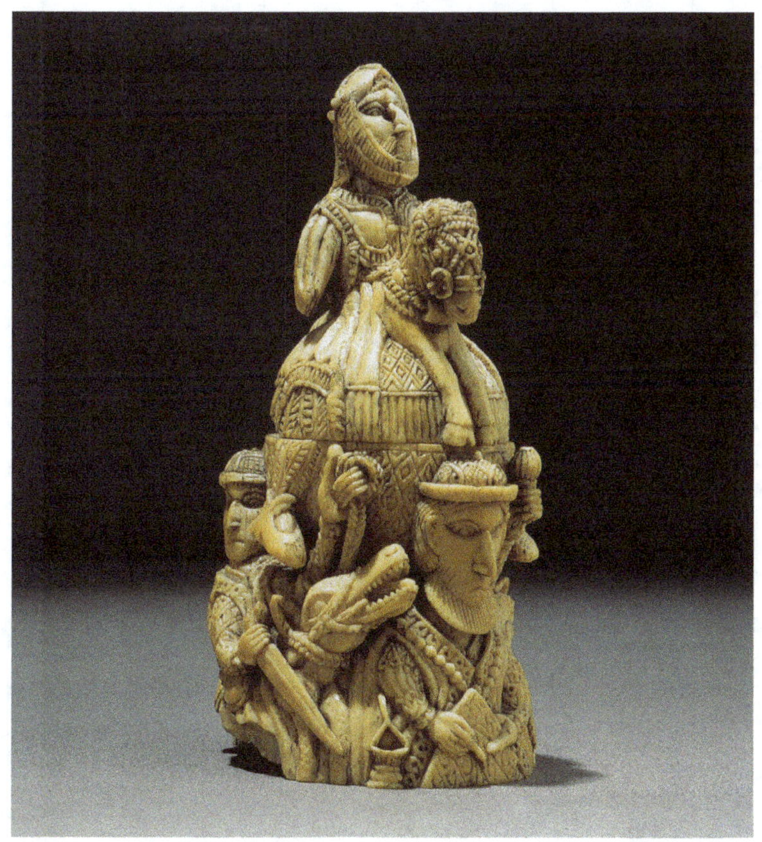

Saleiro duplo incompleto, afro-português, marfim, séc. XVI, Museu Nacional de Arte Antiga, Lisboa.

IPM/L.P.

câmaras de maravilhas se enchiam com as desconhecidas e refulgentes preciosidades que viajaram nos baús dos camarotes dos capitães das naus da Carreira da Índia.

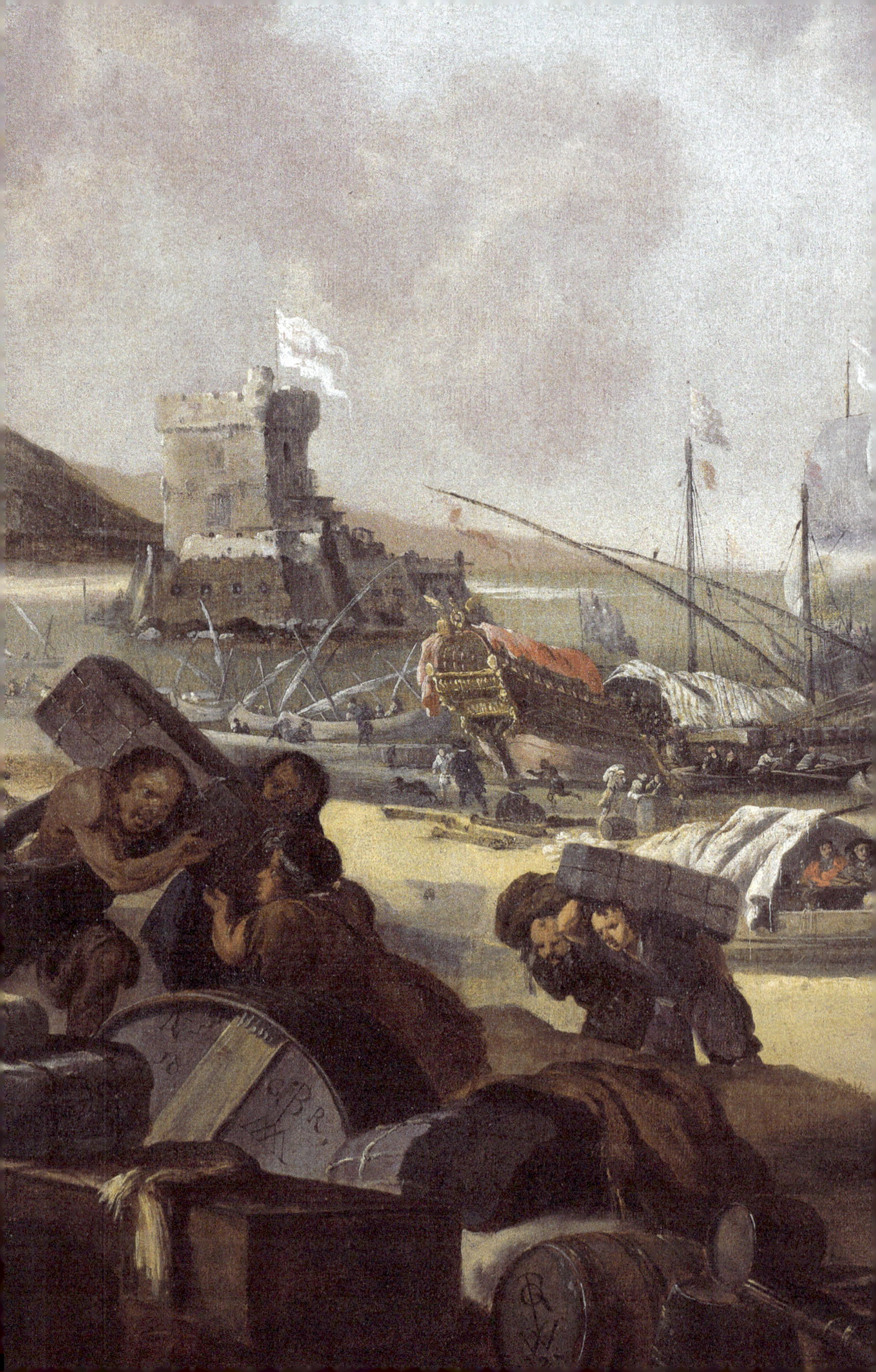

A Praia da Aventura

Pedro Dias, Dalila Rodrigues,
Nuno Vassallo e Silva, Fernando Grilo

Primeiro dia

I.1 LISBOA

I.1.a Mosteiro dos Jerónimos
I.1.b Museu de Marinha
I.1.c Torre de Belém
I.1.d Museu Nacional de Arte Antiga
I.1.e Portal da igreja da Conceição Velha
I.1.f Casa dos Bicos
I.1.g Castelo de São Jorge

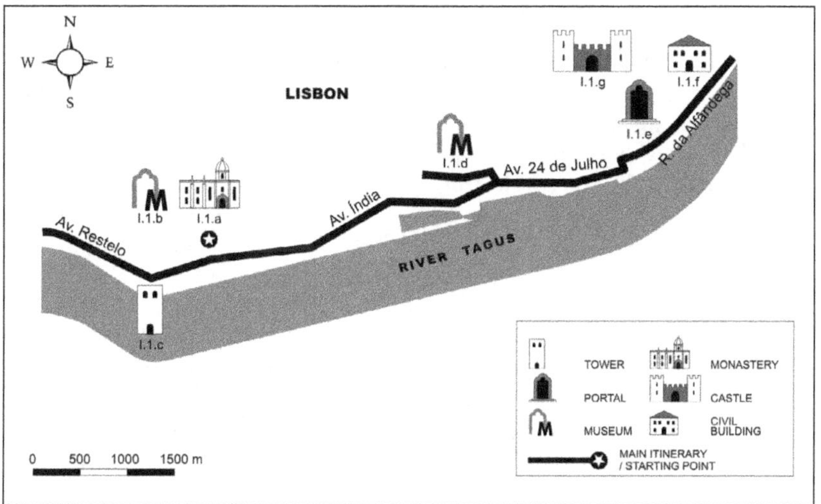

Praia da Aventura, pormenor de uma pintura de Weenix, mostrando a Torre de Belém e o ancoradouro do Restelo, colecção privada, Lisboa.

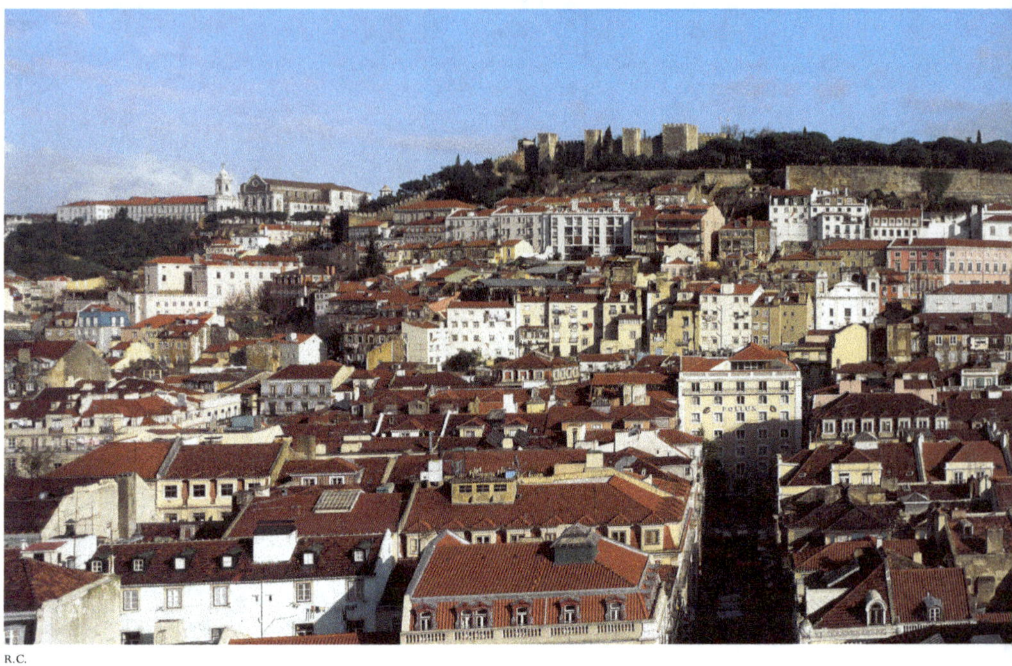

R.C.

Vista geral de Lisboa.

A Praia do Restelo foi verdadeiramente a *Praia da Aventura*. Aqui fundou o Infante D. Henrique uma capela para prestar assistência espiritual e moral aos navegadores que chegavam ou partiam. E se o mar ainda hoje impõe respeito e temor, como era nesse tempo em que os monstros do imaginário medievo apenas começavam a ser varridos dos horizontes dos que se aventuravam pelas ondas adentro?

A pequena capela cresceu, ainda em tempo do Infante fundador, passando a igreja paroquial para, com D. Manuel I, se transformar num imenso complexo monástico, hino à glória do Rei mas, sobretudo, ex-voto à Virgem da Estrela ou de Belém, pelo sucesso da viagem de Vasco da Gama e dos proventos futuros, em ouro e em almas, que ela haveria de trazer.

Foi aqui que o imortal Camões passeou o velho de longas barbas que recriminava quantos se aventuravam mar adentro. O *Velho do Restelo* do épico, passado a imagem pelo não menos genial Columbano, mitificou-se e acompanhou a História Portuguesa como personificação de quantos preferiam ficar a partir.

Não é só no Restelo propriamente dito que há excepcionais memoriais manuelinos ou, mais genericamente, da época dos Descobrimentos. Na verdade, está aqui o Mosteiro dos Jerónimos, a Torre de Belém e o Museu de Marinha, mas, não longe, outros motivos lembram esses tempos. Belém, então como hoje, era uma extensão de Lisboa, a capital do Reino e cabeça do grande Império Marítimo de Quinhentos. Com o castelo a coroar a sua

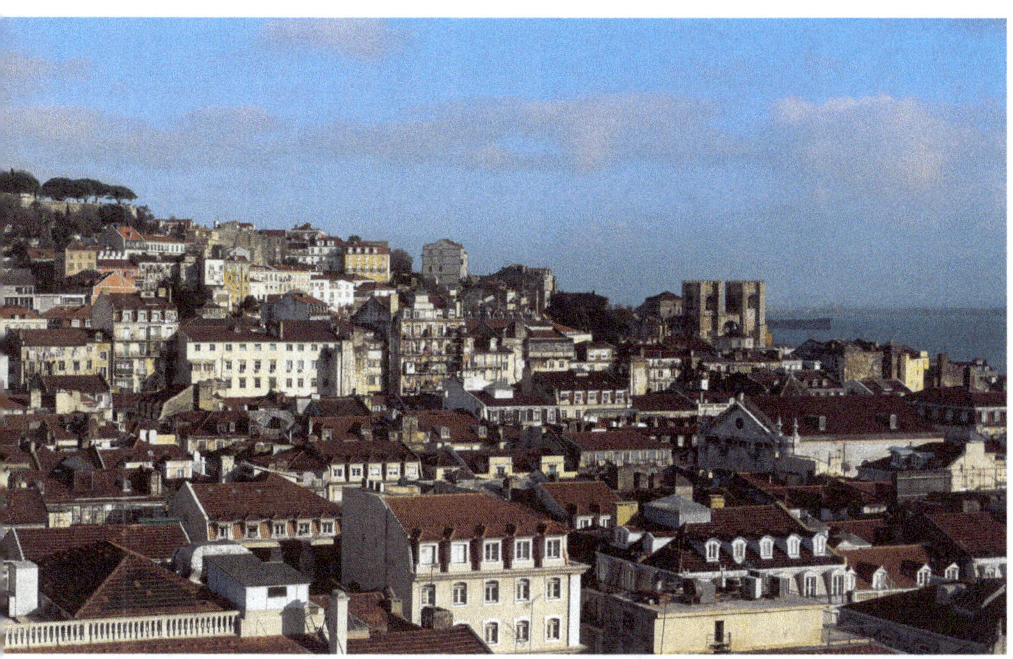

mais alta colina, sob sedimentos de uma ocupação romana, visigoda e árabe, os bairros de cristãos e judeus espalharam-se até ao rio Tejo e subiram depois, para Alfama, Bairro Alto e outros subúrbios.

O tempo e as catástrofes naturais derrubaram muitos dos magníficos edifícios levantados durante a época, engolindo o fogo e as águas os tesouros que havia dentro deles, mas, apesar de tudo, ainda há alguns vestígios que, com imaginação, nos permitem reconstituir essa terra das "muitas e desvairadas gentes".

1.1 LISBOA

Lisboa é a capital portuguesa, hoje com cerca de 1 milhão de habitantes, cidade de longa história, cujas origens remontam a muitos milénios atrás. Mas foi a época romana e depois a época islâmica que a conformaram e lhe deram as estruturas que permitiram que, nos alvores da época Moderna, em tempos do reinado de D. Manuel I, fosse um dos principais centros urbanos da Europa e charneira entre o Velho Continente e as terras recém- descobertas. Depois da conquista árabe de 711 a 713, conheceu um desenvolvimento acentuado, conformando-se ao morro do Castelo e a Alfama e vindo até às margens do Tejo, atingindo os 30 hectares de área e uma população de cerca de 25 000 almas.

A Reconquista Cristã que teve na tomada de Coimbra, em 1064, um dos seus momentos altos na direcção do Sul, obrigou à criação de grandes dis-

Mosteiro dos Jerónimos, fachada principal, Lisboa.

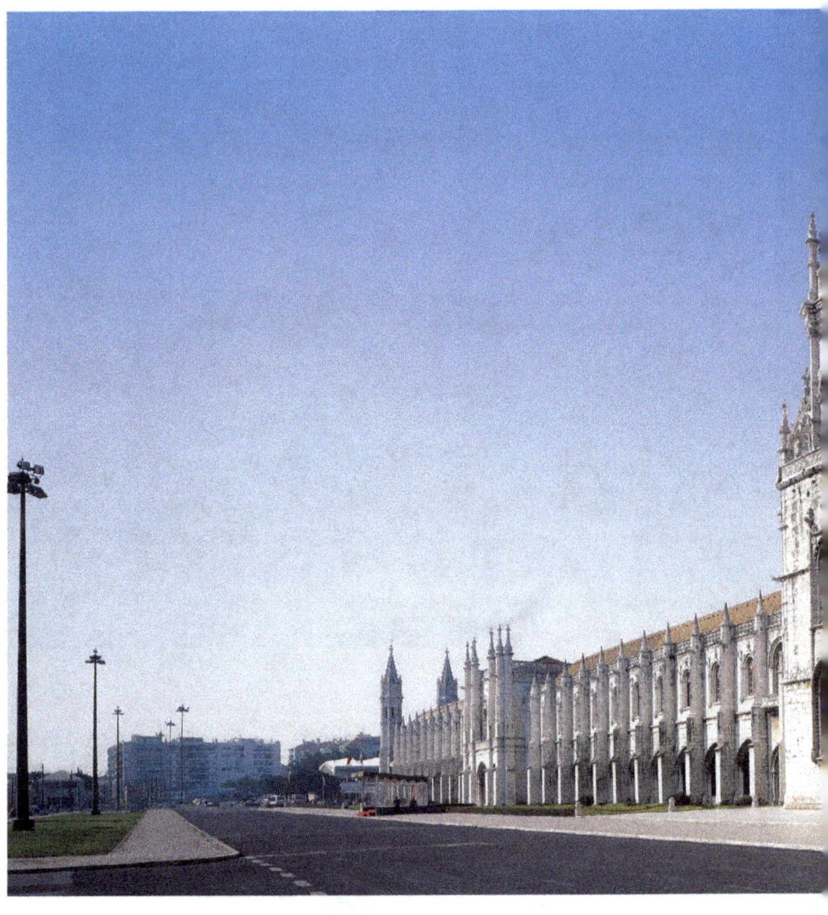

positivos de defesa, mas a História estava do lado dos cristãos que, sob o comando do primeiro rei português, D. Afonso Henriques, recuperou a urbe, em 1147, estabelecendo a nova fronteira ao longo do Tejo.

O jovem monarca percebeu a importância da cidade, a excelência do seu porto e mudou-se para aqui, fortalecendo muralhas, refazendo o seu palácio e construindo igrejas e até uma nova Sé Catedral. Mas, oficialmente, por mais século e meio, a capital continuava em Coimbra.

Lisboa crescia, com mercadores, estabelecimentos de ordens religiosas e uma actividade portuária constante. D. Afonso III estabeleceu a Corte no Castelo da *Alcáçova* e a cidade nunca mais perdeu o estatuto de cabeça do Reino. Ao finar a Idade Média, era já a cidade das "muitas e desvairadas gentes", com a vida a centrar-se em torno do Paço da Ribeira, para onde, após 1498, D. Manuel I se mudara e

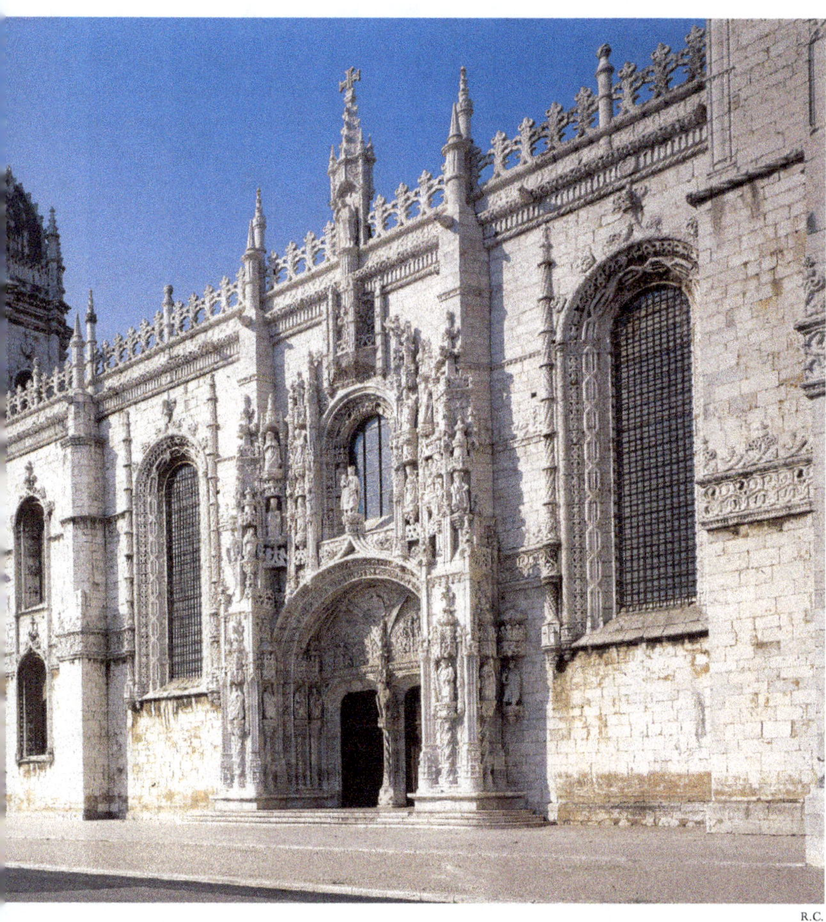

R.C.

junto ao qual se levantaram os armazéns da Casa da Índia, o Arsenal, a Ribeira das Naus, e donde saiam as vias estruturantes que ligavam ao Rossio e aos bairros circundantes, de Alfama, da Mouraria, do Castelo e de Vila Nova de Andrade, mais conhecido por Bairro Alto. Depois, espalhou-se ao longo do rio, onde a nobreza erigiu residências secundárias e fundou quintas, onde monges e monjas fizeram os seus conventos que, pouco a pouco, se foram unindo com o crescimento do casario de populares, até formar um aglomerado único que engloba diversos concelhos, praticamente, de Vila Franca de Xira a Cascais, Loures e Odivelas, e de Almada e Barreiro, na outra banda.

I.1.a **Mosteiro dos Jerónimos**

Belém, Praça do Império, telef. 21 3620034. Classificado como Monumento Nacional. Inscrito na Lista do Património Mundial da Unesco, desde 1983. É permitido fotografar.

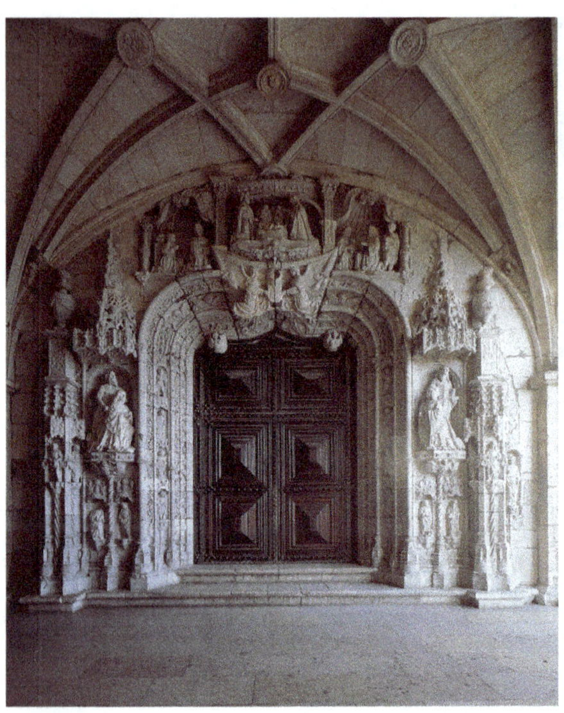

IPM/C.M.

Mosteiro dos Jerónimos, portal sul, Lisboa.

O acesso ao claustro, ao refeitório e ao coro-alto é pago. Horário: das 10h às 18h30 de Maio a Setembro, e das 10h às 17h, de Outubro a Maio. A última entrada realiza-se 30 minutos antes do horário de fecho. Encerra à segunda-feira e nos feriados de 1 de Janeiro, Páscoa, 1 de Maio e 25 de Dezembro. A igreja encontra-se aberta ao culto.

O Mosteiro dos Jerónimos ocupa o lugar dominante na Praça do Império, com uma fachada de quase 200 m virada ao rio Tejo. Desconhecemos quem foi o autor do plano original, que sofreu posteriormente alterações, pelo menos em 1510 e em 1516. O essencial, isto é, a igreja, o claustro real e grande dormitório virado à praia, deve-se a Boytac, mas a cobertura da igreja e as grandes empreitadas posteriores a 1517 estiveram a cargo de João de Castilho. É evidente que, nas décadas seguintes, quando vigoravam outros estilos, da renascença aos revivalismos românticos, foram continuadas obras de engrandecimento e de modernização.

A poente da igreja fica o enorme dormitório dos frades, de dois andares, onde hoje estão instalados o Museu Nacional de Arqueologia e o Museu de Marinha. A estrutura é, no essencial, a que foi projectada e começada a construir por mestre Boytac, antes de 1514, mas teve acrescentos neo-manuelinos, em meados do século XIX, que se estenderam às duas torres e à cúpula com que o templo propriamente dito termina desse lado.

A igreja dos Jerónimos tem dois portais principais, em lioz, os quais apesar de começados em 1517 e executados em simultâneo, revelam inspirações diferentes e distintos modos de compreender a arte da escultura. Ambos exibem claramente as principais características da arte manuelina. Talvez por isto, embora sendo possível distinguir o trabalho de vários artistas, há uma notável uniformidade de inspiração e de execução que bem nos revela o nível dos artistas, de diferentes nacionalidades, que mestre João de Castilho chamou para a obra régia de Belém.

O portal sul, o que está virado para o Tejo, tem sido sistematicamente descrito como uma jóia da escultura portuguesa de Quinhentos, para o que certamente contribui a profusão de imagens e de motivos decorativos que nele podem ser observados.

Sem fugir a influências patentes noutros portais anteriores, como o do

Convento de Cristo, em Tomar, ou mesmo de exemplos além-fronteiras, dos quais reflecte de um modo geral a organização, o portal sul organiza-se numa escala sem qualquer paralelo na arte portuguesa da época, como um verdadeiro *retábulo* que celebra *Nossa Senhora de Belém*, assistida por apóstolos, sibilas e evangelistas, mas que igualmente entroniza a figura emblemática do Infante D. Henrique, *O Navegador*, representado no *mainel* central do portal.

O portal axial, canonicamente o mais importante, foi a primeira obra executada em Portugal pelo mestre francês Nicolau Chanterene. Artista polifacetado, homem de cultura superior e, desde a sua chegada ao nosso país, protegido pelo rei, introduziu aqui algumas das características mais importantes da escultura do renascimento, nomeadamente, nos retratos de D. Manuel I e D. Maria, apresentados pelos santos protectores que se dispõem em mísulas a ladear o vão central. De notar igualmente a qualidade dos relevos dos apóstolos e das cenas da *Infância de Cristo*, no segundo registo.

O templo é a mais perfeita *igreja-salão* portuguesa e uma das mais notáveis de toda a Europa, com finíssimos pilares recobertos por *grutescos* renascentistas a sustentar uma abóbada de nervuras quase plana, lançada por João de Castilho, em 1522. Sob o coro-alto, um pouco posterior, mas ainda tardogótico, estão o túmulo de Camões e o túmulo de Vasco da Gama, da autoria de Costa Mota, ambos neomanuelinos, do final do século XIX.

No *transepto* ficam os dois excepcionais púlpitos, tardogóticos, feitos pelos auxiliares de João de Castilho. Também aí se abre a porta que comunica com a sacristia, com uma belíssima abóbada, suportada por um pilar médio, tudo coberto por *grutescos* da primeira renascença.

A capela-mor e os dois braços do *transepto* foram remodelados em estilo maneirista pelo arquitecto Jerónimo de Ruão. Inaugurada em 1572, alberga os túmulos dos reis D. Manuel I, D. João III, esposas e sua descendência. O grande *retábulo* possui um conjunto notável de pinturas maneiristas da autoria de Lourenço Salzedo. Os reis D. Sebastião e D. Henrique ficaram nas capelas do *transepto*, bem como outros infantes.

O claustro real possui dois andares, de estrutura tardogótica, com decoração

Igreja do Mosteiro dos Jerónimos, interior, Lisboa.

M.A.

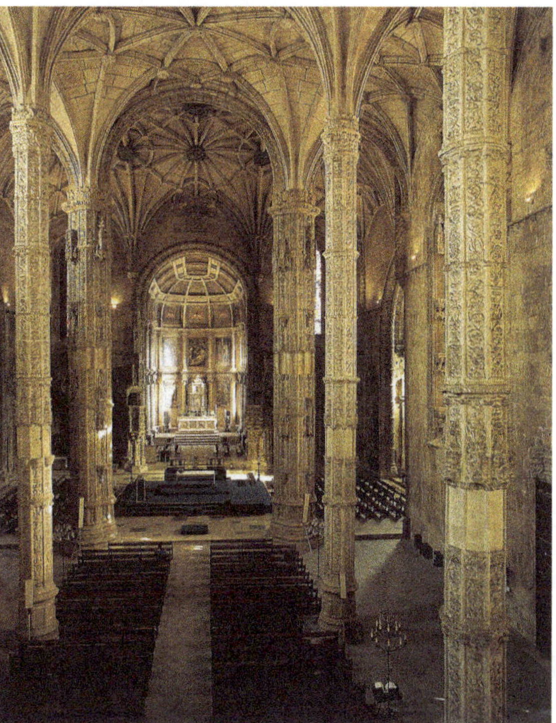

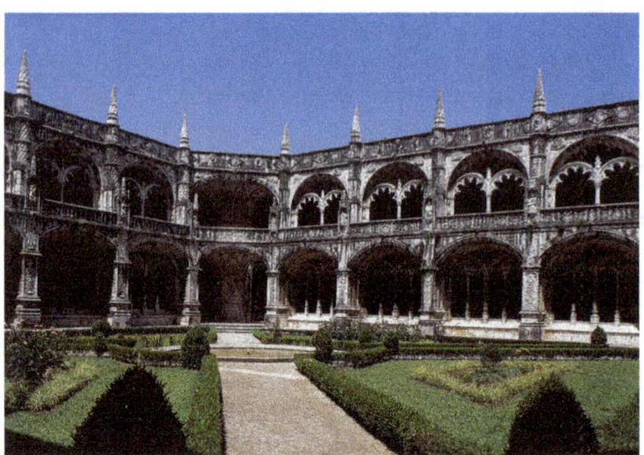
R.C.

Mosteiro dos Jerónimos, Claustro Real, Lisboa.

naturalista manuelina a alternar com temas já da renascença. As empreitadas de Boytac, João de Castilho e Diogo de Torralva sucederam-se, devendo-se a este último o programa renascentista da *platibanda* do andar alto.

Daqui acede-se ao coro-alto onde se conserva o cadeiral feito por Diego de Zarza, sob projecto de Torralva, por 1550, a melhor peça da marcenaria maneirista portuguesa, e também um excepcional e gigantesco *Cristo Crucificado*, oferecido pelo Infante D. Luís e executado pelo escultor flamengo Philippe de Vries.

Do piso térreo do claustro real tem-se acesso ao refeitório, de estrutura gótica final e que foi edificado pelo empreiteiro Leonardo Vaz; e a Sala do Capítulo, com um belíssimo portal esculpido por Rodrigo de Pontezilla e que, no seu interior, guarda o túmulo neogótico do grande historiador oitocentista Alexandre Herculano.

Museu de Marinha, interior, Lisboa.

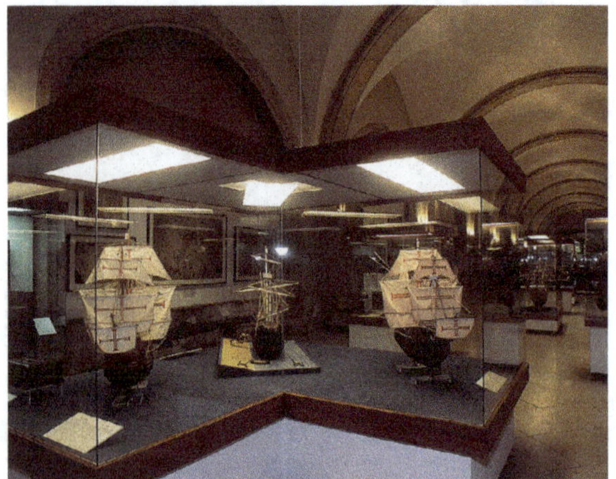
R.C.

I.1.b **Museu de Marinha**

Praça do Império, junto ao Mosteiro dos Jerónimos, telef. 21 3620019. É permitido fotografar.
A entrada é paga. Horário: das 10h às 18h, nos meses de Verão, e das 10h às 17h de Outubro a Maio. Encerra à segunda-feira e nos feriados nacionais.

O Museu de Marinha fica instalado na ala ocidental do antigo dormitório do Mosteiro dos Jerónimos, e também em instalações mais modernas. Aqui pode ver-se um conjunto de miniaturas de navios desde a Idade Média até à actualidade, com principal destaque para os navios dos Descobrimentos. Guardam-se muitos instrumentos náuticos, armamento, espécies iconográficas ligadas ao mar, bem como lápides, padrões e outras peças originais trazidas de praças-fortes e cidades ultramarinas. Há ainda muitos mapas e cartas náuticas, bem como a imagem de São Rafael que foi num dos navios que fez a viagem inaugural à Índia comandada por Vasco da Gama. Na zona nova estão expostas as galeotas reais e outras embarcações, bem como o avião *Lusitânia* em que Gago Coutinho e Sacadura

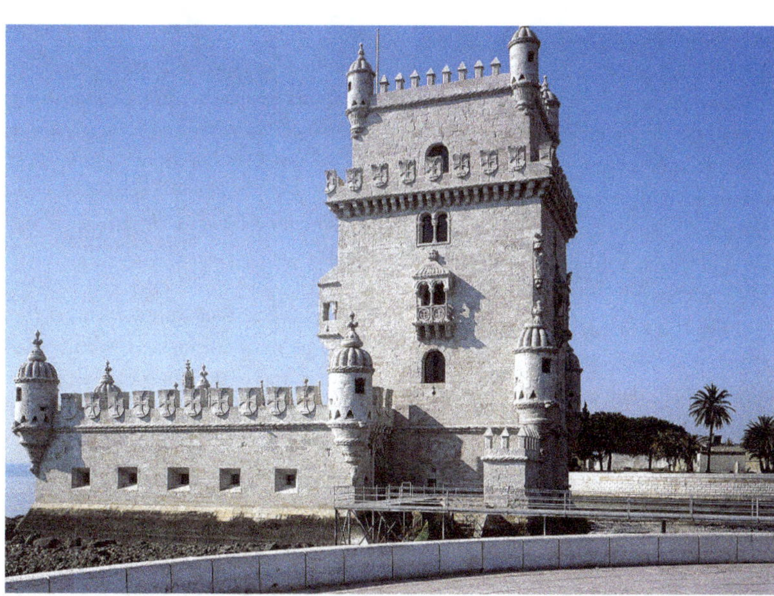

R.C.

Torre de Belém, vista geral, Lisboa.

Cabral fizeram a primeira travessia do Atlântico Sul.

I.1.c **Torre de Belém**

Zona de Belém, junto ao rio Tejo, telef. 21 3620034. Classificada como Monumento Nacional. Inscrita na Lista do Património Mundial da Unesco, desde 1983. É permitido fotografar.
A entrada é paga. Horário: das 10h às 18h30, de Maio a Setembro, e das 10h às 17h de Outubro a Abril. Encerra à segunda-feira e nos feriados 1 de Janeiro, Páscoa, 1 de Maio e 25 de Dezembro. A última entrada realiza-se 30 minutos antes do horário de encerramento.

A Torre de Belém é um dos monumentos emblemáticos da arquitectura manuelina. Construída a escassa distância do Mosteiro dos Jerónimos e menos ainda do palácio real que D. Manuel I mandou fazer, mas que nunca foi acabado, servia de defesa à barra do Tejo, jogando fogos com a fortaleza velha de Outão. O seu plano e direcção das obras ficaram a dever-se a Francisco de Arruda e decorreram entre 1515 e 1519. É constituída por um *baluarte*

R.C.

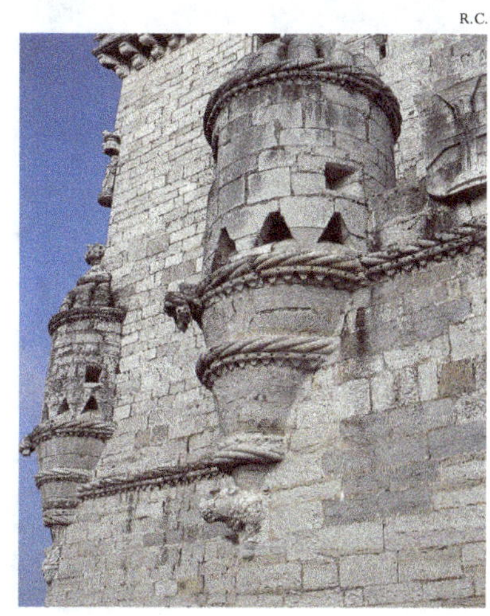

Torre de Belém, pormenor de rinoceronte, Lisboa.

moderno, poligonal e acasamatado e por uma torre como as velhas torres de menagem medievais que tinha uma função de vigia e também, certamente, poderia servir para a Corte assistir às cerimónias de partida e chegada das armadas.
Uma profunda reforma feita a partir de 1848 alterou a sua decoração, conferindo-lhe um ar festivo que inicialmente não tinha, dotando-a, nomeadamente, de *merlões* em forma de escudos com a Cruz de Cristo, belas varandas rendilhadas e guaritas de gosto árabe que são exclusivamente fruto da imaginação delirante dos restauradores oitocentistas.

I.1.d **Museu Nacional de Arte Antiga**

Rua das Janelas Verdes, telef. 21 3912800. O Museu encontra-se instalado no antigo Palácio dos Condes de Alvor, edifício classificado como Imóvel de Interesse Público. Serviços de cafetaria e de restaurante. A entrada é paga. Horário: de quarta-feira a domingo, das 10h às 18h, e à terça-feira, das 14h às 18h. Encerra à segunda-feira, à terça-feira de manhã e nos feriados de 1 de Janeiro, Páscoa, 1 de Maio e 25 de Dezembro.

O Museu Nacional de Arte Antiga conserva as mais importantes colecções portuguesas manuelinas e, mais genericamente, da época dos Descobrimentos, bem como de peças que são o fruto do encontro de culturas, da cultura europeia com as dos povos da África, das Américas e da Ásia.

Painéis de São Vicente

Redescobertos em finais do século XIX, pertenceram originalmente ao altar de São Vicente da Sé de Lisboa e são um dos mais extraordinários registos da história da pintura ocidental.

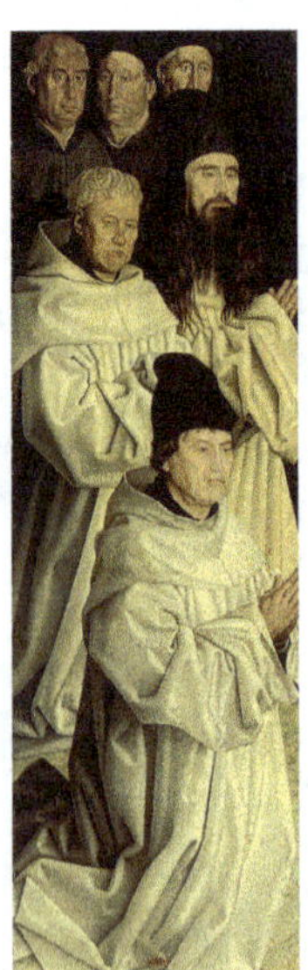
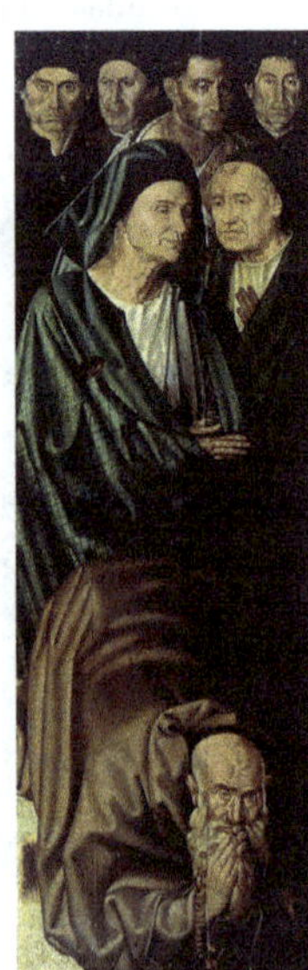
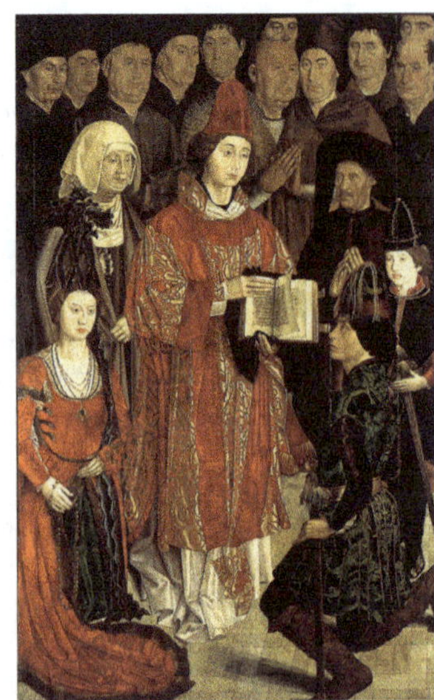

Painéis de São Vicente: a) Painel dos Frades; b) Painel dos Pescadores; c) Painel do Infante; d) Painel do Arcebispo; e) Painel dos Cavaleiros; f) Painel da Relíquia.

Embora tenham dado origem, ao longo do século XX, a uma acesa polémica historiográfica, desenvolvida em torno da identidade do seu autor, da sua localização original, da sua cronologia e, fundamentalmente, da identificação das personagens representadas ou do seu sentido e significação, transformaram-se num emblema dos Descobrimentos portugueses.

Todas as informações disponíveis apontam no sentido de que Nuno Gonçalves, pintor de D. Afonso V, activo entre 1450 e 1492, tenha sido o autor desta magistral encomenda régia, muito provavelmente destinada a enaltecer a protecção de São Vicente nos feitos heróicos dos portugueses em Marrocos, no tempo daquele rei. O santo surge nos dois painéis centrais como personagem tutelar, em torno da qual se dispõem figuras com evidente protagonismo nesta acção colectiva. Em planos escalonados, e também com destaque para as duas personagens que, ocupando respectivamente os primeiros planos, figuram apenas com um joelho em terra, a inserção das figuras, num simples registo perspectivado em quadrícula e com fundo escuro, não é arbitrária.

No *Painel do Infante* assiste-se a uma cena áulica, e a um acto que é legítimo entender como de juramento ou veneração da família real, já que São Vicente dá a ver a um dos protagonistas, muito provavelmente ao rei D. Afonso V, o livro dos Evangelhos. Com uma muralha de rostos profundamente expressivos, que se prolonga pelos restantes painéis, o santo surge ladeado pelas figuras que se supõem corresponder a retratos do Infante D. Henrique, de D. Isabel, Duquesa da Borgonha, e do Príncipe D. João, futuro rei D. João II, além da rainha D. Isabel, em directa correspondência com o rei.

No *Painel do Arcebispo* é visível uma *iconografia* de exaltação guerreira. São

IPM/J.P.

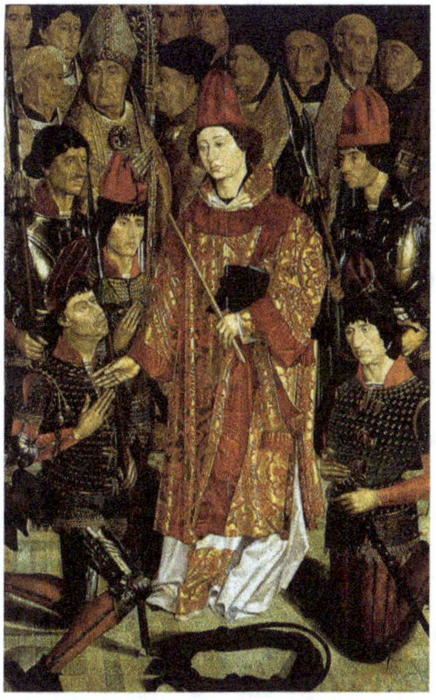

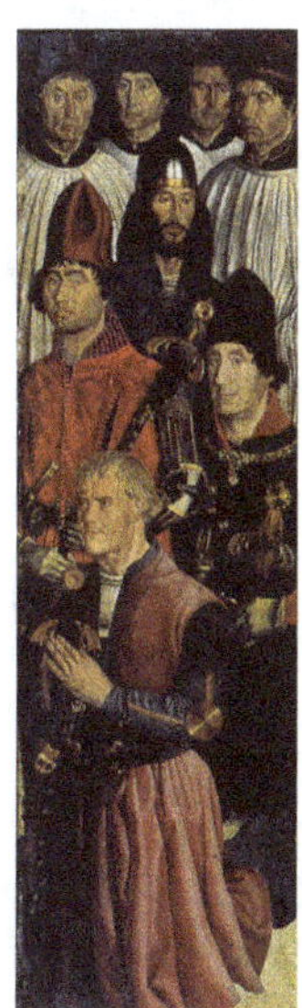

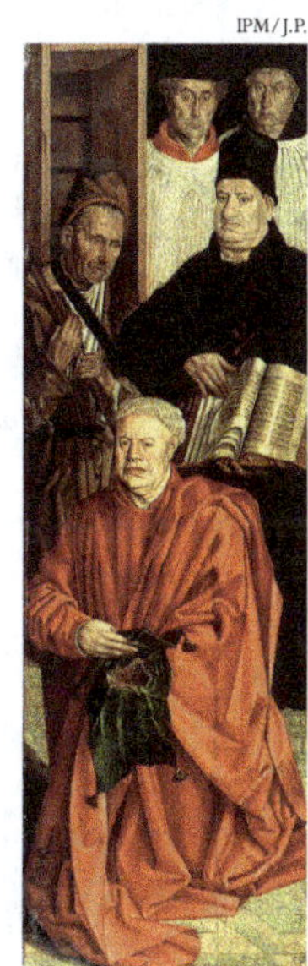

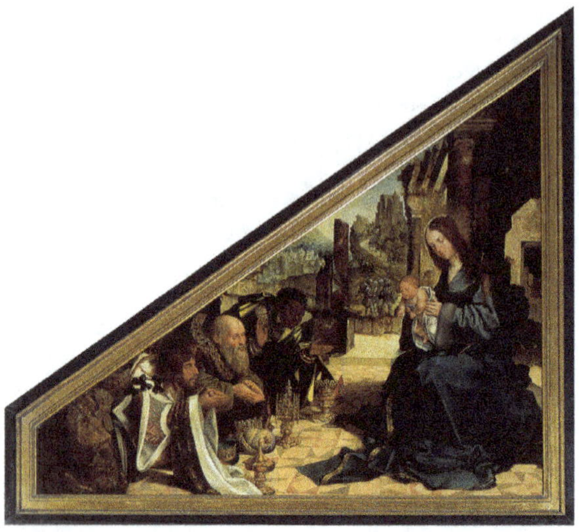

IPM/C.M.

Jorge Afonso, "Adoração dos Reis Magos", retábulo proveniente do Convento da Madre de Deus, óleo sobre madeira, c. 1515, Museu Nacional de Arte Antiga, Lisboa.

Vicente segura o bastão de comando, já com o livro fechado, enquanto as principais personagens figuram com traje militar e armadas de lanças e de uma espada, numa alusão concreta ao poder militar e à guerra sob o beneplácito da Igreja, cuja hierarquia está amplamente representada neste e nos restantes painéis do *políptico*.
Os quatro painéis de menores dimensões, que se dispõem lateralmente, inserem-se numa lógica de continuidade com os centrais, tanto no plano dos valores formais como no da significação. Antes de mais, nos dois seguintes, tanto no da direita, o *Painel dos Cavaleiros*, como no da esquerda, o *Painel dos Pescadores*, reforça-se o sentido de representatividade e envolvimento da sociedade portuguesa na acção, que corresponderá, com muita probabilidade, às campanhas militares ocorridas no reinado do *Africano* em Alcácer Seguer, em 1458, e Arzila e Tânger, em 1471.
Inserindo-se de forma coerente neste conjunto, e em evidente correspondência mútua, os dois painéis colocados nas extremidades introduzem novos elementos de significação e imprimem um novo sentido à obra. De facto, no *Painel da Relíquia* e no *Painel dos Frades* figuram elementos iconográficos que, numa leitura embora não consensual, se relacionam directamente com o culto a São Vicente, designadamente o madeiro, que aparece no primeiro, e a relíquia e o caixão, que se encontram no segundo.
Os poderosos e inovadores recursos expressivos de Nuno Gonçalves, centrado em valores de verosimilhança representativa, ressaltam neste magistral discurso pictórico, datável de cerca de 1470-1480.

Pintura do período manuelino

Uma nova dinâmica criada em torno da pintura poderá ter conhecido um impulso significativo a partir de meados do século XV, mas os seus resultados visíveis, e num quadro já manifestamente diverso daquele, traduzem-se no período que corresponde ao reinado de D. Manuel I.
Além das pinturas importadas, maioritariamente flamengas, que se encomendaram ou se adquiriram no mercado livre, e das quais se podem ver extraordinários exemplares na colecção deste museu – o *São Jerónimo* de Albrecht Dürer e a *Virgem com o Menino* de Hans Memling, o *Retábulo da Paixão,* de Quentin Metsys, a que se pode juntar o *Políptico da Misericórdia do Funchal,* de Jan Provost – foi também a vinda para Portugal de pintores com a mesma origem e a formação de portugueses nessas oficinas, que provocou um decisivo processo de viragem dos meios expressivos.

Das grandes empreitadas que decorreram sob o patrocínio de D. Manuel, da rainha viúva D. Leonor e de altos dignitários do clero regular e secular, restam alguns importantes exemplares nesta colecção, expostos isoladamente ou agrupados de acordo com o que se supõe ter sido a primitiva organização retabular de algumas séries, maioritariamente saídas das oficinas do círculo cosmopolita de Lisboa, seja de pintores portugueses, seja de flamengos activos em Portugal.

Dirigido pelo pintor régio Jorge Afonso, activo entre 1504-1540, o grande *retábulo* proveniente do Convento da Madre de Deus, de que restam sete painéis, pode ser eleito como um bom exemplo do que de melhor se produzia nas oficinas de Lisboa do ciclo manuelino e do impacto que os processos da pintura flamenga tiveram sobre elas. Num dos mais expressivos exemplares desse conjunto, o que figura o *Aparecimento de Cristo à Virgem*, encontra-se a data de 1515.

Do mesmo convento, e também feito sob o patrocínio da mesma mecenas, a rainha D. Leonor, embora de autoria incerta, procedem os painéis do *Retábulo de Santa Auta,* que pertenceu à capela que guardava as suas relíquias. No que representa a *Chegada das Relíquias a Lisboa* reproduz-se com aparente verosimilhança o facto histórico: o cenário real e todo o cerimonial da recepção, ao qual assiste a própria rainha, situada no palanque, à esquerda. Paradoxalmente, é a sedutora figura da mártir Santa Auta, tratada com todo o realismo, que ocupa o primeiro plano.

Os pintores portugueses que no período atingiram maior notoriedade, representados através de importantes exemplares desta colecção, relacionam-se com o influente mestre Jorge Afonso, em cuja oficina se formaram muitos deles. Cristóvão de Figueiredo, de que se expõe uma *Deposição de Cristo no Túmulo,* que era de Santa Cruz de Coimbra; Gregório Lopes, também nomeado pintor régio por D. Manuel e confirmado por D. João III, de que o *Retábulo de São Bento* e o *Retábulo de Santos-o-Novo* são das obras paradigmáticas; Garcia Fernandes, de que destacamos a *Apresentação no Templo*.

Anote-se ainda o prestigiado flamengo Francisco Henriques, representado com tábuas do *Retábulo de São Francisco de Évora*, que juntamente com os três anteriores mantinham com o pintor

Jorge Leal e Gregório Lopes, "Adoração dos Reis Magos", do retábulo de São Bento, óleo sobre madeira de carvalho, c. 1524-25, Museu Nacional de Arte Antiga, Lisboa.

IPM/J.P.

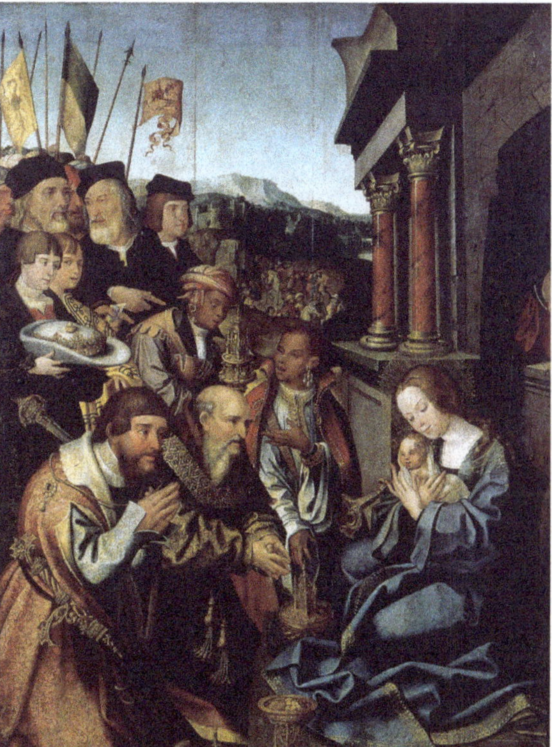

Autor desconhecido, "Inferno", óleo sobre madeira de carvalho, séc. XVI, Museu Nacional de Arte Antiga, Lisboa.

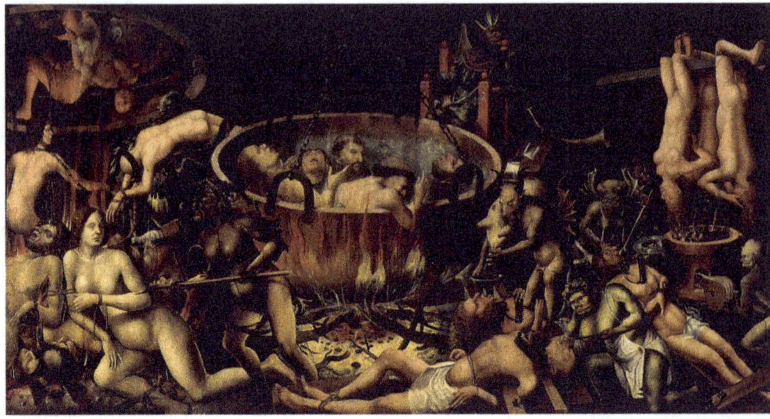

IPM/L.P.

régio relações de parentesco e, sobretudo os três primeiros, associação de trabalho, mais ou menos constantes. Assim, uma aparente homogeneidade nos meios expressivos de um significativo número de obras justifica-se também à luz do habitual regime de trabalho em equipa.

Neste percurso, assinale-se também a presença das obras do frade-pintor de origem flamenga Frei Carlos, nomeadamente, a *Anunciação*, a *Ressurreição* e o *Bom Pastor*, que mantinha a sua oficina no Convento do Espinheiro, em Évora; e ainda de outro pintor de origem nórdica, convencionalmente designado por Mestre da Lourinhã, a quem se atribui, entre outros, o belíssimo *São João em Patmos*, do Convento das Berlengas, e o *Retábulo da Vida de Santiago,* proveniente da igreja do Castelo de Palmela.

Ourivesaria

No campo da ourivesaria é a Custódia de Belém, celebrizada pelo nome do mosteiro que a conservou após a morte do rei D. Manuel, sem dúvida, uma das obras mais celebradas da ourivesaria manuelina e da arte portuguesa em geral.

O testamento régio, datado de 1517, permite conhecer o nome do seu autor, Gil Vicente, a cuja oficina o *Venturoso* confiou o ouro do primeiro tributo do Reino de Quíloa, trazido por Vasco da Gama, em 1503. Durante três anos o ourives e os seus oficiais trabalharam nesta obra que ficou terminada em 1506 como reza a inscrição na base: O MUITO ALTO. PRICIPE E. PODEROSO. SENHOR. REI. D'. MANUEL. I. A. MDOU. FAZER. DO. OURO. DAS. PARIAS. DE QUILOA. AQUABOU. CCCCCVI.

A estrutura da custódia integra-se na produção ibérica do tardogótico, caracterizada pelo uso de um viril cilíndrico vertical. A base é elipsoidal, com seis lóbulos gomados com meios relevos de ouro esmaltado com frutos, flores, caracóis e pavões. No nó surgem seis esferas armilares, empresa de D. Manuel. O corpo superior, eminentemente arquitectónico, possui na base os doze apóstolos ajoelhados cercando o cilindro de cristal, onde se expunha o Santíssimo Sacramento. Nas duas *pilas-*

tras que ladeiam este grupo, em minúsculas figuras, surge a *Anunciação*, com o *Anjo São Gabriel e a Virgem*. No plano superior, no triplo *baldaquino*, surge a *Pomba* representando o Espírito Santo, e mais acima a figura do *Pai Eterno* abençoando.

Esta custódia, descrita na própria *Crónica de D. Manuel*, é um dos testemunhos mais pujantes da mensagem político-religiosa do monarca. Símbolos do seu poder, como as esferas armilares e a legenda da base, associam-se à esfera religiosa, que marca a estrutura superior da custódia.

Outras peças de grande qualidade da época manuelina merecem destaque, nomeadamente, a ampulheta de prata com as armas reais e a esfera armilar; o grande porta-paz do Convento do Espinheiro, de Évora, com a data de 1515; e o relicário do Santo Lenho, da rainha D. Leonor, em forma de templete, de ouro, esmaltes e pedras preciosas, já de estilo renascença, executado muito provavelmente por Mestre João.

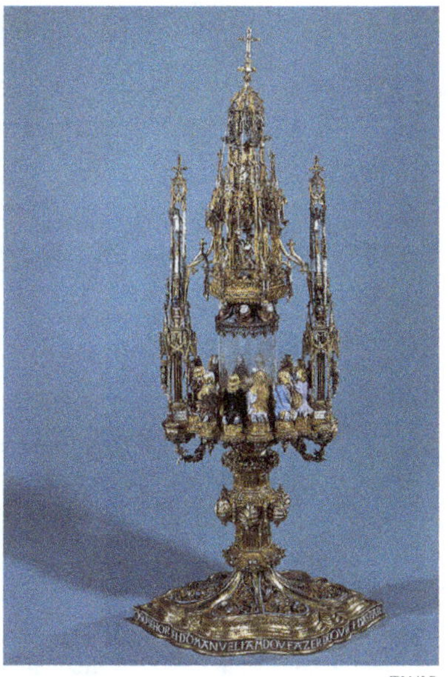

IPM/J.P.

Oficina de Gil Vicente, Custódia de Belém, ouro e esmalte em "ronde-basse", 1503-06, Museu Nacional de Arte Antiga, Lisboa.

Escultura

Das colecções de escultura manuelina destacamos as obras das oficinas de Coimbra, sobretudo da autoria de Diogo Pires-o-Velho, como o belo *São Tiago* de pedra de Ançã polícroma; de Diogo Pires-o-Moço, o caso de um fantástico *São Miguel*; obras flamengas de grande nível, como o *São Mateus* assinado por Cornelis de Holanda e sobretudo as esculturas dos Della Robbia, um conjunto de *tondi* e o frontal de sacrário que pertenceram ao Convento da Madre de Deus e à colecção de D. Leonor, e as estátuas de *São Leonardo* e

J.B.

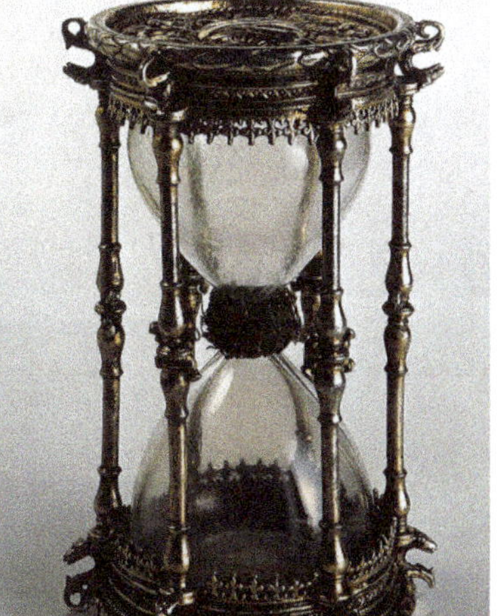

Ampulheta manuelina, Museu Nacional de Arte Antiga, Lisboa.

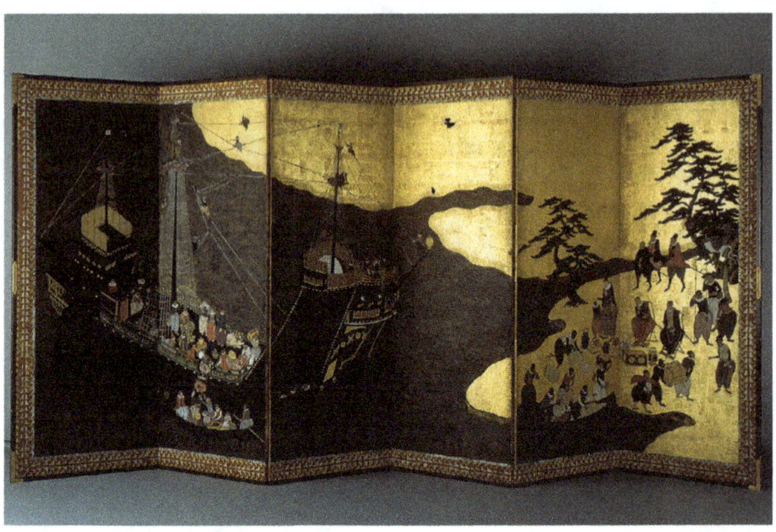

Atribuído a Kano Domi, biombo "namban", folhas com pintura a têmpera sobre papel-de-arroz revestido a ouro, 1593-1600, Museu Nacional de Arte Antiga, Lisboa.

de *Nossa Senhora da Estrela*, oferecidas pelo papa Leão X a D. Manuel I e que estiveram no Mosteiro dos Jerónimos.

Arte luso-africana e luso-oriental

Tendo recebido o espólio dos conventos extintos, em 1834, o Museu Nacional de Arte Antiga possui um importante conjunto de obras importadas de África, Índia, China e Japão, após o evento dos Descobrimentos portugueses. Aquisições e doações várias complementaram este núcleo, dos mais importantes do Museu, incontornável para todos os que desejam conhecer a arte da África e do Oriente.

Os contactos dos portugueses com a Serra Leoa são documentados por três obras de marfim, dois *olifantes*, um dos quais ornamentado com a Cruz da Ordem de Cristo e a base de um saleiro, onde se destacam figuras de portugueses, um dos quais a cavalo, figura que serve de tampa da peça.

A Arte realizada na Índia constitui sem dúvida, o mais numeroso e rico conjunto do Museu. Alfaias religiosas de prata e ouro, cofres de filigrana e tartaruga, mobiliário de todas as tipologias, imagens de marfim e paramentos pintados e bordados, ilustram a evolução de uma arte ao longo de quatro séculos. De entre as obras mais recuadas e importantes destaca-se o Tesouro do Convento da Vidigueira, constituído por um oratório-relicário, uma estante de missal e um porta-paz, todos em prata, oferecido a este convento alentejano pelo Padre André Coutinho, que as trouxe da Índia nos finais do século XVI. Da Índia destaca-se o mobiliário de madeiras exóticas com embutidos de marfim, contadores, escritórios, mesas, e a estatuária de marfim, em que avultam os Menino Jesus Bom-Pastor.

As porcelanas constituem o mais rico conjunto de obras provenientes da longínqua China. Existindo um bom conjunto de porcelanas azuis e brancas, datáveis da dinastia Ming, são no entanto na porcelana de exportação polícroma, do século XVIII, que o museu revela exemplares de grande importância. Associam-se obras lacadas e esmaltes realizados em oficinas de Cantão, especialmente elaboradas para as clientelas europeias.

Do Japão, de cujos contactos com Portugal resultou uma bela manifestação artística, a Arte *Namban*, salienta-se o par de biombos que documentam a chegada dos portugueses ao Japão. Datam de finais do século XVI e descrevem a partida das naus de Goa e sua chegada ao Japão. Para além destes biombos, o museu possui um bom conjunto de lacas *namban*, referência aos *Namban-jin* ou seja *Bárbaros do Sul*, designação por que os portugueses eram conhecidos, com cofres, escritórios, tabuleiros, entre outras peças.

I.1.e **Portal da igreja da Conceição Velha**

Rua da Alfândega, na Baixa Pombalina, telef. 21 8870202. Classificada como Monumento Nacional. É permitido fotografar. Horário: das 8h às 18h, ao sábado das 8h às 13h e ao domingo das 10h às 13h. O serviço religioso realiza-se de terça a sexta-feira às 12h10. Habitualmente encerra em Agosto.

A igreja da Conceição Velha pertenceu aos Cavaleiros da Ordem de Cristo que no século XVI a engrandeceram de forma que a tornaram numa das mais notáveis de Lisboa. O terramoto de 1755 deixou pouca coisa de pé, sendo de destacar o portal, executado logo a seguir a 1518, pelo que é muito provável que a campanha de obras que o erigiu tenha sido composta por alguns dos artistas que anteriormente haviam trabalhado no Mosteiro dos Jerónimos, sob a direcção de João de Castilho.

É composto por um arco a pleno centro com duas *arquivoltas* finamente esculpidas, limitando por isso um *tímpano* e um vão central dividido a meio por *mainel* esculpido. A ladear o portal, dois pilares tipicamente manuelinos albergam nichos com *baldaquino* em que se representa a Anunciação. No entanto, é na representação de Nossa Senhora da Misericórdia que vamos encontrar o conjunto escultórico mais interessante. Estamos diante da obra de escultor de grande qualidade, de que desconhecemos a identidade, mas que soube representar muito bem o essencial do tema ao colocar sob a protecção do manto da Senhora diversos tipos sociais; de um lado, representantes do clero, aí figurando um papa, um cardeal e bispos e, do outro, o imperador, reis e outros membros da nobreza.

Igreja da Conceição Velha, portal, Lisboa.

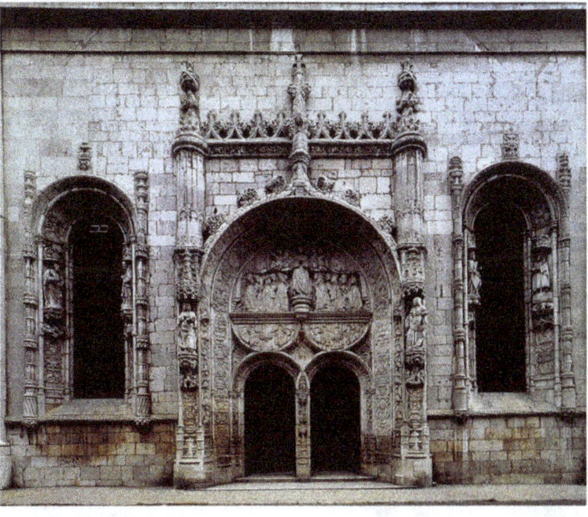

IPM/C.M.

I.1.f **Casa dos Bicos**

Rua dos Bacalhoeiros, telef. 21 8810900/ 21 8884827. Classificada como Monumento Nacional. É utilizada para a realização de exposições temporárias.
Horário: dias úteis, das 9h30 às 17h30.

Caminhando para leste, ao longo do antigo Terreiro do Trigo, encontramos a Casa dos Bicos, exemplar notabilíssimo da arquitectura do início do século XVI. Foi mandada construir por Brás Afonso de Albuquerque, filho do governador da Índia, Afonso de Albuquerque, sobre o local onde havia umas salgas antigas e encostada à velha muralha altomedieval.

Casa dos Bicos, vista geral, Lisboa.

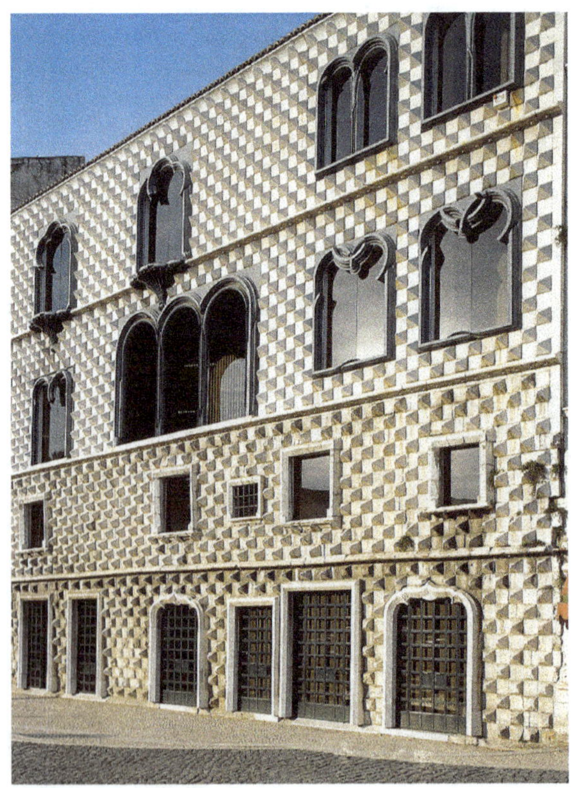

M.A.

O revestimento foi feito com pedras facetadas, em ponta de diamante, em bico, como se fizera noutros locais da Europa, nomeadamente em Ferrara e em Segóvia, o que lhe deu o nome porque hoje é conhecida. Em 1755, os andares superiores ruíram e, em 1983, foram reconstruídos com apoio de *iconografia* antiga, mas fazendo-se as molduras dos vãos em metal, para não confundir os observadores menos atentos.

I.1.g **Castelo de São Jorge**

O acesso ao castelo efectua-se pela porta de São Jorge, na Rua do Chão da Feira. Telefone: 21 8877244 /21 8882831.
Classificado como Monumento Nacional.
Horário: das 10h às 18h, no Inverno, e das 10h às 21h, no Verão.
Dispõe de serviços de restauração.
Na Olissipónia, situada no local do antigo Paço Real, pode assistir a um espectáculo multimédia onde se fala da história da cidade de Lisboa, o qual se realiza diariamente das 10h às 18h, excepto no dia 1 de Janeiro, 1 de Maio e 25 de Dezembro.
No castelejo, situa-se a Torre de Ulisses onde, através da utilização de um periscópio, é proporcionada a observação da cidade de Lisboa numa amplitude de 360°. Funciona diariamente das 10h às 16h30, excepto nos feriados de 1 de Janeiro, 1 de Maio e 25 de Dezembro.

O Castelo de São Jorge remonta ao período da Lisboa islâmica e era o local da *alcáçova* que ocupava cerca de 4 hectares. Daí saíam as muralhas do complexo defensivo da urbe, as muralhas mouras, como são conhecidas e de que restam alguns pequenos trechos,

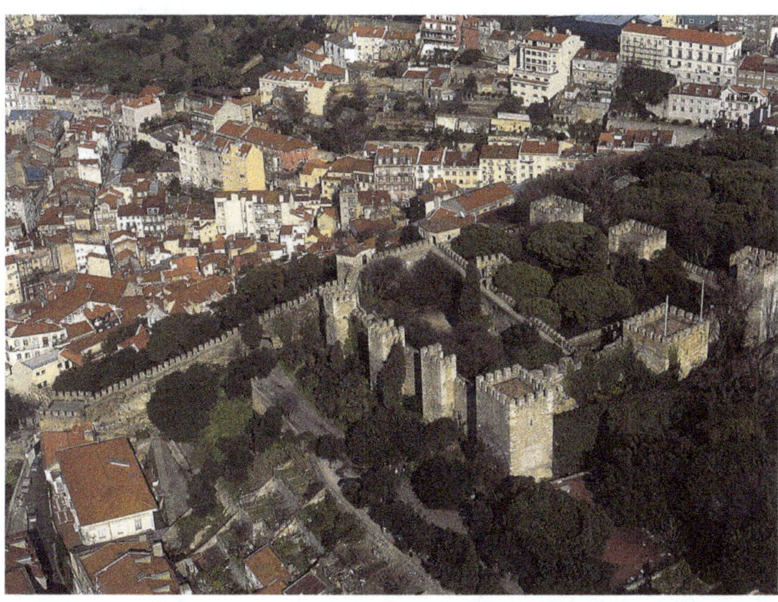

Castelo de São Jorge, vista aérea, Lisboa.

A.C.

nomeadamente do lado nascente, junto à igreja do Menino Deus. Depois da reconquista de 1147, foi aqui que viveram os reis portugueses os quais transformaram profundamente as instalações habitacionais, decorrendo a última grande reforma, já em tempo de D. Manuel que, no entanto, nos primeiros anos de Quinhentos, viria a habitar no Paço da Ribeira. Ainda assim, alguns monarcas, como D. Sebastião, continuaram a preferir o velho castelo, para temporadas mais ou menos longas.

Para se dirigir a Sintra de automóvel, deverá seguir pelo IC 19 (25 km). Poderá ainda utilizar o comboio, com partida da estação do Rossio, em Lisboa (45 minutos).

A Praia da Aventura

Pedro Dias, Dalila Rodrigues,
Nuno Vassallo e Silva, Fernando Grilo

Segundo dia

I.2 SINTRA

I.2.a Palácio da Vila
I.2.b Palácio da Pena

I.3 CHELEIROS

I.3.a Igreja de Cheleiros

I.4 TORRES VEDRAS

I.4.a Castelo de Torres Vedras
I.4.b Igreja de São Pedro
I.4.c Convento do Varatojo

D. Manuel I

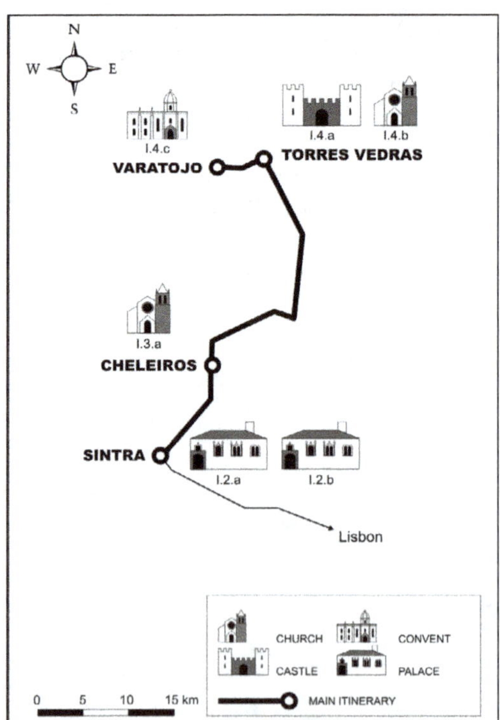

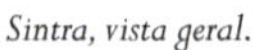

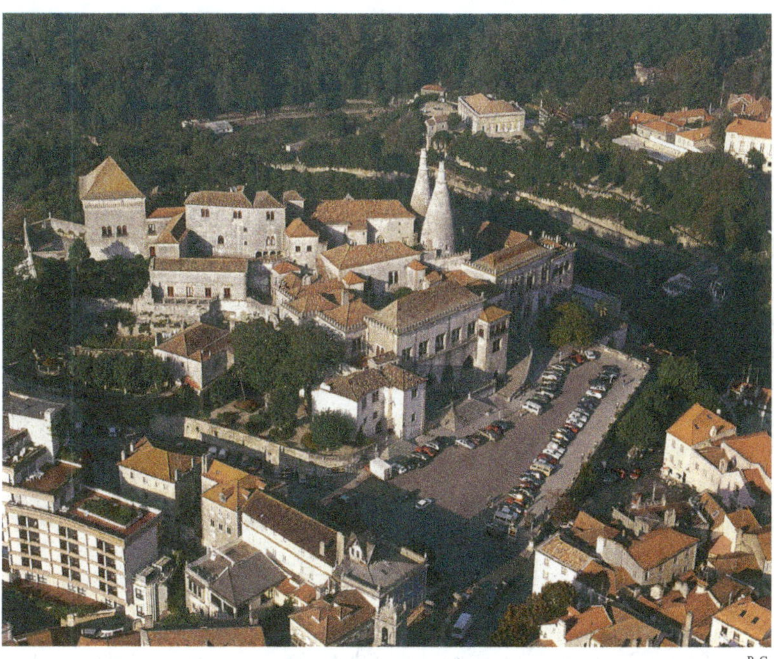

Sintra, vista geral.

R.C.

I.2 SINTRA

Sintra era uma importante povoação árabe que figura nos principais itinerários do *Gharb.* Em 1147 caiu em poder dos exércitos de D. Afonso Henriques que guarneceu de homens de armas o Castelo dos Mouros – que remontava ao século XI – e o Palácio da Vila, uma construção fortificada, também da mesma época.

A beleza da paisagem sintrense, a amenidade do clima e a caça que abundava nas serranias, fizeram da vila local de eleição dos monarcas portugueses, sobretudo da Baixa Idade Média. Estes, pouco a pouco, foram aumentando o palácio e fomentando a instalação de serviçais, a ponto de Sintra se tornar numa vila próspera, já no século XV.

Na época manuelina, o Paço de Sintra era já assumidamente uma instalação complementar do Paço da Ribeira, em Lisboa, onde a Corte pousava, durante grandes períodos, sendo então construídas ou reconstruídas em derredor igrejas e conventos, de que se destacam o da Pena e o da Penha Longa, não faltando, naturalmente, a Casa da Câmara, a Gafaria e muitos palácios da principal nobreza do Reino.

No século XIX, com a acção de D. Fernando II, o Rei Romântico, Sintra ganhou novo alento, povoando-se de construções neogóticas ou noutros estilos revivalistas que encantaram viajantes como Byron e espíritos cultos como o da rainha D. Amélia. Os últimos três reis portugueses voltaram a animar o Paço da Vila, fazendo dele uma residência privilegiada.

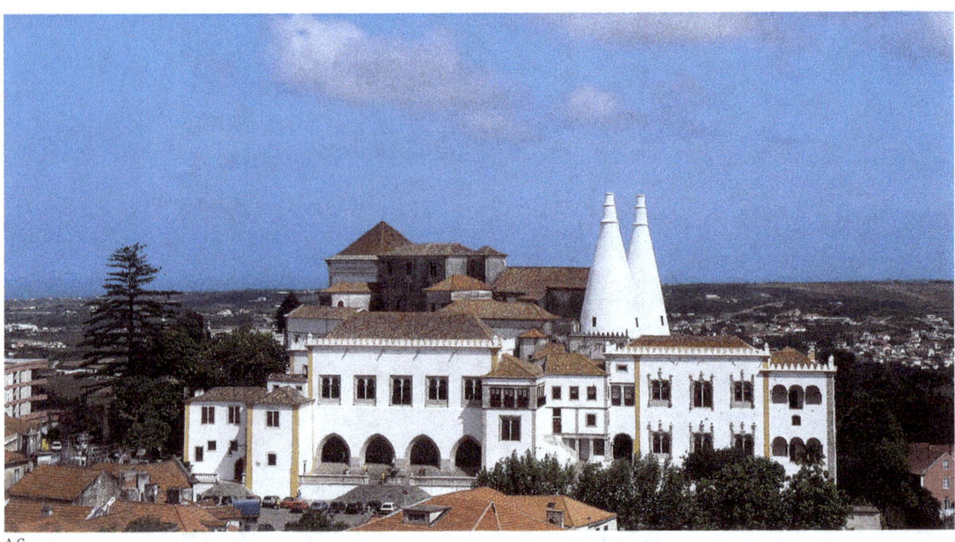

A.C.

Palácio da Vila, Sintra.

I.2.a **Palácio da Vila**

Largo Rainha D. Amélia, em pleno centro de Sintra, telef. 21 9106840/2. Classificado como Monumento Nacional.
A entrada é paga. Horário: das 10h às 17h30. A última entrada realiza-se 30 m antes do fecho. Encerra à quarta-feira e nos feriados de 1 de Janeiro, Páscoa, 1 de Maio, 29 de Junho e 25 de Dezembro.

Esta construção tem origem muçulmana e foi aproveitada pela Coroa portuguesa, logo após a reconquista de 1147. Sabemos que sofreu grandes obras de reforma e ampliação, no tempo de D. João I, nos primeiros anos do século XV e, pelo menos, duas outras intervenções ordenadas por D. Manuel I, uma das quais logo que subiu ao trono. Foram elas que lhe conformaram o aspecto actual, pese embora as melhorias introduzidas por D. João III e, depois, após o terramoto de 1755.

Na fachada virada à praça pública destaca-se o coroamento de ameias *mudéjares* de gosto cordovês e as janelas duplas de sacada com umas molduras no mais exuberante manuelino naturalista. Grandes arcos ogivais dão acesso às escadas que levam ao andar nobre.
Destaca-se, no exterior, o volume das duas grandes chaminés das cozinhas, podendo ainda perceber-se a complexidade e a evidente falta de ordem da construção, aliás, várias construções justapostas ao longo dos séculos. A ligar cada bloco há pátios com lagos e fontes, jardins e recantos de fresco, como o Pátio dos Cisnes, o Pátio da Carranca e o Jardim da Preta, o que se deve ao desejo do rei D. Manuel de fazer aqui um palácio *mudéjar*, como os que tinha visto em Castela, e sobretudo em Aragão, e na Andaluzia. Por isso a capela tem um tecto *mudéjar* de laçaria e por todo o lado as paredes estão revestidas por azulejos *mudéjares* de fabrico sevilhano, como na bela Sala

da Sereia e na Sala dos Árabes, onde nem falta uma pequena e elegante fonte central.

No Jardim da Preta fica o Esguicho, um pilar torso de pedra com decoração naturalista, envolto em vegetação exótica.

Destacamos a Sala das Pegas pelo exótico da sua decoração, essas mesmas aves no tecto e azulejos de aresta a conformar os lambris, onde não falta um fogão de mármore renascentista italiano e, particularmente, o tecto da Sala dos Brasões, um completíssimo armorial da nobreza manuelina. Outras construções do século XVI que merecem destaque são o átrio e a Sala das Galés, cujo tecto está decorado com a pintura de embarcações portuguesas.

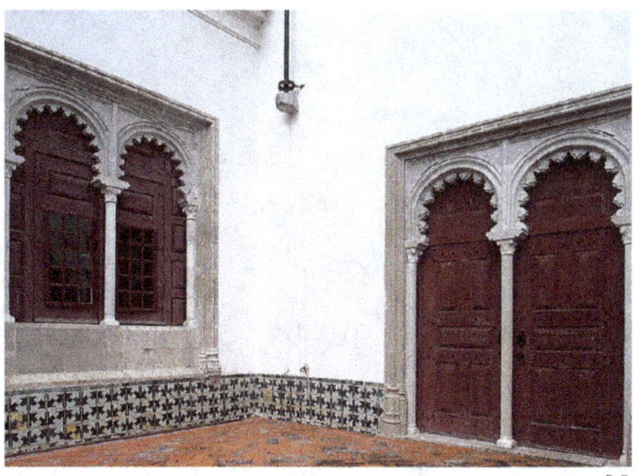

R.C.

Palácio da Vila, pátio, Sintra.

I.2.b **Palácio da Pena**

Estrada da Pena, no alto da Serra, a 2 km a sul de Sintra, telef. 21 9105340. Classificado como Monumento Nacional. O percurso desde o portão da propriedade até ao Palácio pode ser efectuado a pé ou em mini-autocarros.

A entrada é paga. Horário: das 10h às 17h, no Inverno, e das 10h às 18h30, no Verão. Encerra à segunda-feira e nos feriados 1 de Janeiro, Sexta-Feira Santa, Páscoa, 1 de Maio, 29 de Junho e 25 de Dezembro. Diariamente, a partir das 10h20 e com intervalos regulares de 40 minutos, dispõe de um serviço de autocarro, o nº 434 que, saindo da estação de comboios de Sintra,

Palácio da Pena, vista geral das construções revivalistas, Sintra.

R.C.

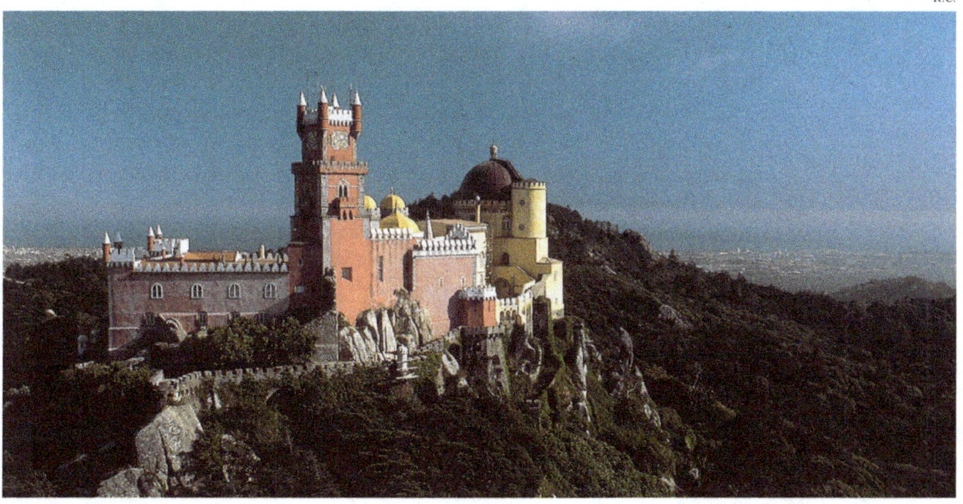

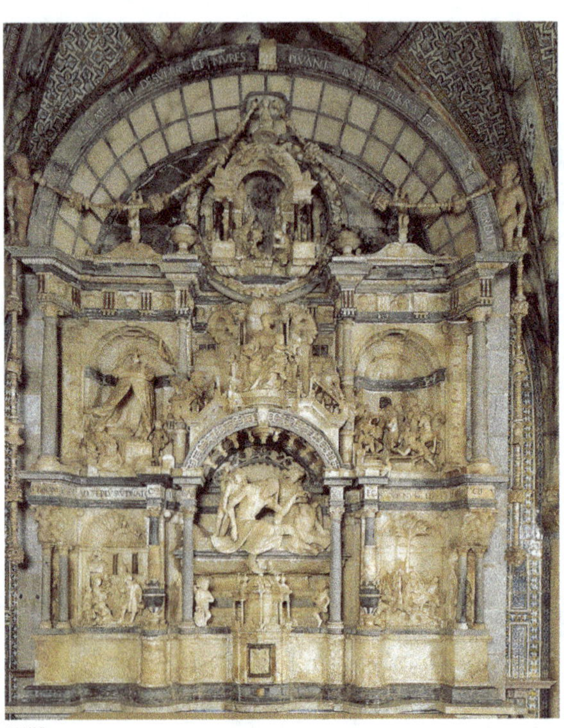

IPM/J.R.

Nicolau Chanterene, retábulo renascentista da capela do Palácio da Pena, alabastro, 1529-32, Sintra.

passa no centro da Vila, no Castelo dos Mouros e no Palácio da Pena, regressando à estação.

O Palácio da Pena, com a sua estrutura complexa, garrida policromia e formas extravagantes, foi uma invenção do rei D. Fernando II e do seu fidelíssimo braço-direito o barão Von Eschwege que o delinearam e cujas obras dirigiram, dentro do espírito romântico do tempo. Porém, aproveitaram as estruturas manuelinas do convento que teve o patrocínio de D. Manuel I. Conservaram a igreja, o coro, a sacristia e o claustro, obras que se podem atribuir ao Mestre Boytac e que, no essencial, estavam acabadas por 1511.

O *retábulo* da capela foi executado a partir de finais de 1528 e constitui uma obra-prima da escultura do renascimento. Esculpido por Nicolau Chanterene, protegido desde 1517 por D. Manuel I, foi objecto de um cuidado muito especial por parte do escultor que para aqui concebeu um discurso formal recheado de italianismos. O alabastro em que foi esculpido foi propositadamente comprado na melhor pedreira peninsular e justificou até a viagem do escultor a terras de Aragão.

Composto por quatro registos em altura, salienta-se a qualidade técnica dos relevos da *predela*, onde o artista régio esculpiu num relevo baixíssimo a *Última Ceia* ou a *Descida ao Limbo*; é também de sublinhar a importância do sacrário, verdadeiro ensaio de microarquitectura classicizante, onde não faltam as colunas, os frontões e até uma pequena cúpula. Notáveis, igualmente, os relevos do segundo e terceiro registo, com especial importância para a *Anunciação* e para a *Adoração dos Reis Magos* pela profusão de figuras e pelo sentido de movimento que conseguem suscitar. A meio, *Cristo Amparado por Dois Anjos* revela-nos um escultor no melhor da sua arte, com um domínio perfeito da representação do corpo humano. De excelente qualidade plástica é a imagem de *Nossa Senhora in sedia,* que consegue manter o irrequieto Menino ao colo.

Para se dirigir a Cheleiros deverá seguir pela Estrada N 9.

Região de Mafra e Torres Vedras

A norte da Serra de Sintra, junto à costa atlântica, com constantes mas suaves elevações entre campos férteis, fica a região saloia ou região do Oeste, como hoje é comum designar-se. Desde o final da Idade Média que foi de grande importância económica, pela fertilidade dos campos e pela criação de gado com que se alimentava Lisboa. Foi esta, aliás, a razão para o desenvolvimento das vilas de Mafra, Torres Vedras e Ericeira. Por aqui estabeleceram-se diversas ordens religiosas, particularmente franciscanos, que deram também um contributo decisivo para o bem-estar das gentes da região, aforando as suas propriedades que zelavam com rigor de bons administradores. Assim, até Alenquer, Caldas da Rainha e Óbidos, era uma terra de fartura, de pão e vinho, carnes e peixe abundante.

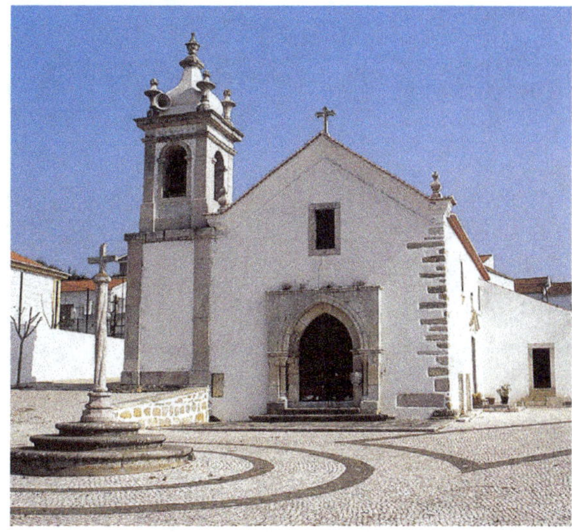

Igreja de Cheleiros.

I.3 CHELEIROS

I.3.a Igreja de Cheleiros

Junto à Estrada Nacional. Classificada como Imóvel de Interesse Público. Para efectuar a marcação de visita deve contactar a Sr.ª D. Guiomar Baleia, na Rua do Arco da Ponte, 16, ou pelo telefone 219 670052, de segunda a sexta-feira das 9h às 12h30 ou durante o fim-de-semana, ou, em alternativa, a Sr.ª D. Hermenegilda Maria, na Rua do Chafariz, ou pelo telefone 219 270281, no mesmo horário.

A igreja abre para celebração de missa à quarta-feira às 19h30 e ao domingo às 13h.

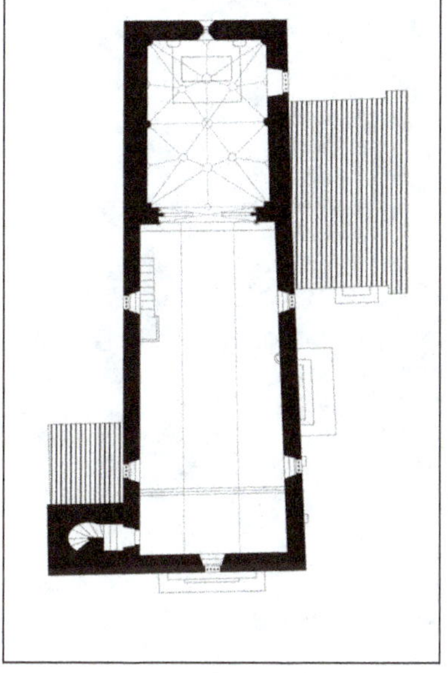

Igreja de Cheleiros, planta ao nível do coro. D.G.E.M.N.

A igreja de Cheleiros representa o templo típico das povoações de dimensão média no tempo de D. Manuel I. Portal bem traçado, de cantaria aparelhada, corpo comprido coberto de madeira e, depois, a capela-mor com novos primores construtivos, com a sua bem lançada abóbada de nervuras de traçado ainda gótico.

Castelo de Torres Vedras.

Igreja de São Pedro, portal principal, Torres Vedras.

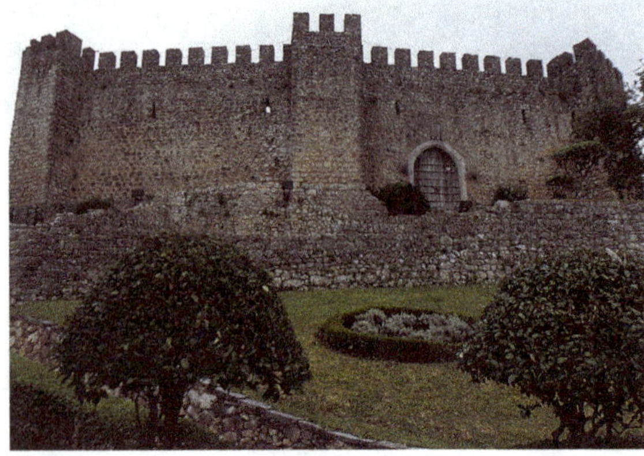

R.C.

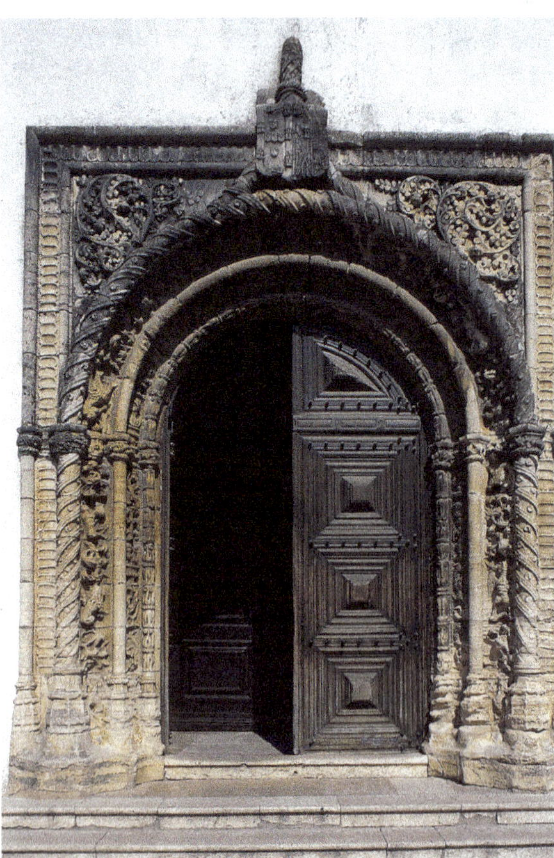

R.C.

Para seguir em direcção a Torres Vedras deverá retomar a Estrada N 9 no sentido de Alcainça / Malveira. Continue pela Estrada N 8 em direcção a Gradil / Turcifal até Torres Vedras.

I.4 TORRES VEDRAS

I.4.a **Castelo de Torres Vedras**

O Castelo de Torres Vedras, cuja origem é anterior à Nacionalidade, mantém, no essencial, a estrutura manuelina. Foi conquistado por D. Afonso Henriques, em 1147, que logo o mandou reconstruir. Foi aumentado e melhorado por D. Dinis e por D. Fernando.
Destacam-se os dois *bastiões* ou *baluartes* redondos que cingem a porta de armas, onde se identificam as armas e a empresa do rei D. Manuel I. A campanha de obras manuelina decorreu por volta de 1516. Sobranceiro à vila, defendia-a e era, simultaneamente, a residência do Alcaide.

I.4.b **Igreja de São Pedro**

Largo de S. Pedro, telef. 261 322386.
Classificada como Monumento Nacional.
Horário: das 8h30 às 12h e das 15h às 19h.

Cá em baixo, na várzea, estendia-se o casario do povo e também as igrejas, como a de São Pedro, que ainda conserva importantes vestígios manuelinos, como é o caso do portal, de um naturalismo exuberante. No interior, pode admirar-se também uma *edícula* tardogótica onde está a arca tumular de João Lopes Perestrelo. Se bem que ainda quinhentista, o corpo tem arcaria já renascença e outros motivos decorativos dos períodos subsequentes, nomeadamente azulejos barrocos e talhas rococó.

I.4.c **Convento do Varatojo**

Lugar do Varatojo, telef. 261 314120.
Classificado como Monumento Nacional.
Horário: das 9h às 12h e das 15h às 18h30.

Antigamente no aro da vila de Torres, mas hoje já praticamente integrado no seu centro urbano, fica o Convento do Varatojo. Foi fundado por D. Afonso V, sendo colocada a primeira pedra em 1470; no essencial, as instalações primitivas foram acabadas em quatro anos. O que se conserva dessa época e do período manuelino já não é muito, mas ainda assim há para admirar o átrio, coberto por um tecto de laçaria *mudéjar* e o portal que aí se abre, no melhor gótico final de tradição batalhina.

Dentro da casa religiosa é notável o claustro, tardogótico, já do início do século XVI e, seguramente, patrocinado pelo próprio rei D. Manuel I.

Um dos elementos mais curiosos de todo o conjunto construtivo é uma janela de canto, com uma moldura gótica, chamada "janela de D. Afonso V" mas que, na verdade, é já bem característica do manuelino.

D. Manuel I subiu ao trono de Portugal por um daqueles acasos da História em que a improbabilidade supera todas as probabilidades. Foi o nono filho de D. Fernando, o Duque de Beja, que era irmão do rei D. Afonso V, e de D. Brites, filha do Infante D. João e, portanto, também bisneta de D. João I. O

R.C.

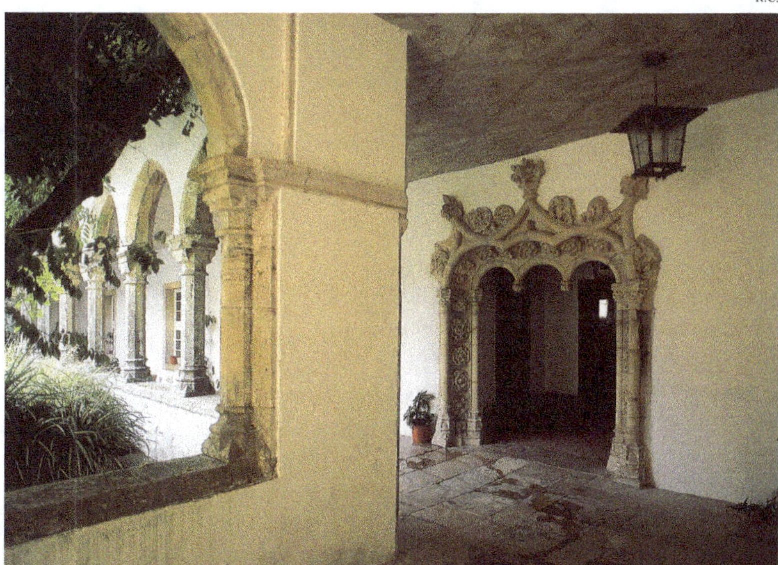

Convento do Varatojo, claustro e portal, Torres Vedras.

Pedro Dias

herdeiro de D. João II, o Príncipe D. Afonso, morreu, num estúpido acidente, pois caiu do cavalo quando passeava; o filho natural do rei, o Senhor D. Jorge, foi afastado, pelas intrigas palacianas, sobretudo pela Rainha D. Leonor, ela mesma irmã de D. Manuel; os seus dois irmãos mais velhos foram mortos, após conjurarem contra o monarca seu primo; e o pai também faleceu prematuramente. Quando D. João II, o Príncipe Perfeito, se finou, apenas com quarenta e cinco anos de idade, o jovem Duque de Beja e administrador da Ordem de Cristo, viu-se na posse da Coroa e do Ceptro. A verdade é que se mostrou à altura desses símbolos, honrando-os e dando-lhes um lustro como nunca antes tiveram nem nunca mais, depois dele, voltariam a ter.

Nasceu em Alcochete, a 31 de Maio de 1469, e morreu, em Lisboa, a 13 de Dezembro de 1521. Quando o seu irmão D. Diogo foi executado, D. Manuel foi feito Duque de Beja, Senhor de Viseu, Covilhã e Vila Viçosa, Condestável do Reino e Governador do Mestrado da Ordem de Cristo. Foi aclamado e jurado Rei em Alcácer do Sal, a 27 de Outubro de 1495.

Em 1497 casou-se com a viúva do Príncipe D. Afonso, D. Isabel, a filha dos Reis Católicos que foi declarada herdeira presuntiva dos tronos de Leão, Castela e Aragão, e da qual haveria de ter um filho, D. Miguel da Paz, nascido em Saragoça, mas que pouco tempo sobreviveu ao falecimento da sua mãe. Casou, depois, em 1500, com a cunhada, D. Maria, da qual teve larga descendência, entre a qual se contou o herdeiro e futuro rei D. João III. Enviuvando de novo, em 1517, consorciou-se com D. Leonor, irmã de Carlos V.

D. Manuel I foi um dos mais notáveis políticos portugueses de sempre. Soube rodear-se de homens cultos e empreendedores que o aconselharam e auxiliaram na grande tarefa de modernização do Estado e na reforma das estruturas administrativas, judiciais e económicas do país. Teve uma enorme sabedoria em aproveitar as suas vitórias ultramarinas para se afirmar na política europeia, vindo a ser um parceiro efectivo das outras grandes Coroas do Velho Continente. Continuou a missão do seu tio-avô, o Infante D. Henrique, e do seu primo e antecessor D. João II, fomentando as actividades da Marinharia e apoiando sem reservas as experiências neste campo. No seu tempo, e sob a sua orientação pessoal, os portugueses atingiram a China e os confins das Américas, tornando-se simultaneamente na maior potência marítima do tempo e estabelecendo uma talassocracia como a História não conhecera ou conheceria outra.

Foi um dos mais entusiastas mecenas e um protector de artistas e letrados, que chamou de toda a parte para a sua Corte e que nos legaram um património notabilíssimo.

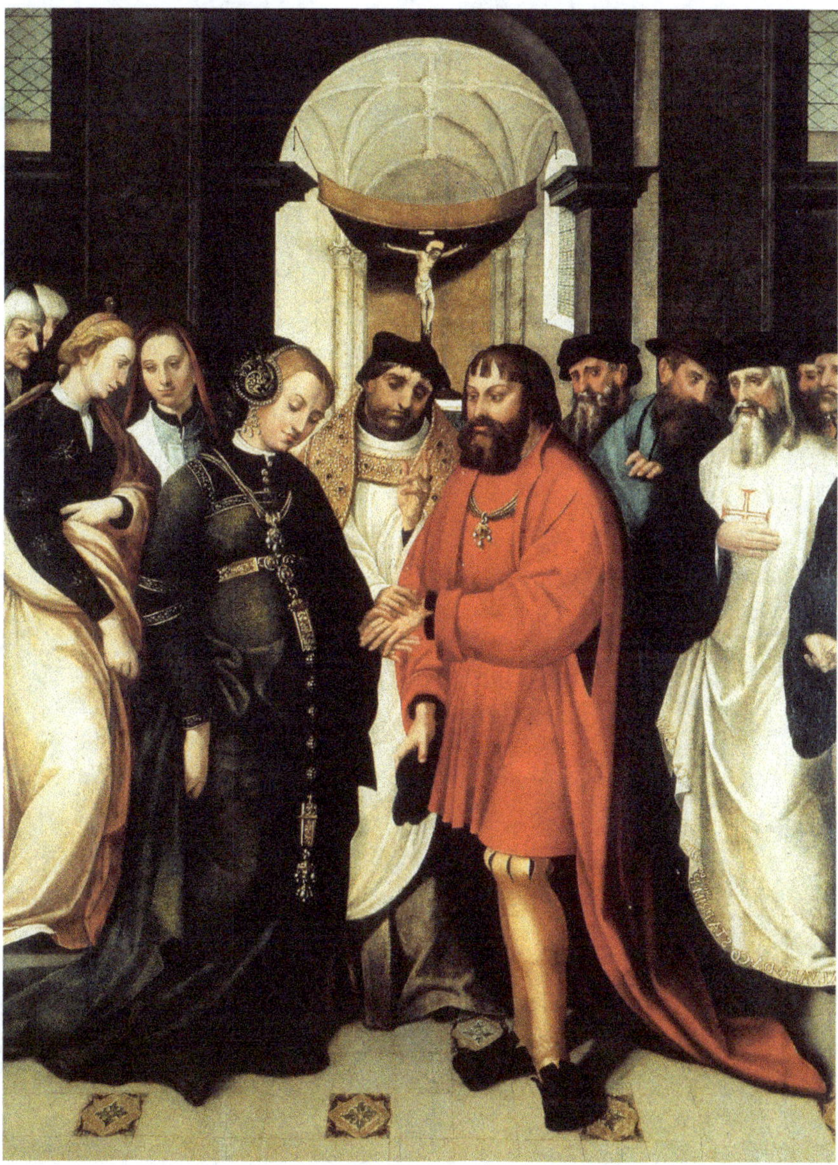

IPM/A.N.

Garcia Fernandes, "Casamento de D. Manuel I", óleo sobre madeira, séc. XVI, Museu de São Roque, Lisboa.

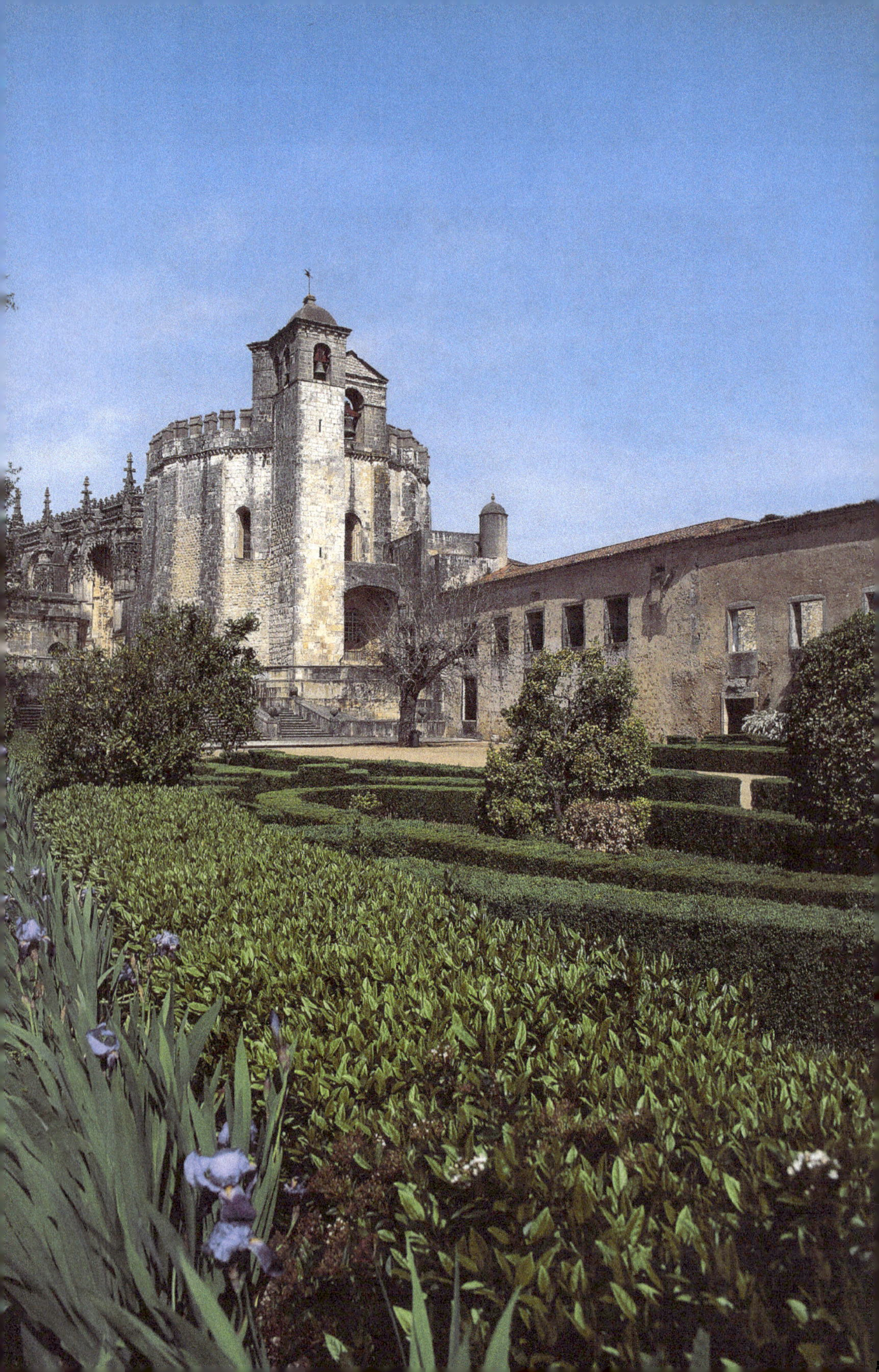

Terras da Ordem de Cristo

Pedro Dias, Dalila Rodrigues,
Nuno Vassallo e Silva, Fernando Grilo

Primeiro dia

II.1 SANTARÉM

II.1.a Igreja de Santa Maria de Marvila
II.1.b Museu Municipal de São João de Alporão
II.1.c Torre das Cabaças
II.1.d Igreja de Nossa Senhora da Graça

II.2 GOLEGÃ

II.2.a Igreja de Nossa Senhora da Conceição, matriz da Golegã

II.3 TORRES NOVAS

II.3.a Castelo de Torres Novas

II.4 ATALAIA

II.4.a Igreja de Nossa Senhora da Assunção, matriz da Atalaia

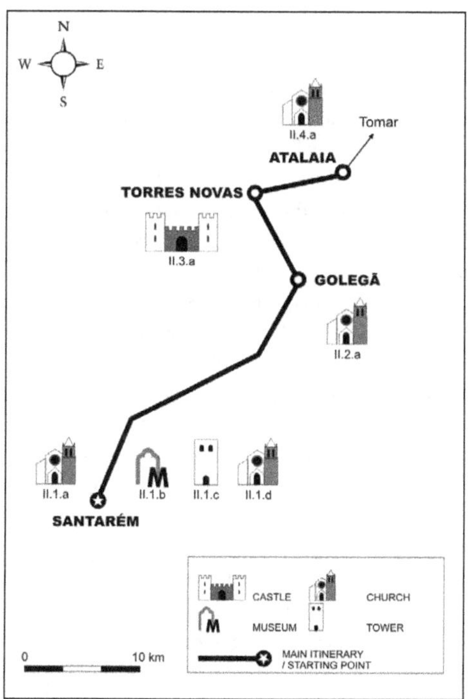

Convento de Cristo, aspecto geral dos edifícios medievais, Tomar.

A Ordem de Cristo foi fundada por D. Dinis após o papa ter extinto a Ordem dos Templários que tanto auxílio havia prestado a Portugal na reconquista do seu território. Com os bens desta instituição o Rei-Poeta criou uma ordem nova jurídica, mas com os mesmos propósitos da que, em toda a Europa, definitivamente desaparecera.
A Ordem de Cristo estabeleceu a sua sede em Tomar e o velho convento templário foi sendo enriquecido, sobretudo após o Infante D. Henrique ter sido feito Administrador e Governador. À Ordem de Cristo ficou entregue a evangelização de todas as terras de além-mar, fortalecendo-se ainda mais o seu papel quando D. Manuel, Duque de Beja e seu Administrador, se sentou no trono por morte do seu primo co-irmão D. João II.
Tomar é ainda hoje um lugar mítico, onde ecoam as histórias fantásticas de subterrâneos suspeitados e dos fabulosos tesouros dos Templários. Mas os seus tesouros reais não se escondem, antes se mostram no rendilhado fervilhante da pedra dos portais e janelas, na audácia das abóbadas, na delicadeza das decorações de mísulas e *chaves*, na excelência das pinturas da *charola* ou nas feéricas vestes e realísticas carnações das esculturas flamengas da rotunda dos cavaleiros.
Os tempos posteriores a D. Manuel I foram também de grande esplendor para o Convento de Cristo que guarda dos mais notáveis exemplares da arquitectura renascentista e maneirista.
Porém, a Ordem dos Cavaleiros de Nosso Senhor Jesus Cristo tinha terras e igrejas em redor, e mesmo quando os edifícios não eram do seu padroado não deixaram os artistas e artífices que trabalhavam no alto da colina fortificada de os influenciar. Por isso, entre vinhas e herdades que foram dos cavaleiros, ainda hoje há memórias suas. É um extenso território que se estende até às margens do Tejo, até às terras do alfoz de Santarém que, pelos vestígios monumentais que conserva, é justamente considerada a capital do nosso gótico. É por esta urbe centenária que começamos.

II.1 SANTARÉM

Santarém é hoje um importante centro de actividades económicas ligadas à agricultura, à pecuária e às indústrias agro-alimentares, mas antigamente as suas valências foram outras, desde logo porque era a cabeça de toda a vasta área de fronteira entre o interior e a costa, uma barreira natural contra investidas vindas do mar e chave do trânsito entre o Norte cristão e o Sul islâmico.
Esta posição privilegiada e a natural navegabilidade do Tejo fê-la ser, já em tempos de romanos e muçulmanos, a segunda urbe do país, logo atrás de Lisboa, posição que manteve durante toda a Idade Média. A *Scallabis* romana, fundada por Iunius Brutus em 138 a. C., um fortíssimo *oppidum*, foi sede de um *conventus*, e a *Xantarim* maometana, populosa e rica, resistiu até 15 de Março de 1147, quando as tropas de D. Afonso Henriques a tomaram, embora tenha estado já em mãos cristãs anteriormente, entre 1093 e 1110.
No século XVI, Santarém cresceu ainda mais, sobretudo com o surto das indústrias têxteis, não sendo despicienda a importância da proximidade dos Paços de

Almeirim e Salvaterra. Em 1537 era a quarta maior povoação portuguesa, com mais de 13 000 habitantes no termo. O período maneirista, o fim do século XVI e a primeira metade do século seguinte, foi fertilíssimo, graças às encomendas da Companhia de Jesus e ao mecenato da nobreza e da corte, acção que apenas diminuiu sensivelmente em meados de Setecentos.

Infelizmente, esta riqueza patrimonial foi profundamente diminuída na sequência da extinção das ordens religiosas, em 1835, mas apesar dos desmandos de então ainda é importante o que resta dos séculos XIV, XV e XVI, onde se vislumbram igualmente testemunhos de um orgulhoso passado árabe e da persistência *moçárabe*.

Todos os locais de visita propostos situam-se no centro histórico de Santarém. A visita poderá ser feita, comodamente, a pé, pois as distâncias a percorrer são pequenas.

II.1.a **Igreja de Santa Maria de Marvila**

Largo de Marvila. Classificada como Monumento Nacional. Informações: Departamento de Cultura da Câmara Municipal de Santarém, telef. 243 304400/4.

Horário: terça-feira, quarta-feira, sábado e domingo das 9h30 às 12h30 e das 14h às 17h30, e à quinta e sexta-feira das 10h às 12h30 e das 14h às 17h30. Encerra à segunda-feira.

A igreja de Marvila foi uma das primeiras a ser construída em Santarém, logo após a conquista por D. Afonso Henriques, em 1147. Não sabemos como era esse primeiro templo, pois as suas estruturas foram completamente destruídas quando da construção do novo, em tempos de D. Manuel I. Dessa grande empreitada ficou a cabeceira e o belo portal, já que o corpo é fruto de novas obras, por certo motivadas pela destruição provocada pelo terramoto de 1531.

O portal é do mais exuberante naturalismo, com a inclusão de elementos arquitecturais, num estilo muito próximo do praticado nos estaleiros do Mosteiro da Batalha. No interior, avulta o *arco triunfal* da capela-mor e as abóbadas tardogóticas dessa capela e das capelas colaterais.

Não podemos deixar de anotar as belíssimas arcarias longitudinais das naves, numa renascença primorosa da primeira

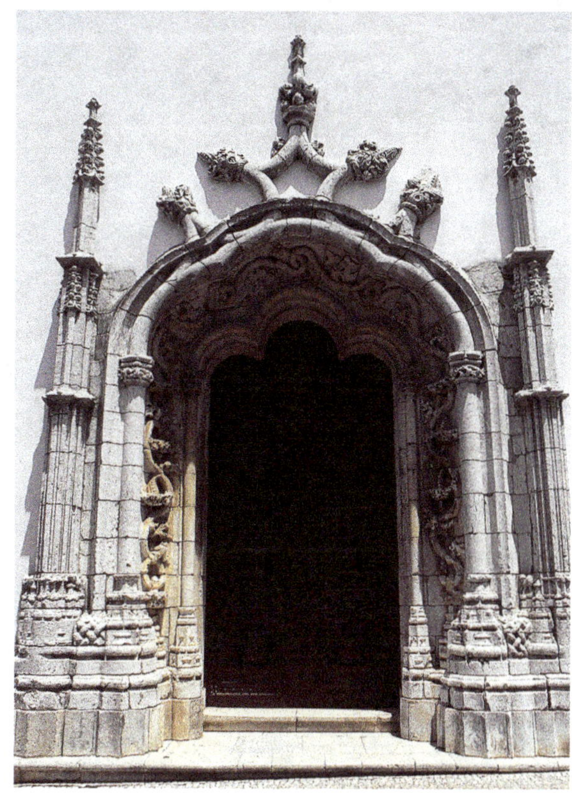

Igreja de Santa Maria de Marvila, portal, Santarém.

M.A.

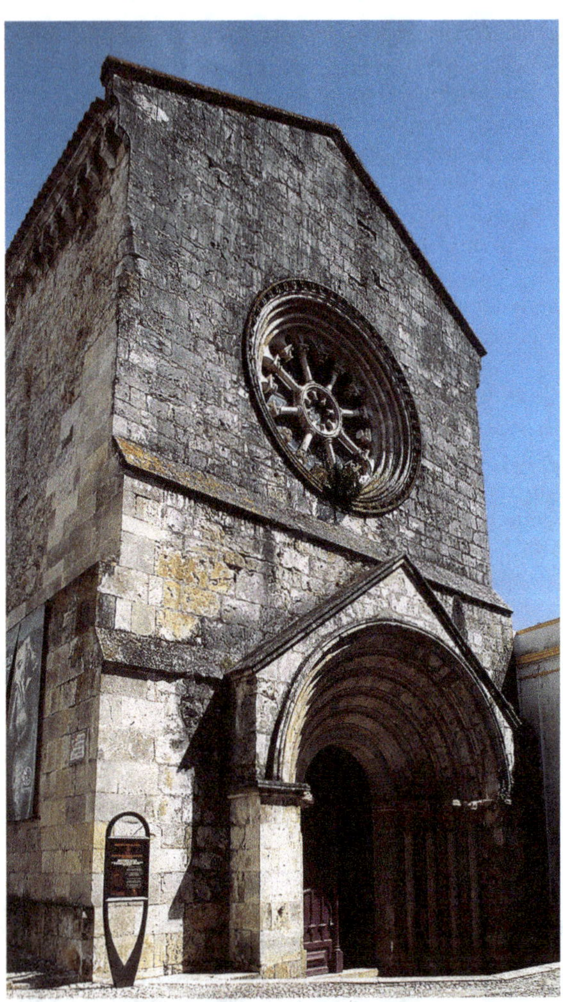

R.C.

Igreja de São João de Alporão, Santarém.

época e a cobertura azulejar do século XVII, obras saídas das melhores olarias de Lisboa.

II.1.b **Museu Municipal de São João de Alporão**

Instalado na igreja de São João de Alporão, no Largo Zeferino Sarmento, classificada como Monumento Nacional.

Informações: telef. 243 304400.
A entrada é paga. Horário: terça-feira, quarta-feira, sábado e domingo das 9h30 às 12h30 e das 14h às 17h30 e à quinta e sexta-feira das 10h às 12h30 e das 14h às 17h30. Encerra à segunda-feira.

A igreja de São João de Alporão remonta ao período românico, quando foi começado o edifício que hoje se vê. São seguramente desse tempo as bases das paredes laterais e a parte baixa da frontaria, onde se abriu um dos primeiros portais góticos portugueses, aqui com *gablete* ou capelo. A zona alta da igreja cresceu já no século XIV e no século XV, quando foi feita a *charola* da capela-mor. As reformas da época manuelina foram todas destroçadas, nada restando desse tempo.
Interessa também pelo espólio, já que é usada como Museu Lapidar ou Arqueológico. Para aqui foram trazidas peças de edifícios destruídos ou desafectos, salientando-se o túmulo de D. Duarte de Meneses, Capitão de Alcácer-Ceguer e os túmulos também quatrocentistas de João e Martim Docem. Guardam-se aqui capitéis árabes, góticos e manuelinos, alguns genoveses importados no início do século XVI e muitos elementos avulsos representativos do melhor manuelino naturalista.

II.1.c **Torre das Cabaças**

Avenida 5 de Outubro.
A entrada é paga. Horário: diariamente das 9h30 às 12h30 e das 14h às 17h30, excepto à segunda-feira e feriados nacionais.
Situada junto da igreja medieval de São João de Alporão, a Torre das Cabaças (ou Cabaceiro) foi erguida no século

XIV, quando o Senado da Câmara lhe colocou um relógio de sol. Atinge os 22 m de altura, mas é mais do que provável que no local já existisse uma outra torre pertencente à muralha, feita no período afonsino, e que foi aproveitada, no todo ou em parte. É certo que em 1462 já existia, havendo referências documentais bem explícitas nesse sentido, mas julgamos poder aceitar que tenha existido uma reforma na época manuelina, da qual deriva a confusão, entre os escritores antigos, de fazer remontar apenas ao início do século XVI a sua construção de raiz.

Tem planta quadrangular e no alto é coroada por uma armação de ferro destinada a colocar oito vasilhas ou cabaças de barro, para amplificar o som do sino.

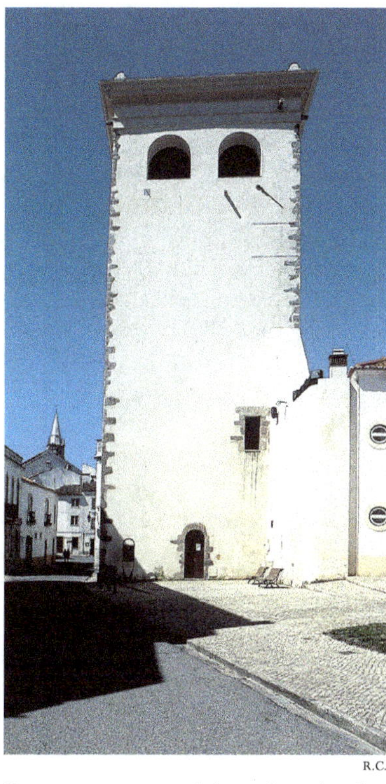

R.C.

Torre das Cabaças, Santarém.

Se dispuser de alguns minutos, não deixe de caminhar até às Portas do Sol, seguindo a sinalização existente. Atravesse o jardim e do alto das muralhas poderá apreciar uma vista surpreendente sobre o rio Tejo e a lezíria ribatejana.

II.1.d **Igreja de Nossa Senhora da Graça**

Largo Pedro Álvares Cabral, também conhecido por Largo da Graça, telef. 243 304400/4. Classificada como Monumento Nacional.

Horário: terça-feira, quarta-feira, sábado e domingo das 9h30 às 12h30 e das 14h às 17h30, e à quinta e sexta-feira das 10h às 12h30 e das 14h às 17h30. Encerra à segunda-feira.

A igreja de Nossa Senhora da Graça inte ressa não só pela sua categorizada arquitectura gótica dos séculos XIV e XV, particularmente a fachada em gótico flamejante, mas também pelos túmulos que encerra. Aqui está a grande arca feral de D. Pedro de Meneses, primeiro Capitão e Governador de Ceuta, e também a campa rasa de Pedro Álvares Cabral, o comandante da armada que, indo a caminho da Índia, aportou ao

Igreja da Graça, perspectiva axionométrica, in "Catálogo da XVII Exposição de Arte, Ciência e Cultura", "Os Descobrimentos Portugueses e a Europa do Renascimento", Lisboa, 1983.

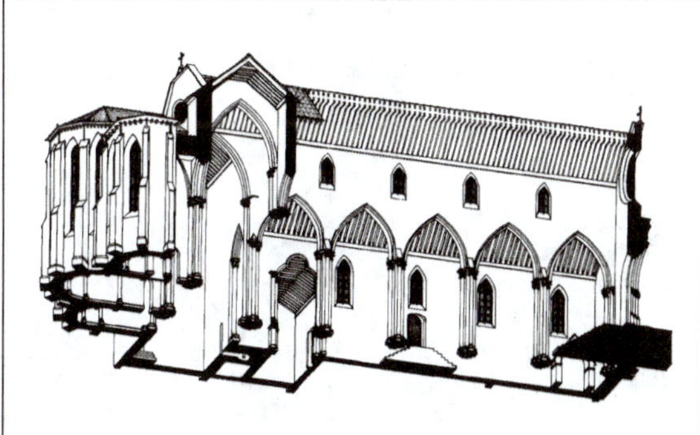

Brasil, dando início à fase histórica da Terra de Vera Cruz e ao início da construção da moderna nação brasileira. Devemos destacar a depurada arquitectura do interior da igreja, claramente influenciada pela arte da Batalha e do seu primeiro mestre Afonso Domingues.

Para a Golegã, siga pela Estrada N 365, no sentido Alcanhões / Vale de Figueira / Pombalinho / Azinhaga até à Golegã (32 km).

Igreja de Nossa Senhora da Graça, fachada, Santarém.

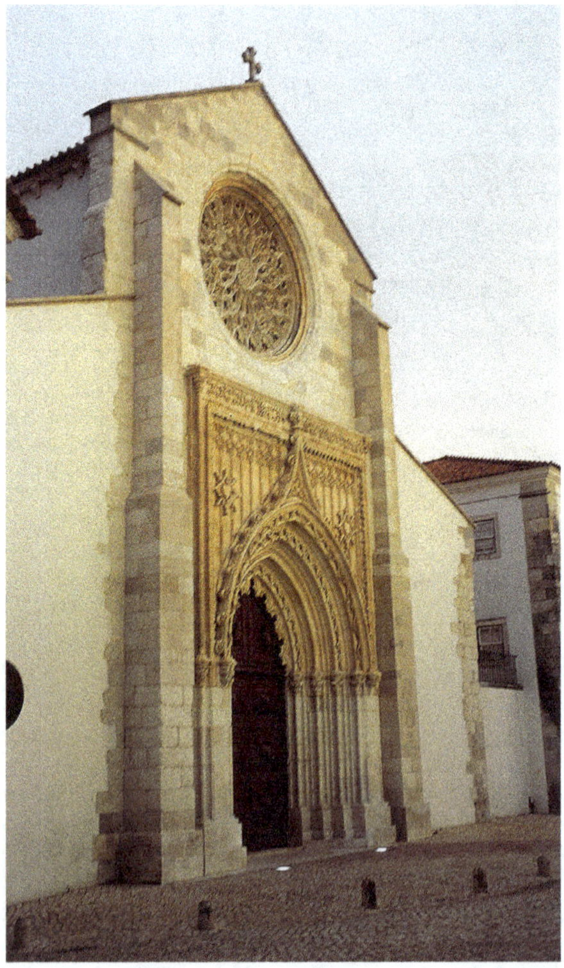

J.B.

II.2 GOLEGÃ

II.2.a **Igreja de Nossa Senhora da Conceição, matriz da Golegã**

Largo da Imaculada Conceição. Classificada como Monumento Nacional. Informações: Casa Paroquial da Golegã, telef. 249 976193.

Horário: diariamente das 8h30 às 17h. O serviço religioso realiza-se à terça e à quinta-feira às 19h, ao sábado às 19h30 e ao domingo às 12h.

A Golegã foi, desde tempos recuados, um ponto de passagem obrigatória da viação ribatejana. Assim se desenvolveu, vindo a atingir já importância no tempo de D. Manuel I, sendo hoje uma vila famosa pelas actividades ligadas aos cavalos e aos touros. O seu monumento mais destacado é a igreja de Nossa Senhora da Conceição, a matriz, obra paradigmática do que foram os templos manuelinos de média dimensão. Não existem documentos que nos atestem a origem do seu arquitecto e dos construtores, mas o edifício fala por si, filiando-se claramente na arte batalhina do tempo de Mateus Fernandes e de Boytac, do início do século XVI.

A fachada, o corpo de três naves e a cabeceira estão íntegras, o que é raro, posto que adornadas com obras do período barroco, nomeadamente a magnífica decoração azulejar.

O portal é de um pujante e rico naturalismo, com pilares torsos, pergaminhos letreiros e as inevitáveis alusões a D. Manuel I, concretamente

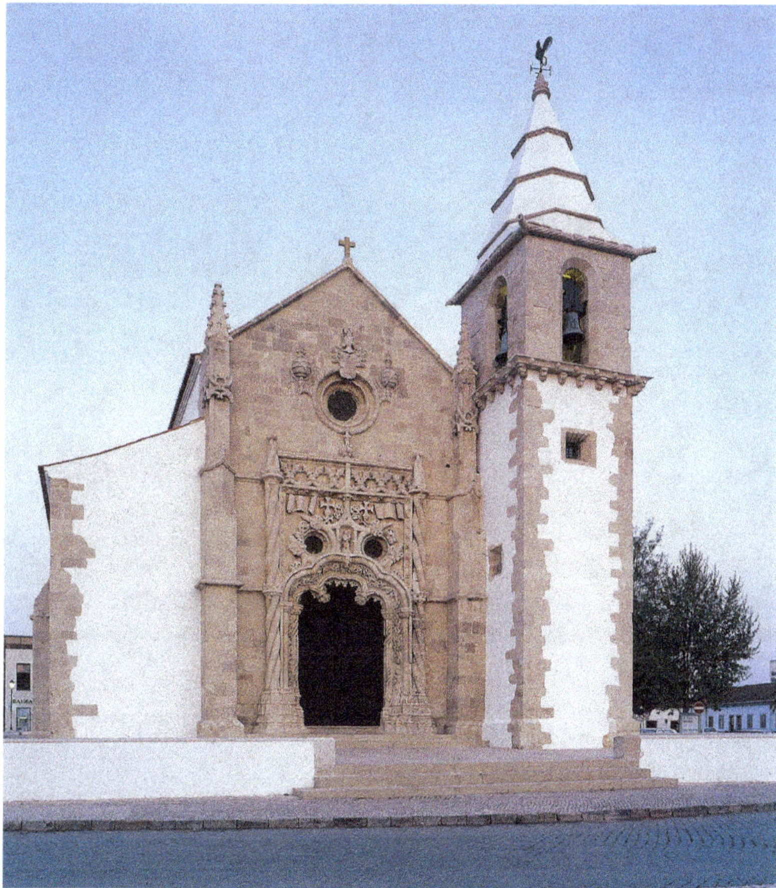

Igreja de Nossa Senhora da Conceição, Golegã.

R.C.

a Cruz de Cristo. No interior, destacam-se as arcadas das naves, com pilares muito simples e despojados, e a capela-mor dotada de uma bem lançada abóbada de nervuras. Numa mísula foi colocada uma escultura evocativa da Virgem com o Menino das oficinas manuelinas de Coimbra.

Para seguir em direcção a Torres Novas, deverá retomar a Estrada 365. Prossiga pela Estrada 243 no sentido de Riachos e continue pela Estrada N 3 até Torres Novas (10 km).

II.3 TORRES NOVAS

II.3.a Castelo de Torres Novas

Acede-se ao Castelo pela Rua do Conde de Torres Novas. Classificado como Monumento Nacional. Informações: Câmara Municipal, telef. 249 839430.
Horário: diariamente das 9h às 17h.

A vila de Torres Novas tem no seu castelo o principal motivo de interesse, no âmbito deste circuito. Foi uma defesa muçulmana, tendo sido conquistada aos

Castelo de Torres Novas.

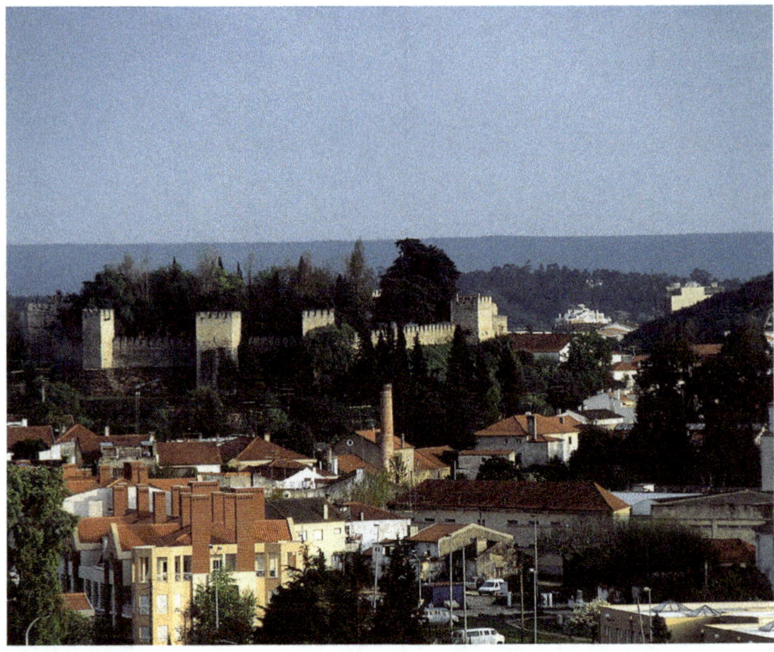

R.C.

Mouros por D. Afonso Henriques. Nos séculos seguintes teve diversas obras de engrandecimento e modernização, nomeadamente com o aumento da cerca e o levantamento de muros e torres. O que hoje se pode ver estava aproximadamente assim na época manuelina, quando beneficiou das últimas grandes reformas. Domina a vila que cresceu em derredor da alcáçova e atingiu as zonas baixas, por onde se espraiou.
Todas as construções tardomedievais foram substituídas por outras mais modernas, conservando-se apenas parte da antiga ermida de S. Jorge, hoje incluída na igreja de São Salvador, a primeira a ser fundada, ainda no século XII, e alguns arcos na igreja de São Pedro.

Deverá seguir pela Estrada N 3 até ao Entroncamento. Continue pela Estrada IC 3 até Atalaia.

II.4 ATALAIA

II.4.a **Igreja de Nossa Senhora da Assunção, matriz da Atalaia**

Rua Patriarca D. José. Classificada como Monumento Nacional.
Horário: a igreja abre para a celebração do serviço religioso diariamente às 15h e ao domingo às 9h15. Para visitar deverá efectuar marcação, contactando a D. Silviana Vital, telef. 249 710201.

Ao que tudo indica, a actual igreja Matriz da Atalaia foi mandada edificar por D. Pedro de Meneses, senhor de Cantanhede e de Tancos, vendo-se o seu brasão num dos fechos de abóbada do interior. A data média das obras,

1528, surge cronografada numa das *pilastras* que ladeiam a capela-mor.
Tem uma só nave, com cabeceira abobadada, ao modo corrente na arquitectura manuelina da época, num estilo muito próximo do que se praticava no Convento de Cristo, de Tomar, e que podemos atribuir a João de Castilho, ou a um dos seus mais próximos auxiliares, na década de 20 do século XVI.
O portal, que é a primeira obra que o francês João de Ruão executou no nosso país, no século XVI, prima pela qualidade plástica e pela apresentação de um conjunto de soluções compositivas que foram uma constante na sua obra futura. O arco é de pleno centro e decorado com *caixotões*, sobressaindo as imagens em relevo de São Paulo e São Pedro.
De salientar igualmente o domínio estilístico e técnico da decoração ao modo de Itália e a notável qualidade dos bustos, em relevos limitados por moldura circular, que são bem demonstrativos da capacidade plástica do escultor, bem patente em obras sequentes como o *retábulo* de Nossa Senhora da Varziela, executado para o mesmo encomendador.

Para se dirigir a Tomar, conclua o troço da IC 3 até Asseiceira e retome o trajecto da Estrada N 110 em direcção a Tomar.

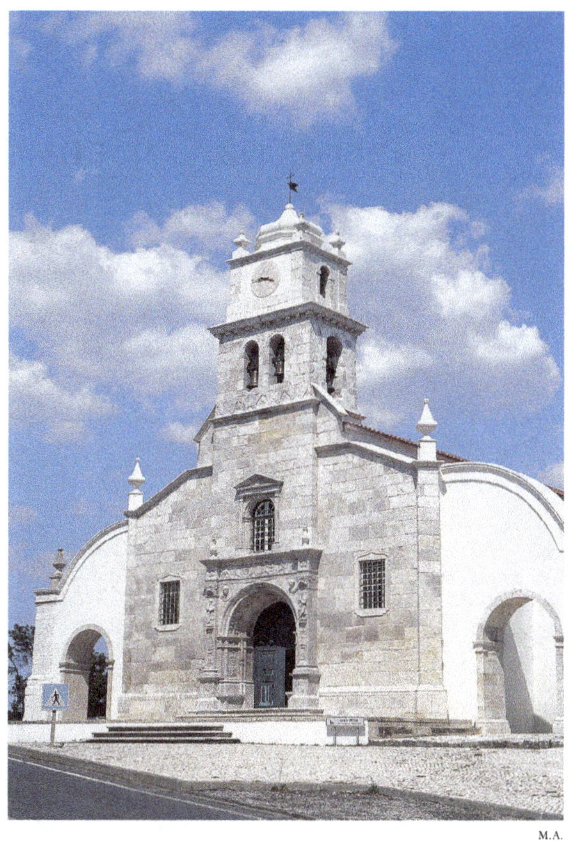

M.A.

Igreja de Nossa Senhora da Assunção, fachada renascentista, Atalaia.

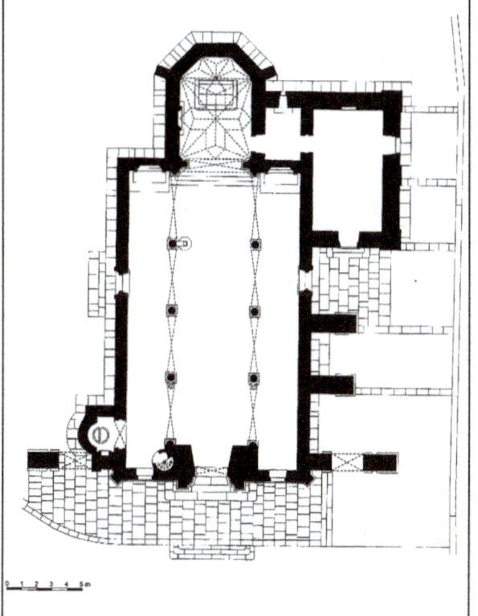

Igreja de Nossa Senhora da Assunção, planta, D.G.E.M.N.

Terras da Ordem de Cristo

Pedro Dias, Dalila Rodrigues,
Nuno Vassallo e Silva, Fernando Grilo

Segundo dia

II.5 TOMAR

II.5.a Núcleo urbano antigo
II.5.b Igreja de São Joao Baptista, matriz de Tomar
II.5.c Ermida de São Gregório
II.5.d Sinagoga
II.5.e Arcos dos Estaus
II.5.f Convento de Cristo

II.6 DORNES (opção)

II.6.a Torre de Dornes

A Ordem de Cristo e os Descobrimentos

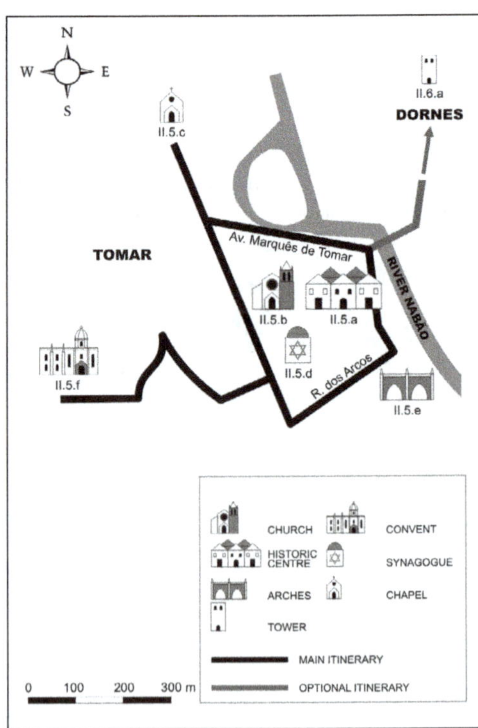

II.5 TOMAR

Informações: Posto de Turismo, telef. 249322427.

A origem de Tomar como importante cidade romana está provada não só pela informação do *Itinerário de Antonino* do século III como também pelos muitos achados arqueológicos. Era a *Sellium*, uma estrutura pré-urbana, situada a meio da estrada imperial que ligava Olisipo a Bracara Augusta, isto é, Lisboa a Braga, e integrava-se no *conventus scallabitanus*. A tradição preferiu o nome de Nabância, confirmando-se uma ocupação com relevo na época sueva, por cerca de 570 e, depois, logo de seguida, na monarquia visigótica. Depois da conquista árabe, provavelmente em 716, só no tempo de D. Afonso Henriques, após 1147, veio a ganhar importância, que se acentuou depois da instalação dos cavaleiros templários.
Gualdim Pais instalou-se no alto do morro, onde hoje está o Convento de Cristo que passou para a nova ordem em 1319, depois da extinção da dos Templários, ficando com todos os seus bens. Foram estas instituições que deram vida à então vila, crescendo na baixa do rio Nabão e conformando, em pleno século XV, um núcleo organizado e bastante regular entre a margem do rio e o sopé do morro do castelo. Foi aí que se instalaram os frades, com casa própria em muitos casos, os servidores e classes laboriosas e uma importante comunidade judaica. Só com a reforma da Ordem de Cristo, em 1529, é que os frades cavaleiros de Cristo passaram a conventuais, tornan-

M.A.

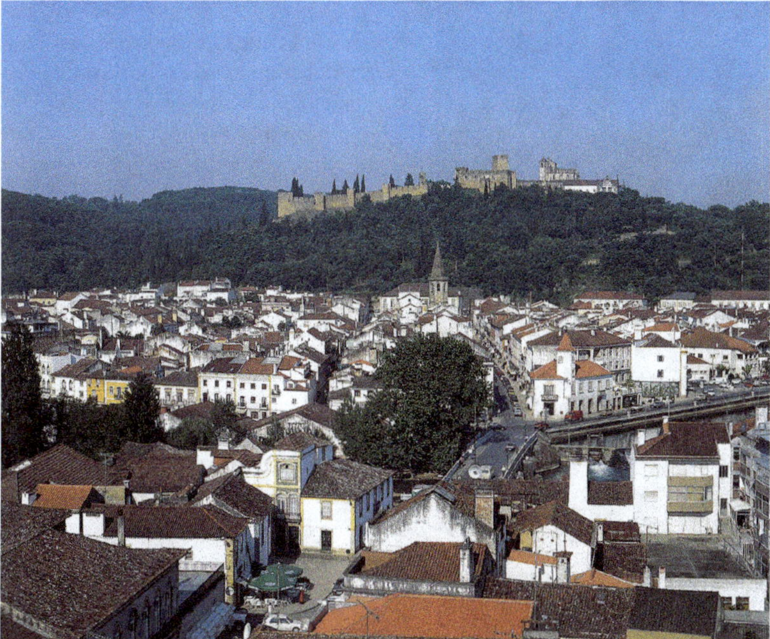

Vista geral do núcleo antigo de Tomar.

do-se a vila residência quase exclusiva de leigos. O Convento de Cristo, no entanto, marcou para sempre a sua fácies.

É aconselhável deixar o automóvel num dos parques de estacionamento que circundam o núcleo antigo e efectuar a visita a Tomar a pé (exceptuando o Convento de Cristo). Pela sua proximidade, sugerimos o parque junto às traseiras da Câmara Municipal, com acesso pela Praceta do Infante D. Henrique, ou a partir do Largo do Pelourinho, pela Rua do Dr. Sousa (antiga Rua do Pé da Costa de Baixo). Encontra-se sinalizado.

Núcleo antigo de Tomar.

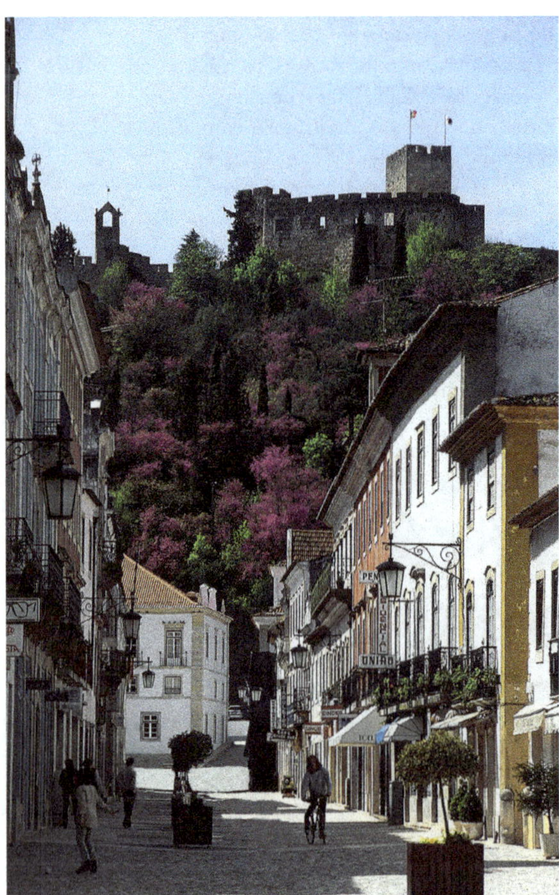

R.C.

II.5.a **Núcleo urbano antigo**

A cidade de Tomar conserva, entre o morro do castelo templário e a margem do rio Nabão, uma estrutura viária que remonta à Idade Média. Interessam-nos sobretudo as instalações promovidas pelo Infante D. Henrique, a partir de 1420, como os Paços da Ribeira, os Estaus, a ponte sobre o Nabão, as saboarias, os celeiros e o hospital. As casas dos servidores da ordem e dos trabalhadores das indústrias e comerciantes cresceram nessa malha apertada, mas regular, pontuada por capelas e pela igreja de São João Baptista, onde não faltava uma importante sinagoga que ainda hoje se conserva. Só em pleno século XVI é que Tomar extravasou dos seus limites henriquinos, começando a estender-se para as várzeas e para a outra margem.

A época manuelina foi de novo surto de progresso, com a construção das Casas da Câmara, na Praça de São João, que englobaram as velhas boticas da praça da feira, não faltando novo pelourinho e um bem dotado hospital da Misericórdia. Em 1504 surgiram lagares e moinhos e, pouco depois, umas ferrarias, para a fabricação de armamento.

II.5.b **Igreja de São João Baptista, matriz de Tomar**

Praça da República, no núcleo antigo, telef. 249 312611.
Classificada como Monumento Nacional.
Horário: das 9h às 12h e das 15h às 18h30, excepto à quinta-feira, sexta-feira e sábado, que encerra às 19h30.

A igreja de São João Baptista é uma das mais antigas de Tomar, embora tenha

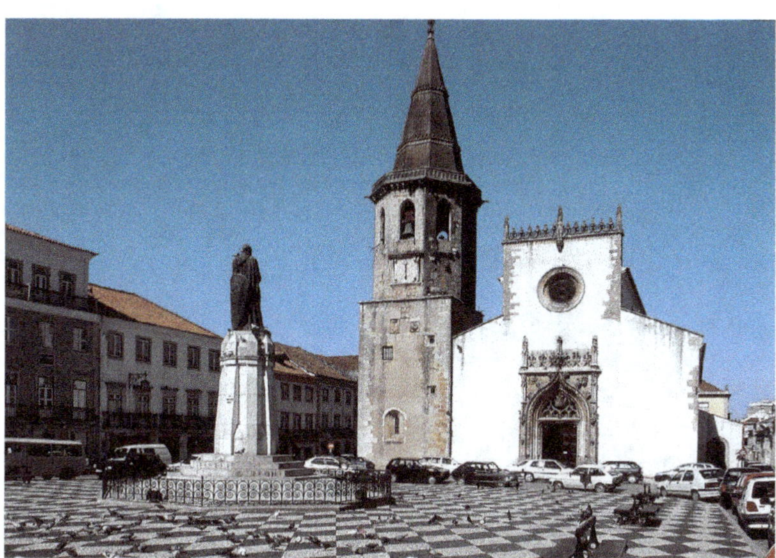

R.C.

Igreja de São João Baptista, matriz de Tomar, fachada principal.

sido totalmente reconstruída no início do século XVI, estando o portal axial a terminar em 1510. Insere-se no manuelino de raiz flamejante, erudito, com vínculos à arte batalhina da segunda metade do século de Quatrocentos. É notável o já referido portal axial, no melhor gótico flamejante português, o mesmo aliás do portal axial esquerdo. No interior destacam-se as bem lançadas arcadas que separam as naves, o púlpito também de desenho flamejante, um dos raros exemplares deste tipo existentes em Portugal, e a capela-mor com uma *abóbada de cruzaria* ogival.

Do antigo retábulo-mor, pintado por Gregório Lopes, muito provavelmente após ter cumprido a empreitada da *charola* do Convento de Cristo, datável de cerca de 1538, conservam-se seis pinturas, actualmente distribuídas pelas paredes laterais. Três painéis figurando temas eucarísticos encontram-se, à esquerda: *A Missa de São Gregório, A Últi-*

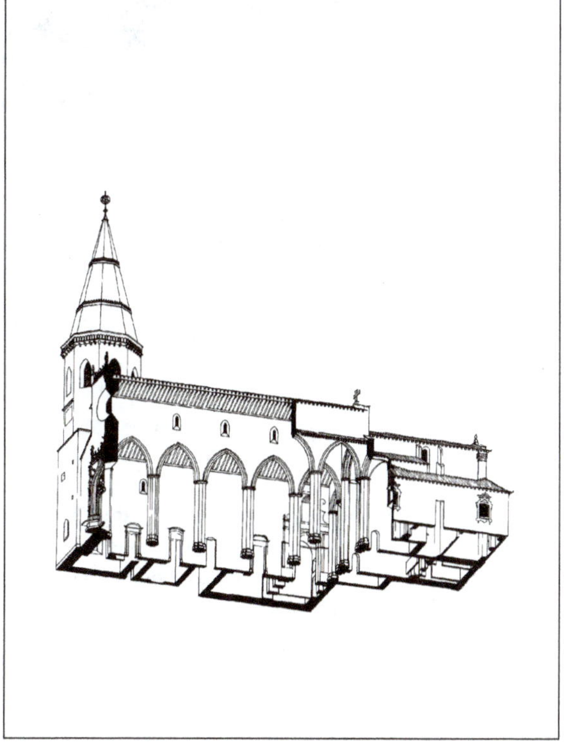

Igreja de São João Baptista, matriz de Tomar, perspectiva axionométrica, in "Catálogo da XVII Exposição de Arte, Ciência e Cultura", "Os Descobrimentos Portugueses e a Europa do Renascimento", Lisboa, 1983.

Gregório Lopes, "Degolação de São João Baptista", séc. XVI, igreja de São João Baptista, Tomar.

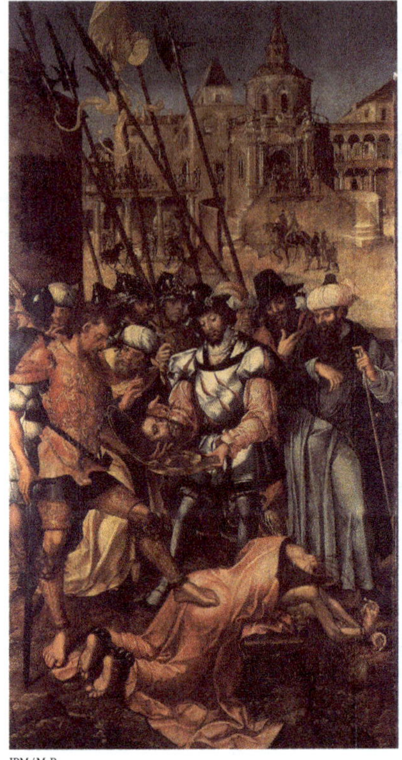

IPM/M.P.

cenários e adereços. As arquitecturas renascentistas, características da produção de Gregório Lopes, prestigiado pintor régio e cavaleiro da Ordem de Santiago, pontuam também neste valioso conjunto de pinturas.

II.5.c **Ermida de São Gregório**

Estrada do Prado, junto a uma unidade hoteleira. Classificada como Imóvel de Interesse Público. Caso a ermida se encontre fechada é possível solicitar uma visita contactando o Posto de Turismo, telef. 249 322427.

Na Várzea pequena fica a mais interessante das muitas capelas da cidade, a única que conserva, no essencial, a estrutura manuelina, o seu corpo octogonal abobadado e o belíssimo portal naturalista de folhagem e ramos. É dedicada a São Gregório e foi mais tarde dotada com novo ou renovado alpendre, já de cariz clássico, num maneirismo despojado.

ma Ceia e *Abraão e Melquisedeque*; enquanto à direita figuram *A Apanha do Maná*, que é outro tema eucarístico, e dois temas alusivos ao Martírio de São João Baptista: a *Degolação* e a *Apresentação da Cabeça a Herodes*.

É na *Última Ceia* que se destaca também por notáveis jogos lumínicos e cromáticos através de uma paleta de colorido vibrante que Gregório Lopes parece obter os melhores resultados. O ambiente palaciano e cortesão da época encontra-se bem reproduzido na *Apresentação da Cabeça de São João Baptista*, seja através das figuras, concebidas em poses e gestos galantes, incluindo mesmo os divertidos pajens que figuram no primeiro plano, seja nos

R.C.

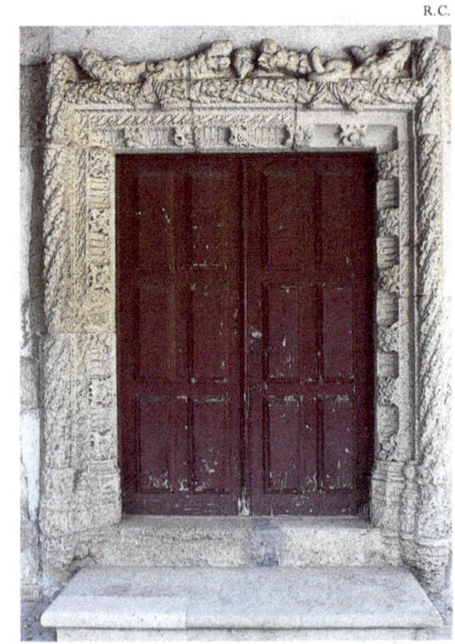

Ermida de São Gregório, portal, Tomar.

Sinagoga, entrada, Tomar.

Sinagoga, interior, Tomar.

II.5.d **Sinagoga**

Rua Dr. Joaquim Jacinto, também no núcleo antigo. Informações: Posto de Turismo, telef. 249 322427.
Classificada como Monumento Nacional.
Horário: diariamente das 10h às 13h e das 14h às 18h.

A comunidade judaica, como acima se disse, foi importante em Tomar, concentrando-se na Rua Nova e nas imediações, vias onde fica a Sinagoga, com a sua estrutura intacta e cujos anexos foram alvo de recentes escavações arqueológicas. Depois das proibições manuelinas, o edifício foi confiscado e passou a ter uso civil, sendo, ao que parece, primeiro uma cadeia, depois uma capela e até um dos celeiros da vila.
Tem uma planta quase quadrada, com 9,5 por 8 m, e abóbada de tijolo em aresta viva suportada por elegantes pilares com capitéis decorados, na mesma forma das mísulas laterais, tudo lembrando a arte dos mestres de obras da Batalha e com evidente afinidade com a *cripta* da igreja colegiada de Ourém. Deve datar-se de cerca de 1460. O chão está hoje mais baixo do que o da rua, devido à elevação desta e, no interior, ressalta ainda o sistema acústico com alvéolos nos cantos onde houve bilhas que aumentavam o som e lhe davam ressonância. A iluminação faz-se por frestas elegantes nas paredes viradas a sul e a norte, bem desenhadas e com arco em carena.

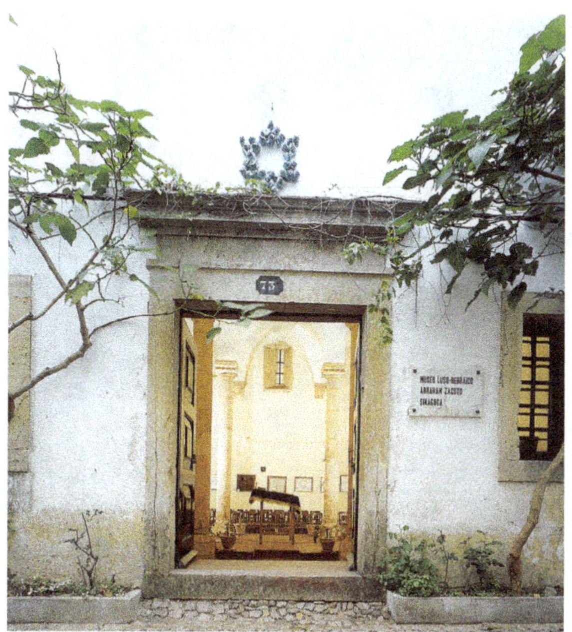

R.C.

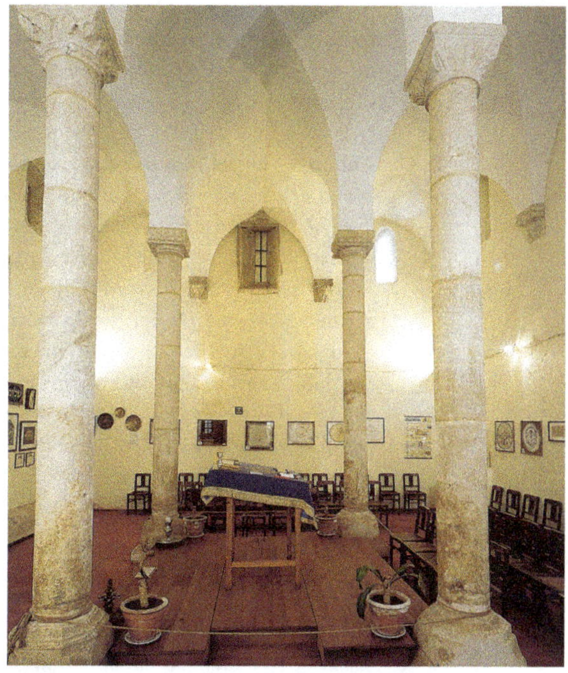

R.C.

II.5.e **Arcos dos Estaus**

Na Rua dos Arcos são visíveis cinco grandes arcos completos, e incorporados nos prédios

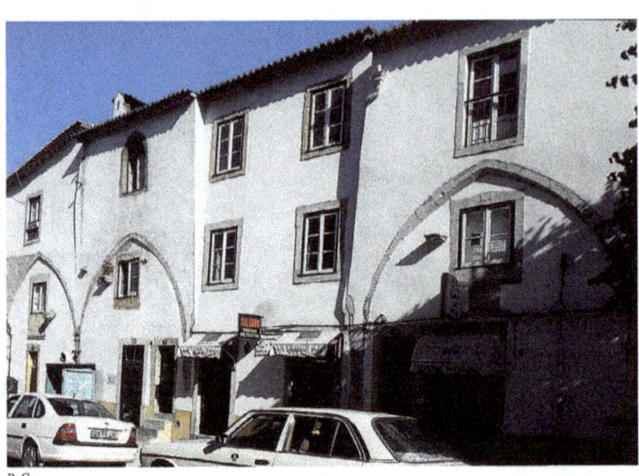

R.C.

Arcos dos Estaus, Tomar.

da Rua Torres Pinheiro são visíveis outros três. Na Rua dos Arcos, e por cima do segundo arco, pode ainda observar-se uma janela ogival. Estão classificados como Imóvel de Interesse Público.

A Rua dos Estaus era a principal artéria de Tomar no final da Idade Média. Junto ao rio ainda hoje se podem ver os poderosos arcos ogivais desta construção promovida pelo Infante D. Henrique e que se destinava a acolher os visitantes que chegavam à vila, particularmente os que vinham acompanhados por criadagem e corpo de guarda militar, para que não fosse necessário o aboletamento nas residências populares. A chegada de gente de fora era sobretudo acentuada durante a feira franca instituída por esse Príncipe em 1420. O que ficou, se bem que de um tipo sóbrio, mostra uma construção de grande categoria e permite a reconstituição de toda a massa edificada, muito considerável para a época.

II.5.f **Convento de Cristo**

Localiza-se no alto do morro sobranceiro a Tomar. Existe sinalização de encaminhamento. Telef. 249 315089. Classificado como Monumento Nacional, desde 1907, e inscrito na Lista do Património Mundial da UNESCO, desde 1983. É permitido fotografar sem utilização de flash.
A entrada é paga. Horário: das 9h às 17h30 e de Junho a Setembro das 9h às 18h30. A última admissão realiza-se 30 minutos antes do fecho. Encerra nos feriados 1 de Janeiro, Sexta-Feira Santa, Páscoa, 1 de Maio e 25 de Dezembro.

A origem do Convento de Cristo remonta ao fim do século XII, quando os Templários instalaram aqui o seu castelo, depois de abandonarem o vizinho morro de Ceras. Foi já este lugar que as tropas de Gualdim Pais defenderam em 1190, quando das invasões muçulmanas do Al-Mansur. Foi certamente nessa altura que se começou a igreja de planta centrada, na forma de um octógono central rodeado por um *deambulatório* ou nave circular, delimitada exteriormente por um polígono de dezasseis lados. Serviu também como torre defensiva nessa primeira época, vindo as restantes construções do castelo a articular-se com ela. À sua volta cresceram as dependências conventuais, particularmente depois da nova Ordem de Cristo ter substituído a Ordem do Templo, em 1319, datando os dois claustros anexos, o da Lavagem e o do Cemitério, da época em que o Infante D. Henrique foi Administrador da Ordem de Cristo, em meados do século XV. O primeiro tem dois andares sobrepostos e foi edificado num estilo despojado; o segundo é mais pequeno e de piso único e tem uma decoração mais cuidada, no entanto, quer um quer outro, foram feitos por mestres-de-obras formados no Mosteiro da Batalha; na base de uma das colunas está inscrito o nome do mestre Fernão Gonçalves, seguido da palavra "fez". É aqui que está o belo túmulo de D. Diogo da Gama, capelão do rei, num luxuriante manuelino naturalista.

Na época manuelina a *charola* foi muito alterada, desde logo com um programa decorativo que incluiu pinturas e esculturas, mas também pela sua ligação ao terreiro e pela abertura de um arco que dá para uma enorme construção comummente chamada coro. Foi Diogo de Arruda quem iniciou este corpo largo e profundo, por 1510, de que se destaca a fachada de um naturalismo barroco nunca antes visto e também, diga-se em abono da verdade, nunca depois repetido. É um vulcão de formas arrancadas à natureza e elevadas à categoria de elementos arquitectónicos, salientando-se de todos a moldura da janela frontal. No alto, quatro reis de armas lembram os atributos e a majestade do rei D. Manuel I, embora a tradição popular identifique vulgarmente esses vultos como os de D. Afonso Henriques, de D. Dinis, do Infante D. Henrique e do próprio D. Manuel.

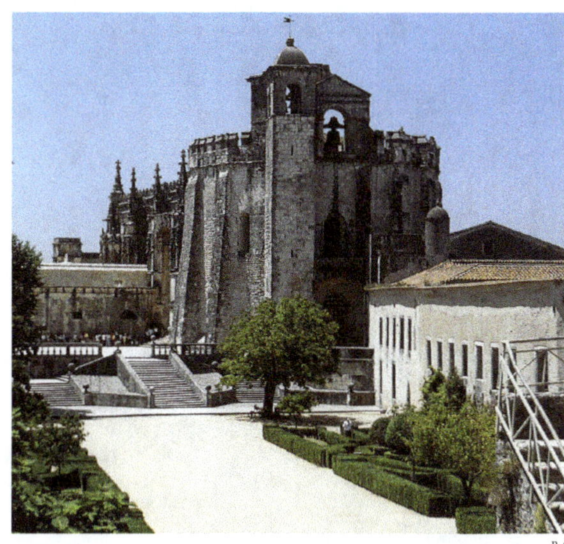

R.C.

Convento de Cristo, aspecto geral dos edifícios medievais, vendo-se o exterior da charola, Tomar.

Também a janela do lado do claustro real é de traçado fantástico e a sua molduração igualmente hipernaturalista, se bem que menos exacerbada, devendo-se ainda a Arruda a abóbada

R.C.

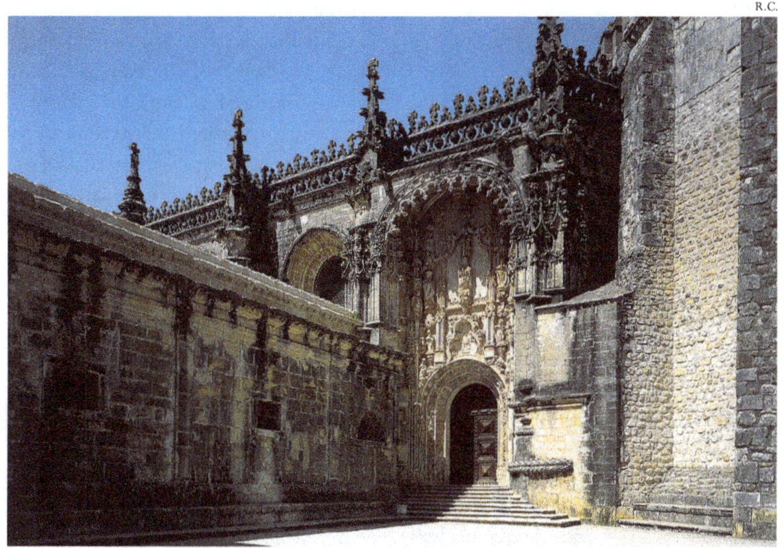

Igreja do Convento de Cristo, entrada, Tomar.

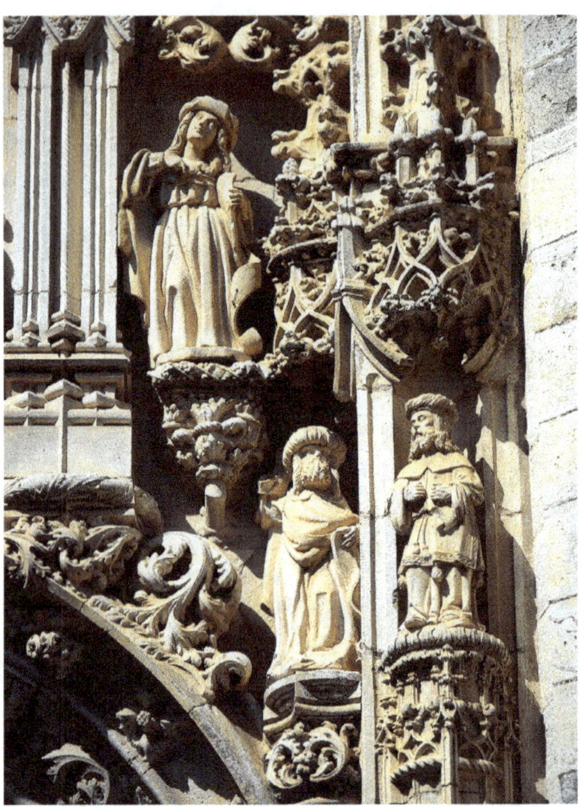
M.A.

Convento de Cristo, pormenor do portal, Tomar.

que reparte esta dependência em dois níveis.

Diogo de Arruda, no entanto, não acabaria a obra; foi João de Castilho quem, em 1515, o substituiu, fazendo a abóbada de nervuras curvas a saírem de mísulas naturalistas e com uma importante componente heráldica e emblemática, e também o portal que dá para o exterior, muito à maneira do que então se fazia em Castela, e onde colocou um conjunto admirável de esculturas da Virgem, de profetas e santos.

É ainda a João de Castilho que temos de atribuir a incompleta Sala do Capítulo e, naturalmente, os claustros anexos a estas duas construções, já que o claustro real que substituiu o seu, que foi o primitivo, se deve a Diogo de Torralva e constitui a obra-prima do nosso classicismo.

Fruto de muitas acumulações, a *charola* reúne um extraordinário património pictórico que tem vindo, nos últimos anos, a ser redescoberto e conservado. Um sentido de preenchimento das superfícies parece resultar da ideia de horror ao vazio, mas os conteúdos significantes das sucessivas intervenções apontam também para as essenciais funções da pintura: a qualificação simbólica do espaço arquitectónico. Os padrões geométricos, repintes sucessivos de uma decoração orientalizante, ao "modo bizantino", por certo ocorrida no período manuelino, conjugam-se com os mais diversos temas figurativos, que se adaptam à difícil estrutura dos muros e da cobertura da rotunda dos cavaleiros.

Das campanhas ocorridas em inícios do século XVI, começa-se por assinalar a impressionante decoração da abóbada que circunda o corpo octogonal central. Executada a *grisalha* em grande escala figurativa, e recobrindo os dezasseis tramos da abóbada, a pintura simula a presença de elementos arquitectónicos em conjugação com temas recorrentes na decoração deste período, alguns dos quais com a manifesta função de promover a imagem do rei. Assim, a heráldica, fundamentalmente o Escudo Real, a Cruz de Cristo e a Esfera Armilar, e algumas expressivas figuras humanas e animais, pontuam nas mais variadas e fantasiadas formas arquitectónicas, que surgem interligadas por cordas, ramos e fitas. Já nas paredes do tambor central, na parte superior, é visível um programa de temática cristocêntrica formado pelos instrumentos da Paixão de Cristo, que dezasseis anjos mostram ao espectador.

Um programa também centrado na Vida de Cristo, mas executado através da técnica do óleo sobre suporte de madeira, foi concebido para os grandes quadros que se inscrevem nos arquetes cegos das paredes opostas, numa campanha que ocorreu também no tempo de D. Manuel, entre 1510 e 1515.

De uma campanha mais tardia, de cerca de 1536 a 1538, a cargo do pintor régio Gregório Lopes e destinada ao mesmo espaço, ainda que num registo inferior aos grandes quadros manuelinos, existem ainda no convento os painéis de *Santo António Pregando aos Peixes* e *São Bernardo*, enquanto a *Virgem dos Anjos* e o *Martírio de São Sebastião* podem ser vistos no Museu Nacional de Arte Antiga.

A *charola* do Convento de Cristo possui também um conjunto de esculturas quinhentistas de madeira policromada de qualidade absolutamente ímpar no panorama europeu. Trata-se de dezassete imagens de vulto com cerca de 2 m de altura, representando Nossa Senhora e São João Evangelista, Apóstolos, Doutores da Igreja e Profetas. Estas estátuas foram executadas, entre 1511 e 1514, por Olivier de Gand e Fernan Muñoz.

Deste conjunto fazia igualmente parte um cadeiral destruído aquando das invasões napoleónicas, de que subsistem unicamente dois anjos que sustentam escudos com as armas de Portugal e da Ordem de Cristo. Estas esculturas, que podem ser encontradas na magnífica *charola*, são demonstrativas das três principais vertentes pelas quais os artistas nórdicos se distinguiram no Portugal manuelino: a pintura, presente na policromia das estátuas, a escultura e a marcenaria, bem patente na estrutura que decora o espaço central do edifício. Todos estes aspectos se harmonizam num discurso magnificente e iconograficamente significante. As estátuas que se distribuem ao longo das paredes da *charola* em torno de um grupo central representando Nossa Senhora e São João, possuem uma dignidade extraordinária que é acentuada pela qualidade plástica de cada uma e pela cuidada policromia que ainda revelam.

Não só pela qualidade excepcional do conjunto, pelo notável estado de conservação em que chegou até nós, mas essencialmente pelo postulado cultural e artístico que revela e que clara-

M.A.

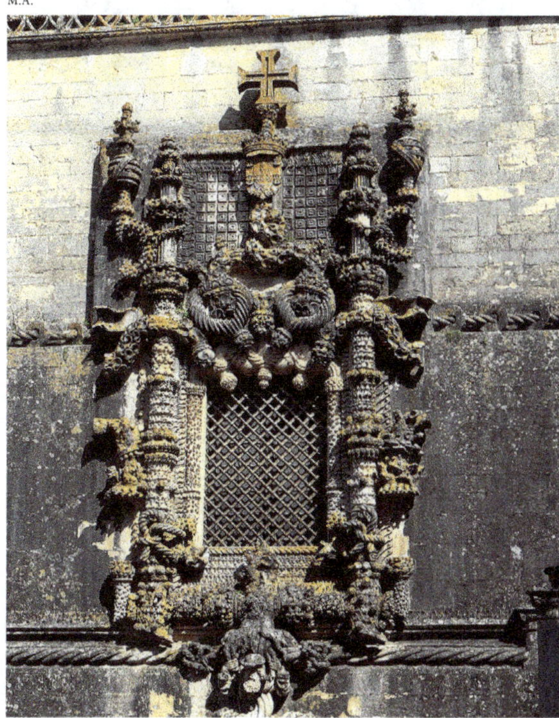

Convento de Cristo, janela manuelina, Tomar.

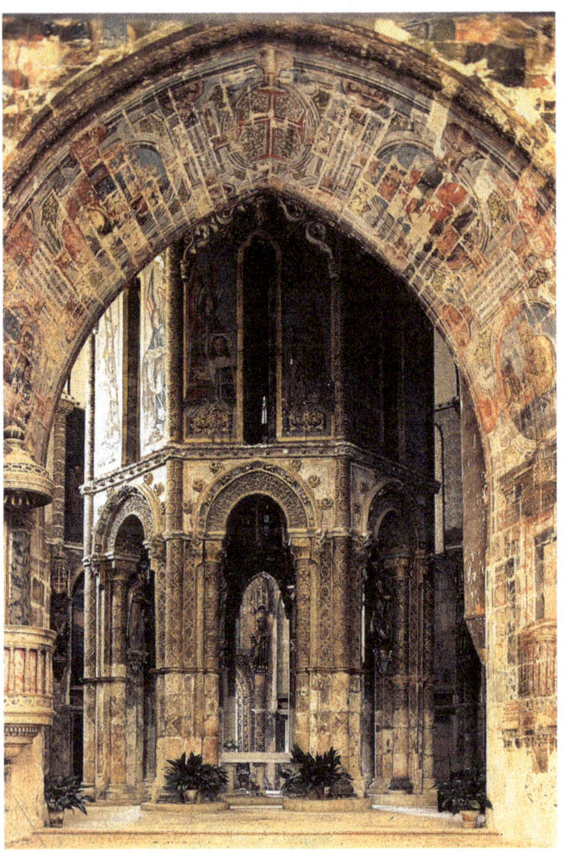

Charola do Convento de Cristo, interior (antes das obras de restauro), Tomar.

mente se coloca na esfera da influência nórdica, é esta *charola*, e as esculturas que a integram, um documento fundamental para compreendermos o universo da produção artística do período manuelino.

Se pretende visitar Dornes, deverá seguir pela Estrada N 110 em direcção a Pereiro. Vire à direita para apanhar a Estrada N 238 no sentido de Águas Belas. Depois do cruzamento de Águas Belas e antes do Casal da Madalena, encontrará dois entroncamentos à esquerda, tendo de virar no segundo para apanhar a estrada municipal até Dornes.

II.6 **DORNES** (opção)

II.6.a **Torre de Dornes**

Junto à Igreja de Dornes. Classificada como Imóvel de Interesse Público. Informações: Posto de Turismo, telef. 249 366677. É visitável apenas no exterior.

A origem da Torre de Dornes é desconhecida, posto que a tradição a queira como descendente de um posto de observação romano. No entanto, é bem provável que tenha origem numa atalaia medieval dos Templários ou já mesmo da Ordem de Cristo, em cujas terras se encontra.

A sua posição é cenográfica e dominante, em relação a uma vasta área, e particularmente ao lago artificial da albufeira de Castelo de Bode, tendo sido aproveitada, já no período manuelino, para torre sineira, já que a igreja foi construída a seu lado. Tem planta quadrada e é de xisto local, com cunhais vincados de cantaria, e no piso mais alto, onde se abrem as grandes ventanas, tem uma cobertura de abobadilha.

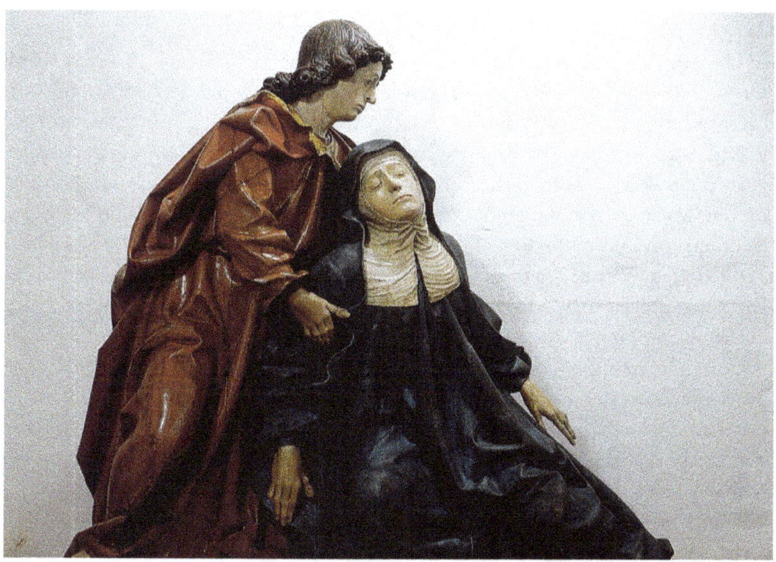

IPM/C.M.

Olivier de Gand, "São João e Nossa Senhora", séc. XVI, Convento de Cristo, Tomar.

"Santarém é um livro de pedra em que a mais interessante e mais poética das nossas crónicas está escrita. Rico de iluminuras, de recortados, de florões, de imagens, de arabescos e arrendados primorosos, o livro era o mais belo e o mais precioso de Portugal. Encadernado em esmalte verde e prata pelo Tejo e por suas ribeiras, fechado a broches de bronze por suas fortes muralhas góticas, o magnífico livro devia durar sempre enquanto a mão do Criador se não estendesse para apagar as memórias da criatura.

Mas esta Nínive não foi destruída, esta Pompeia não foi submergida por nenhuma catástrofe grandiosa. O povo de cuja história ela é o livro, ainda existe; mas esse povo caiu em infância, deram-lhe o livro para brincar, rasgou-o, mutilou-o, arrancou-lhe folha a folha, e fez papagaios e bonecas, fez carapuços com elas.

Não se descreve por outro modo o que esta gente chamada governo, chamada administração, está fazendo e deixando fazer há mais de século em Santarém.

As ruínas do tempo são tristes mas belas, as que as revoluções trazem, ficam marcadas com o cunho solene da história. Mas as brutas degradações e as mais brutas reparações de ignorância, os mesquinhos consertos da arte parasita, esses profanam, tiram todo o prestígio.

Tal é a geral impressão que me faz esta terra. Almocemos, que já oiço chamar para isso, e iremos ver depois se me enganei.

Ao almoço a conversação veio naturalmente a cair no seu objecto mais óbvio, Santarém. D. Afonso Henriques e os seus bravos, S. Frei Gil e o Santo Milagre, o Alfageme e o Condestável, el-rei D. Fernando e a rainha D. Leonor, Camões aqui nascido, Pedr'Álvares Cabral, os Docens, quase todas as grandes figuras da nossa história passaram em revista. Por fim veio Santa Iria também, a madrinha e padroeira desta terra, cujo nome aqui fez esquecer o de romanos e celtas."

Almeida Garrett, Viagens na Minha Terra, *Lisboa, 1846.*

Pedro Dias

A Ordem de Cristo teve origem na Ordem do Templo, fundada para combater os infiéis na Terra Santa. No século XIII, recuando aos países de origem, entrou em choque com vários monarcas que acabaram por conseguir destruí-la, no que teve papel importante Filipe, *o Belo* de França. Em Portugal, o rei D. Dinis não tinha as mesmas ideias e para obviar aos problemas que a falta de uma milícia armada lhe fazia, aliás com provas dadas na Reconquista, optou por criar uma nova ordem, portuguesa, a que chamou de Cristo, e que dotou com os bens dos Templários. Assim nascia, em 1319, a nova Ordem de Cristo que iria, um século depois, ter um papel de grande relevo na missionação dos territórios de além-mar. Em 1357, a sua sede passou definitivamente para Tomar.

Com a chegada do Infante D. Henrique ao cargo de Administrador da Ordem a sua importância aumentou, pois foi-lhe concedido, por seu intermédio, o padroado das igrejas das ilhas atlânticas e, depois, de muitas outras nas terras conquistadas ou descobertas e nos territórios continentais ultramarinos. A corte portuguesa desejou também canalizar as rendas que possuía no reino para as defesas das praças do Magrebe, e mais genericamente para a luta contra os mouros além-mar. Herdando D. Manuel I a gestão da Ordem, tal como o fizera seu tio-avô, a política de vigararias continuou, dotando essas igrejas ultramarinas de muitas alfaias de culto e de obras de arte compradas nos mercados do Norte da Europa e particularmente da Flandres.

Muitos dos que participaram nas descobertas ultramarinas estavam ligados à Ordem de Cristo – como também à Ordem de Santiago – enquanto outros foram, após os seus feitos, agraciados com comendas ou com o grau de Cavaleiro, distinção que foi alargada, desde o século XV, a muitos príncipes e pessoas reais, e até a gente mais modesta de etnias não europeias, nomeadamente a africanos e a indianos.

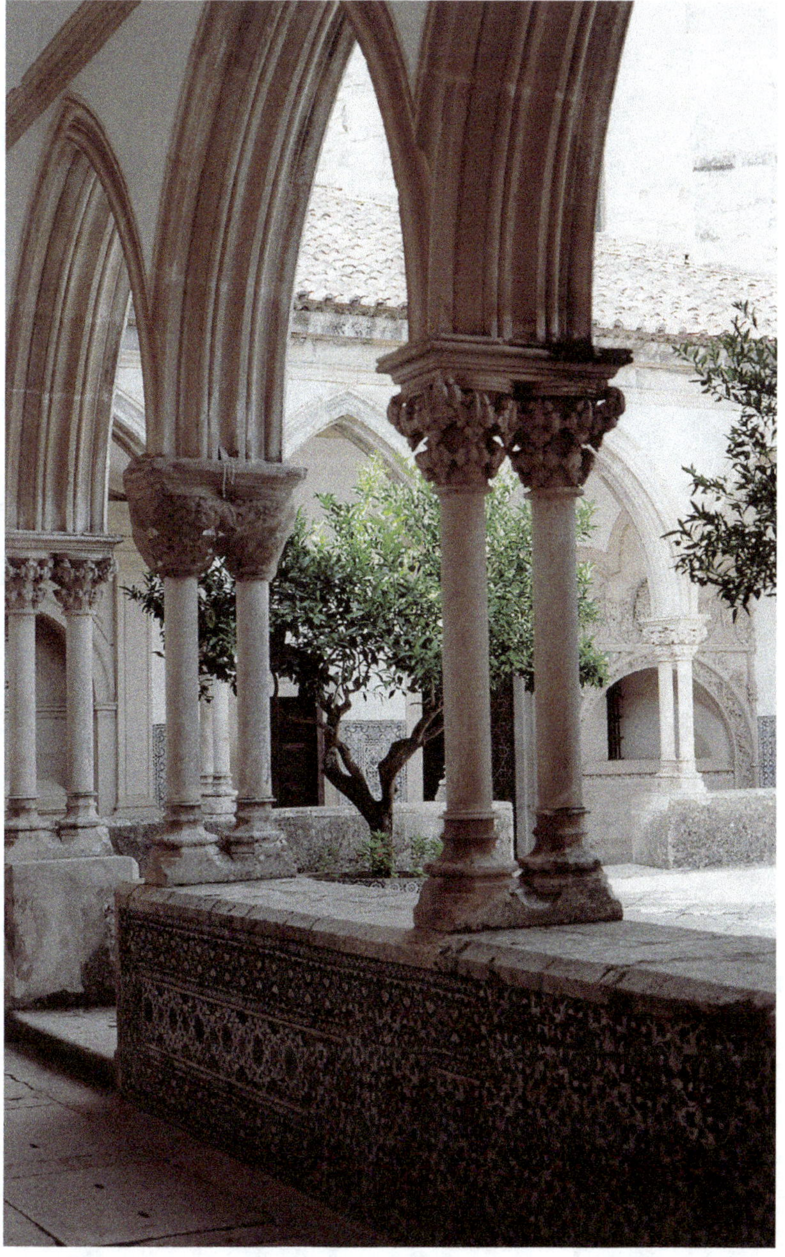

Convento de Cristro, claustro do cemitério, Tomar.

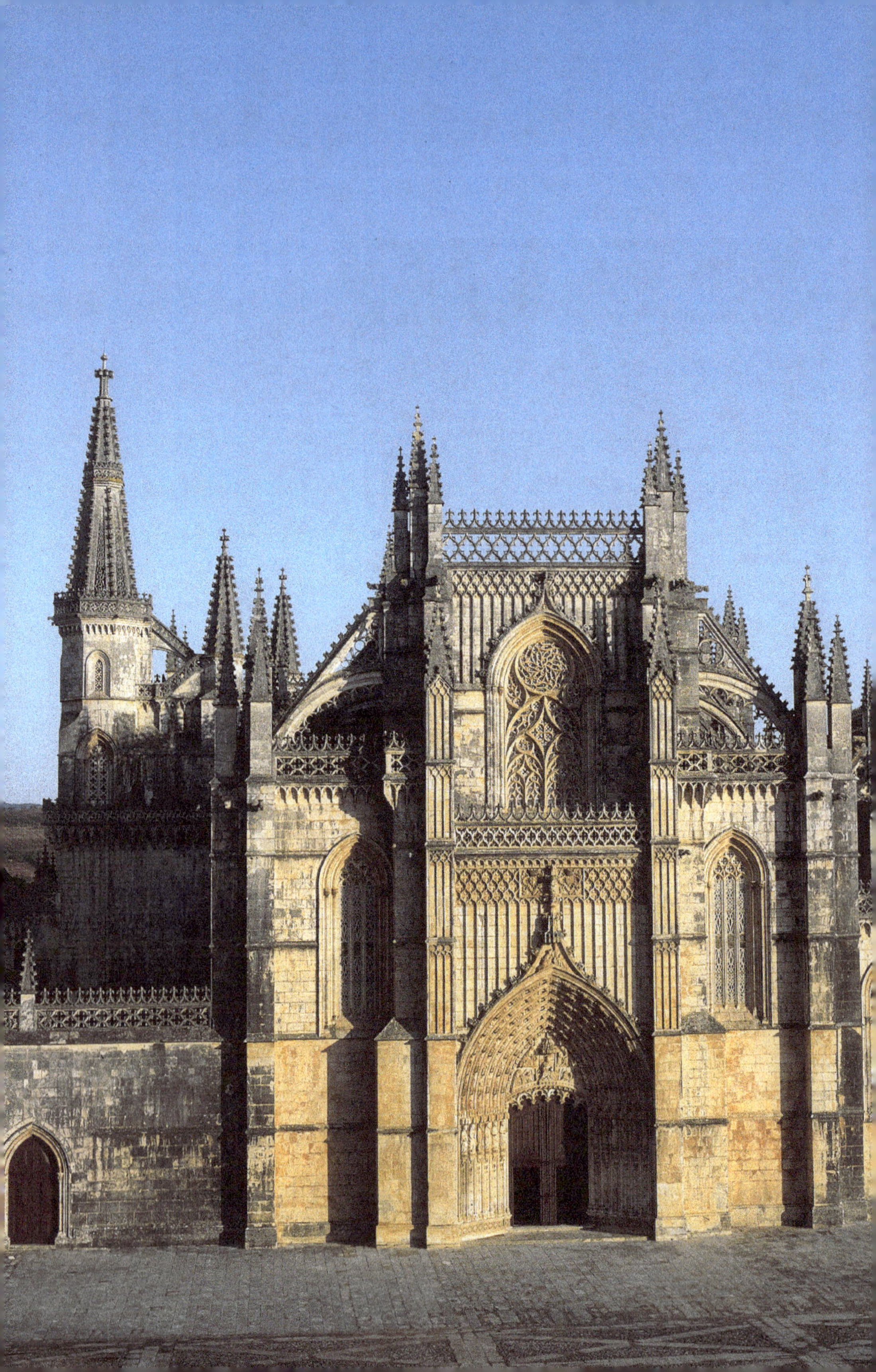

Nas pisadas de Boytac

Pedro Dias, Dalila Rodrigues,
Nuno Vassallo e Silva, Fernando Grilo

Primeiro dia

III.1 BATALHA

III.1.a Mosteiro da Batalha
III.1.b Igreja da Exaltação da Santa Cruz, matriz da Batalha

III.2 POMBAL

III.2.a Castelo de Pombal

III.3 REDINHA

III.3.a Igreja de Nossa Senhora da Conceição, matriz de Redinha

III.4 SOURE

III.4.a Castelo de Soure
III.4.b Igreja de São Tiago, matriz de Soure

III.5 EGA

III.5.a Paço dos Comendadores
III.5.b Igreja Nossa Senhora da Graça, matriz de Ega

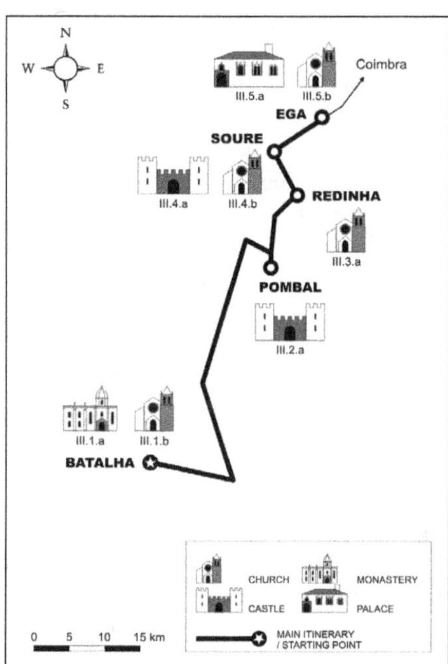

Mosteiro da Batalha, fachada principal.

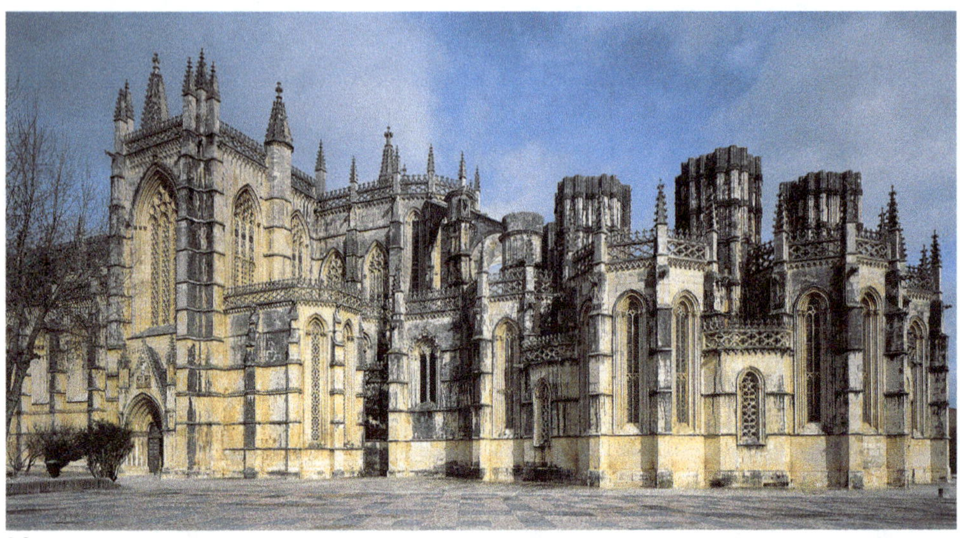

R.C.

Panorâmica das Capelas Imperfeitas do Mosteiro da Batalha.

M.A.

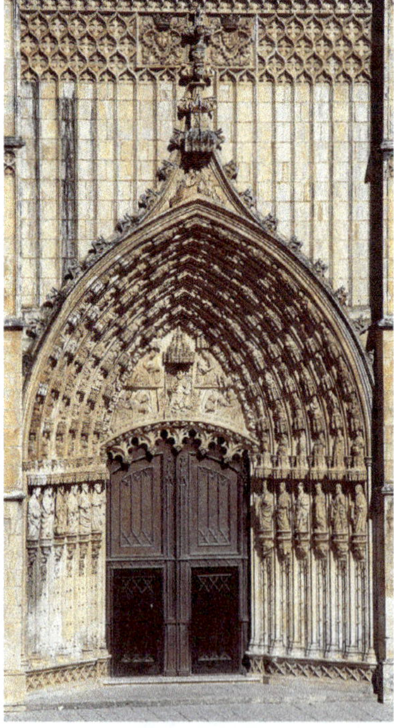

Mosteiro da Batalha, portal principal.

A arquitectura manuelina atingiu o auge na segunda década do século XVI, quando estava estabilizado o poder de D. Manuel I e a expansão ultramarina dava claros frutos económicos. Foram vários os centros artísticos que então se criaram e que, de uma forma ou de outra, condicionaram os modos de fazer das diversas regiões. Tomar, Lisboa e Tavira foram alguns deles, mas o mais importante de todos foi a Batalha onde, desde 1389, se construía o maior conjunto monástico que Portugal tivera, o Mosteiro de Santa Maria da Vitória. O seu estaleiro foi uma verdadeira escola de construção onde se formaram e de onde saíram os principais mestres quatrocentistas e manuelinos. Era lá que D. Manuel mandava recrutar os arquitectos que depois enviava para Marrocos, para a África e para a Índia. Um deles foi Boytac.

Boytac ou Diogo de Boytac, como parece ser o seu nome, não era de origem portuguesa, mas veio muito cedo para Portugal e aqui fez a sua aprendizagem, junto de João de Arruda e Mateus Fernandes. Já servira D. João II e continuou a servir D. Manuel

I, notabilizando-se como fortificador das praças de Marrocos, embora no Reino tivesse construído também palácios e igrejas.

Se é verdade que foi um dos primeiros mestres-de-obras do Mosteiro dos Jerónimos de Lisboa, foi nas regiões da Estremadura e da Beira Litoral, particularmente em Coimbra, que deixou algumas das obras mais importantes, terras onde se encontram também as suas fontes inspiradoras e os trabalhos dos seus principais discípulos.

III.1 BATALHA

III.1.a **Mosteiro da Batalha**

Encontra-se inscrito na Lista de Património Mundial, da UNESCO, desde 1983 e está classificado como Monumento Nacional desde 1907. Telef. 244 765497. É permitido fotografar.

A entrada é paga. Horário: das 9h às 18h, no Verão e das 9h às 17h, de Outubro a Março. Encerra nos feriados 1 de Janeiro, Sexta-Feira Santa, Páscoa, 1 de Maio, 24 e 25 de Dezembro.

O Mosteiro de Santa Maria da Vitória, mais conhecido por Mosteiro da Batalha, foi fundado e erguido por iniciativa do rei D. João I, como agradecimento a Nossa Senhora pela vitória em Aljubarrota, em 1385, quando ficou decidida a crise dinástica que se abatera sobre Portugal. Entregou esta casa aos dominicanos, entre os quais se encontravam muitos dos seus mais próximos colaboradores e, em 1389, sob as ordens do velho mestre Afonso Domingues, a

R.C.

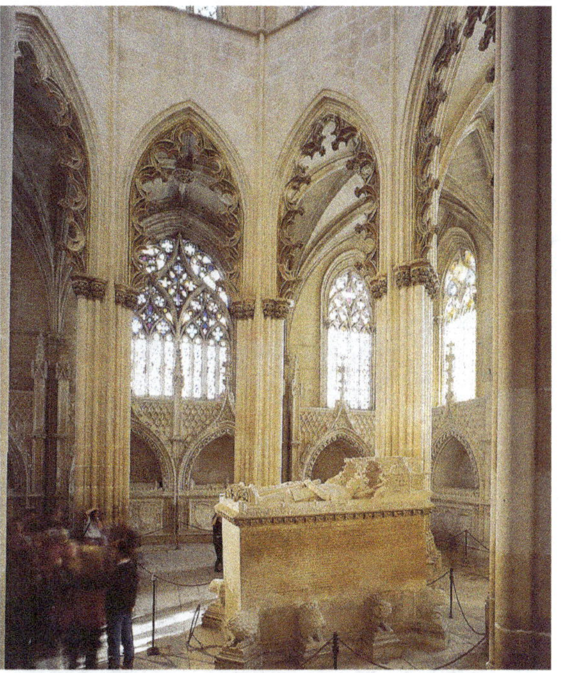

Capela do Fundador, Mosteiro da Batalha

IPM/J.P.

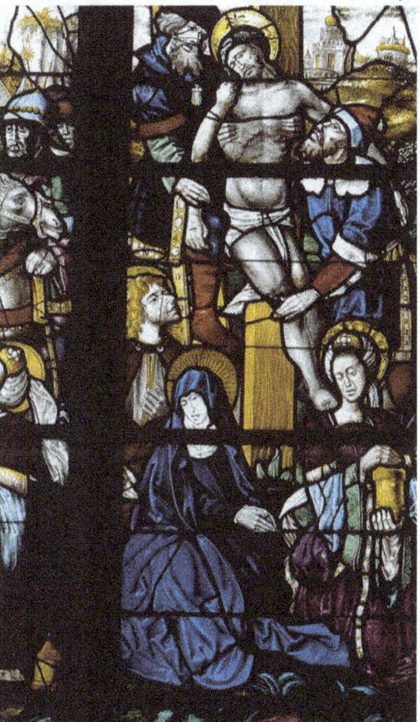

"Descimento da Cruz", vitral da Sala do Capítulo, 1514, Mosteiro da Batalha.

Claustro do Mosteiro da Batalha.

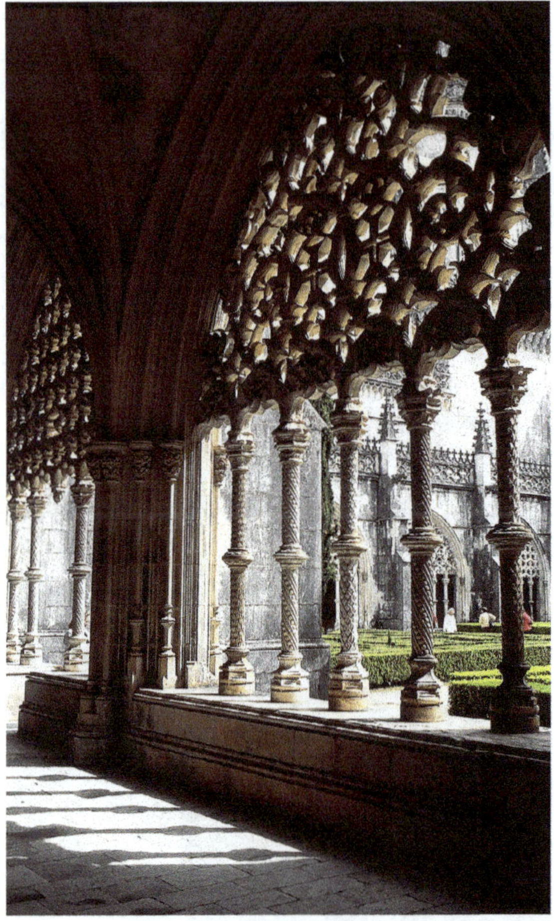

M.A.

J.B.

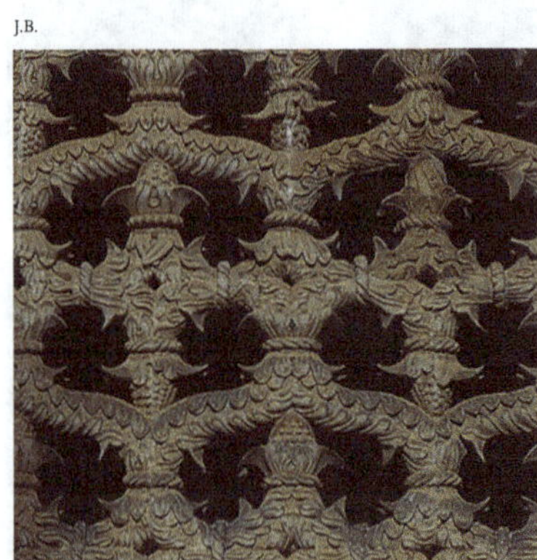

Claustro do Mosteiro da Batalha, pormenor.

obra arrancou dos alicerces. Vários outros mestres lhe sucederam, sendo o segundo, Huguet, o introdutor do estilo flamejante entre nós.

Na época manuelina destacaram-se aqui Mateus Fernandes e Boytac, ambos estabelecidos na vila, que entretanto crescera à volta do Mosteiro, tendo visto crescer também aqui os seus filhos, que se tornaram também construtores.

O Mosteiro da Batalha é o mais importante edifício gótico português, nascido ainda na sua fase radiante, passando pela perpendicular e flamejante e acabando na manuelina.

No essencial, o conjunto que sobreviveu às invasões das tropas napoleónicas é constituído pela igreja monástica e pela Capela do Fundador, pelos dois claustros, o real e o de D. Afonso V, pela Sala do Capítulo, refeitório, dormitório e outros anexos menores. Refira-se, posto que ainda num gótico anterior ao manuelino, a capela de planta centrada onde está a enorme arca funerária de D. João I e de D. Filipa de Lencastre e em cujas paredes estão também as *edículas* tumulares dos seus filhos, os Príncipes de Avis, nomeadamente de D. Henrique, *o Navegador*, e também do rei D. João II e do seu malogrado herdeiro, o Infante D. Afonso.

A estatuária foi uma actividade importante no estaleiro batalhino, de que é testemunha o magnífico portal axial da igreja.

Porém, é à obra de Mateus Fernandes que temos que nos referir em lugar destacado, já que foi este mestre quem introduziu no gótico final a decoração naturalista hipertrofiada, como a que se vê nas bandeiras dos arcos do claustro real e também no grande portal das

Capelas Imperfeitas, vista aérea, Mosteiro da Batalha.

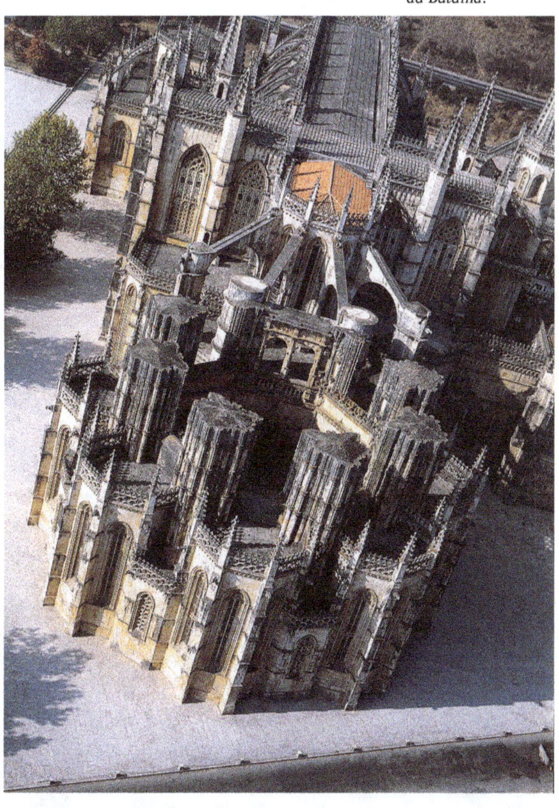

J.B.

Capelas Imperfeitas. Se esta última obra ainda repousa sobre uma estrutura flamejante de clara influência centro-europeia, já os arranques da abóbada inacabada são mais castiços e um dos pontos altos dessa verdadeira orgia naturalista que marcou o período e a arte manuelina. Pena foi que a morte de D. Manuel I, em 1521, viesse a provocar o cancelamento de tão fantástica empreitada.

III.1.b **Igreja da Exaltação da Santa Cruz, matriz da Batalha**

Nas proximidades do mosteiro, telef. 244 765140.
Classificada como Monumento Nacional.
Horário: diariamente das 10h às 16h. O serviço religioso realiza-se de segunda a sexta-feira às 8h30, ao sábado às 19h30 e ao domingo às 8h e às 11h.

Como em derredor do Mosteiro da Batalha logo surgiu uma vila, foi necessário construir uma igreja paroquial para dar assistência espiritual aos trabalhadores e respectivas famílias. Surgiu assim a igreja de Santa Cruz que, na época manuelina, haveria de ser profundamente alterada e enobrecida, demorando as obras até 1532. Destacamos o elegante portal hiperdecorado com elementos naturalistas, e também com dois escudos ostentando a esfera armilar e a cruz da Ordem de Cristo, bem como a capela-mor, obra na melhor tradição do tardogótico nacional. É possível que o seu mestre construtor tenha sido Boytac.

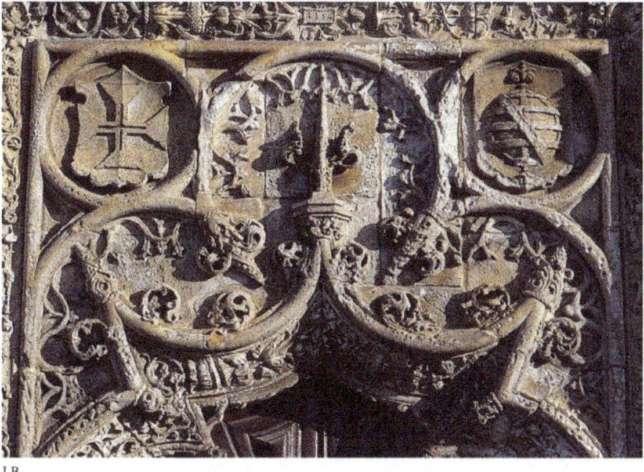

J.B.

Igreja da Exaltação de Santa Cruz, pormenor do portal axial, Batalha.

Para Pombal, deve seguir pela Estrada N 1, na direcção do Porto (42 km).

Igreja da Exaltação da Santa Cruz, planta, D.G.E.M.N.

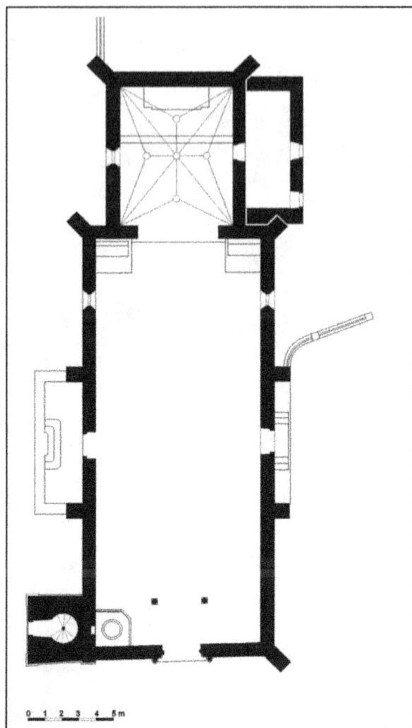

III.2 POMBAL

III.2.a Castelo de Pombal

Localiza-se no Monte do Castelo. Classificado como Monumento Nacional. Informações: Posto de Turismo de Pombal, telef. 236 213230.

Horário: pode ser visitado a qualquer hora.
A importância de Pombal durante os primeiros tempos do Reino de Portugal ficou a dever-se à sua localização, entre a fronteira do Mondego e as terras muçulmanas da linha do Tejo. O castelo foi edificado ou reedificado em 1161, por Gualdim Pais, ficando a dominá-lo os cavaleiros Templários. Em 1319 passou para a Ordem de Cristo que o manteve como cabeça de uma das suas comendas. Foi este facto que levou a que D. Manuel I, Administrador da Ordem, o restaurasse, no início do século XVI, dando também foral à vila em 1512.

Para Redinha, deverá seguir pela Estrada N 1. Após a saída para Pelarga / Verigo encontrará um entroncamento onde deverá apanhar a Estrada Municipal até Redinha (11 km).

III.3 REDINHA

III.3.a Igreja de Nossa Senhora da Conceição, matriz de Redinha

Largo da Igreja. Classificada como Imóvel de Interesse Público.
Horário: abre apenas ao domingo, às 10h, para a celebração do serviço religioso. Para visitar fora deste horário deverá solicitar a chave na residência do pároco, ou efectuar marcação, telef. 236 911121.

Outra povoação que teve origem numa fortificação dos Templários e que, mais tarde, no século XIV, passou para a Ordem de Cristo. O primeiro foral foi-lhe dado por Gualdim Pais, em 1159, que também reconstruiu o pequeno castelo existente e promoveu a construção da ponte românica que ainda subsiste.
A igreja matriz, de traça românica foi, no entanto, profundamente alterada na época manuelina. Desta empreitada do início do século XVI ficou o essencial da estrutura e também os portais exteriores, simples, mas com a clara decoração

R.C.

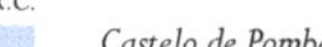

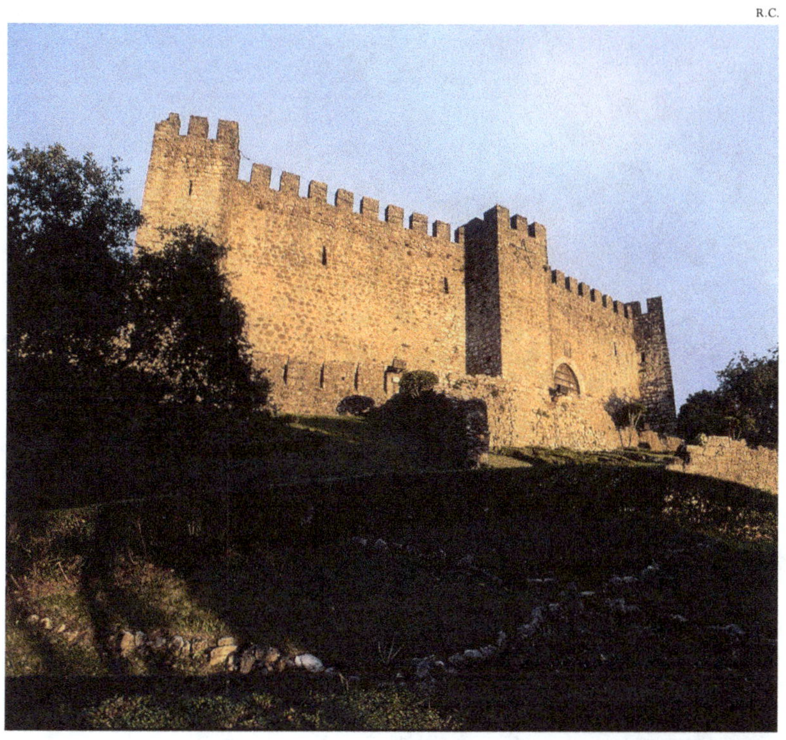

Castelo de Pombal.

naturalista que marca este tipo de construções.

Para Soure, siga pela Estrada N 1 em direcção a Venda Nova, vire à esquerda em direcção a Paleão pela Estrada N 348 até Soure (12 km)

III.4 SOURE

III.4.a Castelo de Soure

Tem acesso pelo Adro do Castelo e pode ser visitado a qualquer hora.
Classificado como Monumento Nacional.
Se pretender efectuar uma visita guiada pode solicitar ao Museu Municipal a sua marcação,

J.B.

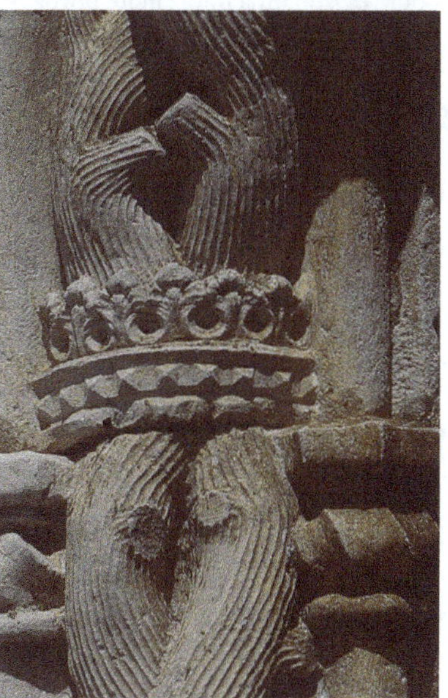

Igreja da Nossa Senhora da Conceição, pormenor do portal, Redinha.

Castelo de Soure.

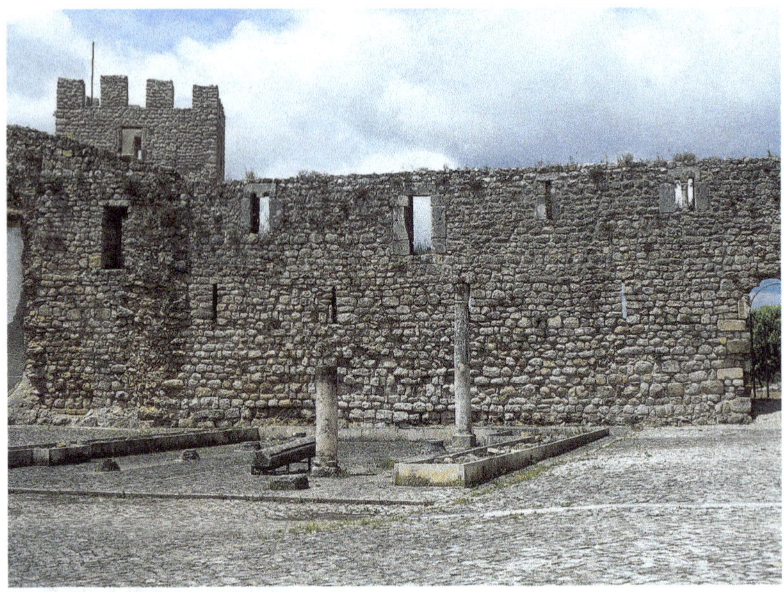

J.B.

telef. 239 509190, das 9h às 12h30 e das 14h às 17h30.

No local onde hoje se levanta a vila de Soure existiu uma importante povoação romana. Sabemos que houve também um aglomerado no período visigótico, vindo a localidade a ganhar importância no século XII, como local de fronteira entre o Norte cristão e o Sul islâmico. A rainha D. Teresa deu-lhe foral em 1111, e em 1128 foi doada com o seu castelo aos Templários. O castelo, que conserva elementos *moçárabes*, foi reconstruído no século XV por iniciativa do Infante D. Henrique e, novamente, meio século depois, a mando de D. Manuel I, já que era cabeça de uma comenda da Ordem de Cristo. Foram essas obras que lhe deram o carácter que mantém hoje em dia, descontando, naturalmente, a ruína de várias das suas zonas.

III.4.b **Igreja de São Tiago, matriz de Soure**

Praça Miguel Bombarda, telef. 239 502226. Horário: diariamente das 9h às 17h. Visitas guiadas poderão ser marcadas através do Museu Municipal, telef. 239 509190, das 9h às 12h30 e das 14h às 17h30.

Outro monumento manuelino é a igreja de São Tiago, a matriz da vila, construída por iniciativa de D. Manuel, em 1490, quando não imaginava que poderia a vir ser rei de Portugal, mas apenas na sua condição de Administrador da Ordem de Cristo. Do templo inicial apenas restam as arcadas que dividem as três naves do corpo, bem como duas lápides com as armas e empresa do então Duque de Beja, alusivas à construção.

Para dirigir-se a Ega deve seguir pela Estrada N 342, na direcção de Condeixa (8 km).

Igreja de São Tiago, matriz de Soure.

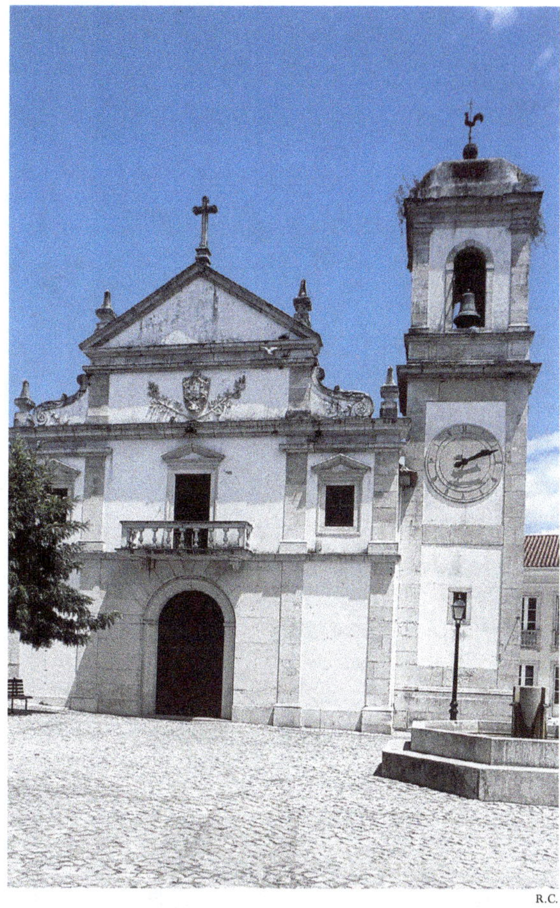

R.C.

III.5 EGA

III.5.a **Paço dos Comendadores**

Situado na estrada de Condeixa a Soure, no lugar de Ega, por trás da igreja matriz.

Esta povoação era uma das primeiras linhas de defesa a sul do Mondego, quando D. Afonso Henriques a entregou aos cavaleiros Templários, passando depois para a Ordem de Cristo, constituída em comenda. Devido à sua importância estratégica D. Manuel I concedeu-lhe novo foral em 1514.
Possui, no alto do morro que domina a antiga aldeia, o Paço dos Comendadores, infelizmente em estado de adiantada ruína, mas onde são ainda visíveis muitos elementos arquitectónicos manuelinos, como portas e janelas. Na zona baixa fica o pelourinho com a sua coluna rematada por uma pinha naturalista.

III.5.b **Igreja de Nossa Senhora da Graça, matriz de Ega**

Classificada como Imóvel de Interesse Público. Informações: telef. 239 944441 (pároco da freguesia).
Horário: diariamente para celebração de missa às 19h, e ao domingo às 12h. Para visitar deverá contactar a casa junto à igreja ou a casa paroquial, também nas imediações.
Não longe do Paço está a igreja matriz, totalmente reformada no início do século XVI, cujas obras foram já acabadas por Diogo de Castilho, por motivo da morte do primeiro

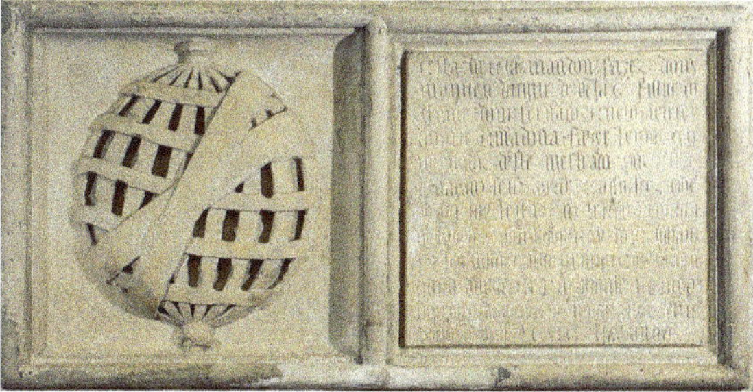

R.C.

Pedra de armas alusiva à construção da igreja de São Tiago, matriz de Soure.

Paço dos Comendadores, Ega.

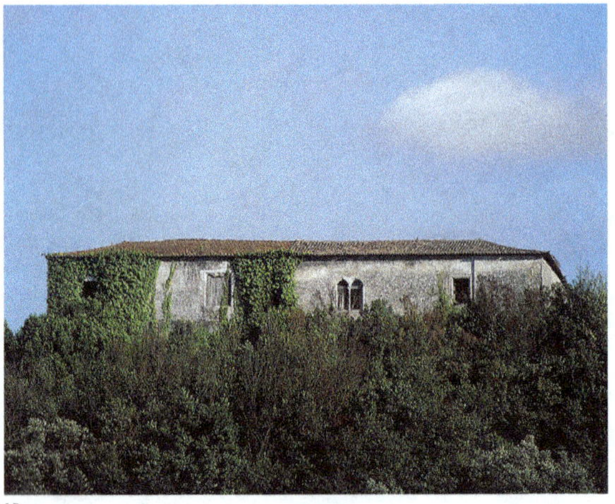

J.B.

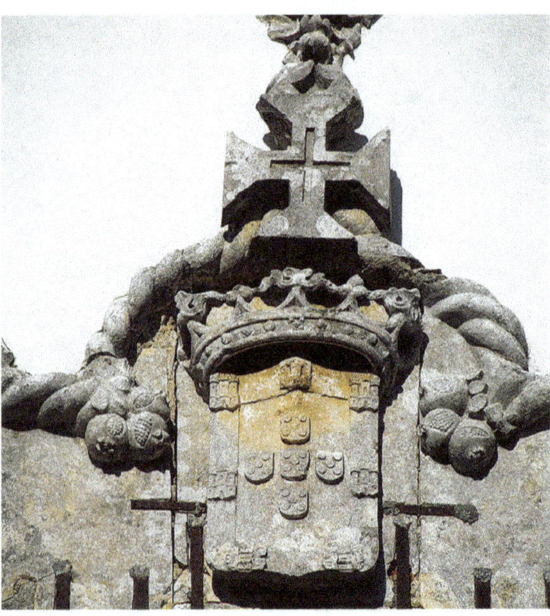

J.B.

Igreja de Nossa Senhora da Graça, pormenor do portal, Ega.

construtor, em 1521, concretamente Marcos Pires. Este era um homem da Batalha, colaborador e discípulo de Boytac, que ficara com as suas empreitadas do Mosteiro de Santa Cruz e do Paço Real de Coimbra. Destaca-se o belíssimo portal manuelino com colunas torsas, a capela-mor com um *arco triunfal* naturalista debruado também por colunas e *arquivolta* torsas, e uma elegante *abóbada de cruzaria*. O altar ostenta um tríptico pintado por um artista da Corte, por volta de 1543, onde se pode ver o retrato do comendador D. Afonso de Lencastre.

Para seguir em direcção a Coimbra deve continuar na Estrada N 342 no sentido de Condeixa e aí apanhar a N 1.

Nas pisadas de Boytac

Pedro Dias, Dalila Rodrigues, Nuno Vassallo e Silva, Fernando Grilo

Segundo dia

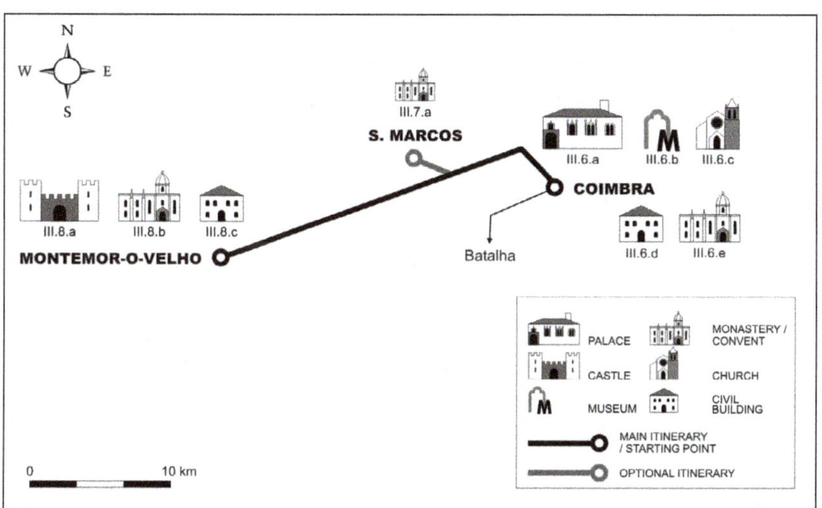

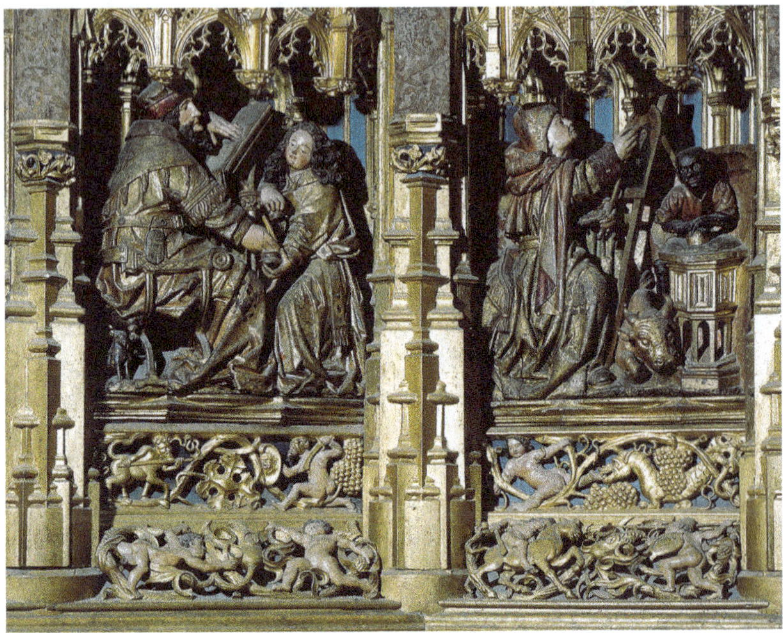

Olivier de Gand e Jean d'Ypres, retábulo do altar-mor, pormenor, 1499-1500, Sé Velha, Coimbra.

IPM/J.P.

III.6 COIMBRA

Na época manuelina, Coimbra não tinha a importância que tem hoje no contexto nacional, nem mesmo a que tivera dois séculos antes. No entanto, desde o período romano, fora uma urbe florescente, conservando vestígios arquitectónicos e artísticos de relevo, mantendo-se como a chave das relações entre o Norte e o Sul do território ocidental da Península, até meados do século XII.

Em 713 foi ocupada pelos Árabes, que lá ficaram até 1064, quando foi reconquistada pelas tropas do imperador de Leão, Fernando Magno, entre as quais se contava o grande cabo de guerra, Cid, *o Capeador*.

D. Afonso Henriques escolheu Coimbra para assento da Corte, e a cidade tornou-se a capital do jovem reino, até meados do século XIII. Depois, no tempo de D. Dinis, o Estudo Geral ou Universidade foi aqui instalada, na sequência do brilho dos estudos que já havia nas escolas monásticas, sobretudo em Santa Cruz.

Por iniciativa régia, a partir de 1505, Coimbra conheceu um grande desenvolvimento, construindo-se ou reconstruindo-se por iniciativa de D. Manuel I edifícios religiosos, administrativos e aquilo a que chamaríamos hoje equipamentos sociais, como a ponte sobre o rio Mondego e o Hospital real. Desde então, a urbe tornou-se um imenso estaleiro, por onde passaram os melhores artistas do Reino e muitas figuras gradas do panorama artístico europeu.

Na arquitectura, na pintura e na escultura Coimbra ditou modas e marcou definitivamente toda a bacia do Mondego, donde partiram muitas campanhas, para lugares mais distantes, sobretudo para povoações das Beiras e da Alta Estremadura.

Para efectuar a visita a Coimbra, sugere-se que estacione a viatura à entrada da cidade, depois de transpor o viaduto e junto à Casa do Sal, num dos parques de estacionamento aí existentes. Pode, de seguida, tomar o "Eco Via", um pequeno autocarro que o conduzirá à parte alta, a partir de onde, e a pé, poderá realizar o percurso proposto.

III.6.a **Paço Real**

Largo da Porta Férrea, na Universidade de Coimbra. Classificado como Monumento Nacional. Informações: telef. 239 859800. Dispõe de serviços de cafetaria.
A entrada é paga, excepto para professores e estudantes. Horário: diariamente das 9h30 às 12h e das 14h às 17h, excepto no dia 25 de Dezembro.

O Paço Real de Coimbra remonta ao período do primeiro rei, D. Afonso Henriques, que aqui viveu e, muito provavelmente, também morreu. No entanto, já séculos antes existia no local uma fortaleza, de que há elementos remanescentes incorporados nos edifícios manuelinos. Desta época ficaram as torres redondas ou *cubelos* da parede exterior do paço, o lado virado à Sé Velha, as grandes janelas da Sala do Trono, hoje Sala dos Capelos, visíveis na Via Latina, e ainda diversas portas e arcarias do piso térreo, integrando o espaço ocupado pelo Instituto Jurídico.

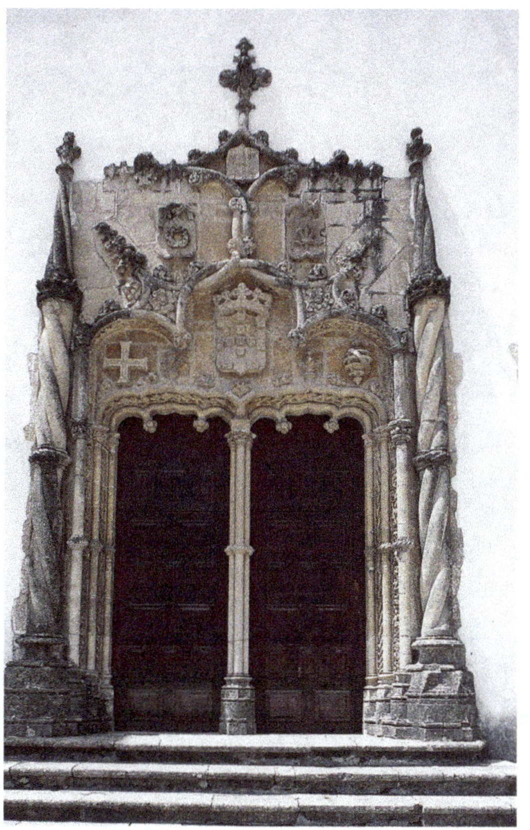

R.C.

Paço Real, portal, Coimbra.

Mas o edifício mais interessante é a Capela de São Miguel, com o seu típico portal e um *arco triunfal* em forma de encordamento. Foi trabalho de Marcos Pires, o principal discípulo de Boytac, que aqui trabalhou entre 1517 e 1521.

III.6.b **Museu Nacional Machado de Castro**

Largo Dr. José Rodrigues, telef. 239 823727. O antigo paço episcopal está classificado como Monumento Nacional, desde 1910.

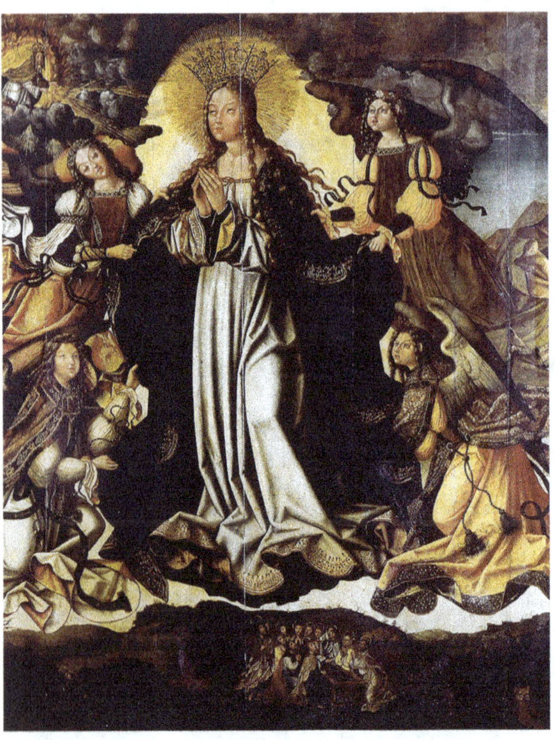

IPM/J.P.

Vicente Gil, "Assunção da Virgem", óleo sobre madeira, c. 1520, Museu Nacional Machado de Castro, Coimbra.

A entrada é paga. Horário: das 9h30 às 12h30 e das 14h às 17h30. Encerra à segunda-feira e nos feriados de 1 de Janeiro, Páscoa, 1 de Maio e 25 de Dezembro.

O edifício em que o museu está instalado é o antigo paço episcopal que, por sua vez, assenta sobre um enorme e imponente *criptopórtico* romano. Esta plataforma artificial já tinha sido aproveitada, no século XII, para a construção da igreja de São João de Almedina, do seu claustro privativo e dos respectivos anexos. A última grande reforma, de que subsiste a entrada e o pátio com a grande varanda virada ao rio, decorreu no fim do século XVI. As colecções que guarda são muitas e notáveis, e compreendem espécies desde a alta Idade Média até à actualidade.

Da colecção de ourivesaria destaca-se o núcleo que constitui o Tesouro da Sé. Desde o século XII foi sucessivamente enriquecido com preciosas alfaias, o que aconteceu também, naturalmente, durante o período manuelino. No entanto, o gótico final típico do reinado do *Venturoso* perdurou, nesta e noutras disciplinas, de que a grandiosa custódia que D. Jorge de Almeida doou à catedral, em 1527, totalmente realizada em prata dourada, é um claro exemplo. A sua estrutura recorda um edifício manuelino, com três registos, assente numa ampla base suportada por leões. Possui em seu torno uma legenda sobre a sua doação e os brasões de armas do bispo-conde. O hostiário é em forma de templete, permitindo o que Santíssimo Sacramento seria contemplado através de uma finíssima grade.

Do período manuelino devemos destacar vários cálices de prata dourada, nomeadamente o do Mosteiro de Santa Clara, e o tesouro de D. Catarina de Eça, abadessa do Mosteiro do Lorvão.

Na importante colecção de pintura deste museu, onde pontuam excelentes exemplares quinhentista quer portuguesas quer importadas, integram-se algumas obras saídas da oficina mais tradicionalista do período manuelino, com toda a probabilidade sediada em Coimbra.

A partir da *Assunção da Virgem*, do *São Bartolomeu* e dos seis painéis do *Políptico de Celas* é possível identificar um conjunto de características que definem toda a produção oficinal. Entre outros recursos expressivos, e pese embora o nível superior de algumas pinturas, como é o caso da *Assunção da Virgem*, refira-se o esquema rígido de arrumação das imagens no espaço figurativo, com dificuldades de espacialização, a simplificação e carácter repetitivo dos rostos, num formulário que se repete com poucas variações, ou a deficiente estrutura anatómica das figuras, com o recurso aos tecidos quebrados, em tradicionais pregueados angulosos. Por outro lado, assinala-se um exímio tratamento dos elementos acessórios, concretamente dos brocados ornados com pedraria e das peças de ourivesaria, num trabalho minucioso de grande densidade matérica. Este interesse parece resultar de uma concepção tradicionalista da pintura, concebida como objecto materialmente precioso.

O que hoje se designa por Mestres de Coimbra corresponde à antiga designação de "Escola do Mestre do Sardoal", que derivou da circunstância de se encontrar na sua igreja matriz um importante núcleo de pinturas e que esteve na origem do agrupamento de toda a produção que subsistiu, totalizando cerca de quatro dezenas de obras. É muito provável que Vicente Gil, pintor de D. João II e que esteve activo em Coimbra entre 1498 e 1525, e o seu filho Manuel Vicente, a trabalhar na cidade entre 1521 e 1530, tenham liderado esta conceituada e tradicionalista oficina, que operou fundamentalmente para a região de Coimbra.

O museu possui uma colecção de escultura muito importante de peças de mestre Olivier de Gand e da sua esfera de influência. Esculturas como *Santa Bárbara, São Jerónimo* ou *São Gregório*, ainda que miniaturais e pertencentes ao imponente *retábulo* da Sé Velha de Coimbra, são bem representativas da estética deste mestre. Um *Profeta* monumental, ainda que incompleto, *Nossa Senhora* e *São João*, assim

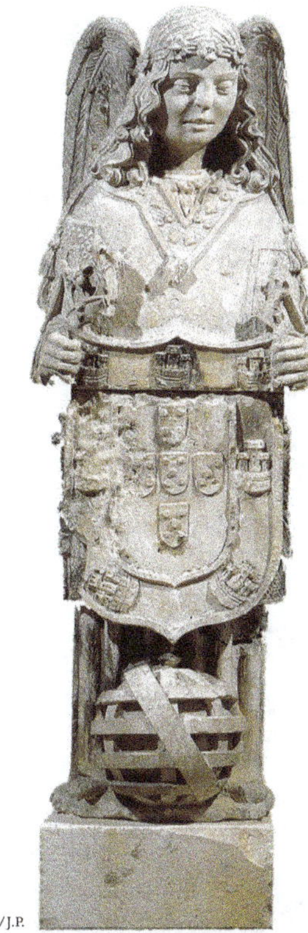

IPM/J.P.

Diogo Pires-o-Moço, "Anjo Heráldico", calcário, 1518-20, Museu Nacional Machado de Castro, Coimbra.

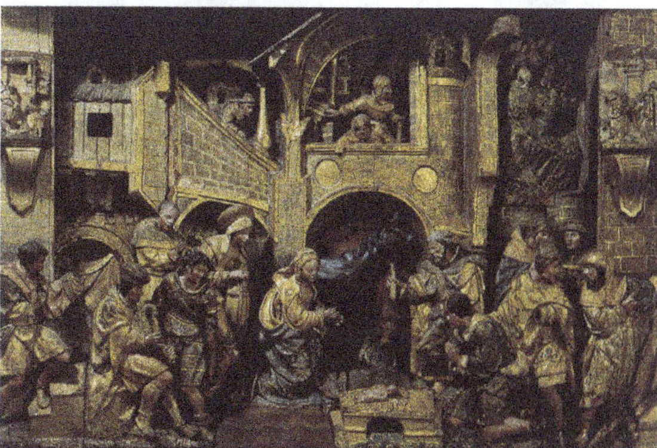

IPM/C.M.

Oficina de Antuérpia, "Retábulo da Natividade", séc. XVI, Museu Nacional Machado de Castro, Coimbra.

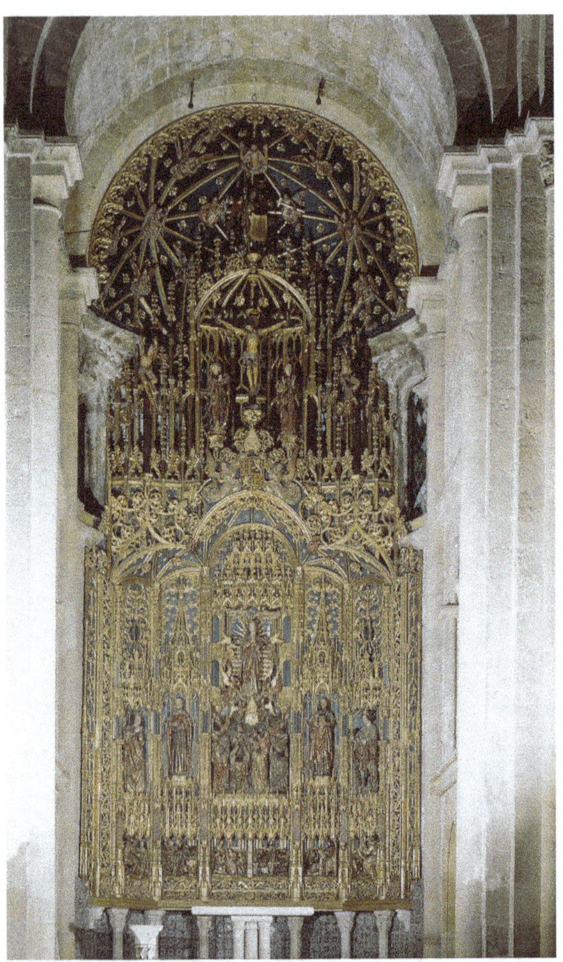

IPM/J.P.

Olivier de Gand e Jean d'Ypres, retábulo do altar-mor, 1499-1500, Sé Velha, de Coimbra.

como um notável *São Mateus*, proveniente da igreja matriz do Botão, são outros exemplos da influência deste mestre flamengo na região de Coimbra. Representando o grande movimento de importação de obras de escultura do Norte da Europa, há que destacar o *retábulo* da *Natividade*, cuja qualidade de talhe e de policromia nos apontam como origem uma das mais importantes oficinas de Antuérpia de inícios de Quinhentos.

III.6.c **Sé Velha**

Largo da Sé Velha, telef. 239 825273.
Clasificada como Monumento Nacional.
A entrada no claustro é paga, excepto para estudantes e portadores do cartão jovem.
Horário: diariamente das 10h às 13h e das 14h às 18h. Encerra ao domingo.

A Sé Velha conimbricense remonta ao período visigótico, século VI, e levantava-se no mesmo sítio onde hoje se pode admirar o edifício começado em 1164, pelo bispo D. Miguel Salomão. Foi um lugar sempre sagrado, antes certamente templo romano e, depois, mesquita árabe.

Terminada, no essencial, e aberta ao culto em 1184, foi enriquecida, nomeadamente com um claustro, no início do século XIII, e sobretudo com uma profunda reforma que se ficou a dever ao bispo D. Jorge de Almeida, efectuada entre 1483 e 1543.

Durante a sua estada na diocese de Coimbra, para além das obras de arquitectura em que trabalharam Pero e Filipe Henriques, filhos do mestre das obras do Mosteiro da Batalha, Mateus Fernandes, em 1498, iniciou os trabalhos de renovação do retábulo-mor, encarregando os entalhadores Jean de Ypres e Olivier de Gand da sua execução, que foi concluída em 1502. No ano seguinte, adquiriu em Sevilha os azulejos, cerca de 10 000, para revestir o interior da Sé, dos quais apenas alguns subsistem no seu lugar original. São *mudéjares*, policromos, quase todos de aresta, feitos por Fernan Quijarro e Pedro de Herrera, oleiros do bairro sevilhano de Triana.

A encomenda de um novo *retábulo* para a capela-mor reveste-se, no conjunto de todas as suas iniciativas, de uma importância fundamental. Cerca de 1500, o bispo contrata os artistas flamengos Olivier de Gand, escultor-entalhador, e Jean de Ypres, pintor e dourador, para a execução do novo *retábulo*, que desde logo assume um papel gerador de influências estilísticas que não será excessivo destacar.

Obra grandiosa realizada em madeira policroma e dourada, tornou-se num dos pontos altos da arte tardogótica portuguesa. A monumentalidade que o *retábulo* assume assenta em vários factores essenciais como a qualidade da escultura que o compõe, a perfeita simbiose entre a estrutura de marcenaria em forma arquitectónica e as esculturas, a policromia cuidada e o douramento adequado à desejada magnificência. A meio, numa teoria de Anjos, *Nossa Senhora da Assunção* é levada aos Céus deixando para trás os *Apóstolos,* inconsoláveis, que manifestam gestualmente a sua dor, constituindo um dos muitos momentos notáveis de comoção que este tipo de *retábulos* sempre provoca no crente. O efeito monumental é incutido naturalmente no observador por factores de escala, mas também de simbiose entre a escultura, a policromia e o notável trabalho de marcenaria, em dourado.

III.6.d **Casa de Sub-Ripas**

Rua de Sub-Ripas. Classificada como Monumento Nacional. Só pode ser visitada exteriormente. Informações: Posto de Turismo, telef. 239 832591.

Já são poucas as casas manuelinas que se conservam em Coimbra, mas esta é indiscutivelmente um exemplar de grande categoria, dos melhores que existem em todo o país. Como tantas outras moradas de gente da burguesia ou da pequena nobreza, também esta foi construída sobre o *adarve* da muralha e englobou uma das torres. As obras decorreram logo após 1515, e o construtor imprimiu-lhe aquele gosto pelo naturalismo exacerbado que tão bem define o estilo batalhino. As janelas e varandas são todas diferentes, de forte pendor naturalista, e o interior conserva no essencial a compartimentação original.

Mais tarde, já em tempos da Renascença, foi construída a Casa de Cima ou do Arco, e incluídos dezenas de medalhões e baixos-relevos renascentistas da oficina de João de Ruão nas paredes exteriores de ambas, artista que tinha o seu *atelier* a 20 metros rua acima.

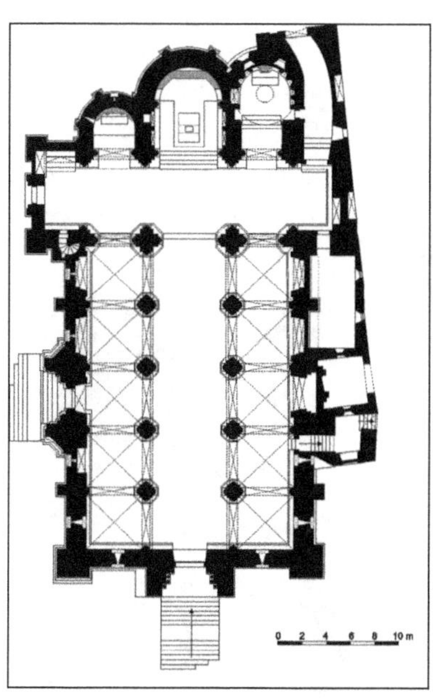

Sé Velha de Coimbra, planta, ao nível da entrada, D.G.E.M.N.

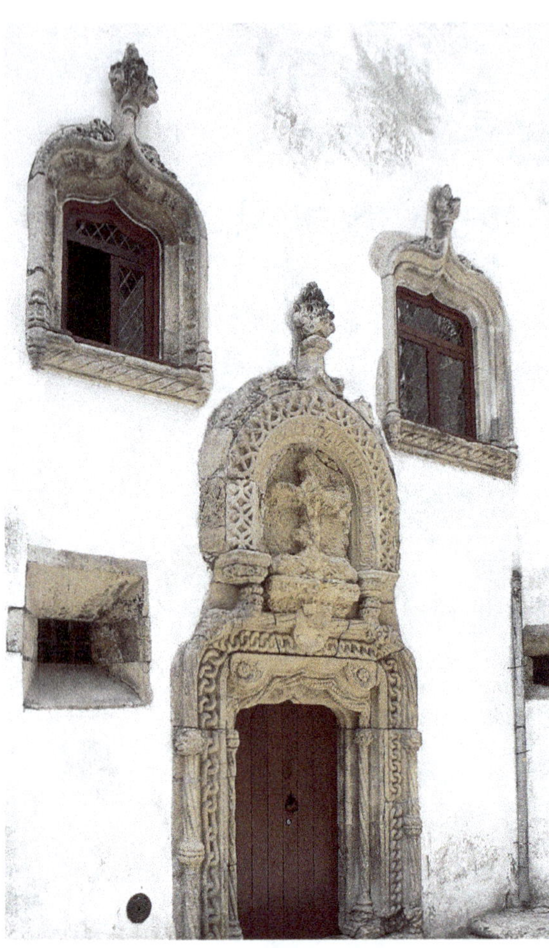

R.C.

Casa de Sub-Ripas, Coimbra.

III.6.e **Mosteiro de Santa Cruz**

Praça 8 de Maio, telef. 239 822941. Classificado como Monumento Nacional. A entrada nos claustros é paga. Horário: de segunda-feira a sábado das 9h às 12h e das 14h às 17h30, e ao domingo das 16h às 18h.

A sua construção iniciou-se em 28 de Julho de 1131, no local onde existiam os Banhos Régios, por certo um balneário muçulmano ou mesmo do período romano. A iniciativa da fundação ficou a dever-se ao próprio D. Afonso Henriques, e foi aqui que o jovem príncipe congregou os principais intelectuais e políticos do Reino nascente. Dentre estes distinguiram-se D. João Peculiar, D. Miguel Salomão, o arcediago D. Telo e São Teotónio, o primeiro prior do mosteiro que viria a ser entregue aos Cónegos Regrantes de Santo Agostinho.

No período manuelino, e na sequência de uma visita do próprio rei ao mosteiro, em 1502, foi iniciada uma profundíssima alteração da sua estrutura física, reconstruindo-se desde os fundamentos a igreja, claustros e zonas habitacionais. O promotor foi D. Pedro Gavião, prior e bispo da Guarda; D. Manuel I, o patrono e principal financiador; e Boytac o mestre-de-obras.

A actual fachada foi feita entre 1507 e 1513 e segue as linhas da época medieval. Em 1522, foi acrescentado o portal, desenhado e construído por Diogo de Castilho, e completado com estátuas de Nicolau Chanterene. O interior da igreja é espaçoso, apesar de só ter uma nave. O abobadamento geral foi da responsabilidade de Boytac, estando acabado em 1513. As nervuras são as típicas do último gótico, mas as *chaves* e as mísulas em espiral e muito longas são típicas da arte deste mestre. Sobre a entrada ergue-se o coro-alto, feito por Diogo de Castilho, em 1530. A capela-mor é também coberta por uma abóbada do género da da nave, e nas *chaves* estão patentes as armas reais, a esfera armilar e a cruz da Ordem de Cristo, alusões evidentes ao mecenato régio. Nas paredes laterais estão os túmulos de D. Afonso Henriques e de seu filho, D. Sancho I; inicialmente colocados na nave, foram transferidos para este local mais nobre, em 1535. D. Manuel I quis valorizar os seus primeiros antepassados e encomendou a João de Castilho, então a dirigir as obras do Mosteiro dos Jerónimos, estes dois formidáveis memoriais, verdadeiros hinos à ascendência da Casa Real. Quem comandou os trabalhos, no local, que decorreram entre 1518 e 1522, foi Diogo de Castilho, o irmão mais novo do arquitecto régio, ficando as belíssimas estátuas jacentes a cargo do francês Nicolau Chanterene, sendo o resto da estatuária de outros artistas vindos dos Jerónimos, entre os quais se contavam portugueses e espanhóis: Diogo Francisco, Pêro Anes, Diogo Fernandes, João Fernandes e Juan de la Faya. Chocam aqui as estéticas do último gótico, sobretudo patente na estrutura e nalguma decoração, e da renascença, visível nas estátuas jacentes e noutras esculturas, nomeadamente nas de *Nossa Senhora* e das *Virtudes*.

Outra obra manuelina de grande importância é o Claustro do Silêncio. Foi totalmente construído sob as ordens de Marcos Pires, embora seja natural que o desenho se deva a Boytac, seu mestre que, no entanto, em 1513 abandonou Coimbra para ir para as praças do Norte de África. É totalmente gótico, quer na estrutura quer na decoração, de formas vigorosas e com uma exuberante decoração naturalista evocativa fundamentalmente do mundo vegetal.

Deste claustro acede-se ao coro-alto, para onde foi mudado, em 1531, o cadeiral que, vinte anos antes, o entalhador flamengo Machim fizera para a capela-mor. É uma belíssima obra de marcenaria ao gosto nórdico, com um coroamento riquíssimo, onde são evocadas as viagens marítimas dos portugueses e as cidades com que contactaram, algumas claramente indicadas

M.A.

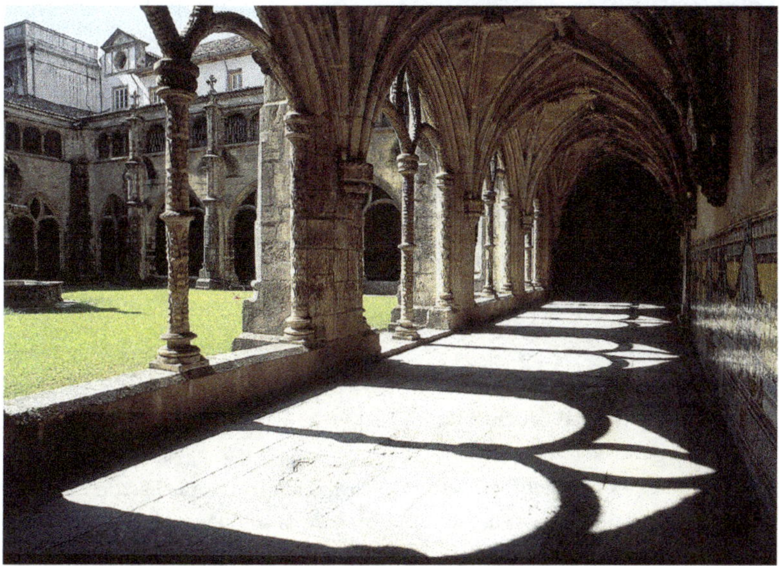

Mosteiro de Santa Cruz, Claustro do Silêncio, Coimbra.

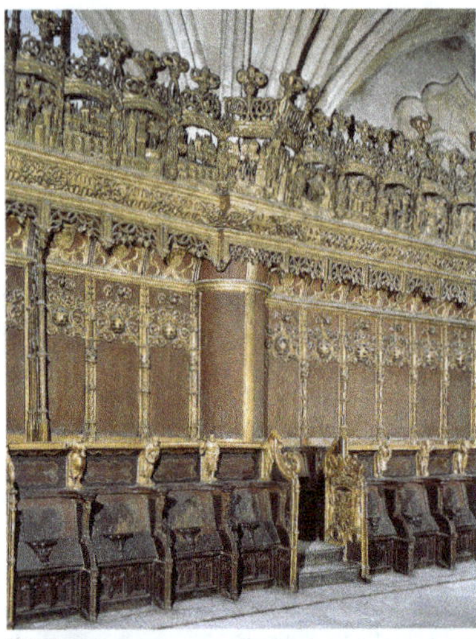

IPM/J.P.

João Alemão Machim e Francisco Lorete, cadeiral do Mosteiro de Santa Cruz, 1513-1518, Coimbra.

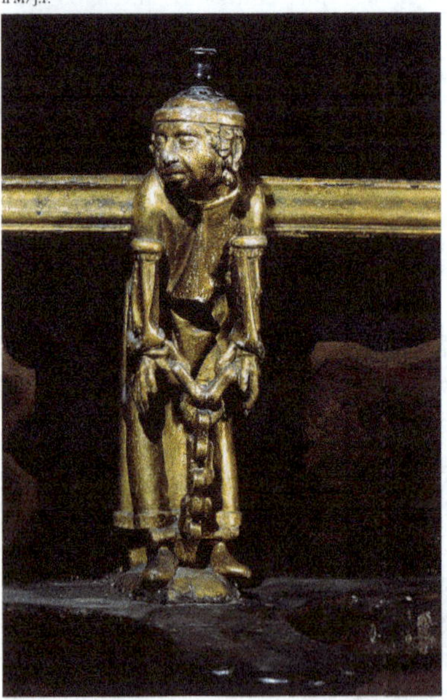

IPM/J.P.

João Alemão Machim e Francisco Lorete, pormenor do cadeiral do Mosteiro de Santa Cruz, 1513-1518, Coimbra.

como orientais ou muçulmanas. Também nas divisórias das cadeiras foram esculpidas figuras de reis mouros, asiáticos e africanos acorrentados, evocativos da soberania portuguesa nas suas terras.

III.7 **SÃO MARCOS** (opção)

III.7.a **Mosteiro de São Marcos**

Quinta de S. Marcos, na estrada Coimbra / Figueira da Foz, a 15 km de Coimbra, telef. 239 963293.
Horário: de segunda a sexta-feira das 8h às 12h e das 13h às 17h. Encerra nos feriados e fins-de-semana, excepto se, com a devida antecedência, for solicitada a sua abertura.

A origem do Mosteiro de São Marcos remonta a 1441, quando João Gomes da Silva instituiu uma missa quotidiana, numa capelinha que aí existia. Anos depois, em 1452, D. Beatriz da Silva fez a doação dela aos frades jerónimos, começando assim a nova vida da instituição. Fizeram-se então grandes obras, dirigidas por mestre Gil de Sousa. No entanto, a estrutura inicial foi profundamente alterada na época manuelina, de que o portal da igreja é o mais antigo testamento, datando de cerca de 1510. É de estilo gótico final, com uma forte componente naturalista.

Apesar das novas alterações introduzidas a partir de meados do século XVI, conserva-se também a capela-mor e a sacristia de estrutura gótica, com abobadamentos de nervuras e *chaves* muito decoradas, ambas acabadas no ano em que D. Manuel I morreu, isto é, em 1521.

Datam da mesma altura os túmulos de João da Silva e Aires Gomes da Silva feitos por Diogo Pires-o-Moço, o principal estatuário manuelino de Coimbra. Apesar da componente tardogótica, do arreigamento ao naturalismo vegetalista, já se nota a presença da arte da renascença. Este facto deve-se ao contacto de Diogo Pires com Nicolau Chanterene que, ao mesmo tempo, fazia o belíssimo retábulo-mor, obra de encomenda do citado Aires Gomes da Silva, e uma das primeiras obras de raiz clássica feitas entre nós.

Mas na igreja de São Marcos há outros túmulos de grande interesse plástico, desde o gótico flamejante de Fernão Teles de Meneses, até aos da Capela dos Reis Magos, de 1572, maneiristas, as últimas grandes obras do escultor João de Ruão.

Para Montemor-o-Velho, deve seguir pela Estrada N 111.

Baixo Mondego

O curso inferior do rio Mondego, a partir da Portela, já bem à entrada de Coimbra, caracteriza-se por uma cada vez mais larga planície aluvial. Depois de passarem pelas terras apertadas do vale de Penacova, e quando encontram o Ceira, as águas que nascem na Serra da Estrela vêem-se livres desse espartilho da média montanha que, em tempos de invernia, galgavam as margens e inundavam os férteis campos de Montemor e Vila Verde.

Nas últimas décadas, no entanto, com a construção da barragem da Aguieira, o panorama modificou-se e os caudais passaram a ser controlados. Nunca mais a Ereira ou Maiorca, antigas vilas ciclicamente transformadas em ilhas, nunca mais ficaram isoladas. Mas, a paisagem mantém-se: extensas planuras onde há muito o arroz se tornou na principal produção, mas onde também se cultivam outros produtos de grande valor.

Terra agrícola, mas também de história, foi ocupada desde tempos pré-históricos, como se comprova no castro de Santa Eulália. Teve em Montemor-o-Velho, Tentúgal e Buarcos as principais povoações, terras que foram de muçulmanos e que caíram definitivamente em poder dos cristãos, em 1064, devendo-se o seu progresso inicial a D. Sesnando, o povoador do Baixo Mondego, um *moçárabe* que ergueu castelos, arroteou terras e fixou povoações.

A fertilidade da terra atraiu gentes e instituições e, assim, casas como o Mosteiro de Santa Cruz e, depois, a Universidade ou os Duques de Aveiro, possuíram grandes propriedades que foram as suas principais fontes de receita. Desses tempos há muitos e importantes testemunhos.

III.8 MONTEMOR-O-VELHO

A vila de Montemor-o-Velho tem a sua história documentada desde o período romano, mas a *alcáçova* tornou-se verdadeiramente importante em tempos da ocupação muçulmana, ficando como a principal da linha do Mondego, a par de Coimbra. Teve uma primeira reconquista em 878, mas foi novamente perdida, vindo apenas a integrar o Reino de Leão, em 1064, após a conquista por Fernando Magno.

O castelo foi aumentado e desenvolvido, no alto do morro que domina a campina, tornando-se no centro de toda esta rica zona agrícola e num foco importantíssimo do moçarabismo. Integrada a vila no Condado Portu-

Vista geral de Montemor-o-Velho.

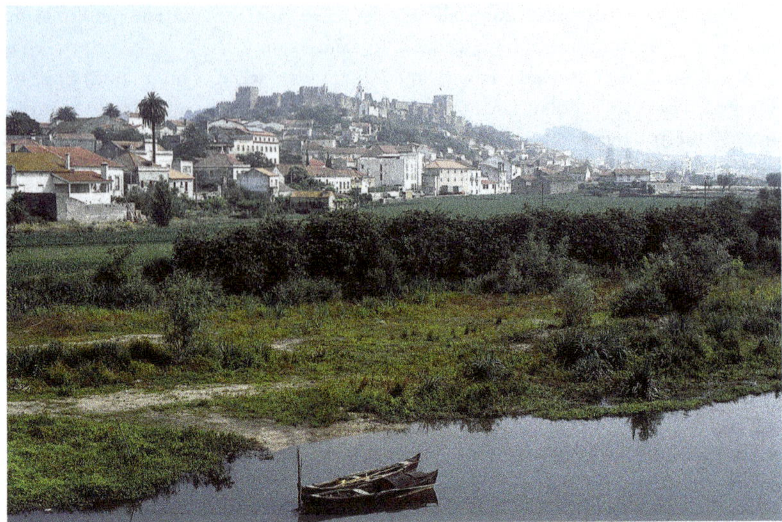

R.C.

calense, teve a sua primeira carta de foral dada, em 1095, por D. Raimundo, genro do imperador de Leão e então governador de Coimbra. Depois, foi alvo de doações régias, passando ao senhorio de D. Teresa e D. Sancha, filhas do rei D. Sancho I.

O paço construído dentro do castelo parece ter sido muito apreciado pelos reis da primeira dinastia. Foi aqui que D. Afonso IV deu a ordem de execução de Inês de Castro, numa das mais trágicas e mais belas histórias de amor que os poetas dos tempos seguintes, como Camões e António Ferreira, não se cansaram de cantar. Foi também aqui que viveu muitas vezes o Duque de Coimbra, D. Pedro, um dos filhos de D. João I, regente do Reino na menoridade de D. Afonso V e impulsionador da Expansão e dos Descobrimentos de além-mar.

Na época manuelina, avulta a figura de Diogo de Azambuja, fidalgo que serviu três reis e teve como momentos altos da sua vida o estabelecimento da soberania portuguesa em São Jorge de Mina, Safim, Mogador e Aguz. D. Manuel I deu novo foral à vila em 1517.

III.8.a **Castelo de Montemor-o-Velho**

Se pretender efectuar o percurso para o castelo a pé, siga pela Rua de Coimbra. Caso opte por se deslocar de carro, siga pela Rua do Castelo. Telef. 239 680380.

Classificado como Monumento Nacional.

Horário: todos os dias, excepto à segunda-feira, das 10h às 20h no Verão, e das 10h às 12h30 e das 14h às 17h no Inverno. Pode efectuar visitas por marcação através do Pelouro da Cultura da Câmara Municipal, telef. 239 687316.

A construção medieval que se conserva divide-se em várias partes: o castelejo, a cerca principal, a *barbacã* envolvente, o cercado norte e o reduto inferior. Estes dispositivos e o essencial da forma que ainda conserva deve ser a resultante das grandes reformas ocorridas no século XIV, mas há partes mais antigas, como a torre de menagem, em cuja base foram empregues silhares romanos. Da época manuelina é a porta da *barbacã*.

Dentro do castelo fica a igreja de Santa Maria da Alcáçova. A sua origem remonta ao século XI, tendo sido fundada por D. Sesnando. No entanto, no início do século XVI, o bispo de Coimbra, D. Jorge de Almeida, que tinha o seu padroado, mandou reconstruí-la desde os fundamentos, do que foi encarregue o mestre Francisco Pires, um dos antigos auxiliares de Boytac em Santa Cruz de Coimbra.

Anotem-se as suas três naves separadas por pilares torsos, à maneira das mísulas boitaquianas, o mesmo tipo de ornamentação nos arcos das capelas da cabeceira, e o elegante portal lateral, em cuja verga o construtor deixou as suas iniciais. Nas paredes interiores há várias lápides medievais e, há cinquenta anos, foram também aplicados alguns azulejos *mudéjares* sevilhanos, dos que estavam arrecadados e haviam sido retirados da Sé Velha de Coimbra.

III.8.b Convento de Santa Maria dos Anjos

Largo dos Anjos.
Horário: só abre para cerimónias especiais e para celebração de missa aos sábados às 20h. As visitas podem ser efectuadas por marcação através do Pelouro da Cultura da Câmara Municipal, telef. 239 687316.

Este convento foi fundado canonicamente em 1494 pelos frades eremitas de Santo Agostinho, mais conhecidos por gracianos. Ao fidalgo Diogo de Azambuja deve-se, pelo menos, a construção da capela-mor que reservou para seu panteão e que data de 1511, conforme a inscrição que está na *chave* principal da abóbada. Esta é de nervuras de bom traçado, típica do último gótico, mas já

M.A.

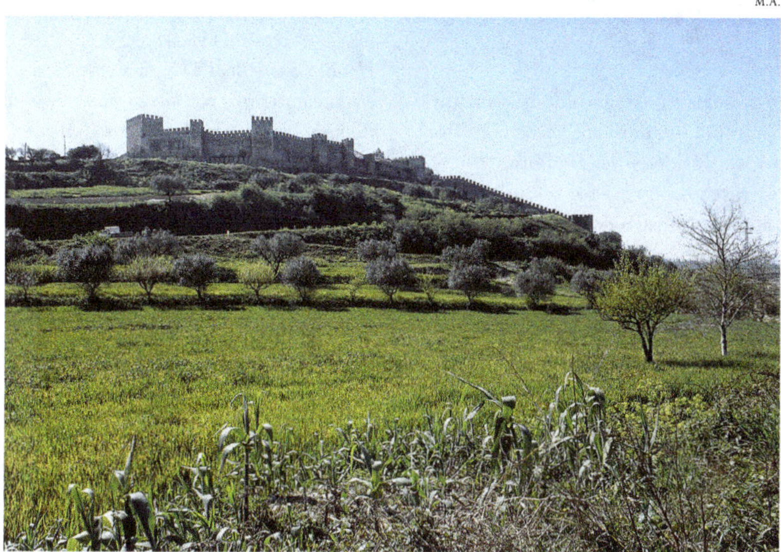

Castelo de Montemor-o-Velho, vista geral.

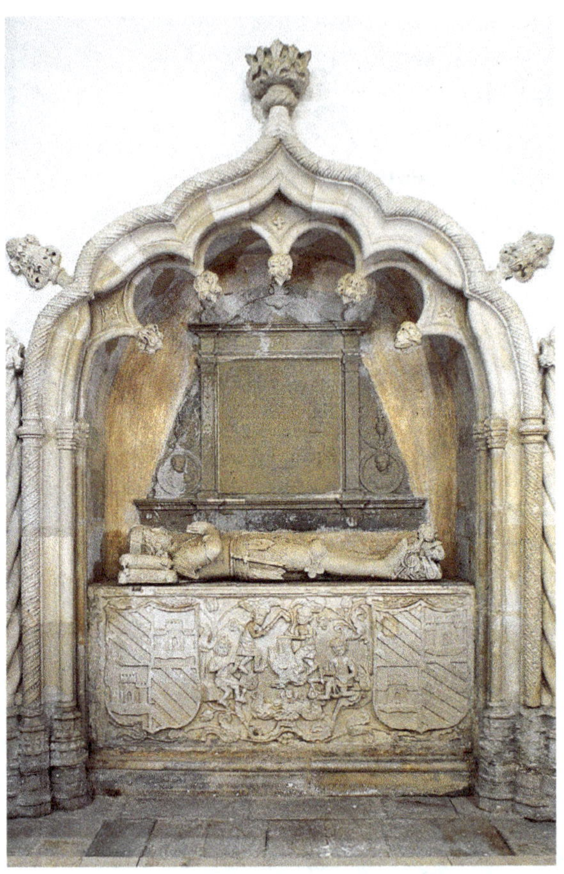

R.C.

Convento de Santa Maria dos Anjos, Túmulo de Diogo de Azambuja, Montemor-o-Velho.

o *arco cruzeiro* arranca de bases naturalistas que incluem até vasos com flores evocativas de Nossa Senhora.

O resto da igreja foi completamente alterado, construindo-se capelas de flanco que, no entanto, possuem um notável conjunto de escultura de vulto e decorativa da renascença e do maneirismo coimbrões, nomeadamente da autoria de João de Ruão e Tomé Velho.

Mas neste campo o principal motivo de interesse é o túmulo de Diogo de Azambuja, obra de Diogo Pires-o-Moço e que pode datar-se de um ano próximo de 1518, momento da morte do fidalgo. Um pouco mais tarde, já na década de trinta, foi acrescentada uma lápide com a história do fundador de São Jorge da Mina, em 1482, obra da primeira renascença atribuível a João de Ruão.

O túmulo é constituído por uma *edícula* parietal debruada por um *arcossólio* em forma de corda, e por uma grande arca sobre a qual está o jacente. Se este é já de bom nível, anunciando o conhecimento da recém-chegada estética da renascença, já o frontal é mais retardatário, mas nem por isso menos interessante. Anote-se que o encomendante quis que nele se representasse o trabalho do ouro na Costa da Mina, vendo-se indígenas nas diversas operações que iam da extracção à venda. Ficava assim consagrado um dos seus principais contributos para a Expansão ultramarina portuguesa.

III.8.c **Antigo Hospital da Misericórdia**

Praça do Município. Classificado como Imóvel de Interesse Público. Alberga, actualmente, um lar de terceira idade.

Horário: das 10h às 18h. Também podem ser efectuadas visitas por marcação através do Pelouro da Cultura da Câmara Municipal, telef. 239 687316.

O Hospital da Santa Casa da Misericórdia de Montemor foi fundado na praça da vila, no início do reinado de D. Manuel I e com seu patrocínio, havendo ainda há poucos anos alguns vestígios arquitectónicos no edifício sede, quase refeito desde os fundamentos no século XVIII.

O *retábulo* que aqui se conserva mostra que a produção dos "Mestres de Coimbra", apesar de uma certa homogeneidade de soluções, decorrente do uso de um formulário de base, é heterogénea quanto ao nível dos resultados obtidos. O trabalho desenvolvido em equipa encontra nesta obra um bom exemplo, tanto nos diversos painéis de maiores dimensões, como nos mais pequenos das *predelas*, onde figuram os bustos de diversos santos e santas com os seus atributos. Identifica-se o trabalho de pintores com desiguais capacidades, sobretudo ao nível da concepção das figuras e da modelação dos rostos.

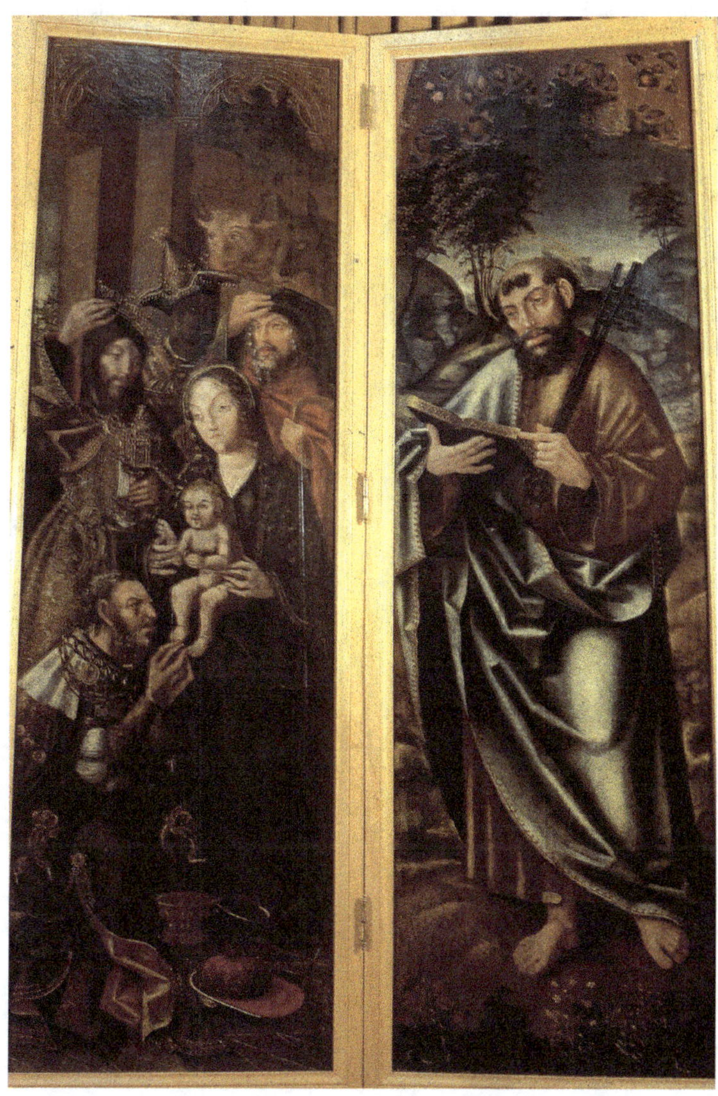

P.D.

Vicente Gil e Manuel Vicente, retábulo do Hospital da Misericórdia de Montemor-o-Velho.

Nas cenas narrativas identifica-se também uma notória dificuldade com a estrutura e organização espacial da composição, que se torna flagrante no escalonamento e simplificação das figuras no painel da *Adoração dos Magos*. Já nos painéis laterais, que representam respectivamente *São Pedro* e *São João Baptista*, são notórios os valores de verosimilhança representativa, seja na monumentalidade do volume, na delicada modelação dos panejamentos e na tentativa de caracterização dos rostos, seja na visão dos elementos vegetalistas da paisagem.

O elemento que adquire maior visibilidade intencional no *retábulo* é o cadáver martirizado de Cristo, sustentado e exposto pelas figuras que participam na cena, com gestos teatrais de grande força emotiva, para estimular uma situação de empatia com o espectador.

Mata do Buçaco

A belíssima mata do Buçaco, com 400 hectares rodeados por um muro com 5 750 metros, teve origem no século XVII e é totalmente fruto do engenho humano. De facto, em 1628, o bispo de Coimbra, D. João Manuel, autorizou que os carmelitas descalços fizessem um "deserto" nas serranias próximas da vacariça. Os frades não só construíram um conventinho, como plantaram a mata, com espécies exóticas em muitos casos, outras raras e para que elas não fossem cortadas obtiveram mesmo uma bula papal que excomungava quem fosse contra estes preceitos. O texto da bula protectora das árvores, que data de 1643, foi colocado nas portas para que ninguém ousasse atentar contra o património botânico. Algumas árvores vieram de Espanha, outras das Américas e outras das ilhas dos Açores. Os cedros são aqui a espécie mais abundante e de maiores dimensões, reconhecendo os botânicos diversos tipos, desde os que são originários de Creta e do Líbano aos dos Himalaias e do Afeganistão. Mas ainda em 1879 se plantavam novas espécies, como uma sequóia americana, junto à fonte de Santa Teresa, com 46 m de altura.

As mulheres foram proibidas de entrar dentro da cerca, o que se manteve até 1835, quando da extinção das ordens religiosas em Portugal.

Os carmelitas descalços, depois de receberem a quinta pretenderam fazer dela um paraíso terreal, tudo centrado em volta do convento que, ainda assim, foi crescendo, à medida que os frades aumentavam, e também a sua fama de santidade. Parece que as primeiras obras foram dirigidas pelos irmãos Alberto da Virgem e António das Chagas. Nas zonas mais isoladas construíram capelas, onde se isolavam por períodos mais ou menos longos de oração. No local do velho convento foi construído um novo edifício, primeiro destinado a pavilhão de caça da família real e logo convertido em hotel. Começaram os trabalhos em 1898, sob plano de Luigi Manini, um cenógrafo italiano, construindo-se um hino aos Descobrimentos portugueses e à acção de D. Manuel I, já que o estilo escolhido foi um revivalismo; exactamente do manuelino, com uma ênfase na sua simbologia e na vertente hipernaturalista da sua decoração. Ficou uma construção fantástica, com um enquadramento único, para o que muito contribuiu também a habilidade e a técnica dos canteiros e escultores de Coimbra.

Pedro Dias

Motivos políticos e de Estado, levaram o Infante D. Pedro, filho e herdeiro de D. Afonso IV, a casar com D. Constança, Infanta do reino de Castela. No séquito da Infanta, viria, em 1340, D. Inês de Castro, por quem D. Pedro se apaixonou, e com quem viveria uma bela e triste história de amor. D. Constança morreu em 1345 e D. Pedro foi viver com D. Inês de Castro para Coimbra, chegando a ter 4 filhos dela. No entanto as intrigas palacianas aliadas à discordância do rei nesta união, levam a que este mande matar D. Inês, decorria o ano de 1355. Este acontecimento deu origem à Guerra Civil de 1355-1356, que opôs a facção do Infante à de seu pai, o rei D. Afonso IV, e que culminaria com a subida ao trono de D. Pedro.

Já rei, D. Pedro vinga-se dos conselheiros de seu pai envolvidos no assassinato e manda que lhes seja arrancado o coração. E a D. Inês é dado o estatuto de rainha a título póstumo. O seu corpo é exumado e coroado, e toda a corte é obrigada a ajoelhar perante o cadáver.

A história e a lenda confundem-se e diz-se que no local de encontro dos dois amantes, surgiu uma nascente, a Fonte dos Amores, no jardim da Quinta das Lágrimas, local actualmente visitável em Coimbra.

Por vontade expressa de D. Pedro o seu tumúlo e o de D. Inês de Castro encontram-se no Mosteiro de Alcobaça, voltado um para o outro, esperando o reencontro, no dia do juízo final.

R.C.

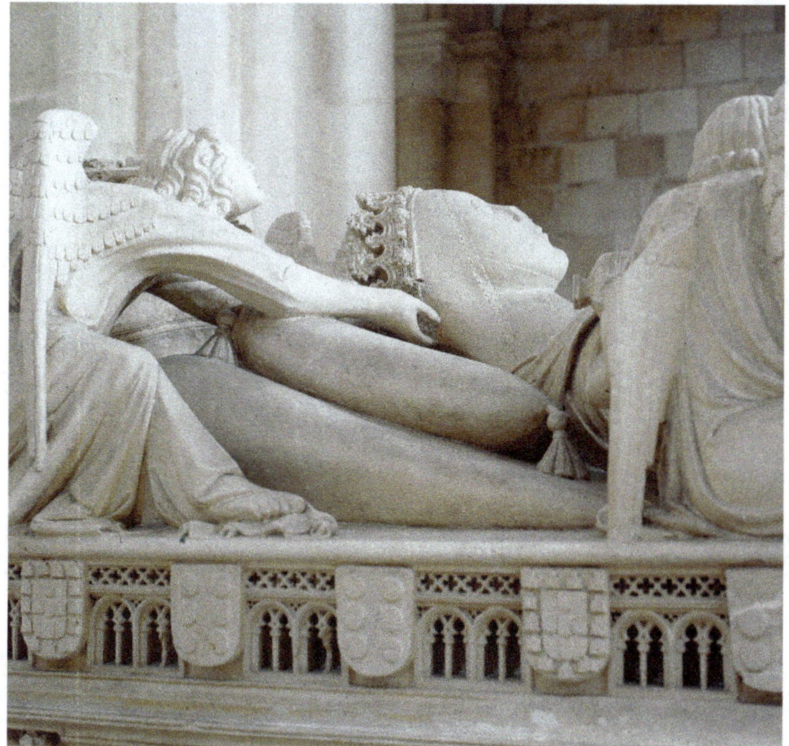

Túmulo de D. Inês de Castro, pormenor, Mosteiro de Alcobaça.

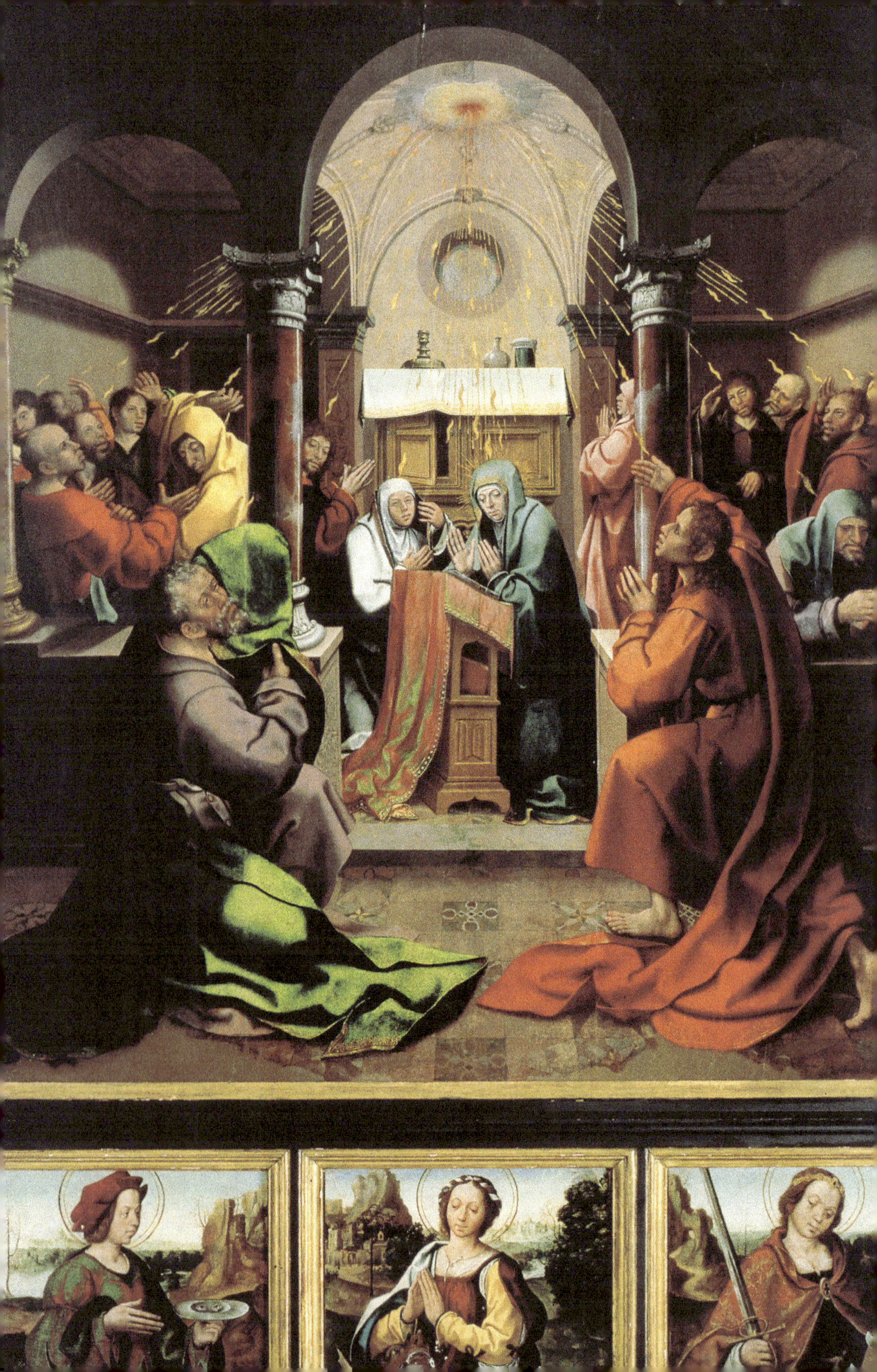

À Descoberta de Grão Vasco

Pedro Dias, Dalila Rodrigues,
Nuno Vassallo e Silva, Fernando Grilo

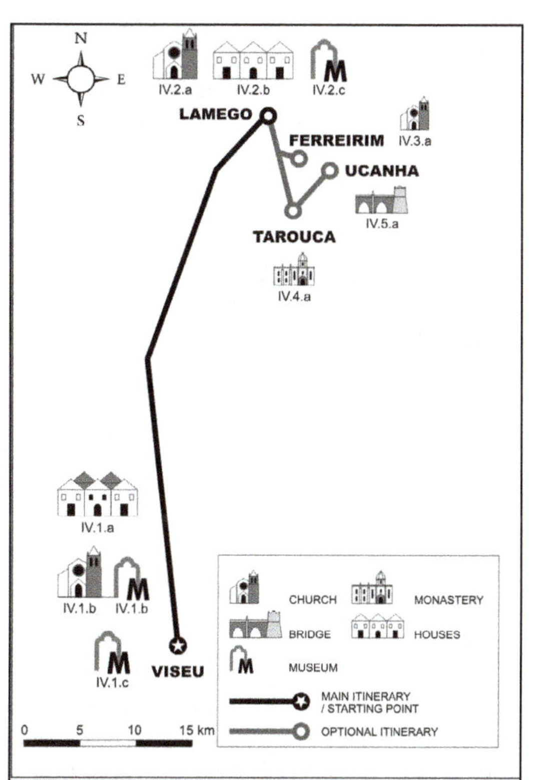

Vasco Fernandes, "Pentecostes", nas predelas "Santa Luzia", "Santa Margarida" e "Santa Catalina", óleo sobre madeira de castanho, 1535-40, Museu Grão Vasco.

Vasco Fernandes, mais conhecido por Grão Vasco, é o pintor mito de Portugal; o pintor de sempre ou simplesmente o Pintor. Durante muito tempo, e até início do nosso século, qualquer pintura antiga de grande qualidade era de Grão Vasco. Hoje sabemos que tal não corresponde à realidade, mas da lenda e da história escorre uma arte superior onde se encontra a tradição, o regionalismo mais pitoresco e os ventos das novidades da Flandres e da Itália.
Grão Vasco nasceu e viveu quase sempre em Viseu, embora saibamos que esteve em Lisboa a trabalhar na oficina régia de Jorge Afonso. Na sua cidade Natal, e em Lamego, um pouco mais a norte, encontrou mecenas ricos, poderosos que lhe proporcionaram encomendas excepcionais. De entre todos destacou-se D. Miguel da Silva, poeta, antiquário, letrado que, depois de ter ido viver para Roma, recebeu o chapéu de cardeal. Foi ele, que já fora embaixador na Cidade Eterna, um dos maiores responsáveis pela introdução da renascença nas artes portuguesas.
Viseu não foi mais do que um centro regional, no período manuelino, mas nem por isso deixou de prosperar e de se desenvolver. Estava longe do mar, mas no centro de uma importante rede viária e de uma região agricolamente fecunda.
De Viseu foram duques o Infante D. Henrique e um irmão de D. Manuel I; aqui já nascera o rei D. Duarte.
Os vestígios manuelinos são muitos; por entre essas paredes e por essas ruas passeou Grão Vasco: a Sé Catedral com a sua fantástica abóbada de nós, obra do maior dos arquitectos manuelinos, João de Castilho, encomendada pelo bispo D. Diego Ortiz de Villegas, cosmógrafo da Corte. Ao seu altar-mor pertenceram as tábuas que se encontram no Museu de Grão Vasco, obra deste pintor e de seus auxiliares lisboetas e flamengos, e também as grandes palas já renascentistas das capelas laterais, encomendadas e pagas pelo magnífico prelado D. Miguel da Silva. No Museu de Arte Sacra está a custódia manuelina da Sé e, no Museu de Grão Vasco, a preciosa *píxide* de marfim feita pelos artífices de Benin, no início do século XVI.
Mas a actividade do pintor Vasco Fernandes estendeu-se a toda a Beira Alta e ao Alto Douro, à Sé de Lamego, aos conventos de Santa Maria de Salzedas e Orgens, e à igreja matriz de Freixo de Espada à Cinta, onde está praticamente completo o *retábulo* executado para a capela-mor. Obras de pintura, de arquitectura, de escultura, de ourivesaria e de tapeçaria da época manuelina tornam esta uma das mais ricas regiões do país no campo artístico.

IV.1 VISEU

Grão Vasco é o mais famoso pintor português; o pintor que a lenda coroou com a aura mítica e intemporal. Os dados históricos hoje disponíveis acerca deste fascinante pintor, de nome Vasco Fernandes, informam que manteve em Viseu, durante mais de quarenta anos, pelo menos de 1501 a 1543, uma oficina próspera. As encomendas de mecenas ricos e poderosos, que acompanhavam o gosto da Corte e promoviam amplas reformas nas catedrais, igrejas e conventos da região da Beira e do Alto Douro,

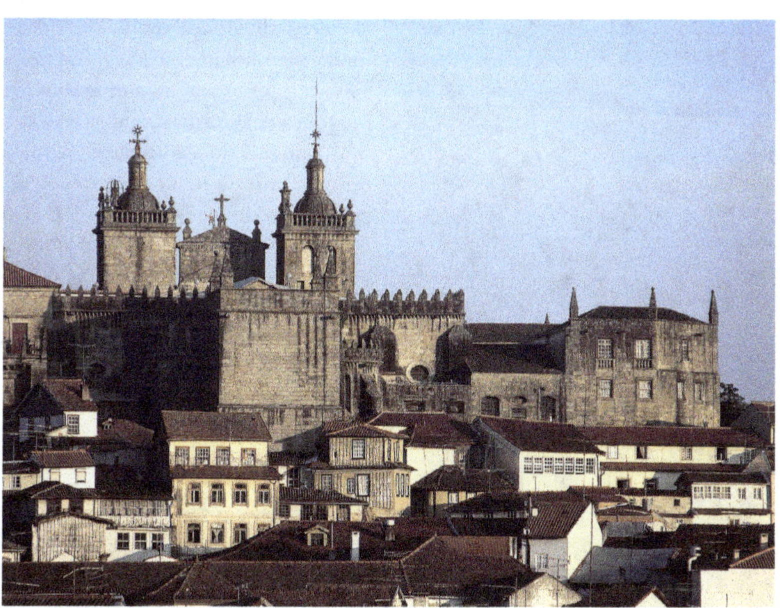

Panorâmica sobre o núcleo antigo de Viseu.

J.B.

permitiram-lhe realizar excepcionais pinturas de *retábulo*.

Nas três primeiras décadas do século, à semelhança do que então sucedia com os pintores cosmopolitas de Lisboa, com os quais, aliás, o nosso pintor mantinha relações, assinala-se na sua arte a influência da pintura nórdica, o vigoroso realismo figurativo à maneira flamenga. Mas por volta de 1530, verifica-se na sua pintura a assimilação dos valores do renascimento italiano. Tal facto deve-se fundamentalmente ao seu mecenas, o ilustre humanista D. Miguel da Silva, que havia sido embaixador de D. Manuel I na Corte papal, antes de ser nomeado bispo de Viseu, em 1526, e que foi um dos maiores responsáveis pela introdução da renascença na arte portuguesa. Até 1540, data em que fugiu para Roma, D. Miguel da Silva encomendou os grandiosos *retábulos* para a Sé Catedral, nomeadamente o célebre *São Pedro*, e para a capela da Quinta Episcopal de Fontelo.

No carácter expressivo da forma, na sua força poética ou dramática, no mistério da luz, na intensidade das cores, nos traços rudes das figuras ou nas paisagens distantes, Vasco Fernandes revela a sua sensibilidade e a sua visão do mundo. Como prova do reconhecimento da sua habilidade técnica e dos seus notáveis recursos expressivos, recebeu, em 1535, a prestigiante encomenda de quatro *retábulos* para o Mosteiro de Santa Cruz, de Coimbra. Dessa série, conserva-se apenas o excepcional *Pentecostes*, actualmente na sacristia, que Vasco assina sob a forma latinizada de *Velascus*.

Pode efectuar o seu percurso em Viseu a pé, dada a proximidade dos monumentos, que se localizam em torno da Sé. Informações adicionais podem se obtidas junto do Posto de Turismo, telef. 232 420950.

Janela manuelina, núcleo antigo de Viseu.

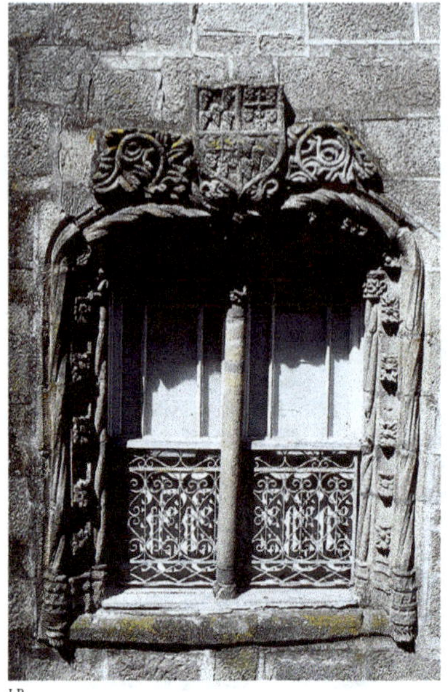

J.B.

IV.1.a **Núcleo urbano antigo**

Sede de uma das mais antigas e importantes dioceses do País, os diversos programas de renovação artística de Viseu promovidos neste período devem-se fundamentalmente ao mecenato dos seus bispos.

Prioritariamente centrados na Sé, e em alguns espaços directamente associados às necessidades espirituais e temporais do clero, especialmente do bispo e do cabido residente, esses programas marcaram profundamente a fisionomia da cidade. Embora a presença marcante das reformas e das novas construções empreendidas já no decurso dos séculos XVII e XVIII assuma a maior visibilidade exterior, resta ainda um inestimável acervo da arte do período manuelino, naturalmente circunscrito ao centro histórico, ainda delimitado por alguns trechos da muralha quatrocentista.

D. Fernando Gonçalves de Miranda e, fundamentalmente, D. Diego Ortiz de Villegas, promoveram um ambicioso programa de reforma da antiga Sé Catedral, que incluiu a construção de uma nova fachada, destruída por uma tempestade ocorrida em 1635, o seu abobadamento, espécie de emblema da arte manuelina na cidade, e a aquisição de um grande *retábulo* para a capela-mor, do qual se conservam catorze painéis no Museu Grão Vasco.

Inspirada nestes programas, e através de um interessante processo de disseminação das formas, a arquitectura civil adoptou idênticas soluções decorativas.

Com efeito, na rede urbanística que se desenvolve em redor da Sé, e em cerca de uma dezena de casas quinhentistas, subsistem janelas, alguns portais e arcos com a exuberante decoração da época. A janela que apresenta maior carga ornamental, situada na antiga rua da Cadeia, é erradamente associada pela tradição ao local de nascimento do rei D. Duarte, como se percebe pela presença das armas do seu proprietário, o cónego Pero Gomes de Abreu. Já dos antigos paços do primeiro duque de Viseu, o Infante D. Henrique, não resta qualquer memória na cidade.

Uma nova etapa, marcada pela adesão ao renascimento, então chamado de "ao modo de Itália", será inaugurada e patrocinada pelo famoso bispo D. Miguel da Silva. Tendo ao seu serviço o arquitecto italiano Francesco da Cremona, promoveu um importante programa construtivo na Sé, que incluiu, entre outras acções, a construção do belo claustro renascentista, do coro alto e do cadeiral.

IV.1.b **Sé Catedral**

Largo da Sé, telef. 232 422984. Classificada como Monumento Nacional.
Horário: diariamente das 9h às 12h e das 14h às 17h.

Desconhece-se a identidade do arquitecto que projectou o lançamento, sobre pilares já existentes, da designada "abóbada dos nós" que unifica, à maneira das *igrejas-salão*, as três naves do templo. Apesar do seu arrojo construtivo, que tem justificado a relação assinalada por alguns autores com a arte de João de Castilho, a particularidade mais notada diz respeito às nervuras que se transformam em cordas com grossos nós, a meio dos panos da abóbada de cada tramo. Numa das *chaves* uma inscrição indica o ano de conclusão, 1513, e a identidade do seu promotor, o bispo D. Diego Ortiz de Villegas.
À entrada do templo pode ver-se a abóbada quase plana do coro-alto, ainda integrável na corrente manuelina, mas construída já no tempo de D. João III, sob o patrocínio de outro ilustre prelado, D. Miguel da Silva. O claustro, que em 1532 se encontrava concluído, é uma das obras mais notáveis e precoces do renascimento português. O vocabulário classicista, o perfeito domínio da linguagem plástica do renascimento, devem-se ao gosto daquele mecenas e à arte do seu arquitecto, Francesco da Cremona, que o acompanhou na vinda de Roma para Portugal.
Perdido o portal manuelino, de que se conhece uma descrição feita por um cronista local, em 1630, e apeados os grandes *retábulos* quinhentistas das capelas da cabeceira, da autoria do famoso Grão Vasco, o interior desta catedral conserva, fundamentalmente, azulejos, talha e imaginária dos séculos XVII e XVIII. No altar-mor, encontramos ainda a imagem gótica da *Virgem com o Menino* que transitou do *retábulo* manuelino, onde estaria integrada num nicho central, para o *retábulo* barroco.

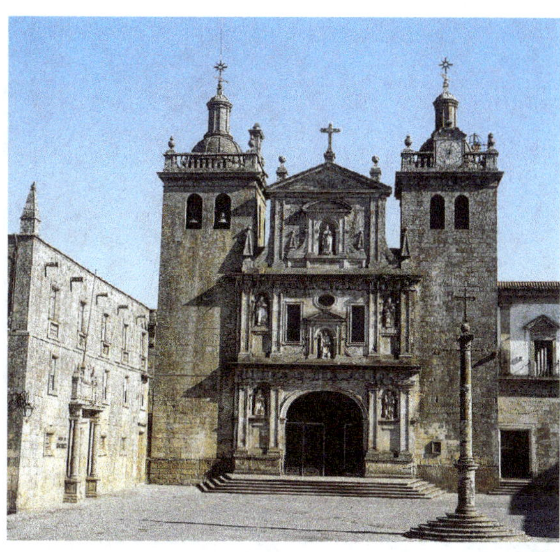

J.B.

Sé Catedral e antigo Paço Episcopal, Viseu.

Ainda na Sé, pode visitar o Museu de Arte Sacra que detém, no âmbito da arte portuguesa, duas preciosas capas de evangeliário lavradas em prata branca, as únicas conhecidas entre nós. Do mecenato do bispo D. Miguel da Silva, humanista e mecenas de Vasco Fernandes, destaca-se uma bela custódia em prata dourada, datada de 1533. D. Miguel da Silva, tal como D. Jorge de Almeida, em Coimbra, sendo responsável pela introdução da arte do renascimento na sua diocese, deixou-nos uma alfaia litúrgica de grande conservadorismo, totalmente alheia às renovações artísticas que o mecenas patrocinava e que o claustro da Sé, da traça de Francesco da Cremona, é um exemplo maior.

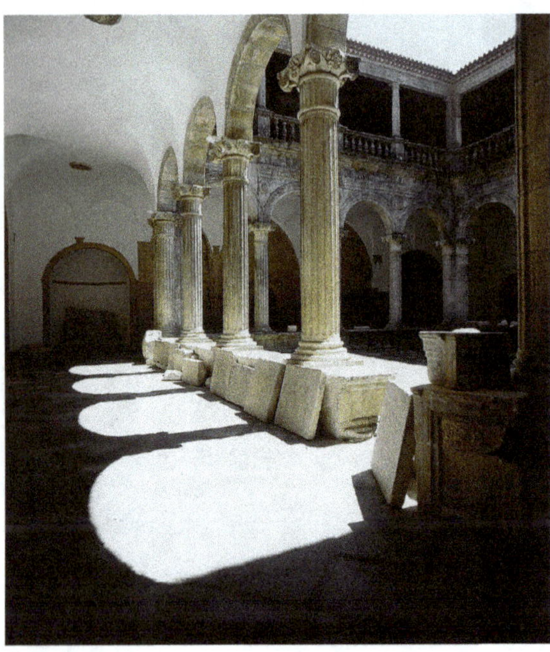

J.B.

Sé Catedral, claustro renascentista, Viseu.

IV.1.c **Museu Grão Vasco**

Largo da Sé, telef. 232 422049. Classificado como Monumento Nacional. Até 2004 este Museu encontra-se encerrado para obras de remodelação. No entanto, toda a sua colecção está exposta ao público, na ala norte da igreja da Misericórdia, no Adro da Sé, edifício contíguo ao museu.
A entrada é paga. Horário: das 9h10 às 12h30 e das 14h às 17h30, excepto à segunda-feira e feriados de 1 de Janeiro, Domingo de Páscoa, 1 de Maio e 25 de Dezembro.

Instalado num edifício destinado originalmente a seminário, cuja construção foi iniciada em finais do século XVI, o museu oferece-se como um obrigatório complemento à visita da Sé Catedral, de onde provém parte substancial da sua extraordinária colecção, designadamente as pinturas mais conhecidas de Grão Vasco.
Os catorze painéis de iguais dimensões que constituem o primeiro núcleo da pintura quinhentista da colecção fizeram parte do *retábulo* da capela-mor da Sé, encomendado pelo bispo D. Fernando Gonçalves de Miranda e concluído em 1506, no tempo do seu sucessor, D. Diego Ortiz de Villegas. No que diz respeito aos meios expressivos, a globalidade dos painéis acusa uma relação directa com os processos em voga nas oficinas flamengas de Gand e Bruges. Seja na concepção geral da estrutura de cada painel, seja nos mais diversos elementos e estratégias figurativas, designadamente nos jogos de perspectiva, por vezes bizarros, na estrutura anatómica (concebida a partir de amplos panejamentos) e na fisionomia das figuras, no tipo de indumentária e adereços, no virtuosismo técnico com que se transcrevem os pormenores, identifica-se uma directa apropriação dos "modos" usados pelos pintores flamengos. Este aspecto deve relacionar-se, não apenas com a influência que essa corrente exercia na produção portuguesa, mas com a participação directa de artistas flamengos na execução do *retábulo*. O mestre que assumiu o encargo da obra, que pode ter sido Vasco Fernandes, já então residente na cidade, deu também a dois mestres entalhadores e escultores de origem nórdica, Arnau de Carvalho e João de Utreque, a estrutura de talha dourada que estruturava, unia e rematava o conjunto dos painéis desta obra de factura colectiva.
O programa iconográfico, com evidentes funções didácticas e litúrgicas, incluía as mais importantes cenas nar-

rativas alusivas à vida da Virgem e à infância e paixão de Cristo. Mas o pormenor mais relevante, e que mais tem contribuído para a popularidade desta obra, deve-se à presença do índio "brasileiro" que substitui, na *Adoração dos Magos*, o tradicional negro Baltazar. De facto, trata-se da primeira representação ocidental de um indígena das terras de Vera Cruz, decorridos que eram um ou dois anos do seu "achamento" pelos portugueses.

Para avaliar os recursos expressivos de Vasco Fernandes na sua primeira fase de actividade, conta a colecção com uma obra bem individualizada, que representa a *Assunção da Virgem*, e cuja factura deve ter ocorrido por volta de 1515.

Os dois painéis procedentes da capela do Paço Episcopal de Fontelo, *Cristo em Casa de Marta* e *Última Ceia*, já situáveis na produção da sua oficina da década de 1530, revelam um alargamento significativo dos repertórios formais e um progressivo afastamento dos processos flamengos, dominantes na sua produção inicial. Se a complexidade iconográfica da *Última Ceia* aponta no sentido de que o autor do programa tenha sido o próprio encomendante, D. Miguel da Silva, já o retrato deste mecenas no *Cristo em Casa de Marta*, que surge sentado à mesa, à direita de Cristo, presença reforçada pela figuração das suas armas nos plintos das colunas, aponta para a sua relação directa com o pintor.

Nas pinturas de grande formato que executou, também sob patrocínio de D. Miguel, para as capelas da cabeceira e do claustro da Sé Catedral de Viseu, de que restam os cinco grandes *retábulos* desta colecção, Vasco Fernandes centra-se nas potencialidades expressivas da forma e ensaia novas soluções de organização compositiva e espacial.

No famoso *São Pedro*, que representa um dos seus grandes momentos criativos, foi na monumental e austera gravidade do santo patriarca, sentado num trono italianizante, no seu olhar absoluto e na sua frontalidade quase intimidatória, que concentrou a força expressiva da obra. A luz incidente da direita tem um papel determinante na modelação escultórica da figura e na sua

Oficina de Vasco Fernandes (Grão Vasco), "Fuga para o Egipto", do retábulo proveniente da Sé Catedral de Viseu, óleo sobre madeira de carvalho, 1506-10, Museu Grão Vasco, Viseu.

IPM/C.M.

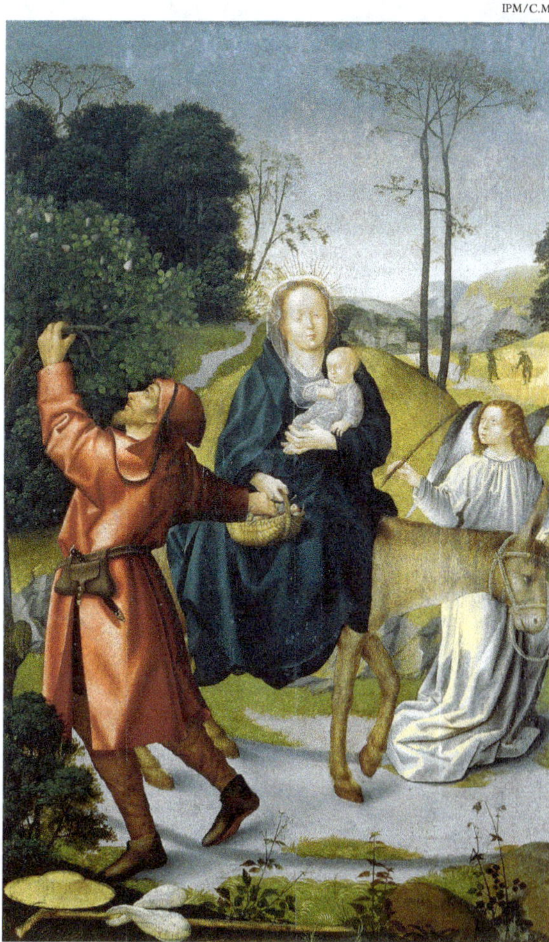

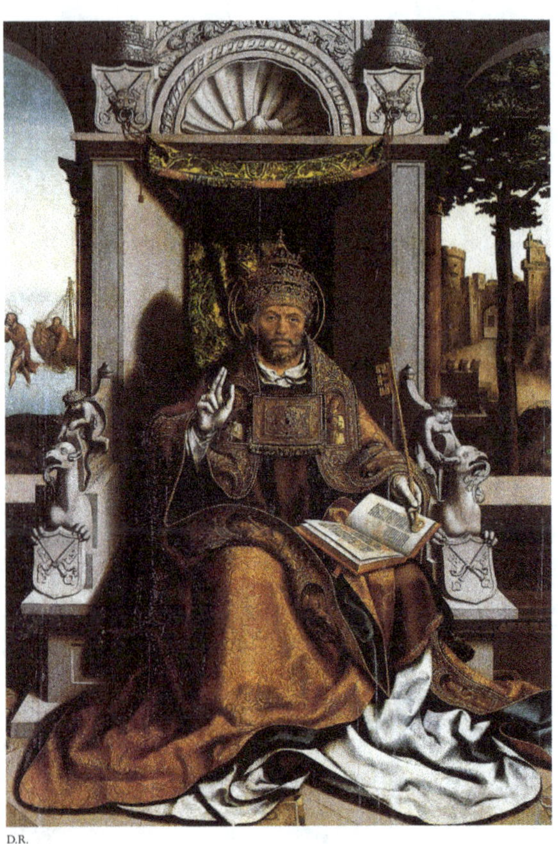

D.R.

Vasco Fernandes, "São Pedro", óleo sobre madeira de castanho, 1530-35, Museu Grão Vasco.

autonomia relativamente ao trono, que é fundamentalmente assegurada pela projecção da sombra e pela sua vigorosa estrutura triangular.

No *Calvário*, com a finalidade de representar um monumental espectáculo de dor e dramatismo, e entre outras estratégias, eleva significativamente a composição em relação à visão do espectador, optando pela concentração e monumentalização teatral das figuras, espacializando-as com manchas de cor, esclarecidas pela luz.

O *São Sebastião*, na força poética que retira da representação do nu, é a expressão cabal da sua aproximação aos meios expressivos da pintura italiana.

Assinale-se também o painel que representa o *Pentecostes*, que segue com poucas variantes o que se encontra na sacristia da igreja de Santa Cruz de Coimbra, assinado por Vasco Fernandes, mas com a latinização do nome para *Velascus*. Com a representação da abóbada manuelina da Sé procura-se acentuar a relação entre o espectador e a pintura, entre o espaço real e o espaço virtual.

Nas miniaturais pinturas da *predela* destes grandes *retábulos* em forma de pala, cuja forma permite identificar o trânsito do modelo retabular nórdico ao italiano, identifica-se uma síntese entre uma linguagem que não esconde a lição flamenga e a assimilação de traços de feição italianizante.

Das restantes obras de arte da época manuelina do museu, destacam-se algumas esculturas de pedra de Ançã, de oficinas de Coimbra, hoje sem a sua policromia original, uma placa em relevo de alabastro importada de Notthingam, também já do século XV, e sobretudo a *píxide* afro-portuguesa de marfim, peça raríssima, quinhentista, feita na Serra Leoa, onde os artífices locais copiaram um modelo português, por certo de prata. No entanto, a *iconografia* é retirada das gravuras de um Livro de Horas impresso em França em 1498.

Anotem-se ainda as armas reais portuguesas, a cruz da Ordem de Cristo e a inscrição "Ave (Maria) Gratia Plena".

Ao sair de Viseu siga pela estrada N 2 na direcção de Castro Daire. 13 km depois de passar esta povoação, pode apanhar o IP 3 até Lamego.

IV.2 LAMEGO

A cidade foi uma importante povoação em tempos remotos, pelo menos desde a época visigótica, no século VII, a ponto de ter mesmo sido aqui cunhada moeda, no reinado de Sisebuto. Caída a Península em poder dos Muçulmanos, a partir de 713, em breve Lamego foi ocupada, sendo reconquistada definitivamente pelas tropas de Fernando Magno, em 1057. Anos depois, em 1071, foi elevada a sede de uma diocese.

O seu desenvolvimento medieval ficou a dever-se, numa primeira fase, à acção de Egas Moniz, o aio do primeiro rei português, D. Afonso Henriques, que tinha morada habitual nos arredores, em Britiande. O seu mais antigo foral data de 1191 e foi outorgado por D. Sancho I, para tentar com as medidas dele decorrentes fixar mais população nessa zona deprimida. O núcleo urbano, até ao século XIX, nunca foi muito grande, desenrolando-se toda a vida social em torno da Sé Catedral.

No alto do morro fronteiro fica o castelo, cuja origem é onzecentista, ainda que tenha recebido muitas reformas durante a Idade Média e novas obras no período manuelino, estas fundamentalmente de consolidação, que lhe conferiram aproximadamente o cariz que tem nos nossos dias.

IV.2.a **Sé Catedral**

Largo da Sé, telef. 254 612766. Classificada como Monumento Nacional.
Horário: diariamente das 8h às 13h e das 15h às 19h.

A Sé lamecense remonta ao século XI, mas tudo o que hoje se vê é já posterior, sendo a parte mais antiga a base da torre. Do período manuelino ficou a nova fachada com os seus três belos portais de traça tardogótica. Datam de 1508 e dos anos subsequentes e estiveram a cargo do mestre-de-obras João Lopes que teve por auxiliares os espanhóis da Cantábria Juan de Vargas e Juan de Pamenes.

De traça manuelina é também parte do claustro, começado em finais do ano de 1524 pelo construtor Duarte Coelho.

Píxide, Serra Leoa, marfim, c. 1500, Museu Grão Vasco, Viseu.

IPM/D.F.

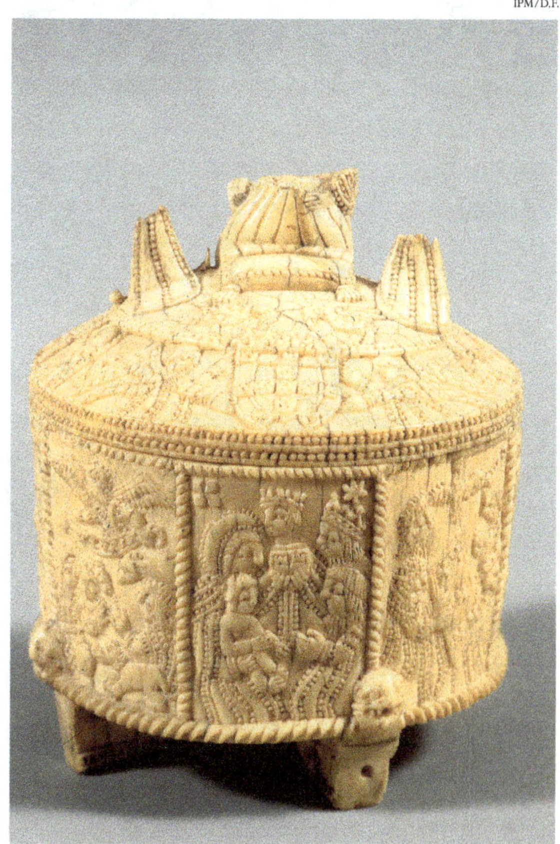

Vista geral do núcleo histórico de Lamego.

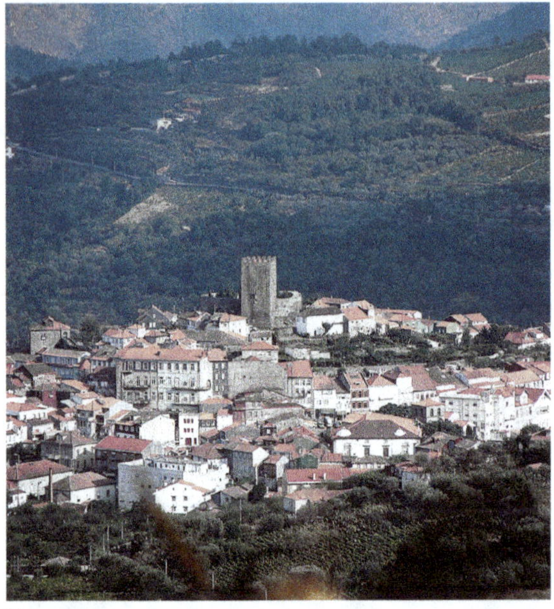

J.B.

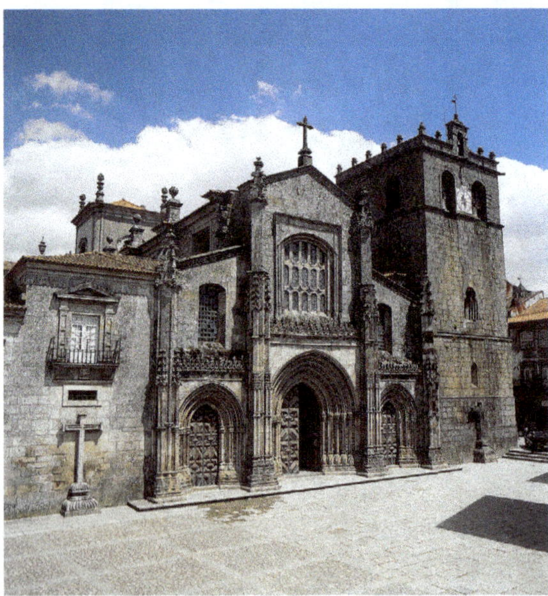

R.C.

Sé Catedral, fachada principal, Lamego.

IV.2.b **Casas da Rua do Poço**

Bem junto à Sé, no coração da cidade, na chamada Rua do Poço, ficam umas casas que possuem as mais importantes janelas manuelinas da região, de traçado pouco comum, com uma forte incorporação de elementos decorativos naturalistas, a par de outros que já eram visíveis na região em construções tradicionais de muitos séculos antes.

IV.2.c **Museu de Lamego**

Largo de Camões, telef. 254 600230. Horário: das 10h às 12h30 e das 14h às 17h. Encerra à segunda-feira e feriados de 1 de Janeiro, Domingo de Páscoa, 1 de Maio e 25 de Dezembro.

São muitas e importantes as colecções do museu, mas interessam-nos neste caso as obras da época manuelina ou dos anos áureos do tempo dos Descobrimentos marítimos.

Um dos núcleos de relevo é o das tapeçarias flamengas entretecidas em lã e seda que pertenceram ao Paço Episcopal, e que podem ser claramente datadas do início do século XVI e atribuídas aos ateliers de Bruxelas. Os temas que versam são mitológicos, com excelente desenho: *O Templo de Latona*, *Laio consultando o Oráculo*, *Édipo em Corinto*, *Édipo em Tebas*, *Édipo e a Rainha Jocasta*, e há também uma outra, aliás a mais espectacular, que é uma alegoria à *Música*. É evidente o sincretismo entre a Cultura Clássica e o Paganismo e a nova visão humanística da Igreja Católica.

Quanto às colecções de pintura, destacam-se as de autoria de Vasco Fernandes, os cinco painéis que pertenceram ao *retábulo* da capela-mor da Sé de Lamego, encomendado em 1506 pelo bispo D. João Camelo de Madureira, e concluído em 1511. Revelam-se assim fundamentais para o entendimento da sua arte, ou do seu processo criativo, numa fase ainda inicial do seu longo percurso.

A partir dos cinco painéis remanescentes não é difícil imaginar a sumptuosidade do *retábulo* original que era constituído por vinte painéis, dois dos quais, juntamente com uma escultura desaparecida, ocupavam o eixo central e tinham por isso maiores dimensões.

Na organização espacial das composições, com magistral utilização da luz para evidenciar os planos intermédios – veja-se, a título de exemplo, o pavimento da *Anunciação* e a estratégica colocação do fogareiro como fonte de luz – na equilibrada distribuição da cor, na concepção das figuras envoltas em panejamentos fartos e modelados com notável plasticidade, identifica-se uma essencial preocupação de harmonia formal e de rigor representativo.

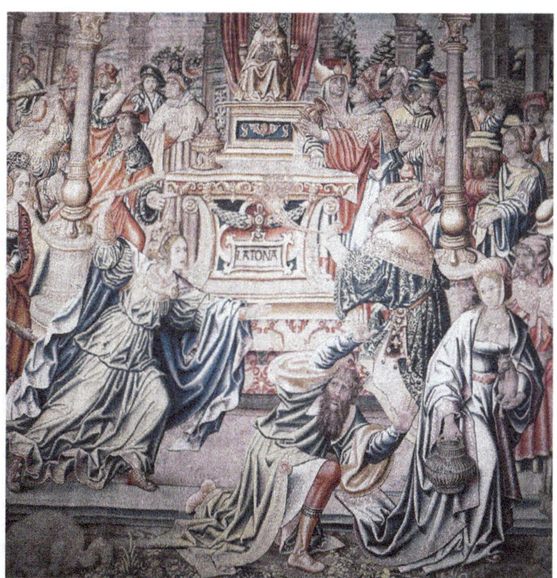

J.B.

Atelier de Bruxelas, "O templo de Latona", tapeçaria flamenga, séc. XVI, Museu de Lamego.

O realismo ao modo flamengo identifica-se também na visão particularizada da forma, no modo como representa a textura dos tecidos, a transparência dos vidros ou o reflexo dos metais. O recurso a diversas fontes inspirativas pode identificar-se na presença de alguns elementos: na *Visitação* representa com minúcia um fundo paisagístico com arquitecturas de inspiração nórdica; enquanto na *Criação dos Animais* opta pela figuração do mítico unicórnio. Comprovando a importância que a pintura tinha na época enquanto meio de promoção pessoal e social, refira-se que a figura que segura o Menino Jesus na

J.B.

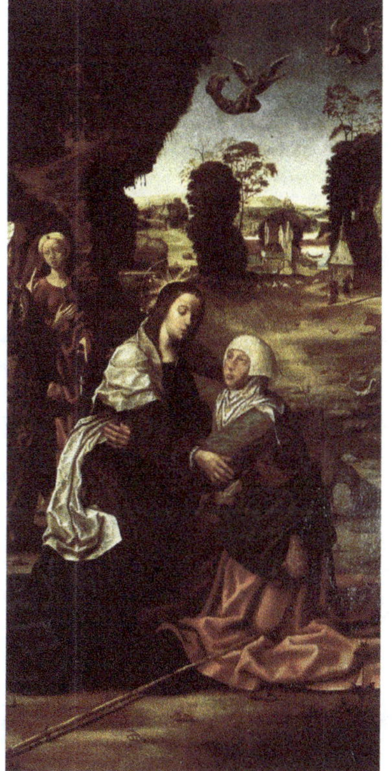

Vasco Fernandes, "Visitação", do retábulo proveniente da Sé Catedral de Lamego, óleo sobre madeira, 1506-11, Museu de Lamego.

Vasco Fernandes, "Criação dos Animais", do retábulo proveniente da Sé Catedral de Lamego, óleo sobre madeira, 1506-11, Museu de Lamego.

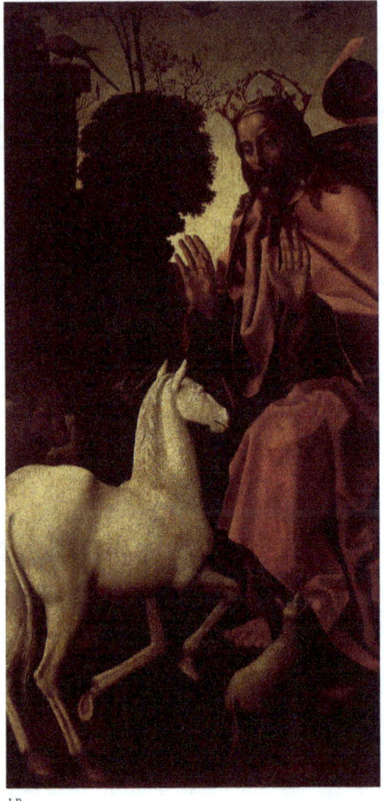

J.B.

Circuncisão corresponde ao retrato do bispo encomendante, cujas armas estavam também representadas, por expressa indicação sua, na estrutura entalhada do *retábulo*.

Saindo de Lamego, para Ferreirim, siga pela Estrada N 226.

Região do Douro

Pouco a norte de Lamego, o rio Douro corta profundamente a terra, encaixado em vale apertado que abriu paulatinamente ao longo de milhões e milhões de anos. É uma terra dura, xistosa, onde a acção antrópica se faz notar na infinidade de socalcos onde crescem as uvas que dão corpo ao vinho da região, o mais famoso dos quais, como que por ironia do destino, é conhecido comummente como vinho do Porto. Na margem esquerda desde cedo que cresceram povoações, onde viveram e vivem gentes laboriosas, e cujo património artístico é riquíssimo. Das ordens religiosas foi a de Cister a que mais cedo se interessou pelo lugar, construindo abadias, algumas das quais se conservam e evocam épocas de grandeza. Algumas foram depois enobrecidas, apagando-se os vestígios medievais e manuelinos; outras, felizmente, conservam alguns.

IV. 3 **FERREIRIM** (opção)

IV.3.a **Igreja de Santo António, matriz de Ferreirim**

Lugar do Convento. Classificada como Imóvel de Interesse Público.
Horário: de quinta-feira a domingo, das 10h às 13h e das 14h às 18h. Se pretender efectuar uma visita guiada pode solicitar a marcação ao Sr. Fernando Cardoso, telef. 254 699130.

Desta igreja, que sabemos teve obras na época manuelina, pouco resta, pois foram grandes as posteriores remodelações. A torre que lhe fica próxima data do século XV, como a estrutura geral da igreja, destacando-se desta época e de estilo tardogótico, o conjunto tumular do interior, onde repousam os restos mortais de D. Francisco Coutinho. São ainda importantíssimos, se bem que um pouco posteriores, já de 1533, os quadros encomendados pelo cardeal Infante D. Henrique aos pintores régios Cristóvão de Figueiredo, Gregório Lopes e Garcia Fernandes e que pertenceram ao convento de que era Prior-Comendatário. De todos destacamos a *Anunciação*, o *Nascimento de Jesus* e o *Trânsito de Nossa Senhora.*

IV.4 TAROUCA (opção)

IV.4.a Convento de São João de Tarouca

S. João de Tarouca. Classificado como Monumento Nacional. Informações: Sr. Caetano, telef. 254 678766.
Horário: das 10h às 12h30 e das 14h às 18h. Encerra à segunda e à terça-feira até às 14h.

Da Abadia de São João de Tarouca, primeira fundação da Ordem de Cister em Portugal, resta apenas a igreja de fundação românica, com o seu magnífico recheio, e algumas memórias dos arruinados espaços conventuais. Fundado em 1154, deveria estar concluído, ou em vias de conclusão, em 1169, de acordo com a epígrafe que se conserva no interior, ao lado do portal axial. A igreja filia-se nas soluções dos planos bernardinos de Claraval, com cabeceira de três capelas, *transepto* largo e saliente e três naves cobertas por abóbadas de *arco quebrado*. Inovadora no panorama construtivo do românico português, seja pelas soluções estruturais e espaciais seja pela austeridade decorativa, deve ter sido planeada por um monge arquitecto, de provável origem francesa.

O templo guarda no interior um importante património, que é o resultado de muitas acumulações. Além da imponente arca tumular de D. Pedro, conde de Barcelos, um dos mais impressionantes exemplos da arte funerária portuguesa do século XIV, de diversos e interessantes painéis de azulejos, da talha e da imaginária, conserva ainda um importante núcleo de pintura quinhentista, datável de 1530-35, de autoria do pintor Gaspar Vaz, discípulo de Vasco Fernandes.
Formado na oficina do pintor régio, Jorge Afonso, este mestre desenvolveu a sua actividade artística em Viseu, pelo menos entre as datas de 1522 e 1568. Assim, não será de estranhar que este núcleo acuse uma influência directa dos modelos de Vasco Fernandes. No *São Pedro* essas afinidades são mais flagrantes (compare-se com o *São Pedro* da colecção do Museu de Grão Vasco), do que nos graciosos painéis que se integram na talha barroca do altar de *Nossa Senhora da Glória* ou mesmo no *São Miguel*. Mas apesar da similitude do modelo do *São Pedro* – que esteve na origem da polémica atribuição desta obra de Tarouca a Vasco Fernandes – as diferenças quanto aos valores formais dos dois painéis em questão são evidentes.
Além da utilização de uma linguagem mais tradicionalista e arcaizante, na decoração gótica do trono e na presença dos elementos vegetalistas, ao invés do pavimento em perspectiva como sucede com a obra de Viseu, são também assinaláveis as diferenças na concepção do volume e no manuseamento da luz. A figura acanhada do santo, a ausência de vigor anatómico, a justaposição simplista dos planos, minimizando-se o

valor integrador da luz, mostram um pintor com recursos expressivos diferentes dos de Vasco Fernandes. Será razoável, pois, considerar que se trata de duas versões de um mesmo modelo, feitas por dois pintores com diferentes recursos e capacidades técnicas e, aspecto não menos importante, destinadas a diferentes locais.
A procura do equilíbrio e da graciosidade, um certo amaneiramento e teatralismo de gestos, mais acentuado no *São Miguel*, substituem, neste núcleo de Gaspar Vaz, a ausência do vigor e do dinamismo expressivo da forma, que caracteriza a produção de Vasco Fernandes do período em questão.

Para Ucanha retome a Estrada N 226. Depois da saída de Tarouca encontrará Ucanha a 2 km.

IV.5 **UCANHA** (opção)

IV.5.a **Ponte de Ucanha**

Encontra-se classificada como Monumento Nacional.

Em terras do couto do Mosteiro de Salzedas fica a mais bela das pontes medievais portuguesas, a Ponte de Ucanha, sobre o rio Varoza. Foi construída a mando do abade D. Fernando, em meados do século XV, e para além da torre propriamente dita, de defesa e de portagem, com os seus quase 9 metros de lado, tem três arcos com talha-mares e o tabuleiro em cavalete.

Pedro Dias

Até finais do séc. XIX, a verdadeira identidade do pintor viseense designado pelo eloquente nominativo “Grão Vasco” ou simplesmente Vasco, já que o apelido se havia perdido, era de todo desconhecida. Uma série de histórias anedóticas e fantásticas, cuja origem parece remontar ao início do século XVII, tinham transformado o autor das pinturas da Sé num mítico pintor-herói, a quem se atribuía, também na ausência de informações relativas a outros pintores, quase toda a pintura antiga existente em Portugal. A tradição oral parece ter desenvolvido algumas ideias inspiradas nos cronistas locais, que recorriam aos traços biográficos anedóticos de Apeles, Zeuxis, Timantes e Parrásio – que se adaptaram às biografias dos grandes mestres do renascimento – para exaltar as qualidades ilusionistas das pinturas da Sé e a genialidade do seu autor. Assim, até finais do séc. XIX, sobreviveu uma imagem romântica que transformava o célebre pintor Vasco num pobre, mas super-dotado, filho de um moleiro, natural dos arredores da cidade. A título de exemplo, duas dessas histórias dão conta do seguinte:

“Vasco, que desde a infância deu indícios de um raro génio, pintou na porta da casa um burro carregado de taleigas, com uma tal habilidade, que o pai, regressando a casa, ao anoitecer, se enganou a ponto de fazer entrar na choupana o que era vã ilusão.”

“Durante a sua viagem [de acordo com a tradição lendária Vasco teria estagiado em Itália] entrou em casa de um pintor, dizendo que exercia a sua profissão e pedindo-lhe para o empregar. Os vestidos esfarrapados com que estava coberto, o seu aspecto miserável o fizeram desprezar do dono da casa, que, todavia, por compaixão lhe deu tintas para moer. Chegada a hora do jantar, todos saíram; e o nosso Vasco aproveitou a ocasião para pintar, como por vingança, uma mosca sobre a face de uma pintura, o que fez com tal arte, que a gente da casa, quando entrou, tentou por muitas vezes enxotar a mosca, antes de conhecer o erro. Neste comenos, o pintor tinha-se escapado, e toda a gente da casa exclamou, com voz unanime, que aquillo só podia ter sido feito pelo grande Vasco.”

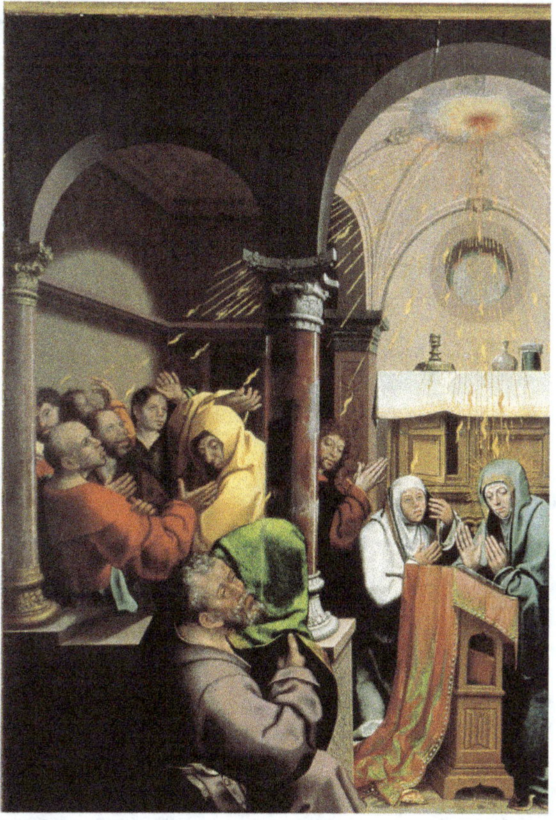
IPM/J.R.

Vasco Fernandes, “Pentecostes”, pormenor, óleo sorbre madeira de castanho, 1535-40, Museu Grão Vasco, Viseu.

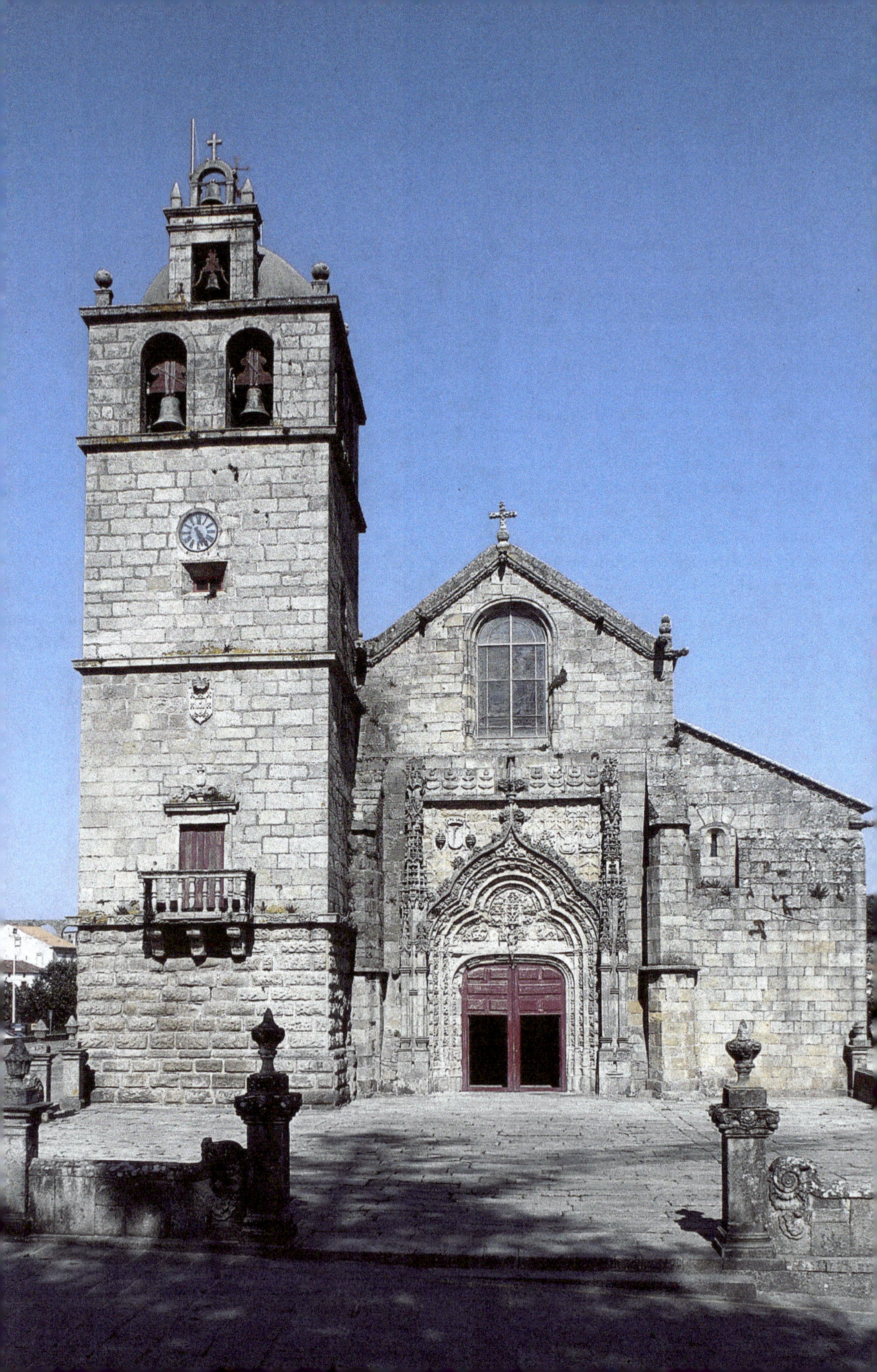

Os Biscainhos no Norte de Portugal

Pedro Dias, Dalila Rodrigues,
Nuno Vassallo e Silva, Fernando Grilo

Primeiro dia

V.1 PORTO

V.1.a Capela de João Carneiro na igreja do Convento de São Francisco
V.1.b Tesouro da Misericórdia

V.2 AZURARA

V.2.a Igreja de Santa Maria, matriz de Azurara

V.3 VILA DO CONDE

V.3.a Centro histórico
V.3.b Igreja de São João Baptista, matriz de Vila do Conde
V.3.c Convento de Santa Clara

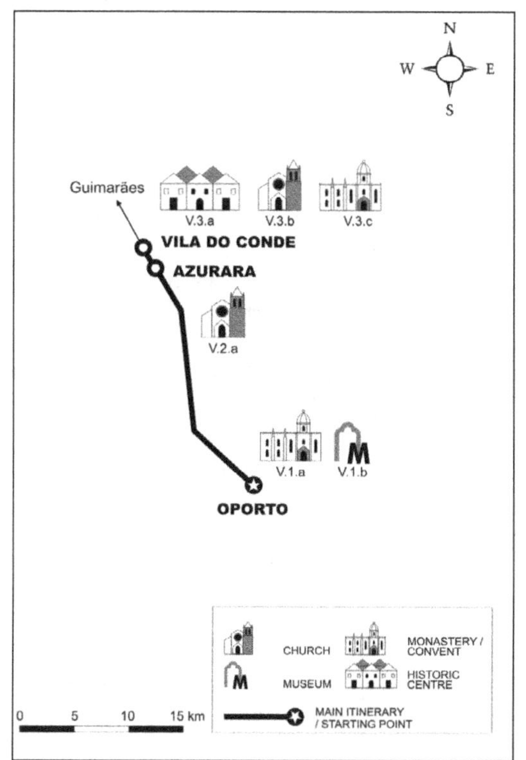

Igreja de São João Baptista, matriz de Vila do Conde.

O Norte de Portugal desempenhou um papel de grande relevo na Expansão portuguesa. Foi no Porto que o Infante D. Henrique recrutou muitos dos homens que participaram na primeira expedição de além-mar, em 1415, cidade que também forneceu a maioria dos mantimentos para a armada; o Infante D. Henrique nascera aqui, na Ribeira, era um homem do Norte. O facto de os habitantes da cidade terem dado toda a carne e ficado apenas com as tripas dos animais, que tiveram de comer, para sobreviver, é tido como o nascimento do mais típico dos pratos da gastronomia portuguesa, as “tripas à moda do Porto”.

Com o passar dos anos, as póvoas marítimas, com movimento comercial desde o século XII, vocacionadas para o escoamento dos produtos da terra que se exportavam para a Flandres e Ilhas Britânicas, e para receber as mercadorias que vinham dessas paragens ou do golfo da Biscaia, ganharam novo fôlego. Gaia, Vila do Conde, Caminha, Viana do Lima e Valença conheceram uma nova prosperidade que os seus habitantes desejaram espelhar em obras pias ou de simples aparato.

Os homens do mar e homens da terra participavam em partes iguais na aventura ultramarina, pois por cada um que embarcava era necessário que dois ou três ficassem, a preparar as idas e as vindas, a fazer o cordame, as velas e os tonéis, a sustentar as viúvas e a cuidar dos órfãos do mar salgado, cujas lágrimas tão bem evocou na sua pessoa o Poeta dos heterónimos.

A arquitectura reflectiu essa prosperidade mas, dadas as relações privilegiadas com a Galiza e a Biscaia, os mestres que construíram as igrejas, as capelas, as moradias, as pontes e as casas das Câmaras eram maioritariamente oriundos dessas paragens. Mesmo as obras de patrocínio régio, as que D. Manuel I resolveu promover quando, em 1505, percorreu a região a caminho de Santiago de Compostela, falariam peninsular, esteticamente, galaico-português ou basco. É uma arquitectura que ignora as fronteiras políticas e que se prolonga sem quebras por uma e outra margem do rio Minho. Se assim foi com a construção, identicamente se passou com a pintura, a escultura, a ourivesaria e as outras artes.

Vila do Conde mostra a sua matriz, onde trabalhou João de Castilho e, mesmo um pouco mais para o interior, em Guimarães, Braga ou Barcelos, a presença desses mestres vê-se e sente-se, desde logo na principal de todas as igrejas, a Sé Catedral Primaz.

V.I PORTO

A cidade do Porto, cujo núcleo histórico foi já classificado como Património da Humanidade, é desde o século XII o principal pólo de desenvolvimento da região Norte de Portugal. Beneficiando do seu porto fluvial, com uma enorme importância até ao início do século XX, foi a porta de entrada e saída de mercadorias e gentes, formando-se no interior das suas muralhas uma população activa, laboriosa, que conquistou para a vetusta urbe o título de capital do trabalho.

Daqui partiram gerações e gerações de portugueses que povoaram os territórios de além-mar e, muito particularmente o Brasil. Mas a cidade está ligada à expansão por muitas outras razões, desde logo porque é a terra natal do Infante D. Henrique. Mas aqui embarcavam-se produtos

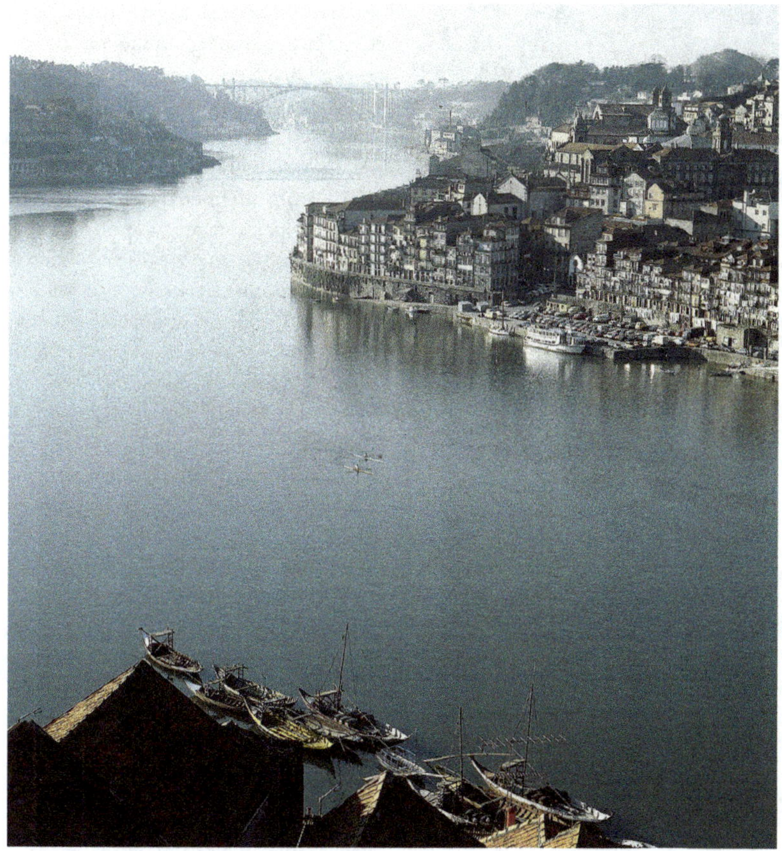

Panorâmica sobre a Ribeira do Porto.

M.A.

da terra, como o vinho, e também manufacturados e aparelhavam-se os navios oceânicos, consolidando-se assim diversas indústrias intimamente ligadas às viagens, da modesta tanoaria à mais complexa ourivesaria e estatuária que era enviada para as igrejas de padroado português, em todos os cantos do Mundo.

O desenvolvimento posterior ao século XVI fez que a cidade se renovasse, substituindo os edifícios manuelinos por outros maiores e mais ricos. Para além do clero, algumas famílias burguesas nobilitaram-se e desempenharam cargos elevados na governação pública; a esses também se ficaram a dever obras importantes, desde capelas em conventos e mosteiros até confrarias e à própria Misericórdia.

Se os testemunhos da arte manuelina não são hoje muitos, os locais da História permanecem, com as águas do Douro a atestar o êxito ou o desconsolo de tanta aventura.

V.1.a Capela de João Carneiro na igreja do Convento de São Francisco

Rua do Infante D. Henrique, telef. 22 2062100.

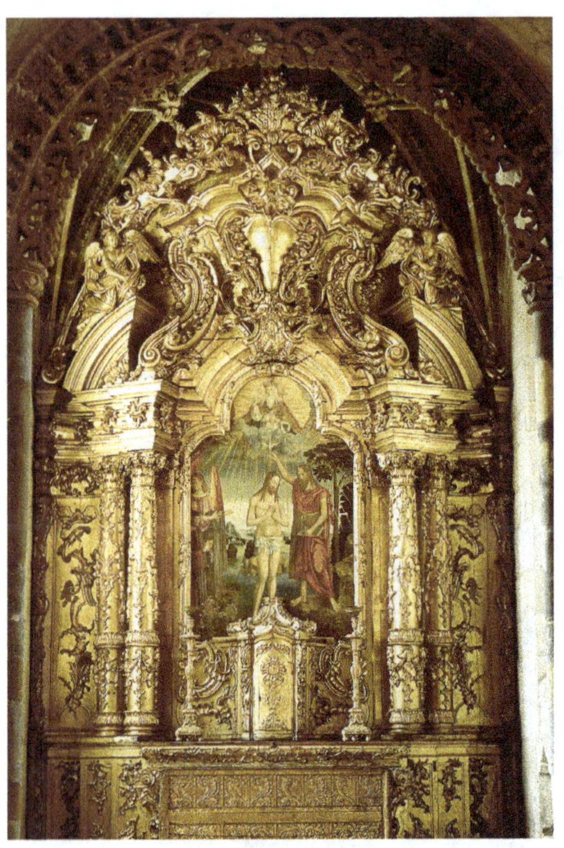

R.C.

Capela de João Carneiro, igreja de São Francisco, Porto.

Classificada como Monumento Nacional. A entrada é paga, estando incluído no bilhete, para além da igreja, a visita às catacumbas e ao Museu de Arte Sacra. Horário: de Novembro a Fevereiro, das 9h30 às 17h, e de Março a Outubro, das 9h às 18h. Encerra ao domingo e a 25 de Dezembro e 1 de Janeiro.

A igreja do convento de São Francisco é um dos mais antigos edifícios do gótico primário português, mas a sua estrutura original está encoberta pela massa magnífica das talhas douradas do barroco e do rococó. É aqui que se pode admirar uma pequena mas significativa obra manuelina, uma verdadeira jóia arquitectónica: a capela funerária do mestre-escola da Sé de Braga João Carneiro, também conhecida depois como Capela do Desagravo.

A sua instituição canónica, conforme consta da lápide que aí se conserva, data de 1500, tendo ficado como testamenteiro um seu irmão. Esta família deu grandes personagens à política portuguesa do tempo dos Descobrimentos, como António Carneiro, escrivão de Câmara de D. João II, donatário da Ilha do Príncipe e, depois, secretário de Estado do rei *Venturoso*, e Pêro de Alcáçova Carneiro, também secretário de Estado de D. Manuel I, e depois de D. João III, que com o irmão Francisco Carneiro tiveram a cargo os negócios da Índia.

Estilisticamente, a obra arquitectónica pode atribuir-se ao círculo de Diogo de Castilho que, por 1526, se estabeleceu na cidade do Porto, depois de ter casado com a filha de um rico comerciante de ferro de origem basca. Viveu na Rua das Flores e só por 1535 voltou definitivamente para Coimbra. Este mestre biscainho fez uma obra algo retardatária, mas ainda assim elegante e com uma sólida estrutura.

Da mesma época é o quadro do altar-mor, hoje envolto em talhas barrocas, uma pintura a óleo sobre madeira que representa o *Baptismo de Cristo*, datável de cerca de 1530. Pode englobar-se num conjunto de trabalhos arcaizantes que saíram das mãos deste mestre e dos seus auxiliares, activos quer na região de Entre Douro-e-Minho quer na Galiza. Denuncia a forte influência da pintura tardogótica flamenga, ainda das oficinas de Gand e Bruges, e tem um valor acrescido por se ver a representação do doador, o citado João Carneiro, à esquerda do observador, em atitude recolhida perante a cena principal, o momento em que o *Precursor* deita a água lustral sobre a cabeça do Messias.

V.1.b **Tesouro da Misericórdia**

Rua das Flores, nº 5, telef. 22 2074710. A Igreja da Santa Casa da Misericórdia está classificada como Imóvel de Interesse Público. A entrada é paga, no entanto as visitas de estudo, com marcação prévia, são gratuitas. Horário: de segunda-feira a sábado das 9h às 12h e das 14h às 18h. Encerra aos domingos e feriados.

A Misericórdia da cidade do Porto, fundada logo no dealbar do século de Quinhentos e cuja confraria se reuniu, a partir de 1502, na capela de São Tiago dos claustros da Sé, possui algumas obras manuelinas excepcionais, que podem ser admiradas na Sala do Despacho do edifício setecentista que é a sua sede, sito na histórica Rua de Santa Catarina das Flores.

A obra emblemática desta instituição é um enorme quadro a óleo sobre madeira, com 2,65 por 2,10 metros, uma *Fons Vitae* de origem bruxelense, próxima da arte de Bernard van Orley. Para além da categoria da pintura, da sua dimensão e estrutura monumental, da impressionante qualidade plástica da galeria dos rostos e mesmo das paisagens fundeiras, muito do seu interesse reside no facto de retratar a família real portuguesa e o bispo do Porto, D. Pedro da Costa. Aliás, terá sido este prelado, um amante das artes e com larga acção mecenática por todas as dioceses por onde passou, quem encomendou e pagou o quadro.

O tema central é uma grande fonte, a Fonte da Vida, aqui materializada numa taça com o sangue de Cristo, da qual emerge a cruz de onde Ele pende, morto, e a cujos lados o pintor figurou Maria e João, em atitudes serenas, bem à maneira da renascença flamenga. Em torno da taça há duas séries de personagens: de frente para o espectador, homens e mulheres de feições e trajes flamengos; de costas ou a três quartos, está a família real portuguesa. São ainda visíveis D. Manuel I, a rainha D. Leonor, a sua terceira esposa, o príncipe real D. João e os restantes infantes e infantas, além do bispo do Porto e doador. A obra tem de ser posterior a 1518 e anterior a 1521.

"Fons Vitae", Bruxelas, séc. XVI, Santa Casa da Misericórdia, Porto.

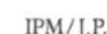

IPM/J.P.

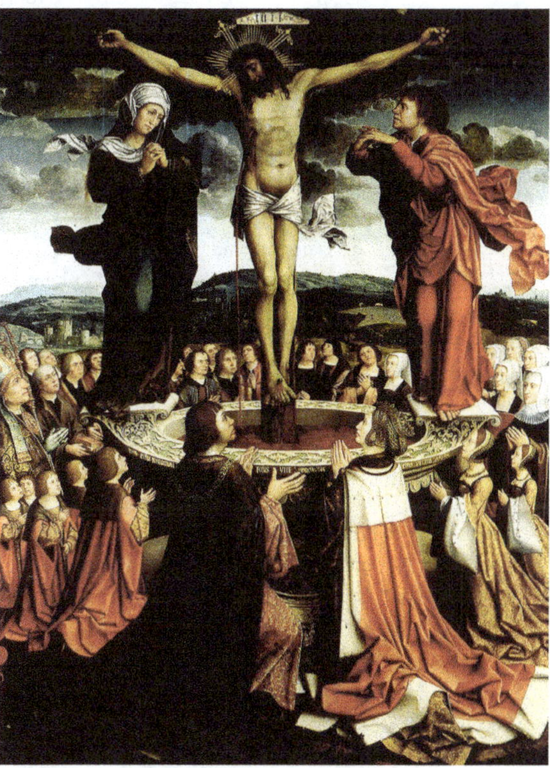

Uma curiosidade reside no facto de os rostos das personagens portuguesas só terem sido pintadas posteriormente, isto é, a obra vinha inacabada, para que em Portugal se fizessem os retratos do monarca e da restante família, como aliás acontece noutros exemplares de pintura flamenga.
No campo da ourivesaria temos que destacar dois cálices de prata dourada e respectivas patenas que pertenceram ao Mosteiro de Arouca, e que foram encomendados pela abadessa D. Melícia de Melo, como o comprovam as legendas e brasões. O cálice mais rico tem o pé de secção circular de doze gomos com extremos semicirculares, sendo seis maiores com a representação de Cristo e cinco apóstolos, e seis mais pequenos decorados com motivos florais e margaridas em prata branca. Sobre o pé eleva-se uma estrutura vazada sextavada com uma mais pequena que serve de ligação ao nó de tipo arquitectónico. Em nichos surgem as imagens de prata fundida dos restantes apóstolos.
O outro cálice é mais simples, mas ainda assim uma das peças portuguesas mais ricas do último gótico. Também no pé se destacam excepcionais figuras da *Ressurreição*, de *São João Baptista* e de *São Bento*. Ambos os cálices devem datar da década de vinte do século XVI.
De cerca de 1500, de fabrico português, talvez mesmo do Porto, é a salva de prata dourada, decorada com medronhos finamente cinzelados, colocada numa estrutura posterior, constituída por um prato inferior, cercadura e pé.
À época manuelina pertencem ainda as duas esculturas de Santo Estêvão e de um *Santo Bispo*, obras de madeira policromada com 1,60 m de altura, de clara inspiração flamenga. É possível que tenham pertencido à primitiva capela da confraria da Misericórdia.

Para Azurara deverá dirigir-se no sentido da Maia e seguir pela Estrada N 13 em direcção a Vila do Conde. Azurara fica junto ao entroncamento com a Estrada N 104.

V.2 AZURARA

V.2.a **Igreja de Santa Maria, matriz de Azurara**

Rua Mouzinho de Albuquerque, junto à Estrada N 13. Classificada como Monumento Nacional. Informações: Centro Paroquial de Vila do Conde, telef. 252 640810.

O templo de Azurara fica na margem esquerda do rio Ave e é de maiores dimensões do que o de Vila do Conde, embora com referências claras a este que, em parte, lhe serviu de modelo. Também o corpo é de três naves e cinco tramos com arcadas longitudinais simples sobre pilares oitavados, cobertas de madeira e de altura desigual, e a cabeceira abobadada com nervagem tardogótica. As armas reais, a esfera armilar e a cruz de Cristo marcam na capela-mor o patrocínio de D. Manuel I.
Uma inscrição com o nome de Gonçalo Lopes e a data de 1522 dão-nos o nome do construtor, o iniciador de uma verdadeira dinastia de pedreiros e mestres-de-obras, e a data da conclusão da empreitada fundamental.
O portal axial é mais simples, com elementos naturalistas nos *intercolúnios* e pilares torsos a delimitarem-no lateralmente. A grande torre dos sinos, posto que começada na mesma altura, já só foi acabada quando o século XVI ia no seu ocaso.

Para Vila do Conde deve seguir pela Estrada N 13 na direcção de Vila do Conde / Póvoa de Varzim.

V.3 VILA DO CONDE

A cidade condal teve origem num castro sobranceiro ao rio Ave, mas na zona baixa, mais tarde, haveria de se estabelecer uma grande vila romana, uma exploração agrícola complexa, que foi verdadeiramente a semente da povoação medieva, que tanta importância ganhou. No século X, no primeiro documento que fala expressamente de Vila do Conde, com data de 953, a zona mais densamente povoada corresponderia ao actual Monte. Em pleno século XIII, já a vila armava mais de meia centena de pinaças, ou seja, embarcações destinadas à pesca e ao transporte de bens, centrando-se a sua actividade económica em torno destas duas actividades, com o sal e o peixe salgado a terem um peso preponderante.
No início do século XIV a vila passa a ser domínio do infante D. Afonso Sanches, filho natural de D. Dinis, e de sua mulher D. Teresa Martins, que era filha do Conde de Barcelos.
Com a expansão atlântica primeiro, e índica depois, a tradição marítima da vila torna-se uma mais-valia decisiva para a sua elevação a um dos principais portos nacionais. É neste contexto que acontece a renovação manuelina das velhas estruturas e a construção de centenas de casas na zona baixa, junto à foz do Ave. A 10 de Setembro de 1516, D. Manuel I deu carta de foral à vila, consagrando a autonomia municipal e pondo fim ao domínio senhorial exercido pelas freiras do Convento de Santa Clara.

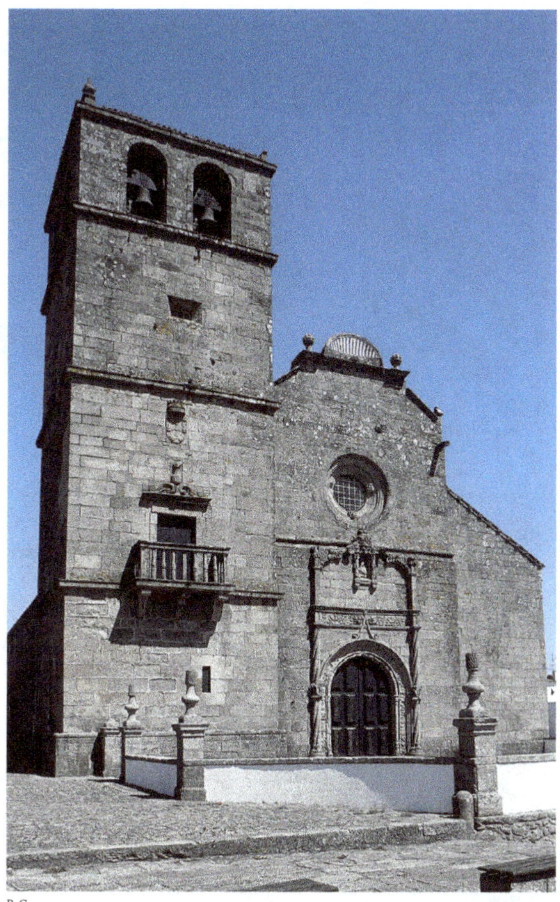
R.C.

Igreja de Santa Maria, matriz de Azurara.

V.3.a Centro histórico

Informações: Posto de Turismo, telef. 252 248473.
Na zona ribeirinha há um importante conjunto de casas de habitação de estrutura quinhentista com portas e janelas de traçado manuelino, posto que estejamos convencidos que, cronologicamente, algumas ultrapassam já os meados do século XVI. O gosto por enobrecer as moradias burguesas começou nesta época e disso são teste-

R.C.

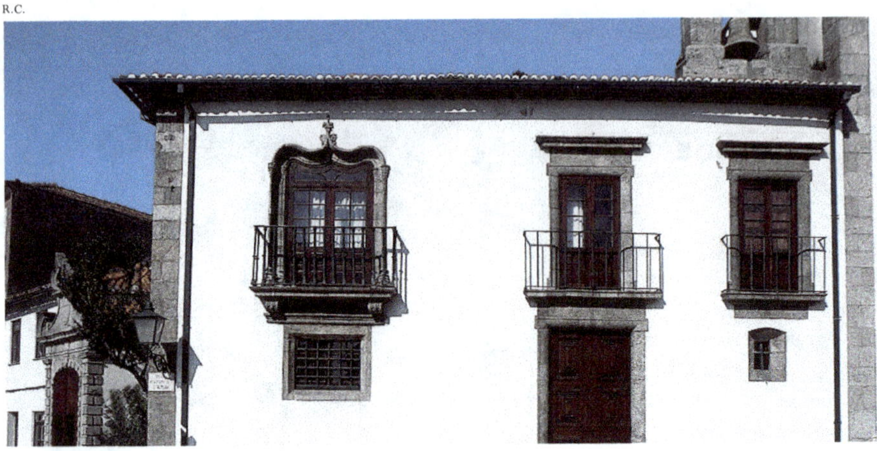

Janela manuelina, centro histórico de Vila do Conde.

munho estes exemplares, embora não se veja aqui a exuberância decorativa que encontramos noutras póvoas marítimas.

Estas casas estão espalhadas pelas ruas mais antigas, como as ruas da Igreja, da Misericórdia, da Costa, do Socorro, e Largo de São Roque.

V.3.b **Igreja de São João Baptista, matriz de Vila do Conde**

Igreja de São João Baptista, fachada principal, Vila do Conde.

Rua da Igreja, telef. 252 631327.
Classificada como Monumento Nacional.

R.C.

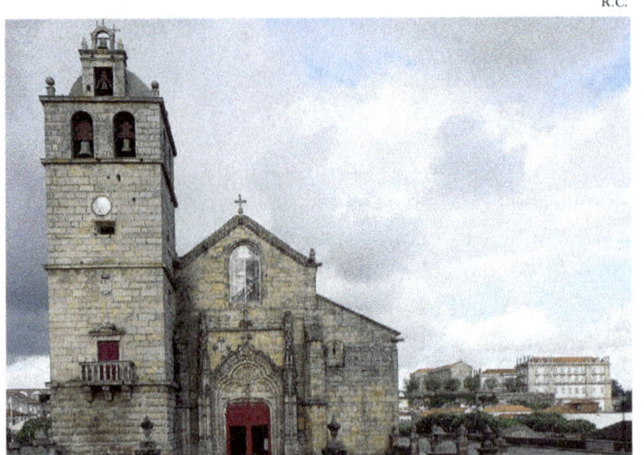

Horário: diariamente das 9h às 12h e das 14h às 20h.

A igreja matriz é uma das mais interessantes obras de arquitectura feitas por mestres biscainhos e tem ainda a vantagem de estar quase íntegra e de se conheceram bem os seus autores. Não falaremos agora do templo primitivo, mas apenas do que hoje se pode admirar, cujas obras foram iniciadas sob o comando e traça de João Rianho. No entanto, algumas dificuldades levaram a que o estaleiro fosse entregue, em 1500, ao seu compatriota Sancho Garcia. Os empreiteiros bascos sucederam-se: veio depois Rui Garcia de Penagós, até que, em 1511, entrou definitivamente João de Castilho – o homem que depois iria terminar os Jerónimos e o Convento de Cristo – para arrancar com a fase derradeira. Esta empreitada foi paga pela Câmara de Vila do Conde e, em Fevereiro ou Março de 1514, Castilho e os vinte pedreiros que o auxiliavam já terminavam as naves com os respectivos arcos e o portal axial. Eram quase todos da Biscaia: João Garcia, André de la Cota, João de Quintanilha, entre outros.

Este portal, curiosamente, é igual ao da igreja estremenha de Azuaga, em Espanha, o que quer dizer que um foi copiado pelo outro ou, mais provavelmente, que João de Castilho fez também, ou pelo menos projectou, o portal espanhol.

A igreja é de três naves separadas por arcaria simples e com a cobertura de madeira, só tendo abobadamento na cabeceira tripla, com capela-mor e colaterais, aliás com belíssimas nervagens já evoluídas dentro do manuelino e na linha das da Sé de Braga. Da mesma época e estilo, com perfis muito rebaixados, nervuras curvas e *chaves* de fina decoração com elementos vegetalistas e heráldicos são as das capelas do cruzeiro que conformam assim, dadas as suas dimensões, um falso *transepto*.

V.3.c **Convento de Santa Clara**

Situa-se no morro sobranceiro à cidade, no Largo D. Afonso Sanches, telef. 252 631016. Classificado como Monumento Nacional. Horário: diariamente, das 9h às 12h30 e das 14h às 16h30.

Esta importante casa religiosa, que conserva grande parte da estrutura gótica, a par da mais moderna e imponente realizada no século XVIII, foi uma fundação do filho natural de D. Dinis, o infante D. Afonso Sanches, e de sua mulher D. Teresa Martins.

Este príncipe, em quem o seu pai pensou para lhe suceder em detrimento de D. Afonso, teve aqui a sua principal empresa, já que escolheu este convento, sobranceiro ao rio Ave e à vila de que era senhor, para seu panteão.

Interessa-nos a capela onde se guardam os seus restos mortais e o da sua geração, em arcas ferais. Os do infante e da esposa possuem estátuas jacentes, sendo os lados decorados com cenas hagiográficas e da vida de Cristo, obras de transição do gótico para a renascença que podem ser atribuídas, embora com reservas, à oficina coimbrã de Diogo Pires-o-Moço, até porque são também de calcário local, a pedra de Ançã.

A capela que abriga estas obras-primas da nossa estatuária foi construída no flanco da igreja monástica por iniciativa das abadessas D. Isabel de Castro e D. Catarina de Lima, e pode datar-se, sensivelmente, do ano de 1526. É ainda totalmente tardogótica, na tradição manuelina, com o arco de entrada debruado de *cairéis* à maneira batalhina e a

R.C.

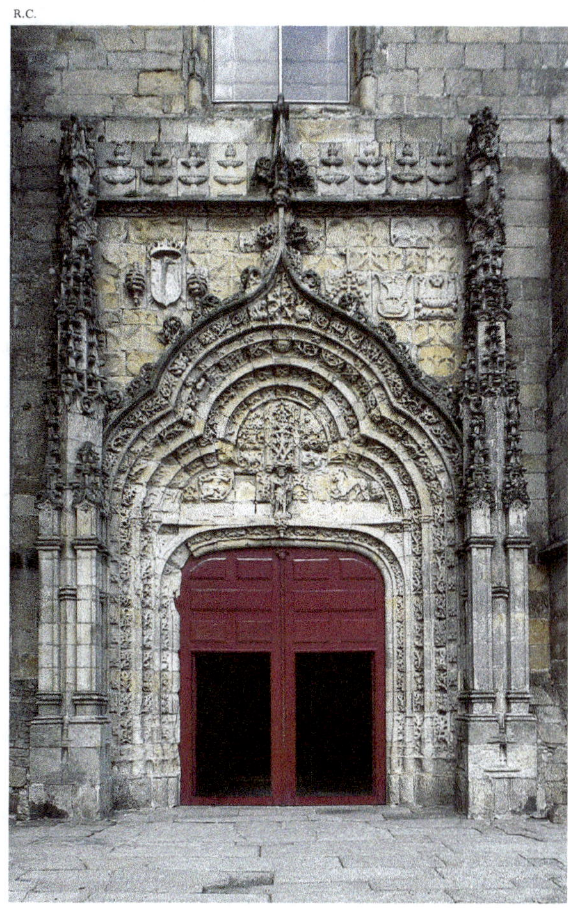

Igreja de São João Baptista, portal principal, Vila do Conde.

Convento de Santa Clara, Vila do Conde.

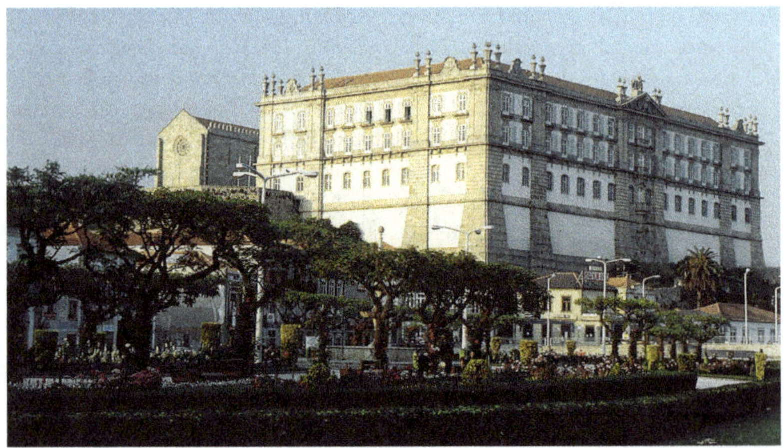

R.C.

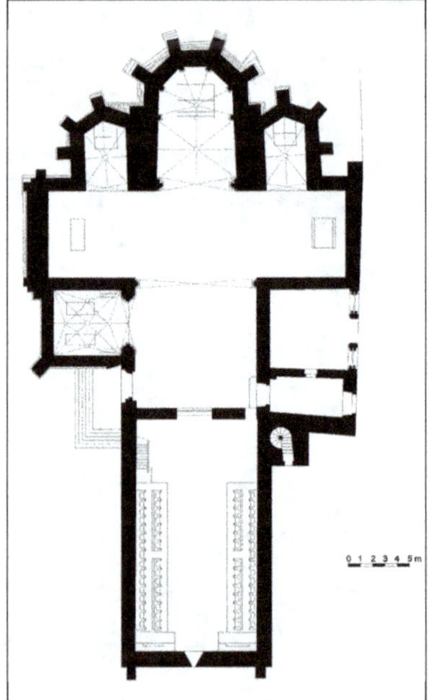

Igreja de Santa Clara, planta ao nível do coro baixo, D.G.E.M.N.

abóbada de nervuras em quadrifólio, com segmentos curvos e rectos, e a *chave* central com as armas familiares de D. Afonso Sanches.

Para Guimarães siga pela Estrada 309 até Vila Nova de Famalicão. Prossiga, depois, pela Estrada N 206 até Guimarães.

Os Biscainhos no Norte de Portugal

Pedro Dias, Dalila Rodrigues,
Nuno Vassallo e Silva, Fernando Grilo

Segundo dia

V.4 GUIMARÃES

V.4.a Paço dos Duques de Bragança
V.4.b Museu Alberto Sampaio

V.5 BRAGA

V.5.a Sé Catedral
V.5.b Museu de Arte Sacra da Sé Catedral
V.5.c Capela dos Coimbra

V.6 BARCELOS

V.6.a Paço dos Duques de Bragança
V.6.b Igreja de Santa Maria Maior, matriz de Barcelos (Colegiada)
V.6.c Solar dos Pinheiros

A lenda do Galo de Barcelos

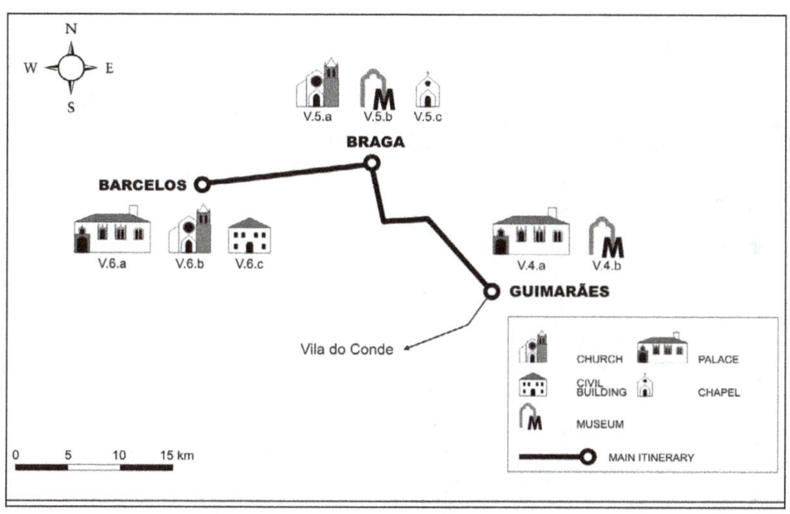

V.4 GUIMARÃES

Guimarães é uma das cidades-mito de Portugal. Assento dos primeiros condes, D. Henrique, da Borgonha e D. Teresa, a filha do imperador de Leão, terá sido aqui que nasceu o nosso primeiro rei, D. Afonso Henriques que, no Campo de São Mamede, em 1128, alcançaria a independência em relação a sua mãe e aos senhores galegos seus aliados, começando o seu domínio efectivo sobre o território-berço da nacionalidade.
Durante toda a Idade Média, teve um importante papel, como centro agrícola e manufactureiro, beneficiando da fertilidade dos campos envolventes e da proximidade de outros centros populacionais, desde logo de Braga, sede da arquidiocese. Das suas instituições destacou-se a igreja Colegiada de Nossa Senhora da Oliveira, muito querida da condessa Mumadona e que, depois, veio a ter priores como o doutor João das Regras e mecenas como o próprio rei D. João I. O desenvolvimento de Guimarães está também indissociavelmente ligado a outras ordens religiosas que aqui se instalaram, como foi o caso dos dominicanos e dos franciscanos.
Na época manuelina era notável pela malha urbana, pelo traçado das ruas e praças, pelos seus edifícios, a começar pelo Palácio Ducal, já que ficou na posse da Casa de Bragança.

Paço dos Duques de Bragança, Guimarães.

J.B.

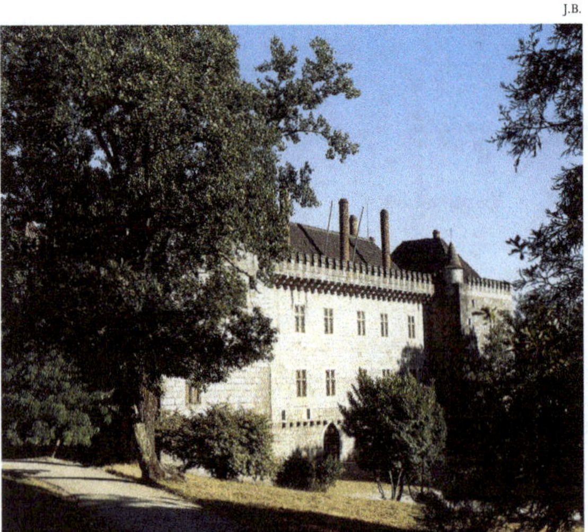

Dirija-se ao Paço dos Duques. Na sua proximidade tem um parque de estacionamento gratuito. Depois, pode efectuar o restante percurso a pé. Desça até ao Largo da Condessa de Mumadona e siga pela Av. Alberto Sampaio, onde encontrará o Museu.

V.4.a **Paço dos Duques de Bragança**

Rua Conde D. Henrique, telef. 253 412273.
Classificado como Monumento Nacional.
A entrada é paga. Horário: diariamente, das 9h30 às 12h e das 14h às 17h. Encerra nos feriados de 1 de Janeiro, Domingo de Páscoa, 1 de Maio e 25 de Dezembro.

A sua construção remonta ao ano de 1401, e deve-se a D. Afonso, então ainda só conde de Barcelos e que, mais tarde, ascenderia a duque de Bragança, dando origem à Casa Real que é ainda hoje a actual representante da Coroa de Portugal. O filho natural de D. João I desejou levantar um palácio à altura dos grandes senhores da Europa gótica, alterando várias vezes o projecto inicial, e mandando mesmo vir para Guimarães um construtor francês, conhecido na documentação coeva como Mestre Anton.

A envergadura da empreitada foi tal que o paço ficou incompleto, sendo o que hoje se vê, em grande parte, fruto de uma empreitada realizada apenas há sessenta anos. Com muros altos, coroamento de ameias e fortíssimas torres nos ângulos, dispõe-se em torno de um grande pátio de arcadas sobrepostas, onde avulta o enorme corpo da capela privativa. No interior conservam-se obras de arte de diversas épocas, compradas expressamente ou vindas de outros palácios e museus nacionais, como tapetes persas, porcelanas chinesas, mobiliário europeu e oriental, tapeçarias flamengas, e até cópias rigorosas das famosas tapeçarias de Pastrana, feitas em 1471, para comemorar as conquistas das praças marroquinas de Arzila e Tânger.

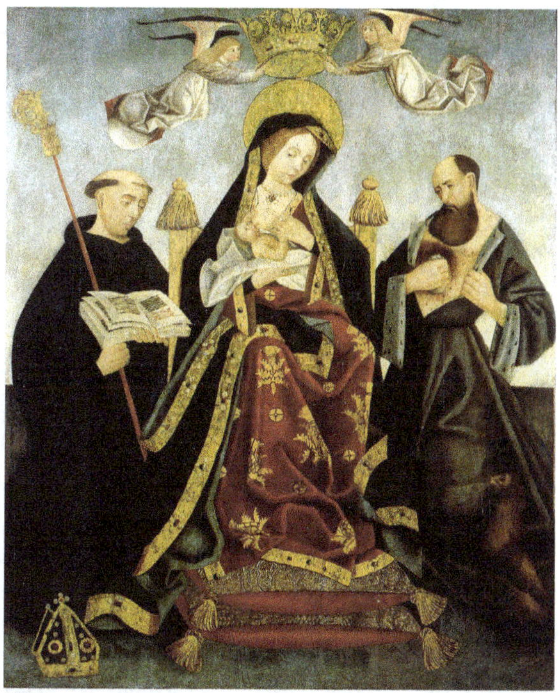

IPM/J.P.

"Nossa Senhora do Leite entre São Bento e São Jerónimo", proveniente da igreja de São Miguel do Castelo, óleo sobre madeira de castanho, c. 1500, Museu Alberto Sampaio.

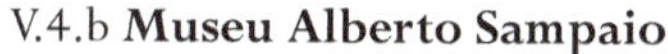

V.4.b **Museu Alberto Sampaio**

Rua Alfredo Guimarães, telef. 253 423910. A entrada é paga. Horário: das 10h às 12h30 e das 14h às 17h30, excepto à segunda-feira e nos feriados de 1 de Janeiro, Páscoa, 1 de Maio e 25 Dezembro.

O importante núcleo de pintura quinhentista constitui um valioso testemunho da actividade de pintores regionais, mas também do valor atribuído à imagem nos espaços de culto público e privado. Pontuam neste núcleo o designado *Tríptico de São Brás* e o pequeno painel da *Virgem com o Menino*, da Colegiada de Nossa Senhora da Oliveira; os dois painéis de altar que representam *A Virgem do Leite, entre São Bento e São Jerónimo*, e *São Miguel e Santa Margarida*, da igreja de São Miguel do Castelo; e o painel onde figuram *São Martinho, São Vicente e São Sebastião*, do Mosteiro de Santa Marinha da Costa.

Mas enquanto testemunho da diversidade das soluções técnicas utilizadas na época, a colecção conta ainda com alguns exemplares de pintura mural. Por necessidade de conservação, segundo os critérios do tempo foram, há meio século, destacados das estruturas parietais do Convento de São Francisco de Guimarães e das igrejas de Fonte Arcada e de São Salvador de Bravães.

À excepção do pequeno painel que representa a *Virgem com o Menino*, uma imagem destinada à devoção privada que pertenceu à capela privativa dos priores da Colegiada, todos os

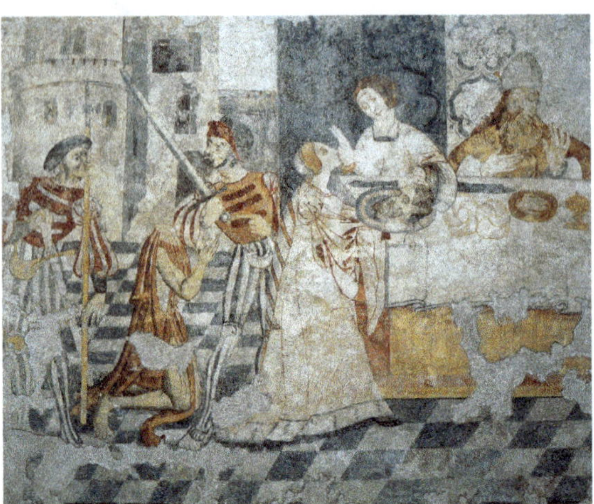

IPM/J.P.

"Degolação de São João Baptista", proveniente da igreja de São Miguel do Castelo, pintura a fresco, 1510-1530, Museu Alberto Sampaio, Guimarães.

restantes exemplares se destinaram originalmente a espaços do culto público. Na capela do claustro da Colegiada, sob a invocação de São Brás, colocava-se originalmente o designado *Tríptico de São Brás*, que figura no painel central a *Lamentação de Cristo*, com um extraordinário sentido dramático de encenação. O seu anónimo autor, embora numa escrita pictural mais centrada na forma estilizada e de valor ornamentativo do que em esquemas de figuração realista, e portanto arcaizante relativamente ao que se vinha fazendo noutras regiões do País, deu expressão a um espectáculo de dor associada à morte do Redentor. O seu cadáver oferece-se ao espectador num ostensivo convite à sua adesão emotiva e piedosa. Já a presença das figuras monumentalizadas de *São Brás* e de *São Jerónimo*, no mesmo tríptico, devem relacionar-se com a necessidade sentida pela Igreja de fornecer ao público exemplos de conduta moral edificante, através da figuração das capacidades curativas milagrosas do primeiro e da ostensiva penitência corporal do segundo. Quando fechado, é a imagem da Concepção do Redentor, através dos habituais protagonistas da *Anunciação*, que se oferece ao olhar do espectador.

Fruto de uma actividade que, com raras excepções, se exercia anonimamente, pouco se sabe acerca dos autores deste núcleo da pintura portuguesa regional. Ao anónimo autor do *Tríptico de São Brás*, pelas profundas afinidades na concepção da forma, sobretudo pelo recurso às usuais distorções expressivas, devem atribuir-se também as duas pinturas provenientes da igreja de São Miguel do Castelo e o fresco da *Degolação de São João Baptista*.

O carácter unitário deste núcleo aponta para a existência de uma oficina sediada em Guimarães, activa nos primeiros anos do século XVI, ocupada com a pintura de *retábulo*, usando a madeira como suporte e o óleo como

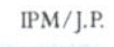

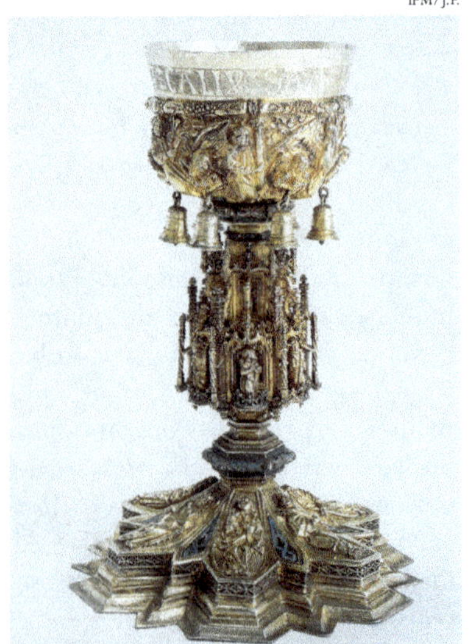

Cálice, de prata dourada, c. 1520, Museu Alberto Sampaio, Guimarães.

ligante, e com a decoração mural, maioritariamente executada a fresco. A ideia da existência de uma fronteira de especialização dos pintores de acordo com as duas modalidades técnicas vai-se dissipando através de exemplos como este.

É muito provável que o autor da pequena tábua da *Virgem com o Menino* seja o discípulo viseense de Vasco Fernandes, de acordo com o nome [ANTO. VAZ] que pode ler-se na pequena *filactera* que um dos pássaros segura com o bico. Já o autor do painel *São Martinho*, *São Vicente* e *São Sebastião* recorre a estratégias figurativas semelhantes, mas apenas com a finalidade de facilitar o processo de identificação dos três santos. Pelas afinidades com a produção pictórica do monge flamengo Frei Carlos, não há dúvida tratar-se de uma das muitas pinturas saídas da oficina do convento hieronimita do Espinheiro, em Évora.

O Museu Alberto Sampaio possui algumas obras maiores da ourivesaria do período manuelino conhecidas em Portugal, provenientes na sua quase totalidade do riquíssimo tesouro da Colegiada de Nossa Senhora da Oliveira. Como sucedeu aos mais importantes santuários portugueses, a Colegiada de Guimarães foi beneficiada por ofertas de D. Manuel. Sabemos que o *Venturoso* ofereceu ricos castiçais, uma caldeirinha, um *turíbulo* e uma *naveta*, peças que não chegaram aos nossos dias pois, certamente danificadas, foram fundidas no século XVII para realização de novas alfaias.

Da primeira década de Quinhentos, revela-se o cálice oferecido pelo chantre Fernão Álvares, conhecido nos inventários da Colegiada desde 1527. A custódia de prata dourada, acabada em 1534, destinada à capela do Santíssimo Sacramento e mandada levantar pelo cónego Gonçalo Anes, exemplifica bem o gosto dos encomendadores e dos ourives do tempo. Apresenta uma notável elaboração do ponto de vista técnico, com uma profusa desmaterialização da prata através dos rendilhados típicos do período manuelino e, simultaneamente, de um não menos rico repertório ornamental e iconográfico que a transformam numa obra única.

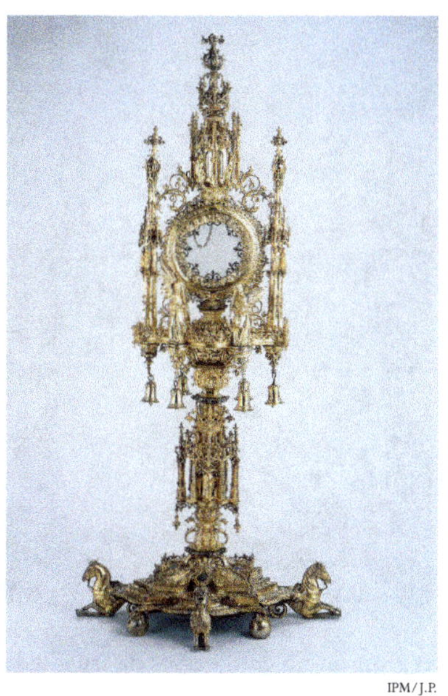
Custódia, de prata dourada e esmalte, c. 1530, Museu Alberto Sampaio, Guimarães.

IPM/J.P.

A produção manuelina tem ainda em Guimarães uma das suas obras finais, totalmente fora de época. Referimo-nos à cruz processional realizada no Porto, já em 1547, no cumprimento do testamento do cónego Gonçalo Anes. A sua concepção geral é ainda fiel às soluções do tardogótico, com profusão de elementos arquitectónicos, sendo a superfície decorada com motivos renascentistas e os baixos-

Cetnro histórico de Braga.

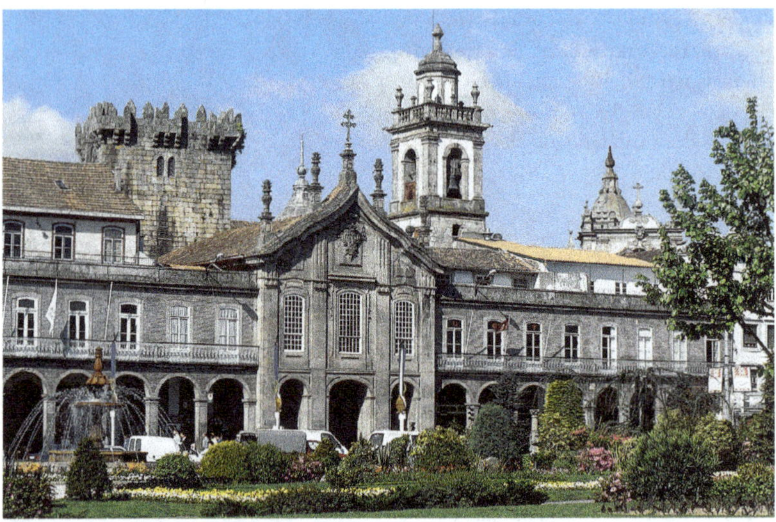

R.C.

relevos do nó com passos da Paixão de Cristo, seguindo gravuras de Albrecht Dürer.

Para seguir em direcção a Braga, deverá apanhar em Guimarães a Estrada N 101 no sentido Caldas das Taipas / Esporões até Braga (20 km).

V.5 **BRAGA**

A antiguidade de Braga e da sua Sé Catedral são proverbiais na tradição portuguesa. Importantíssima cidade do período hispano-romano, ganhou mesmo o título de *Augusta*, no tempo de César, tornando-se, em 216, com o imperador Caracala, sede da nova província da Galécia.

Foi também um dos principais centros difusores do cristianismo, tendo já um bispo residente, chamado D. Paterno, em 400. Em 448, com Requário, rei dos Suevos, o *Conventus* bracarense tornou-se o primeiro reino cristão ortodoxo da Europa.

Tomada pelos Árabes, foi alvo de constantes investidas asturienses, ainda antes de 765, mas o repovoamento efectivo da cidade e do seu aro só arrancou definitivamente com o bispo D. Pedro, que governou a diocese entre 1070 e 1091. Data de então a construção da primeira catedral românica, que substituiu a anterior da época suevo-visigótica.

Durante toda a Idade Média, a cidade balançou entre o senhorio régio e o dos seus arcebispos, estes com o título de Primazes da Espanha, que disputavam com os de Toledo.

Se o século XV foi de franco desenvolvimento, incrementado pelo arcebispo D. Fernando da Guerra (1416-1467), com novas construções dentro e fora das muralhas e constantes benfeitorias na Sé Catedral, no Paço Episcopal, fontes e portas, a época manuelina foi ainda de maior brilho, sobretudo quando o magnífico D. Diogo de Sousa (1505-1532), regressado de Roma, se sentou no trono arquiepiscopal.

Foi ele, imbuído pelo espírito renascentista do fausto e do luxo, quem projectou e fez abrir novas ruas e praças, dotou a urbe de fontes e outros equipamentos, nomeadamente hospitalares, como o Hospital de São Marcos. Fez as alfândegas – que eram albergues para os almocreves –, uma nova gafaria, uns Paços do Concelho de maiores dimensões, e inúmeras igrejas e mosteiros que eram de seu padroado, dentro e fora de portas, nomeadamente São Jerónimo de Montélios e Vilar de Frades. Não esqueceu também os estudos públicos e uma tipografia.

Mas as riquezas da Sé Catedral e da Misericórdia, que também protegeu com grande devoção, tornaram estas instituições das mais ricas no campo artístico, em toda a Península.

Pode efectuar a sua visita aos monumentos de Braga a pé. Sugere-se o estacionamento no parque junto ao Arco da Porta Nova. Siga pela Rua D. Diogo de Sousa até à Sé. Para a Casa dos Coimbra contorne a Sé e siga pela Rua de S. João.

V.5.a **Sé Catedral**

Rua D. Paio Mendes, telef. 253 263317.
Classificada como Monumento Nacional.
Horário: diariamente das 8h30 às 19h.

As origens da Sé Arquiepiscopal de Braga remontam ao período de desagregação do Império Romano e da dominação sueva. No entanto, ao longo dos séculos seguintes foi sendo aumentada, não só a igreja propriamente dita, como todas as zonas envolventes, desde os espaços claustrais até ao paço prelatício. Quando D. Diogo de Sousa tomou conta da diocese, em 1505, encontrou uma igreja tardoromânica decrépita e um conjunto de outros edifícios que oscilavam entre o bom e o modesto. Em 1509, estava aqui o mestre biscainho João de Castilho, iniciando uma fulgurante carreira que o levaria ao cume da hierarquia dos construtores de Portugal, quer do espaço europeu quer de além-mar.

João de Castilho estivera antes a trabalhar na Catedral de Sevilha, mas não sabemos como chegou a Braga. O seu percurso posterior, no entanto, é bem conhecido: concomitantemente em Vila do Conde, em 1511, e já estabelecido em Tomar, em 1515, para, no ano

Sé Catedral, abóbada da capela-mor, Braga.

R.C.

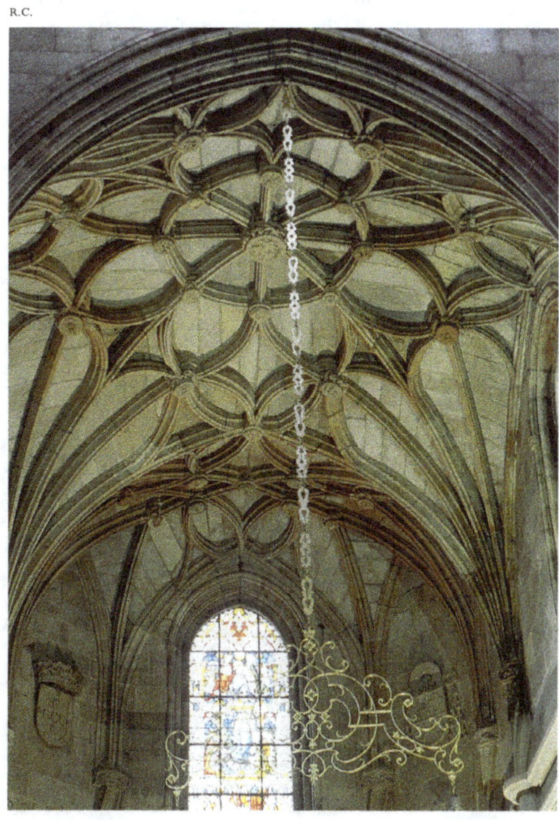

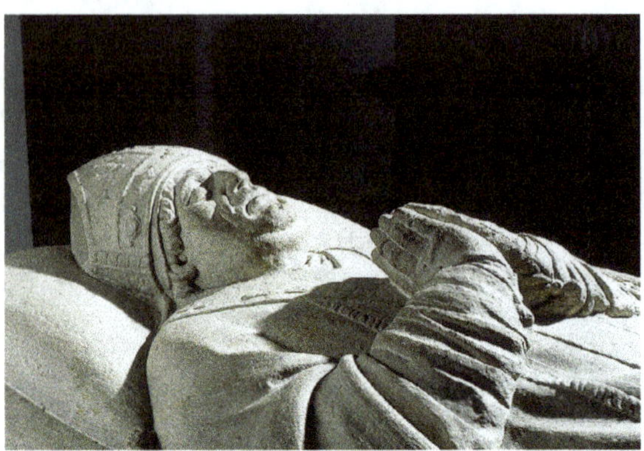

R.C.

Escultura jacente de D. Diogo de Sousa, capela tumular da Sé Catedral, Braga.

seguinte, se estabelecer à frente da companha do Mosteiro dos Jerónimos, de Lisboa.

D. Diogo de Sousa encomendou-lhe a modernização do templo, até porque não dispunha, nessa fase, de suficientes capitais para uma nova construção. Castilho projectou e levantou a *galilé*, com três arcos frontais debruados de *cairéis*, e abóbadas de nervuras cruzadas de traçado recto. No entanto, fez uma capela-mor integralmente nova, alta, forte, com um coroamento exterior constituído por uma *guirlanda* flamejante, vendo-se ainda no extradorso da parede fundeira uma escultura coimbrã de Nossa Senhora, acompanhando a data de 1509 e as armas do arcebispo mecenas.

O interior da capela-mor é de grande nível plástico, salientando-se o desenho das nervuras, com combados, isto é, nervos curvos a conformarem grandes pétalas. Foi a primeira abóbada deste género que se fez em Portugal.

D. Diogo de Sousa encomendou ainda um grande *retábulo* de calcário branco, a chamada pedra de Ançã, obra que foi executada pelo escultor flamengo Machim e de que restam algumas imagens de grande vigor plástico, rigor anatómico, e a decoração dos nichos, que é de estilo flamejante.

R.C.

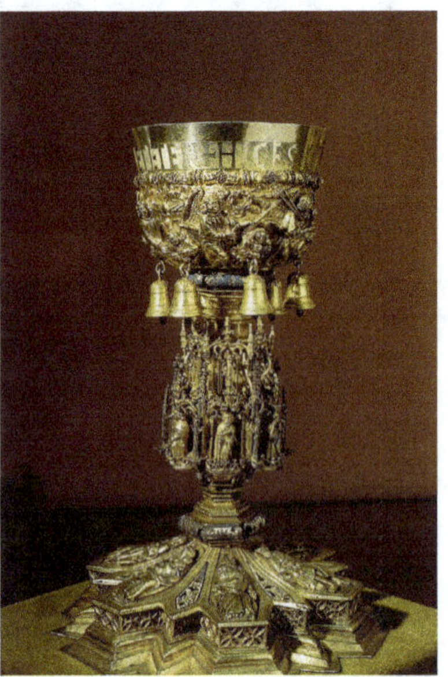

Cálice manuelino, prata dourada, c. 1520, Museu de Arte Sacra da Sé Catedral, Braga.

V.5.b **Museu de Arte Sacra da Sé Catedral**

Sé de Braga, Rua D. Paio Mendes, telef. 253 263317.

A entrada é paga. Horário: das 8h30 às 17h30, no Inverno e das 8h30 às 18h30, no Verão.

Com um dos mais antigos tesouros religiosos de Portugal, a Sé de Braga viu-se sucessivamente enriquecida por devotas doações, sendo possivelmente o arcebispo D. Diogo de Sousa a figura que mais a terá nobilitado. Da acção deste grande benfeitor da diocese bracarense, possui o Tesouro um monumental cálice, oferecido em 1509, para missa solene, realizado em prata dourada e exibindo o seu brasão de armas.

Não menos notável, e até mais divulgada, a *pedra de ara*, de alabastro e prata branca, com um excepcional *Calvário* gravado onde, sob o crucifixo, surgem as armas do doador e que entrou no Tesouro em 1527.

V.5.c **Capela dos Coimbra**

Largo de S. João do Souto.
Classificada como Monumento Nacional.
Por ser propriedade privada, a visita deve ser efectuada apenas no exterior. Contudo, a capela abre ao público durante a Semana Santa e fora deste período poderá contactar o Sr. Manuel da Silva Macedo, telef. 253 263704.

A capela de Nossa Senhora da Conceição foi fundada pelo doutor João Coimbra, que era provisor da Mitra da cidade de Braga, em período confinado entre 1525 e 1528. A estrutura da torre com o seu alpendre é ainda de tradição medieval e, por razões estilísticas, nomeadamente o abobadamento interior, pode atribuir-se a Diogo de Castilho como uma das suas últimas obras nortenhas. A casa que se estende ao longo da rua possui belíssimas janelas molduradas com elementos tardogóticos, de uma grande complexidade de traçado e uma decoração naturalista exuberante.

Aqui podem ser admiradas obras de dois dos mais importantes escultores franceses que residiram em Portugal no século XVI, posto que todas já plenamente renascentistas. No exterior, sobre a *cornija* e na torre, podemos encontrar um conjunto de esculturas de Odart; no interior, o retábulo-mor, peça fundamental de João de Ruão.

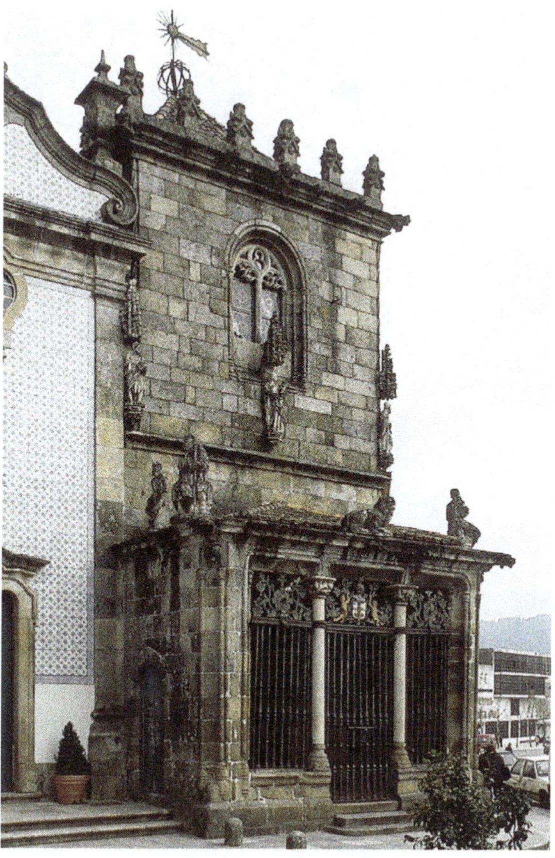

R.C.

Capela dos Coimbra, Braga.

Para seguir em direcção a Barcelos deverá seguir pela Estrada N 103 directamente até Barcelos (15 km)

V.6 BARCELOS

Barcelos tem o seu retrato bastante bem feito no século XIII, como uma vila murada, num local de passagem estratégico da estrada que ligava o Douro Litoral à Galiza, dominando as várzeas do rio Cávado. Sendo de senhorio régio, inicialmente, D. Dinis tornou-a condal, em 1298, quando

Capela dos Coimbra, pormenor exterior, esculturas de Odart, c. 1530, Braga.

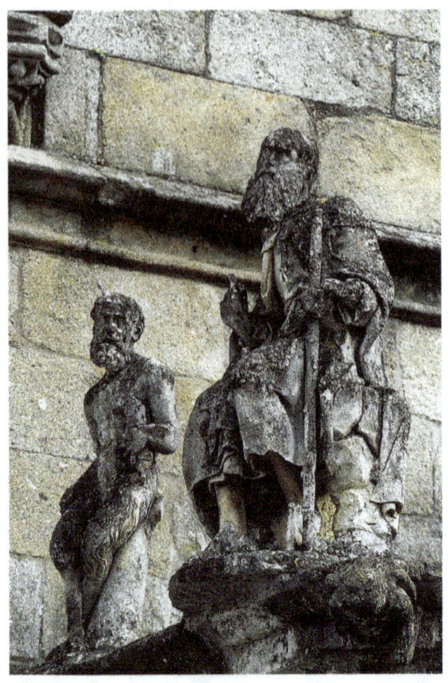

R.C.

fez dela mercê a João Afonso, mordomo-mor do Reino. No entanto, o Condado entrou na órbita da família real em 1314, quando passou para D. Pedro, filho natural de D. Dinis, poeta e autor do *Nobiliário*. Este título passou depois à Casa de Bragança, por via de D. Afonso, filho de D. João I, em cuja linhagem ainda hoje se mantém.

No final da Idade Média, o desenvolvimento da vila era assinalável, sobretudo por acção dos duques de Bragança ou dos seus representantes, agregando famílias judaicas e cristãs que construíram ou refizeram muitas casas no interior das muralhas, enquanto no aro prosperavam as explorações agrícolas. Foi o tempo em que burgueses e povo miúdo se instalaram também nos novos bairros periféricos, da Porta do Vale, da Cruz e do Salvador.

Entre em Barcelos pelo lado de Barcelinhos. Atravesse a Ponte Velha sobre o Cávado, que lhe proporcionará uma excelente panorâmica sobre o núcleo antigo de Barcelos. Depois de passar a ponte, vire à esquerda e encontra-se no Largo do Município. Pode estacionar junto à matriz ou ao Paço dos Duques. Os monumentos deste percurso podem ser visitados a pé, dada a sua proximidade.

V.6.a **Paço dos Duques de Bragança**

Rua Dr. Miguel Fonseca, telef. 253 824741.
Classificado como Monumento Nacional.
É actualmente o Museu Lapidar de Barcelos ou Museu Arqueológico.
Horário: diariamente, das 9h às 17h30, excepto nos feriados de 1 de Janeiro, Sexta-Feira Santa, Domingo de Páscoa, 1 de Maio e 25 de Dezembro.

O antigo paço condal, e depois ducal, ergue-se sobre a margem direita do Cávado, e como prova a *iconografia* quinhentista, englobava a defesa da velha ponte. Ainda por 1510, fazia parte integrante do circuito amuralhado, sendo o seu último refúgio. Parece que o essencial das obras se ficou a dever a D. Fernando, nono conde de Barcelos e marquês de Vila Viçosa, e também ao seu filho herdeiro, homónimo, mais tarde um dos que atentaram contra D. João II, e que por isso foi morto, em 1483.

As obras de melhoramento nunca pararam e, por uma carta do duque de Bragança, D. Jaime, para o arcebispo de Braga, escrita em 1530, vê-se que o titular queria continuar a ampliar a sua residência.

Hoje, resta a plataforma artificial e o núcleo central do paço, com janelas já

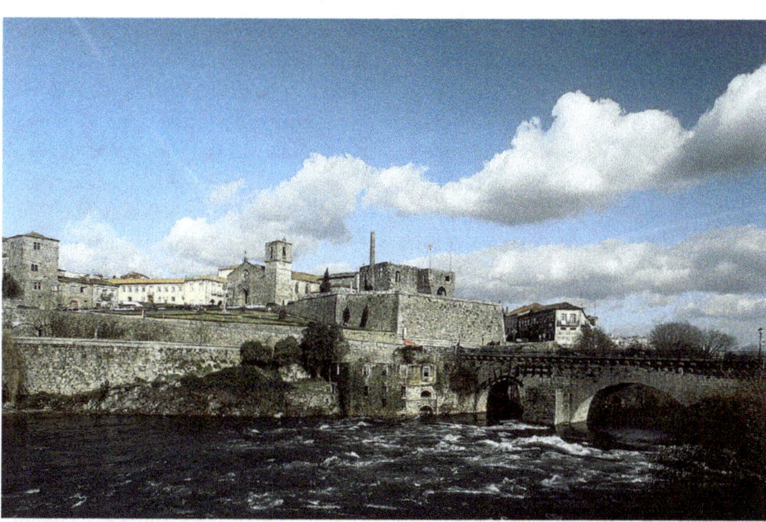

Barcelos, panorâmica sobre o núcleo histórico.

R.C.

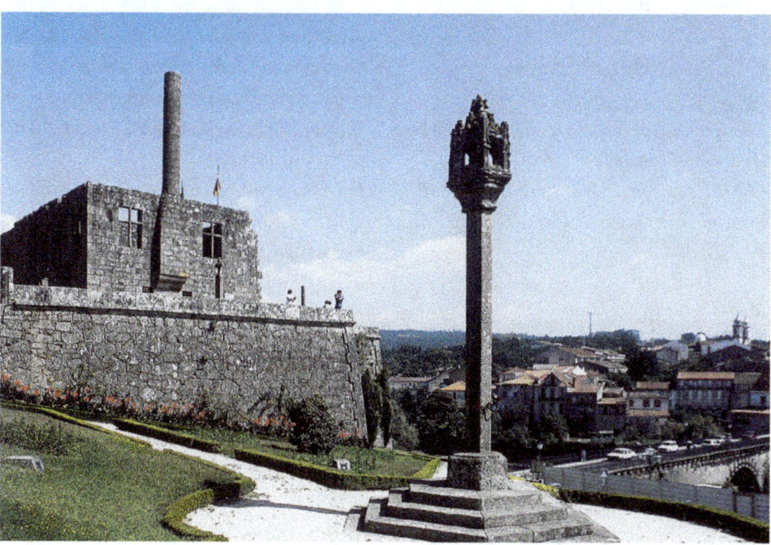

Paço dos Duques de Bragança e pelourinho, Barcelos.

R.C.

de cruzeta, a provar que por 1530 ou 1540 as benfeitorias continuavam.

Na envolvência do paço foram colocadas diversas peças arqueológicas e aí se levanta também o pelourinho manuelino, com a sua pinha em forma de gaiola.

V.6.b Igreja de Santa Maria Maior, matriz de Barcelos (Colegiada)

Largo do Município, telef. 253 811451. Classificada como Monumento Nacional. Horário: de segunda a sexta-feira das 10h às 12h e das 15h às 20h, ao sábado das 9h30 às 12h30 e das 14h30 às 18h e ao domingo das 9h às 12h30 e das 15h às 18h.

A igreja de Santa Maria de Barcelos, que foi em tempos colegiada, remonta ao século XIV, mas o que hoje se pode ver é um edifício que tem elementos de várias épocas. A parte mais antiga é a frontaria e a estrutura correspondente aos primeiros três tramos, plenamente góticas, mas a zona da capela-mor e do tramo mais próximo é já manuelina, posto que feita sobre estruturas trecentistas.

No fecho central da capela-mor pode ver-se a data de 1504 e o nome de Gil da Costa que, ao que tudo indica, deve ter sido um dos homens que custearam a renovação da igreja.

V.6.c **Solar dos Pinheiros**

Rua Dr. Miguel Fonseca, esquina com a Rua Duques de Bragança.
Classificado como Monumento Nacional.
Informações: Posto de Turismo, telef. 253 812135.

Esta morada nobre fica junto do paço condal e da igreja colegiada, impondo-se no antigo Largo do Terreiro. A sua imponência e situação justificam-se por terem sido construídos pelos ouvidores do duque de Bragança e alcaides da vila, sendo seguramente a sua génese as casas que Pedro Esteves fez, em 1448. Mais tarde, Álvaro Pinheiro ampliou a morada do pai e conformou-a, sensivelmente, ao que é hoje em dia.

A frontaria principal, de dois andares, está voltada a poente e é delimitada por duas imponentes torres quadrangulares que se elevam ainda mais dois pisos. Apesar das reformas que naturalmente sofreu, a estrutura é ainda a manuelina, com boa cantaria aparelhada do melhor granito da região, vãos de portas e janelas de desenho regular, mas nem sempre simétricos. Dois corpos mais baixos continuam por trás das torres, formando um pátio utilitário.

Na torre sul, próximo do escudo de armas de Álvares Pinheiro, está uma escultura de uma orante, e na *cornija*

R.C.

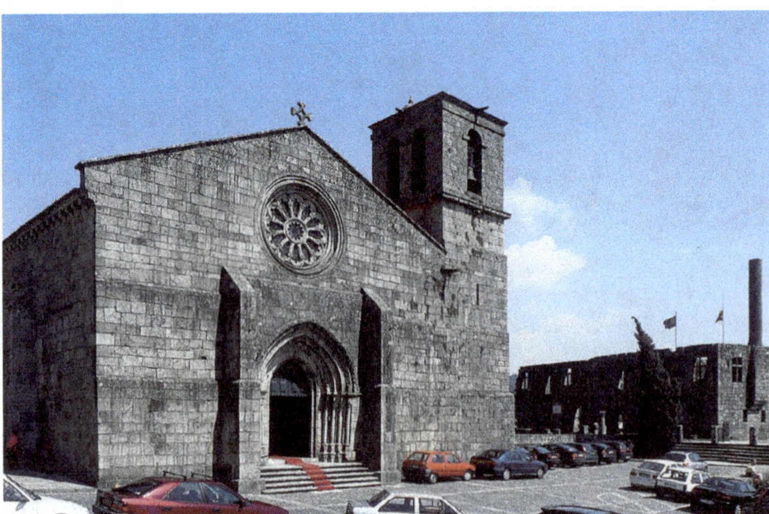

Igreja de Santa Maria Maior, matriz de Barcelos.

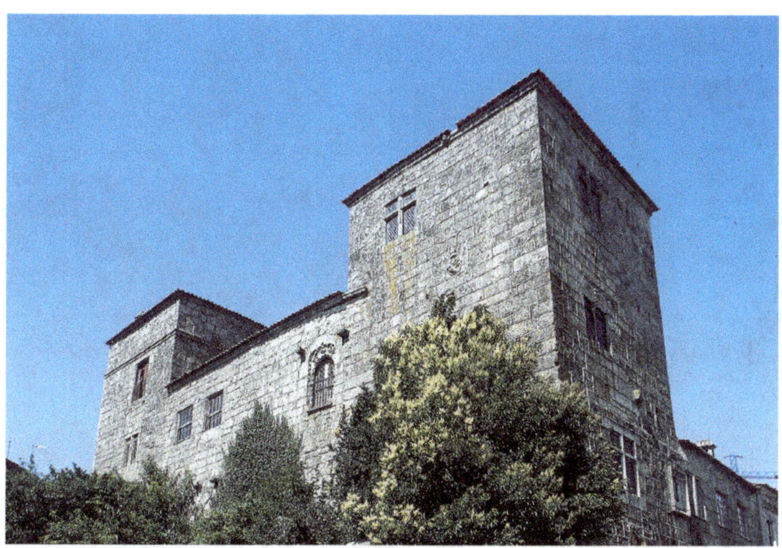

Solar dos Pinheiros, Barcelos.

R.C.

foram incluídos dois bustos de homem, um deles com barbas longas, vulgarmente conhecido como "barbadão".

É este um dos melhores exemplares portugueses da arquitectura doméstica da época manuelina.

A LENDA DO GALO DE BARCELOS

Pedro Dias

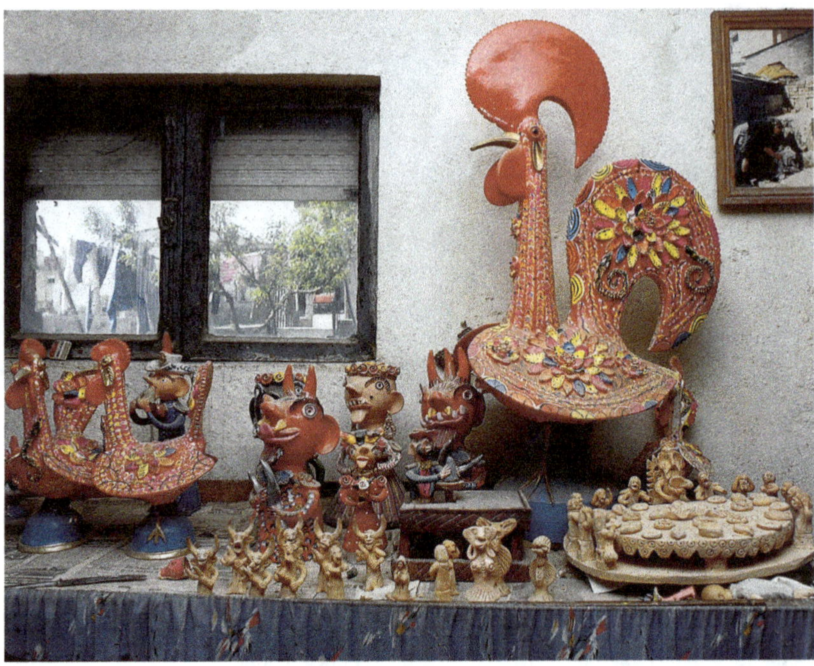

Galo de Barcelos.

R.C.

O galo de Barcelos é o ícone popular mais conhecido de Portugal. Com o seu ar ingénuo e as cores garridas é também um emblema da moderna diáspora portuguesa. A aura da lenda, porém, vem de longe. O texto que se segue é o primeiro que recolheu a tradição oral.

"Por aqueles sítios, à beira da estrada velha, talvez no mesmo sítio do Senhor do Galo, havia uma estalagem muito concorrida pelos viandantes que se desfaziam em elogios sobre a formosura, sem igual, da sua dona, moça gentil cuja fama de beleza se estendia por muitas léguas, mas em desabono de quem nada havia de dizer. Fez o diabo (e quem senão ele!) que em certo dia acertou de entrar na estalagem um peregrino, por sinal galego, que, acompanhado de um galhardo mancebo, seu filho, ia cheio de fé cumprir um voto a S. Tiago. Ver a estalajadeira ao mancebo e ficar enfeitiçada com ele foi um momento, posto que o filho do galego não fosse acometido da mesma paixão que levou aquela até aos pontos que o leitor vai ver. Quando ela se convenceu de que os viandantes não contavam demorar-se mais que o tempo necessário para tomar algum repouso, empregou todos os recursos que lhe sugeriu a sua imaginação de mulher para persuadir o peregrino da conveniência de demorar-se alguns dias. Quando conheceu que era impossível vencer a teimosia do galego em continuar o seu caminho, empregou todos os esforços para conseguir do filho que ali ficasse até ao regresso do pai, e quando a obstinação desta foi seguida pela indiferença do moço, a estalajadeira formou um plano, genuinamente diabólico, que pôs em acção, logo de seguida.

Pagaram os peregrinos as despesas, despediram-se da vendeira, que longe de manifestar pesar, aparentou um rosto risonho e sorriso de mau agouro e sem se demorar mais, continuaram aqueles santos varões sua piedosa jornada. Não haviam progredido muito nesta quando, num cotovelo do caminho, apareceu um bando de aguazis e dirigindo-se ao mancebo lhe disseram:

– Em nome D'el-rei, estás preso.

Atónitos, pai e filho, conseguiram perguntar, balbuciantes, o que significava aquilo e, por isso, calcula-se como ficariam ao ouvir qualificar o moço de ladrão e o que mais é, quando dentro da sacola lhe tiraram uns talheres de prata, corpo do delito que a estalajadeira denunciara à justiça.

O peregrino prosseguiu imperturbável a sua visita a Santiago, depois de abraçar o filho que, conduzido a cadeia, não tardou a ser condenado à pena da forca, segundo legislação então em vigor.

Nesse dia e na mesma hora em que devia ser executada a sentença valeu-se o galego pai da sua peregrinação e, cheio de pesar com a notícia do que se passava, foi procurar o juiz, em ocasião que estava comendo, a fim de o convencer da inocência do filho. Desejando o magistrado que ele não o importunasse, pedindo-lhe pelo filho, declarou-lhe que para o acreditar inocente seria preciso que cantasse o galo assado que tinha na mesa e ia trinchar. Dizer isto, pôs-se de pé o galo, sacudir a salsa e começar a cantar foi um abrir e fechar de olhos.

Levantou-se o juiz aterrado, olhou o relógio, era precisamente a hora da execução. Correu seguido pelo pai ao sítio do suplício e a grande distância um e outro viram que chegaram tarde! O réu via-se dependurado na viga fatal…

Pouco porém importava tudo isto. S. Tiago pegava no filho à vista do pai, amparando com a cabeça e mãos os pés do enforcado."

Domingos J. Pereira, *Nova História da Vila de Barcelos*, Vianna, 1867.

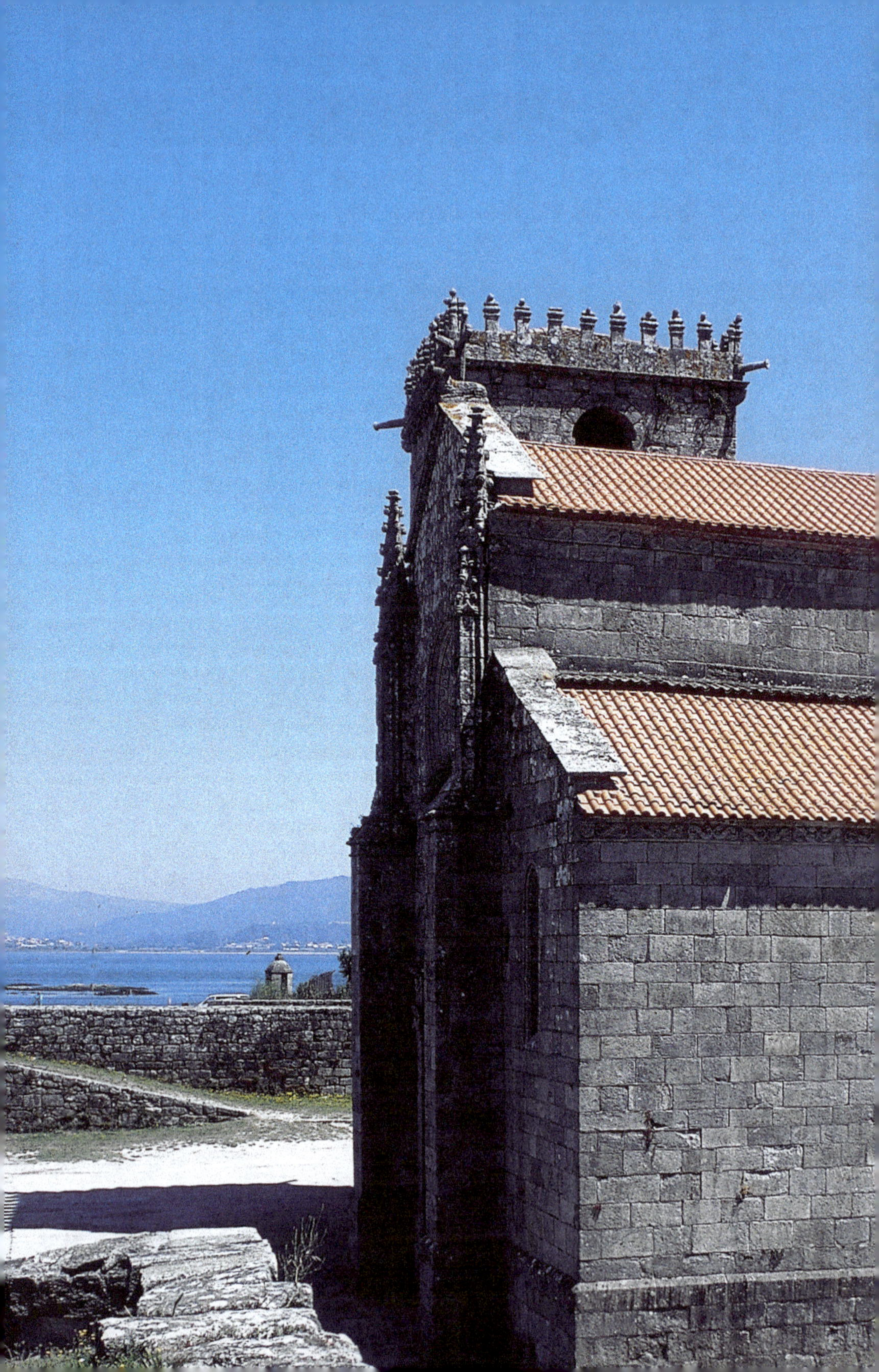

Olhar a Galiza

Pedro Dias, Dalila Rodrigues,
Nuno Vassallo e Silva, Fernando Grilo

VI.1 VIANA DO CASTELO
- VI.1.a Núcleo histórico
- VI.1.b Sé Catedral
- VI.1.c Castelo da Roqueta

VI.2 CAMINHA
- VI.2.a Núcleo histórico
- VI.2.b Igreja de Nossa Senhora da Assunção, matriz de Caminha

VI.3 LANHELAS
- VI.3.a Casa da Torre

VI.4 VILA NOVA DE CERVEIRA
- VI.4.a Castelo de Vila Nova de Cerveira

Torres senhoriais do Alto Minho

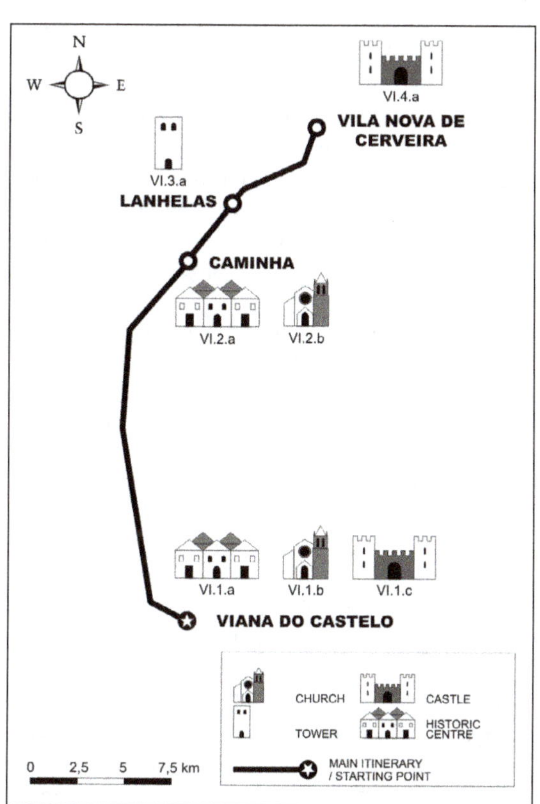

Igreja matriz de Caminha, tendo ao fundo a Galiza.

Mais do que separar duas terras e duas gentes do Minho e da Galiza, o rio Minho une-as, desde há muitos muitos séculos. Mesmo quando a corrente era forte, em tempo de invernias, os povos de uma e de outra margem viam-se e falavam-se, aliás, numa língua comum primeiro, e em duas que, nos nossos dias, têm afinidades próprias de irmãos gémeos.

Passar a vau era impossível, mas o pequeno barco estava sempre pronto para levar e trazer pessoas que iam comerciar, legal ou ilegalmente, ver familiares ou mesmo assistir e participar em serviços religiosos, numa ou na outra margem.

Depois de implantado o Reino de Portugal, na alvorada do século XII, ainda houve paróquias da margem esquerda que ficaram dependentes da diocese de Tui, e os pedreiros que levantaram a sua catedral, já por volta de 1200, tinham feito anteriormente as igrejas românicas minhotas de Sanfins, Ganfei, Longos Vales, entre outras.

Santiago de Compostela era um pólo de atracção importantíssimo, o principal santuário da Europa ocidental extrema, e o "caminho português" não conhecia a fronteira ou o eventual estado de guerra entre as Coroas de Castela e Portugal. Rezava-se lá, cumpriam-se promessas, e era aí também onde se mandavam lançar pregões para as empreitadas das obras públicas e privadas do Minho e do Entre Douro-e-Minho.

Assim sendo, nada mais natural do que encontrar nestas terras vizinhas obras de arte gémeas, feitas no período que aqui abordamos, o final do século XV e o início do século XVI, ou seja, do ponto de vista meramente estético, no gótico final e na proto-renascença, emblemas da transição da Idade Média para a Época Moderna.

O portal principal da igreja matriz de Viana deriva directamente dos portais galegos de tradição protogótica. Na igreja de Caminha trabalharam Tomé de Tolosa, Francisco Fial, Fernão Muñoz e Pêro Galego, este também mestre da igreja vianense do Convento de Santana. As semelhanças estendem-se à escultura, muita importada dos estaleiros de Coimbra, à pintura, cujo principal artista foi o papa-léguas André de Padilha; e, naturalmente, à ourivesaria e às artes dos tecidos de luxo.

É uma região onde as grandes famílias dos "Senhores de Pendão e Caldeira" do início da nacionalidade mantiveram as suas velhas torres, nesta época aumentadas e modernizadas, para as adaptar a alojamentos mais confortáveis, mais conformes às novas necessidades e gostos. Ainda se podem admirar, orgulhosas, entre vinhedos ou sobre penhascos, as torres de Lapela, Lanheses e Giela.

Olhar a Galiza, ver, gostar, ir lá comprar ou mandar fazer, fazer igual ou vender, fazer lá, tal a intrincada equação de uma região, de um tempo e de um rio.

VI.1 VIANA DO CASTELO

Viana do Castelo, ou Viana do Lima, como gostam de lhe chamar muitos dos seus habitantes, teve origem num pequeno povoado designado nos documentos como Átrio. Já existia no século XII, e foi o rei D. Afonso III quem o rebaptizou como Viana, em 1258, ao dar-lhe a carta de foral que possibilitou o seu desenvolvimento. Conformava-se e instituía-se por via legal e real a póvoa marítima que haveria de crescer nos séculos imediatos e conhecer enorme fulgor na época manuelina. A vila ficou então de senhorio régio e, na primeira fase de fixação de novos moradores, teve relevância a acção de João Gonçalves, delegado do monarca e justamente intitulado, depois, "o Povoador" de Viana.

O excelente ancoradouro da bouca do rio Lima possibilitava a entrada e fundeamento dos barcos que faziam o comércio intereuropeu, primeiro e, depois, de longo curso, levando e trazendo gentes e bens da África, do Brasil e do Oriente, ao mesmo tempo que a vertente europeia continuava também a ganhar peso, sendo este um porto essencial no comércio dos panos e produtos manufacturados em metal vindos da Flandres, da Inglaterra e da Alemanha. Esta riqueza, no entanto, também atraía os corsários, sobretudo biscainhos e franceses, o que levou D. Manuel I a tomar algumas providências, quando da sua passagem pela vila, em peregrinação a Santiago de Compostela, como mandar construir uma fortaleza na barra.

As marcas deste tempo áureo e de imposição de uma burguesia mercantil e manufactureira estão bem patentes no núcleo histórico da cidade, obras patrocinadas por devoção e piedade, mas também por um claro e justificado desejo de afirmação pessoal e gremial.

Em Viana do Castelo sugere-se uma visita, a pé, do núcleo histórico onde se situa a igreja de Santa Maria. O Castelo da Roqueta situa-se a 1 km, na direcção da foz do rio Lima.

VI.1.a **Núcleo Histórico**

Pode iniciar o seu percurso, a pé, a partir da Rua de São Pedro (perto da Sé), onde se localiza a Casa dos Costa Barros. Siga pela

R.C.

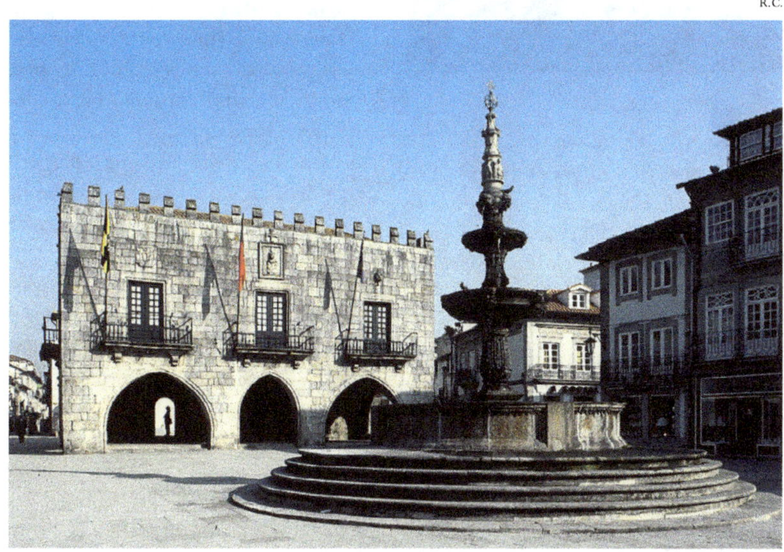

Antiga Casa da Câmara, Viana do Castelo.

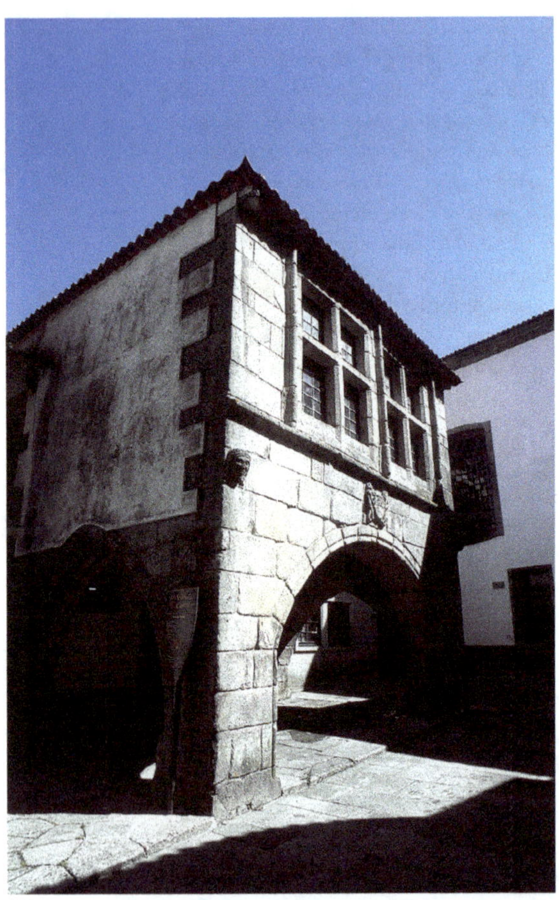

R.C.

Casa de João Velho, núcleo histórico de Viana do Castelo.

Rua Grande até encontrar a Viela da Parenta, onde fica a Casa de Pero Galego. Siga a Rua do Hospital Velho até à Rua do Tourinho para visitar a Casa de Pedro Tourinho. Daqui prossiga pela Rua Sacadura Cabral, onde poderá ver a Casa dos Medalhões ou dos Luna e, logo a seguir à Sé encontrará a Casa de João Velho. Continue até à Praça da República, onde está a antiga Casa da Câmara, e daqui siga pela Rua Cândido dos Reis, onde se localiza a Casa da Carreira (edifício da Câmara Municipal). Informações: Posto de Turismo, telef. 258 822620.

A estrutura da Viana manuelina é ainda hoje facilmente determinável através da análise do traçado viário do centro histórico. Na verdade, é possível perceber uma forma oblonga, que corresponde ao traçado das muralhas trecentistas, onde se alinham quarteirões rectangulares definidos por uma trama perpendicular, com maior amplitude no sentido nordeste-sudeste, isto é, paralelamente ao rio. Neste lado abria-se a Porta de São Crispim, através da qual se acedia à Rua da Praça Velha, que, em linha recta, atravessava toda a vila, passando em frente à matriz nova, pela Praça Velha propriamente dita, e indo até à Porta do Forno ou de São Tiago, que comunicava para o Campo do Forno. Perpendicularmente, ainda se podem percorrer a Rua de São Pedro e a Rua Grande que faziam a comunicação entre a Porta da Ribeira ou de São João e a Porta das Atafonas.

A muralha, construída essencialmente entre 1263 e 1374 desapareceu, mas ficou bem marcado o seu traçado. Conhecem-se até alguns mestres-de-obras que lá trabalharam nos últimos tempos, como foi o caso de António Fernandes e de João Domingues.

Aqui ficam algumas das casas tardogóticas, a casa dos Costa Barros, na Rua de São Pedro, com as janelas do andar nobre num manuelino pujante e de sentido profundamente barroco; e outras, como a que está logo em frente da igreja matriz, a casa dos Medalhões ou dos Luna, já de transição para a renascença; e sobretudo a casa de João Velho. Esta fica quase colada à Matriz, com um grande arco abatido no piso térreo e janelas de cruzeta no andar nobre, num tipo comum no tardogótico. Foi aqui que ficou instalado D. Manuel I, quando, em 1506, dormiu em Viana.

Dentro do aro antigo ficam casas com história, ou com lenda, como a casa de Pêro Galego, na Viela da Parenta, com uma caravela em relevo no arranque da verga da porta; a casa de Pedro Tourinho, na rua do mesmo nome, de arco de entrada e estrutura góticos, ele que foi um dos primeiros donatários do Brasil, concretamente de Porto Seguro.

Fora do antigo perímetro muralhado, mas não longe dele, há outros edifícios do início do século XVI, ou que sendo anteriores beneficiaram então de grandes obras. É o caso da casa da Câmara, no antigo Campo do Forno (actual Praça da República), com a sua fachada plana, de raiz claramente gótica e andar nobre, onde se efectuavam as reuniões, sobre arcaria tripla. Aqui passou a realizar-se o mercado, dada a exiguidade do espaço intramuros, quando da explosão demográfica do tempo manuelino.

A maior das casas de tipo manuelino, posto que muito alterada posteriormente, é a casa da Carreira (na Rua Cândido dos Reis), começada a construir de forma arcaizante, já em 1527, obra da iniciativa de Fernão Brandão que servira nas praças de África, nomeadamente em Safim e Azamor. Conserva na fachada principal algumas molduras de portas e janelas tardomanuelinas.

VI.1.b **Sé Catedral**

Largo Instituto Histórico do Minho, telef. 258 822436.

Classificada como Imóvel de Interesse Público. Horário: das 9h às 11h30 e das 15h às 18h, e a missa celebra-se das 12h às 13h. Aos sábados e domingos, das 9h30 às 12h e das 16h30 às 17, e a missa celebra-se às 18h30.

A velha igreja de Santa Maria Maior, matriz de Viana do Lima, que até ao século XIX teve o título de colegiada, começou a ser construída na década de trinta do século XV, tendo sido terminada, no essencial, no tempo em que reinava D. João II (1482-1495). Na frontaria estão bem visíveis as armas e empresa deste monarca e o escudo de D. Justo Baldino, bispo de Ceuta que,

R.C.

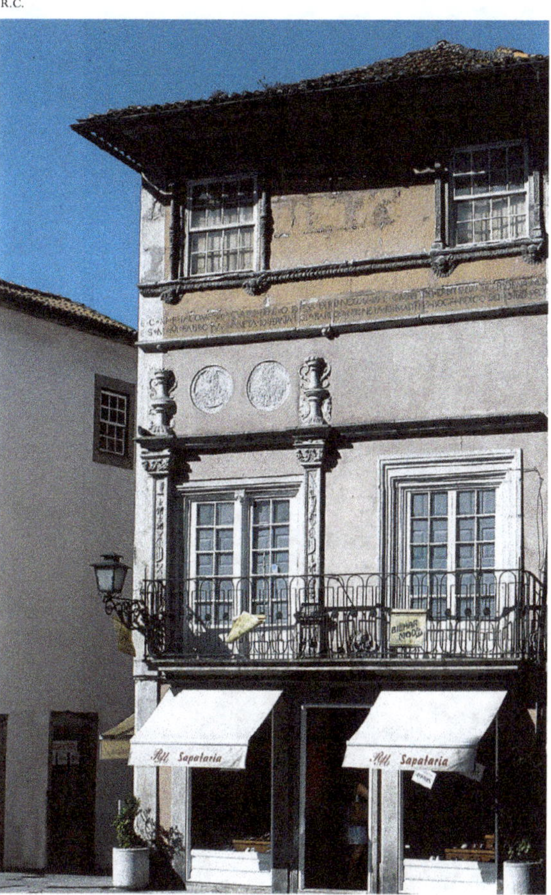

Casa dos Luna, núcleo histórico de Viana do Castelo.

em 1478, foi nomeado administrador da comarca de Valença, a que Viana então pertencia. No entanto, as obras não pararam, e no interior podem ser admiradas as capelas manuelinas dos Mareantes, do Santo Cristo, dos Fagundes e dos Camarido.

Na fachada, austera e bem marcada por duas poderosas torres, como se de torres de menagem se tratassem, admira-se um portal de grande vigor plástico, mas arcaizante, com o Apostolado, obra do final do século XV, e com afinidades claríssimas com a escultura galega de Santiago, Tuy e dos aros destas duas sedes diocesanas, sendo muito naturalmente da autoria de galegos, cuja identidade, no entanto, desconhecemos.

Sé Catedral de Viana do Castelo.

R.C.

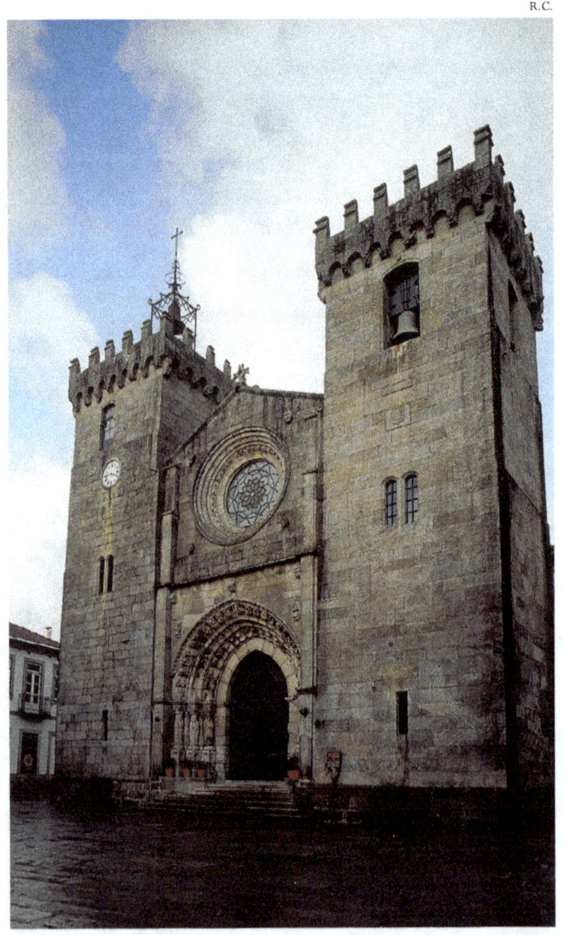

O interior é de plano em cruz latina, com três naves divididas por arcadas de estrutura leve e cobertura de madeira. No braço norte do *transepto* fica a Capela dos Mareantes, cedida à irmandade das gentes do mar pela família dos Velho, ainda no século XV. No altar está um conjunto de esculturas flamengas de meio corpo a formar uma cena da *Lamentação sobre o Corpo Morto de Cristo*, obra excepcional e certamente de fabrico de Antuérpia, de cerca de 1520. Totalmente remodelada em épocas posteriores, no entanto nela se guarda o túmulo de João Velho.

A Capela do Santo Cristo tem ainda uma estrutura gótica tradicional. Foi fundada por João Álvares Fagundes, na segunda década do século XVI, um navegador bem activo no Atlântico Norte que reconheceu a costa do Canadá e da Terra Nova.

Outra das capelas, a dos Camarido, deve-se a Martim Fernandes Correia, Morgado da Carreira. É notável a sua entrada, de arco duplo com *colunelos* torsos e terminação em *cairéis*, e possuidora de uma abóbada de nervuras tardogótica. No altar desta capela está o belíssimo *retábulo* bruxelense oferecido pelos padroeiros, obra que se pode atribuir ao círculo de Jan Provost e datar de cerca de 1530. Tem enormes dimensões, uma paisagem fundeira preciosa, e as figuras de *São João Baptista* e de *Nossa Senhora do Rosário* em primeiro plano, composição algo estranha, mas que deve ser fruto da encomenda específica destas invocações.

VI.1.c Castelo da Roqueta

Tem acesso pelo Campo ou Largo do Castelo e está englobado no Castelo de S. Tiago da Barra.
Classificado como Imóvel de Interesse Público. Alberga, actualmente, um serviço público. Horário: de segunda a sexta-feira das 9h às 12h30 e das 14h às 17h30.

Incluída na grande fortaleza moderna e abaluartada de Santiago da Barra, no ângulo sudoeste, está a roqueta, ou castelo roqueiro, o que resta da obra que em tempo de D. Manuel I se estava a fazer, na barra do Lima, para defesa contra os corsários.
É uma construção muito curiosa, pois que, como a Torre de Belém, em Lisboa, alia uma torre de tradição medieval com um *baluarte* ou bateria baixa, que lhe fica a sul. Obra de boa traça, de excelente aparelho, mostra bem a evolução da arte de fortificar em Portugal neste período de transição da neurobalística para a pirobalística, de que restam poucas espécies. A sua datação é difícil, mas é de aceitar que seja contemporânea da construção de Belém, isto é, da segunda década do século XVI, posto que tenha sido pensada alguns anos antes.

Para Caminha, siga pela Estrada N 13 no sentido Santa Luzia / Carreço / Vila Praia de Âncora / Vilarinho / Cristelo, até Caminha (22 km).

VI.2 CAMINHA

A antiga vila de Caminha situa-se na foz do rio Minho, virada à Galiza e ao imponente monte de Santa Tecla, já em Espanha. Foi também uma importante póvoa medieval que enriqueceu como tantas outras, durante o período das Navegações e dos Descobrimentos. A pequena povoação de pescadores que já existia no século X conheceu o seu primeiro grande impulso graças à política de D. Afonso III, que desejou fortificar e fixar as fronteiras do Reino, criando um cordão no curso inferior do Minho que incluía Melgaço e Valença. A construção de uma primeira muralha data desta época e a

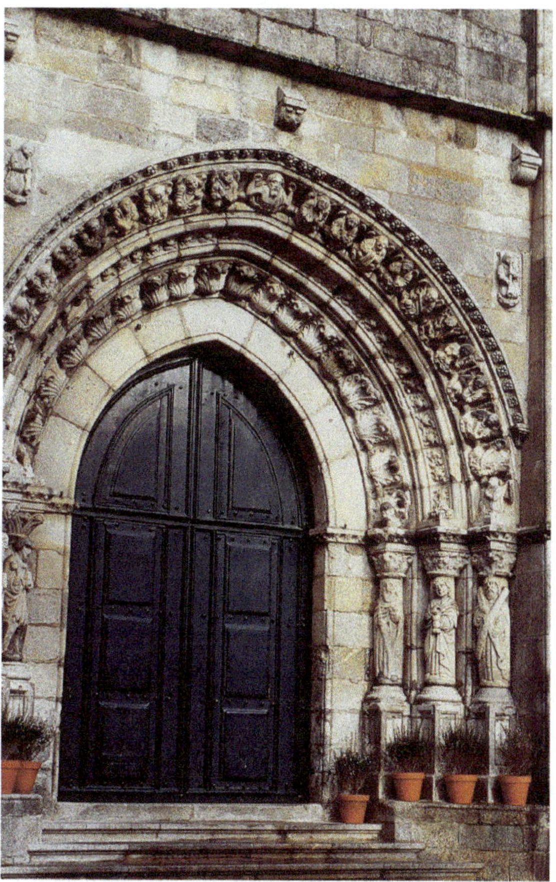
R.C.

Sé Catedral, portal, Viana do Castelo.

Caminha e a foz do rio Minho.

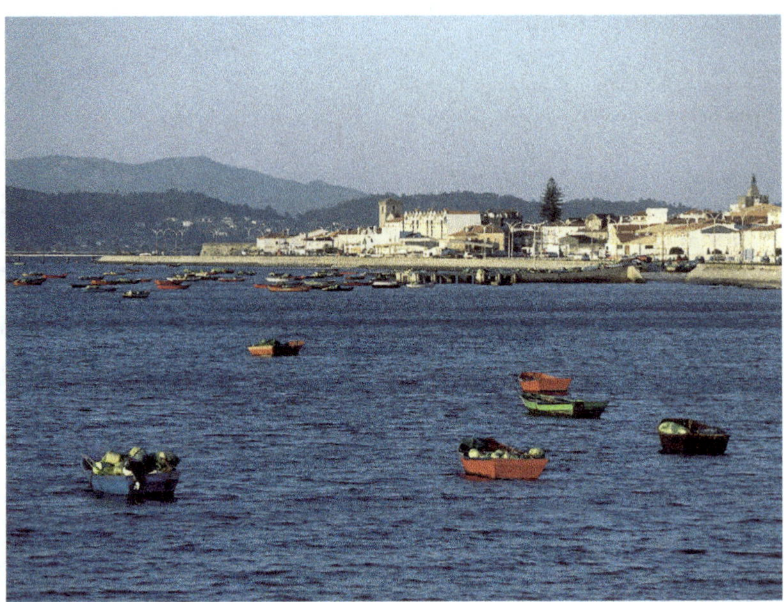

R.C.

importância da póvoa é confirmada com a outorga de uma carta de foral, em 1284, pelo rei D. Dinis. Nesta altura estava consumada a divisão entre a primitiva aldeia, situada em Vilarelhe, e a nova vila, que viria a desenvolver-se e a dar a Caminha moderna. O seu aspecto na época manuelina é bem conhecido, graças aos desenhos feitos por Duarte D'Armas, por volta de 1507. A vila tinha forma oval, com uma primeira linha de defesa com doze torres, com a menagem muito mais forte e precedida de uma *barbacã* baixa, começada no tempo de D. João I. Esta linha de muralha estava já dotada de dezenas de *troneiras*, o que confirma o carácter militar e de verdadeiro ponto de defesa fronteiriço a que antes aludimos. Fora dos muros, havia apenas umas quantas casas de pescadores e é evidente a alusão à construção naval, pois o autor desenhou uma caravela a ser feita ou a sofrer uma grande reforma.

VI.2.a **Núcleo histórico**

Informações: Posto de Turismo, telef. 258 724100.

A organização do núcleo histórico não é particularmente diferente dos das outras antigas póvoas, como Vila do Conde ou Viana, com uma estrutura baseada em quarteirões rectangulares e com ruas estreitas, mas rectas, a cortarem-se ortogonalmente. A fortaleza abaluartada alterou apenas a zona do adro da igreja Matriz, fazendo com que a fachada do templo dê para a praça de armas, quando devia ter diante de si um terreiro ou largo.
A via estruturante era, e ainda é, a Rua Direita que começa sob a antiga torre de

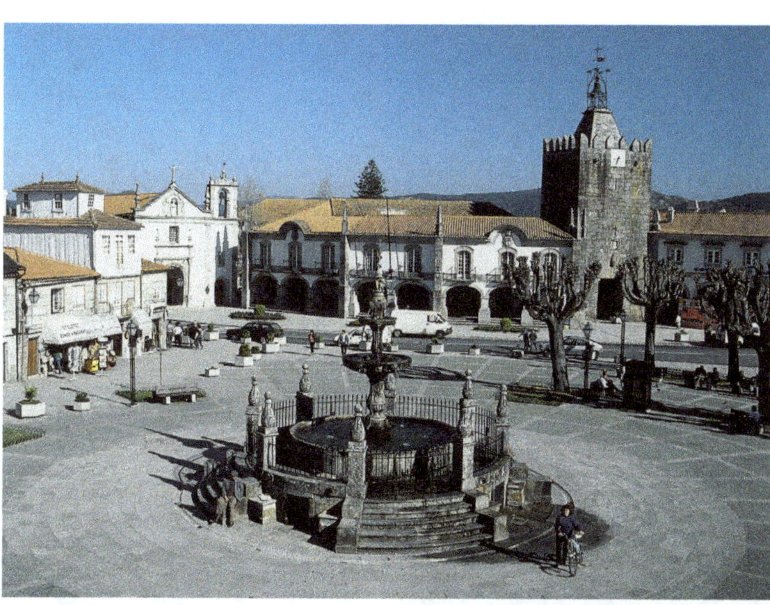

Núcleo histórico de Caminha.

R.C.

menagem, hoje a Torre do Relógio, o limite sul da cerca medieval. Do outro lado ficava a Porta do Sol. As outras duas vias paralelas são as do Poço e a dos Cavaleiros.

Outro local importante é o Campo da Feira, onde ela se realizava desde que D. Dinis a fundou, em 1291. Foi o primeiro local de expansão da vila.

Da época manuelina conservam-se diversas casas com vergas de portas e janelas com os típicos chanfros, ao longo de toda a Rua Direita.

VI.2.b **Igreja de Nossa Senhora da Assunção, matriz de Caminha**

Rua Ricardo Joaquim de Sousa. Classificada como Monumento Nacional. Informações: Posto de Turismo, telef. 258 921952.

Horário: abre, para a celebração de missa, de segunda a sábado às 18h no Inverno, e às 19h no Verão, e ao domingo às 12h e às 18h, no Inverno e às 19h no Verão.

A igreja matriz foi iniciada em 1488 pelo mestre biscainho Tomé de Tolosa. No entanto, não foi ele quem a concluiu, pois seguiu-se à frente da empreitada um tal Pêro Galego que julgamos poder identificar como autor de outras obras relevantes do Alto-Minho. Outro espanhol que aqui trabalhou foi Francisco Fial.

O templo demorou muito a fazer, e os portais não devem ter sido concluídos antes da década de quarenta do século XVI. À mesma data tem de se atribuir também o arco de entrada da Capela dos Mareantes, com uma data, a de 1151, mas que não pode ser outra coisa senão um erro do canteiro que deveria esculpir 1551. É notável a torre sineira que deveria servir também como torre de observação e atalaia, pois a sua posição em relação ao mar favorecia essa função.

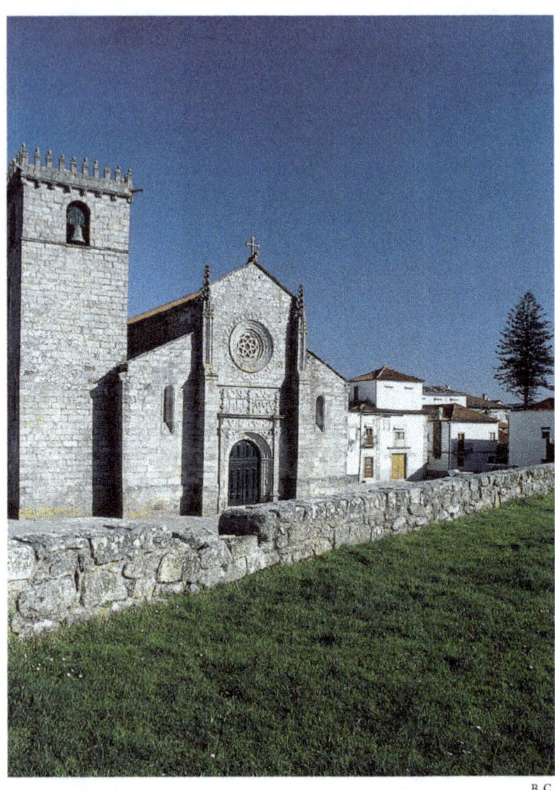

R.C.

Igreja de Nossa Senhora da Assunção, matriz de Caminha.

O interior é de três naves cobertas de madeira, com um tecto de tradição *mudéjar*, datado e assinado por Fernão Muñoz de Tuy, no ano de 1565. O perfil das arcadas longitudinais é de grande qualidade, sendo também de destacar as abóbadas de nervuras das capelas da cabeceira.

No flanco esquerdo abre-se a grande Capela da Confraria dos Navegantes, com uma abóbada de nervuras curvas de perfil baixo, a mais elegante de quantas se conservam no Alto-Minho. Deverá datar já do fim da década de vinte do século XVI, se não mesmo da década seguinte, tardogótica, portanto, como tantas outras idênticas existentes em igrejas galegas.

No exterior destaca-se ainda a elegantíssima coroação da cabeceira, claramente inspirada na da Sé de Braga.

Para Lanhelas, deverá retomar a Estrada N 13 na direcção de Seixas até Lanhelas (6,5 km).

VI.3 LANHELAS

VI.3.a **Casa da Torre**

Junto à Estrada N 13, em Lanhelas. Classificada como Imóvel de Interesse Público.

Nesta povoação encontramos uma das mais antigas casas da região, a casa da Torre, habitação senhorial que remonta ao fim da Idade Média, mas que foi

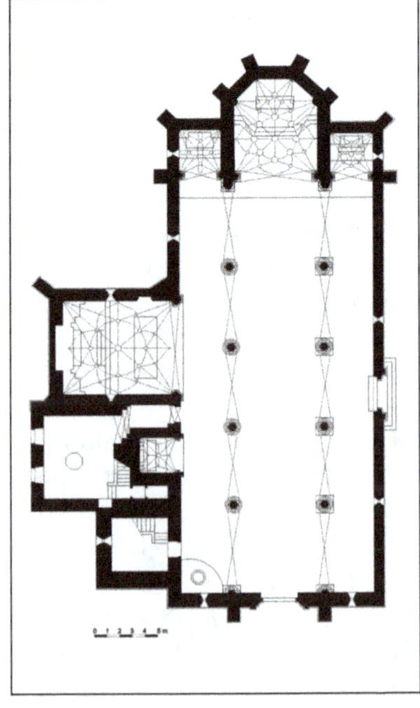

Planta da igreja de Nossa Senhora da Assunção, matriz de Caminha, D.G.E.M.N.

alterada no início do século XVI. Na torre pode ler-se a data de 1531, que deve corresponder a uma profunda reforma. O plano é simples, meramente rectangular e deveria conformar com muros mais fracos um pátio de comuns e habitação para servidores. As torres são de tradição medieva, de planta quadrangular ou rectangular, como se encontram ainda com alguma frequência dos dois lados do rio Minho.

Para se dirigir a Vila Nova de Cerveira deverá entrar no IC 1, no sentido Gondarém / Loivo até Vila Nova de Cerveira (6 km).

VI.4 VILA NOVA DE CERVEIRA

A origem de Vila Nova de Cerveira encontra-se no desejo de D. Dinis de fazer aqui uma póvoa marítima para, pelo menos, cem vizinhos. Foi neste sentido que deu ordem expressa ao seu sacador de Além-Douro, por volta de 1320. Logo no ano seguinte o monarca outorgou a Cerveira carta de foral, renovada por D. Manuel I, em 1512. Uma das principais preocupações do fundador foi a construção de um reduto muralhado ou castelo, o que veio a efectivar-se logo de seguida. Conservava-se com estrutura quatrocentista quando Duarte D'Armas o desenhou, mostrando também o artista inspector da Coroa que os muros já eram pequenos, e que o povoado transbordara da cerca, espalhando-se as casas em derredor e até alguns templos.
A importância de Cerveira residia na sua febril actividade piscatória, no comércio e também nas suas funções militares, dado que a costa era frequentada amiudadamente por corsários e piratas.

R.C.

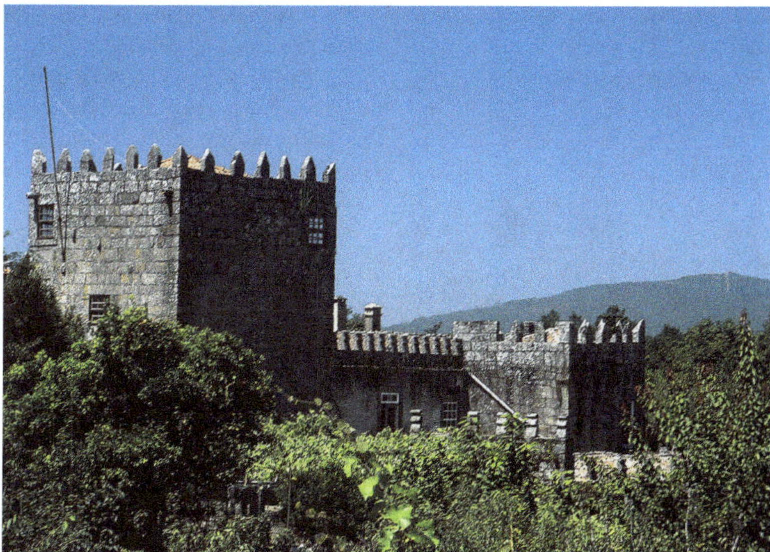

Casa da Torre de Lanhelas.

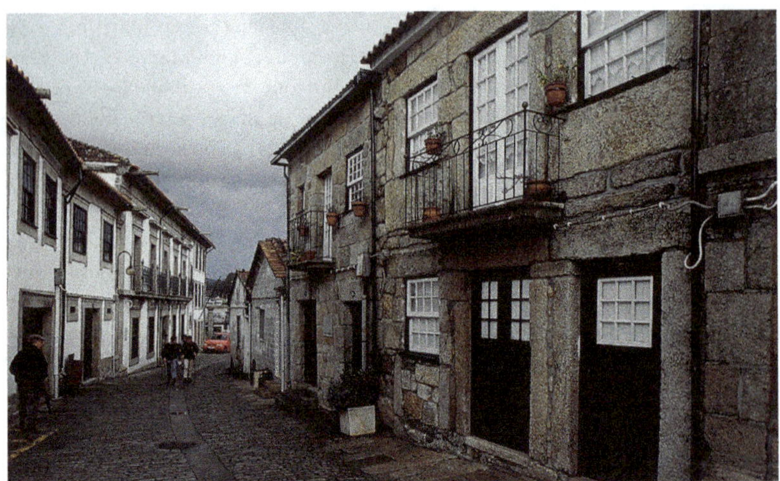

R.C.

Núcleo antigo de Vila Nova de Cerveira.

VI.4.a Castelo de Vila Nova de Cerveira

Largo do Terreiro, telef. 251 708120. Classificado como Monumento Nacional. O castelo alberga, actualmente, a Pousada D. Dinis.

Se é certo que antes do tempo de D. Dinis já existia um castelo de Cerveira, não o é menos que só as construções começadas nesta época subsistiram. Foram esses muros desenhados em elipse, com que conformaram o casco antigo da vila. Subsistem alguns troços e a porta da vila ou de Nossa Senhora da Ajuda, que comunicava com o Terreiro. As torres que ultrapassam o *adarve* mostram a sua origem trecentista, no tipo de aparelho, na planta rectangular e no coroamento. Do lado norte, a muralha está mais desimpedida de construções de épocas posteriores, o que permite avaliar o seu desenho e traça primitivos. Da *barbacã* envolvente subsistem alguns troços.

Castelo de Vila Nova de Cerveira.

R.C.

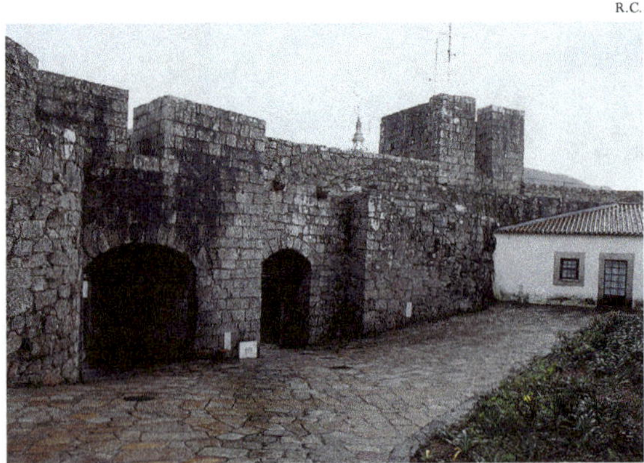

Pedro Dias

Nas margens do rio Minho, e em toda a região de Entre Minho-e-Lima, encontramos ainda hoje um sem número de paços, cujas origens remontam à Idade Média, ao tempo de afirmação da nacionalidade.

Residências dos senhores da terra, limitavam-se inicialmente a sóbrias torres quadrangulares de dois ou três pisos sobradados, onde esses nobres se acobertavam das investidas dos vizinhos que lhes disputavam as terras de amanho, os veios de água, as florestas e os servos, quando não mesmo os favores de el-rei.

As Inquirições e Confirmações mandadas fazer pela Coroa, em pleno século XIII, dão-nos conta das façanhas dessa nobreza e da opressão praticada sobre o povo miúdo, ao mesmo tempo que fugiam ao pagamento dos impostos devidos e, mais genericamente, à autoridade régia. Colocados em pontos estratégicos, com dominância sobre as redondezas, essas torres eram atalaias e, simultaneamente, símbolos do poder dos seus habitantes. Estes, porém, viviam em condições precaríssimas, numa situação que era impensável, mesmo para os simples burgueses dos séculos XV e XVI. Apesar dessa modéstia, as torres senhoriais eram o emblema da ancestralidade das famílias que nessas herdades ou quintãs tinham as suas raízes, em torno das quais, frequentemente, se aglomeraram pardieiros e choupanas dos servos e alguma capela ou igreja.

Assim, ao chegarem a um tempo novo, em que o cuidado com o corpo e o conforto começaram a disputar a primazia sobre o cuidado da alma, os nobres minhotos, como o fizeram os nobres galegos, aumentaram os seus paços, dando-lhes alguma grandeza e comodidade, mas conservando a sua fortaleza, porque os dias ainda eram incertos, coroaram de ameias os muros dos novos salões e câmaras, a evocar o passado guerreiro.

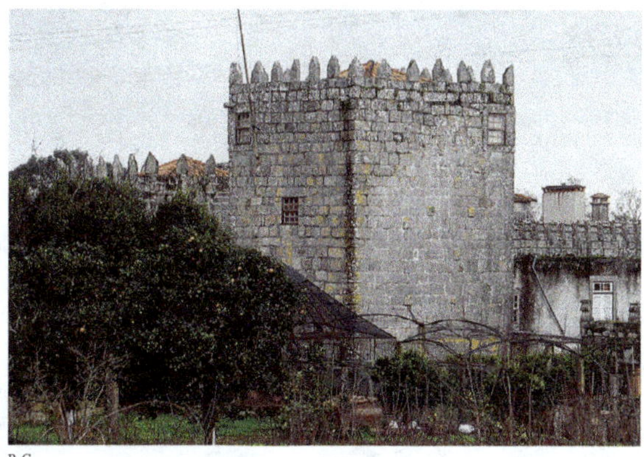

R.C.

Torre de Lanheses.

Os séculos seguintes foram novamente de engrandecimento e renovação, mas nem os luxos do barroco foram suficientes para derrubar essas torres, agora englobadas em verdadeiros conjuntos palacianos, e sempre testemunhos e garantia da nobreza dos seus detentores.

A casa do paço de Geraz do Lima; o paço do Courutelo de Freixo; o paço de Bertiandos; a casa de Quintela, em Nogueira; a casa da Torre de Aguiã; o paço de Giela, em Arcos; a casa da Torre, em Lanhelas; e a Torre de Lapela são apenas alguns exemplares de uma longa lista de edifícios tardogóticos que marcam decisivamente a paisagem do Alto Minho.

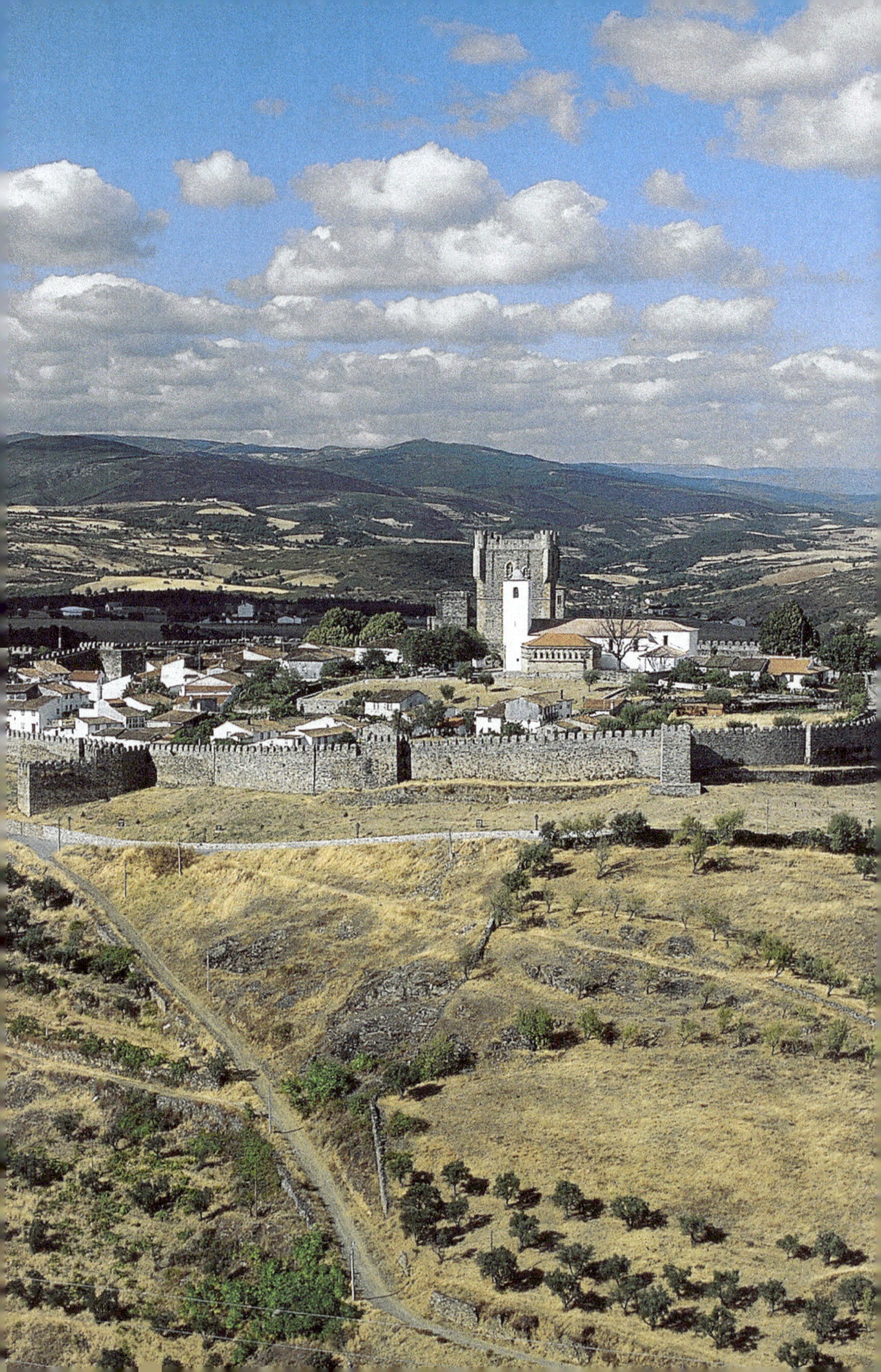

As Terras do Sabor e do Douro

Pedro Dias, Dalila Rodrigues,
Nuno Vassallo e Silva, Fernando Grilo

VII.1 BRAGANÇA
- VII.1.a Castelo de Bragança
- VII.1.b Igreja de Santa Maria

VII.2 MIRANDA DO DOURO
- VII.2.a Núcleo histórico
- VII.2.b Castelo de Miranda do Douro

VII.3 MOGADOURO (opção)
- VII.3.a Castelo de Mogadouro
- VII.3.b Igreja de São Mamede, matriz de Mogadouro

VII.4 FREIXO DE ESPADA À CINTA
- VII.4.a Núcleo histórico
- VII.4.b Castelo
- VII.4.c Igreja de São Miguel, matriz de Freixo de Espada à Cinta
- VII.4.d Igreja da Misericórdia

O Livro das Fortalezas, *de Duarte D'Armas*

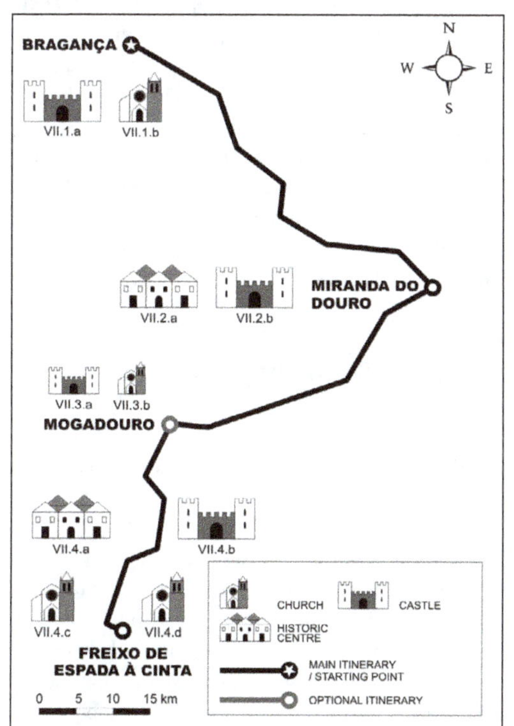

Panorâmica do Castelo de Bragança.

As terras que são delimitadas pelos cursos dos rios Sabor a ocidente, e Douro a oriente, constituem uma unidade com características únicas. Calorosas no Verão e capazes de atingir os frios alpinos no rigor do Inverno, cingidas por vales ásperos e quase intransponíveis, têm uma matriz cultural e social que continua a demonstrar uma surpreendente vitalidade. Só assim se justifica que seja aqui, nas faldas de Miranda, que se fala a outra língua do território português, o Mirandês, recentemente reconhecido como idioma oficial.

Dependendo politicamente de Leão até ao século XII, certo é que, mesmo depois do Tratado de Zamora, realizado em 1143, continuou a viver virada a leste, em diálogo permanente com zamoranos, leoneses e com os outros habitantes de cidades e vilas importantes, como Toro e Sahágun.

D. Sancho I desejou desenvolver a região, dando forais a várias vilas, mas a viragem definitiva, para a atracção da costa, teve de esperar pela época manuelina. Os seus portos secos continuaram a ser, no entanto, dos mais importantes do Reino, e D. Manuel I, o monarca *Venturoso*, mandou reformar todo um rosário de castelos para os defender e simultaneamente lembrar a seus sogros, os Reis Católicos, que aqueles eram domínios seus.

Não são já muitas as fortalezas desse tempo que se conservam, mas conhecêmo-las bem, através dos desenhos feitos em 1507 por Duarte D'Armas. A seus pés estenderam-se as povoações, construíram-se novas igrejas e deu-se início a uma sistemática urbanização.

Bragança recebeu os monges beneditinos, que aí desenvolveram uma agricultura mais próspera garantindo a sua auto-subsistência. Junto às margens do Douro, foi a Ordem de Cristo que teve a cargo o povoamento e administração, sendo muitas as referências plásticas ao tempo das comendas e dos comendadores que ainda se podem admirar.

Três povoações se destacam: Bragança, hoje capital do Nordeste, Miranda, que foi a sede da primeira diocese transmontana, e Freixo de Espada à Cinta, todas igualmente importantes no início do século de Quinhentos, mas que, nos séculos seguintes, conheceram destinos diferentes.

As fortalezas manuelinas ainda marcam a paisagem e, dentro delas, erguem-se igrejas e capelas que evocam os tempos do tardogótico, onde se respira um ar incomum para quem vem da costa ou do Sul. De qualquer modo, a par dos grandes artistas de Leão ou Castela, como Gregório Fernandez, ou da Biscaia, como João de Castilho, também trabalharam portugueses, como foi o caso do mítico Grão Vasco, cujo magnífico *retábulo*, de um dos seus discípulos, é hoje um emblema de Freixo.

VII.1 **BRAGANÇA**

Como a generalidade das povoações da região transmontana, Bragança parece ter sido povoada já na Pré-História, seguramente desde o Neolítico e talvez mesmo do Paleolítico. Não quer isto dizer que, no coração da moderna urbe, houvesse então uma comunidade importante, mas apenas alguns habitantes agrupados em famílias ou em pequenos conjuntos populacionais. No actual aro bragançano, mais importante parece ter sido Castro de Avelãs, em cujo desenvolvimento talvez possamos encontrar o futuro da Bragança medieva.

Certo é que devido à importância estratégica do sítio, sobretudo militar, e para controlar a viação entre as terras do jovem reino português e as de Leão e Castela, D. Sancho I outorgou-lhe carta de foral, em 1187, carta que foi sucessivamente renovada, primeiro por D. Afonso III, em 1253 e, mais tarde, por D. Manuel I, em 1514.

O desenvolvimento durante a primeira dinastia pode, pelo menos em parte, justificar-se pela criação de uma grande feira anual, por iniciativa de D. Afonso III, em 1272, e por uma feira franca com duração de um mês, por D. Fernando, quando corria o ano de 1383. A verdade é que era difícil atrair povoações para esta zona, afastada da costa, de clima muito agreste e cuja situação geográfica era delicada, com a fronteira muito próxima, o que a tornava num dos primeiros locais de confronto, em caso de desentendimento entre os governos peninsulares. De qualquer modo, foi assinalável a actividade agrícola e pecuária, bem como o comércio com Castela.

Com a criação da casa ducal com o título de Bragança, em 1442, a vila, depois elevada a cidade, entrou na posse de D. Afonso, o primeiro duque, assim se mantendo até regressar à Coroa, quando da elevação de D. João IV ao trono, em 1640.

Como todas as vilas e aldeias fronteiriças, a paz manuelina proporcionou um notável incremento das actividades económicas e um consequente aumento da população, nomeadamente de origem judaica que, em 1530, atingia os 2000 habitantes, repartidos pela vila intramuros e pelos arrabaldes.

M.A

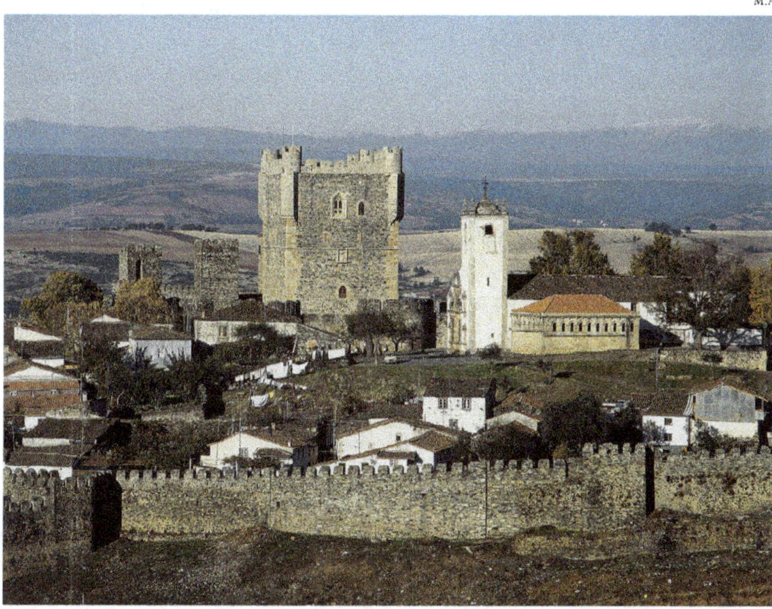

Bragança.

Panorâmica do Castelo de Bragança.

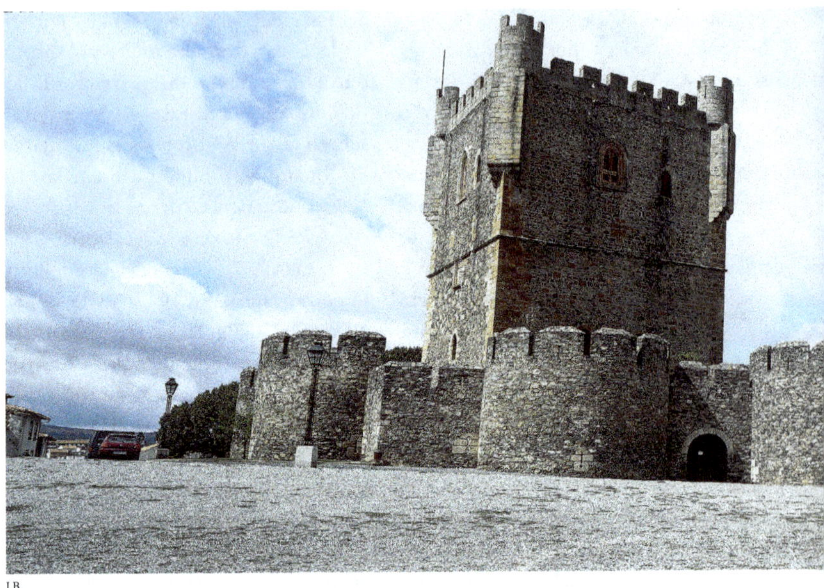

J.B.

VII.1.a **Castelo de Bragança**

Telef. 273 322378. Classificado como Monumento Nacional.
Na Torre de Menagem encontra-se instalado o Museu Militar.
A entrada é paga. Horário: das 9h às 12h e das 14h às 17h, excepto à quinta-feira e feriados.

O castelo medieval continua a ser o coração de Bragança e foi, desde há mais de setecentos anos, o pólo congregador das gentes que aqui habitaram. O aspecto que tem hoje foi-lhe dado por muitas fases sucessivas de construção, a mais importante das quais em meados do século XV, mas na continuação das que foram ordenadas por D. João I. O *Livro das Fortalezas*, de Duarte D'Armas é uma vez mais precioso para nos mostrar como eram o castelo e a povoação em pleno reinado de D. Manuel I.

O castelejo era a zona mais forte e apto para a habitação do alcaide e dos donatários quando estes permaneciam na sede do seu ducado. As primeiras obras do castelejo devem datar do tempo de D. Sancho I, mas certo é apenas uma empreitada do tempo de D. Afonso III. Ao lado, espraiava-se o coração da cidade, o núcleo mais antigo, com ruas estreitas a conformar uma malha radiante, mas marcada por uma rua que unia as duas portas. Aqui ficava a igreja de Santa Maria, a mais importante, e a cisterna, tida e baptizada como casa do concelho ou *domus municipalis*.
A grande torre de menagem joanina, com 30 metros de altura e 17 metros de lado na base, ao que parece feita entre 1409 e 1449, erguia-se, tal como hoje, como o corpo dominante, gigantesca, dotada de amplas salas nos seus sobrados e de um poderoso eirado com os ângulos vincados por torres salientes. As muitas aberturas desse último piso

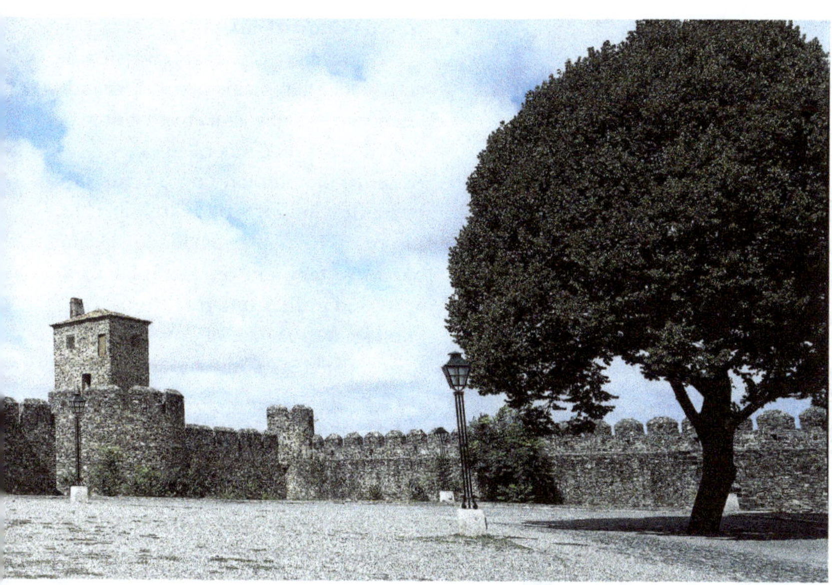

denunciam a sua função habitacional. A sua ligação à primeira cerca é feita por passadiços, conformando assim o castelo propriamente dito, que é um polígono de cinco lados, com *cortinas* rectas dotadas de cubos ou torres baixas semicirculares avançadas e todas dotadas já de *troneiras* para permitir o tiro rasante com armas de fogo primitivas, os trons. Outra torre importante é a da Princesa, também já existente em 1507, remodelada, alta, bem acima dos *adarves*, e preparada para habitação quando perdeu as suas funções militares.

A cerca da vila foi ocupar o resto do morro em que nascera a povoação, aumentando significativamente o espaço defendido disponível seguindo a tradição medieva. A muralha é alta, larga e sobrepujada por um ameiamento corrido que protege o *adarve* com cerca de 2 metros de largura, e possui torres colocadas irregularmente.

VII.1.b **Igreja de Santa Maria**

Localiza-se no interior das muralhas. Informações: Junta de Freguesia, telef. 273 322181.
Horário: das 9h às 12h e das 14h às 18h, excepto à quinta-feira.

Esta é a única igreja bragançana que mantém a estrutura manuelina, posto que tenha beneficiado de muitos melhoramentos em épocas posteriores. Está documentada pelo menos desde 1258. Do início do século XVI, e atestando uma empreitada que foi da responsabilidade do duque de Bragança – muito provavelmente D. Jaime – ficaram as arcadas que marcam o corpo e o dividem em três naves. Esta obra é feita de tijolo, segundo a tradição *mudéjar*, muito antiga nesta zona e bebida do outro lado da fronteira, sobretudo em Sahagún, onde desde o século XII até ao século XVI foi a estética dominante.

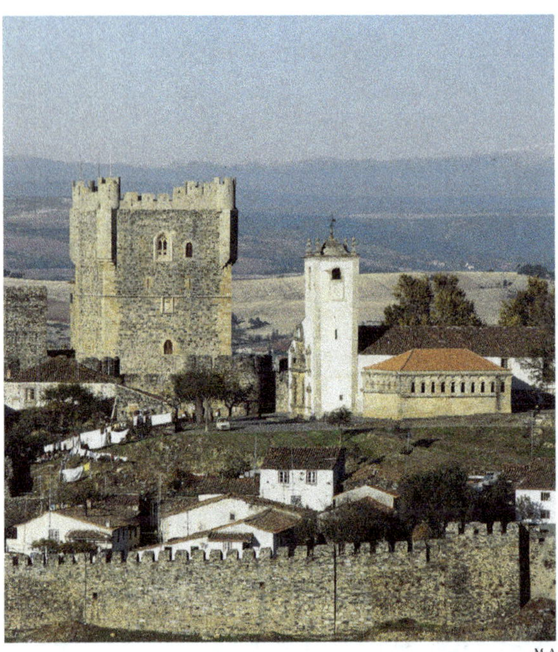
M.A

Igreja de Santa Maria, Bragança.

Para chegar a Miranda do Douro terá de seguir pela Estrada 217 até Izeda, onde terá de virar à esquerda, prosseguindo pela Estrada N 317, no sentido Santulhão / Carção até Vimioso. Aí deverá seguir pela Estrada N 218 até Miranda do Douro.

VII.2 MIRANDA DO DOURO

A história nacional de Miranda do Douro inicia-se verdadeiramente quando D. Afonso Henriques estabelece aqui, em 1136, um couto de homiziados, para promover a fixação de habitantes, numa área agreste e afastada, onde existia apenas um pequeno povoado. O começo foi difícil e apenas com D. Dinis, em 1286, a povoação foi elevada a vila e recebeu a condizente carta de foral. A sua situação, na fronteira com o reino vizinho, potenciou as trocas comerciais e o aparecimento de actividades artesanais, num crescendo que faria com que a vila fosse elevada a sede de uma diocese em 1545.

A época manuelina, como tempo de paz e ligação à Coroa castelhana, foi um período de prosperidade, ao que não deve também ser estranha a fixação de famílias judaicas, umas convertidas outras não, quer portuguesas quer espanholas. Construíram-se novas casas e igrejas, edifícios públicos como a alfândega e, naturalmente, renovaram-se totalmente as estruturas defensivas. Ficava assim definida a polarização entre Miranda e Bragança, com consequências bem conhecidas quanto às precedências religiosas e uma saudável disputa em primazias, privilégios e desenvolvimento. Grande parte do património construído na época manuelina desapareceu com a explosão do paiol do castelo ocorrida em 8 de Maio de 1762.

VII.2.a **Núcleo histórico**

Informações: Posto de Turismo, telef. 273 431132.

Mais do que por qualquer edifício manuelino, a cidade vale pelo seu conjunto urbano antigo, onde se incluem edifícios ou partes deles da época de D. Manuel I, ou posteriores, mas de tradição tardogótica. Desde logo temos o castelejo, na zona mais elevada, de que resta parte da muralha. Na Rua da Costanilha, que desemboca na Praça D. João III, e nas transversais que a ela vão dar, há diversas casas quinhentistas bem conservadas, com portas e janelas molduradas à maneira manuelina, com *arcos quebrados* ou *de volta perfeita*, ou vergas simplesmente rectas, posto que cronologicamente devam ultrapassar largamente o ano de 1521.

VII.2.b **Castelo de Miranda do Douro**

Com acesso pelo Largo do Castelo. Classificado como Imóvel de Interesse Público. Informações: Posto de Turismo, telef. 273 431132. Horário: pode ser visitado a qualquer hora.

A origem do castelo remonta certamente ao tempo da elevação da povoação a vila, mas foi crescendo e melhorando ao longo da primeira e da segunda dinastias, sobretudo no reinado de D. João I, quando a estrutura, essencialmente dionisíaca, foi profundamente reforçada.

Novas e vultuosas obras ocorreram mais tarde, no âmbito da política manuelina de reforçar a nossa fronteira com Castela, e é desse tempo o essencial das *cortinas* ainda existentes e também a torre de menagem que marca a antiga praça de armas. Pela planta de Duarte D'Armas damos conta da sua fortaleza, ao tempo, o seu núcleo forte quadrangular, com torres nos cantos, por certo com as bases do tempo de D. Dinis, e da criação de *barbacãs*, passadiços e até de um *baluarte* poligonal com *troneiras*, talvez o primeiro que se fez em Portugal com esta forma e que infelizmente também desapareceu.

Das obras manuelinas do castelo e das restantes muralhas viradas ao rio Douro, ficou ainda a Porta do Amparo,

R.C.

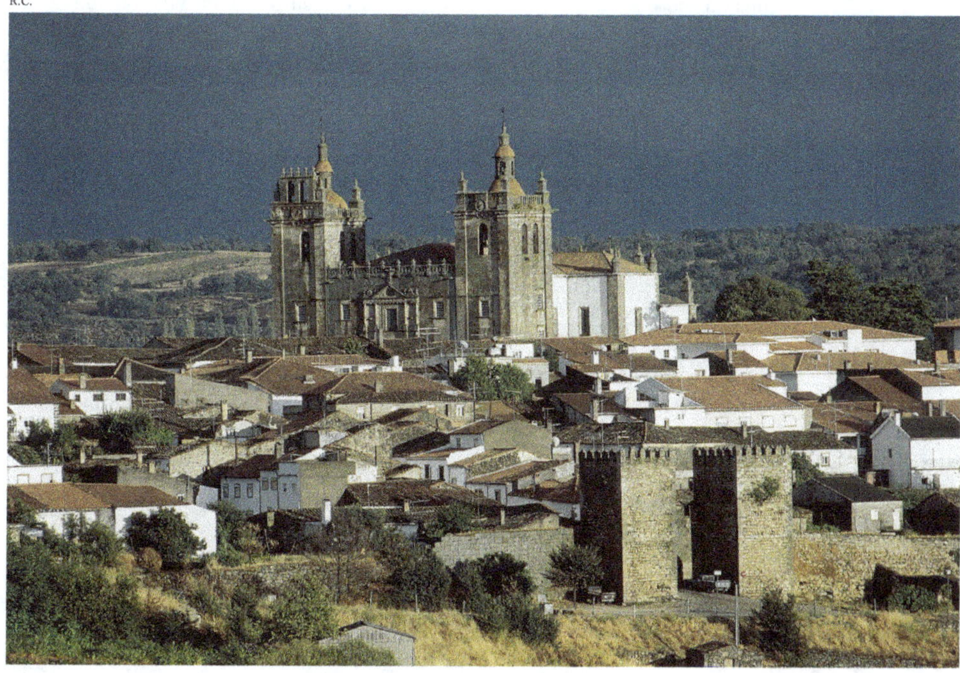

Vista parcial de Miranda do Douro.

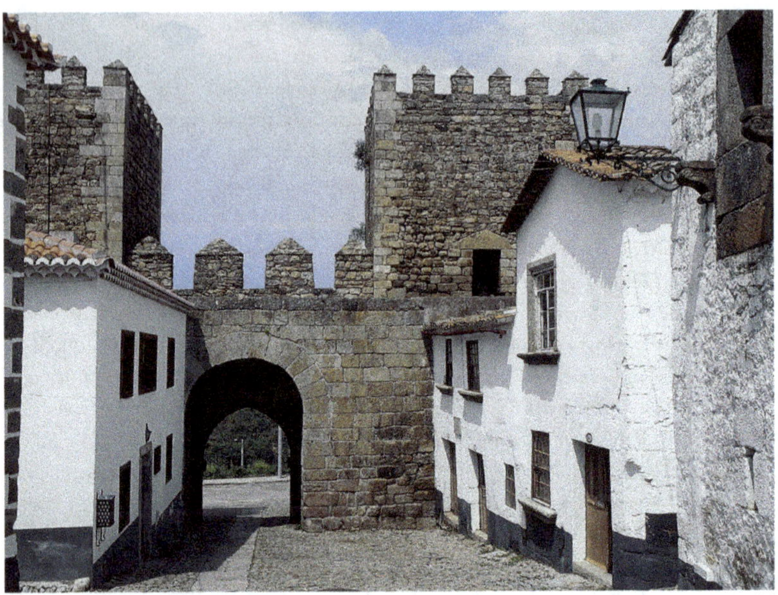

Castelo e núcleo histórico, Miranda do Douro.

M.A

forte e bem defendida por duas torres laterais que se erguem muito acima da linha do *adarve*.

Quer para Mogadouro, quer para Freixo de Espada à Cinta, deverá seguir pela Estrada N 221, atravessando uma parte do Parque Natural do Douro Internacional.

VII.3 MOGADOURO (opção)

Mogadouro começou a ganhar importância no panorama regional no século XIII, altura em que recebeu carta de foral de D. Afonso III. Apesar da freguesia depender da diocese de Zamora, foi instituída uma comenda da Ordem do Templo que, com a sua extinção pelo papa, passou para a Ordem de Cristo, por iniciativa de D. Dinis. Este parece ter sido um período importante para o seu desenvolvimento, nomeadamente com a melhoria do castelo e das muralhas da vila.

No século XV a vila passou a ser domínio de uma das mais importantes famílias do país, os Távora, que edificaram o seu palácio dentro do perímetro das muralhas. Foi também nesse tempo que aqui se estabeleceram os frades de São Francisco que levantaram um imponente cenóbio, lamentavelmente destruído por um incêndio, já no século passado.

Como aconteceu com quase todas as comendas da Ordem de Cristo, de que o rei D. Manuel I era administrador, também Mogadouro conheceu importantes melhorias, na sequência da visitação feita em 1510.

VII.3.a Castelo de Mogadouro

Tem acesso pelo Largo do Castelo.
Classificado como Monumento Nacional.

Informações:. Câmara Municipal, telef. 279 340100.
Horário: pode efectuar a visita a qualquer hora.

Do castelo medieval e manuelino conserva-se pouca coisa, se bem que os seus vestígios nos permitam adivinhar qual era o seu aspecto, no início do século XVI. Para além de restos de *cortinas*, ficou de pé a torre de menagem, de planta rectangular e construída com forte aparelho. Ela era o centro e também o núcleo mais antigo de um castelejo que albergava a residência do comendador, um pátio de armas, alojamento para a guarnição e outros cómodos. A uma linha de muros mais altos acrescia, a escassa distância, uma *barbacã* baixa e sem torres.

VII.3.b **Igreja de São Mamede, matriz de Mogadouro**

Horário: abre no 1° e 3° domingos de cada mês, das 11h às 12h, para celebração de missa. Fora deste horário, deverá contactar a Câmara Municipal, telef. 279 340100, para efectuar a visita à igreja.

A velha igreja matriz manuelina foi alterada na época barroca, mas a sua estrutura inicial manteve-se, a par de outros elementos. Destaca-se o portal axial, muito simples, e sobretudo a capela-mor, com uma belíssima abóbada de nervuras, em cuja *chave* central se podem ver as armas reais do tempo de D. Manuel I.

Saindo do Mogadouro pela Estrada N 221 no sentido sul, deverá passar as saídas para Figueira / Meirinhos / Fornos e Mazouco. Freixo de Espada à Cinta fica a 6 km desta última.

VII.4 **FREIXO DE ESPADA À CINTA**

A vila de Freixo de Espada à Cinta foi, desde o tempo da formação do Reino, um importante pólo de atracção de gentes e um local privilegiado no incremento das relações comerciais com as terras de Leão e Castela-a-Velha. A sua origem é anterior ao século XII, pois D. Afonso Henriques ao transformar Freixo num couto para homiziados, em 1152, fala já da existência de um castelo. Tinha, obviamente, de ser uma estrutura defensiva muito pequena, e que não resistiu ao progresso dos tempos que se seguiram. O aumento de população e o destaque que foi adquirindo levou a que D. Afonso III lhe desse novo foral, em 1272.

As negociações de D. Dinis com Afonso X, que culminaram na entrada na órbita portuguesa das terras de Riba-Côa, vieram dar a Freixo ainda mais importância, e o nosso monarca investiu fortemente na vila, dotando-a de um novo conjunto de fortificações. O castelo, porém, ainda não estava acabado em 1342.

Aqui e no aro da vila produzia-se cereal e criava-se gado e, dentro das muralhas, havia um importante conjunto de teares e uma florescente indústria de lã e seda. Esta actividade produtiva potenciou naturalmente o comércio, que se fazia tanto com outras regiões do Reino como com a raia

Vista geral, abrangendo o núcleo histórico, de Freixo de Espada à Cinta.

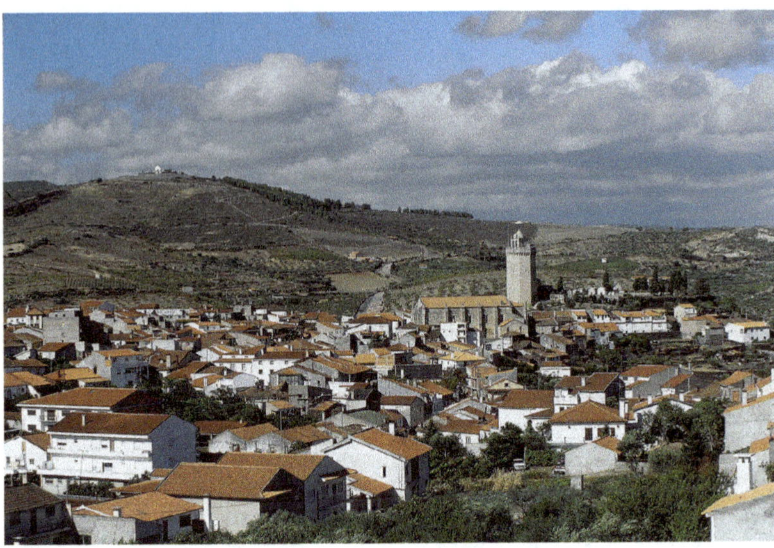

R.C.

de Castela. Freixo, em 1527, era já a povoação mais importante da zona, com 447 fogos. Na época manuelina houve diversos freixenses que se destacaram na aventura ultramarina, o mais importante dos quais foi Jorge Álvares, com uma brilhantíssima acção no Oriente.

VII.4.a **Núcleo histórico**

Informações: Câmara Municipal, telef. 279 658070.

A vila de Freixo possui um conjunto notabilíssimo de habitações quinhentistas no seu casco histórico, cujas ruas, como a das Flores e a Direita, convergem para a matriz e para o velho castelo. É uma organização radiante, conformando-se o centro cívico no adro, que de um lado tem a igreja matriz e do outro a Santa Casa da Misericórdia. Estas casas têm em geral dois pisos, o térreo e o sobradado, sendo quase sempre o primeiro destinado a actividades comerciais, artesanais ou para alojamento de animais. As janelas e portas estão muitas vezes debruadas por vergas e ombreiras de tradição manuelina, tardogóticas, algumas incorporando até elementos naturalistas, contudo, certas datas, como a de 1552 na casa dos Carrascos, e até outras mais avançadas, mostram o que foi a permanência deste gosto noutras épocas mais modernas. Aliás, este estilo perdurou também na arquitectura religiosa, como aconteceu com a construção da igreja privativa da Misericórdia. Este fenómeno deve-se seguramente às influências do outro lado da fronteira, onde persistiu igualmente e de onde, por certo, vinham construtores que aqui faltariam.

VII.4.b **Castelo de Freixo de Espada à Cinta**

Praça Jorge Álvares. Classificado como Monumento Nacional. Informações: Sr. Gouveia, da Biblioteca de Freixo de Espada à Cinta, tel. 279 653445.
Horário: das 8h30 às 16h.

Das antigas muralhas e cerca, tal como eram na época manuelina, apenas temos alguns panos meio derrubados e a belíssima torre de sete lados, com parapeito saliente no eirado. Era dominante à cerca e à *barbacã* manuelina e integrava o circuito no lugar de maior vigilância da vila, bem próxima da igreja matriz, se bem que dela se alcance ainda todo o território envolvente. O plano do castelo era quase circular, apenas ligeiramente alongado. Se é verdade que a sua origem é trecentista, foi alvo de profunda remodelação e ampliação no tempo de D. Manuel I.

VII.4.c **Igreja de São Miguel, matriz de Freixo de Espada à Cinta**

Praça Jorge Álvares.
Classificada como Monumento Nacional.
Informações: Sr. Gouveia, da Biblioteca de Freixo de Espada à Cinta, telef. 279653445.
Horário: das 9h30 às 12h30 e das 14h às 17h30. Encerra à segunda, terça-feira de manhã e nos feriados de 1 de Janeiro, Páscoa, 1 de Maio e 25 de Dezembro.

A grande obra de cariz tardogótico que hoje se vê foi começada em tempo de D. Manuel I, portanto antes de 1521, e teve várias campanhas de obras e muitas interrupções na sua construção, vindo a ser concluída, nomeadamente o seu abobadamento, apenas em pleno reinado de D. João III.

M.A

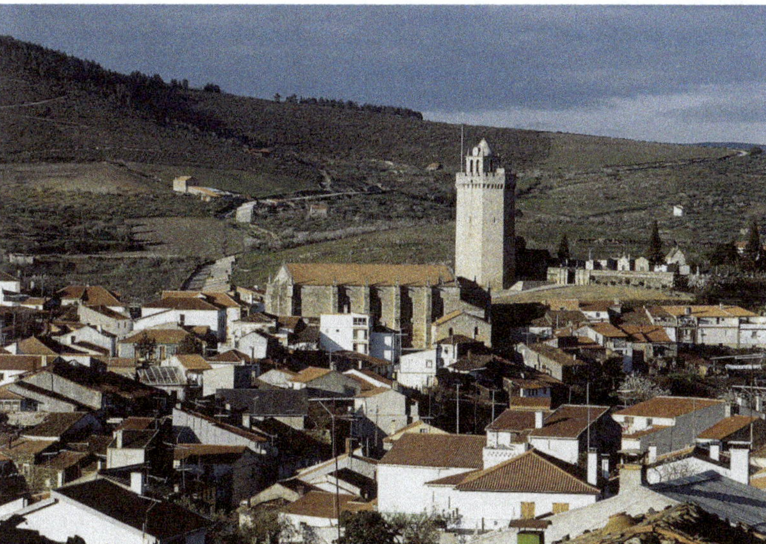
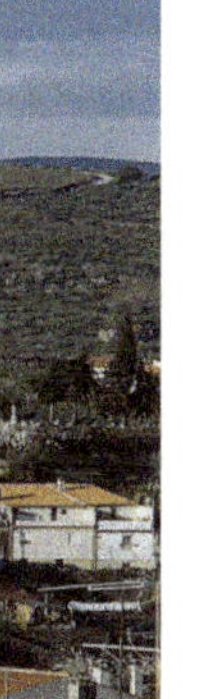

Núcleo histórico, Freixo de Espada à Cinta.

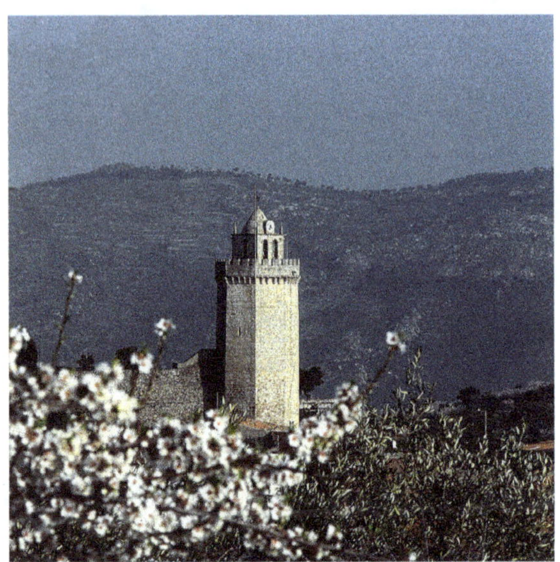

R.C.

Torre do Castelo de Freixo de Espada à Cinta.

O seu plano, pelo contrário, é homogéneo e não pode ser afastada a hipótese de pertencer a um arquitecto ou mestre da Biscaia, talvez mesmo a João de Castilho que, curiosamente, se casou com uma jovem da vizinha povoação espanhola de Quintanilha.

É uma *igreja-salão*, com uma abóbada quase plana sustentada por pilares finos, tudo a demonstrar grande capacidade dos técnicos responsáveis. Já os portais e elementos decorativos são bem mais rudes e populares, de homens com uma educação menos erudita.

O interior reparte-se por três naves e cinco tramos, ligando-se as nervuras aos contrafortes exteriores. A cabeceira tem três capelas de eixos paralelos, sendo a abóbada das colaterais simples, de nervuras rectas, e a mor muito mais desenvolvida, com as armas régias na *chave* central e a esfera armilar nos *terceletes* médios.

Na capela-mor, integrados em talha barroca, conservam-se dezasseis painéis, que pertenceram ao *retábulo* quinhentista, localizado nesta capela até inícios do século XVIII. Actualmente distribuem-se de modo aleatório, já sem qualquer relação com a organização que assumiam no *retábulo* original. As cenas da *Vida da Virgem*, da *Infância* e *Paixão de Cristo*, de acordo com a sequência narrativa e com as suas desiguais dimensões, alinhavam-se em fiadas e cumpriam essenciais funções pedagógicas e decorativas.

Não existem quaisquer dados históricos relativamente à data e autoria desta obra. Porém, a sua linguagem plástica e os modelos figurativos empregues, permitem filiá-la na produção da oficina viseense de Vasco Fernandes, e propor uma data próxima de 1535.

Apesar do mau estado de conservação do conjunto e de algumas perdas já

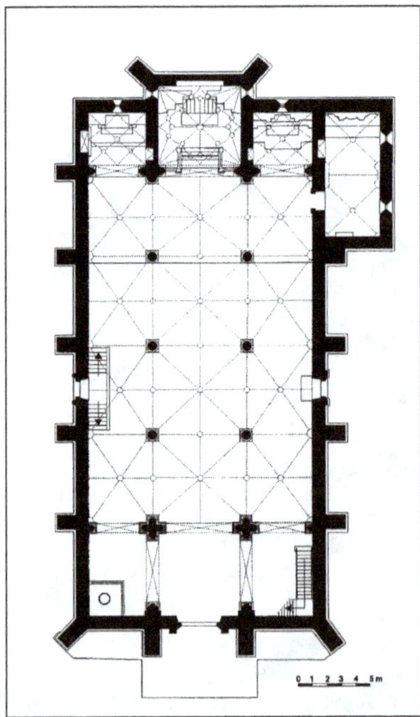

Planta da igreja matriz de Freixo de Espada à Cinta, D.G.E.M.N.

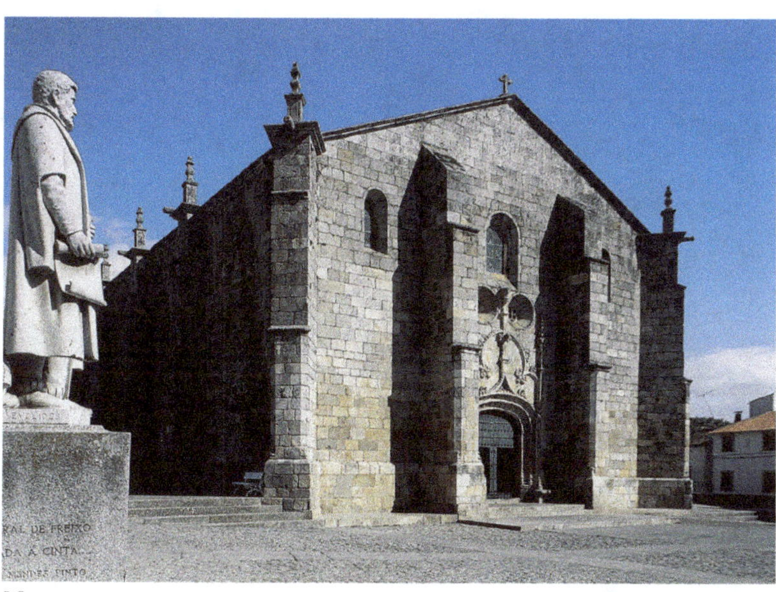

R.C.

Igreja de São Miguel, matriz de Freixo de Espada à Cinta.

irremediáveis, como é o caso da *Assunção da Virgem*, identifica-se uma notável sensibilidade à luz que é usada com mestria para espacializar as figuras, como sucede, por exemplo, na *Apresentação no Templo* e no *Calvário*.

O fragmento em talha dourada, figurando os quatro evangelistas, que actualmente se encontra colocado no altar da capela direita, poderia ter feito parte da estrutura do *retábulo* original. Trata-se de uma peça de autoria provável do escultor e entalhador de origem flamenga, Arnau de Carvalho, que trabalhou com os pintores de Viseu e fez uma série de *retábulos* para igrejas da região.

R.C.

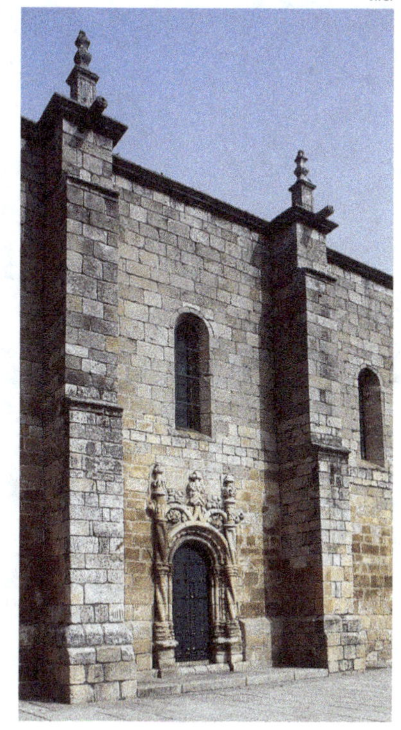

Igreja de São Miguel, matriz de Freixo de Espada à Cinta, portal lateral.

VII.4.d **Igreja da Misericórdia**

Na mesma praça da igreja matriz, encontra-se a Misericórdia. Classificada como Imóvel de Interesse Público.

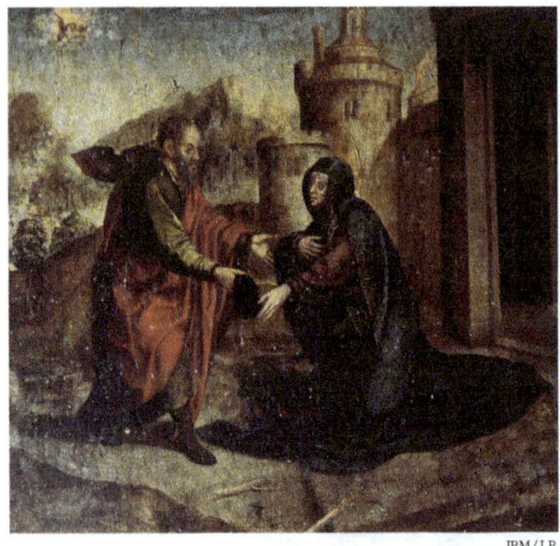

IPM/J.P.

"Santa Ana e São Joaquim", do retábulo da igreja matriz de Freixo de Espada à Cinta.

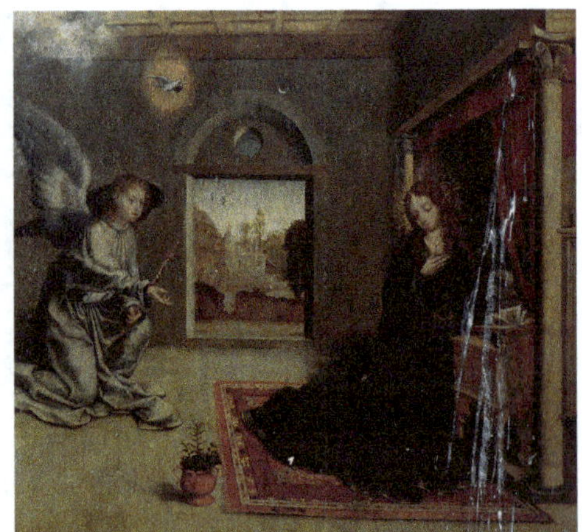

IPM/J.P.

"Anunciação", do retábulo da igreja matriz de Freixo de Espada à Cinta.

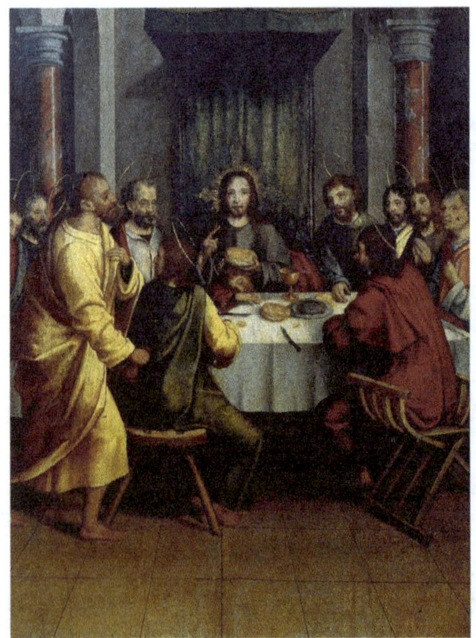

IPM/J.P.

"Última Ceia", do retábulo da igreja matriz de Freixo de Espada à Cinta.

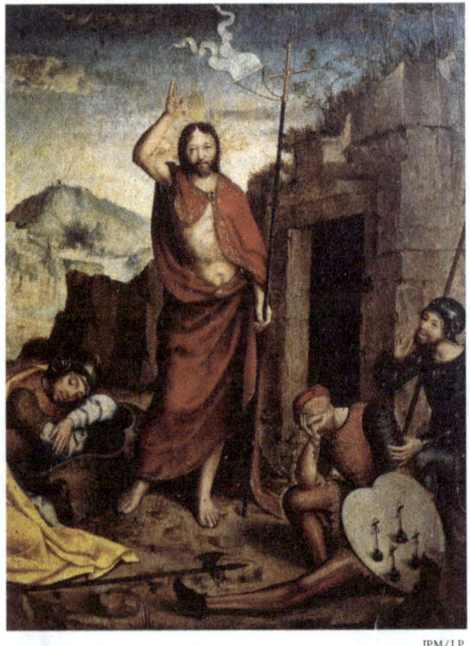

IPM/J.P.

"Ressurreição", do retábulo da igreja matriz de Freixo de Espada à Cinta.

Para visitar deve contactar a Santa Casa da Misericórdia, telef. 279 653016.

A igreja da Misericórdia é um dos melhores exemplos da persistência do estilo tardogótico durante a segunda metade do século XVI, num tipo que se cristalizou ainda em plena época manuelina. Possui um corpo simples, com a fachada virada à praça, um grande portal simples de *aduelas* largas à moda de Castela e uma capela-mor abobadada. No entanto, a documentação é clara, mostrando que este belíssimo exemplar de nervuras curvas e densas estava em conclusão apenas em 1555. As suas *chaves* são preciosas, já de recorte renascentista, quer meramente decorativas quer heráldicas.

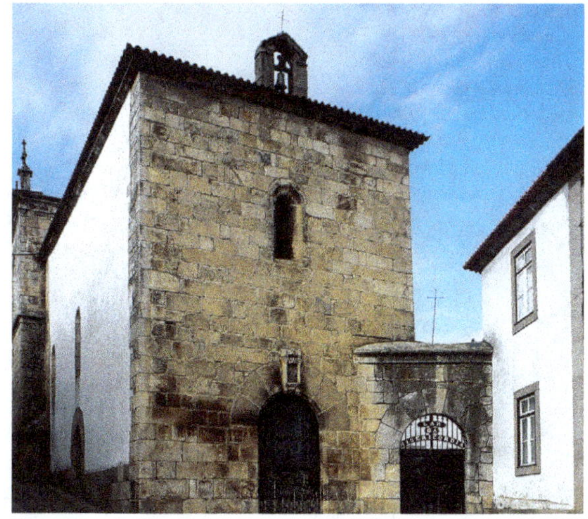

R.C.

Igreja da Misericórdia, Freixo de Espada à Cinta.

O LIVRO DAS FORTALEZAS, DE DUARTE D'ARMAS

Pedro Dias

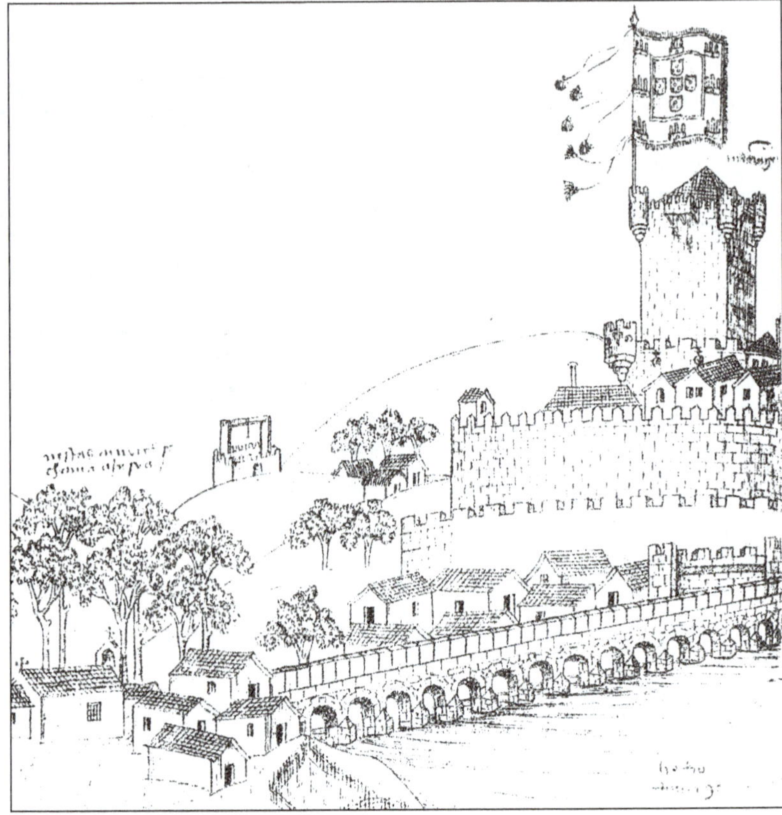

Duarte D'Armas, "Libro das Fortalezas", Chaves, pormenor, desenho do séc. XVI.

D'Armas era um escudeiro da Casa de el-rei D. Manuel I com grande talento para o desenho e que por isso foi empregue em campanhas sistemáticas de desenho de vistas de povoações e até levantamentos topográficos e hidrográficos de terras além-mar, pelo menos em Marrocos e nos Açores. A sua fama era suficiente para o próprio cronista João de Barros falar dele na *Crónica de D. Manuel*.

Uma das suas principais tarefas foi levantar as fortalezas da fronteira e condensar essa informação num livro, a que chamou simplesmente *O Livro das Fortalezas,* de que hoje se conservam dois exemplares, um no Instituto dos Arquivos Nacionais / Torre do Tombo, em Lisboa, e outro na Biblioteca Nacional de Madrid. Ambos são conhecidos pelo seu nome, e apresentam cento e dez cartas panorâmicas de cidades e cinquenta e uma plantas de castelos, situados entre Castro Marim e Caminha, no chamado códice A, e onde estão ainda incluídas duas vilas não fronteiriças, Sintra e Barcelos. Neste exemplar o desenho é mais pormenorizado e mais rico de informações do que no códice B, no qual há apenas cinquenta e sete vistas de vinte e nove fortalezas. Anote-se ainda que o desenhador se representou várias vezes, nessa viagem que decorreu em 1509 e da qual resultou o mais perfeito e mais completo retrato do Portugal rural manuelino.

O Pedreiro

"O pedreiro do Douro põe no trabalho deleitação, esmera-se em ser perfeito no acabamento, amontoando pedra sobre pedra como se compusesse um mosaico – este xisto que logo lavado das primeiras chuvas fica a rebrilhar em reflexos metálicos, desde a cor quente do cobre às tonalidades luarentas da prata. Estas superfícies estendem-se quilómetros sem fim, umas a suceder às outras como ondas de um mar empedernido, compostas sempre com o mesmo sabor, mas nem por isso menos deslumbrantes, na contínua uniformidade da sua tecedura, como a beleza de um pano que vai repetindo incessantemente o mesmo motivo de cor e desenho, inalterável mas perfeito.

Às necessidades funcionais junta o artista o comprazido deleite de compor tão vastos panos de muralha, com primores de mão hábil, sensível, enamorada, perfeitamente conhecedora dos segredos da pedra. Já na maneira como a ajusta, sem a prisão de qualquer argamassa, amontoando laje sobre laje, com o amparo e segurança da brita miúda que a calça, ele dá evidentes mostras de apreciar os valores e recursos da matéria-prima com que trabalha. Mas ao escolhê-la, na mais fina composição e gradações da cor,

aí, por vezes, atinge manchados verdadeiramente encantadores, de suaves tonalidades, nas quais assinala o seu gosto de artista. Patenteia-se o comprazimento e ao mesmo tempo a consciência do obreiro, no respeito comovedor da matéria com que labora e sobretudo na exemplar devoção do ofício. São lições admiráveis, estes muros, na humildade e simpleza da sua fábrica, e também no encantamento de quem sente o orgulho da arte, por mais primitiva e rústica que ela seja. Em todo o trabalho o homem se projecta, na paixão ou no desprezo dos sentimentos que o animam (...).

A mão amorosa que a trabalha, embora a saiba fraca em possibilidades, sente que de algum modo a pode realçar na sua formosura. Compõe então a alvenaria como nos teares sertanejos se compõem as mantas de farrapos, quer ao levantar as paredes da casa, ao pousar a verga da porta e da janela, ou quer ao erguer os muros dos socalcos – são como vastas tapeçarias de cor natural, de um moreno intenso aqui, às vezes a desmaiar para tons amarelos, outros com laivos de cinzento, ou ainda de um azul raro, estranho e surpreendente."

Manuel Mendes, Roteiro Sentimental: Douro, *Lisboa, 1964.*

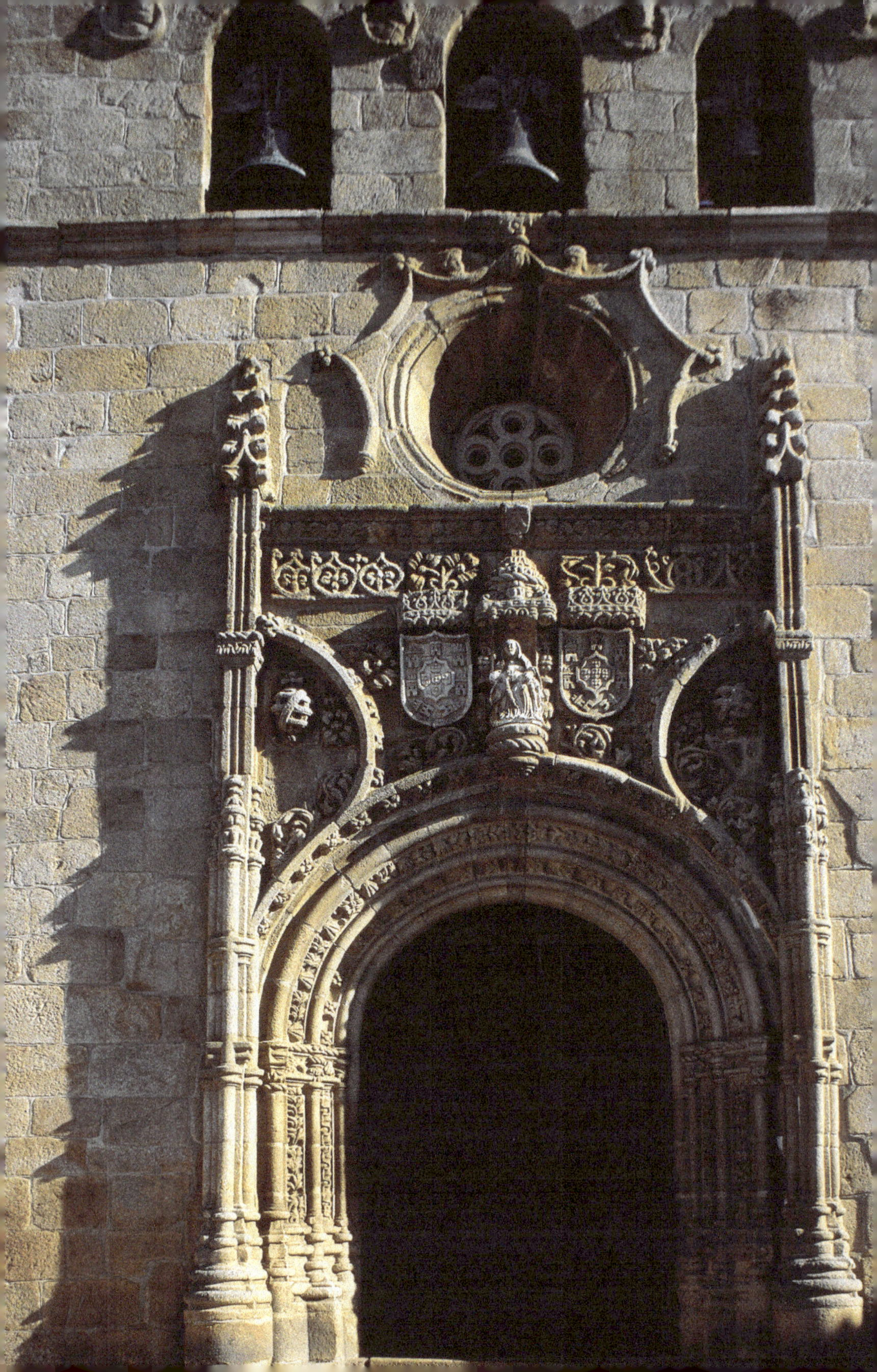

Igrejas e Castelos da Raia

Pedro Dias, Dalila Rodrigues, Nuno Vassallo e Silva, Fernando Grilo

Primeiro dia

VIII.1 TORRE DE MONCORVO
VIII.1.a Tríptico flamengo da igreja matriz de Torre de Moncorvo

VIII.2 VILA NOVA DE FOZ CÔA
VIII.2.a Igreja de Nossa Senhora do Pranto, matriz de Vila Nova de Foz Côa
VIII.2.b Pelourinho

VIII.3 LONGROIVA
VIII.3.a Castelo de Longroiva
VIII.3.b Pelourinho

VIII.4 MARIALVA
VIII.4.a Castelo de Longroiva
VIII.4.b Pelourinho

VIII.5 CELORICO DA BEIRA (opção)
VIII.5.a Castelo de Celorico da Beira

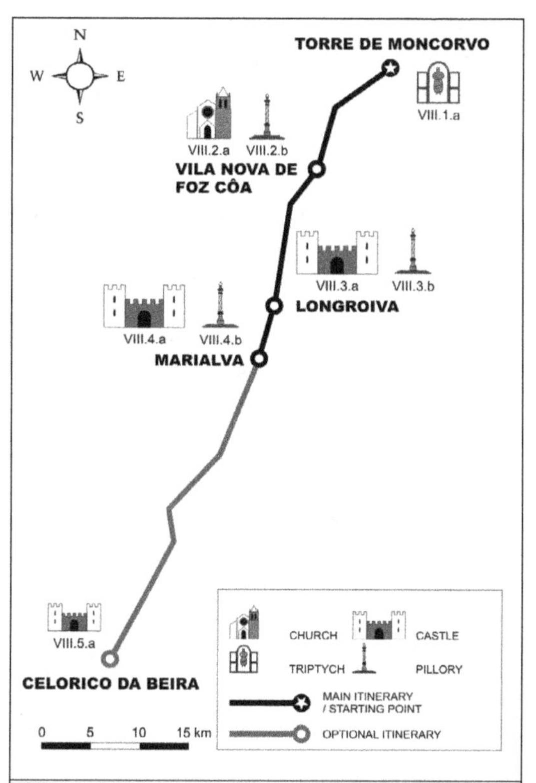

Igreja matriz de Vila Nova de Foz Côa, portal principal.

A Raia é como vulgarmente é conhecida a região situada ao longo da fronteira duriense e beirã que faz frente às terras de Leão e de Castela-a-Velha, atingindo o Norte da Estremadura espanhola, no seu limite meridional.
Longe da costa e das principais cidades do Reino, todas elas localizadas na área litoral, viveu períodos de grande depressão e ficou quase deserta, após a Reconquista Cristã. Foi difícil fixar aí os povos, pois a vida era dura, o clima áspero e, do outro lado da fronteira, também não havia pólos de atracção suficientes, ao contrário do que acontecia com as aldeias da margem esquerda do rio Minho, e mesmo para além dos vales de Miranda do Douro. Só com muita insistência da Coroa, particularmente, no tempo de D. Sancho I, é que começaram a deslocar-se para aqui alguns colonos, mas quase todos homiziados que trocavam deste modo a prisão por uma liberdade dura e suada.
Mas os tempos mudaram. Os negócios com Castela começaram a prosperar, a urbanização a aumentar e no fim da Idade Média algumas destas vilas, hoje cidades, tinham já assinalável movimento, gente e uma actividade económica importante baseada na agricultura, pastorícia e artesanato. A Coroa estabeleceu também importantes castelos, sobretudo depois das três guerras fernandinas e da crise dinástica de 1383 a 1385. Foi também uma zona escolhida por muitas famílias judaicas, que aqui constituíram numerosas comunidades, que se viam a salvo da intolerância vigente nas vilas do Litoral e mesmo de cidades como Lisboa e Coimbra.
Restringidos à zona Norte, delimitada por Torre de Moncorvo e pela Guarda, são muitos os vestígios artísticos da época dos Descobrimentos marítimos, desde bairros inteiros, como na Guarda, onde se impõe também a sua catedral erigida pelos filhos do mestre das obras reais da Batalha, até Castelo Rodrigo e Pinhel, com os seus castelos medievais profundamente remodelados no tempo de D. Manuel I. Esta terra de granito duro e brilhante, ora guarda ora mostra tesouros que passam pela pintura regional ou lisboeta, pelas belas esculturas da Flandres e de Coimbra, túmulos com estátuas jacentes, pelourinhos e pontes de origem romana então renovadas.
As obras de cariz local, populares mesmo, misturam-se com outras mais eruditas que se podem seguramente atribuir a muitos dos melhores artistas que trabalhavam no Reino, nesse final do século XV e início do século XVI.
Se pensarmos que é aqui que se situa também o maior santuário de arte pré-histórica do país, no Vale do Côa, é fácil concluir que estamos numa das mais ricas zonas do país, onde não faltam também as igrejas tardo-românicas, como a de Mileu, na Guarda, ou góticas, como o imponente convento cisterciense de Santa Maria de Aguiar.

VIII.1 TORRE DE MONCORVO

A actual povoação de Torre de Moncorvo teve a sua origem num povoado que remonta, pelo menos, ao início da nacionalidade, mas é incontestável que, quer aqui quer nas redondezas, já existiam povoações com algum relevo, nomeadamente Santa Cruz, que foi o gérmen da moderna vila. A sua importância no final do século XIII era evidente, o que levou D. Dinis a dar-lhe carta de foral, em 1285. O primeiro foral foi-lhe concedido em 1062 e confirmado por D. Afonso Henriques entre 1128 e 1140. Em 1512 D. Manuel I outorgou-lhe novo foral.

Nos tempos seguintes o desenvolvimento da vila deveu-se, fundamentalmente, à cultura do linho e dos cereais, e também à mineração do ferro. No entanto, dada a sua posição na rede viária regional, o comércio foi a outra tábua deste tríptico. Não se estranha, assim, que D. João I lhe concedesse uma feira franca, em 1385.

Na época manuelina desenvolveu-se aqui uma cordoaria, que forneceu muitas das embarcações dos Descobrimentos e da Expansão ultramarina, e as casas de moradas havia muito que tinham ultrapassado os muros da cerca medieva, atingindo, em 1527, os 300 fogos.

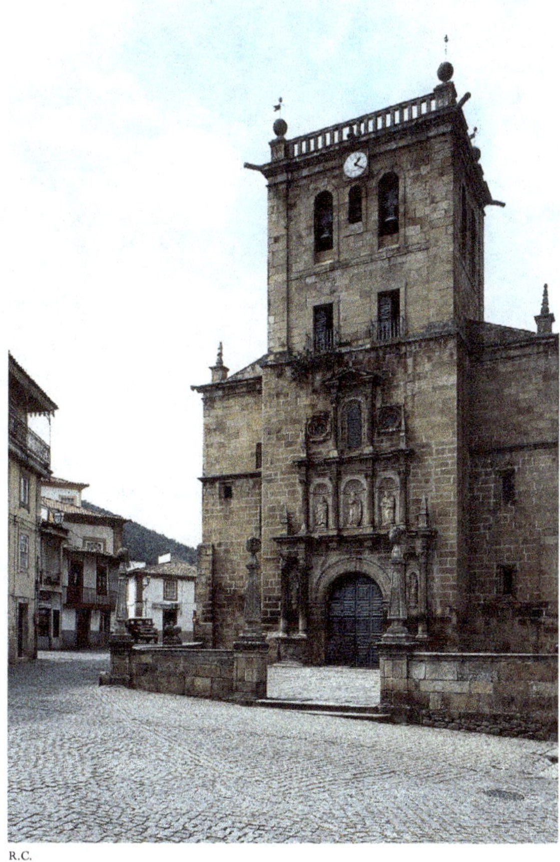
R.C.

Igreja matriz de Torre de Moncorvo.

VIII.1.a **Tríptico flamengo da igreja matriz de Torre de Moncorvo**

No Largo General Claudino e Dr. Balbino Rêgo. Classificada como Monumento Nacional. Informações: Posto de Turismo, telef. 800 252289.
Horário: das 9h às 12h e das 14h às 17h30, excepto à segunda e à terça-feira de manhã.

Na notável igreja matriz de Torre de Moncorvo, uma das mais imponentes do maneirismo português, entre outros motivos de interesse, que se prendem com a própria arquitectura do edifício e sua decoração, encontramos um notável *retábulo* flamengo, importado de Antuérpia, datável de cerca de 1520. A presença da marca comprovativa da origem – duas mãos e a torre – gravada no reverso, não deixa margem para dúvidas. Este notável tríptico da *Parentela de Santa Ana* deve ter pertencido ao oratório particular de algum membro da nobreza local. As imagens são de excelente qualidade, pequenas mas bem lançadas e com a tipologia tradicional deste tipo de obras, sendo igualmente de destacar a policromia rica e cuidadosa que maravilhava o homem de Quinhentos e que ainda hoje

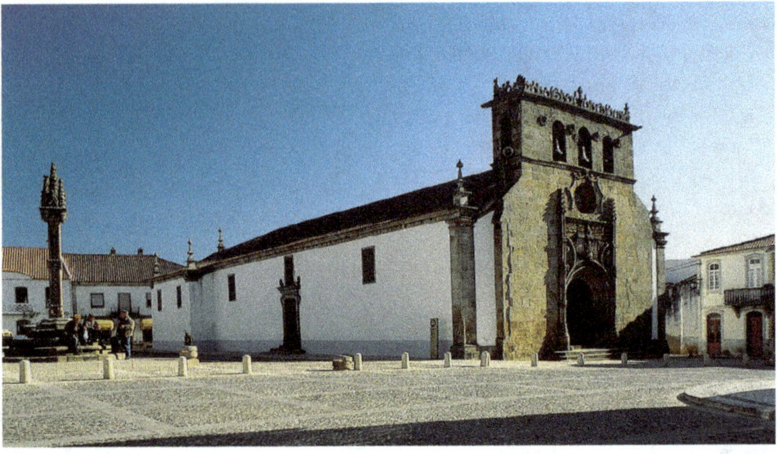

Igreja de Nossa Senhora do Pranto, matriz de Vila Nova de Foz Côa.

R.C.

contribui poderosamente para a empatia do observador.

Para Vila Nova de Foz Côa deverá retomar a Estrada N 220, mas no sentido da Barragem do Pocinho. Quando encontrar a Estrada N 102 deverá virar à esquerda e segui-la. Depois de atravessar o rio Douro, Vila Nova de Foz Côa fica a 7 km.

VIII.2 VILA NOVA DE FOZ CÔA

A vida urbana começou efectivamente no local onde hoje se situa Vila Nova de Foz Côa, no tempo do reinado de D. Dinis, o rei que lhe deu autonomia municipal, através de carta de foral datada de 1299. Foi a aquisição definitiva deste território à Coroa de Castela que potenciou o seu desenvolvimento, com a fixação de população ida de outros lugares, a construção de castelos e a reorganização administrativa e eclesiástica. Anote-se que aqui se estabeleceu uma importante e activa comunidade judaica, verdadeira alavanca do desenvolvimento desta área do país. Instalaram-se no bairro do castelo que, mais tarde, passou a ser conhecido como "judiaria".

Uma das actividades ligadas à vida do mar, pese embora a distância da costa, foi a cordoaria. No fim do primeiro quartel do século XVI, Foz Côa tinha quarenta e quatro famílias a viver intramuros e cento e oito fora deles. As muralhas que então marcavam e definiam a malha urbana foram destruídas no século XIX, apagando-se assim os mais notáveis testemunhos materiais da Idade Média e da época manuelina.

VIII.2.a **Igreja de Nossa Senhora do Pranto, matriz de Vila Nova de Foz Côa**

Largo do Município, telef. 279 762226.
Classificada como Monumento Nacional.
Horário: diariamente das 8h às 17h, no Inverno e até às 21h, no Verão.

A construção feita no início do século de Quinhentos foi profundamente alterada nos tempos seguintes, mais não conservando dessa época do que a frontaria. Note-se que esta tem fortíssima influência da arte de construir de Castela, manifesta particularmente no coroamento com três aberturas, para albergar os sinos, e uma *guirlanda* já renascentista. Típico da nossa maneira – do manuelino se preferirmos – é o portal, de pendor naturalista, com *colunelos* ou gigantes laterais a emoldurar as *arquivoltas* e o remate destas, onde estão as armas reais e a esfera armilar.

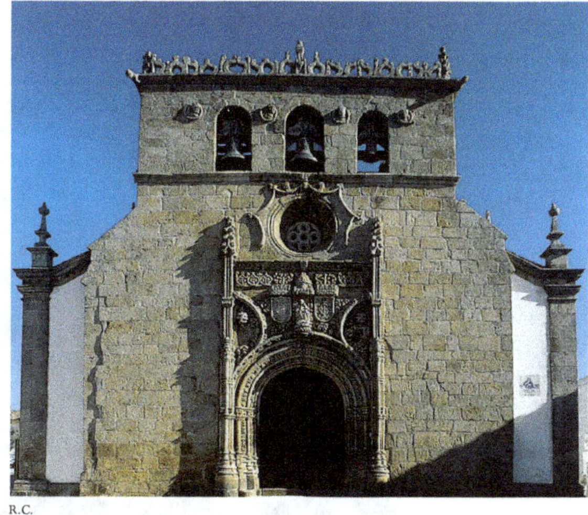

R.C.

Igreja de Nossa Senhora do Pranto, matriz de Vila Nova de Foz Côa, fachada principal.

VIII.2.b **Pelourinho**

Junto à igreja matriz, no Largo do Município. Classificado como Monumento Nacional.
O pelourinho é um dos mais vistosos e monumentais de toda a região, com a coluna quadrangular assente sobre um pódio de quatro degraus, coroado pela pinha em forma de gaiola, sobre a qual se eleva ainda uma cruz. Se a estrutura de cariz arquitectural impressiona, não menos importante é a decoração volumosa e de talhe gordo, gémea da que se vê no portal da igreja matriz.
Para Longroiva deverá retomar a Estrada N 102, no sentido de Celorico da Beira. Após,

R.C.

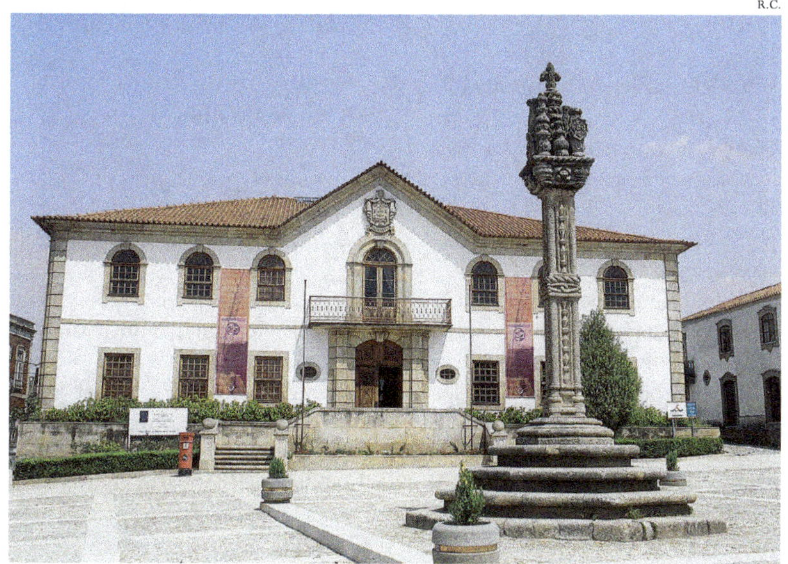

Pelourinho de Vila Nova de Foz Côa.

Castelo de Longroiva.

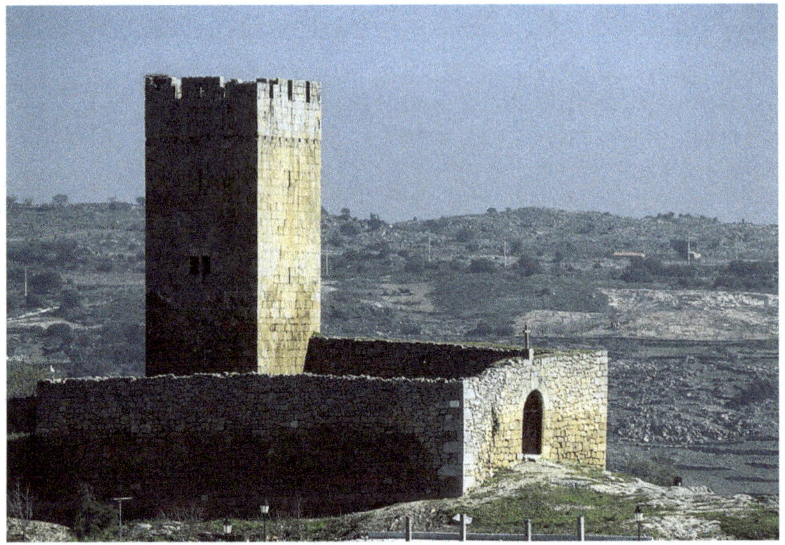

R.C.

aproximadamente, 12 km encontrará, à direita, uma saída para a Estrada N 331, pela qual deverá seguir até Longroiva.

VIII.3 LONGROIVA

VIII.3.a **Castelo de Longroiva**

Classificado como Monumento Nacional.
Informações: Câmara Municipal, telef. 279 883525.
Horário: pode realizar a visita ao castelo a qualquer hora.
O castelo é uma pequena fortificação alcandorada num morro bem situado, para dominar as redondezas, cujo aspecto actual se deve a obras de reconstrução efectuadas no início do século XVI, particularmente após 1510. Como era sede de uma comenda da Ordem de Cristo, D. Manuel I ordenou a sua reparação, ficando então com uma torre de menagem de forma quadrangular, que também servia de residência ao comendador, quando este estava presente, e uma pequena cerca. Através do tombo manuelino foi possível fazer a sua reconstrução conjectural. A primitiva torre fora edificada pelos Templários, muito provavelmente em 1170. Junto desta, extramuros, cresceu a aldeia.

VIII.3.b **Pelourinho**

No centro de Longroiva, frente à Capela de São Pedro.
Classificado como Imóvel de Interesse público.
Da época manuelina, Longroiva possui ainda o pelourinho, muito simples, constituído apenas por uma coluna e uma pinha com as armas reais de D. Manuel e o arco de entrada da igreja paroquial, de tradição gótica, apenas chanfrado e de desenho ogival.

Para Marialva retome a Estrada N 102, ainda no sentido de Celorico da Beira. Após

7,5 km deverá virar à direita para a Estrada 324. Marialva fica a 3 km.

VIII.4 MARIALVA

VIII.4.a Castelo de Marialva

Classificado como Monumento Nacional.
Informações: Posto de Turismo, telef. 279 858020.
Horário: pode visitar o castelo a qualquer hora do dia.

O castelo remonta ao século XII, certamente à época do reinado de D. Afonso Henriques, pois este rei concedeu foral à povoação em 1179. Esta carta foi renovada, como aconteceu com a generalidade das outras vilas, por D. Manuel I, no ano de 1512. No entanto, no local já existia um castro romanizado, cuja actividade nos séculos seguintes é ainda uma incógnita. Porém, como estava na zona de fronteira portuguesa anterior ao Tratado de Paz de Alcanices, assinado a 12 de Setembro de 1297, desempenhou um importante papel como primeira linha defensiva.

A cerca que se conserva ocupa um espaço considerável, aproveitando o cômoro dos montes para sua implantação, elevando-se as *cortinas* irregularmente, para permitir a criação de um *adarve* bastante largo e o lançamento de ameias. Há duas portas, a do Anjo da Guarda e a do Monte, ligadas por uma calçada, e ainda dois postigos que permitiam o acesso rápido ao campo. A *alcáçova* e as quatro torres fundamentais estão em ruínas, tendo decorrido no final do século XV a última grande

Pelourinho de Longroiva.

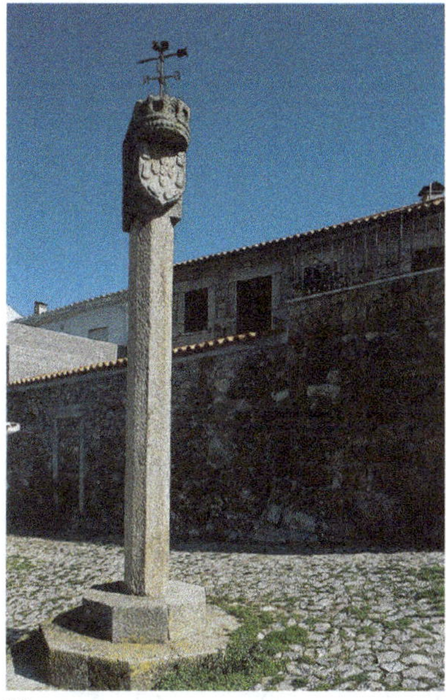

R.C.

Castelo e pelourinho de Marialva.

R.C.

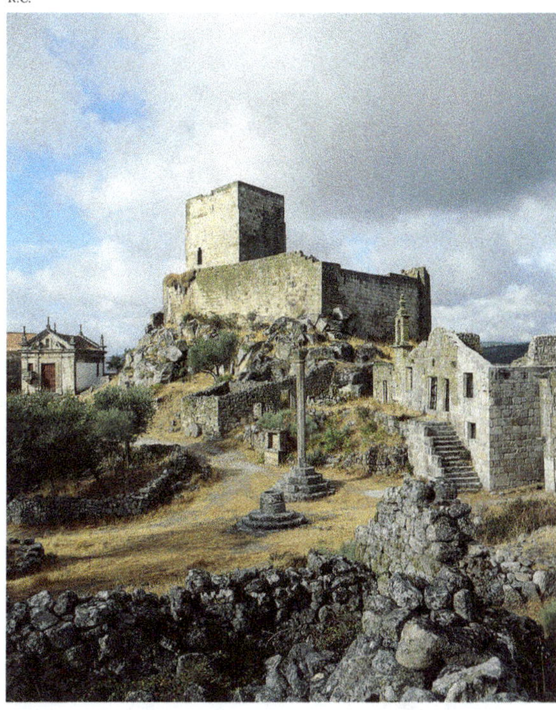

reforma que, julgamos, se prolongou já em tempo manuelino.
Dentro da cerca são visíveis os restos das antigas casas de morada, a cisterna, o pelourinho e duas igrejas já setecentistas.

VIII.4.b **Pelourinho**

No recinto do Castelo.
Classificado como Imóvel de Interesse Público.

Este é outro dos elementos manuelinos que Marialva conserva. Tem a coluna de forma octogonal assente sobre um pedestal de quatro degraus; a pinha é do tipo gaiola, mas com componentes arquitecturais muito menos desenvolvidas do que é habitual nos outros pelourinhos das vilas vizinhas.

Se pretende visitar Celorico, deve retomar a Estrada N 102 no sentido sul. Se pretender seguir para a Guarda, passe Celorico e a 4 km encontra a IP 5, por onde deverá seguir.

VIII.5 CELORICO DA BEIRA
(opção)

VIII.5.a **Castelo de Celorico da Beira**

Classificado como Monumento Nacional.
Informações: Câmara Municipal, telef. 271 742105.
Numa posição dominante, o castelo já existia no século XII, tendo sido sucessivamente reformado, nomeadamente por iniciativa de D. Dinis, no fim do século XIII, até que ganhou a forma definitiva na época manuelina.
Conservam-se uma grande torre de planta quadrangular, que não é a primitiva torre de menagem, e outras torres menores de reforço dos ângulos, bem como o conjunto completo do circuito das muralhas assentes sobre a linha de cume da plataforma que se eleva a cerca de 550 metros de altitude. A comunicação com a vila faz-se por duas portas, uma voltada a oeste e outra a sul.

Igrejas e Castelos da Raia

**Pedro Dias, Dalila Rodrigues,
Nuno Vassallo e Silva, Fernando Grilo**

Segundo dia

VIII.6 GUARDA
VIII.6.a Centro histórico
VIII.6.b Castelo da Guarda
VIII.6.c Sé Catedral

VIII.7 PINHEL
VIII.7.a Castelo de Pinhel
VIII.7.b Igreja da Misericórdia e Pelourinho

VIII.8 CASTELO RODRIGO
VIII.8.a Castelo
VIII.8.b Igreja de Nossa Senhora do Reclamador, matriz de Castelo Rodrigo e Pelourinho

VIII.9 VILAR TORPIM (opção)
VIII.9.a Igreja de Nossa Senhora dos Prazeres, matriz de Vilar Torpim

VIII.10 VILAR FORMOSO (opção)
VIII.10.a Igreja de São João Baptista,matriz de Vilar Formoso

Tectos mudéjares

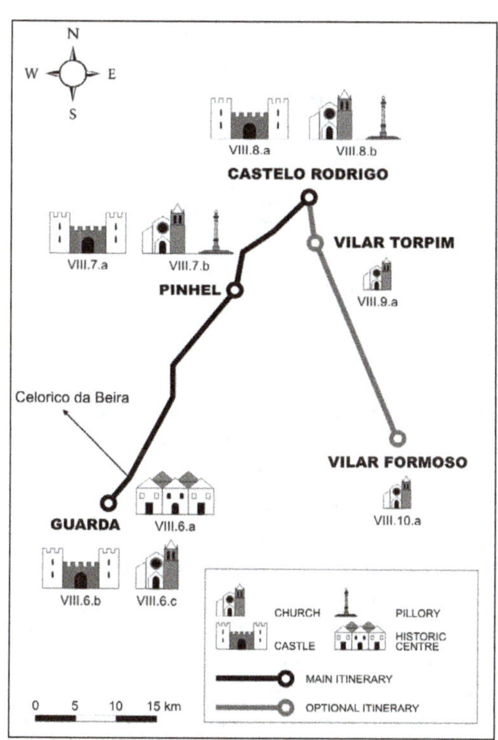

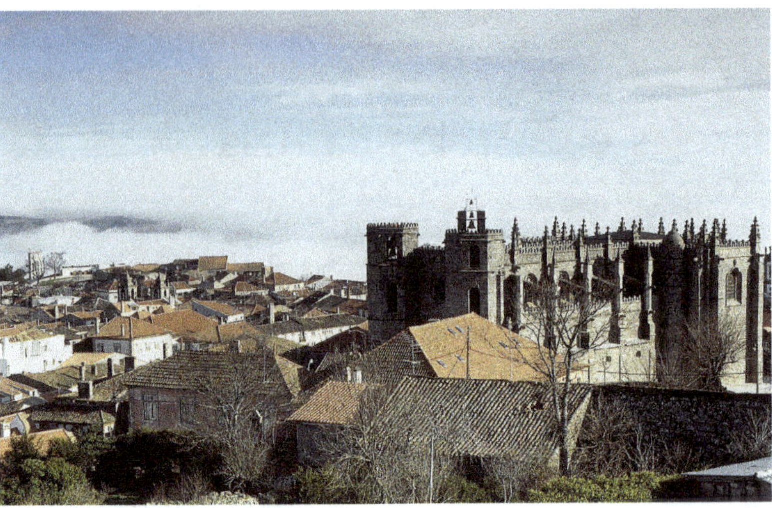

Vista geral do centro histórico, abrangendo a Sé Catedral, Guarda.

M.A

VIII.6 **GUARDA**

A origem da cidade moderna radica na política de D. Sancho I de fortalecer a fronteira oriental do Reino, dotando-a de gentes e castelos que conformaram uma linha clara de separação com Leão e com Castela. No âmbito da reorganização deste território, muito pouco povoado, criou novas vilas, uma das quais foi estabelecida no alto da plataforma onde hoje está o casco urbano antigo e, sobretudo, mudou a sede da diocese egitaniense de Idanha-a-Velha para aqui, por volta de 1203.

A Guarda passou a ser a mais importante povoação portuguesa fronteiriça entre o Douro e o Tejo, possuindo assinalável guarnição militar e desempenhando igualmente funções de pólo de desenvolvimento económico, mormente comercial. A sua situação, no corredor de comunicação entre Portugal e Castela, valeu-lhe diversos assédios e lutas em épocas de crise, a maior das quais quando das lutas que levaram ao trono D. João I, em 1384.

Como cidade episcopal, a acção dos prelados foi aqui sempre relevante, tendo sido motivo de efectivas benfeitorias a nomeação de D. Pedro Gavião para o cargo, em 1496.

VIII.6.a **Centro Histórico**

Informações: Posto de Turismo, telef. 271 205530.

A zona mais antiga de povoamento da Guarda fica numa pequena plataforma que, no fim da Idade Média, estava bem marcada pela cerca de desenho quase circular. As ruas não se organizam racionalmente, mas foram-se acomodando à natureza do terreno e sobretudo à orientação das portas que comunicavam com o exterior, julgamos que cinco, no período medievo. São ruas estreitas, sinuosas, onde existem algumas casas manuelinas e talvez até anteriores, como na Rua Direita e na Rua dos Clérigos.

Dentro da cerca situava-se ainda o castelo, num ponto dominante, mas a linha mais clara de circulação era a já citada Rua Direita, que unia as portas mais afastadas, a Porta da Covilhã e a Porta dos Curros.

Outro pólo urbano agregador era a Sé, também com funções paroquiais e de matriz, em cuja praça se situa a Câmara, edifício de raiz igualmente manuelina. A este templo juntavam-se mais duas igrejas paroquiais, centros naturais aglutinadores de comunidades.

E se falamos de paróquias e da comunidade cristã, não é possível esquecer que aqui viveu até à época manuelina uma importante comunidade judaica, cujo "bairro" tinha portas, como determinou D. Pedro I, e que, depois da conversão oficial, em 1498, se manteve.

Fora de portas ficavam os arrabaldes. O que na época manuelina tinha maior desenvolvimento estava para os lados da Porta dos Ferreiros, onde se situavam as freguesias de São Pedro e de São Nicolau e o convento dos padres franciscanos.

Era aqui também que se realizava a importantíssima feira anual, que durava duas semanas, criada por diploma régio em 1255.

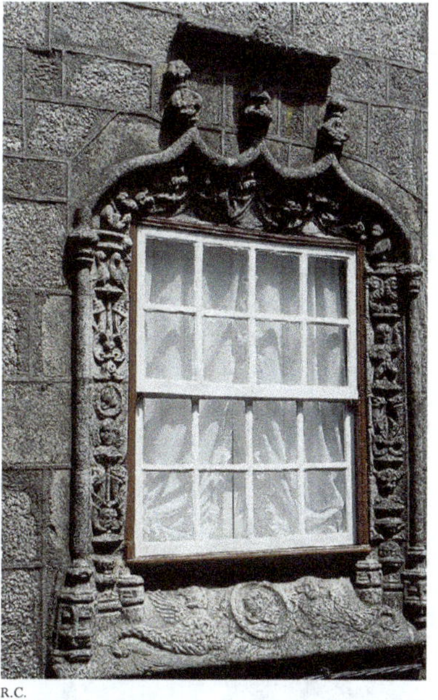

R.C.

Centro histórico, janela manuelina, Guarda.

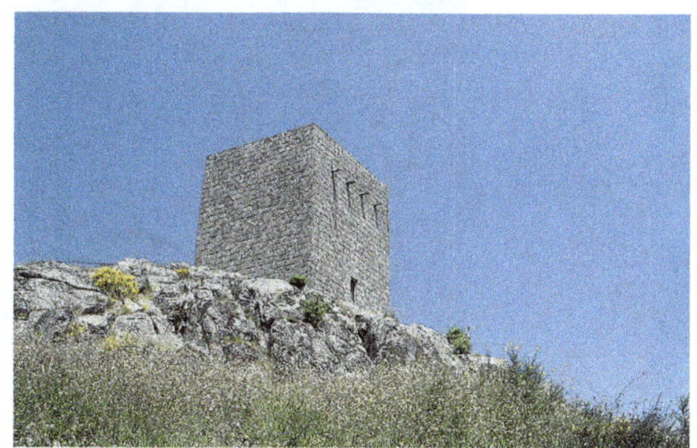

R.C.

Castelo da Guarda, Torre de Menagem.

VIII.6.b **Castelo da Guarda**

Classificado como Monumento Nacional. Informações: Câmara Municipal, telef. 271220220, ou Posto de Turismo, telef. 271 205530.

Do castelo medieval da Guarda, tal como chegou ao tempo do reinado de D. Manuel I, conservam-se as torres da cerca, a de menagem, portas e pequenos troços da muralha. Começado ainda por D. Sancho I, nos últimos anos do século XII, devia ter então apenas o núcleo do castelejo, intra-muros, onde hoje fica a forte torre principal, a menagem, posto que isolada. Teve obras de ampliação no tempo de D. Dinis, isto é, um século depois da fundação, e novamente em tempos de D. Fernando. Nas

Sé Catedral, Guarda.

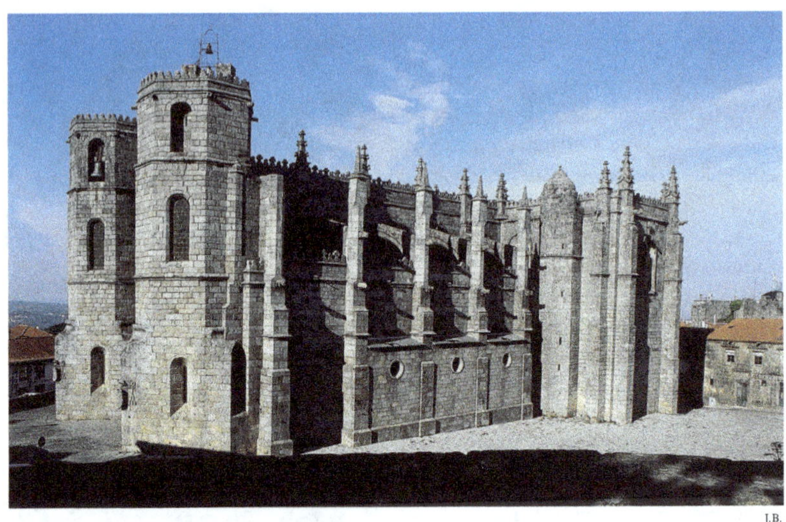

J.B.

Sé da Catedral da Guarda, portal.

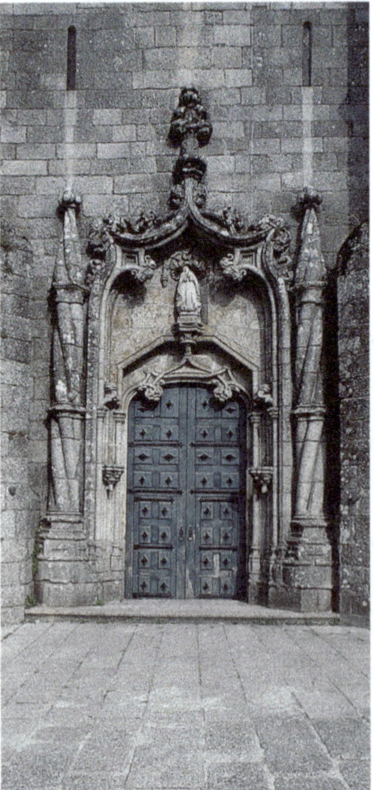

J.B.

lutas de 1383 a 1385, as muralhas sofreram bastante, pelo que a última grande reforma medieval teve de ser decidida logo por D. João I.

Os elementos mais imponentes que ainda se podem ver são as torres, como a dos Ferreiros e a Torre Velha, e as portas, a da Erva, a D'el-Rei e a dos Ferreiros, junto à forte torre homónima, esta de claro desenho manuelino.

VIII.6.c **Sé Catedral**

Praça Luís de Camões, também conhecida por Praça Velha, telef. 271 211231. Classificada como Monumento Nacional. Horário: das 9h às 12h30 e das 14h às 17h, sendo que a celebração diária se realiza das 9h às 10h. Encerra à segunda-feira e no último fim-de-semana de cada mês, e nos feriados de 1 de Janeiro, Domingo de Páscoa, 1 de Maio e 25 de Dezembro.

O edifício que chegou até aos nossos dias foi começado ainda no final do século XIV, entre 1392 e 1397, mas essa obra, dentro do nosso gótico tradicional não ultrapassou a cabeceira e o *transepto*. Em 1504 as obras foram reiniciadas, com uma empreitada que haveria de a conformar definitivamente, como foi comprovado documentalmente. Entre este ano e 1517 os irmãos Pêro e Filipe Henriques, filhos do mestre das Obras Reais da Batalha, Mateus Fernandes, levaram a cabo três campanhas sucessivas, durante as quais levantaram o que faltava das paredes laterais, a frontaria, os pilares, e cobriram todo o corpo com um fortíssimo abobadamento. A obra foi patrocinada pelo bispo D. Pedro Gavião, cujas armas se podem admirar na frontaria e noutras partes do edifício.

Esta é uma igreja pesada, forte, com duas torres octogonais a marcar a frontaria, onde se abre um portal debruado com elementos de cariz naturalista. Lateralmente, são visíveis os *arcobotantes* que suportam as abóbadas. No interior, o corpo possui três naves de altura desigual separado por arcarias de tradição trecentista sobre pilares cruciformes. O *transepto* é saliente e termina o corpo de cinco tramos enquanto as abóbadas são *de cruzaria*, com nervos grossos e de perfil arredondado. Quanto à cabeceira é tripla, com a capela-mor muito avantajada em relação às colaterais.

Merece referência especial a capela funerária de D. João de Pina, aberta no flanco esquerdo, junto do *transepto*, com um portal já de estilo renascença, mas de estrutura ainda tardogótica de tradição manuelina. Aí está o túmulo daquele que foi protonotário apostólico e capelão régio além de tesoureiro-mor desta Sé, numa *edícula* do mesmo estilo e época que alberga a sua estátua jacente.

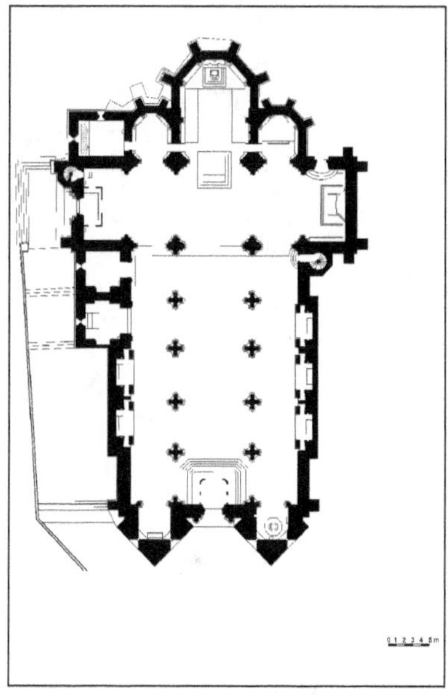

Sé Catedral da Guarda, planta, D.G.E.M.N.

Ao sair da Guarda deverá seguir pela Estrada N 221. Após o entroncamento com a Estrada 226 encontrará, a 3 km, uma saída para Pinhel.

VIII.7 **PINHEL**

A cidade de Pinhel teve a mesma origem da Guarda, isto é, a acção de D. Sancho I no estabelecimento da fronteira com Leão e Castela, no final do século XII. O seu primeiro foral data de 1209, o que prova que já tinha, ainda que incipiente, actividade social suficiente para merecer esta distinção e a legislação básica ao seu futuro desenvolvimento.

Foi fundamental neste processo a instauração aqui da Lei das Sesmarias, por D.

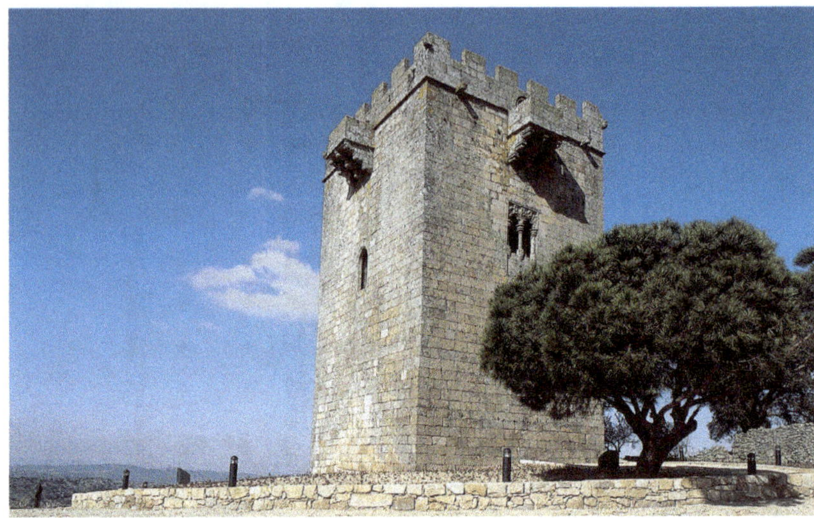
Castelo de Pinhel, torre de menagem.

R.C.

Fernando, que criou também uma feira anual para atrair comerciantes de toda a região.
Em 1510, D. Manuel I deu novo foral a Pinhel.

VIII.7.a **Castelo de Pinhel**

Com acesso pela Rua de Santa Maria.
Classificado como Monumento Nacional.
Informações: Câmara Municipal, telef. 271 410000.

O castelo primitivo remonta ao tempo da fundação da vila, ao início do século XII, mas o que hoje se conserva são vestígios já bastante posteriores, fruto de obras de solidificação e melhoramentos manuelinos, sobre as estruturas trecentistas e quatrocentistas.
Na fortíssima torre de menagem, de planta quadrangular e porta de entrada alta, ao nível do primeiro andar, a que se acedia através de uma escada retráctil, vê-se a mais bela das janelas manuelinas da Beira, de sacada, duplo vão, com *colunelos* de tradição quatrocentista, nas *arquivoltas* naturalistas de ramagens. Na sacada abre-se uma *troneira* cruzetada, mais ornamental do que funcional. É perceptível o espaço ocupado pelo castelejo, que tinha out-

R.C.

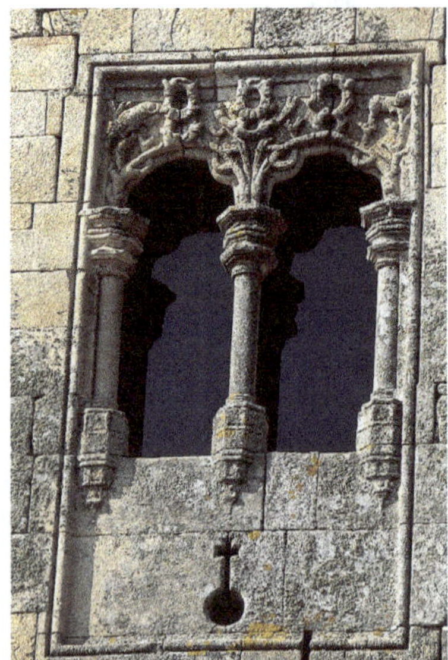
Castelo de Pinhel, janela manuelina.

ras torres além das duas que subsistem, e que comunicava com a cerca mais baixa.

VIII.7.b Igreja da Misericórdia e Pelourinho

Praça Sacadura Cabral.
A igreja está classificada como Imóvel de Interesse Público e o Pelourinho como Monumento Nacional.

A Misericórdia, de fundação manuelina, tinha a sua igreja privativa, de cuja primeira época apenas ficou a fachada, muito simples, e a estrutura geral do corpo. O portal é de traçado ogival, com *intercolúnios* decorados com elementos vegetalistas.
Ao sair da igreja, e na mesma praça, encontra-se o pelourinho manuelino de Pinhel. É bastante simples, com uma base apenas de dois degraus e com o fuste oitavado que sustenta a pinha. Esta é do tipo de gaiola, com uma decoração de rosetas na base e uma pinha estriada como terminação.

Deverá retomar a Estrada N 221, no sentido Figueira de Castelo Rodrigo. Após o entroncamento com a Estrada N 332 encontrará à direita uma saída para Castelo Rodrigo.

VIII.8 CASTELO RODRIGO

Povoação típica de uma zona de fronteira, ocupando um morro dominante, teve fortificações, pelo menos desde o século XII. Foi incorporada na Coroa portuguesa no tempo de D. Dinis, ganhando cada vez maior importância, até à grande reforma manuelina, que conferiu à sua zona histórica o cunho que ainda conserva. Teve carta de foral dada por D. Manuel I em 1508.

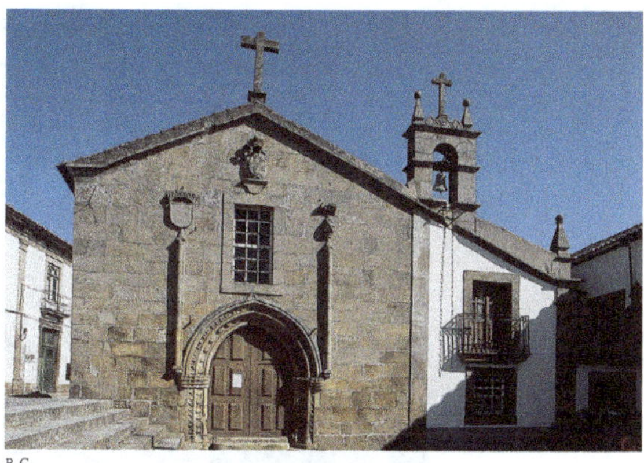
R.C.

Igreja da Misericórdia, Pinhel.

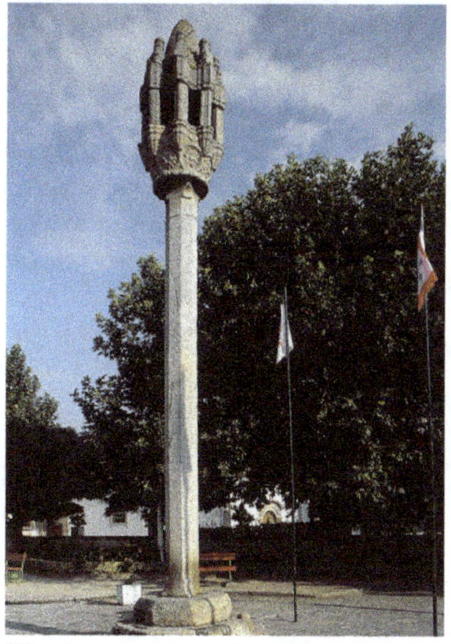
R.C.

Pelourinho de Pinhel.

VIII.8.a Castelo

Fica a 1 km da vila.
Classificado como Monumento Nacional.
Informações: Câmara Municipal, telef. 271 319000.
Horário: pode ser visitado a qualquer hora.

Castelo Rodrigo

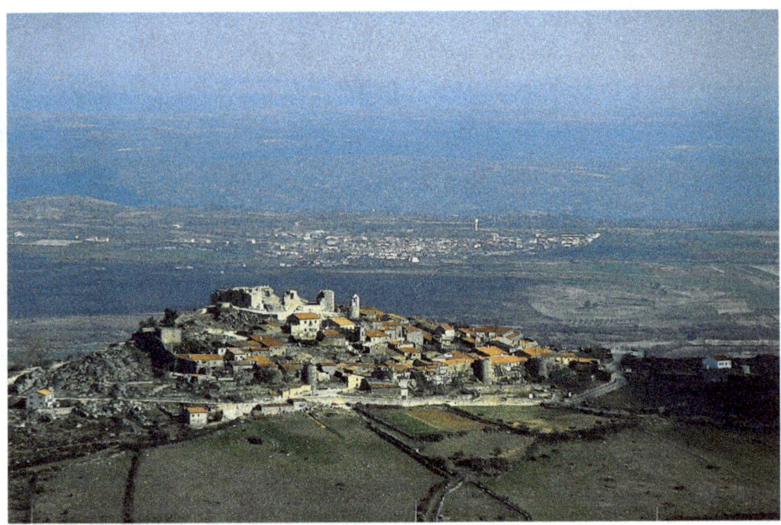

Castelo e povoação de Castelo Rodrigo.

R.C.

O primeiro castelo português foi aqui construído nos anos de transição do século XIII para o século XIV, por iniciativa de D. Dinis, mais não devendo ser nessa altura do que um castelejo, no cômoro do morro. No *Livro das Fortalezas de* Duarte D'Armas esta construção é bem visível, e distingue-se da cerca, mais baixa, que rodeava o casario da vila. Por esses desenhos vê-se também que as *cortinas* estavam em mau estado, sobretudo do lado sul, que depois foram refeitas. Do lado norte, havia já uma *barbacã* baixa com *troneiras*. Apesar das destruições de que foi alvo, mesmo já no início do século XIX, ainda se conservam grandes partes dos muros manuelinos, marcados pelas fortes torres redondas.

VIII.8.b Igreja de Nossa Senhora do Reclamador, matriz de Castelo Rodrigo e Pelourinho

Largo da Igreja. Classificada como Imóvel de Interesse Público e o Pelourinho como Monumento Nacional.

Para visitar o interior deve contactar o Presidente da Junta de Freguesia, telef. 271 312642.

A igreja matriz da antiga vila foi profundamente remodelada nos séculos XVII e XVIII, mas mantém a estrutura que tinha na época manuelina. É longa, baixa, marcada pelos tradicionais arcos-diafragma que caracterizam este tipo ou grupo regional, conformando seis tramos amplos.
Destacam-se ainda algumas esculturas de tradição flamenga e do início do século XVI, talvez do imaginário nórdico Arnau de Carvalho, um grupo do *Calvário* e um excepcional *São João Baptista*.
Ao sair da igreja, e junto à fachada posterior, fica o pelourinho. É manuelino, do tipo de gaiola, com dois *colunelos*, assente sobre um pilar octogonal e este por sua vez sobre uma base formada por cinco degraus.
Se pretende visitar Vilar Torpim, retome a Estrada N 221 no sentido Pinhel / Guarda. A 600 m terá um entroncamento à esquerda

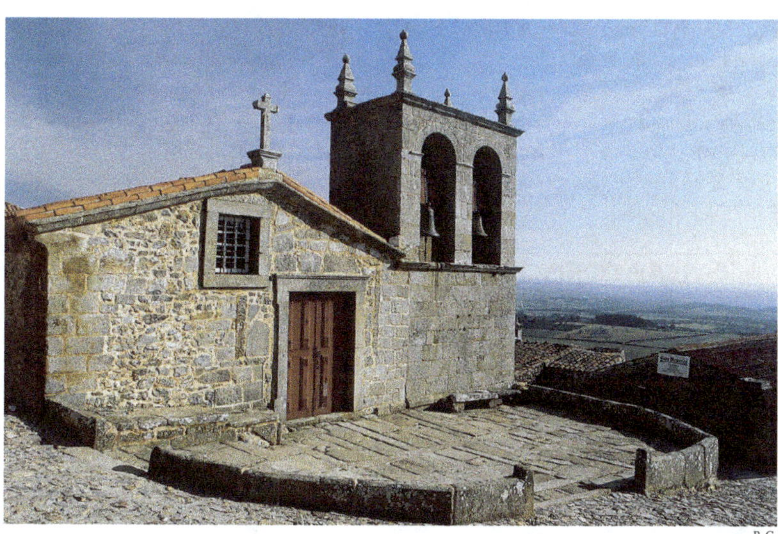

Igreja da Nossa Senhora do Reclamador, matriz de Castelo Rodrigo.

R.C.

para a Estrada N 332. Deverá segui-la durante 6 km.

VIII.9 VILAR TORPIM (opção)

VIII.9.a **Igreja de Nossa Senhora dos Prazeres, matriz de Vilar Torpim**

Rua Padre João Mendes Garcia.
Horário: abre, para a celebração de missa, de segunda a sexta-feira às 20h e ao domingo às 12h30. Para efectuar uma visita fora deste horário deverá contactar a Sra. Laurinda, telef. 271 377367, ou na sua residência, na Rua do Meio; ou, em alternativa, a Sra. Maria Adelaide, na Rua da Igreja.

A igreja tem a estrutura comum do grupo das que foram construídas ou reconstruídas no início do século XVI, larga e de nave única, marcada por arcos-diafragma. No flanco esquerdo abre-se a capela funerária do cavaleiro D. António de Aguilar, obra tardia, mas ainda na tradição manuelina. Possui abobadamento de nervuras e um túmulo com a estátua jacente do fidalgo que foi comendador da Ordem de Cristo. A lápide primitiva que está no chão possui a data de 1546. Na capela-mor foi colocado um quadro da primeira Renascença

R.C.

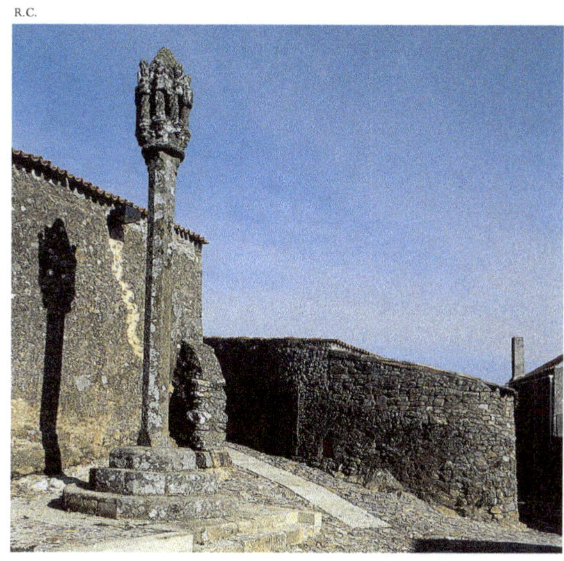

Pelourinho de Castelo Rodrigo.

evocativo *de Nossa Senhora da Piedade* que pertenceu à capela tumular.

Retome a Estrada N 332 no sentido Almeida. Depois de percorrer 20 km encontrará o final da estrada, aí deverá seguir pela IP 5 para Vilar Formoso.

VIII.10 **VILAR FORMOSO** (opção)

VIII.10.a **Igreja de São João Baptista, matriz de Vilar Formoso**

Largo da Igreja.
Horário: abre, para a celebração de missa, de segunda a sexta-feira às 18h30 no Inverno, às 19h30 no Verão, ao sábado às 19h no Inverno e às 20h no Verão, e ao Domingo às 11h30. Fora deste horário é possível a visita, contactando o Centro de Acolhimento, telef. 271 512554.

A igreja de Vilar Formoso, à semelhança da de Vilar Torpim, é mais um exemplar típico do grupo das vilas fronteiriças construídas ou reconstruídas no início do século XVI. Possui uma nave única dividida por arcos-diafragma, é baixa e comprida. A capela-mor apresenta a curiosidade de estar coberta por um tecto *mudéjar* de laçaria policromada, e sabemos que, décadas atrás, o tecto do corpo era ainda deste tipo, mas foi destruído em obras de reedificação.

Pedro Dias

A arte *mudéjar*, tal como a historiografia artística a define, caracteriza-se pela influência da estética e das técnicas muçulmanas em terra cristã. Naturalmente brotou, antes de mais, na Espanha da Reconquista, mas estendeu-se a outros territórios, como moda adoptada pelo seu brilho, pela minúcia, pelo intenso cromatismo e luxo. Assim, não espanta ver hoje elementos *mudéjares*, sobretudo obras de carpintaria, em zonas altas de Aragão ou Trás-os-Montes, mas já não deixa de causar perplexidade ver as imensas coberturas de *par y nudillo* e *carpintería de lo blanco*, na Bolívia, na Colômbia e no México.

Em Portugal, há um núcleo importante na região raiana beirã, com clara influência de Castela. São elementos relativamente modestos, tectos ou restos de coberturas, nunca anteriores ao fim do século XVI, mas que denotam um fortíssimo intercâmbio, entre os dois lados da fronteira, em tempo do reinado de D. Manuel I. Lembremos apenas as igrejas de Escarigo, Leomil, Castelo Bom, Vilar Formoso, Castelo Mendo, Marmeleiro, Vila do Touro e Sortelha.

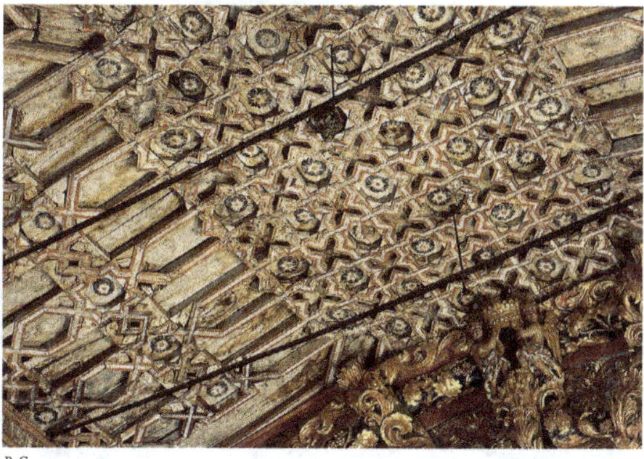

R.C.

Igreja de Escarigo, tecto.

O Território da Guarda no Século XIX

"O seu território é fértil em milho, centeio, legumes, hortaliças, fructas e algum vinho; porém as suas vastas pastagens, que são magníficas, e onde se cria grande quantidade de excellente gado, de diversas espécies, constituem o principal ramo da sua indústria agrícola; sendo importantíssimo o seu commercio de exportação de gado, lans, queijos e manteiga.

Também a plantação d'amoreiras se tem aqui desenvolvido muito, prosperando a creação do bicho de seda, e a fiação d'ella, no que as mulheres se empregam quasi exclusivamente; o que já dá animadores resultados, que, com o tempo e aperfeiçoamento, virão a ser uma fonte de prosperidade.

A Serra da Estrella, com as suas celebradas lagôas, vistosas cascatas, grutas singulares e rochedos imponentes, faz mui curiosas e pittorescas as cercanías da Guarda.

Pinho Leal, Portugal Antigo e Moderno, *vol. III, Lisboa, 1871.*

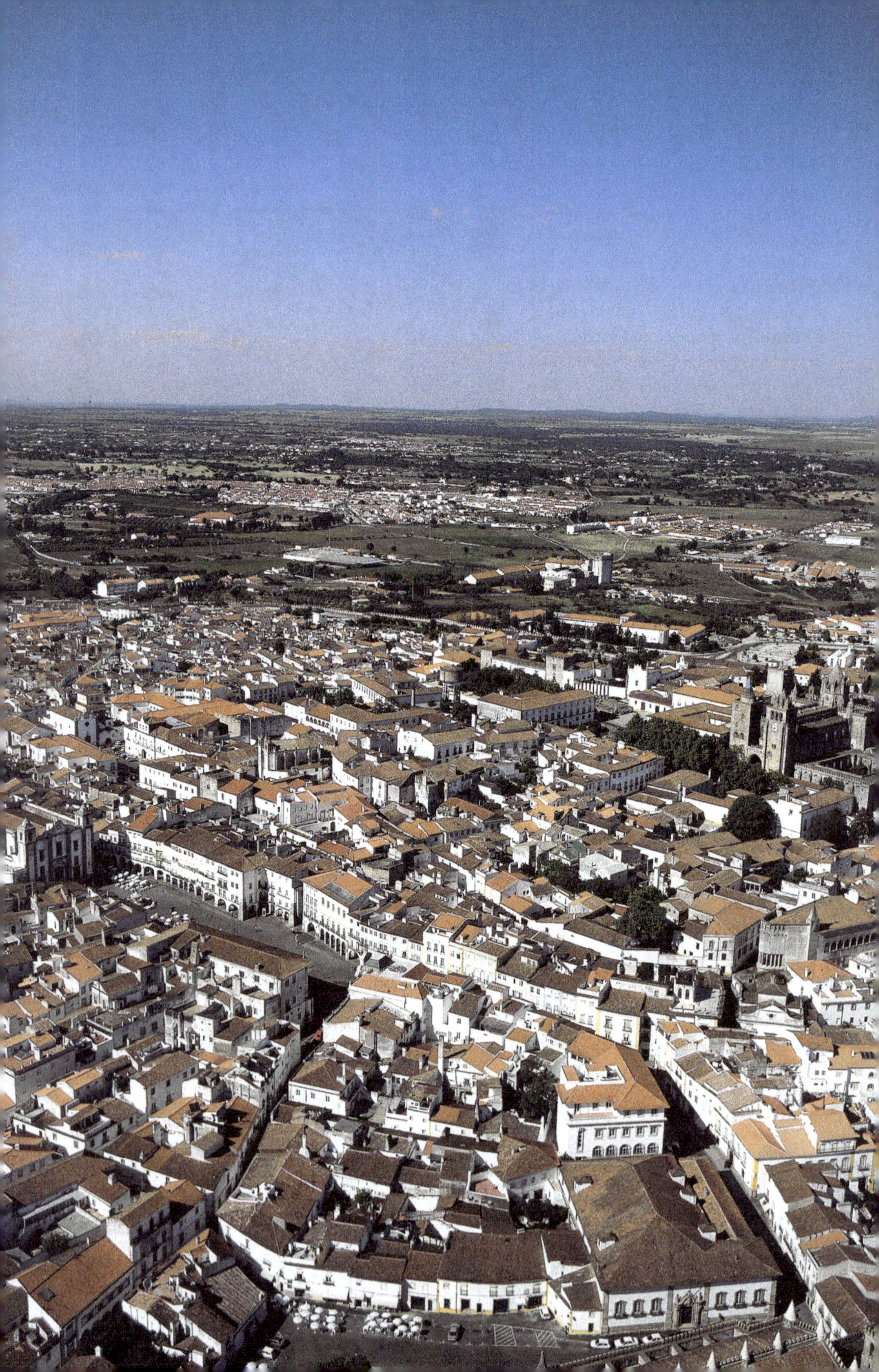

Évora: Cidade da Corte

**Pedro Dias, Dalila Rodrigues,
Nuno Vassallo e Silva, Fernando Grilo**

Primeiro dia

IX.I ÉVORA

IX.1.a Muralhas da cidade
IX.1.b Galeria das Damas do Paço Real
IX.1.c Ruinas do Palácio Vimioso
IX.1.d Igreja do Convento de São Francisco
IX.1.e Museu de Arte Sacra da Sé Catedral
IX.1.f Museu de Évora
IX.1.g Convento dos Lóios ou de São João Evangelista
IX.1.h Convento de São Bento de Cástris (opção)
IX.1.i Convento de Nossa Senhora do Espinheiro (opção)

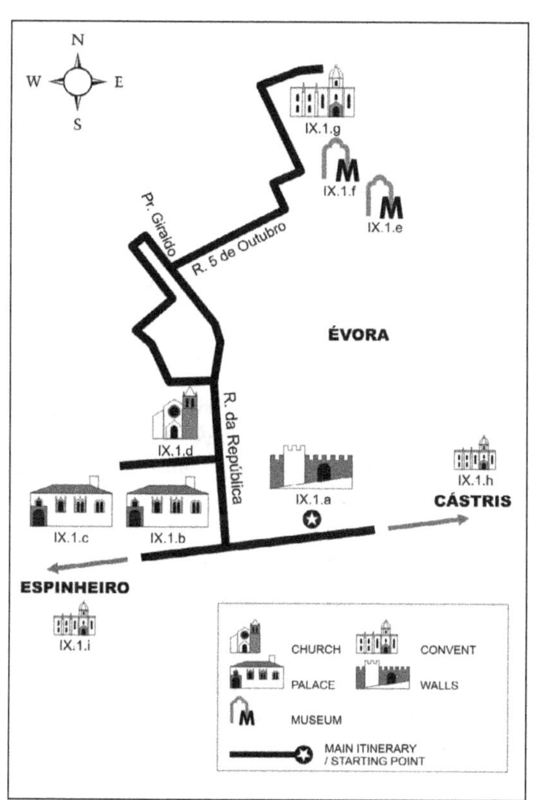

Vista aérea sobre Évora.

Durante o fim da Idade Média e o início da Época Moderna, que coincide com o período áureo dos Descobrimentos e da Expansão marítima dos portugueses, a cidade de Évora conheceu um esplendor e um brilho cultural e artístico que a tornaram ímpar no panorama português e um dos principais focos da cultura europeia do Renascimento.

De clima ameno, rodeada por campos férteis e por zonas de excelentes aptidões venatórias, os monarcas portugueses da dinastia de Avis ganharam-lhe uma enorme afeição, testemunhada por benfeitorias e por longas estadas. Foi nela que D. João II decidiu fazer as festas do casamento do seu herdeiro com a filha dos Reis Católicos, acto que prenunciava a união ibérica e que se traduziriam num dos maiores festejos que a Idade Média europeia tardia conheceu.

As vilas alentejanas em geral e, particularmente, em redor de Évora cresceram por motivo das doações aos principais senhores do Reino, tornando-se cabeças de condados, nomeadamente Arraiolos, Vidigueira e Olivença. Naturalmente, pretenderam fixar aí populações, dando-lhes condições para cultivarem os campos, acolheram instituições religiosas e eles mesmos promoveram a construção de templos e de palácios. A Corte, por seu lado, não deixou também de cumprir as suas obrigações, nomeadamente no campo das estruturas viárias e no incremento dos sistemas de defesa.

Em Évora e no seu aro estabeleceram-se grandes famílias nobres, para poderem acompanhar as constantes visitas da Corte, com D. João II, com D. Manuel I, e particularmente com D. João III, que aqui viveu largos anos. Queriam estar perto do rei, servi-lo, beneficiar da sua consideração ou amizade, encomendar obras de arte ou de luxo aos artistas que de toda a Europa aqui acorriam. E que dizer das obras importadas da Flandres, da Itália, da Espanha ou do Oriente? O resultado foi o embelezamento da urbe com belíssimos palácios: dos condes de Sortelha, dos condes de Basto, dos condes de Portalegre, dos condes de Vimioso, e até as belas casas de Vasco da Gama e as do trágico herói do *Naufrágio de Sepúlveda*. Aqui viveram os grandes artistas como Nicolau Chanterene, Francisco Henriques, Olivier de Gand, Frei Carlos, António e Francisco de Holanda, Francisco e Miguel de Arruda, Gil Vicente, Mateus de Aranda, entre outros. Dos arredores de Évora, e conformando com a capital alentejana um núcleo patrimonial notabilíssimo, destacam-se as próximas vilas de Montemor-o-Novo e de Arraiolos, cuja arte é também uma extensão da eborense.

IX.1 ÉVORA

A história de Évora remonta a vários milénios atrás, havendo testemunhos importantes já da época de dominação romana, como o emblemático templo baptizado como "de Diana", e também de toda a Idade Média, em que a cidade foi partilhada por árabes, hispano-romanos visigodos e judeus vindos de várias paragens.

O antigo povoado foi conquistado aos Lusitanos pelo general Décimo Júnio Brutus, recebendo no tempo de Júlio César e, depois, em plena fase de desenvolvimento, o título enobrecedor de

Liberalitas. Ficou dependente de Mérida e era uma importante encruzilhada na viação do ocidente peninsular, com monumentos imponentes na acrópole e no *forum*.

Após o fim do Império Romano, a urbe foi sucessivamente ocupada por visigodos e muçulmanos, formando-se aqui uma elite arabizante, entre 713 e 1165, ano da definitiva reconquista cristã, em tempo do rei D. Afonso Henriques. Como era a maior das cidades entre Lisboa e o Algarve, foi natural que diversos monarcas a escolhessem para passarem grandes temporadas, como D. Afonso III, D. Dinis e D. Afonso IV, o que acentuou as suas tendências para a capitalidade. Já no ocaso do século XIV, o grande cabo de guerra D. Nuno Álvares Pereira teve aqui a sua principal morada, durante vinte e seis anos. Quem também teve grande predilecção pela cidade foi D. João II que, aliás, aqui viveu alguns dos momentos mais dramáticos do seu reinado.

Uma cerca formidável ponteada de torres defendia os diversos bairros em que coexistiram muçulmanos, judeus e cristãos, cerca que teve de aumentar, para não deixar de fora dela novos núcleos habitacionais e institutos religiosos. Na época manuelina, a cidade era uma referência em toda a Europa, pela beleza dos seus edifícios e pelo luxo de muitos dos habitantes, laicos e eclesiásticos.

As grandes igrejas como a Catedral, a maior das sés medievais portuguesas, o gigantesco Convento de São Francisco ou a modesta Ermida de São Brás, tudo marcado pela cintura de muralhas, conferem um interesse excepcional à cidade, a par dos núcleos da mouraria e da judiaria, e da famosa Praça do Giraldo.

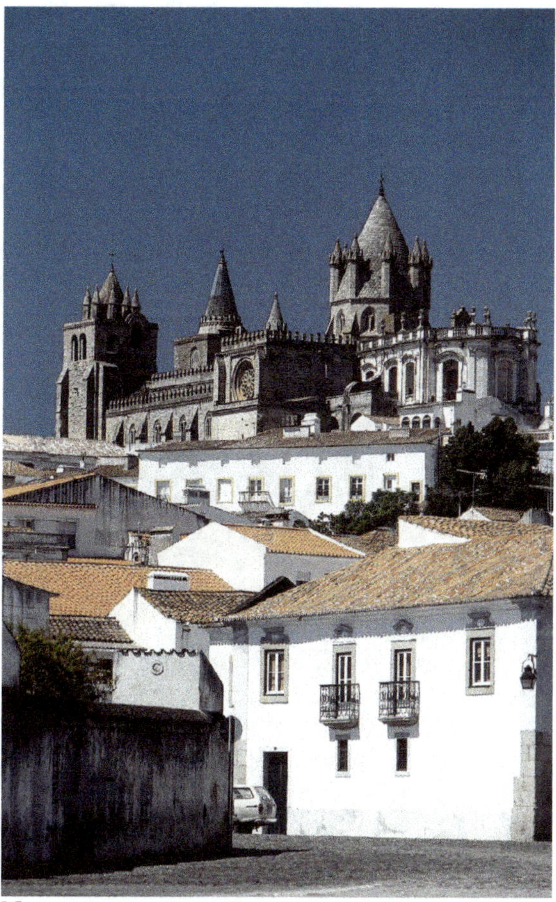

R.C.

Núcleo antigo de Évora, com a Sé Catedral ao fundo.

Os vestígios destes tempos de glória, e de outros mais recentes, são tantos que a UNESCO declarou a cidade Património da Humanidade.

Évora poderá ser visitada a pé. A maioria dos locais de visita situam-se em ruas de difícil acesso automóvel. Existem diversos parques de estacionamento junto das várias entradas do núcleo histórico. Sugerimos, contudo, a opção fornecida pelo lado do Rossio de São Brás, onde dispõe de dois parques gratuitos.

Évora

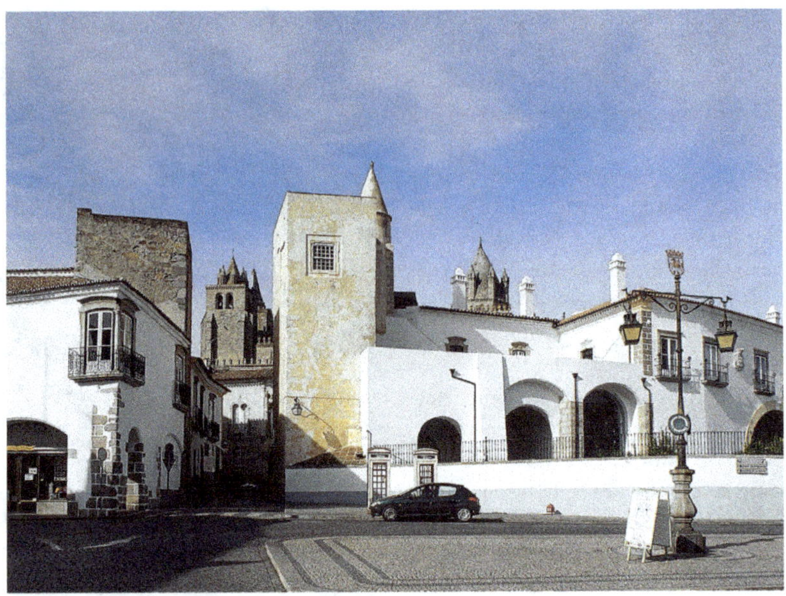

Muralha de Évora.

R.C.

IX.1.a **Muralhas da cidade**

As primitivas muralhas têm um perímetro de cerca de 1200 m desenvolvendo-se em círculo, tomando como centro o Largo da Sé. Os seus vestígios são pouco visíveis. A cerca nova envolve todo o núcleo histórico de Évora, sendo visível a partir de todas as entradas na cidade. Estão classificadas como Monumento Nacional. Informações: Posto de Turismo, telef. 266 702671.

As primitivas muralhas de Évora remontam ao período de domínio romano, sendo certo que beneficiaram de obras importantes durante a dominação árabe. No momento da Reconquista por Geraldo Sem-Pavor, eram as mais fortes de todo o Sul do território português.

Em meados do século XIV, houve necessidade de conformar a cerca ao crescimento urbano, além de que muitas das torres e das *cortinas* estavam demasiadamente velhas e enfraquecidas. As obras duraram quase um século, e o que hoje se pode ver de estilo gótico é essencialmente fruto destas empreitadas.

A porta mais antiga deve ser a de D. Isabel, tradicionalmente tida por romana. Da cerca nova destaca-se a Porta do Moinho de Vento, reformada em 1517 por iniciativa do conde de Tentúgal; a Porta de Alconchel, do início de Quatrocentos; e a Porta da Lagoa, do fim do século XV, ambas com altas torres defensivas adstritas. Os *adarves* dos muros foram ocupados nalguns pontos por famílias poderosas, para a construção dos seus palácios, como foram os casos do Paço de São Miguel de Freiria, o Paço dos Cadaval e o Paço dos Condes de Basto, com importantes vestígios das obras da época manuelina.

IX.1.b Galeria das Damas do Paço Real

O Paço Real, também conhecido como Palácio de D. Manuel, localiza-se no Jardim Público.
Classificado como Monumento Nacional.
É actualmente utilizado para exposições, variando o seu horário de funcionamento consoante as mesmas. Informações: telef. 266 70 41 01.

Do grande complexo palatino de São Francisco de Évora já só resta a chamada Galeria das Damas, obra profundamente alterada no fim do século XIX e que teve obras de reintegração igualmente violentas.
Aqui trabalharam os arquitectos Afonso de Pallos, Duarte de Medina e Pero de Trillo, homens educados no *mudéjar* espanhol e que fizeram para D. Manuel I um paço à maneira da dos Reis Católicos, como ele vira durante as suas várias viagens ao reino vizinho.
Tem dois pisos, o térreo, em que metade é apenas um espaço coberto e outra parte possui salas de média dimensão, e o nobre, com uma varanda no topo, amplas janelas e um mirante com *coruchéu* piramidal. Anotem-se os arcos de volta ultra-semicircular e os *ajimeces* de portas e janelas, e também da dupla arcada que divide em três o primeiro andar, tão ao gosto da corrente muçulmanizante do início do século XVI.

IX.1.c Ruínas do Palácio Vimioso

Jardim Público, junto ao Paço Real.
Integradas no jardim dominado pela Galeria das Damas, ficam as ruínas fingidas levantadas pelo cenógrafo italiano Cinatti, sobre parte da cerca nova, obra começada em 1866. Ao bom modo romântico, aproveitou janelas e varandas de traça *mudéjar*, do Palácio de D. Afonso de Portugal, bispo de Évora e tronco da Casa Vimioso, que então ainda estavam no seu local de origem, em frente da Sé Catedral.

IX.1.d Igreja do Convento de São Francisco

Praça 1° de Maio, telef. 266 704521.
Classificada como Monumento Nacional.

A.C.

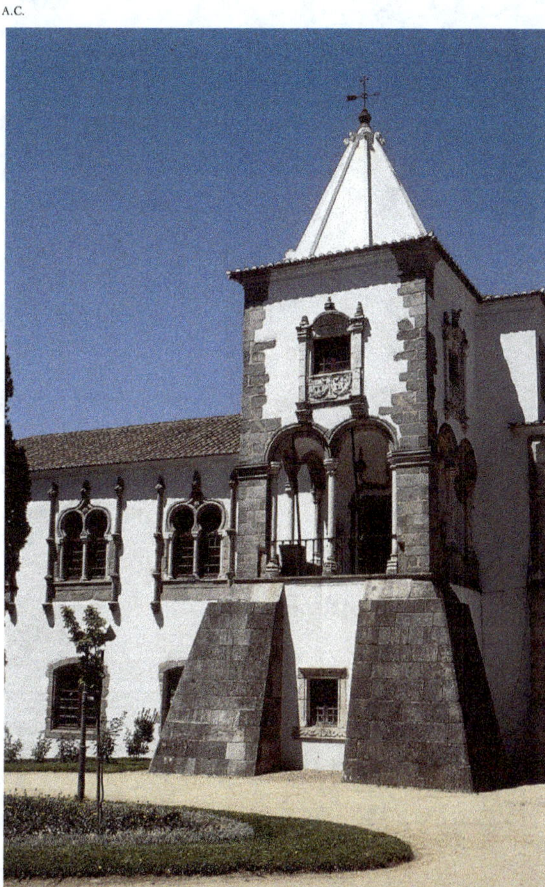

Galeria das Damas do Palácio de D. Manuel, Évora.

Ruínas do Palácio do Vimioso, Évora.

Igreja de São Francisco, Évora.

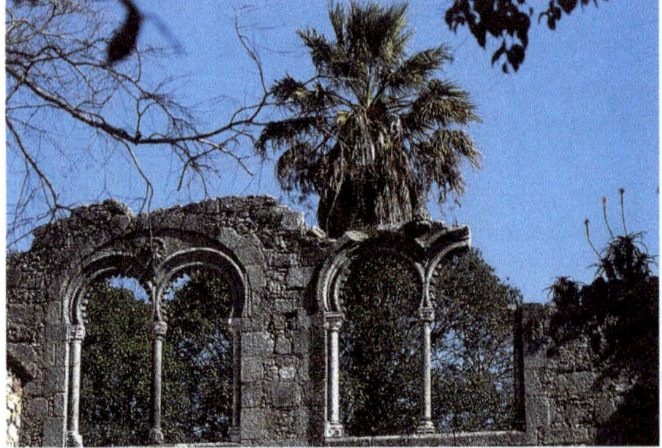

R.C. R.C.

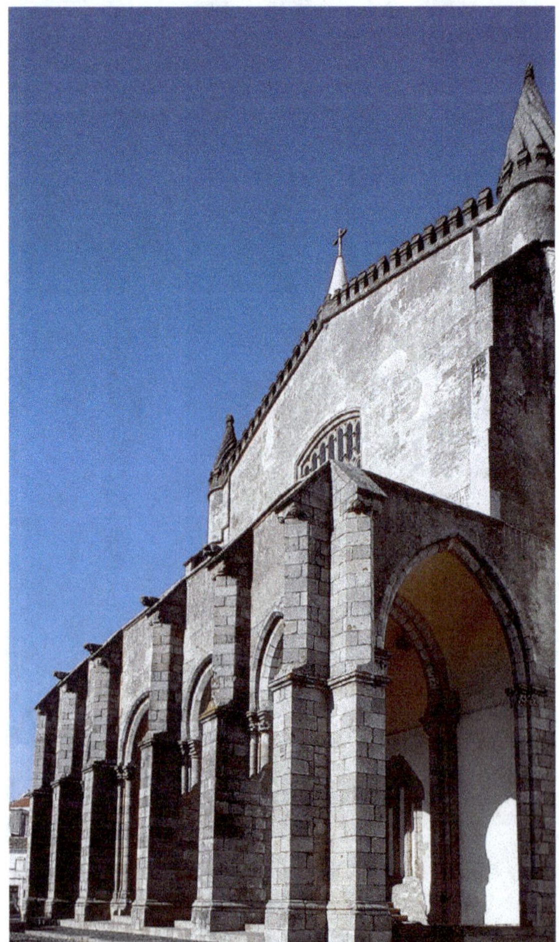

Horário: diariamente das 8h às 18h, no Verão, e das 9h às 13h e das 14h30 às 17h30, no Inverno.

Este convento franciscano teve origem nos meados do século XIII e foi sempre muito protegido pelos monarcas, instalando-se mesmo o paço real em terrenos seus anexos.

O templo, que estava em obras em 1508 e tinha por mestre Estêvão Lourenço, é um dos mais fantásticos de todos os manuelinos. Precede-o um alpendre de forte estrutura de cantaria e acede-se ao interior por um elegante portal de mármore, sobre o qual estão os habituais símbolos de D. Manuel I, que patrocinou a obra.

O coroamento geral é feito por ameias de cariz decorativo e os *pináculos* tradicionais foram substituídos por torres cónicas, muito típicas na arquitectura alentejana em tijolo.

O interior tem uma só, mas imensa, nave abobadada com nervuras rectas, com apenas três *chaves* por tramo, já que os *arcos torais* são de tipo tradicional e independentes, apenas se encontrando com os *terceletes* nas mísulas. Estas nervuras descarregam os impulsos da abóbada sobre capelas pouco fundas nos flancos, também elas abobadadas, mas com eixo perpendicular à nave, para servirem de contrafortes. Já a abóbada da capela-mor é muito mais rica, com dois tramos estrelados e *chaves* de finíssima decoração naturalista.

Nos altares barrocos do cruzeiro foram incluídas pinturas da primeira renascença, da autoria de mestres lisboetas discípulos de Jorge Afonso.

À época manuelina pertence ainda a sala do capítulo, com um abobadamento muito rebaixado de nervuras quase

planas assentes em pilares hexagonais com capitéis de anel.
A grande igreja, que se conservou, foi levantada durante o reinado de D. Manuel I, mas o claustro é anterior, sabendo-se mesmo o nome do mestre-de-obras que o construiu, João de Alcobaça, que era muito provavelmente um artista educado, naquela vila, e certamente no estaleiro cisterciense, onde os trabalhos continuavam, nos anexos da igreja abacial e nos coutos vizinhos. Corria o ano de 1376 quando foi patrocinado por D. Fernando Afonso de Morais, comendador da Ordem de Santiago. Sabemos ainda que, em 1443, trabalhava como mestre de pedraria do estaleiro o castelhano Mestre Pero.

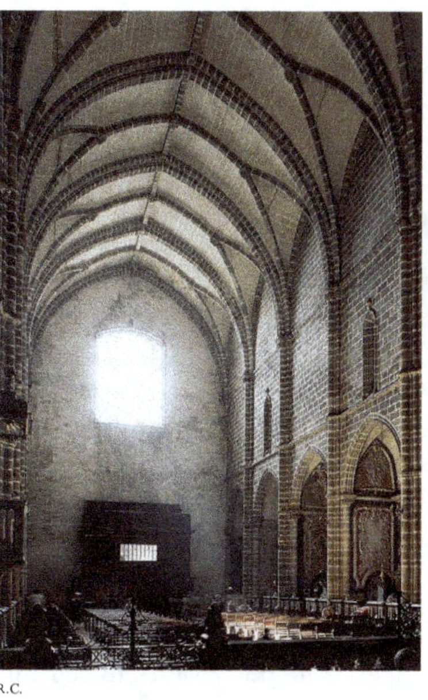

Igreja de São Francisco, interior, Évora.

R.C.

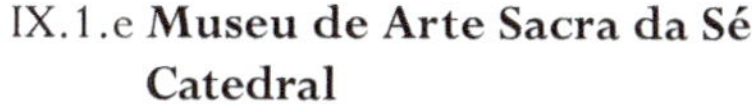

IX.1.e **Museu de Arte Sacra da Sé Catedral**

Largo do Marquês de Marialva, também conhecido como Largo da Sé, telef. 266 759330.
A entrada é paga. Horário: das 9h às 12h e das 14h às 16h30, excepto à segunda-feira e no dia 25 de Dezembro.
A Sé, começada ainda durante o período de vigência do estilo românico, muito provavelmente em 1186, quando era bispo da diocese D. Paio, foi sagrada em 1204. Não era o edifício de hoje, mas um outro mais pequeno, adaptado às necessidades de então, começado entre 1267 e 1283. O claustro tem enormes dimensões, um piso só abobadado, num estilo gótico evoluído, do melhor que se fez em Portugal no século XV.
No braço esquerdo do cruzeiro fica a Capela do Esporão, com um abobadamento de nervuras tardogóticas e um arco de entrada da transição do manuelino para a renascença. Também a capela baptismal é manuelina, fechada com uma grade da mesma época e estilo, um destes raríssimos exemplares existentes em Portugal.
No exterior, destaca-se a torre do cruzeiro, com a sua terminação manuelina, que se pode filiar nalgumas idênticas, posto que mais antigas, como as das catedrais de Salamanca e de Zamora.
O Museu de Arte Sacra dispõe-se em três salas, com início na torre norte e prolongando-se à sala sobre a sacristia. Apresenta obras de escultura, pintura, paramentaria e, sobretudo, ourivesaria, num leque cronológico que se estende do século XV ao XIX.
Na primeira sala o visitante é acolhido pela magnífica figura da *Virgem do Paraíso*, escultura francesa de marfim, oferecida ao Convento do Paraíso, em 1475. Outra sala possui obras de ourivesaria, área em que o museu é riquíssimo.

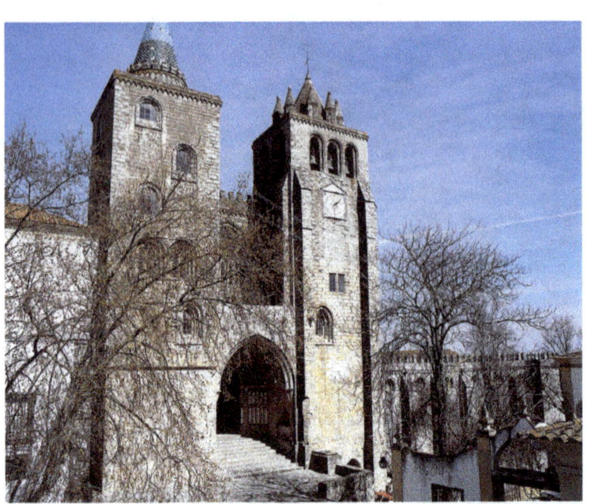

M.A.

Sé Catedral de Évora.

Destaca-se uma grande custódia de prata dourada com majestoso corpo superior de tipo arquitectónico com cuidada execução. Foi feita no tempo em que o infante D. Afonso, filho de D. Manuel I, foi prelado em Évora, isto é, entre 1522 e 1540.

IPM/J.R

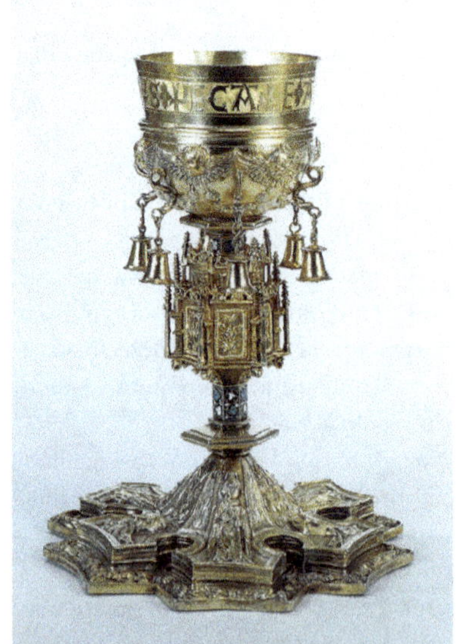

Cálice de prata dourada, trabalho português, c. 1530, Museu de Évora.

A obra mais importante é o báculo de prata dourada enriquecido com pedras preciosas, o único conhecido de então, muito aproximado dos representados na pintura manuelina. Possui um imponente nó com corpo arquitectónico, que protege figuras do Novo e do Velho Testamento. A voluta da crossa apresenta uma elegante figura da Virgem em vulto pleno. Deve ter pertencido ao Infante D. Henrique, também ele filho de D. Manuel I e arcebispo de Évora, a partir de 1540.

IX.1.f **Museu de Évora**

Largo Conde de Vila Flor, telef. 266 702604.
Horário: à terça-feira das 14h às 17h30, e de quarta-feira a domingo, das 9h30 às 12h30 e das 14h às 17h30. Encerra à segunda-feira e nos feriados de 1 de Janeiro, Domingo de Páscoa, 1 de Maio e 25 de Dezembro.

A colecção do Museu de Évora apresenta algumas obras de arte decorativas datáveis do período manuelino.
Proveniente de Sevilha, atribuído às oficinas de Francisco Niculoso, o introdutor da pintura de majólica na Andaluzia, possui o museu um belíssimo painel de azulejos representando a *Anunciação*. Trata-se de uma preciosa obra, com cuidada representação de mobiliário de cunho gótico e elementos ornamentais renascentistas, nomeadamente em todo o enquadramento da cena, como representando uma capela ladeada por duas colunas e ornamentação de *grutescos*.
Da colecção de ourivesaria, destaca-se o cálice de prata dourada, proveniente

da Ermida de São Brás, e datável de cerca de 1515-1525. Possui um nó de tipo arquitectónico, como característico das artes ornamentais da época, onde já pontuam alguns elementos clássicos. Na haste é bem visível o trabalho de esmaltes, na técnica do *cloisonné*, nas cores preto, branco e turquesa. Na copa, pequenos peixes suportam sinos. A base apresenta figuras de santos.

Do numeroso e importante conjunto de *retábulos* de pintura que se fizeram para as igrejas conventuais de Évora no período manuelino muito pouco se conserva na cidade e na colecção do seu museu. Porém, do *retábulo* da capela-mor da Sé, encomendado no período do episcopado de D. Afonso de Portugal, entre 1485 e 1522, talvez na mudança de século, resta um impressionante núcleo formado por treze painéis. A *Virgem dos Anjos* ou *Nossa Senhora da Glória*, de maiores dimensões, ocuparia o espaço central do *retábulo* original, a par de uma desaparecida escultura, enquanto os restantes doze se organizariam em três fiadas horizontais sobrepostas, numa estrutura simétrica em relação a esse eixo central e de acordo com três ciclos iconográficos. Assim, os temas relativos ao nascimento e infância da Virgem – *Encontro de Santa Ana e São Joaquim na Porta Dourada*, *Nascimento da Virgem*, *Apresentação da Virgem no Templo* e *Casamento da Virgem* – estariam colocados na fiada superior do *retábulo*. O ciclo da *Natividade de Jesus*, com a *Anunciação*, *Natividade*, *Circuncisão* e *Adoração dos Magos*, formaria a fiada intermédia, enquanto na inferior estariam colocados os temas da infância de Jesus de carácter doloroso para a Virgem, *Apresentação de Jesus no Templo*, *Fuga para o Egipto* e *Jesus entre os Doutores*,

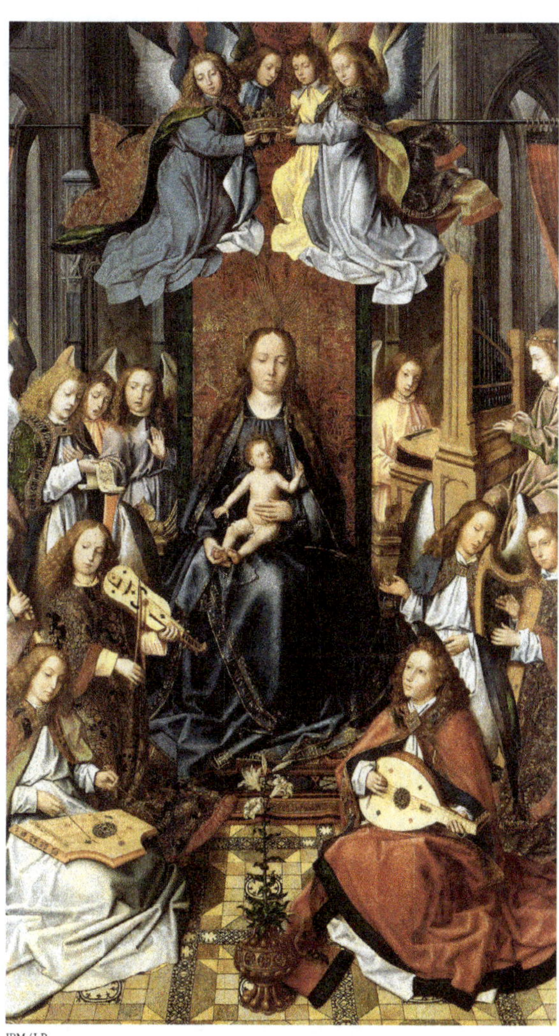

IPM/J.P

Oficina de Gerard David, "Nossa Senhora da Glória", do políptico da Sé Catedral de Évora, óleo sobre madeira de carvalho, 1490-1500, Museu de Évora.

terminando com o tema alusivo à *Morte da Virgem*.

É enorme a dimensão original da obra, com cerca de sete metros de altura por seis de largura, e o consequente alteamento dos painéis das fiadas superiores. Na organização espacial das composições, sobretudo no ênfase dado às personagens do primeiro plano, que adquirem uma desmesurada escala

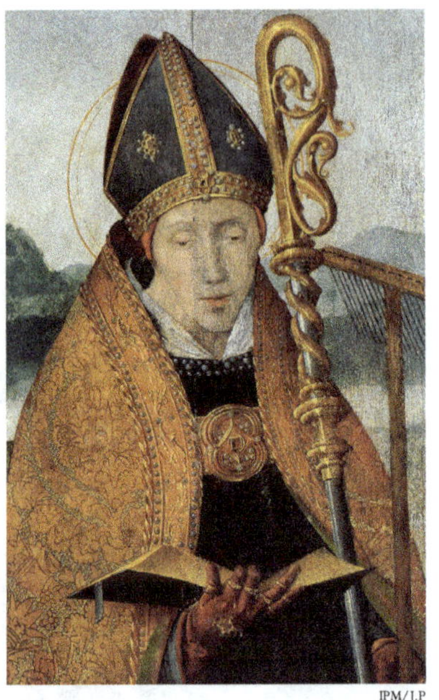

Frei Carlos, "São Brás", óleo sobre madeira, c.1530, Museu de Évora.

IPM/J.P

figurativa, e no escalonamento sucessivo dos planos, o intento de adaptação ao ângulo de visão do observador é bem visível.

Quanto à autoria desta grandiosa empreitada, e embora na ausência de dados históricos que o confirmem, é de admitir que se trate de uma encomenda dirigida a pintores originários dos Países Baixos, que se deslocaram a Évora com esta finalidade precisa. Aliás, têm sido assinaladas as afinidades estilísticas com a obra do pintor Gerard David, que liderou uma das oficinas mais prósperas da cidade de Bruges.

Destaca-se no Museu de Évora a presença de uma outra série de painéis de origem flamenga relativos à *Paixão de Cristo*, da autoria de dois pintores que atingiram grande notoriedade em Portugal, Francisco Henriques e Frei Carlos, e que desenvolveram intensa actividade em Évora, da qual conserva este museu pontuais exemplares.

A Francisco Henriques, que viria a morrer em Lisboa em 1518, deve-se a direcção de grandes empreitadas para dotar a capela-mor e as laterais da igreja do Mosteiro de São Francisco de pinturas retabulares, na sua maioria integradas na colecção do Museu Nacional de Arte Antiga, em Lisboa, e de que é testemunho nesta colecção o painel-retábulo de uma das capelas laterais, que em grande escala figurativa dá expressão ao tema *O Profeta Daniel Julgando a Casta Susana*.

A Frei Carlos devem-se as grandes empreitadas para dotar de novos *retábulos* a igreja do Convento do Espinheiro, onde professou em 1517, e de que subsiste neste museu o painel muito desgastado com o tema da *Adoração dos Pastores*.

Assinale-se também o painel com o inconfundível formulário da oficina de Coimbra, que representa *Dois Santos Bispos*, e que ostenta as armas da rainha D. Leonor, viúva de D. João II.

IX.1.g **Convento dos Lóios ou de S. João Evangelista**

Largo do Conde de Vila Flor, telef. 266 704714 (Sr. Jacinto Evaristo Carrageta).
Classificado como Monumento Nacional.
O edifício conventual foi adaptado a Pousada, podendo, contudo, alguns dos seus espaços serem visitados, telef. 266 704051.
Horário da igreja: no Inverno das 10h às 12h30 e das 14h às 17h e no Verão das 10h às 12h30 e das 14h às 18h, encerrando à segunda-feira e em dias feriados.

Esta casa religiosa teve início em 1485, por iniciativa de D. Rodrigo de Melo que foi o primeiro governador de Tânger e que alcançou o título de Conde de Olivença. No fim de 1491 começou a vida religiosa regular, continuando os trabalhos de edificação que, no essencial, e nesta primeira fase, acabaram no tempo em que o padroado cabia ao primeiro conde de Tentúgal.

A história desta fundação e dos feitos do seu instituidor está legível na elegante lápide colocada à esquerda do portal axial, sob o *pórtico* aberto. É uma obra elegantíssima, com um dossel em forma de tenda que dois anjos entreabrem, para permitir que se admire o escudo de armas da família e a citada inscrição. Quer o portal principal quer o átrio que o precede são de estrutura tardogótica, de uma elegância e execução finíssimas, obras de clara inspiração batalhina.

A igreja tem uma só nave de cinco tramos, o primeiro dos quais coincidindo com o coro alto, onde há uma exposição de obras de arte que pertencem ao acervo da Casa Cadaval, actual titular da igreja e do paço anexo. O abobadamento segue ainda o gótico tradicional, com nervuras rectas, conformando tramos de cinco *chaves*. Na capela da cabeceira, como era habitual, a rede da nervagem é mais densa, por motivos exclusivamente estéticos. Para além de diversos túmulos renascentistas, a igreja conserva um conjunto único de lápides sepulcrais de bronze, de origem nórdica, expressamente encomendadas para as campas dos membros da família padroeira. Outras são de pedra ou com inclusão de ambos os materiais. As mais antigas são as de D. Rodrigo de Melo e de D. Isabel de Meneses, estando representados ambos com realismo.

Na Capela de Nossa Senhora do Rosário ficam as lápides de D. Branca de Vilhena e de Rui de Sousa, a primeira com uma moldura de tipo arquitectural a imitar um nicho tardogótico, e a segunda apenas com folhagem envolta na indispensável legenda. A lápide de Rui Pais e de sua esposa, sem dúvida a mais bela e também a de carácter mais nórdico, feita no Hainaut seguramente, mostra o casal vivo e orando e está actualmente exposta no coro alto.

Grande parte do convento está ocupado por uma pousada. Estrutura-se em volta de um claustro construído durante as duas primeiras décadas do século XVI, de dois pisos, e com abobadamento completo. No térreo abre-se o portal da Sala do Capítulo, obra emblemática do *mudéjar* alentejano,

R.C.

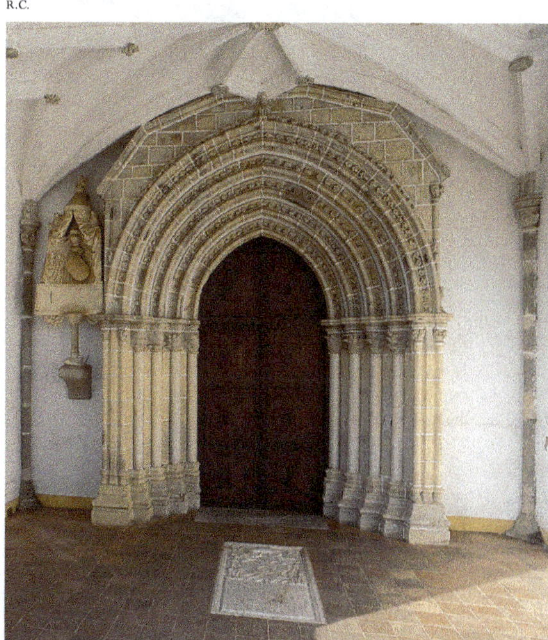

Portal da igreja do Convento dos Lóios, Évora.

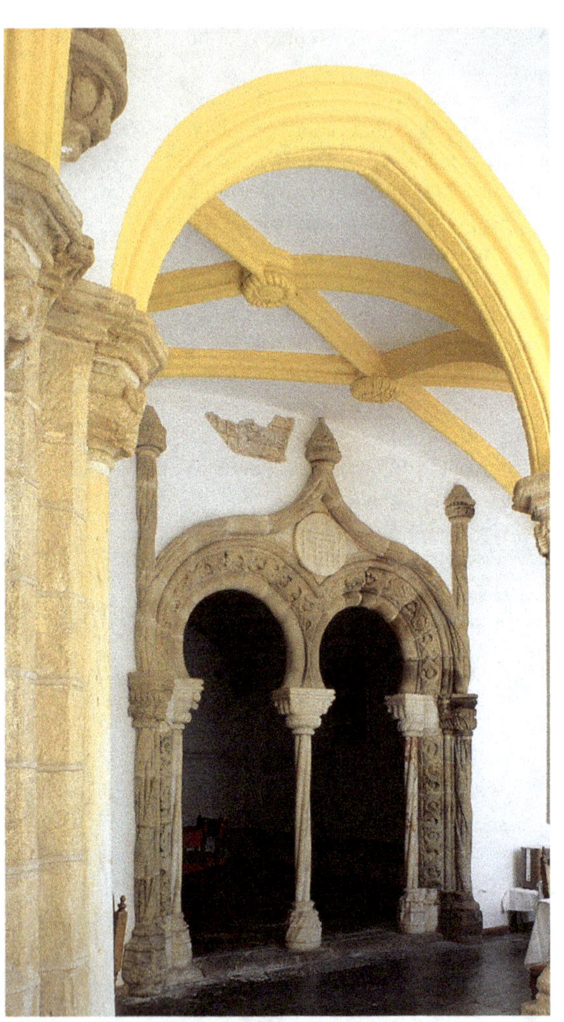

R.C.

Portal da Sala do Capítulo, Convento dos Lóios, Évora.

com entrada de duplo arco de traçado ultra-semicircular. No vértice vê-se uma tranqueira inserta num medalhão, a empresa de D. Rodrigo de Melo e que evocava as suas campanhas guerreiras no Norte de África.

Os elementos de cariz *mudéjar* continuam em dependências anexas, como na sala do lavabo e no refeitório.

IX.1.h **Convento de São Bento de Cástris** (opção)

Localiza-se a 2 km de Évora. O acesso faz-se através da estrada que de Évora se dirige a Arraiolos. Existe sinalização. Pode efectuar a visita à igreja, aos claustros e ao antigo refeitório. Informações: Casa Pia, Sra. D. Amélia Cambeta, telef. 266 760030. Classificado como Monumento Nacional. Horário: de segunda a sexta-feira, das 9h às 12h e das 14h às 17h.

Situado nos arredores da cidade, o Convento de São Bento de Cástris é um dos mais antigos do Alentejo. A primeira igreja com estrutura complexa foi concluída no início do século XIV, mas exceptuando a entrada da sala capitular, tudo o que resta é posterior, sendo a organização geral dos edifícios a que resultou da completa reforma manuelina. Sabemos que o mestre construtor do claustro foi Estêvão Lourenço, podendo atribuir-se a um ano próximo de 1520.

Antecede a igreja um grande átrio com o arco debruado por duplo *colunelo* e *arquivolta*, parcialmente torsos. Depois, segue-se o espaço abobadado, mas o portal já não é o original. Dentro temos uma só nave, ampla, com abóbada de nervuras, com tramos centrados, unindo-se *cadernas* e *terceletes* por *chaves* de carácter naturalista, tendo as centrais elementos heráldicos.

O claustro tem dois pisos, com os arcos duplos e rebaixados, uma construção peculiar semelhante ao claustro do Convento dos Lóios, que pode ser do mesmo mestre. Tem uma enorme dimensão e os materiais são pobres, como o tijolo meramente rebocado e caiado, o que é bem típico da arquitectura manuelina alentejana.

IX.1.i **Convento de Nossa Senhora do Espinheiro** (opção)

A 2 km a norte de Évora, o acesso faz-se pela estrada que de Évora se dirige a Estremoz. Deverá seguir-se a direcção do Cemitério do Espinheiro. A capela e a igreja estão classificadas como Monumento Nacional. O convento é propriedade privada e a visita só pode efectuar-se mediante autorização dos proprietários. Na cerca do convento encontra-se a capela tumular de Garcia de Resende.

Esta casa religiosa foi uma das que teve maior importância, na segunda metade do século XV e durante todo o século XVI. Julgamos que a fundação se pode atribuir ao bispo D. Vasco Perdigão e situar-se em 1458.

O que hoje se vê é a estrutura resultante das campanhas de obras manuelinas, posto que, nos tempos posteriores, muitas benfeitorias tenham alterado o carácter inicial.

Interessa-nos a zona habitacional, organizada em torno de uma quadra claustral abobadada, com características vincadamente regionais, semelhante aos de São Bento de Cástris e dos Lóios. As dimensões, no entanto, são menores, mas há valiosos elementos decorativos de grande plasticidade, nomeadamente as *chaves* das nervuras do abobadamento.

As dependências utilitárias também são abobadadas, com abóbadas de tijolo e arestas vivas, prática também característica do Alentejo. É o caso da grande adega, de cerca de 1525. Já a cisterna, um pouco posterior, assenta a cobertura mais tradicional sobre fortes pilares donde saíam as nervuras de talhe singelo.

Apartada da massa das construções conventuais, fica a capela funerária de Garcia de Resende, um dos maiores vultos do nosso Humanismo, que aqui viveu e morreu. O contrato para a sua erecção data de 1521, devendo as obras ter decorrido logo de seguida. Conforma-se como uma pequena igreja alentejana, com o seu átrio aberto a comunicar com a nave única abobadada, por um portal de feição popular.

No chão há azulejos *mudéjares* de fabrico sevilhano, de técnica de corda seca, e também a bela lápide funerária, de estilo renascença, certamente esculpida por Nicolau Chanterene, no século XVI.

Para Arraiolos siga pela estrada N 114 - 4 até ao cruzamento com a estrada N 370, em Valeira. Aí deverá virar à direita em direcção a Arraiolos (27 km).

Évora: Cidade da Corte

Pedro Dias, Dalila Rodrigues,
Nuno Vassallo e Silva, Fernando Grilo

Segundo dia

IX.2 ARRAIOLOS

- IX.2.a Centro histórico
- IX.2.b Castelo de Arraiolos
- IX.2.c Igreja do Salvador
- IX.2.d Convento dos Lóios

IX.3 MONTEMOR-O-NOVO

- IX.3.a Castelo de Montemor-o-Novo
- IX.3.b Igreja de São Tiago
- IX.3.c Ermida de Nossa Senhora da Visitação

Pintura mural da Casa de Vasco da Gama ou "Casas Pintadas"

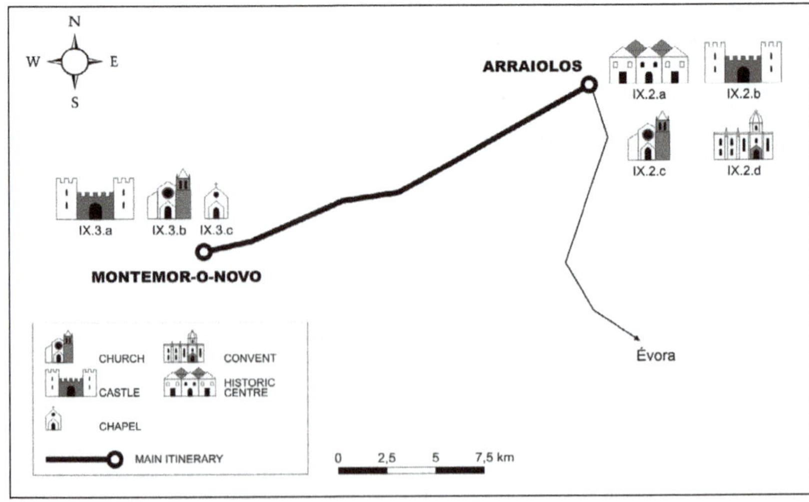

IX.2 ARRAIOLOS

A vila de Arraiolos teve grande importância durante toda a Idade Média, desde logo porque foi de senhorio régio, ficando depois na posse de D. Nuno Álvares Pereira que a doou ao neto, o futuro segundo duque de Bragança, em 1422, entrando assim na órbita desta ilustríssima Casa. D. Manuel I deu-lhe carta de foral em 1514.

Foi um centro administrativo e económico que marcou toda uma vasta zona do Alentejo, criando-se dentro dos seus muros uma importante indústria artesanal, a dos tapetes que, a partir do início do século XVII, começou a incorporar desenhos de cariz oriental, particularmente os inspirados nos tapetes turcos, persas e indianos.

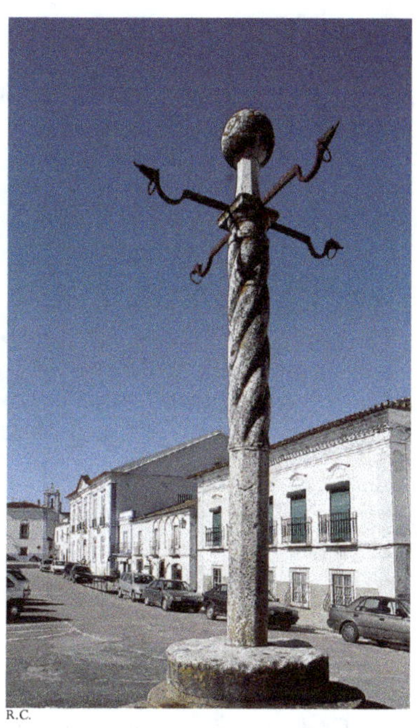
R.C.

Centro histórico e pelourinho de Arraiolos.

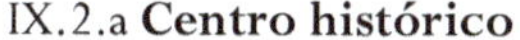

IX.2.a **Centro histórico**

No centro da vila, em pleno casco histórico, podem apreciar-se dois elementos manuelinos de grande valor plástico e muito característicos. O primeiro é o Portal do Hospital do Espírito Santo, fundado em 1409. Sabemos que a obra data de 1525 e que foi da responsabilidade do pedreiro João Marques, tendo-a paga o duque D. Jaime de Bragança.

O segundo é o pelourinho, erigido em 1535, assente sobre um soco de quatro degraus, com o fuste parcialmente espiralado e terminação em bola, fruto do restauro efectuado em tempo de D. José I, e ainda com os ferros em cruz deitada.

R.C.
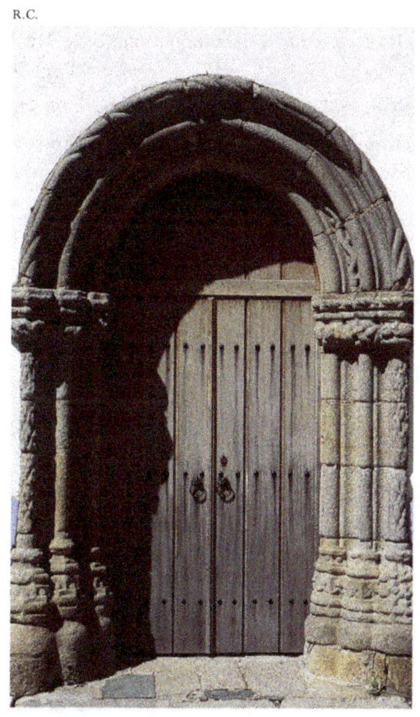

Portal do Hospital do Espírito Santo, Arraiolos.

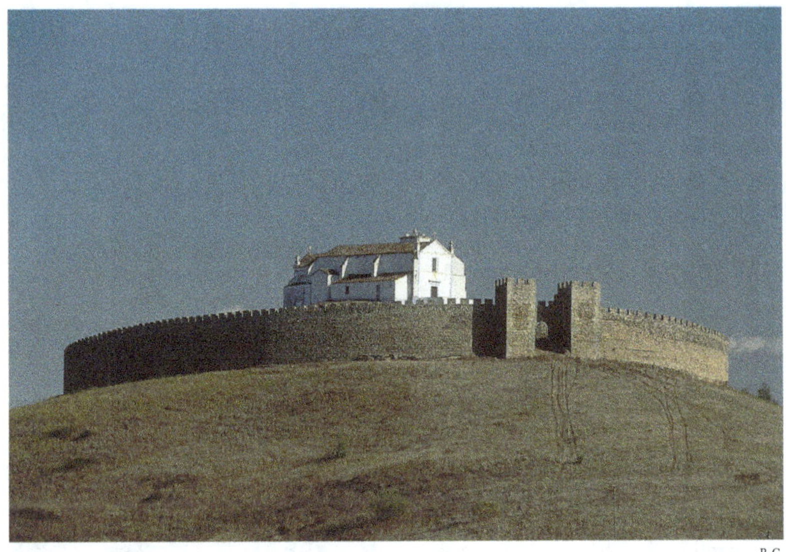

Castelo e igreja do Salvador, Arraiolos.

R.C.

IX.2.b Castelo de Arraiolos

Classificado como Monumento Nacional. Informações: Posto de Turismo, telef. 266 490240.
O castelo pode ser visitado a qualquer hora.

O castelo remonta ao reinado de D. Dinis, a 1304, estando bastante bem documentada a sua construção, sabendo-se até que o responsável pelas obras foi um tal João Simão.

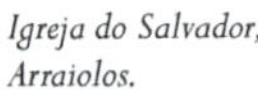

Igreja do Salvador, Arraiolos.

R.C.

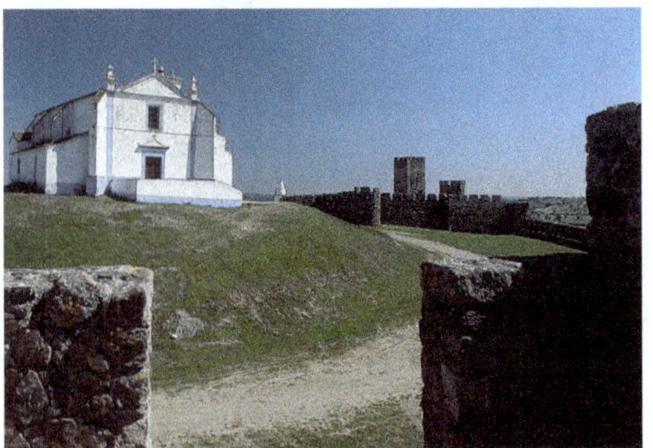

Para além da cerca que albergou o povoado primitivo, possui ainda o Paço dos Alcaides que, na época manuelina, estava em pleno uso, com a estrutura aproximada da que hoje se vê. A torre de menagem foi também remodelada depois de 1485, época das obras que conformaram as *cortinas* próximas das portas, nomeadamente a da praça de armas, já com ameias de corpo largo.

IX.2.c Igreja do Salvador

No interior do castelo. Pode visitar esta igreja contactando o Sr. Teodorico Valente, da Câmara Municipal, telef. 266 490240, ou o Posto de Turismo, telef. 266 490240.
Horário: à sexta-feira, das 9h30 às 10h30, encontra-se aberta, para celebração de missa.
A sua existência está confirmada antes de 1271, mas a estrutura que é visível data do início do século XVI, do tempo em que o bispo de Évora, D. Afonso de Portugal, foi seu padroeiro. Destaca-se

a bela *abóbada de cruzaria* gótica de cinco *chaves*, com tramos de nervuras que repousam sobre *colunelos* adossados à parede, o que permite pensar que paredes antigas foram aproveitadas, quando da remodelação manuelina. Também a sacristia conserva parte da sua estrutura tardogótica.

Convento dos Lóios, Arraiolos.

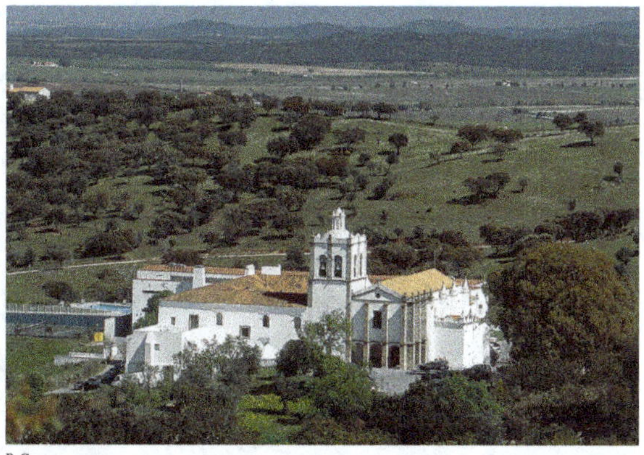

R.C.

IX.2.d **Convento dos Lóios**

Herdade de Vale de Flores, nos subúrbios de Arraiolos, a 1 km do centro, telef. 266 419340. Classificado como Imóvel de Interesse Público. Alberga actualmente a Pousada de Nossa Senhora da Assunção.

A construção deste convento começou em 1527, na sequência da doação do local feita por João Garcês e Leonor de Abreu. Toda a família real ajudou, dando verbas importantes, como o próprio rei D. João III, e custeando inteiramente o claustro, o duque de Bragança, D. Jaime.
A zona mais antiga é a igreja, a que se acede através de um átrio aberto e de um portal de carácter naturalista, num género bem típico do manuelino, de *arco de volta perfeita*, *arquivoltas* com bolas nos *intercolúnios*, capitéis de folhagem e cordas com nós a bordejar o extradorso.
O interior mostra uma abóbada poderosa na nave, do tipo de cinco *chaves*, arrancando as nervuras rectas de mísulas altas também naturalistas. Já a capela-mor tem uma abóbada mais rica e mais evoluída, com quadrifólios bem desenhados a encontrarem-se em *chaves* primorosamente decoradas com elementos vegetais, e a conformarem dois tramos.

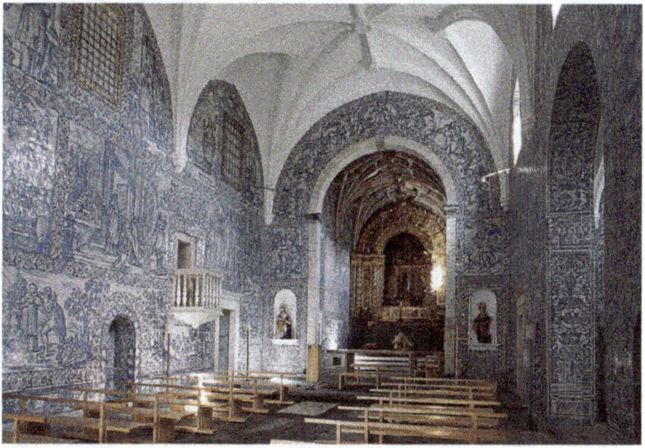

R.C.

Igreja do Convento dos Lóios, interior, Arraiolos.

Deverá dirigir-se para a Estrada N 4 até Montemor-o-Novo (22 km).

IX.3 MONTEMOR-O-NOVO

Como a generalidade das vilas e cidades alentejanas, também Montemor-o-Novo teve origem num povoado romano, ocupado e ampliado por godos e muçulmanos. D. Afonso Henriques conseguiu conquistá-la em 1160 ou em ano próximo, mantendo-se algum tempo integrada no Reino nascente, mas a posse definitiva só se deu com D. Sancho I, que lhe concedeu carta de foral em 1203.

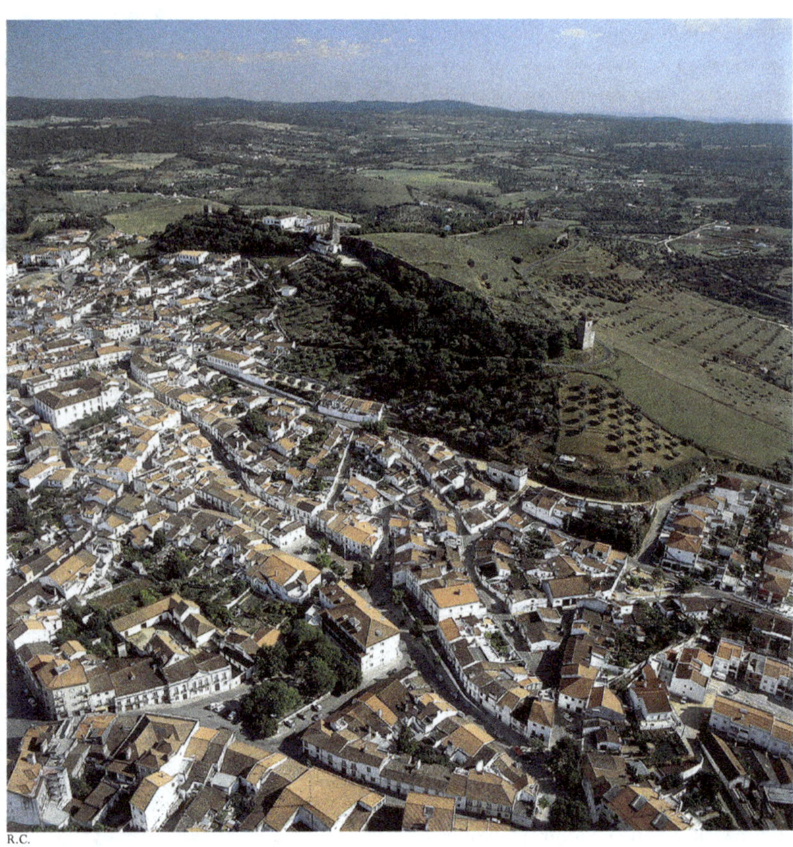

R.C.

Panorâmica sobre Montemor-o-Novo.

A importância da vila cresceu, durante toda a Idade Média, aí pousando diversos reis, tendo-se reunido aqui as Cortes Gerais de 1477 e 1481.

Foi na *alcáçova* que, em Janeiro de 1497, D. Manuel I investiu Vasco da Gama no comando da primeira esquadra que partiu para a Índia. O monarca uniu Montemor-o-Novo à Coroa definitivamente, em 1498, e deu-lhe novo foral, em 1503. Conserva-se um importante conjunto de construções de origem medieval e outras já do século XVI, onde subsistem estruturas tardogóticas, posto que algumas sejam muito tardias, de pleno reinado de D. João III, como as do Convento de Santo António, do Convento de Nossa Senhora da Saudação, do Hospital do Espírito Santo e mesmo da igreja da Misericórdia.

IX.3.a **Castelo de Montemor-o-Novo**

Classificado como Monumento Nacional.
Informações: Câmara Municipal, telef. 266 898100 – ext. 397.
Horário: encontra-se sempre aberto. No interior do recinto, no Convento da Saudação, dispõe de um balcão de atendimento, que funciona de quarta-feira a domingo das 10h às 13h e das 14h às 17h.

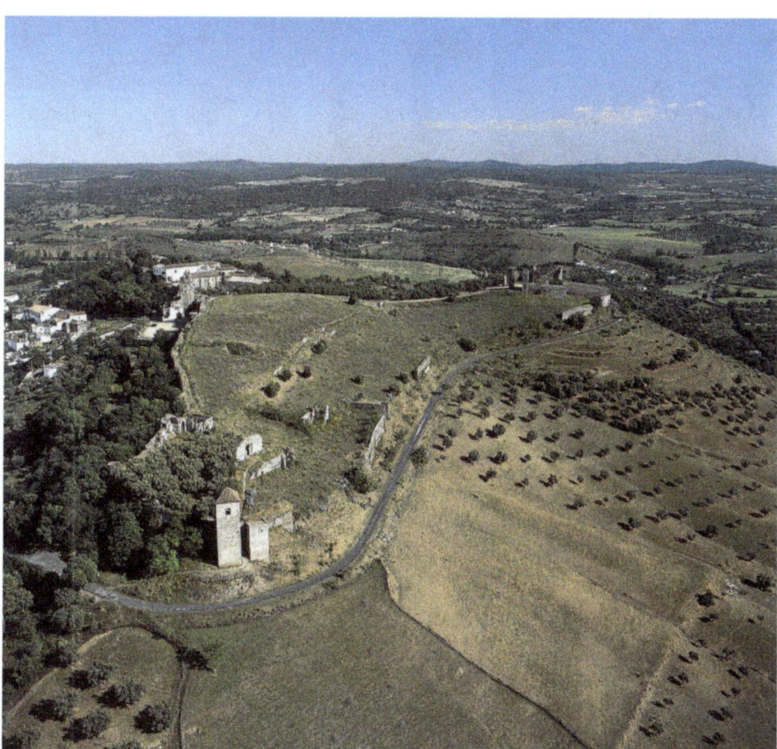
R.C.

Castelo, vista aérea, Montemor-o-Novo.

O castelo de Montemor-o-Novo remonta ao tempo de domínio árabe, particularmente o castelejo, mas foi depois muito alterado, logo durante o reinado de D. Dinis, na transição do século XIII para o XIV. O circuito das muralhas ficou praticamente definido, com mais de quilómetro e meio de perímetro, mas as obras de conservação e fortalecimento estenderam-se até ao reinado de D. Manuel I. Na zona mais protegida ficou o *alcácer*, conhecido no fim da Idade Média como Palácio Real. Aqui houve grandes obras no início do século XVI, sendo também desta fase a chamada cisterna dos açougues, com um excelente abobadamento de nervuras em leque assentes sobre pilares. As armas manueli-

Igreja de São Tiago, Montemor-o-Novo.

R.C.
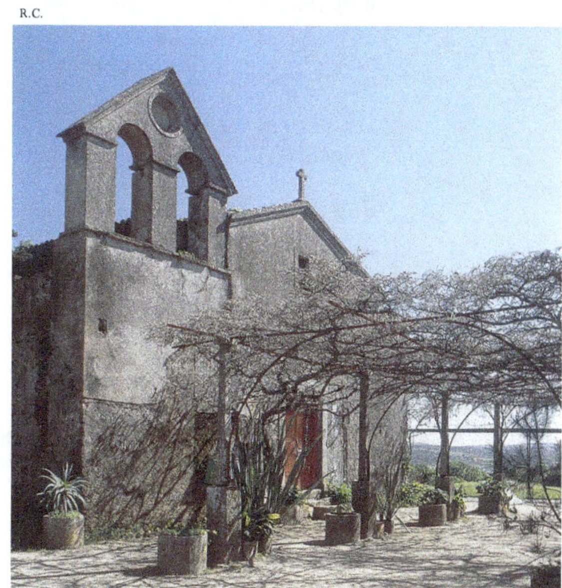

Ermida de Nossa Senhora da Visitação, Montemor-o-Novo.

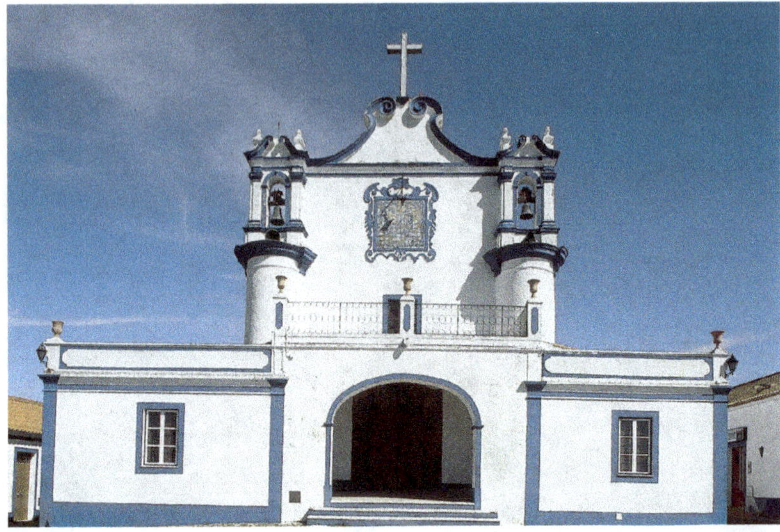

R.C.

nas são visíveis sobre a entrada da casa da guarda da Porta da Vila.

Das várias construções manuelinas destacamos a Torre do Relógio, com vinte metros de altura, cuja terminação piramidal é muito típica do manuelino alentejano.

IX.3.b **Igreja de São Tiago**

No interior do castelo.
Classificada como Monumento Nacional.

Na zona cercada da antiga vila fica a igreja de São Tiago, de estrutura gótica, mas com importantes acrescentos na época de D. Manuel. Foi comenda da Ordem de Santiago e é construtivamente muito interessante, nomeadamente o abobadamento da nave com nervuras de tijolo. Aliás, é este material o que conforma a generalidade do edifício, numa arte que quase só nos aparece no terço sul do território. Uma lápide, datada de 1511, com as armas nacionais e a memória de Francisco Frazão, juiz de fora, marcam por certo o momento de nova reforma da Igreja.

IX.3.c **Ermida de Nossa Senhora da Visitação**

Está localizada a 1 km a NE do centro da cidade. Informações: paróquia de Nossa Senhora da Vila, telef. 266 892127.
Horário: diariamente das 9h às 18h.

É um centro de peregrinação regional, inicialmente situado no arrabalde da vila, mas hoje já completamente integrado na malha urbana. Se no exterior nada se detecta do tardogótico, para além do belíssimo portal de um vincado barroquismo, de cerca de 1515, já a estrutura interior nos deixa ver um magnífico conjunto de abóbadas, nomeadamente a da capela-mor, num estilo muito avançado, com nervuras curvas, como se usaram a partir da terceira década do século XVI.

PINTURA MURAL DA CASA DE VASCO DA GAMA OU "CASAS PINTADAS"

Pedro Dias

Um dos mais interessantes testemunhos da pintura mural portuguesa do período manuelino encontra-se num edifício quinhentista eborense que a tradição associa a Vasco da Gama. A hipótese de tal casa ter pertencido ao famoso navegador, embora tentadora, provém de informações relativamente tardias, designadamente do relato do Padre Francisco da Fonseca, na sua *Évora Gloriosa*, e do *Livro das Visitações da Cidade d'Évora em 1591*.

As pinturas murais, que resultam de duas intervenções cronologicamente distintas, inserem-se numa varanda coberta com abóbadas nervuradas, e prolongam-se por um pequeno oratório. Da intervenção mais antiga, e numa concepção formal marcada por certa ingenuidade, resulta um extraordinário registo de temas animais. Sem fronteiras entre o doméstico e o selvagem, ou entre o real e o fantástico, e por isso através de um discurso subversivo de desregramento, surgem suspensas, num espaço neutro e também ele ambíguo, as figuras de galos afrontados, coelhos, veados, um leopardo, aves de diversas espécies, conjugadas de forma mais ou menos pacífica com seres fabulosos e fantásticos, como as sereias com caudas de ave ou de peixe, os dragões ou a mítica hidra de sete cabeças.

Relacionado com a problemática imaginária dos Descobrimentos – registe-se também a decoração da cobertura com o recorrente tema das cordas em nós –, este programa iconográfico assume também um valor particular pelo que revela dos domínios enigmáticos da arte profana deste período.

Já numa evidente formulação clássica e erudita, o friso inferior, em forma de rodapé, que corresponde a uma intervenção cronologicamente mais tardia, recorre aos elementos fantásticos, mas seguindo esquemas de repetição e estilização característicos do *grutesco*, numa concepção já assumidamente ornamental.

R.C.

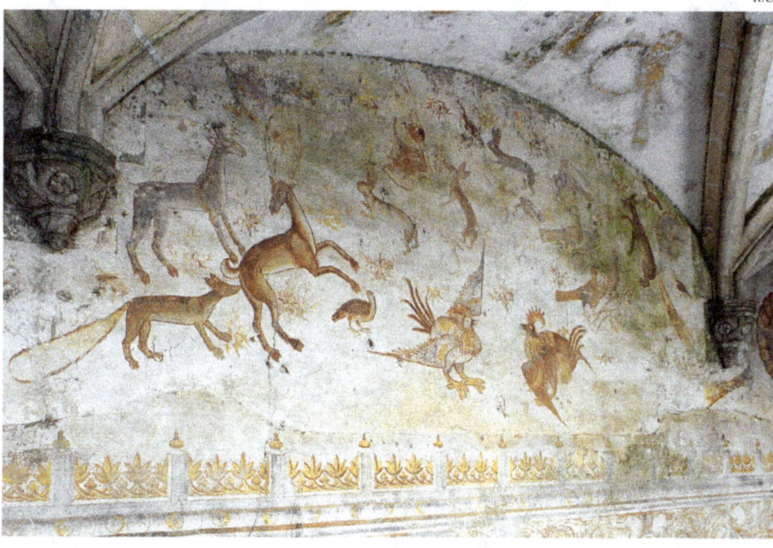

Pinturas da Casa de Vasco da Gama, pormenor, Évora.

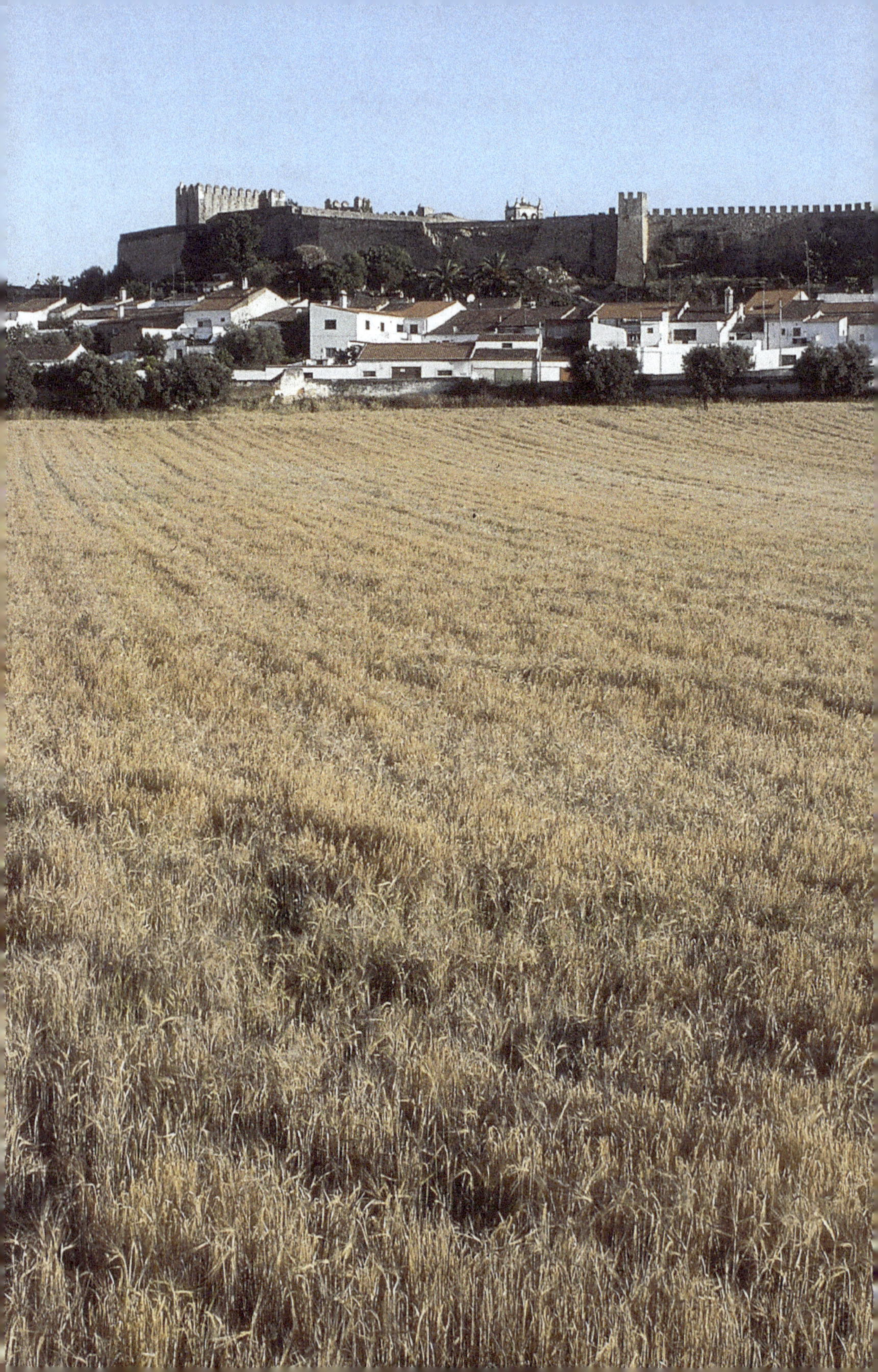

Vilas Brancas

**Pedro Dias, Dalila Rodrigues,
Nuno Vassallo e Silva, Fernando Grilo**

Primeiro dia

X.1 VIANA DO ALENTEJO

X.1.a Castelo de Viana do Alentejo
X.1.b Antiga Casa da Câmara
X.1.c Igreja de Nossa Senhora da Anunciação, matriz de Viana do Alentejo
X.1.d Igreja da Misericórdia

X.2 ALVITO

X.2.a Centro histórico
X.2.b Igreja de Nossa Senhora da Assunção, matriz de Alvito
X.2.c Casa da Câmara
X.2.d Castelo de Alvito
X.2.e Capela de São Sebastião

X.3 VIDIGUEIRA

X.3.a Castelo de Vidigueira
X.3.b Torre do Relógio
X.3.c Ermida de Santa Clara

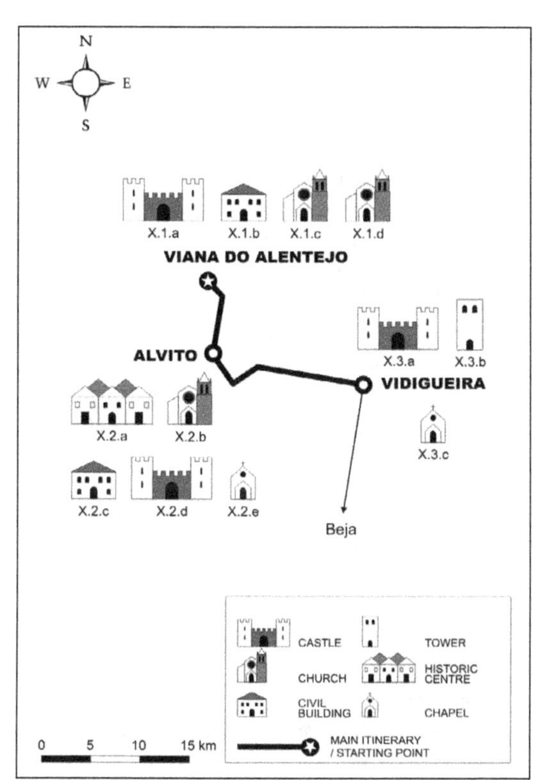

Serpa.

A planície alentejana que permite que o olhar se espraie por quilómetros e quilómetros de distância, verde no fim do Inverno e na Primavera e doirada nos tempos calorosos do Estio e primeiro Outono, é agitada, aqui e ali, por manchas de branco, um branco que brilha, quase cega, o das suas vilas com o casario imaculadamente caiado. São povoações que remontam ao período da dominação romana, surgindo em torno de grandes unidades agrícolas que, depois, foram islâmicas e que, mesmo quando as tropas de D. Sancho I e dos filhos as conquistaram, não perderam um carácter meridional que o próprio clima e composição da terra enformaram.

Ainda hoje, estas vilas vivem essencialmente da produção de bens de consumo, frutos da terra e da criação de gado, mas noutras desenvolveram-se indústrias artesanais importantes, como os lanifícios e, particularmente, a arte dos tapetes, com génese em Arraiolos.

Não se pode dizer que as gentes do Alentejo tenham prosperado, como outras de distintas partes do Reino, mas com o fim do século XV, e a entrada de muitas destas vilas na órbita da família real, dos senhorios dos duques de Bragança e das outras casas dela resultantes, conheceram uma vida nova, vindo mesmo a destacar-se algumas, como Beja que, apesar de não ser então cabeça de diocese, acabou por receber o estatuto de cidade.

Nela viveram os senhores duques D. Fernando e D. Brites, progenitores de D. Manuel I e ele, como se sabe, irmão do rei D. Afonso V.

Percorrer as vilas brancas é fazer um passeio por tempos imemoriais, encontrar silêncios e calmas que julgaríamos há muito desaparecidas do mundo moderno, é ver e conversar com gentes para quem o tempo conta de forma diferente. Aí há apenas portas e janelas debruadas a azul e ocre, como que para afastar os maus espíritos.

Hospitalidade, uma gastronomia de eleição, um património riquíssimo, onde não faltam as evocações dos tempos islâmicos peninsulares, com as obras de arquitectura *mudéjar*, são os traços mais fortes deste percurso.

X.1 VIANA DO ALENTEJO

Esta vila foi uma das mais importantes povoações alentejanas do século XV, passando a sua posse para o 2º conde de Barcelos, para o próprio D. Afonso V e sua mulher, sendo depois integrada nos domínios senhoriais dos condes de Viana, nomeadamente de D. Pedro de Meneses, fronteiro-mor de Ceuta. Aqui estiveram, por períodos mais ou menos longos, vários dos monarcas portugueses, como D. Fernando I e D. João II, aproveitando os palácios e instalações religiosas da vila.

Centro administrativo, Viana foi também um pólo de desenvolvimento comercial, dado o seu lugar privilegiado na rede viária alentejana, e beneficiando das importantes unidades agrícolas do seu alfoz.

D. Manuel deu novo foral à vila, em 1517.

X.1.a Castelo de Viana do Alentejo

Tem acesso pelo Largo de São Luís ou, se vier da Praça da República pela Rua Cândido dos Reis.

Classificado como Monumento Nacional. Para visitar o interior deve contactar o Sr. Padre Manuel, telef. 266 953133.

A origem do castelo de Viana do Alentejo remonta ao reinado de D. Dinis, quando este rei, em 1313, decidiu mandar fazer um circuito de muralhas com 400 braças de perímetro, isto é, cerca de 880 metros. Ficou então com cinco faces, que ainda subsistem, e com torres cilíndricas nos ângulos. Contudo, não devemos enganar-nos quanto à datação, pois tudo o que hoje é visível, excepto a implantação, corresponde a uma grande reforma manuelina, orientada talvez por alguns dos seus mestres-de-obras activos no Alentejo, Martim Lourenço ou os irmãos Arruda.

A praça ficou com duas portas e a torre mais elevada e mais larga servia de menagem. Todas têm cobertura cónica, um *coruchéu* de tijolo rebocado, de tipo alentejano. É esta mais uma fortaleza de planície, com muros rectos coroados por ameias de corpo largo e dotados de *adarves*, com *abertas* e frestas preparadas para o tiro mergulhante das bestas, o que atesta a datação que aqui propomos, cerca de 1410. Foram ainda introduzidas fresteiras nas zonas baixas, para prevenir qualquer ataque de surpresa.

Julgamos que houve um fosso e que as portas eram precedidas por pontes levadiças, mas tudo desapareceu.

X.1.b **Antiga Casa da Câmara**

Praça da República (com acesso independente do castelo), telef. 266 953106. Funciona aqui, actualmente, a Biblioteca.

A.C.

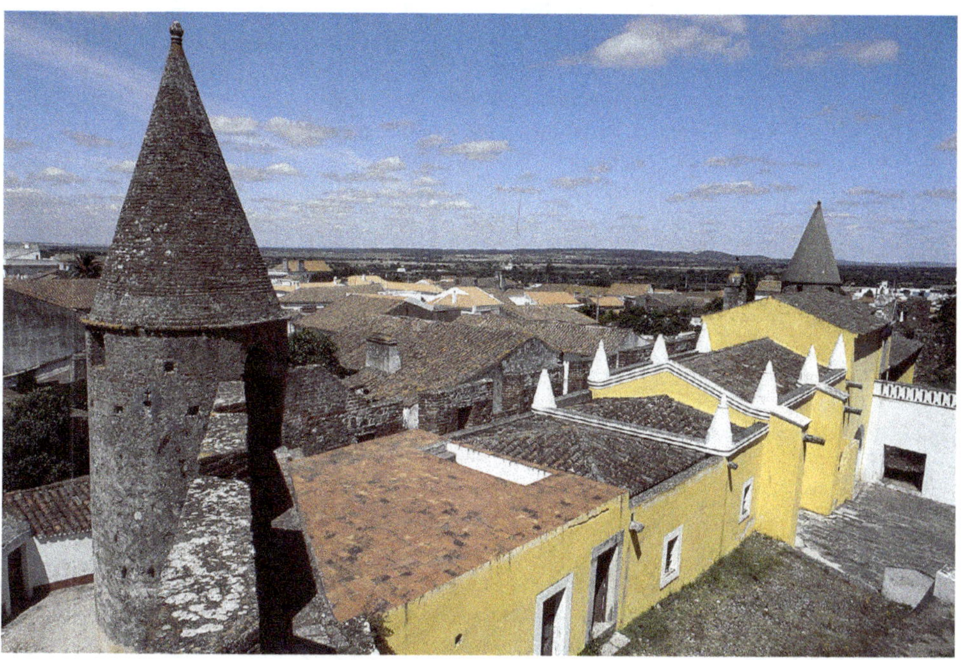

Viana do Alentejo.

Castelo de Viana do Alentejo.

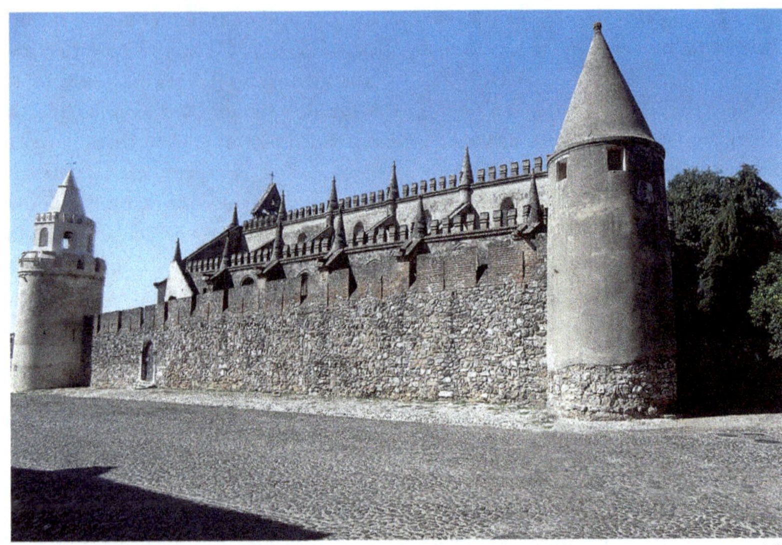

A.C.

Horário: de segunda a sexta-feira das 9h30 às 13h e das 14h30 às 18h.

Os antigos Paços do Concelho ficam dentro do castelo, junto ao muro e a uma das portas. Estavam aí desde o século XIV. Foram abandonados e transformados em capela da invocação de Nossa Senhora da Assunção, no século XVII, mas podem ainda ver-se alguns dos elementos manuelinos avulsos, reintegrados décadas atrás.

X.1.c **Igreja de Nossa Senhora da Anunciação, matriz de Viana do Alentejo**

No interior do recinto do castelo, no Largo de S. Luís.
Classificada como Monumento Nacional.
Informações, telef. 266 953133 (Sr. Padre Manuel).
Horário: abre, para celebração da missa, de segunda a sexta-feira às 8h, ao sábado às 9h e ao domingo às 11h e às 13h.

Este templo é um dos mais notáveis de quantos manuelinos se conservam a sul do Tejo. Se é certo que neste lugar já existiu outro, cujas origens remontam ao século XIII, o que chegou até nós pode datar-se, por analogia e pelas circunstâncias históricas que o envolvem, da segunda e terceira décadas do século XVI.

Como obra de padroado régio, é muito possível que os mestres reais das obras do Alentejo, Diogo e Francisco de Arruda, ou mesmo Martim Lourenço, tenham tido aqui alguma intervenção; mas isto é apenas uma hipótese que carece de informação.

A estrutura da igreja é complexa, com três naves e cinco tramos, cabeceira tripla, com capela-mor e duas colaterais pouco profundas. É completamente abobadado, com nervuras ogivais de traçado recto, assente sobre pilares octogonais muito decorados, com anéis de folhagens a substituir capitéis. Possui ainda um coro alto

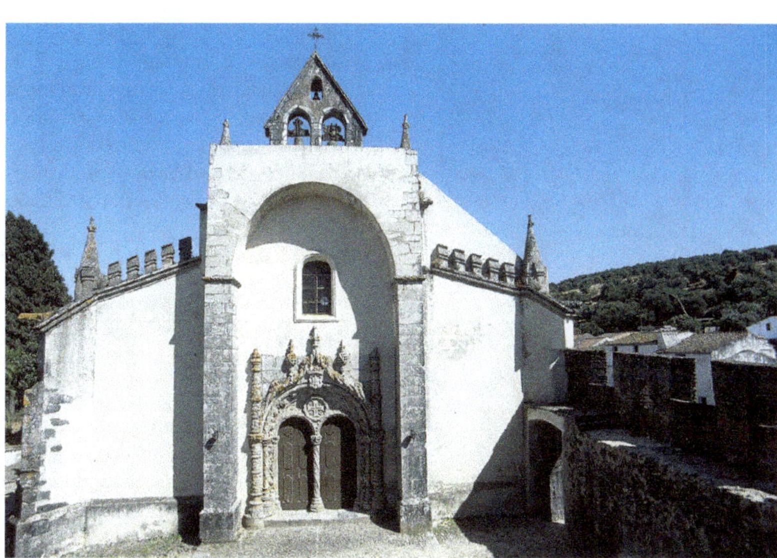

Igreja de Nossa Senhora da Anunciação, matriz de Viana do Alentejo.

A.C.

assente sobre arcos rebaixados. Só as abóbadas da cabeceira têm uma teia de nervuras mais densa e mais rica plasticamente.

No exterior destacam-se os contrafortes que suportam os impulsos da abóbada da nave central e, simultaneamente, marcam os reforços das naves laterais. O coroamento é feito por ameias decorativas e por pequenos *pináculos* cónicos no seguimento dos *arcobotantes*. O portal é uma das obras-primas do naturalismo manuelino, no qual as estruturas arquitecturais foram completamente substituídas por elementos de cariz vegetal, a que acrescem a cruz da Ordem de Cristo e escudo real, no *tímpano* e na *chave* das *arquivoltas*, e as esferas armilares, no coroamento dos *pináculos*.

No interior há ainda algumas lápides tardogóticas e um frontal de azulejos *mudéjares* de fabrico sevilhano.

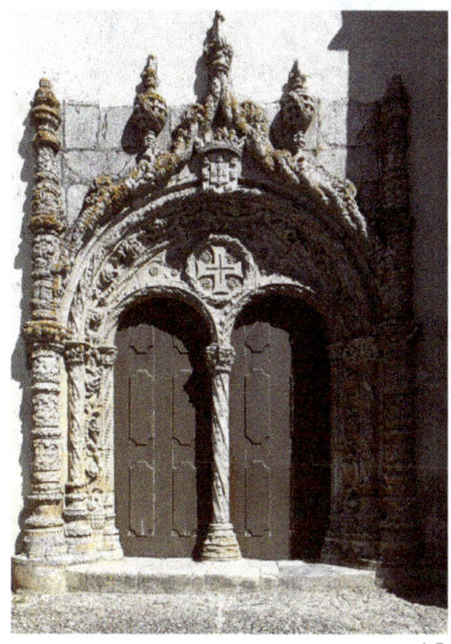

Portal da igreja de Nossa Senhora da Anunciação, matriz de Viana do Alentejo.

A.C.

X.1.d **Igreja da Misericórdia**

Está também situada no interior do Castelo, junto a uma das portas. Para visitar o interior deve contactar o Sr. Padre Manuel, telef. 266 953133.

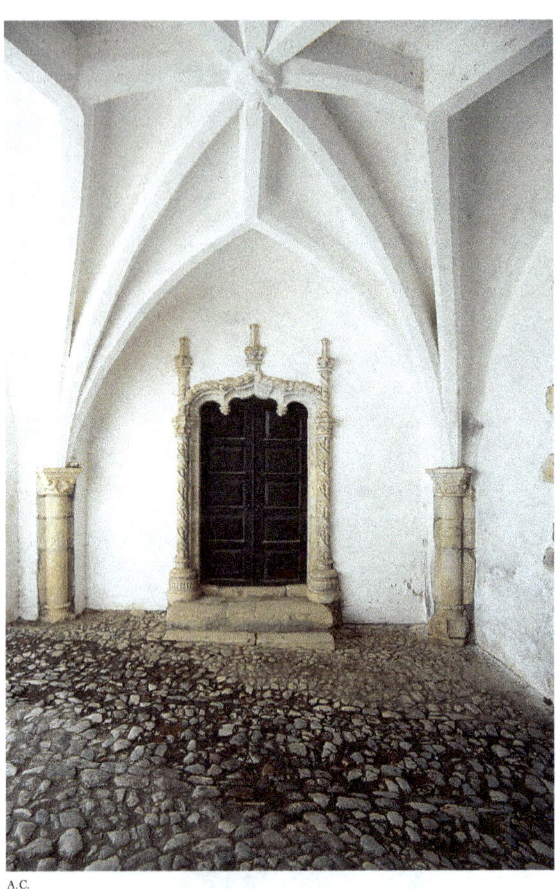

A.C.

Portal da igreja da Misericórdia, Viana do Alentejo.

A Santa Casa da Misericórdia de Viana do Alentejo foi instituída em 1516, e as obras de construção do seu edifício devem ter começado de imediato, como parece indicar a estrutura subsistente, claramente manuelina.
Ficou situada junto a uma das portas do castelo, colada à muralha, mas abaixo do *adarve*. Acede-se-lhe através de um átrio coberto de nervuras ogivais, comum à antiga Casa da Câmara, onde ressalta o magnífico portal polilobulado e de um naturalismo vigoroso, a mostrar influências directas, senão mesmo as mesmas mãos que fizeram o portal da igreja matriz.

O interior do templo privativo da Misericórdia é muito simples, com corpo de nave única terminando numa capela precedida por um *arco cruzeiro de volta perfeita*, mas com bases dos *colunelos* e capitéis de belo lavor naturalista. O abobadamento é singelo, tipo utilitário.

Para Alvito siga pela Estrada N 257.

X.2 ALVITO

A actual povoação começou a ter alguma importância em meados só século XII, quando entrou na posse do genro de D. Afonso III e seu chanceler-mor, D. Estêvão Anes. Depois, em 1279, passou para a Ordem da Santíssima Trindade, que desenvolveu grandemente toda a região. No final do século XIV era já uma vila importante, para o que contribuiu a linhagem dos donatários, particularmente no século XV, quando foi construído o seu paço, pelo 2º barão do Alvito, D. Diogo Lobo da Silveira.
D. Manuel I deu foral à vila em 1516.

X.2.a **Centro histórico**

Informações: Posto de Turismo, telef. 284 485440.
O núcleo antigo de Alvito mostra bem o desenvolvimento que a vila teve no início do século XVI, tal como a quantidade de vestígios manuelinos que ainda são visíveis nas antigas ruas próximas do paço acastelado: não só edifícios de carácter religioso, mas também portas e janelas de vergas e ombreiras de mármore lavrado ou simplesmente chanfrado. Anotem-se desde logo as portas polilobuladas do Rossio de São Sebastião, os das ruas de Beja e até a formosa Rua Nova.

As igrejas, como a matriz, edifícios civis, como a Câmara e o Paço marcavam os principais núcleos, mas a distribuição e regularidade das velhas casas manuelinas denotam uma extensão incomum para o tempo, e até um superior nível de vida de uma parte significativa da população.

X.2.b **Igreja de Nossa Senhora da Assunção, matriz de Alvito**

Largo da Trindade.
Classificada como Monumento Nacional.
Para visitar o interior deve efectuar marcação através do Posto de Turismo, telef. 284 485440.

A história deste templo remonta ao século XII, mas tudo o que se pode hoje ver é já da época manuelina ou do início do reinado de D. João III.

O 1° ou o 2° barão do Alvito obtiveram autorização canónica para instalar aqui o seu panteão familiar, o que deve ter motivado o início da grande reforma, da qual resultou a igreja actual, pese embora acrescentamentos já da época da renascença e outros posteriores, do maneirismo e do barroco. Por uma visitação feita em 1631, sabemos que ainda faltavam algumas obras de acabamento, mas o essencial estava feito.

A igreja é de grandes dimensões, de três naves com *arcobotantes*, sistema pouco usual em Portugal, e que sustentam o corpo abobadado, da nave central, de cruzaria de cinco *chaves*. As arcarias que dividem as naves são octogonais, mas sem capitéis, apenas com anéis naturalistas em seu lugar. A zona mais decorada é a do *transepto*, nomeadamente os arcos de entrada, arcaizantes, e que devem corresponder à primeira fase da obra, já que ambas se destinavam a albergar os túmulos da família dos padroeiros, os Lobo da Silveira (barões de Alvito).

No exterior, destacamos as ameias decorativas e os tradicionais *pináculos* cónicos típicos do manuelino alentejano. A estrutura da torre é ainda a do início do século XVI.

X.2.c **Casa da Câmara**

Rua 25 de Abril, 64, telef. 284 475266.
Funcionam aqui actualmente, os serviços técnicos municipais.
Horário: de segunda a sexta-feira das 9h às 12h30 e das 14h às 17h30.

A.C.

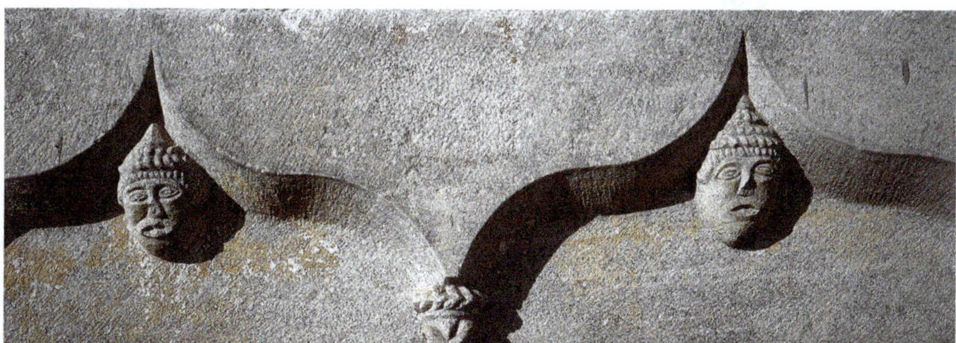

Porta manuelina, pormenor, centro histórico de Alvito.

Igreja de Nossa Senhora da Assunção, matriz de Alvito.

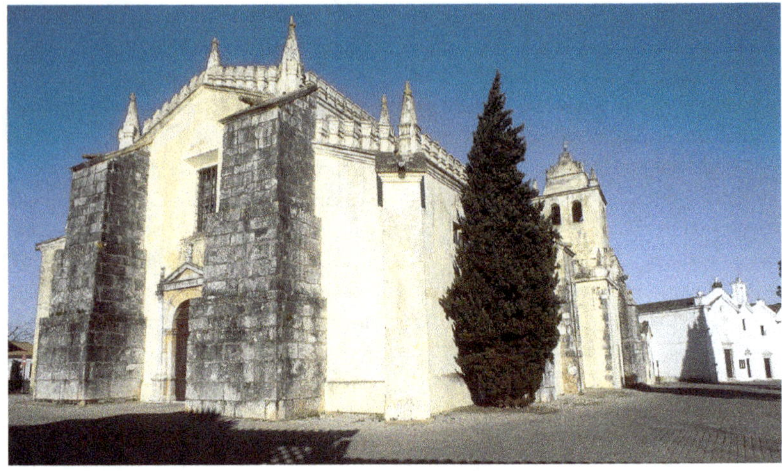

A.C.

Já pouco resta da construção manuelina, para além da torre do relógio, terminada por um *coruchéu* piramidal e por quatro torrinhas nos cantos, ligadas por ameias decorativas, típicas da arquitectura vernácula alentejana do início do século XVI. Acede-se ao piso alto, o nobre e de reuniões, por uma escada lateral avançada sobre a rua, servindo então as lojas térreas para outro fim.

X.2.d **Castelo de Alvito**

O acesso faz-se pelo Largo do Castelo. Classificado como Monumento Nacional. Foi adaptado a Pousada, telef. 284 485343.

A.C.

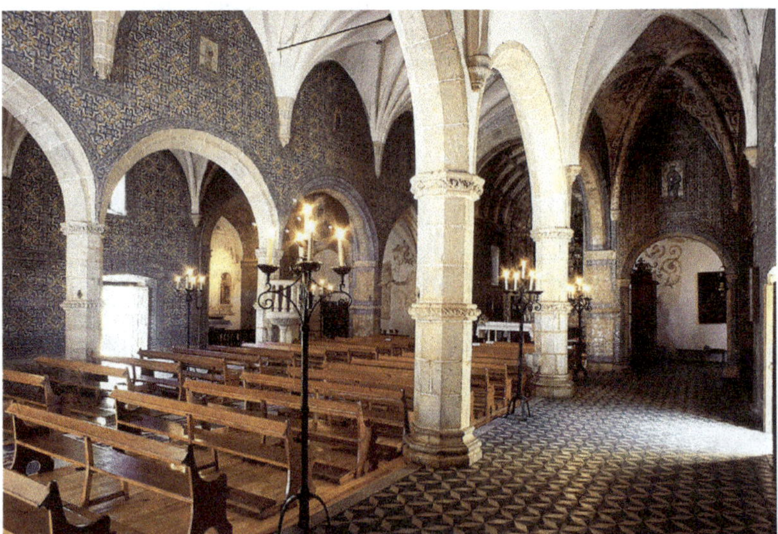

Igreja de Nossa Senhora da Assunção, matriz de Alvito, interior.

O castelo ou Paço do Alvito está hoje transformado em unidade hoteleira, adaptação que mutilou este magnífico exemplar da arquitectura doméstica manuelina, já que antes das obras era o único palácio senhorial que se mantinha intacto desde há cinco séculos. Apesar de tudo, ainda é possível apreciar as suas características essenciais.

Em planta, é um rectângulo pouco alongado, que se organiza em torno de um pátio ou praça de armas, ficando três lados ocupados por zonas habitacionais e outro livre, só com um muro alto virado às hortas.

A torre de menagem de tradição medieval cresce para o exterior, quase quadrangular na base, com cerca de 11 m de lado, atingindo os 25 m de altura. No exterior, destaca-se ainda o torreão da fonte, num dos ângulos, marcando aquela que podemos chamar de fachada principal. As outras três torres são regulares, cilíndricas, claramente do tipo que se consagrou na arquitectura militar do final do século XV.

Como palácio senhorial de planície, posto que com elementos defensivos, são muitas as aberturas para o exterior, destacando-se as janelas altas e as varandas duplas e de arcos ultra-semicirculares de traçado *mudéjar*. Esta característica é ainda mais vincada no interior do pátio, onde as janelas de *mainel* central de mármore e de arcos duplos de *aduelas* em tijolo remetem para os mesmos mestres da Galeria das Damas do Paço Real, de Évora. É, no fundo, a tentativa de seguir o gosto da obra régia que marcou a arquitectura doméstica senhorial do Alentejo na época manuelina.

Quanto à cronologia da construção, até pela inscrição que está sobre a porta de entrada, sabe-se que as obras começaram em 1494, no fim do reinado de D. João II, por iniciativa de D. Diogo Lobo da Silveira. Em 1531, devia estar completo, pois aqui ficou D. João III com parte da corte, tendo até ocorrido o nascimento do príncipe D. Manuel, jurado herdeiro do trono, mas que morreu prematuramente.

X.2.e **Capela de São Sebastião**

Largo General Humberto Delgado, à entrada da vila, no denominado Rossio de S.

A.C.

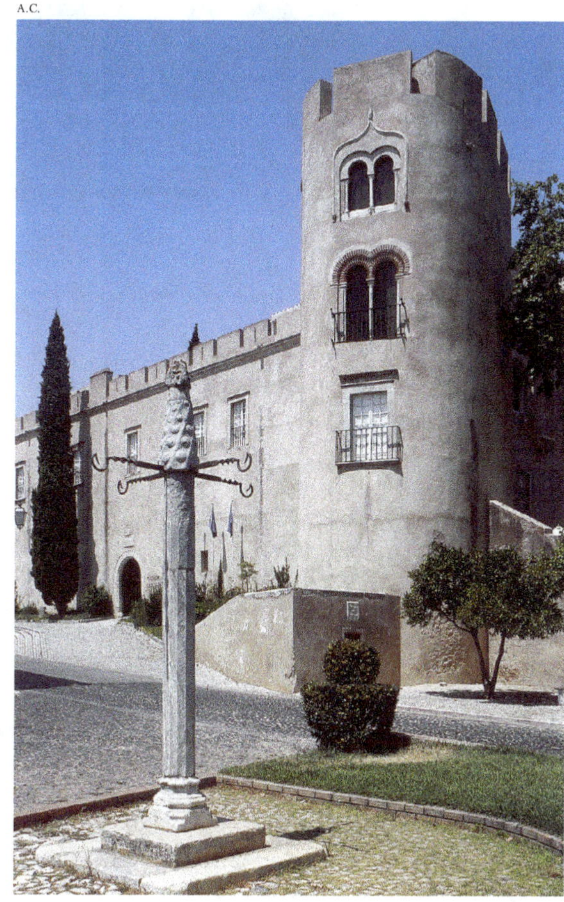

Castelo de Alvito.

Castelo de Alvito, interior.

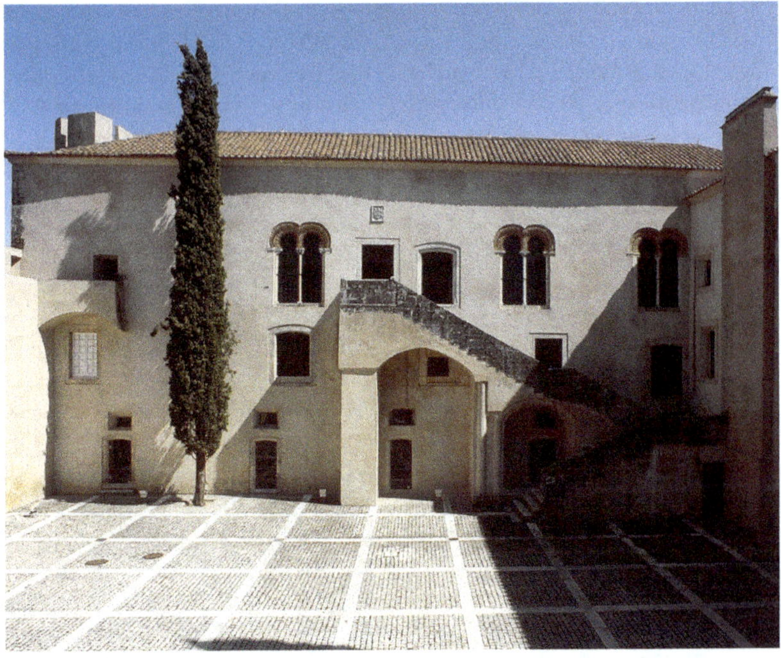

A.C.

Sebastião. Classificada como Imóvel de Interesse Público.
Horário: a capela está, normalmente, aberta aos visitantes. Caso a encontre encerrada, poderá solicitar permissão para a visitar no Posto de Turismo, telef. 284 485440.

Pequena capela de planta singela e de forma rectangular, marcada por contrafortes cilíndricos nos ângulos e a meio das paredes laterais. Toda ela, inclusivamente a capela-mor, está coroada por ameias decorativas. O interior tem o corpo de uma só nave e a capela rectangular, com abobadamento de cruzaria arcaizante.
Este edifício integra-se num conjunto tipicamente alentejano de que restam as capelas de São Brás, de Évora, e Santo André, de Beja.

Para a Vidigueira siga pela Estrada N 258 no sentido Vila Ruiva / Vila Alva / Vila de Frades / Vidigueira.

X.3 VIDIGUEIRA

A vila da Vidigueira começou a ter verdadeira importância no final do século XIV, acentuando-se esta com as sucessivas transferências de padroado, que a colocaram na órbita da Casa de Bragança até 1519, quando o grande navegador D. Vasco da Gama foi elevado ao título de conde da Vidigueira, ficando naturalmente com o seu senhorio que, mais tarde, passou aos seus descendentes. Foi nessa época que conheceu diversas benfeitorias, para marcar a importância desta família que teve outros elementos destacados na política oriental, nomeadamente D. Francisco da Gama que, como o bisavô, foi também vice-rei da Índia.

X.3.a **Castelo da Vidigueira**

Tem acesso pela Rua da Cisterna. Classificado como Imóvel de Interesse Público. Informações: Posto de Turismo, telef. 284 436564. Só o exterior é visitável.

Do castelo ou paço acastelado pouco mais resta do que alguns muros da torre de menagem, onde são bem visíveis elementos de claro recorte manuelino. Embora existisse antes, quando D. Vasco da Gama tomou posse da vila empreendeu diversas melhorias que incluíram a dignificação da sua principal ou pelo menos mais emblemática morada, já que tinha outra habitação de relevo em Évora.

X.3.b **Torre do Relógio**

Rua Miguel Bombarda.

Esta torre tem seguramente origem medieva, mas foi restaurada e talvez aumentada no início do século XVI. No coroamento tem o *lanternim* dos sinos, um dos quais possui uma inscrição que atesta ter sido oferecido por D. Vasco da Gama, em 1520.

X.3.c **Ermida de Santa Clara**

Tanto vindo de Évora/Portel, como de Beja/Cuba, terá de seguir pela estrada

A.C.

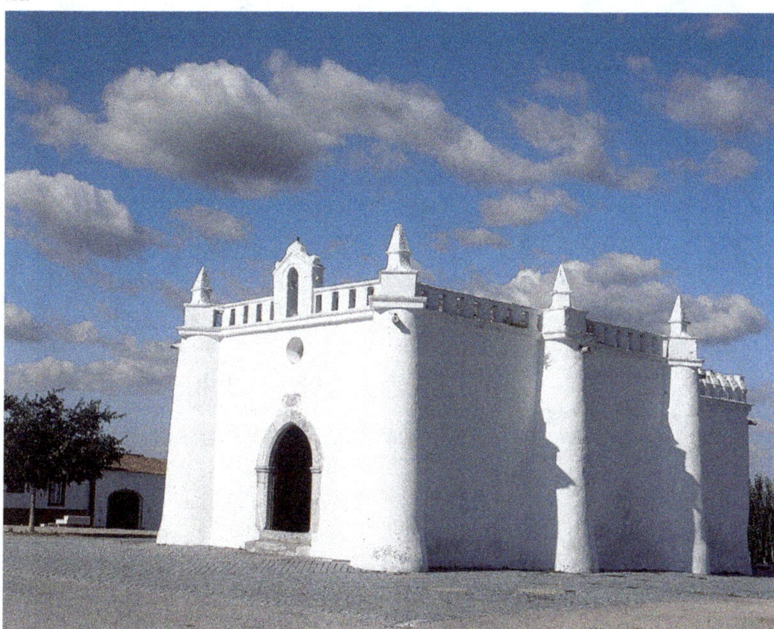

Capela São Sebastião, Alvito.

Castelo da Vidigueira.

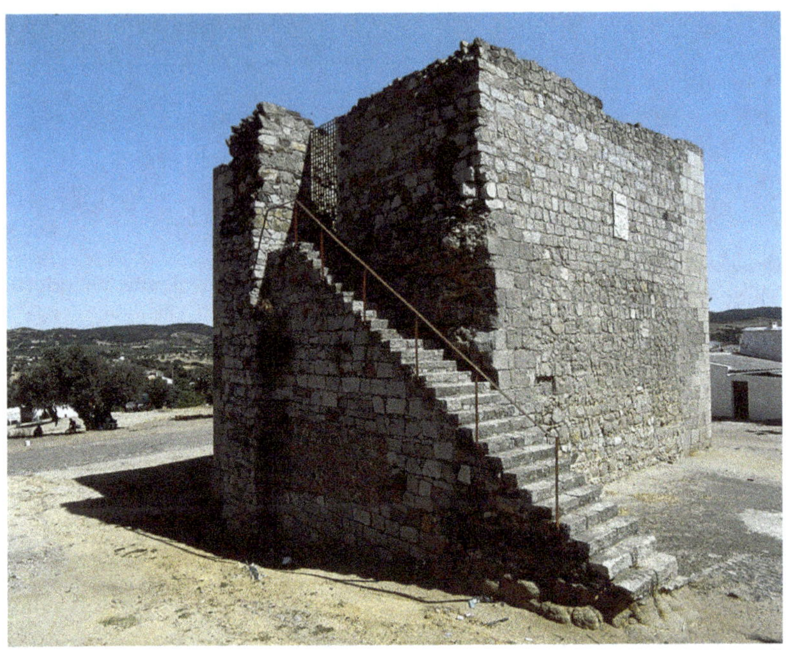

A.C.

A.C.

Torre do Relógio, Vidigueira.

principal até à Rua de Santa Clara. Ao encontrar uma estrada de terra batida deverá segui-la até encontrar a Ermida. Informações: Posto de Turismo, telef. 284 434492.
Classificada como Imóvel de Interesse Público.

O pequeno templo serviu de igreja paroquial até 1540, altura em que o donatário da vila, D. Francisco da Gama, filho do almirante D. Vasco, a mandou reconstruir. No essencial, mantém a estrutura manuelina, seguramente de cerca de 1520, mas o corpo foi refeito posteriormente. Salienta-se a belíssima capela-mor, de tipo manuelino, com arco de entrada do gótico final com capitéis naturalistas, e o abobadamento de nervuras ogivais complexo, radiantes, dotadas

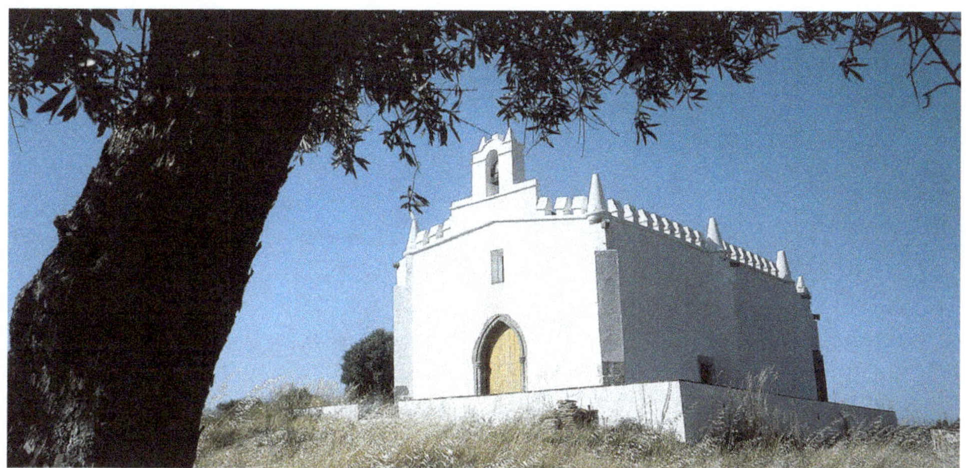

A.C.

Ermida de Santa Clara, Vidigueira.

de belíssimas *chaves* de decoração fitomórfica.

O exterior também é manuelino, com contrafortes de ângulo e de flanco e coroação com ameias decorativas e *pináculos* cónicos. O portal é muito singelo, de arco apontado, mas também já manuelino.

Para se dirigir a Beja, deverá apanhar o IP 2 na direcção sul.

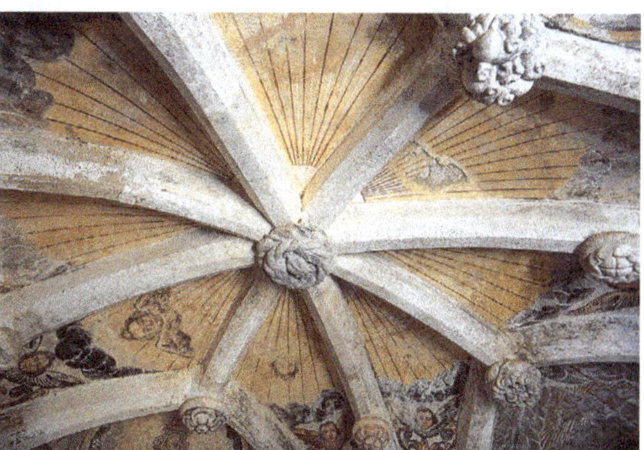

A.C.

Abóbada da ermida de Santa Clara, Vidigueira.

Vilas Brancas

Pedro Dias, Dalila Rodrigues,
Nuno Vassallo e Silva, Fernando Grilo

Segundo dia

X.4 BEJA

X.4.a Capela de Santo André
X.4.b Centro histórico
X.4.c Castelo de Beja
X.4.d Antigo Hospital de Nossa Senhora da Piedade
X.4.e Convento de Nossa Senhora da Conceição e Museu Regional de Beja – Rainha D. Leonor
X.4.f Convento de São Francisco

X.5 SERPA (opção)

X.5.a Castelo de Serpa

X.6 MOURA

X.6.a Castelo de Moura
X.6.b Igreja de São João Baptista, matriz de Moura

A Rainha D. Leonor

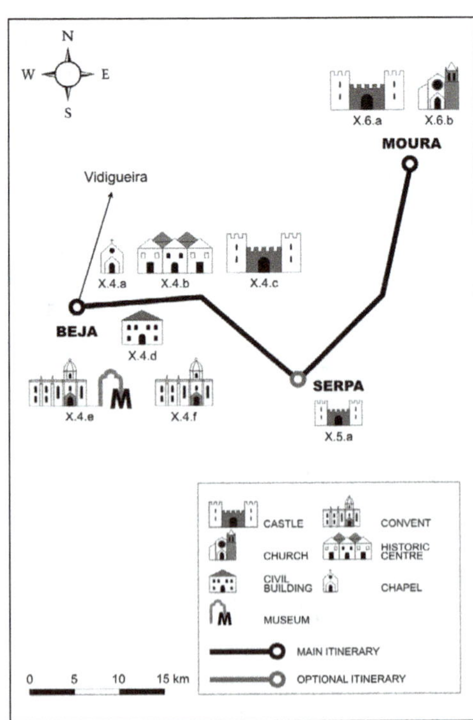

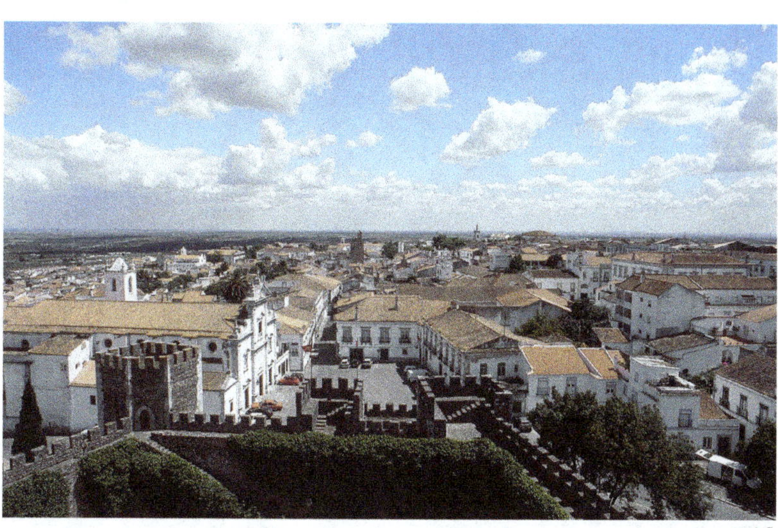
A.C.

Centro histórico de Beja.

X.4 BEJA

Beja foi uma das mais importantes cidades romanas do Ocidente peninsular, posição que manteve durante o período de ocupação islâmica. O seu esplendor esteve na origem da sua ruína, já que os reis asturienses e leoneses a atacaram sucessivamente, para a recuperar. Mesmo D. Afonso Henriques chegou a conquistá-la, mas depressa se perdeu, acabando essa alternância de poder apenas em 1232.

Com D. Dinis, Beja começou de novo a progredir, reconstruindo-se o castelo, fazendo-se diversas casas religiosas, progresso que continuou nos reinados sucessivos. Mas a fortuna da cidade começou verdadeiramente com a sua doação ao infante D. Fernando, casado com D. Beatriz, que instituíram a mais poderosa casa nobre do país, concorrente com a de Bragança. D. Fernando e D. Beatriz foram os progenitores de D. Leonor e de D. Manuel, o futuro rei *Venturoso*.

Estes nobres de altíssima estirpe dotaram a vila, elevada a cidade por D. Manuel I, de estruturas importantes, construíram residências imponentes e patrocinaram ordens religiosas, hospitais, a Misericórdia, entre outras. No reinado de o *Venturoso*, ele que detinha o título ducal de Beja, foram intermináveis as benfeitorias, muitas das quais são ainda hoje visíveis.

X.4.a **Capela de Santo André**

Localiza-se na Estrada N 121, à entrada de Beja.
Classificada como Monumento Nacional. É visitável apenas exteriormente.

Esta capela ou ermida é mais uma de uma longa série delas, feitas nesta região e que se caracterizam, fundamentalmente, pela utilização de contrafortes cilíndricos, quer nos flancos

Capela de Santo André, Beja.

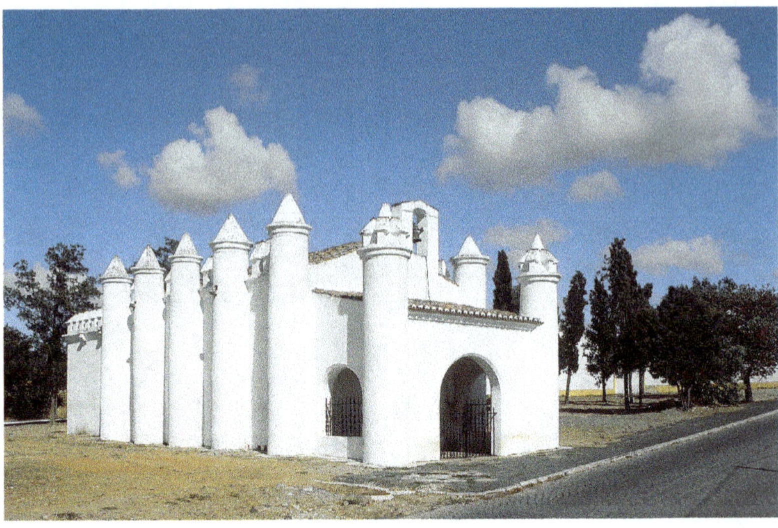

A.C.

quer nos ângulos. Esta é também precedida de um alpendre ou átrio coberto, tem o corpo de uma só nave e a capela quadrangular, coroada exteriormente por ameias decorativas. O interior é muito singelo, com uma abóbada na cabeceira feita meramente com nervuras ogivais cruzadas.

A.C.

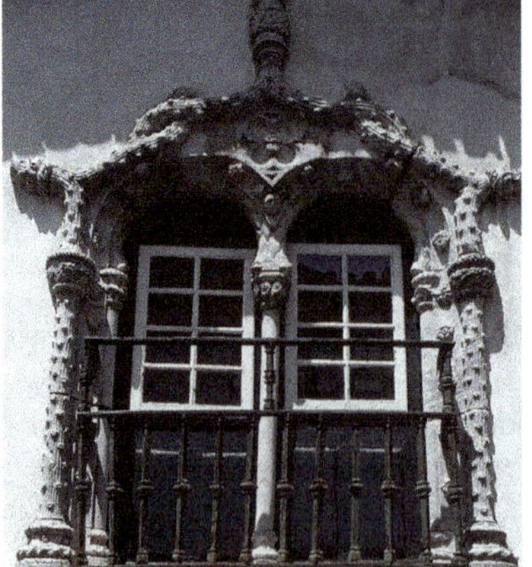

Centro histórico, janela manuelina, Beja.

Depois de visitar a capela de Santo André, siga a sinalização de encaminhamento para o castelo. Antes de entrar no recinto amuralhado existem dois parques de estacionamento gratuitos. Sugere-se que, a partir deste ponto, a visita de Beja seja efectuada a pé.

X.4.b **Centro histórico**

Informações: Posto de Turismo, telef. 284 311913.

No centro histórico são visíveis muitos vestígios de edifícios manuelinos que atestam o desenvolvimento da cidade no início do século XVI. Para além das igrejas das paróquias e das ordens religiosas, dos hospitais, das instalações da Câmara, tribunais, cadeia, etc., construíram-se ou reconstruíram-se

inúmeras moradias de burgueses enriquecidos ou de servidores da casa ducal. Nem todas estas portas e janelas têm uma decoração rica, como a grande janela mainelada de duplo arco da Rua dos Mercadores, de uma exuberância naturalista inultrapassável; ou a portada elegante, de perfil meramente rectangular debruada por um toro e com rosetas no intradorso, ainda patente no n.º 24 da Rua do Esquível.
Um passeio pelo centro histórico leva-nos ao encontro destas relíquias da nossa arquitectura nas Ruas de São Gregório, da Guia, da Misericórdia, e até na rebaptizada Praça da República, em cujo n.º 43 há um piso térreo com portadas diferentes, desde duas com simples *arcos canopiais* rebaixados, até uma outra de vão duplo, toda debruada com um cordão e dotada de volumosos capitéis prismáticos.

Também na Praça da República fica o pelourinho, erguido em 1521, mas alvo de muitas alterações que fizeram com que apenas parte do que hoje se vê seja original. No entanto, a reconstituição permite perceber a elegância das suas formas e a riqueza da decoração naturalista a recobrir o fuste helicoidal.

X.4.c **Castelo de Beja**

Abrange o Largo do Lidador, a Rua D. Dinis e a Rua Antero de Quental.
Classificado como Monumento Nacional.
A entrada na torre de menagem é paga. Horário: das 9h às 12h e das 13h às 16h no Inverno, e no Verão das 10h às 13h e das 14h às 18h. Encerra à segunda-feira e nos feriados.

As muralhas de Beja são as maiores do Baixo Alentejo e conservam grande

A.C.

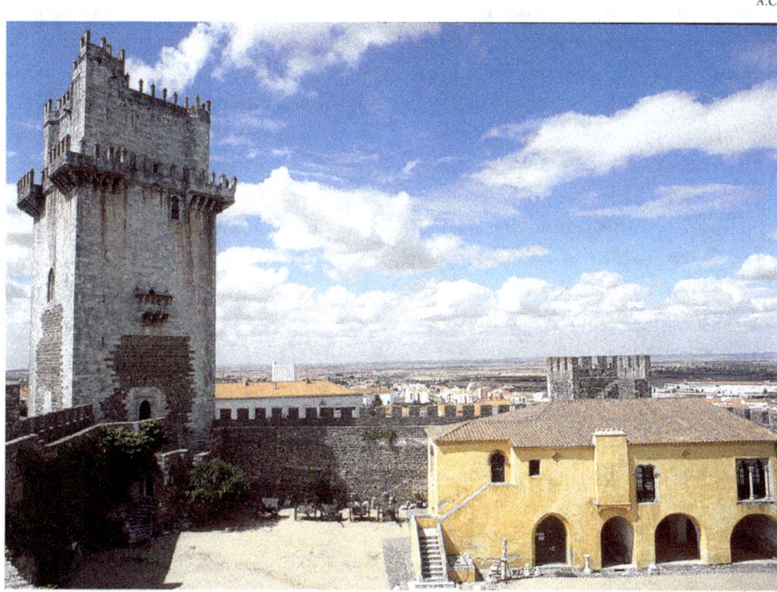

Castelo de Beja, torre de menagem.

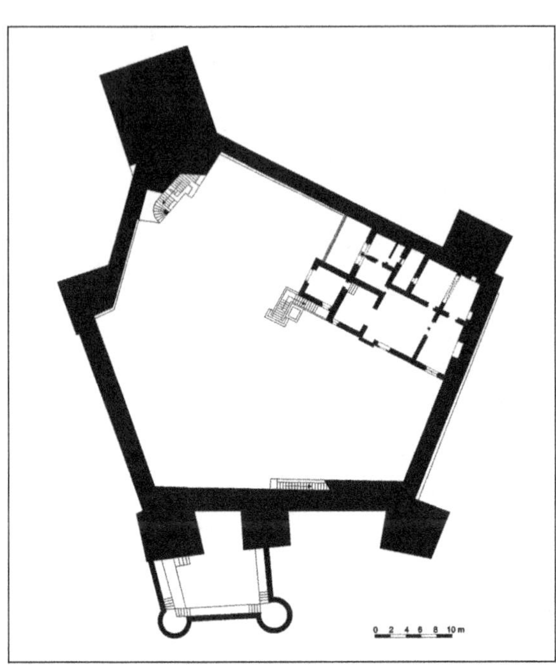

Castelo de Beja, planta, D.G.E.M.N.

parte da estrutura que tinham no reinado de D. Manuel I. Tendo início num acampamento romano, foi a fortificação significativamente aumentada durante a ocupação islâmica, mas as diversas investidas das tropas cristãs acabaram por destruir muitas dessas estruturas. As obras que levaram à construção que chegou aos nossos dias, e que foram alvo de grande restauro em 1939, começaram no século XIV e foram reformadas em tempo de D. Fernando, que deu ordem para tal em 1372, atingindo o ponto mais alto no século XV, quando foi reconstruído desde os fundamentos o *alcácer* islâmico e se levantou a formidável torre de menagem, que atinge os 40 metros de altura.

Podemos distinguir duas construções: o castelejo e a cerca. Esta acolhe o núcleo antigo da cidade, agrupando as ruas que constituíam o essencial da Beja manuelina, onde ficam as principais igrejas, como as de Santa Maria e de Santiago e o Convento de Nossa Senhora da Conceição. Tem uma forma quase oval, mantém perto de quarenta torres, além de fossos secos e de diversas portas: as Portas de Moura, de Beja, de Avis, de Aljustrel, e outras, além de postigos. As muralhas são de tipo tradicional, altas e fortes, com coroamento de ameias e *adarve* a toda a volta.

O castelo é pentagonal e dentro da praça de armas têm a antiga morada dos capitães, muito restaurada e onde foram incluídos elementos arquitectónicos manuelinos provenientes de demolições feitas noutros pontos da cidade. Fotografias antigas, no entanto, permitem perceber que as janelas e arcarias da fachada principal são originais.

Num dos ângulos fica a torre de menagem, quatrocentista, com os seus três pisos abobadados, destacando-se particularmente a abóbada estrelada do médio, uma das mais belas e complexas de todo o gótico português. É também notável o desenvolvimento da parte superior da torre, com a sua varanda envolvente e o conjunto de amplos balcões de *mata-cães*.

X.4.d **Antigo Hospital de Nossa Senhora da Piedade**

Rua D. Manuel I. Informações: telef. 284 327550. É utilizado por uma universidade e pelo Instituto de Serviço Social.
Horário: dias úteis, das 9h às 12h30 e das 14h às 17h30.

É também conhecido como Hospital da Misericórdia, por ter pertencido a esta instituição assistencial. Teve regimento em 1511, posto que os trabalhos já corressem há vários anos, o que deve reflectir o fim das obras essenciais. Conservam-se muitas partes do edifício manuelino, a começar pelo claustro, de alas altas e estreitas, mas com um elegante abobadamento de nervuras, com mísulas prismáticas e *chaves* de decoração naturalista.

A antiga capela privativa, da invocação de São Marcos, é uma jóia arquitectónica, abobadada com nervuras ogivais e um arco de entrada com finíssimos lavores naturalistas.

Mas mais impressionantes são as antigas enfermarias, também de forte abobadamento sobre pilares cruciformes, arcos em ogiva, mas um total despojamento decorativo, como convinha a uma dependência deste cariz. Nas *chaves* das secções da abóbada são visíveis as armas reais a marcar o patrocínio de D. Manuel I.

X.4.e Convento de Nossa Senhora da Conceição e Museu Regional de Beja – Rainha D. Leonor

Largo da Conceição, telef. 284 323351. Classificado como Monumento Nacional. A entrada é paga. Horário: de terça-feira a domingo das 9h30 às 12h30 e das 14h às 17h15. Encerra aos feriados.

O Real Mosteiro de Nossa Senhora da Conceição de Beja foi fundado por D. Beatriz, mulher do duque D. Fernando, progenitores de D. Manuel I. A sua origem remonta, pelo menos, a 1469, mas as obras de construção definitiva começaram só mais tarde, tendo o seu momento de apogeu no início do século

A.C.

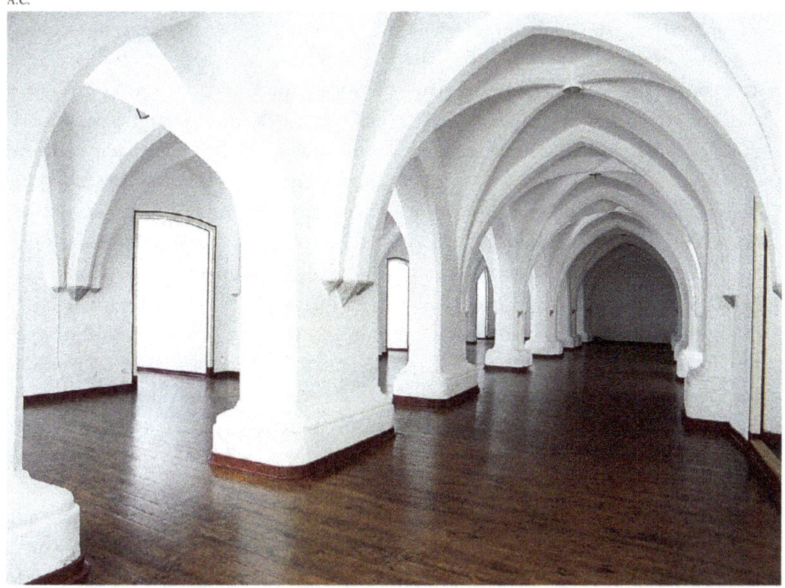

Antigo Hospital de Nossa Senhora da Piedade, enfermaria, Beja.

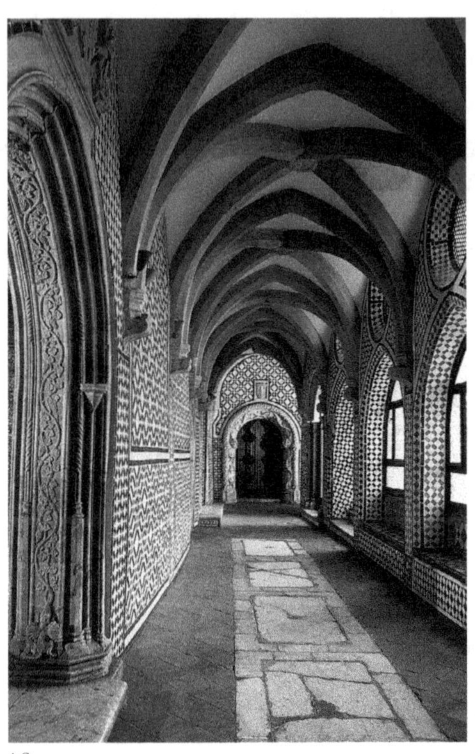

A.C.

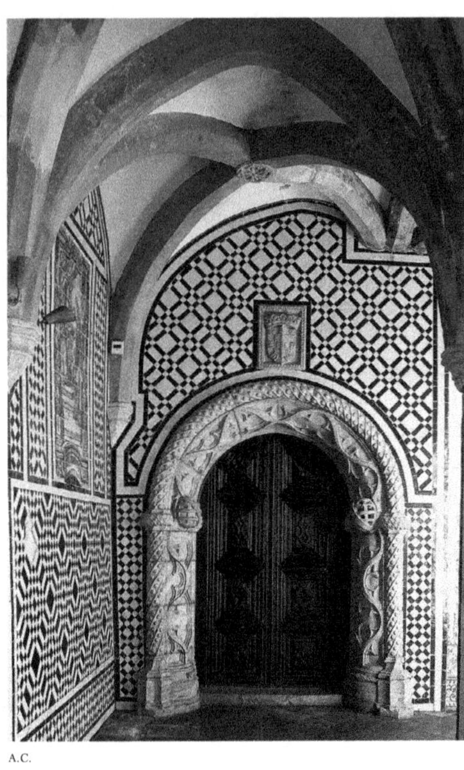

A.C.

Claustro do convento da Nossa Senhora da Conceição, Beja.

Porta do antigo refeitório do convento de Nossa Senhora da Conceição, Beja.

XVI, quando o filho da fundadora já ocupava o trono de Portugal. Este patrocínio tornou-o num dos mais ricos institutos religiosos do Alentejo, conservando-se diversas dependências dessa época.

O exterior está profundamente adulterado por obras de cariz neogótico, mas ainda assim ficou o portal principal da igreja, num belíssimo e canónico gótico flamejante de tradição batalhina, e também uma janela de arco duplo de traçado *mudéjar* no varandim de topo.

Destacamos o claustro, centro da vida monástica, obra de valor plástico, de quatro naves abobadadas de maneira diferente, sólidas e com parca decoração; note-se a porta do antigo refeitório, num naturalismo exuberante e ostentando duas esferas armilares nas ombreiras.

A Sala do Capítulo tem também a estrutura da época de D. Manuel I, embora a porta de entrada seja um pouco anterior, valendo sobretudo pela decoração de azulejos de aresta de fabrico sevilhano e estilo *mudéjar*.

No espaço do Mosteiro da Conceição está instalado o Museu de Beja. Entre alguns interessantes exemplares de pintura, nomeadamente da *Virgem do Leite*, concebida em minucioso realismo flamengo, já desvirtuado por repintes ulteriores, destaca-se na colecção deste sumptuoso museu a imagem do *Ecce Homo*, que surpreende o espectador pela evidente parecença com o painel que integra a colecção do

Museu Nacional de Arte Antiga, em Lisboa. Ambas muito enigmáticas quanto à autoria e aos processos materiais envolvidos, e diferindo pontualmente na presença da inscrição identificativa, apontam no sentido de que tenha existido um protótipo comum, associado a um fenómeno de devoção muito especial, cronologicamente inscrito entre os séculos XV e XVII. Esse protótipo teria dado origem a algumas réplicas, concretamente aos exemplares de Setúbal e de Santa Clara, do Funchal.

Na mesma colecção, merece especial referência, por se tratar de uma das obras emblemáticas da oficina quinhentista com sede provável em Coimbra, o painel que figura *São Vicente*. Ao contrário da imagem do *Ecce Homo*, o autor deste painel, talvez o pintor Vicente Gil – com actividade documentada em Coimbra entre 1498 e 1521 – transforma o acessório em essencial, revelando um gosto especial pela execução pormenorizada em acentuada densidade matérica. Assinale-se a presença das armas da rainha D. Leonor, provável encomendante da pintura, no quadrado da alba do santo.

No campo das artes ornamentais, merece especial menção o conjunto azulejar da Casa do Capítulo do convento, também da época manuelina. Ricamente decorada, está revestida de painéis de azulejos hispano-árabes policromos, dispostos como tapetes. No museu ainda é possível admirar vários conjuntos de padrões de azulejos sevilhanos de corda seca do início do século XVI.

Na ourivesaria possui ainda o museu um cálice tardogótico de prata e a famosa escrivaninha de prata, de grande sobriedade, cuja tradição se associa a uma oferta de D. Manuel à cidade de Beja. É, no entanto, uma obra mais tardia, possivelmente realizada para substituir

A.C

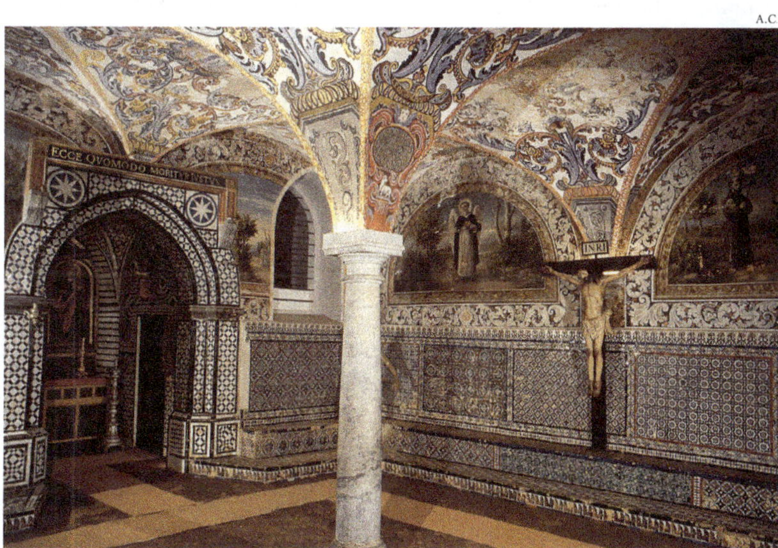

Sala do Capítulo do Convento de Nossa Senhora da Conceição, Beja.

Autor desconhecido, "Ecce Homo", c.1500, Museu de Beja.

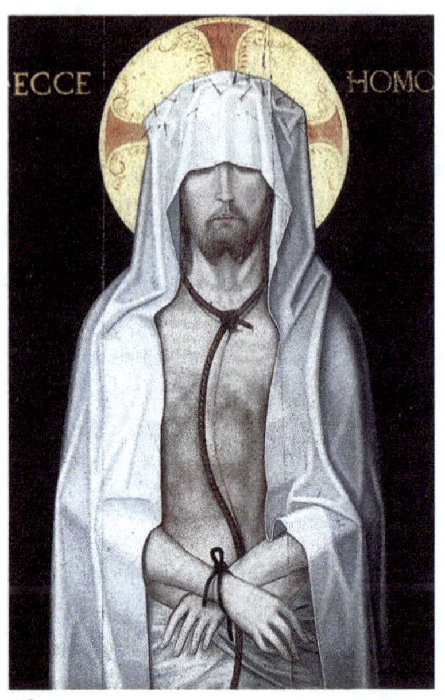

A.C.

a oferta manuelina que se terá deteriorado.
Contudo, é do Extremo Oriente, da China, que provém a mais célebre obra de arte pertencente ao Museu Rainha D. Leonor. Referimo-nos à escudela de Pêro de Faria, em porcelana azul e branca, datada de 1541. A associação a este governador de Malaca, companheiro de Afonso de Albuquerque, é feita na inscrição no interior do bordo. É uma das primeiras obras chinesas conhecidas encomendadas expressamente pelos portugueses.
O Museu Rainha D. Leonor possui dois notáveis exemplares de escultura devocional quinhentista, ambos representando São Sebastião, mas que, contudo, representam duas faces do panorama artístico no manuelino. No entanto, existem profundas diferenças entre eles. Um é de madeira policromada e foi provavelmente executado por mestre português sobre influência da arte que se fazia na Flandres, como bem se pode assinalar pela postura, tratamento de volumes e até pela policromia; outro é de pedra, igualmente polícromo e deve ser considerado como bem representativo da actividade das oficinas manuelinas.

X.4.f **Convento de São Francisco**

Largo D. Nuno Álvares Pereira. Classificado como Imóvel de Interesse Público. O edifício conventual foi adaptado a pousada. Pousada de São Francisco, telef. 284 328441. Horário: a visita deverá realizar-se, preferencialmente, a partir das 14h.

Este convento foi fundado em 1268, durante o reinado de D. Afonso III, e teve campanhas de obras sucessivas até à época manuelina, quando atingiu o maior esplendor. No entanto, novas campanhas, sobretudo no século XVIII, obliteraram a sua fácies, vindo a ser recuperado parcialmente, para instalação de uma unidade hoteleira.
De estilo gótico e do tempo do reinado de D. Manuel I ficaram o claustro, o refeitório e a cisterna, destacando-se ainda o panteão dos Freires de Andrade, num gótico quatrocentista de elevado nível, fruto de uma campanha de artistas formados no estaleiro do Mosteiro da Batalha.
O claustro é muito elegante, alto, com um bem lançado abobadamento de nervuras cruzadas assentes sobre mísulas. Abre-se para uma das suas naves a Sala do Capítulo, ainda do século XV.

Já mais evoluída é a abóbada do refeitório, de cinco tramos sucessivos com abóbadas de nervuras rectas de cinco *chaves*, mas a dependência mais fascinante é talvez a cisterna, com três naves de quatro tramos, obra de carácter utilitário, também de forte *abóbada de aresta* sobre pilares monocilíndricos.

Se pretende dirigir-se a Serpa, apanhe a estrada N 260 e ande 30 km. Se pretende seguir para Moura, passe Serpa e de seguida vire à esquerda e apanhe a N 255, num percurso de 28 km.

X.5 **SERPA** (opção)

Importante vila de fronteira, foi ponto fortificado quer da Coroa de Castela quer da de Portugal, em cuja órbita entrou definitivamente no século XIII. Teve uma ocupação islâmica, mas o seu desenvolvimento efectivo começou apenas no século XV, acentuando-se na época manuelina, com a construção de muitas casas novas, a reforma do castelo e a construção de institutos religiosos e assistenciais.

X.5.a **Castelo de Serpa**

Tem acesso pela zona do Castelo Velho, junto à Praça da República. Informações: Posto de Turismo, telef. 284 544727.
Horário: das 9h às 12h30 e das 14h às 17h30 no Inverno, e no Verão das 9h às 12h30 e das 16h às 19h30. Encerra à segunda-feira e feriados.

As primeiras obras do período português devem datar do tempo do reinado de D. Dinis, do fim do século XIII, mas como todas as vilas de fronteira viu o seu castelo e a cerca melhorados no início do século XVI. As obras altearam e reforçaram as muralhas e as torres, alargaram certamente o âmbito da cerca e fizeram de novo as portas, duas das quais se conservam, a de Beja e a de Moura.
Os panos da cerca e as torres mostram o cuidado posto pelos mestres-de-obras, talvez um dos irmãos Arruda, e

A.C.

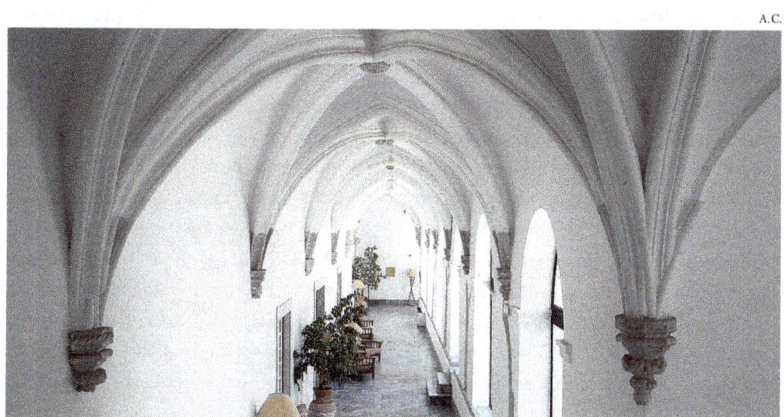

Claustro do Convento de São Francisco, Beja.

Castelo de Moura.

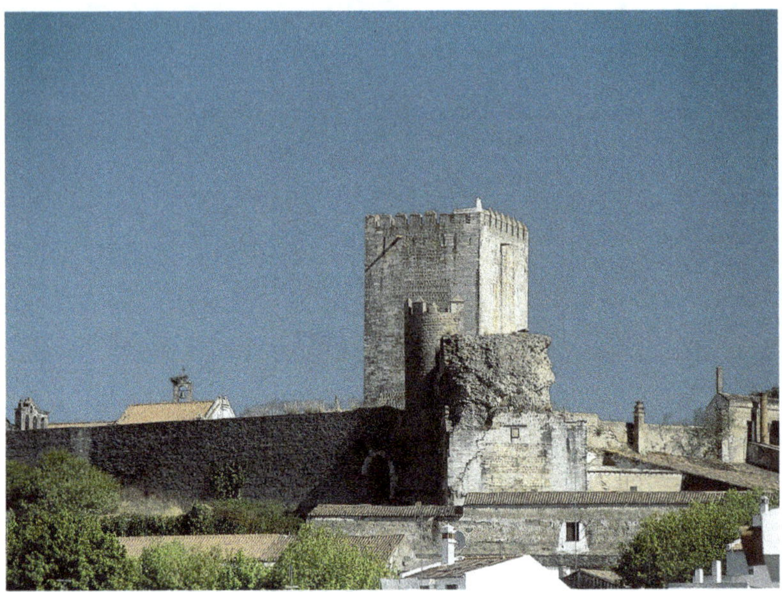

R.C.

pela tipologia podem datar-se de entre 1510 e 1520.

X.6 MOURA

Parece poder provar-se que Moura já existia em épocas anteriores à invasão islâmica de 711, mas foi só depois que ganhou alguma importância. Conquistada por D. Sancho II, em 1232, foi só incorporada na Coroa portuguesa mais tarde, tendo o seu primeiro foral, dado por D. Dinis, em 1292. A proximidade da fronteira tornaram-na uma praça-forte de relevo, e simultaneamente, um local de trocas comerciais. D. Manuel I protegeu e tentou desenvolver Moura, dotando a vila de uma nova igreja matriz e de novo *alcácer*, e patrocinou obras noutras instituições, nomeadamente no Convento do Carmo.

X.6.a **Castelo de Moura**

Acesso pela Praça Sacadura Cabral. Classificado como Imóvel de Interesse Público. Informações: Posto de Turismo, telef. 285 251354.

As origens do velho castelo de Moura remontam ao período de domínio islâmico, sendo mais do que provável que tenha recebido importantes melhorias durante o século XII. Desta época ainda se conservam alguns restos de muralha de *taipa*, com as suas torres cilíndricas ou cubos. No entanto, houve novas e importantes obras no reinado de D. Dinis, já nos últimos anos do século XIII, de que ficaram os alicerces da velha torre de menagem da *alcáçova*. D. Manuel I mandou reformar tudo, projecto e obra ficaram a cargo do mestre-de-obras reais Francisco de

Arruda, os quais se podem datar de entre 1510 e 1520.

X.6.b **Igreja de São João Baptista, matriz de Moura**

Praça Sacadura Cabral.
Classificada como Monumento Nacional.
Horário: diariamente, das 9h às 18h.

O edifício primitivo desta igreja, da invocação de São João Baptista, datava do século XV, quando não passava de uma pequena ermida, já que a matriz ficava dentro do castelo, mas D. Manuel I mandou construir novo edifício desde os alicerces, nada restando do inicial. Ficou uma das mais importantes do Leste alentejano, com semelhanças estruturais com a igreja matriz da Golegã, outra obra de patrocínio real, pelo menos em parte. Se o exterior é sóbrio, com uma forte torre lateral, onde apenas se destaca o portal axial, muito idêntico ao da igreja maior de Viana do Alentejo, o interior é belíssimo. Aqui, elegantes arcadas sobre pilares dividem as três naves de cinco tramos e sem *transepto* saliente; a cabeceira é tripla, destacando-se a abóbada de nervuras ogivais da capela-mor, com dois tramos e *chaves* de excelente factura e profusa

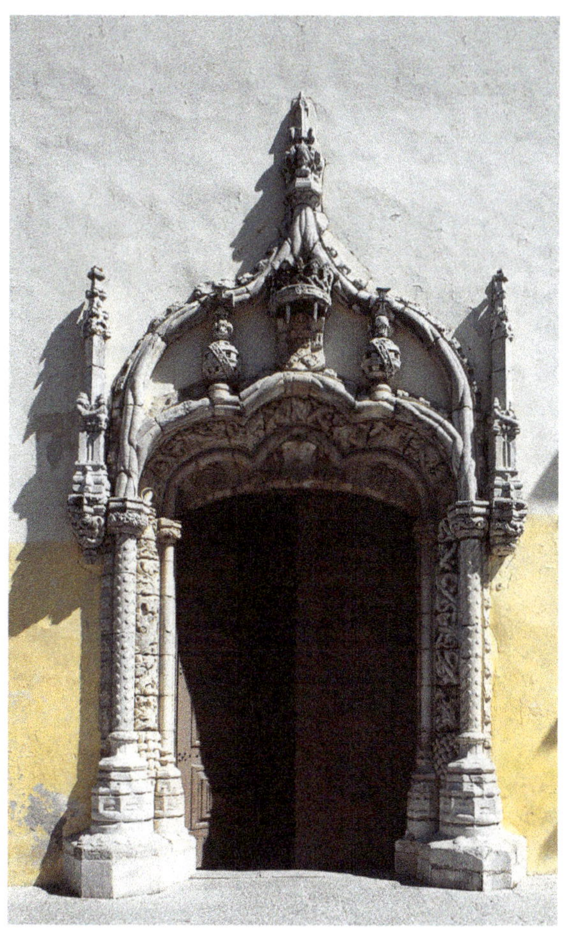

R.C.

Igreja de São João Baptista, matriz de Moura, portal.

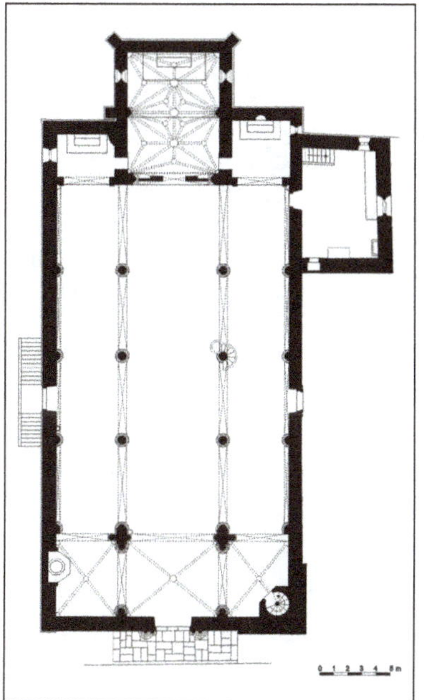

Igreja de São João Baptista, matriz de Moura, planta, D.D.E.M.N.

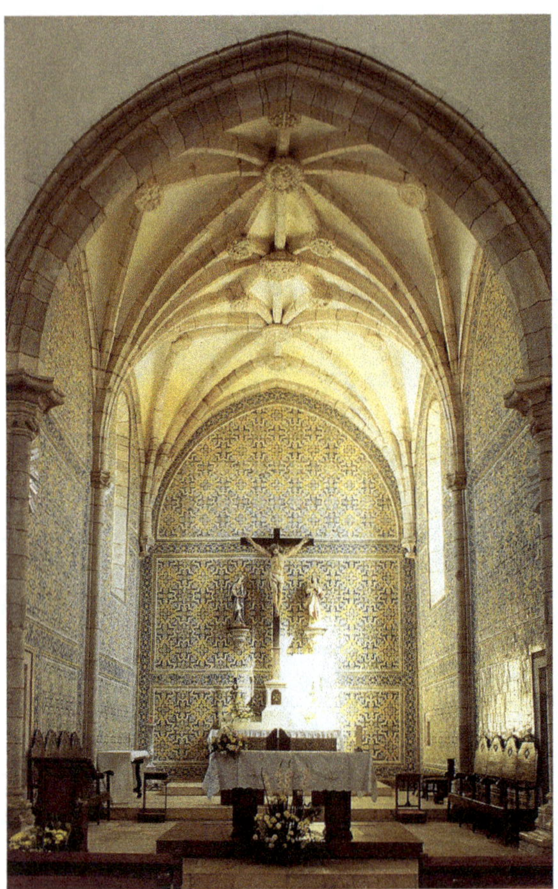

A.C.

Igreja de São João Baptista, matriz de Moura, capela-mor.

O Pulo do Lobo
A catadupa do Guadiana
*Entre as villas de Sérpa e Mértola, forma este rio uma temerosa catadupa, que se despenha com horrível estrondo, aturdindo e terrificando os que a ella se aproximam. Duarte Nunes de Leão, tratando d'esta catadupa (*Descrip. do Reino de Port.*) escrevia em 1599: "Alli onde se despenha, (o Guadiana) se chama Assonjo, (catadupa, cascata, cachoeira, salto, etc.) por o grande roido, e estrondo, que a ágoa faz; cahindo de logar tam estreito, e tam alto, que d'ahi ao pégo, são desasseis braças". Com effeito, o rio cáe em um pégo que tem uns 100 metros de largo e 80 braças (173 metros) de altura, correndo pouco antes, por dous canaes tão estreitos, que cada um, não tem mais de um metro de largo; e juntando-se logo, passam por baixo de uma ponte de pedra, formada pela natureza, e que dá passagem de uma para a outra margem do rio. A esta catadupa se dá o nome de "Salto do Lôbo".*

Pinho Leal, Portugal Antigo e Moderno, *vol. IX, 1886.*

decoração fitomórfica. Da época manuelina, e também com decoração naturalista de belo recorte, é o coro alto, o púlpito e o portal lateral.

A RAINHA D. LEONOR

Pedro Dias

A rainha D. Leonor é uma das figuras chave da História de Portugal da segunda metade do século XV e do primeiro quartel do século XVI. Nasceu em 1458, filha dos duques de Beja, D. Fernando e D. Beatriz e, por isso, duplamente descendente dos reis de Portugal. Pelo casamento com D. João II, em 1473, veio a tornar-se princesa, chegando ao trono em 1482, por morte do sogro o rei D. Afonso V.

Viveu intensamente as peripécias do reinado do marido, nomeadamente a conjura levada a cabo pelo duque de Bragança e pelo duque de Viseu, que acabou pela morte de ambos. No entanto, com a ajuda da mãe, conseguiu salvaguardar o irmão D. Manuel, o que veio a permitir que este, em 1495, ascendesse ao trono.

Do casamento com D. João II teve só um filho, o príncipe D. Afonso, que viria a morrer num acidente, em Santarém. Perfilando-se o bastardo D. João II, D. Jorge de Lencastre, como herdeiro, tudo fez para que o marido nomeasse sucessor D. Manuel, o que veio efectivamente a acontecer.

Senhora de inúmeros bens e senhorios, regente do Reino na ausência do irmão, dedicou-se também à Assistência, tendo sido durante a ausência de D. Manuel em Castela que fundou a primeira Misericórdia. Amante das artes, comprou por toda a Europa obras dos melhores artistas, constituindo no Convento da Madre de Deus de Xabregas, em Lisboa, uma verdadeira colecção, onde emparceiravam as terracotas vidradas de Florença das oficinas dos Della Robbia com a melhor pintura flamenga de Quentin Metsys, isto para não falar da joalharia e das outras preciosidades do Oriente.

Morreu em 1525, já durante o reinado de D. João III.

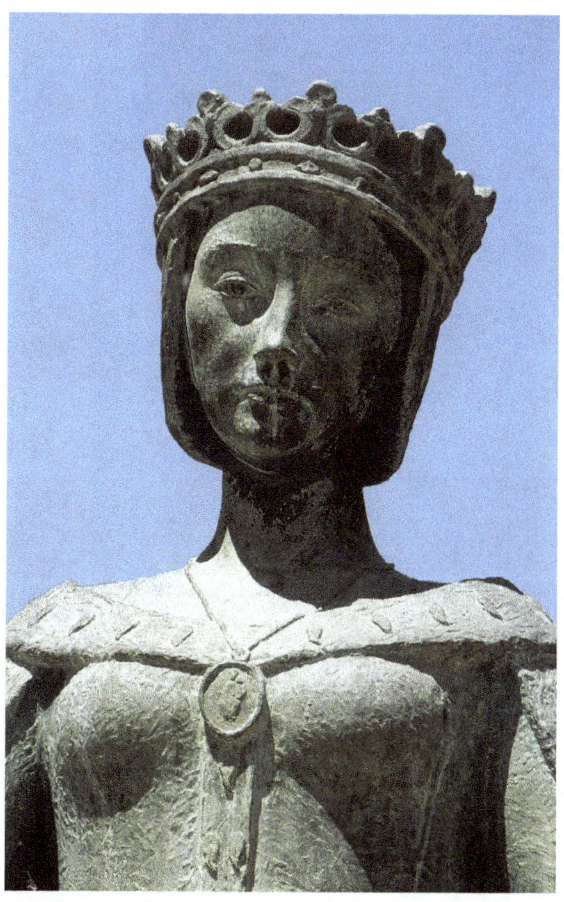

Estátua da rainha D. Leonor, Beja.

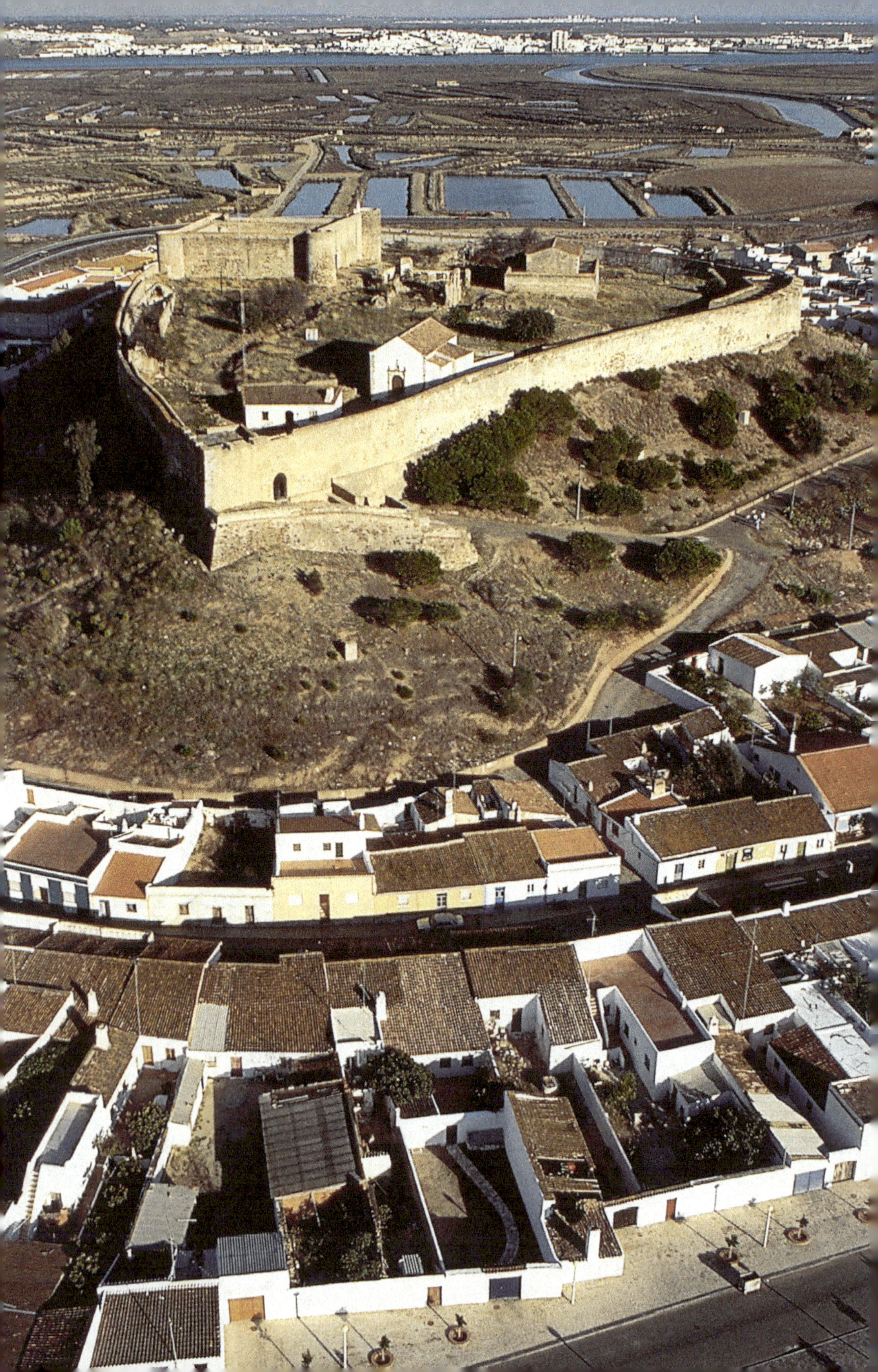

Algarve - *Al-Gharb*

Pedro Dias, Dalila Rodrigues,
Nuno Vassallo e Silva, Fernando Grilo

Primeiro dia

XI.1 CASTRO MARIM

XI.1.a Castelo de Castro Marim

XI.2 TAVIRA

XI.2.a Igreja paroquial de Santa Maria do Castelo
XI.2.b Igreja de São José

XI.3 FARO

XI.3.a Muralhas de Faro
XI.3.b Sé Catedral

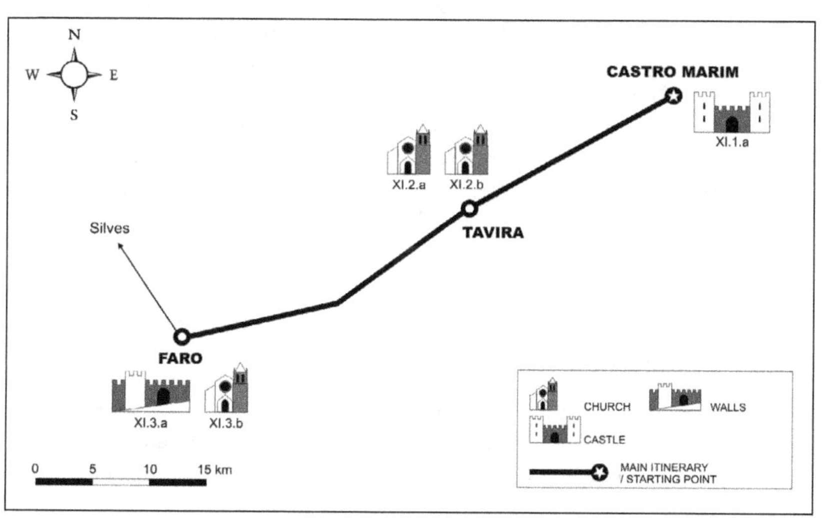

Vista aérea de Castro Marim.

Castro Marim.

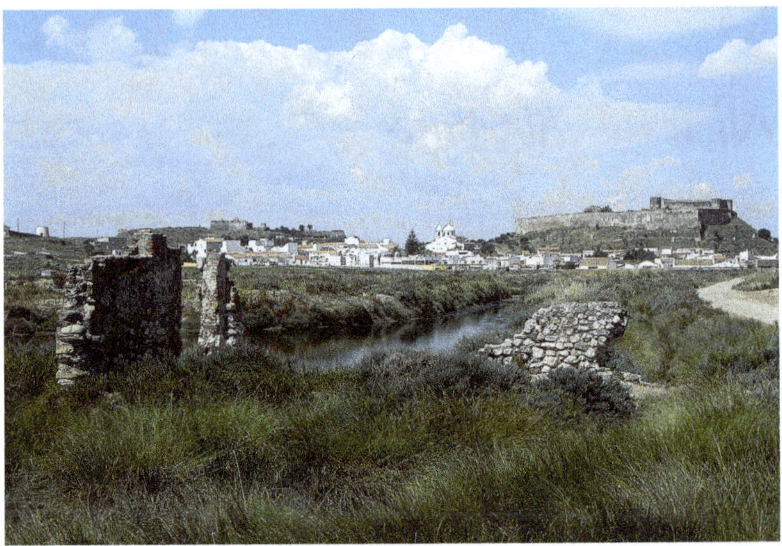

R.C.

O Algarve (do árabe *al-Gharb*; "poente") tem a sua história profundamente ligada aos Descobrimentos marítimos. Na verdade, o facto de ser o extremo sul do país e da própria Europa e de se situar na passagem obrigatória entre o Atlântico Norte e o Mediterrâneo transformou esta região, desde há quase três milénios, numa plataforma giratória de gentes e culturas. Aqui estiveram fenícios e cartagineses, gregos e romanos, godos, magrebinos e mauritanos até que, no século XIII, o território do Gharb islâmico foi integrado na Coroa portuguesa. Ainda hoje o Algarve tem características bem próprias, sendo a única região com um efectivo traço distintivo em relação a todas as outras, o que a própria geografia favorece.

O Infante D. Henrique, o verdadeiro iniciador da aventura ultramarina, instalou-se perto de Sagres, em cujas águas fronteiras se ensaiaram novos métodos de navegação e novos instrumentos náuticos. A longa tradição pesqueira e comercial dos algarvios potenciou a sua participação nos Descobrimentos e poucas foram as famílias que não viram os seus filhos embarcarem para o mar.

O apoio do Algarve foi fundamental para a manutenção do domínio das praças de Marrocos e das ilhas atlânticas, com o fornecimento constante de bens alimentares, produtos comerciais, materiais de construção e sobretudo homens de armas.

Tavira e Lagos principalmente, mas também Silves, Loulé, Faro e Cacela cresceram e enriqueceram, enobrecendo-se com edifícios que rivalizam em beleza e técnica com os antigos dos tempos islâmicos. Assim, podemos hoje percorrer lugares míticos uns, como a Ponta de Sagres, outros bem mais prosaicos, como Lagos, com as muralhas manuelinas e o mercado dos escravos, ou Tavira, a dos canais, porto de excelência e primeiro refúgio dos desventurados de Marrocos.

D. Manuel I teve pelo Algarve um carinho excepcional em reconhecimento do papel das suas gentes na Expansão, favorecendo as vilas, promovendo obras públicas, assistenciais e religiosas. Os terramotos que ocorreram posteriormente destruíram muitas dessas obras, mas as memórias manuelinas não se apagaram.

XI.1 CASTRO MARIM

A povoação entrou definitivamente na órbita portuguesa no século XIII, em 1242, no reinado de D. Afonso III, que lhe deu carta de foral. Mais tarde foi confirmada por D. Dinis, em 1282, e por D. Manuel I, em 1504.
D. Dinis estabeleceu aqui a sede da Ordem de Cristo, quando esta substituiu em território nacional a extinta dos Templários, em 1319, aqui se mantendo até 1334. Na época manuelina era a principal defesa do rio Guadiana e teve grande importância no apoio às praças portuguesas do Norte de África.

XI.1.a **Castelo de Castro Marim**

Situado no morro sobranceiro a Castro Marim. Classificado como Monumento Nacional.
Informações: Posto de Turismo, telef. 281 531232.
Horário: das 9h às 17h, no Inverno, e das 9h às 19h de Abril a Outubro.
No local onde se levanta o castelo foram encontrados vestígios de ocupação que remontam ao período da Idade do Ferro. As primitivas fortificações foram substituídas ao longo da Idade Média, conhecendo-se bem o seu aspecto na época manuelina, graças aos dois desenhos feitos por Duarte D'Armas no seu *Livro das Fortalezas*. Nesse tempo, além do castelejo quadrangular com as torres redondas nos cantos, como ainda hoje se conservam, havia uma torre de menagem alta e *barbacãs* de defesa das portas bem como uma cerca envolvente mais baixa e irregular.

Para Tavira siga pela Via do Infante (IP 1). A saída está assinalada, bem como o acesso a Tavira pela Estrada 397.

XI.2 TAVIRA

A reconquista de Tavira ocorreu em 1242, por acção de Paio Correia, sendo doada à Ordem de Santiago dois anos depois. Ao que parece, as operações militares foram muito violentas, destruindo-se não só a maior parte das fortificações, como das habitações populares.
A primeira reconstrução do castelo deu-se ainda durante o reinado de D. Afonso III, por volta de 1266, sendo a primeira

A.C.

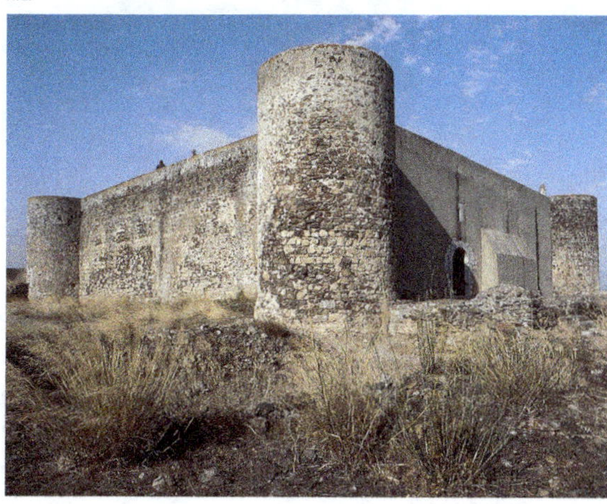

Castelo de Castro Marim.

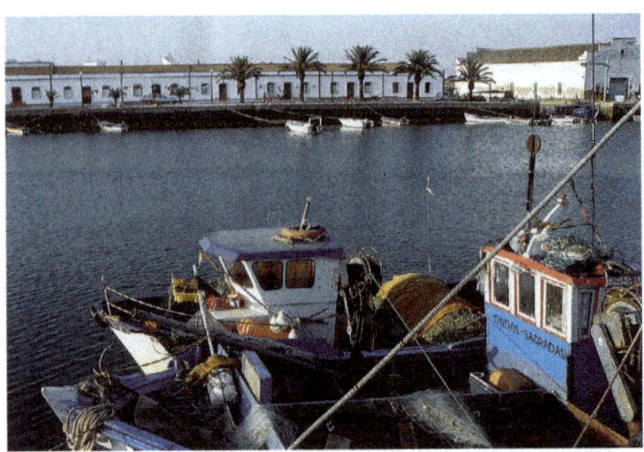
A.C.

Rio Gilão, Tavira.

vila algarvia a ser dotada de carta de foral. Tavira transformou-se rapidamente na mais importante das urbes algarvias, importante porto de pesca e de comércio regional, sendo ancoradouro quase obrigatório para as embarcações que demandavam Marrocos.

A.C.

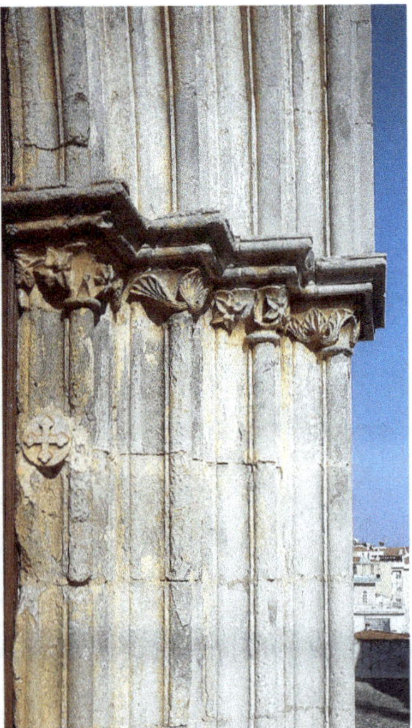

Igreja de Santa Maria do Castelo, pormenor do portal, Tavira.

Na época manuelina, era uma terra florescente, com um vai-e-vem constante de barcos, sendo daqui que saíam as armações para o Magrebe, nomeadamente as que levavam homens, munições e materiais de construção. Este desenvolvimento levou a que D. Manuel I elevasse a vila à categoria de cidade, em 1520.

As construções manuelinas e as das épocas anteriores desapareceram quase todas, não só vitimadas por diversos sismos de forte intensidade, mas também pelo grande progresso que a cidade conheceu na época moderna, o que levou à alteração e aumento dos seus equipamentos, nomeadamente artesanais, religiosos e administrativos. Também os seus habitantes, muitos enriquecidos com a pesca e o comércio, melhoraram as suas habitações, pois o conforto dos novos tempos exigia outras áreas e outros luxos que não os comuns do fim da Idade Média. Ainda assim, há vestígios góticos em igrejas como a de Santa Maria do Castelo, ou manuelinos como na igreja de São José e nalgumas casas situadas junto à linha de água do rio Gilão, com janelas de verga chanfrada.

XI.2.a **Igreja paroquial de Santa Maria do Castelo**

Alto de Santa Maria, Largo Dr. Jorge Correia, telef. 281 325707.
Classificada como Monumento Nacional.
Horário: diariamente das 10h às 17h30, no Inverno, e das 10h às 19h, no Verão.

É certamente o edifício religioso mais antigo da cidade, remontando a sua estrutura ao século XIII. Mantém elementos góticos tradicionais, nomeadamente as abóbadas laterais. Da época manuelina é a capela do Senhor dos Passos, com uma abóbada de nervuras complexa, com as armas dos donatários nas *chaves*, além das da Ordem de Cristo.

XI.2.b **Igreja de São José**

Praça Zacarias Guerreiro. Para visitar o interior da igreja deve solicitar autorização à Misericórdia de Tavira, telef. 281 322268.

Nesta igreja estão hoje integrados os restos da antiga ermida manuelina da invocação de São Brás, onde a confraria da Misericórdia teve a sua sede primitiva. São elementos avulsos, hoje a servir de dependências ao templo setecentista, de carácter popular, ressaltando o abobadamento de duas capelas, uma delas com armas de famílias da nobreza local.

Siga pela Estrada N 125 no sentido Olhão/Faro.

Parque Natural da Ria Formosa
Estendendo-se por cerca de 60 km da costa algarvia, o Parque ocupa uma área de cerca de 18 ha; um cordão de ilhas e penínsulas arenosas protege uma laguna onde se desenvolve um labirinto de sapais, canais e ilhotas. Milhares de aves nidificam e alimentam-se nas dunas. Diversas espécies botânicas constituem um elevado motivo de interesse.
Pode efectuar uma visita ao Parque e escolher um dos trilhos guiados, no Centro Ambiental de Castro Marim, ou efectuar um passeio de barco na Ria Formosa.

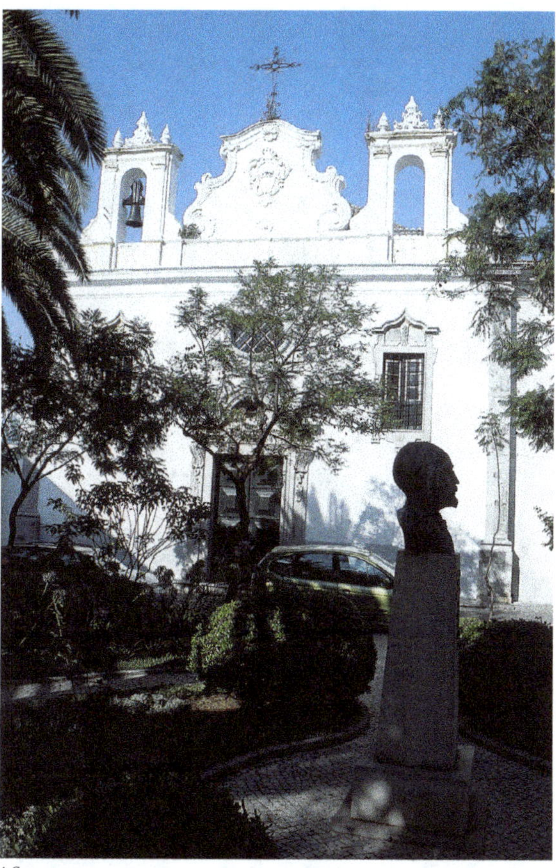

A.C.

Igreja de São José, Tavira.

Informações: Centro de Educação Ambiental de Castro Marim, 8700 Olhão, telef. 289 704134 / 5.

Muralhas de Faro.

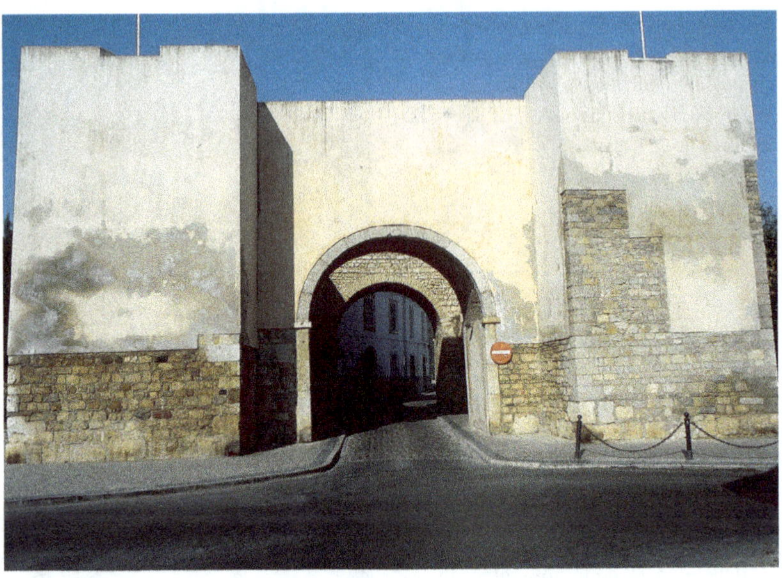

XI.3 FARO

A cidade de Faro foi uma das mais importantes do Gharb muçulmano, atingindo o seu apogeu como entreposto comercial entre o Mediterrâneo e o Atlântico, no século XII. Marcada claramente pelo traçado dos urbanistas do Império Romano, foi arabizada após 713. Em 1249 foi definitivamente conquistada por D. Afonso III, tendo recebido o seu 1º foral em 1266.

Até ao reinado de D. Manuel I a estrutura urbana manteve-se quase inalterada, já que a povoação perdeu importância e outras, como Tavira e Silves, a suplantaram. No século XV era importante a colónia judaica que aqui vivia, tendo até estabelecido uma tipografia, onde se imprimiu o mais antigo *incunábulo* português, em 1487. D. Manuel I deu nova carta de foral a Faro em 1504.

Deixando o automóvel no parque de estacionamento gratuito do Largo de S. Francisco, poderá visitar, a pé, as muralhas e o recinto amuralhado onde se localiza a Sé Catedral.

XI.3.a **Muralhas de Faro**

A visita poderá iniciar-se no Largo de S. Francisco.
Estão classificadas como Imóvel de Interesse Público.
Informações: Posto de Turismo, telef. 289 800400.

As muralhas que subsistem tiveram a sua grande reforma no tempo do reinado de D. Manuel I, mas a sua origem é muito anterior. A estrutura geral é muçulmana, do período emiral, como parecem denunciar as bases de algumas das torres remanescentes e até a porta da vila, de arco ultrapassado. Devem

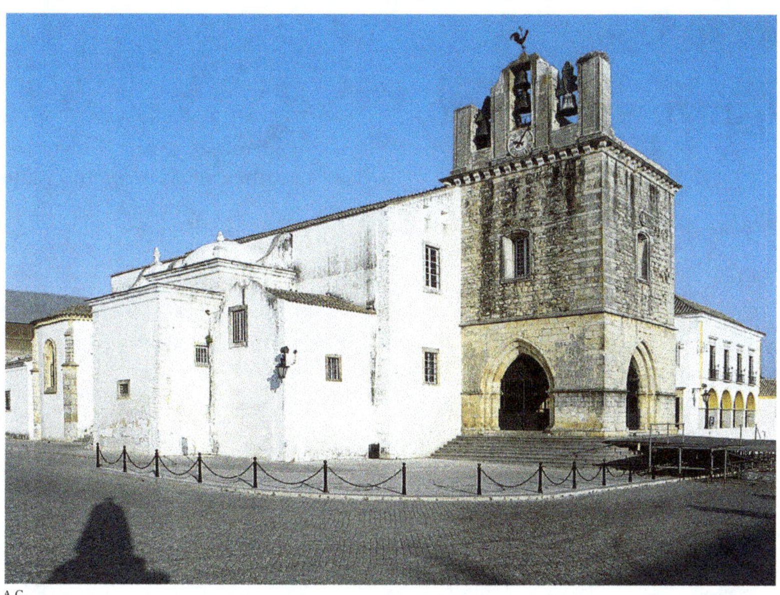

A.C.

Sé Catedral de Faro.

também ser da época almóada as estruturas das duas torres albarrãs que ficam junto ao chamado Arco do Repouso.

XI.3.b **Sé Catedral**

Largo da Sé.
Classificada como Imóvel de Interesse Público. Informações: telef. 289 806632.

Na época manuelina esta igreja era apenas a matriz, já que a única catedral algarvia era então a de Silves. Começada no século XIII, o que hoje se vê é já do século XV e início do século XVI, tal como a torre da frontaria e as duas capelas do cruzeiro. Tudo o resto foi destruído por sismos e reedificado noutros estilos. O corpo de três naves que existia no tempo de D. Manuel I também abateu e foi modernizado.

Siga pela N 125 até Lagoa. Prossiga pela Estrada N 124-1, até Silves

Algarve - *Al-Gharb*

Pedro Dias, Dalila Rodrigues,
Nuno Vassallo e Silva, Fernando Grilo

Segundo dia

XI.4 SILVES

XI.4.a Cruz de Portugal
XI.4.b Sé Catedral

XI.5 ALVOR (opção)

XI.5.a Igreja do Divino Salvador, matriz de Alvor

XI.6 LAGOS

XI.6.a Centro histórico
XI.6.b Muralhas de Lagos

XI.7 RAPOSEIRA

XI.7.a Igreja de Nossa Senhora de Guadalupe

XI.8 SAGRES

XI.8.a Fortaleza e Promontório de Sagres

O Infante D. Henrique

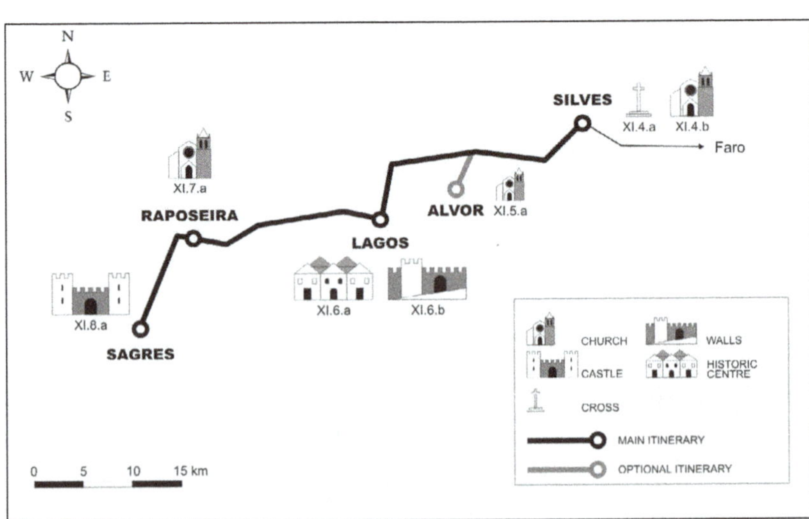

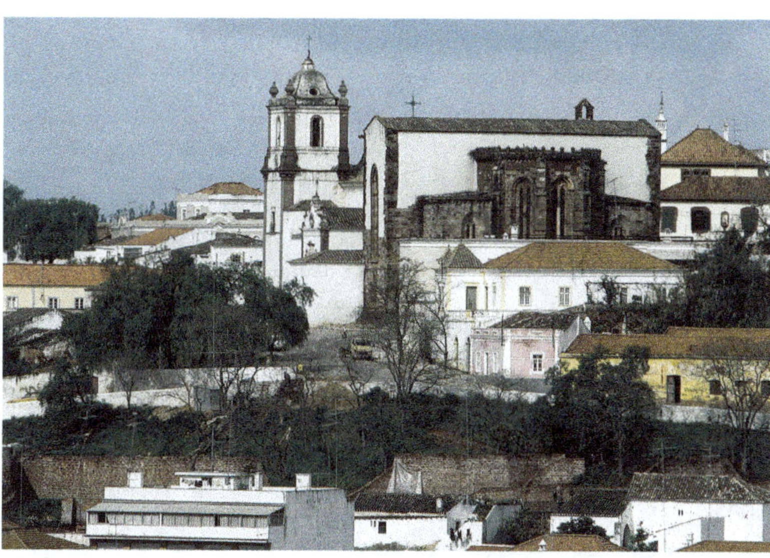
Zona antiga de Silves.

R.C.

XI.4 SILVES

Informações: Posto de Turismo, telef. 282 442255.

Esta foi, sem dúvida, a mais importante cidade muçulmana do Sul do actual território português. Com uma ocupação que remonta à Idade do Bronze, foi conquistada aos Mouros por D. Sancho I, decorria o ano de 1189, embora tenha sido perdida pouco tempo depois, vindo apenas a incorporar o reino cristão em tempos de D. Afonso III, no ano de 1240. Perdeu depois importância para outras povoações ribeirinhas, mas o facto de ter sido sede da diocese algarvia e de ter um castelo fortíssimo fez que mantivesse um regular fulgor. D. Manuel reconheceu esse facto ao mandar fazer uma sé catedral de grandes dimensões e operar outras benfeitorias, nomeadamente no castelo.

XI.4.a **Cruz de Portugal**

Localiza-se na zona baixa de Silves, junto à Estrada Nacional 124.
Classificada como Monumento Nacional.

A Cruz de Portugal é o mais belo dos cruzeiros manuelinos que se conservam. Sabemos pela documentação e escritos antigos que era hábito os povos mandarem fazer cruzeiros, para marcar o chão sagrado, mas raras vezes, entre nós, algum atingiu a beleza deste. É de calcário amarelecido, com uma cruz de recorte gótico com as hastes com cogulhos vegetalistas, sobre um templete e este sobre uma coluna igualmente lavrada com profusão. De um lado, foi representado *Cristo Crucificado* e, no outro, a *Piedade*, com a Virgem a segurar o corpo do Filho morto.

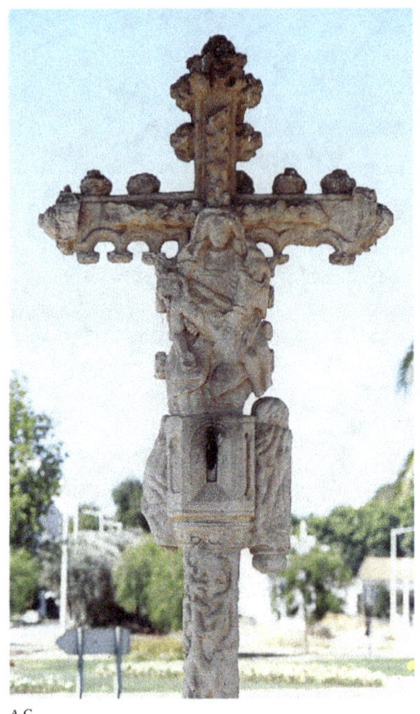

Cruz de Portugal, Silves.

A.C.

XI.4.b **Sé Catedral**

Rua da Sé.
Classificada como Monumento Nacional.
Informações: Casa Paroquial, telef. 282 442472.
Horário: diariamente das 8h30 às 18h30.

A catedral foi começada em tempo de D. Afonso V, sobre uma anterior do século XII, mas demorou muitas décadas até estar concluída. Quando D. Manuel I passou pela cidade, em 1499, mandou refazer tudo com maior grandeza, já que o templo que estava a ser erguido lhe pareceu demasiadamente pequeno. Pelo que hoje se vê podemos concluir que, naquele tempo, se ergueram os arcos divisórios das naves, se concluíram as paredes laterais do corpo e a frontaria, tendo-se também lançado a cobertura de madeira aquém do *transepto*. É uma arquitectura muito sóbria e despojada,

A.C.

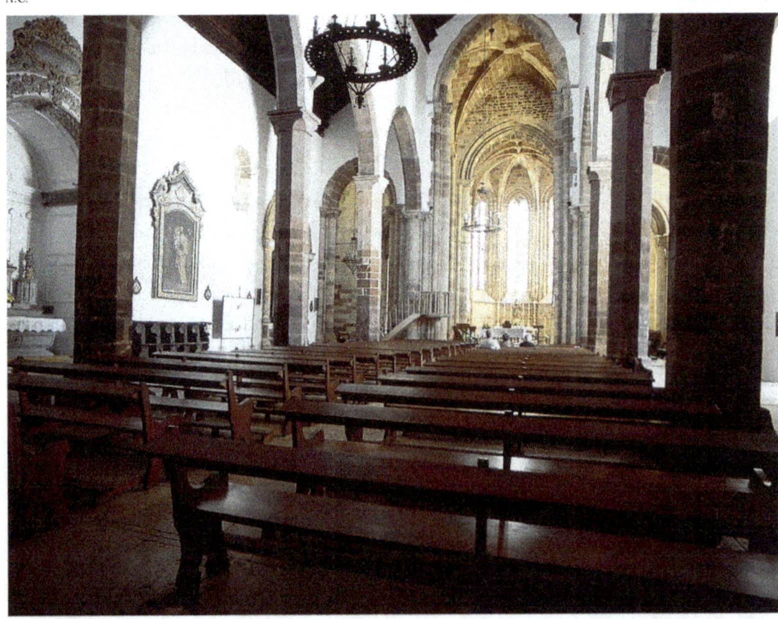

Sé Catedral de Silves, interior.

Sé Catedral de Silves.

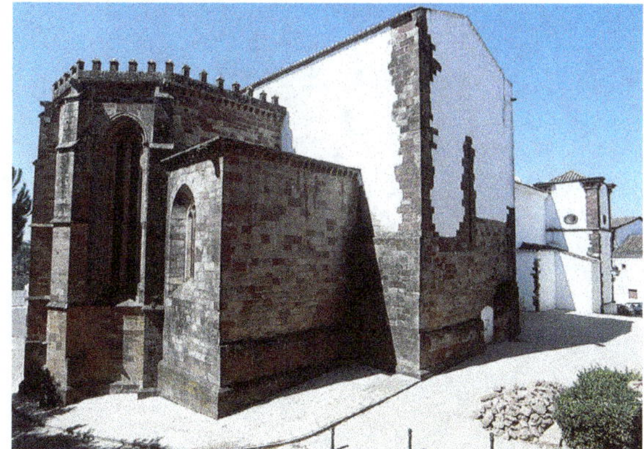

A.C.

mas com bom desenho, longe dos tipos decorativos mais populares e mais exuberantes das igrejas paroquiais das vilas da região.
Ficou com três naves divididas por pilares que suportam uma cobertura de madeira, ligando-se o corpo através de um largo *transepto* à cabeceira tripla ainda num gótico tradicional, quatrocentista, de modelo batalhino.

Retome a Estrada N 124-1 até Lagoa. Aí prossiga pela Estrada N 125 até Portimão. Siga as indicações para Alvor.

XI.5 ALVOR (opção)

XI.5.a Igreja do Divino Salvador, matriz de Alvor

Largo da Igreja, telef. 282 45 91 51.
Os portais estão classificados como Imóvel de Interesse Público.
Horário: diariamente das 9h às 21h. Ao sábado é celebrada missa, em língua inglesa, pelas 18h.

É uma das poucas igrejas manuelinas algarvias que mantêm a estrutura quase intacta. O portal principal é o mais belo e também o mais complexo da região. Um tronco esgalhado formando os *colunelos* externos e a *arquivolta* principal envolve toda a moldura composta por mais um *colunelo* e *arquivolta* lisa, que separa um *intercolúnio* simples com cenas esculpidas em seis registos sobrepostos de cada lado. No interior, tem três naves de quatro tramos separadas por arcadas semicirculares assentes em colunas cilíndricas com grandes bases e capitéis de coroa, decorados com folhagens e todos diferentes uns dos outros. Da cabeceira manuelina só resta o *arco triunfal* da capela-mor.

Retome a Estrada N 125 até Lagos.

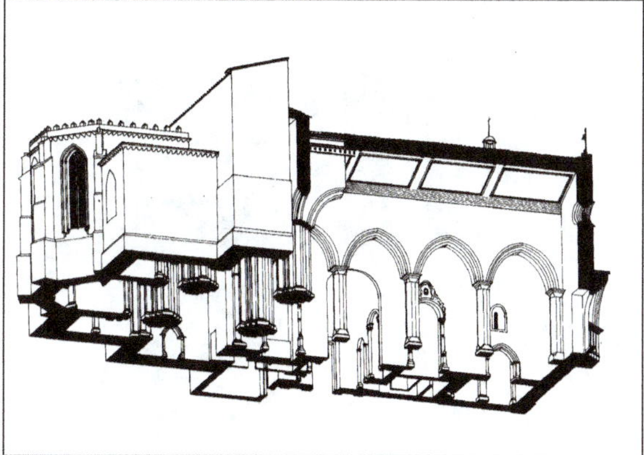

Sé Catedral de Silves, perspectiva axionométrica, in "Catálogo da XVII Exposição Europeia de Arte, Ciência e Cultura", "Os Descobrimentos Portugueses e a Europa do Renascimento", Lisboa, 1983.

XI.6 LAGOS

A sua origem remonta, pelo menos, à época romana. Durante o período de domínio islâmico foi também um núcleo urbano importante, mas na época dos Descobrimentos é que Lagos

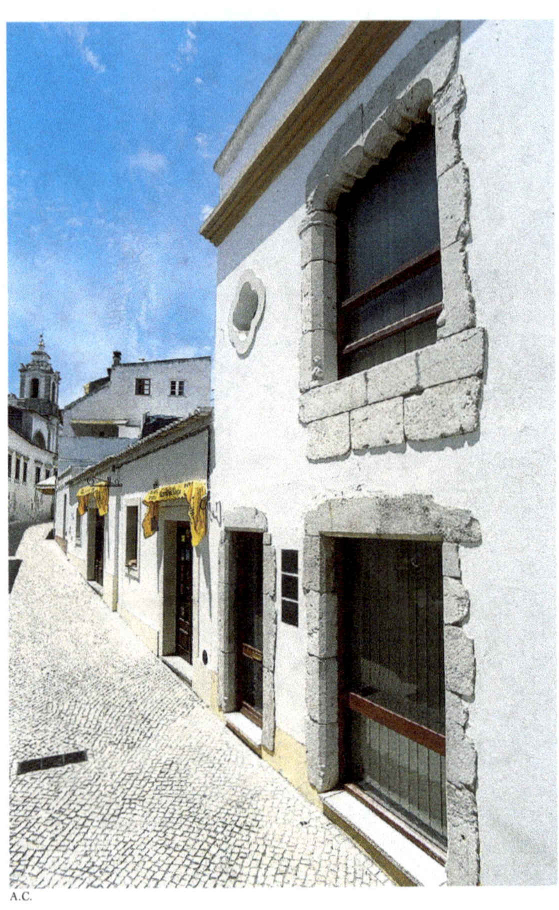

A.C.

Centro histórico de Lagos.

atingiu o seu auge. O Infante D. Henrique frequentou a cidade com assiduidade e foi também dela que partiu D. Sebastião, para a infausta jornada de Alcácer Quibir, na qual viria a perder a vida.

No século XV, Lagos foi o centro da pesquisa naval portuguesa e ponto de partida e chegada obrigatório para as navegações atlânticas. Daqui saíram os navios da tomada de Ceuta e a barca de Gil Eanes que dobraria, pela primeira vez, o cabo Bojador. Com a morte do Infante, em 1460, Lisboa roubou o protagonismo à cidade e, três anos volvidos, a feitoria do trato de Arguim instalava-se também na capital portuguesa.

No entanto, a importância de Lagos no apoio ao Norte de África foi sempre constante, o que levou D. Manuel I a dar-lhe grande atenção, materializada, nomeadamente, na reconstrução total da sua muralha.

XI.6.a **Centro histórico**

Marcação de visitas guiadas, através da Câmara Municipal, telef. 282 762055. Informações: Posto de Turismo, telef. 282 763031. A casa com janela manuelina situa-se na Rua H. Correia da Silva nº 2.

O núcleo antigo da cidade tem a estrutura viária aproximada daquela que seria no século XVI, já que foi a fortificação manuelina, com as suas portas de comunicação com a praia e com o campo, que marcaram as linhas fundamentais, embora estas, por seu lado, não pudessem fugir muito ao traçado muçulmano. Com a ineficácia das defesas manuelinas, as casas de morada, armazéns e pequenas oficinas foram ocupando os espaços disponíveis e escondendo a muralha, ganhando as torres e passagens. Apesar dos tradicionais terramotos algarvios, nunca houve alterações significativas na malha intramuros, sendo apenas regularizados os adros das igrejas paroquiais e das ordens religiosas.

Há casas de estrutura quinhentista e uma mostra até uma janela manuelina que a tradição pretende seja aquela de onde D. Sebastião se dirigiu às tropas antes de embarcar para Marrocos, em 1578.

XI.6.b **Muralhas de Lagos**

Jardins da Constituição.
Estão classificadas como Monumento Nacional. Marcação de visitas guiadas, através da Câmara Municipal, telef. 282 762055.

As primeiras muralhas importantes feitas após a reconquista parece que remontam ao tempo de D. Afonso IV, portanto à primeira metade do século XIV. No entanto, o que hoje é visível resulta claramente das obras iniciadas por D. Manuel I, cujos arquitectos projectaram um sistema tradicional, de amplas *cortinas* altas dotadas de *adarve* e ameias de corpo largo entrecortadas por torres de planta quadrangular e reforçadas nos ângulos e nas portas. Do lado da Ribeira ressalta a frente comprida com duas torres albarrãs a defender a porta principal ou de São Gonçalo, e um maciço no extremo, onde depois foi construído um revelim. A muralha voltada a Sul atinge proporções impressionantes e aqui já foram construídos *baluartes* mais modernos, de transição, certamente numa fase adiantada da obra.

Siga na EN 125, na direcção de Vila do Bispo. Depois de passar Figueira e antes da Raposeira, do seu lado direito, encontra a igreja de Nossa Senhora de Guadalupe.

M.A.

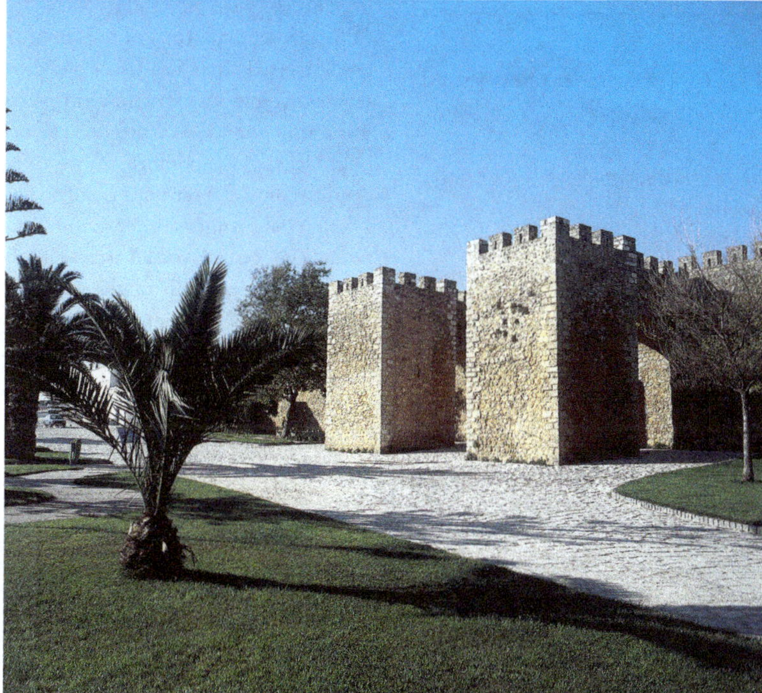

Muralhas de Lagos.

Igreja de Nossa Senhora de Guadalupe, Raposeira.

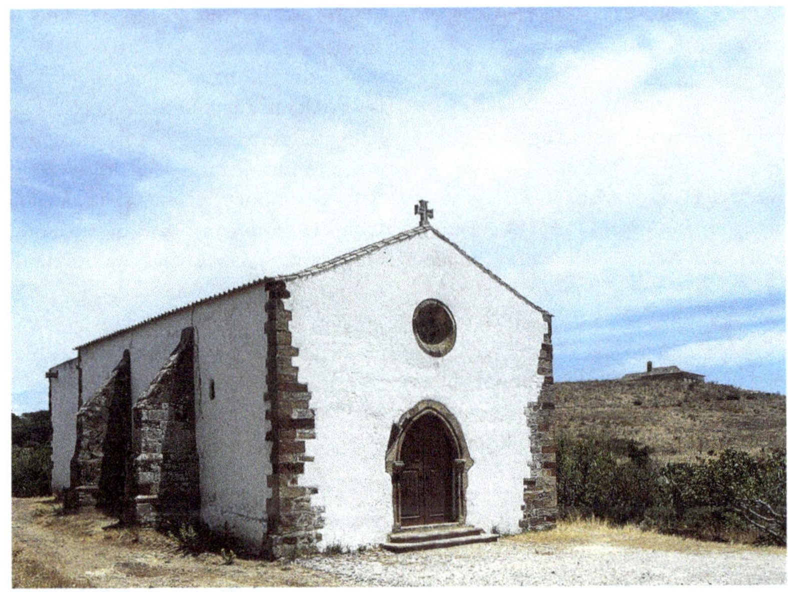

A.C.

XI.7 RAPOSEIRA

XI.7.a Igreja de Nossa Senhora de Guadalupe

Quinta de Guadalupe, junto à Estrada Nacional 125.
Classificada como Monumento Nacional.
Horário: das 9h30 às 12h30 e das 14h às 17h, excepto à segunda-feira.

Esta é a igreja mais arcaizante de quantas remontam à época do reinado de D. Manuel I e se conservam no Algarve. Tal facto tem levado até muitos autores a datá-la de períodos anteriores, o que não corresponde à realidade. Sabemos, no entanto, que já aqui havia outro templo, feito muito provavelmente por iniciativa do Infante D. Henrique, em meados do século XV, já que ele estanciava, frequentemente, bem próximo, no seu paço ou quinta.
O mestre construtor era certamente um homem de fracos recursos que deve ter aproveitado a estrutura antiga. A decoração é também fruto de artífices populares, o que confere aos motivos eruditos um carácter mais rústico.
O exterior é muito simples, com uma fachada só com um portal arcaizante de arco apontado e um óculo redondo sobreposto; lateralmente, foram lançados contrafortes de degraus. No interior, só a capela-mor é abobadada.

Deverá retomar a EN 125 até Vila do Bispo. Prossiga pela Estrada N 268 até Sagres.

XI.8 SAGRES

Informações: Posto de Turismo, telef. 282 624873.

XI.8.a Fortaleza e Promontório de Sagres

Horário: das 10h às 18h, no Inverno e das 10h às 20h30m, no Verão (Maio a Setembro).
Poderá ainda visitar um núcleo de arquitectura recente que alberga exposições temporárias e mostras didácticas sobre o Sítio.

Sagres está marcada pelo promontório, pela fortaleza e, sobretudo, pela lenda. Teria sido aqui que o Infante D. Henrique estabelecera a famosa "Escola de Sagres", onde se estudaria a arte de navegar e se adestrariam os nautas. Desfeita a tradição com sólidos argumentos, nem por isso o lugar deixou de viver o Mito. Na verdade, o Infante D. Henrique estabeleceu uma das suas residências algarvias não muito longe, na Raposeira, onde tinha uma quinta, e parece ser verdade que ao largo de Sagres e de São Vicente se experimentaram técnicas, navios e instrumentos. Na época manuelina já havia aqui um núcleo populacional suficientemente importante para que o rei D. Manuel I o elevasse à categoria de freguesia. Existia também uma fortaleza, no promontório, que evoluiu naturalmente, fazendo-se uma muralha que o isolava do campo. No seu interior ficava uma capela da invocação de Nossa Senhora da Graça, casas de habitação, quartéis, entre outras construções. A actual fortificação regular e abaluartada foi terminada já em 1793.

M.A.

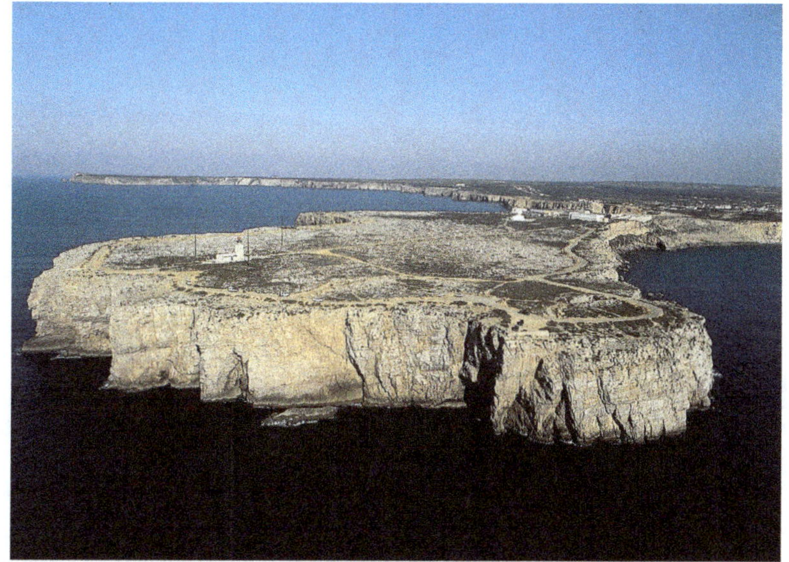

Fortaleza e promontório de Sagres.

O Promontorium Sacrum

"Nesta ponta extrema do continente europeu onde a costa inflecte para o N., sobre esta terra árida e deserta, diante deste mar espumante e áspero, acumulam-se todavia, e desde as mais remotas eras, as memórias dos homens. Poucos lugares se encontrarão de facto no globo tão isolado do Mundo a que se liguem tão grandiosas recordações da Mítica e da História. O viajante culto quase se sente tomado por um temor religioso e por uma comoção sagrada – tantos são os terrores antigos, as lendas maravilhosas e as aventuras dos homens que este sítio tão fortemente evoca. Para os Gregos e Romanos este era o Promontorium sacrum, *onde se via o sol, à hora do poente, cem vezes maior do que nas outras partes da Terra e se podia ouvir o ruído espantoso do astro ao afogar-se nas ondas. Era aqui, como disse Artemidon, que os deuses "vinham descansar à noite dos seus trabalhos e das suas viagens pelo Mundo". Os cristãos criaram por sua vez o novo Mito – e é o corpo de S. Vicente que aqui vem dar em seguida ao martírio, como de aqui também saíram mais tarde (em 1173) as suas relíquias para serem recolhidas na Sé de Lisboa.*

Muito antes de Portugal ser um reino independente, ali ergueram os cristãos o templo do Corvo, a que se refere Edrisi, e aonde os fiéis iam fazer romarias e levar oferendas. "Ao alto do edifício – diz o geógrafo árabe – estão dez corvos que nunca desamparam aquele sítio; os sacerdotes da igreja contam deles coisas de maravilhar... É impossível lá ir sem tomar parte no lauto banquete que os da igreja oferecem ao visitante – usança antiga que jamais deixam de cumprir."

Sant'Ana Dionísio, Guia de Portugal, *Vol. II, Lisboa, 1927.*

O INFANTE D. HENRIQUE

Pedro Dias

O Infante D. Henrique foi o quinto filho de D. João I e de D. Filipa de Lencastre. Nasceu na cidade do Porto, a 4 de Março de 1394 e faleceu em Sagres, a 13 de Novembro de 1460.

Educado no meio culto da Corte portuguesa, onde pontificava sua mãe, cedo se dedicou às Letras, alcançando uma invejável cultura, sem naturalmente descurar as actividades da cavalaria, tão em voga entre os príncipes do seu tempo.

Com vinte e um anos de idade participou no primeiro acto da Expansão portuguesa, em 1415, na reconquista cristã da cidade norte-africana de Ceuta. A ele foi entregue a tarefa de governar a cidade e, a partir de então, tornou-se o principal obreiro da continuação da presença portuguesa em Marrocos e também das explorações atlânticas.

Armado cavaleiro, com Casa estabelecida, os seus escudeiros e criados meteram-se mar a dentro e, em poucas décadas, com um espírito experimentalista sem precedentes, conseguia trazer ao conhecimento da Europa as terras ignotas da África e muitas das ilhas do Atlântico Norte. Juntou à sua volta técnicos de várias nacionalidades e credos, absorveu a Cultura Clássica que mesclou com as novidades da Experiência, acabando por abrir caminho para uma nova Era na vida da Humanidade.

Homem piedoso, mas também pragmático, atravessou o mar para combater em Marrocos, viajava constantemente entre a Corte e o Algarve, administrava a Ordem de Cristo que colocou ao serviço da Expansão.

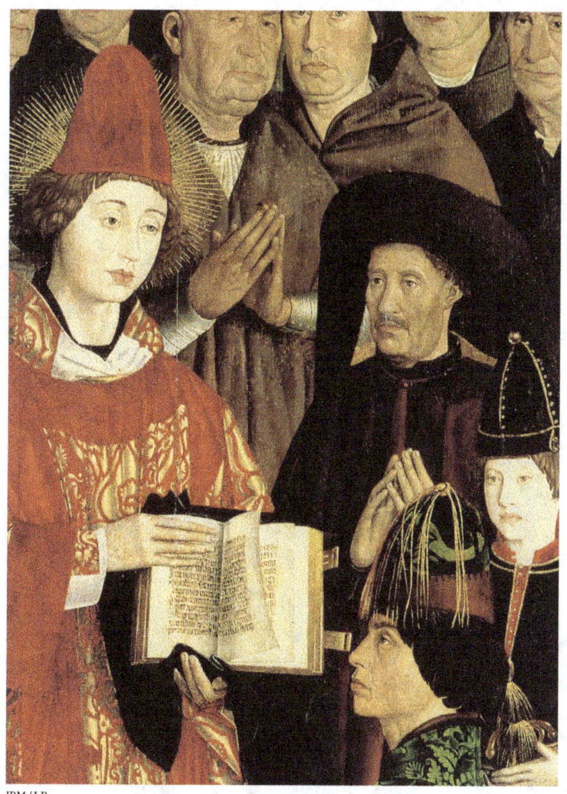

IPM/J.P.

Políptico de São Vicente (Painel do Infante), pormenor, Museu Nacional de Arte Antiga, Lisboa.

Chamou gente do Norte da Europa para povoar as ilhas dos Açores e da Madeira; deu privilégios a italianos e catalães, para o ajudarem na sua Aventura e, ao morrer, cansado de nova expedição ao Norte de África, tinha conseguido que os seus homens chegassem à Serra Leoa e a mais um arquipélago, o de Cabo Verde. Pensou alcançar as terras do Preste João, e até a Índia; não o fez, mas deixou o caminho aberto para que os príncipes seus sucessores o conseguissem.

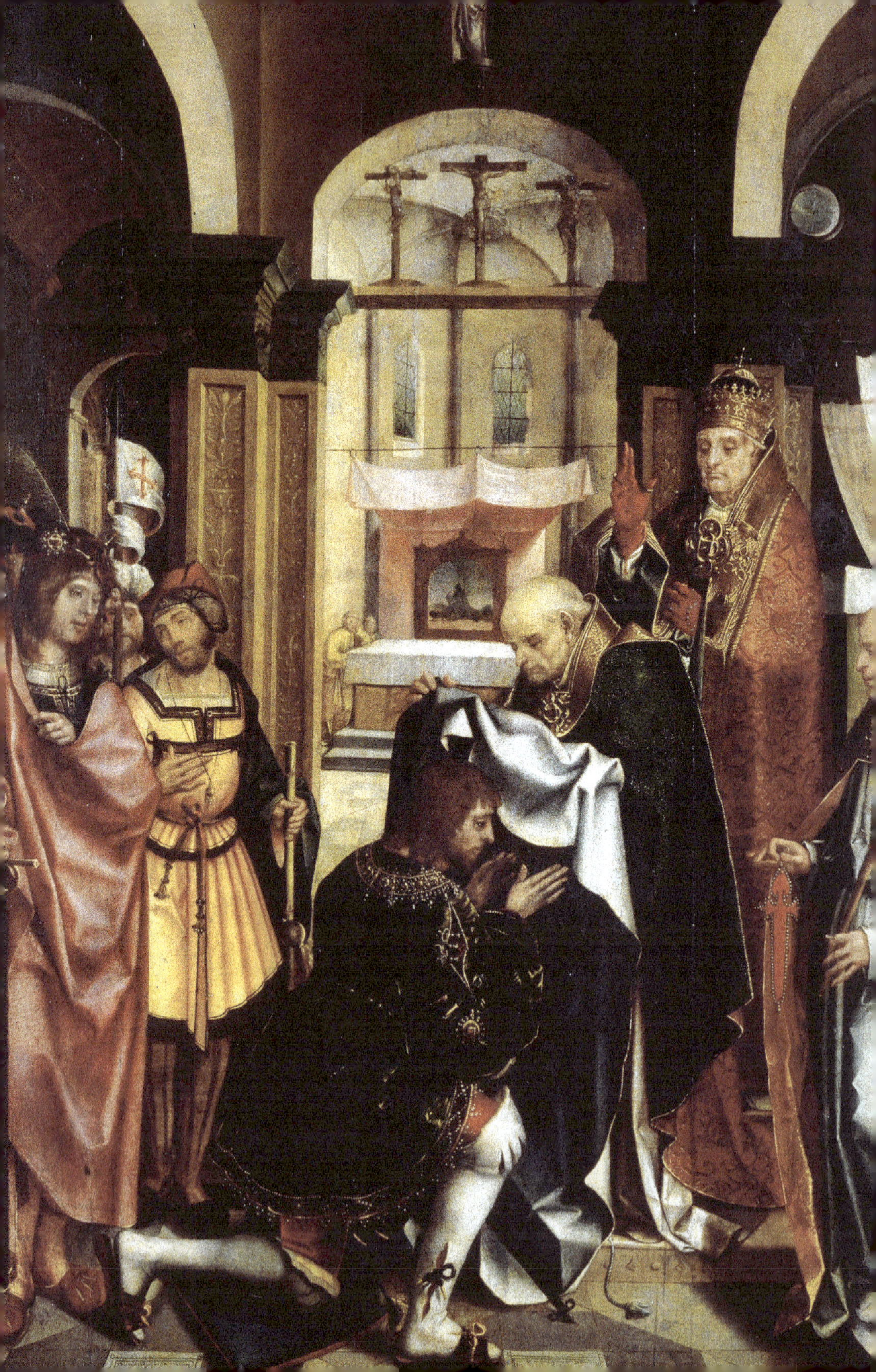

A Ordem de Santiago

Pedro Dias, Dalila Rodrigues,
Nuno Vassallo e Silva, Fernando Grilo

XII.1 SINES

XII.1.a Castelo de Sines
XII.1.b Capela de Nossa Senhora das Salas

XII.2 SANTIAGO DO CACÉM

XII.2.a Castelo de Santiago do Cacém
XII.2.b Igreja de Santiago, matriz de Santiago do Cacém

XII.3 ALCÁCER DO SAL

XII.3.a Castelo de Alcácer do Sal

XII.4 SETÚBAL

XII.4.a Centro histórico
XII.4.b Convento de Jesus
XII.4.c Museu Municipal de Setúbal
XII.4.d Igreja de São Julião, matriz de Setúbal

XII.5 PALMELA

XII.5.a Castelo de Palmela
XII.5.b Igreja de Santiago

XII.6 ALCOCHETE

XII.6.a Igreja de São João Baptista, matriz de Alcochete

Vasco da Gama

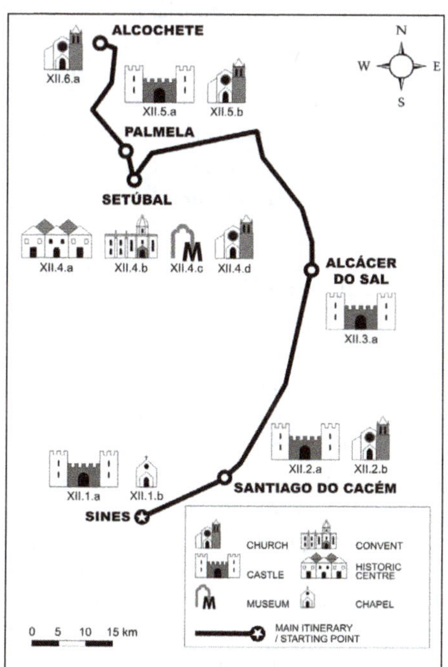

Mestre da Lourinhã, "Investidura de um mestre da Ordem de Santiago", óleo sobre madeira, c. 1520-25, Museu Nacional de Arte Antiga, Lisboa.

A Ordem de Santiago foi uma das que mais se destacou na Reconquista do território peninsular aos mouros. Segundo a tradição, a origem desta ordem remonta ao tempo do rei Ramiro I, de Leão (842-850). No entanto, a sua estruturação é bem posterior, por volta de 1160, coincidindo, quer com o incremento do culto ao apóstolo São Tiago, cujo corpo teria sido, presumivelmente, encontrado em Compostela, quer com os novos avanços militares para o Sul. Com esta conjunção de factos, Fernando II, de Leão, oficializou a ordem em 1170, concedendo-lhe a primeira sede na cidade de Cáceres, na actual Estremadura espanhola.

Em Portugal, foi talvez Arruda dos Vinhos a primeira vila que possuiu a sede desta ordem, em tempos de D. Afonso Henriques que, a seguir, lhe aumentou o território concedendo-lhe nomeadamente Alcácer do Sal, Almada e Palmela, doação que foi confirmada pelo filho, o Rei D. Sancho I.

A Ordem de Santiago ou dos Espatários veio a cindir-se em duas, ficando o ramo português com a sede em Palmela, que passou a ser a cabeça de uma vasta região, nas margens do Sado e que avançava, quer para o Alentejo quer para o estuário do Tejo.

Se, no início do século XV, outras ordens militares ganharam importância, nomeadamente a Ordem de Cristo, certo é que, em 1491, com a doação do seu Mestrado ao Senhor D. Jorge, filho natural de D. João II e seu presuntivo herdeiro, após o falecimento trágico do príncipe D. Afonso, ganhou importância e agregou importantes clãs familiares que obtiveram comendas, dos quais saíram muitos dos principais autores da aventura dos Descobrimentos, destacando-se Vasco da Gama e quase todos os homens da sua família.

A região passou a ser tratada quase como um feudo senhorial de D. Jorge, cuja importância se manteve na política nacional, mesmo depois de seu primo, D. Manuel, o duque de Beja, ter ascendido ao trono, em 1495. Uma criteriosa administração desenvolveu estas vilas, das mais prósperas do Reino, que conheceram novos bairros e praças, igrejas e conventos, casas das Câmaras, prisões e armazéns e, naturalmente, castelos e igrejas. A marca do Senhor D. Jorge está patente por todo o lado, desde logo no castelo de Palmela, em cuja igreja de Santiago está o seu túmulo, verdadeiro emblema dada a posição dominante e alcandorada em relação aos férteis terrenos de aluvião das margens do Sado.

Mas nestas terras há ainda vestígios mais antigos, quer dos primeiros tempos da ordem, como são as igrejas de Alcácer, quer da ocupação islâmica, como é o caso das muralhas desse mesmo castelo. Curiosamente, foi neste pedaço de terra portuguesa que nasceram os dois maiores vultos da História de Portugal, o rei D. Manuel I, em Alcochete, e Vasco da Gama, em Sines.

XII.1 SINES

A ocupação do lugar da vila actual está documentada no período romano, mas a sua importância como centro piscatório só se revelou verdadeiramente mais tarde, no período islâmico. A reconquista cristã esteve a cargo dos cavaleiros Templários, entrando definitivamente na alçada da Coroa portuguesa, em 1217, no tempo de D. Sancho II. Durante a Idade Média viveu

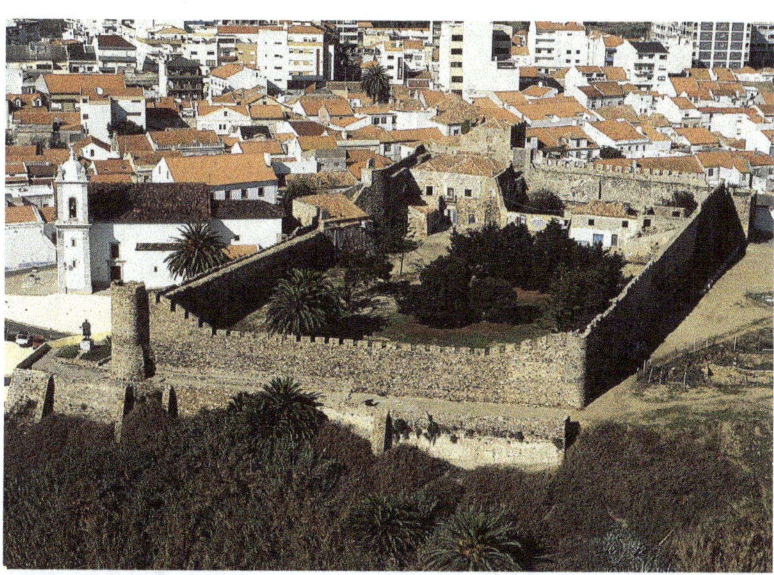

Castelo de Sines, vista aérea.

M.A.

sempre à sombra da Ordem de Santiago, sendo residência dos Gama, em cuja geração nasceria D. Vasco, o comandante da primeira armada que ligou Portugal à Índia.
D. Manuel I concedeu-lhe novo foral em 1512.

XII.1.a **Castelo de Sines**

Tem acesso pelo Largo João de Deus.
Classificado como Imóvel de Interesse Público. No interior do castelo funciona um Posto de Turismo, telef. 269 634472.
Horário: diariamente das 10h às 12h e das 14h às 18h30 e de Maio a Setembro das 9h às 12h e das 14h às 18h30, excepto no dia 25 de Dezembro e 1 de Maio.

É provável que a origem deste castelo remonte ao período de domínio muçulmano, mas o exame directo prova que teve grandes obras de reforma no século XIV e, finalmente, na época de D. Manuel I, quando ganhou a forma que o seu corpo central conserva. Desta época é o núcleo constituído por quatro *cortinas* que conformam um rectângulo pouco longo, com reforço nos ângulos. A casa ou paço do alcaide, com as suas janelas geminadas, conserva-se também num dos cantos, junto à torre de menagem, que foi profundamente adulterada. Deve ter sido aqui que nasceu D. Vasco da Gama.
Para a construção foi criada parcialmente uma plataforma artificial, aproveitada para lançar uma *barbacã* baixa. As muralhas possuem *adarve* contínuo e ameias, muitas delas refeitas décadas atrás.

XII.1.b **Capela de Nossa Senhora das Salas**

Rua de Nossa Senhora das Salas.
Classificada como Monumento Nacional.

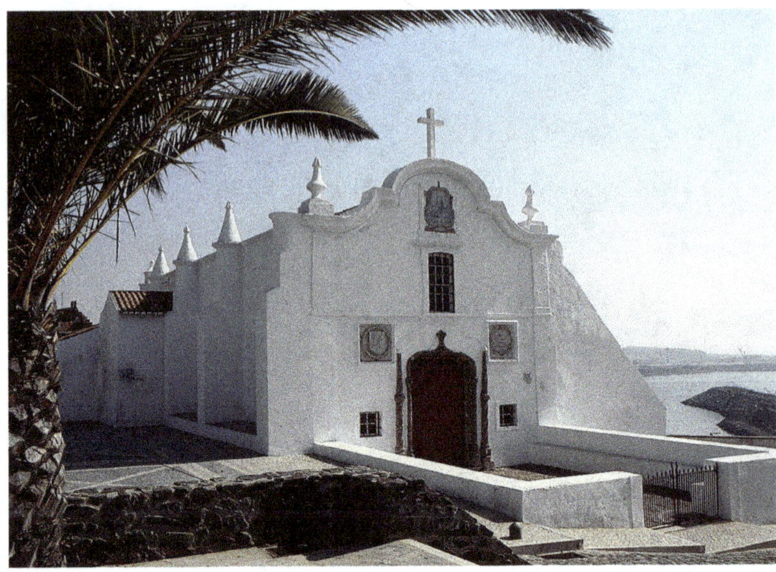

Capela de Nossa Senhora das Salas, Sines.

M.A.

Horário: abre à sexta-feira, às 19h, para a celebração da missa, e no Verão abre ao fim-de-semana das 12h às 19h30.

Sabemos que houve uma primeira construção do século XIV, que foi completamente reconstruída na época manuelina, por iniciativa de Vasco da Gama, continuando as obras os seus sucessores, pelo menos até 1529. É uma obra modesta, pequena e de estrutura muito simples, de uma só nave com cabeceira também de capela única, mas que é completamente abobadada, o que já é fora do comum em edifícios deste porte. O portal é de carácter naturalista, tardogótico, com arco em carena e ostentando as armas reais.

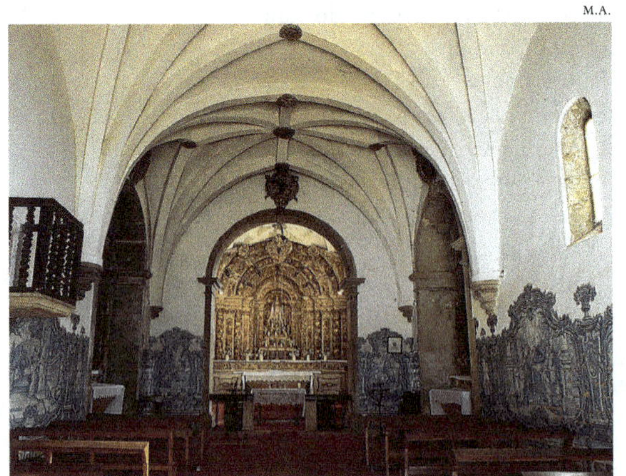

Capela de Nossa Senhora das Salas, interior, Sines.

M.A.

Siga pela IP 8. Na bifurcação com o IC 8 e a Estrada N 120, prossiga por esta última até Santiago de Cacém

XII.2 SANTIAGO DO CACÉM

A sua origem está intimamente ligada ao desenvolvimento da vizinha cidade romana de Miróbriga, cujas impressionantes ruínas atestam ter sido um pólo de desenvolvimento regional muito importante. Foi na época islâmica que o lugar do centro histórico da actual vila

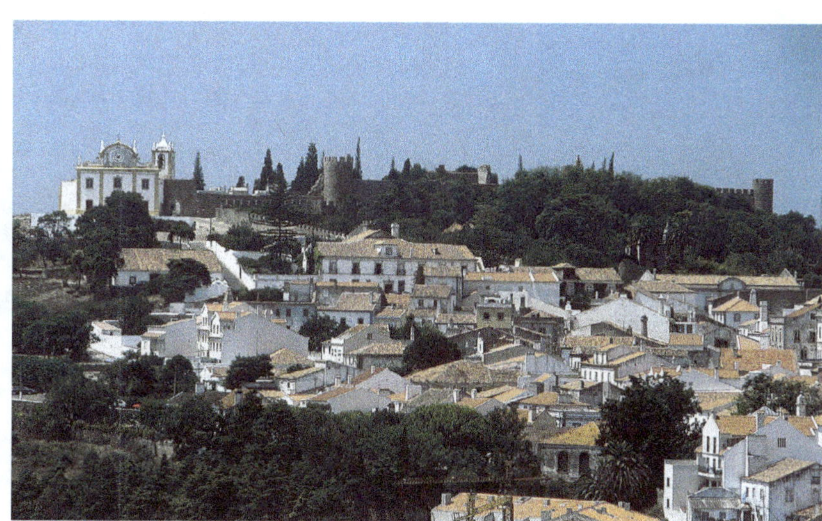

Panorâmica sobre Santiago do Cacém.

R.C.

ganhou importância, como defesa, construindo-se um imponente castelo. A primeira reconquista teve lugar em 1157, em tempo de D. Afonso Henriques, mas a passagem definitiva para a Coroa portuguesa só ocorreu mais tarde, em 1217.

Como as vilas da região, deve o seu desenvolvimento à Ordem de Santiago, de que era uma das principais comendas, tendo D. Manuel I outorgado nova carta de foral em 1512.

XII.2.a Castelo de Santiago do Cacém

Classificado como Monumento Nacional. Só é visitável exteriormente. Informações: Posto de Turismo, telef. 269 826696.

Das obras islâmicas nada é visível, sendo a forma actual, de um rectângulo irregular com cerca de 200 metros de comprido por pouco mais de 30 metros de largo, resultante das reformas posteriores à conquista, no século XIII. Teve grandes obras de melhoramento, no fim do século XIV e no século XV, conservando-se não só os panos dos muros como muitas das torres. Finalmente, na época manuelina, foi novamente reparado, sendo essa a sua última reconstrução, a que lhe conferiu o aspecto que hoje tem. O tempo, naturalmente, não poupou a cerca, as portas e as *cortinas*, mas ainda assim é possível imaginar o aspecto que teria em tempos do reinado do *Venturoso*.

R.C.

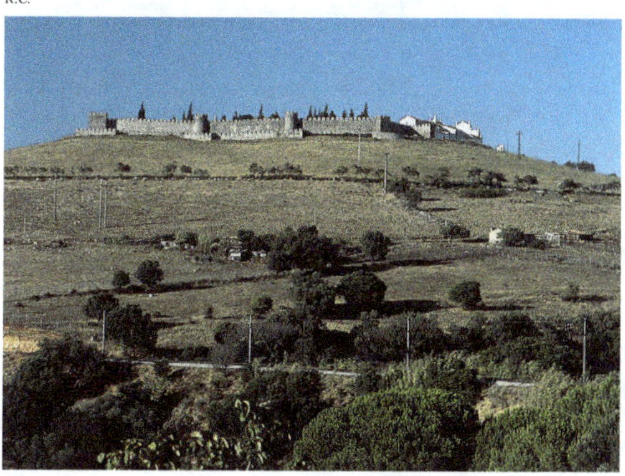

Castelo de Santiago do Cacém.

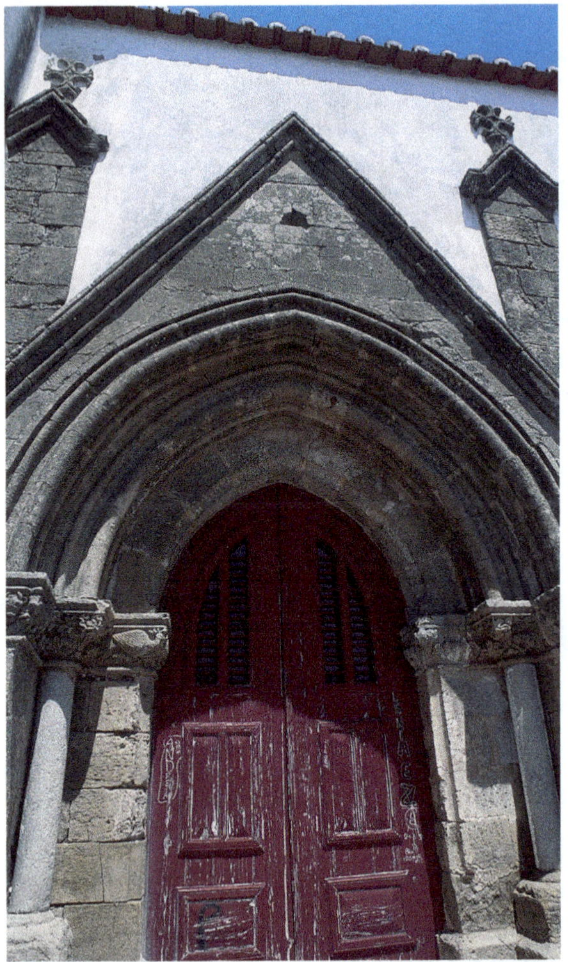

R.C.

Igreja matriz de Santiago do Cacém, portal lateral.

XII.2.b **Igreja de Santiago, matriz de Santiago do Cacém**

Anexa ao Castelo.
Classificada como Monumento Nacional.
Horário: de terça a sexta das 10h às 12h e das 14h às 17h, e aos sábados e domingos das 14h às 17h. Encerra à segunda e feriados.

A igreja, que se conserva, remonta, no essencial, ao século XIV, mas teve reformas posteriores, nomeadamente no início do século XVI. O portal é de estilo gótico perpendicular, de tradição batalhina. O interior tem três naves suportadas por arcadas e pilares também góticos.

Siga pela estrada 261 até ao IC 33 e prossiga pela A 2, saindo em Alcácer do Sal.

XII.3 ALCÁCER DO SAL

Alcácer do Sal é a antiga povoação romana de Salácia, nome que lhe advém da produção do sal que era a sua principal fonte de rendimento, e importante no contexto regional. Foi conquistada aos mouros pela primeira vez em 1158, mas, reconquistada por eles logo depois, só em 1271 entrou definitivamente na posse da Coroa portuguesa, sendo então o seu senhorio doado à Ordem de Santiago. Com o começo das viagens de Descobrimento, o sal tornou-se cada vez mais importante para a conservação dos alimentos, o que fez que a vila enriquecesse e aqui se formasse uma importante classe burguesa. D. Manuel I deu-lhe um novo foral em 1516.
Foi aqui, na velha igreja do Espírito Santo, que este rei se casou com D. Maria de Castela, filha dos Reis Católicos, quando corria o ano de 1501.

XII.3.a **Castelo de Alcácer do Sal**

Classificado como Monumento Nacional.
Algumas dependências foram adaptadas a Pousada. Telefone da Pousada D. Afonso II: 265 613072.

O castelo de Alcácer conserva, no essencial, a planta que possuía nos últimos tempos islâmicos, dos séculos XI e XII, sendo dessa época, ainda, parte das muralhas e torres que subsistem, em *taipa* militar, nomeadamente torreões dos lados sul e norte.

A Ordem de Santiago fez aqui obras profundas, sobretudo de solidificação das *cortinas* e torres, a partir do século XIV, sendo a última grande reforma já do período manuelino, quando a *alcáçova* deve também ter sido melhorada e tornada mais ampla.

No interior da cerca há duas igrejas trecentistas de estilo gótico, a de Santa Maria e a do Senhor dos Mártires.

Siga pela A 2. Quando cruzar a A 12 prossiga nesta auto-estrada até Setúbal.

XII.4 SETÚBAL

A Arqueologia provou já que Setúbal tinha uma importante actividade piscatória e de salga na época da dominação romana, devendo ser igualmente um porto com alguma relevância, dadas as características muito favoráveis do estuário do Sado. Com a Reconquista Cristã a povoação ganha novo alento, ao que parece depois de um período de estagnação, ficando ligada à Ordem de Santiago da Espada, cujo mestre lhe concede carta de foral, em 1249.

Em 1343, em tempo de D. Afonso IV, é delimitado o termo da vila, ao mesmo tempo que se vão erguendo as muralhas, das quais ainda há alguns vestígios.

A.C.

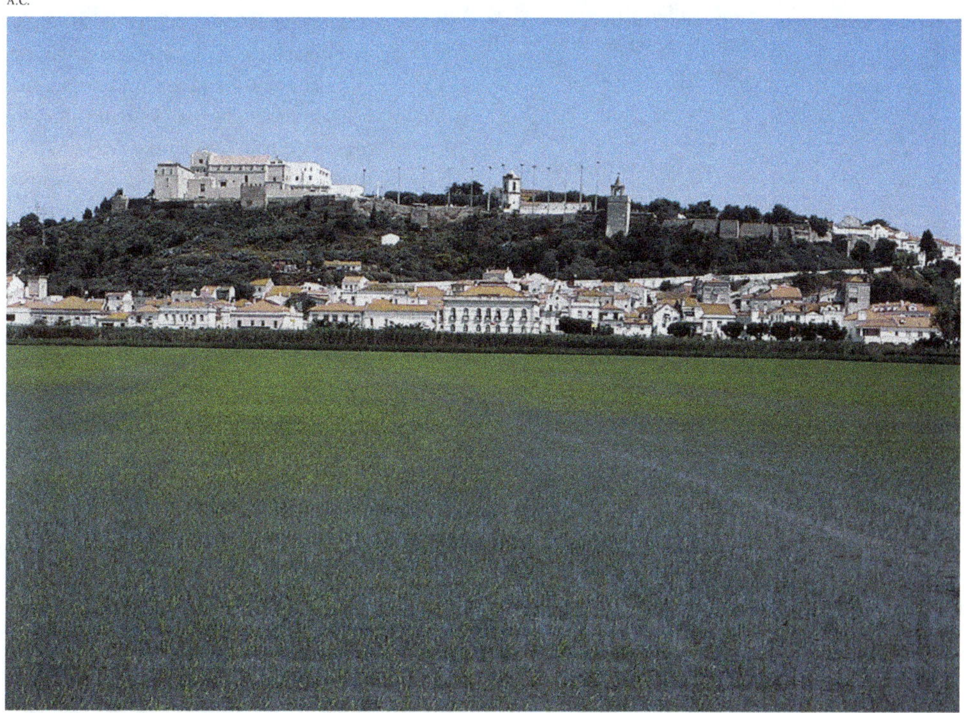

Vista geral da povoação e castelo de Alcácer do Sal.

No fim do século XV, graças aos rendimentos do comércio do sal e de outros produtos, Setúbal era uma das povoações que mais contribuía com impostos para os cofres da Coroa.
Com D. João II, que aqui casou em 1473 com a sua prima D. Leonor, conheceu grandes melhoramentos, construindo-se um aqueduto e regularizando-se toda a área urbana que, entretanto, se estendera muito para fora das muralhas trecentistas.
D. Manuel I mostrou também grande interesse pela vila, mandando reedificar as duas igrejas paroquiais e a generalidade dos equipamentos, quer sociais quer administrativos: a casa da Câmara, a cadeia, os açougues, a gafaria e o paço do trigo. Outro dos grandes patronos das instituições citadinas, onde teve também um paço, a par de São Julião, foi o mestre de Santiago, D. Jorge de Lencastre, filho natural do rei D. João II.

XII.4.a **Centro histórico**

A Casa das Quatro Cabeças localiza-se na Rua Fran Pacheco (antiga Rua Direita de Troino) 44, o portal da Gafaria na Av. Manuel Maria Portela 17, o Convento de São João na Rua Almeida Garrett e a Igreja de Santa Maria, no Largo de Santa Maria. Informações: Posto de Turismo, telef. 265 539120.

Setúbal, centro histórico, casa das quatro cabeças.

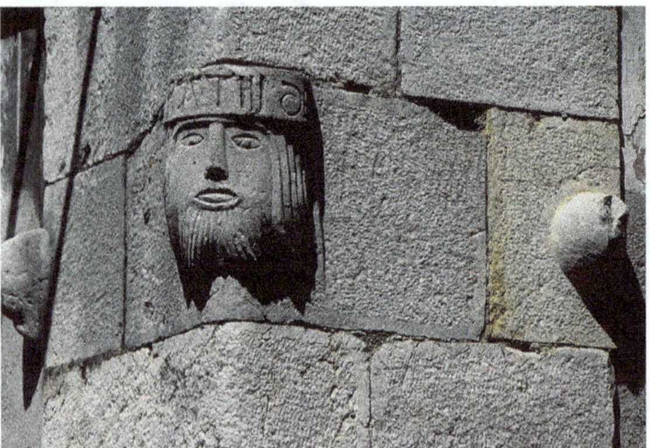

Os vestígios arquitectónicos manuelinos de Setúbal encontram-se fundamentalmente na colina onde se encontra a igreja de Santa Maria. Da cerca medieva percebe-se o desenho, um rectângulo imperfeito, conservando-se uma das portas, a Porta do Sol.
Para além dos arcos de Santa Maria, do portal do Convento de São João, do portal da antiga gafaria e da Casa das Quatro Cabeças, Setúbal apresenta diversas portas e janelas manuelinas em casas que conservam o essencial da sua estrutura, e que são o testemunho do desenvolvimento da vila, nesse tempo em que foi um dos principais pontos de apoio das marinharias e do comércio oceânico. Estas ruas têm hoje antropónimos, mas inicialmente eles estavam ligados aos mesteres: Rua Direita dos Mercadores, Rua dos Caldeireiros, Rua das Canastras, Rua das Esteiras, etc. Desde os esquemas simples e muito elegantes das duas portas de verga polilobulada do nº 3 da Travessa de São José, até à bem mais decorada do nº 45 da Rua de António Granjo, há uma imensa variedade de tipos, mas são mais comuns as que apresentam as ombreiras meramente chanfradas e depois um arco trilobulado e rebaixado inscrito na verga, tudo incluído em lintéis exteriormente lisos.

XII.4.b **Convento de Jesus**

Praça Miguel Bombarda (antigo Largo de Jesus).

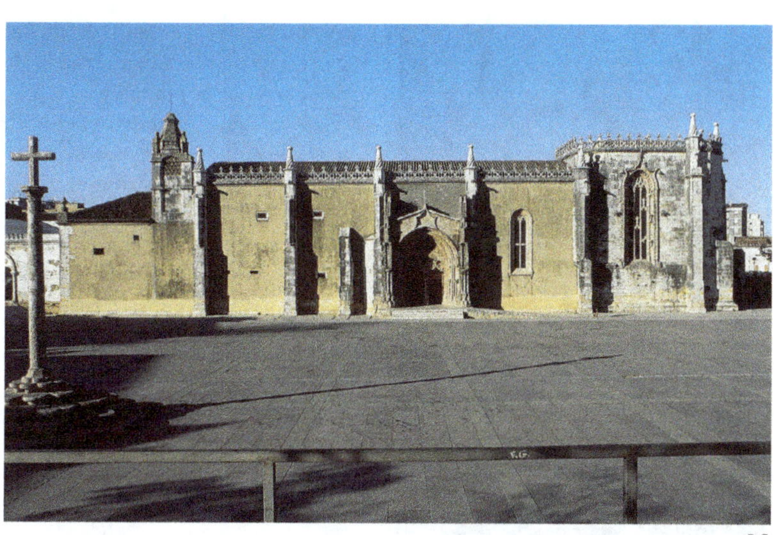

Convento de Jesus, Setúbal.

R.C.

A igreja, o claustro e a Sala do Capítulo estão classificados como Monumento Nacional.
Horário: de terça a sábado das 9h às 12h30 e das 14h às 17h30. Encerra ao domingo, segunda-feira e feriados.

O Convento de Jesus foi fundado por D. Justa Rodrigues, ama de leite de D. Manuel I, em 1489, quando este era ainda só duque de Beja e administrador da Ordem de Cristo. A primeira pedra do edifício foi lançada a 17 de Agosto de 1490, voltando a repetir-se simbolicamente a cerimónia, dois anos depois, aproveitando a presença na vila do rei D. João II. Sabemos que antes de 1490 trabalhou aqui o mestre-de-obras Boytac, embora o que hoje se vê, e apesar de ser seguramente seu o projecto inicial, lhe pertença apenas em pequena parte.

Com a subida ao trono de D. Manuel I o plano original foi alterado, fazendo-se uma igreja maior e mais amplas dependências residenciais. Dos primeiros tempos ficou a estrutura murária da igreja, a *cripta* sob o altar-mor e os coros alto e baixo. Talvez seja ainda do século XV a definição do claustro, acabado já por perto de 1520.

A igreja tem três naves que se elevam à mesma altura, separadas por colunas torsas de pedra polida da serra da Arrábida, o que lhe confere um aspecto rico e brilhante. A capela-mor é mais alta e de muito melhor construção. Foi certamente começada por 1520, feita por mestres dos estaleiros do Mosteiro dos Jerónimos de Lisboa, com uma

Igreja do Convento de Jesus, perspectiva axionométrica, in "Catálogo da XVII Exposição Europeia de Arte, Ciência e Cultura", "Os Descobrimentos Portugueses e a Europa do Renascimento", Lisboa, 1983.

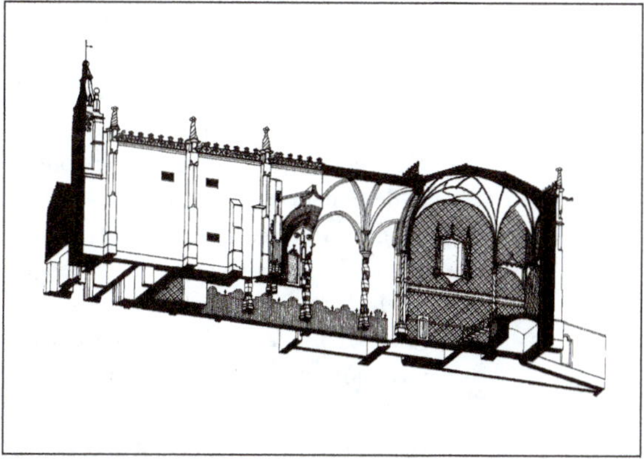

Igreja do Convento de Jesus, interior, Setúbal.

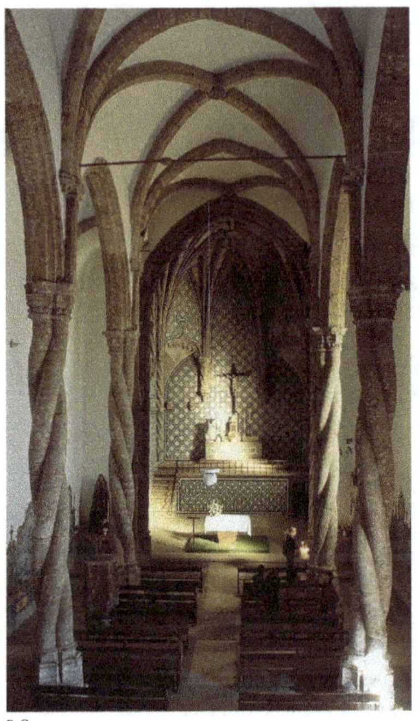

R.C.

nicho do sacrário parietal, do nicho-altar da sacristia, e da janela cega do flanco esquerdo da cabeceira.
O claustro tem grandes dimensões, com duplo piso e arcadas corridas com arcos ogivais, apenas interrompidas por vãos de acesso à quadra. No extremo oposto à igreja fica o lavabo, coberto, num avanço de planta quadrangular; aqui encontram-se mísulas de excelente desenho e com belas cabeças em alto-relevo.

XII.4.c **Museu Municipal de Setúbal**

Funciona em dependências do Convento de Jesus, com acesso pela Rua do Balneário Dr. Paula Borba, telef. 265 537890.

abóbada riquíssima e muito complexa com nervuras curvas a conformar um quadrifólio. As obras demoraram, ao ponto dos vitrais só serem colocados em 1539.
O corpo do templo não teve o mesmo projectista e deve resultar de uma decisão de D. João III de terminar a obra de forma rápida e barata. Daqui o ser mais baixo do que a cabeceira e manter no exterior os contrafortes da obra inicial, bem como o portal de desenho tardogótico.
Na *cripta* funerária destaca-se o conjunto de azulejos *mudéjares* de fabrico sevilhano com inscrições evocativas da morte. São importantes em toda a igreja elementos decorativos feitos com grande complexidade, numa gramática tardogótica, mas com gosto pelo naturalismo exacerbado: é o caso das trompas de ângulo da capela-mor, do

M.A.

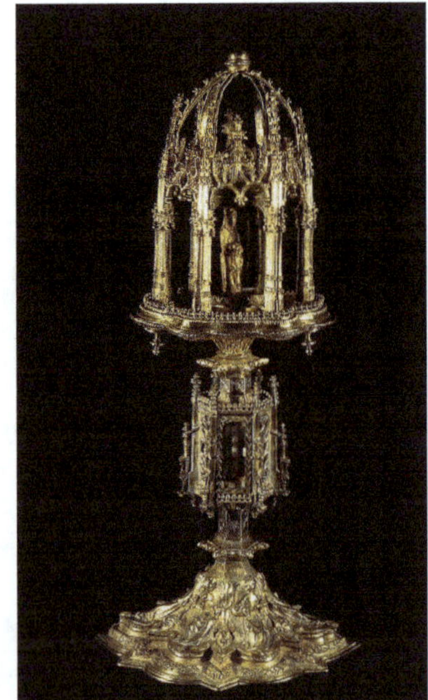

Relicário de Nossa Senhora da Anunciada, c. 1520, Museu Municipal de Setúbal.

Horário: das 9h às 12h e das 13h30 às 17h30, de terça a sábado. Encerra ao domingo, segunda-feira e feriados.

O Museu Municipal está instalado nas antigas dependências do Mosteiro de Jesus, integrando diversas obras-primas da época manuelina, das quais destacamos algumas.

Comecemos pelo extraordinário conjunto de catorze painéis que incluíam o antigo *retábulo* da capela-mor do convento. A sua execução deve ter sido dirigida pelo pintor de D. Manuel, Jorge Afonso, podendo datar-se de entre 1520 e 1530.

De dimensões monumentais, o *retábulo* seguia um programa iconográfico organizado em três fiadas, que correspondiam a três ciclos bem definidos: a *Paixão de Cristo*, a *Infância de Jesus* e os *Santos Franciscanos*. O eixo central, como sucedia habitualmente, teria ao centro a *Assunção da Virgem* e, no topo, o magnífico *Calvário*.

O recurso a diversas fontes inspirativas para a sua concepção encontra o melhor exemplo no painel que figura a *Aparição do Anjo às Santas Clara, Inês e Colete*. Reproduzindo a obra com o mesmo tema, e que se encontra também neste museu e da autoria de Quentin Metsys, o mestre altera neste o fundo arquitectónico para uma construção manuelina, cujo portal exibe as armas da rainha D. Leonor. No entanto, num jogo de ambiguidades que caracteriza as arquitecturas pintadas deste período, outros painéis exibem elementos renascentistas, de que é exemplo a *Anunciação*, com o seu portal clássico sobrepujado por uma concha.

A colecção de ourivesaria possui algumas obras de grande interesse para o conhecimento da ourivesaria da época de D. Manuel. Embora o convento tenha tido ofertas importantes de obras de prata, por D. Manuel I e mesmo pelos Reis Católicos, o conjunto mais significativo provém da Confraria de Nossa Senhora da Anunciada, integrada na Santa Casa da Misericórdia de Setúbal, no século XIX.

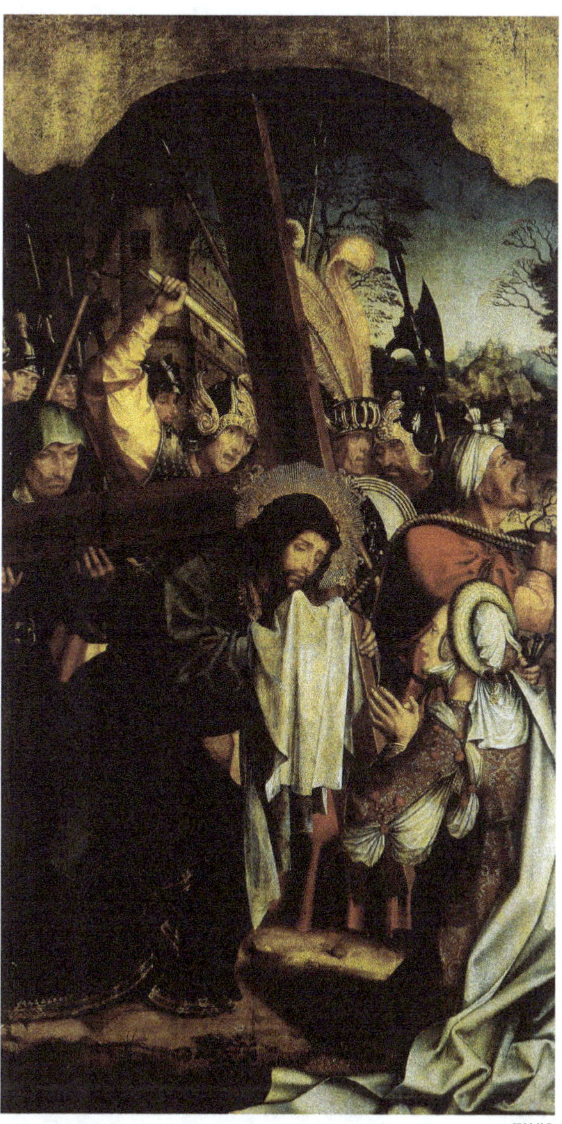

IPM/J.P.

Jorge Afonso, "Cristo e Santa Verónica", do retábulo do Convento de Jesus, séc. XVI, Museu Municipal de Setúbal.

Contemporânea dos finais do reinado de D. João II, destaca-se uma elegante cruz de cristal de rocha, com montagens de prata dourada. Foi oferecida por Nuno Gonçalves, não o celebrado pintor de D. Afonso V, mas o chanceler de seu filho. Da mesma época destaca-se um elegante cálice de prata dourada, ornamentado com motivos vegetalistas, nó de tipo arquitectónico, possuindo na base as representações de Nossa Senhora, São Pedro e São Tiago.

O relicário de *Nossa Senhora da Anunciada* é a obra mais célebre. Possui, tal como as obras da época, uma estrutura de tipo arquitectónico, protegendo sob um *baldaquino* a imagem, de marfim, de Nossa Senhora dentro de uma caixa de vidro e prata. No nó da haste, entre vidraças, podemos admirar uma relíquia de espinho da coroa de Jesus Cristo. Trata-se de uma obra de notável qualidade executada em oficina de Lisboa. Surpreendente pela sua raridade é a pequena garrafa dos Santos Óleos, de prata branca, datável da primeira metade do século XVI, que muito nos recorda algumas obras de porcelana chinesa então importadas do Extremo Oriente.

R.C.

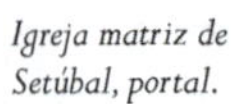

Igreja matriz de Setúbal, portal.

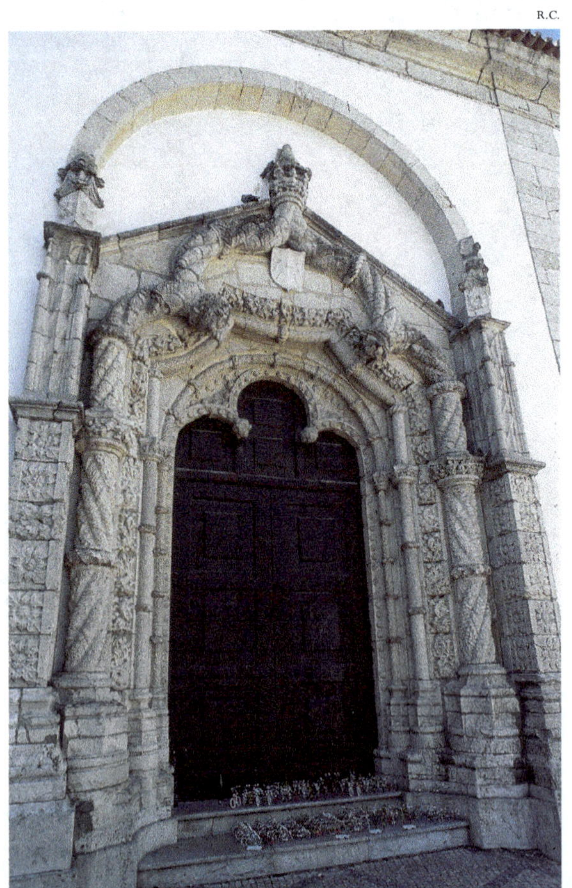

XII.4.d **Igreja de São Julião, matriz de Setúbal**

Praça do Bocage, telef. 265 523723. Classificada como Monumento Nacional.
Horário: diariamente das 8h 30 às 12h e das 15h às 18h, e ao domingo das 8h30 às 12h e das 17h30 às 18h30.

Esta igreja paroquial foi profundamente alterada durante o reinado de D. Manuel I, tendo o monarca ordenado a sua ampliação em 1515, de modo a cumprir com as suas funções, dado o aumento populacional, e também a corresponder ao seu desejo de enobrecer a vila com edifícios majestosos. O mestre-de-obras escolhido foi João Favacho, por certo familiarizado com as obras do Mosteiro dos Jerónimos, decorrendo as obras entre 1516 e 1519. Os vários terramotos que assolaram a cidade e, particularmente, o de 1755, destruíram quase toda a obra manuelina, ficando apenavs os dois portais externos e parte da torre sineira. O portal mais desenvolvido é o que fica virado a norte, com uma exuberância extraordinária,

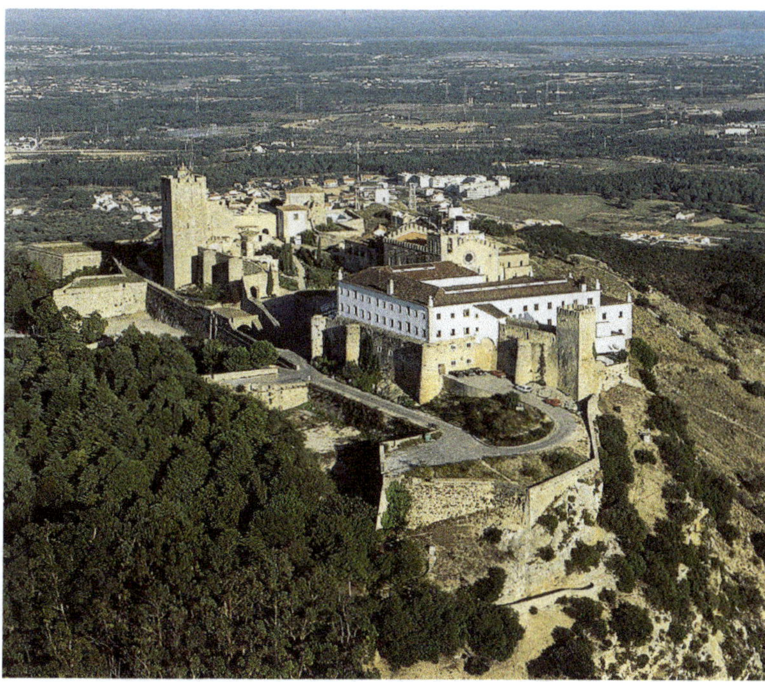

Castelo de Palmela, vista aérea.

M.A.

associando elementos naturalistas tirados do mundo vegetal com outros típicos das obras de ourivesaria e dos tecidos. O outro, o axial, é mais singelo, mas também fortemente marcado pelo naturalismo, com arcos torsos e com terminação canopial.

Reserva Natural do Sado
A sueste de Setúbal, encontra-se a Reserva Natural do Sado. Dos cerca de 23 hectares que constituem a Reserva a maior parte corresponde a zonas húmidas, nomeadamente canais, esteiros e sapais. Mamíferos como a lontra ou o texugo, aves como a cegonha-branca, a águia sapeira ou migratórias como o pombo torcaz, fazem parte das inúmeras espécies que aqui se podem observar. As suas lagoas, o rio, uma vasta área de pinhal e a sua flora completam os atractivos que esta zona oferece.
Reserva Natural do Estuário do Sado, telef. 265 524032.
Praça da República, 2900 Setúbal.

Siga pela A 2 na direcção de Lisboa e saia em Palmela.

XII.5 PALMELA

A vila e o castelo de Palmela foram reconquistados aos mouros pelas tropas de D. Afonso Henriques, em 1148, posto que estes a tenham reocupado por breve período. O primeiro monarca português fez dela doação à Ordem

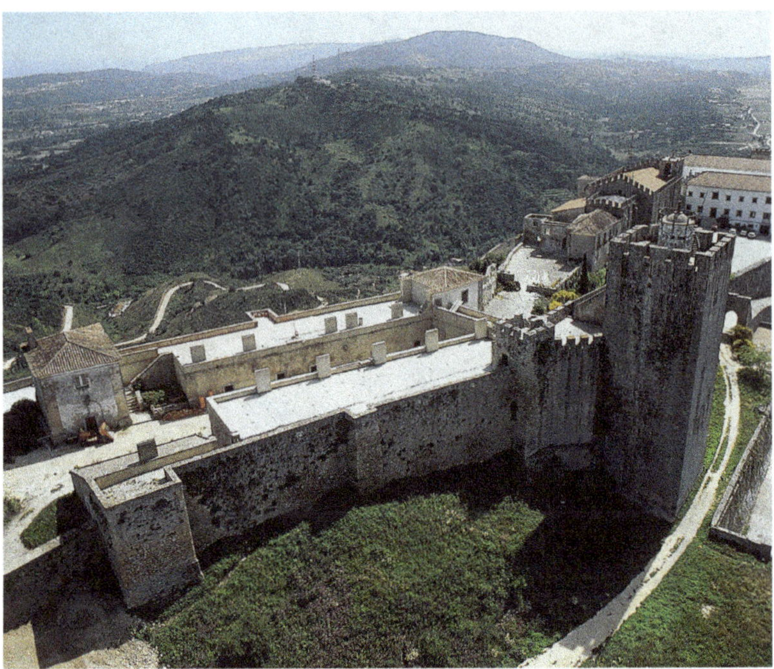
Castelo de Palmela.

M.A.

de Santiago da Espada, cujo mestre lhe deu carta de foral em 1185. Passou a ser o principal castelo desta ordem em toda a região, vindo a beneficiar, na segunda metade do século XV e durante os primeiros tempos do século XVI da protecção do mestre de Santiago, o Senhor D. Jorge, filho natural de D. João II. A ele se devem muitas benfeitorias, como a manutenção e ampliação do castelo e o final da construção da igreja de Santiago.

XII.5.a **Castelo de Palmela**

O acesso ao Castelo está sinalizado.
Classificado como Monumento Nacional.
Se dispuser de algum tempo, pode visitar, na antiga Praça de Armas, o Museu Municipal de Palmela que, em cinco salas, apresenta o espólio das escavações arqueológicas realizadas na alcáçova.
Informações: telef. 21 2331580 / 21 2331669.

É uma construção típica do fim da Idade Média, adaptada à topografia, irregular, com altas e fortes muralhas reforçadas por torres nos ângulos e nas zonas mais fracas das *cortinas*. Dentro do castelejo ficava o paço e a igreja privativa dos freires. A torre de menagem mostra bem as adaptações introduzidas no fim do século XV ou mesmo no início do seguinte, como as *seteiras* longas e as ameias de corpo largo.

XII.5.b **Igreja de Santiago**

Recinto do Castelo, telef. 21 2331669/21 2331580.

Classificada como Monumento Nacional. Horário: diariamente das 10h às 12h30 e das 14h às 18h (no Verão até às 20h), excepto à segunda-feira.

A origem da igreja e do convento deve-se à iniciativa do infante D. João, filho de D. João I, em data próxima ou mesmo em 1443. As obras decorreram durante largo tempo, constituindo-se um edifício num gótico despojado, muito próximo do que se fazia no Mosteiro da Batalha, em meados do século. Está bem documentada a última grande empreitada, ordenada por D. Jorge de Lencastre, em 1508, Mestre da Ordem que aqui foi enterrado, em *edícula* parietal, de gosto manuelino, construída muito antes da sua morte, já que esta só ocorreu em 1551.

Apanhe a A 2 no sentido de Setúbal e no cruzamento com a A 12, prossiga por esta no sentido de Lisboa até Alcochete.

XII.6 ALCOCHETE

A sua posição no estuário do Tejo favoreceu, desde tempos remotos, a actividade piscatória e também a de um pequeno comércio e transporte entre as duas margens. Em tempos de domínio árabe já eram importantes os seus fornos de cal, daí o nome de *al-Kuxat* que deu o topónimo actual. A cal e a lenha foram produtos que a vila forneceu a Lisboa durante séculos. Aqui nasceu, a 31 de Maio de 1469, o rei D. Manuel I, no palácio que ficou conhecido pelo nome da mãe deste monarca,

M.A.

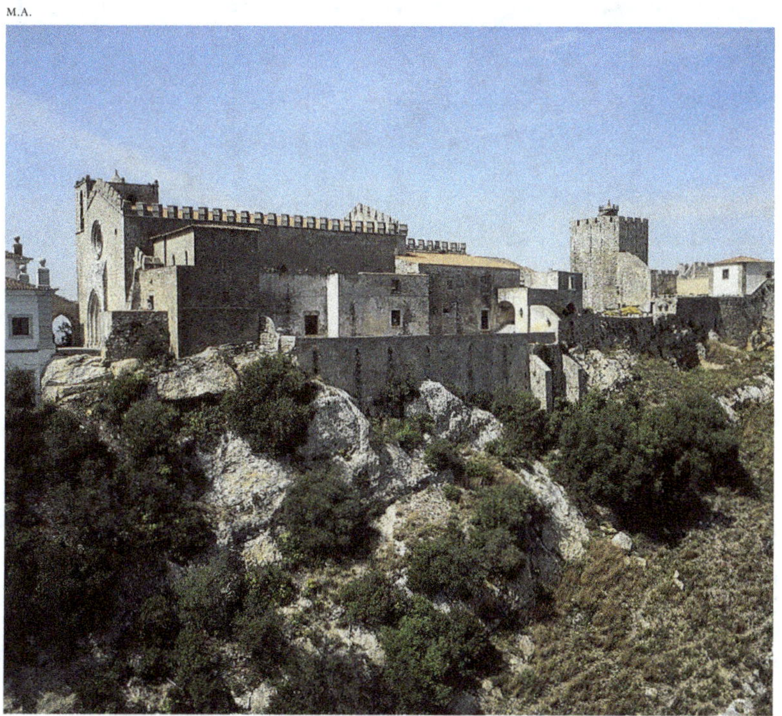

Igreja de Santiago, Palmela.

Igreja de São João Baptista, matriz de Alcochete.

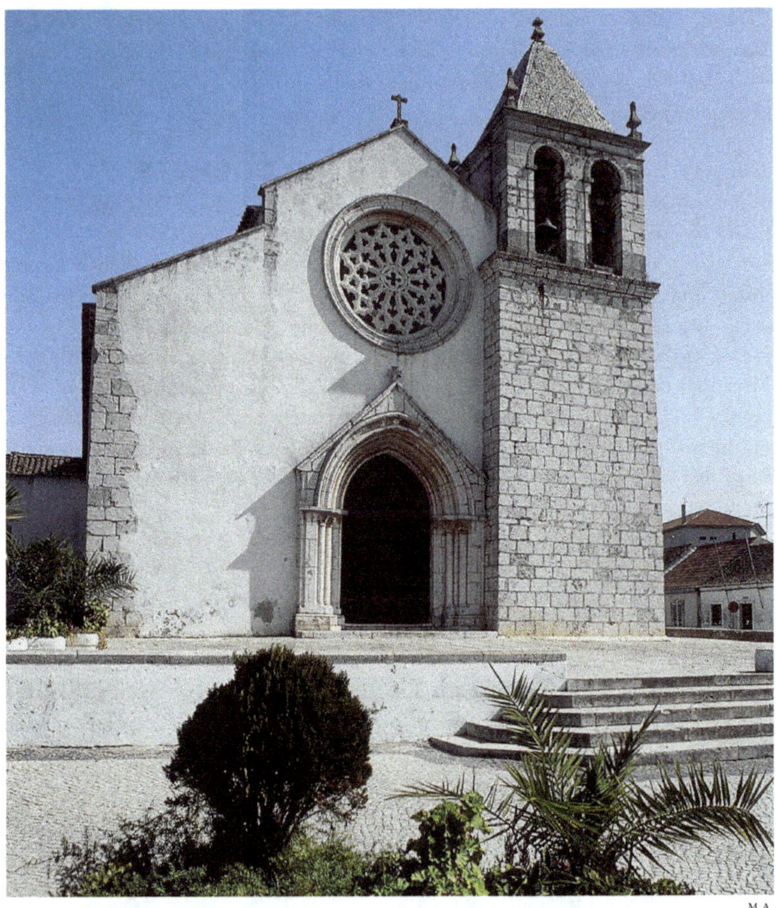

M.A.

o Paço de D. Brites, praticamente destruído pelo sismo de 1755. Aliás, o infante D. Fernando e a sua corte privada residiram aqui por largas temporadas.

XII.6.a **Igreja de São João Baptista, matriz de Alcochete**

Largo de S. João, telef. 21 2340166. Classificada como Monumento Nacional.
Horário: das 8h às 12h30 e das 15h às 20h. À segunda, quinta e domingo encerra à tarde, ao sábado abre das 8h às 12h 30 e das 17h às 20h.

A igreja matriz da vila foi profundamente remodelada na época manuelina, posto que do século XV ainda conserve alguns elementos, como é o caso dos portais axial e lateral. É uma obra arcaizante, com corpo constituído por três naves de quatro tramos, com pilares monocilíndricos a suportar arcadas ogivais com capitéis oitavados. A cabeceira possui apenas uma capela, que já é moderna, mas no flanco esquerdo abre-se uma outra, coberta por uma abóbada de nervuras e de perfil muito baixo, já da fase final do manuelino.

Pedro Dias

Vasco da Gama nasceu em Sines, em 1468 ou em ano próximo. Seu pai era Estêvão da Gama e quer ele quer a maior parte da família estavam ligados às navegações atlânticas. É provável que desde cedo se tenha aventurado mar adentro, até às ilhas próximas ou ao Norte de África.

O seu prestígio, apenas com cerca de trinta anos, valeu-lhe o comando da armada que haveria de fazer a primeira viagem entre a Europa e a Índia. Partiu de Lisboa a 8 de Julho de 1497, levando o seu irmão Paulo da Gama, que morreria na viagem de volta e seria enterrado na ilha Terceira, e Nicolau Coelho, que ia como piloto, ele que era certamente o melhor nauta do tempo.

Chegado à Índia no ano seguinte, tentou fazer uma aliança com o Samorim ou rei de Calicut, mas a intriga dos mercadores muçulmanos que aí tinham interesses inviabilizou este propósito. Parou depois na ilha de Angediva, a algumas dezenas de quilómetros a sul de Goa, iniciando a viagem de regresso a 5 de Outubro de 1498. Desembarcou em Lisboa em Agosto de 1499.

Com esta viagem iniciou-se uma nova era da Humanidade, com contactos regulares entre o Oriente e o Ocidente, chegando os portugueses, pelo caminho então descoberto, ao Japão, em 1543.

Vasco da Gama ganhou honras e proveito, foi feito conde da Vidigueira e, em 1504, voltou de novo à Índia. Morreu em Cochim, em 1524, com o título de Vice-Rei, deixando larga descendência que continuaria a destacar-se no Oriente por muitas gerações.

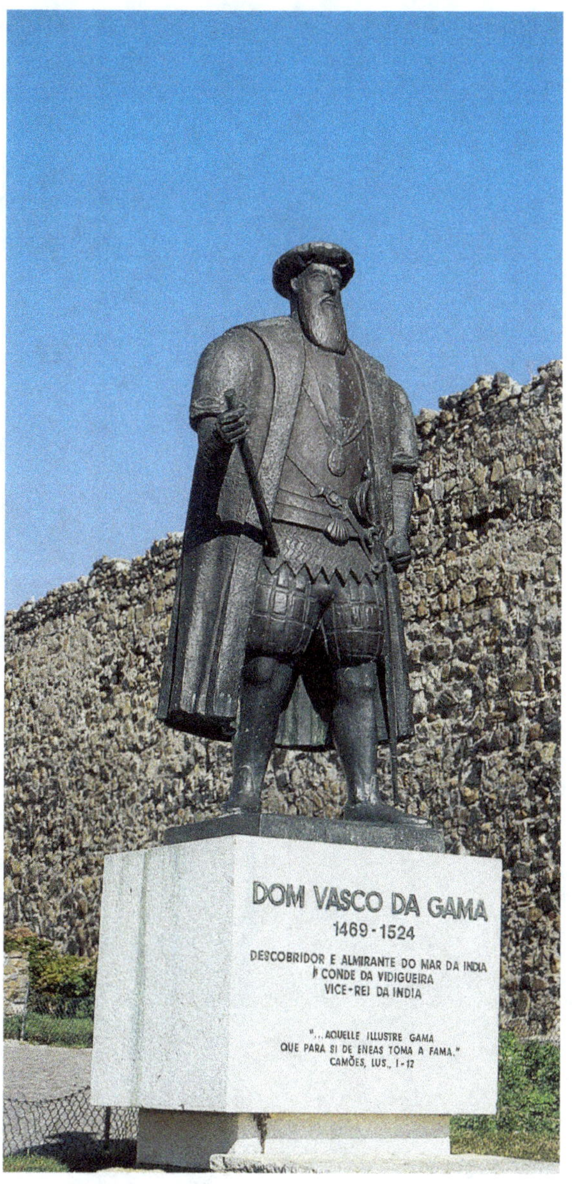

Estátua a Vasco da Gama, junto ao Castelo de Sines.

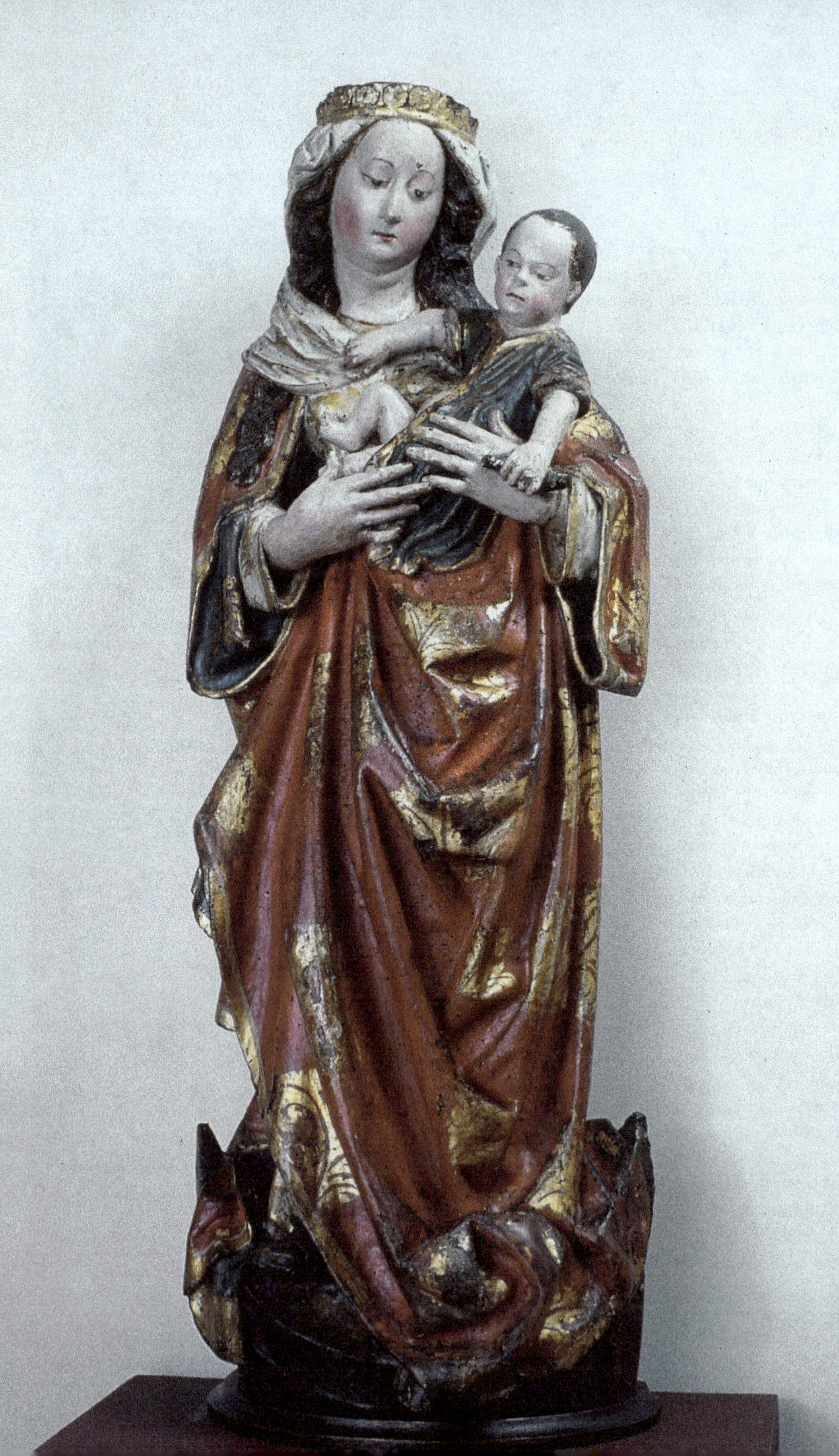

A ilha da Madeira: Entre Portugal e a Flandres

Pedro Dias, Dalila Rodrigues,
Nuno Vassallo e Silva, Fernando Grilo

Primeiro dia

XIII.1 FUNCHAL

XIII.1.a Núcleo histórico
XIII.1.b Sé Catedral
XIII.1.c Alfândega Velha
XIII.1.d Capela do Corpo Santo
XIII.1.e Museu de Arte Sacra
XIII.1.f Igreja e Mosteiro de Santa Clara

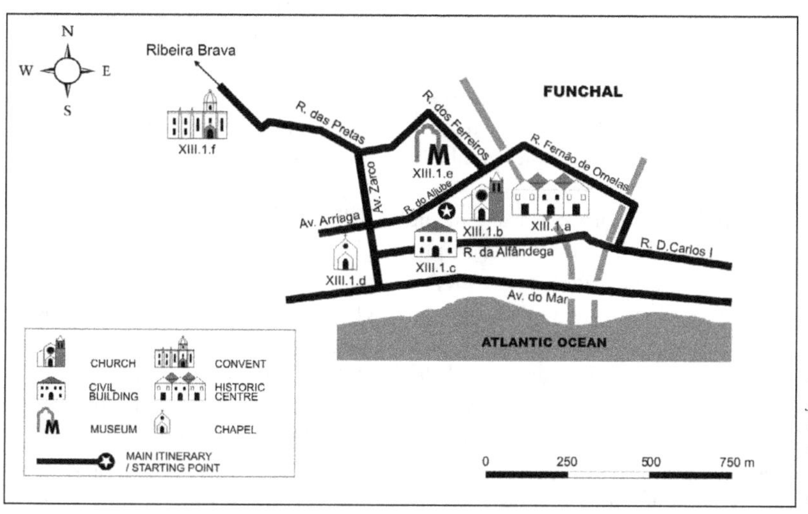

"Nossa Senhora com o Menino", escultura flamenga que pertenceu à igreja matriz de Machico, c. 1510, Museu de Arte Sacra do Funchal.

A ilha da Madeira, a mais importante do arquipélago, com 741 km^2, fica apenas a uns escassos 1000 km de Lisboa e mais perto ainda da costa africana, a pouco mais de 500 km do cabo Djouchi.

Porto Santo é a outra ilha com alguma dimensão, não longe da maior, a cerca de 50 km, mas apenas com 41 km^2. As Selvagens, as Desertas e mais uma mão cheia de rochedos dispersos junto da costa da Madeira, completam o arquipélago.

O descobrimento oficial destas terras remonta a 1419, e deveu-se a João Gonçalves Zarco. Como as ilhas não tinham habitantes, a colonização foi mais fácil do que em terras já habitadas. A viagem do continente era muito simples para os homens do mar, tornando-se deste modo extensões naturais do Reino, além de um ponto de passagem obrigatória das navegações dirigidas para sul, e um apoio para as fortalezas portuguesas de Marrocos.

Entre os primeiros habitantes contavam-se homens da pequena nobreza e servidores da Casa do Infante D. Henrique, que se nobilitaram com o estabelecimento e também com os feitos de armas no Magrebe. O povo miúdo foi levado de vários pontos do Reino e em breve muitos atingiram um estatuto privilegiado.

A introdução da cana sacarina criou um regime de monocultura, apenas quebrado pela plantação de trigo que, no entanto, já escasseava no final do século XV. A apetência da Europa pelo açúcar madeirense levou a que se estabelecessem nesta ilha muitos mercadores italianos, flamengos e alemães, alguns dos quais se tornaram também produtores, criando raízes e dando origem a novas famílias que foram posteriormente nobilitadas. A população de origem europeia cresceu igualmente muito depressa e no fim do século XVI era de dezoito mil pessoas.

Importante para o desenvolvimento do arquipélago foi a criação da Diocese do Funchal, ocorrida em 1514, por insistência de D. Manuel junto do papa Leão X. Da nova sede episcopal passaram a depender todos os territórios ultramarinos portugueses, os descobertos e os que viessem a sê-lo. Passou por isso a Arquidiocese, em 1533.

A época manuelina foi marcada por uma fortíssima influência flamenga, pois as obras colocadas nos altares de igrejas, capelas e oratórios importaram-se da Flandres e das regiões envolventes. Este fenómeno teve a sua maior expressão na pintura e na escultura, guardando-se hoje nas igrejas e museus das duas ilhas, das mais preciosas colecções destas duas disciplinas.

Para além da soberba arquitectura manuelina, com os seus tectos *mudéjares* de tradição hispano-mourisca, quadros e esculturas importados da Flandres ou feitos aqui por flamengos tornam o arquipélago único e a melhor prova das íntimas relações de Portugal com o Norte da Europa no tempo dos Descobrimentos.

XIII.1 FUNCHAL

O Funchal é a capital do arquipélago e o seu mais importante centro urbano; e praticamente desde o início do povoamento que foi assim. A sua localização, a possibilidade de fácil aproximação, a terra e a enseada protegida que possui ditaram o seu futuro. As primeiras

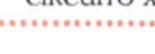

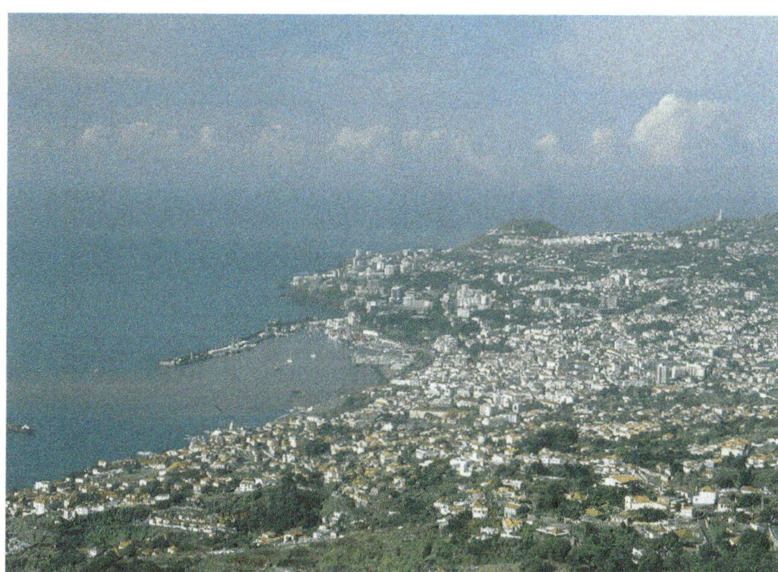

Vista panorâmica do Funchal.

R.C.

construções que se fizeram aqui, por certo não longe da linha da praia, não eram mais do que modestas cabanas para acolher os colonos, moradas paupérrimas, como paupérrimas eram as igrejas, nome pomposamente dado a algo que não se distinguia de vulgares palhotas. A primeira casa de pedra e cal, depois de acabadas as igrejas, foi a de Constança Rodrigues, neta do próprio descobridor João Gonçalves Zarco. Já quanto à primeira casa sobradada, fê-la um tal João Manuel, com cedro branco, o que causou grande alvoroço, pois devido à sua altura foi tomada como uma afronta aos restantes vizinhos e à própria Coroa.

Mas a mais antiga construção que chegou até aos nossos dias é a chamada Torre do Capitão, situada no alto de Santo Amaro (na actual freguesia de Santo António, no Funchal), obra modesta, de planta rectangular, em cujas paredes se abrem duas *seteiras* e uma porta com o *arco quebrado*.

XIII.1.a **Núcleo histórico**

Sugere-se que a visita se inicie na Sé, prosseguindo para a Alfândega Velha e depois para a Capela do Corpo Santo, regressando pelo Largo do Pelourinho e Rua Direita. Deste modo, percorrer-se-ão ruas, largos e praças do núcleo histórico existente em época manuelina. Informações: Delegação de Turismo do Funchal, telef. 291 211900.

As primeiras obras públicas de vulto foram de iniciativa dos duques administradores da Ordem de Cristo: D. Fernando, D. Diogo, a duquesa D. Brites, durante menoridade de D. Manuel e, naturalmente, este último. Também a Câmara promoveu algumas dessas obras, recorrendo para o seu financiamento àqueles senhores. Temos documentado que, em Junho de 1489, o município determinou fazer a ponte da Ribeira das Casas (entretanto substituída), segundo o modelo da ponte que ficava junto à cadeia e que ligava as Ruas

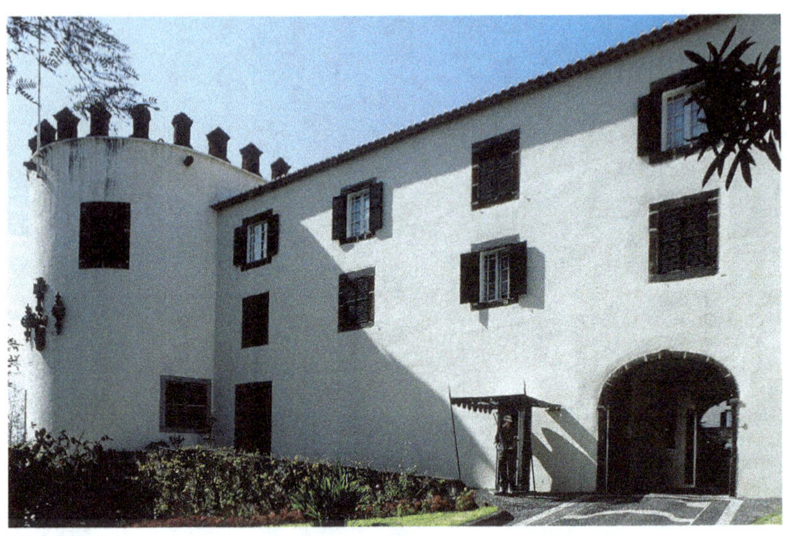

Fortaleza de São Lourenço, c.1535, núcleo histórico do Funchal.

R.C.

Direita e dos Ferreiros; eram ambas totalmente de madeira. Em 1495 o ouvidor do duque D. Manuel decidiu fazer algumas calçadas nas principais vias e construir as citadas pontes em cantaria, mas o povo do Funchal reagiu negativamente dados os encargos previsíveis.

Se a instalação dos colonos no Funchal deve ter obedecido apenas à disposição natural dos terrenos, e particularmente das ribeiras, com D. Manuel I surgiu uma preocupação evidente de ordenamento do núcleo urbano que já contava com algumas dezenas de anos de vida. As primeiras tentativas de fortificação da vila e da ilha remontam ao período de governo da infanta D. Beatriz, em 1476, a quem o segundo capitão-donatário pediu que fizesse uma construção para defender o porto do Funchal. A mãe de D. Manuel, no entanto, escusou-se, alegando como motivo a falta de fundos para tal empresa.

Quanto à organização do espaço da vila do Funchal, em breve elevada a cidade, D. Manuel pensou numa praça, no chamado Campo do Duque, com os edifícios mais nobres virados para ela: a Casa da Câmara, o Paço dos Tabeliães, as Casas das Audiências, a Misericórdia, e a Sé, sendo esta última a única que chegou até aos nossos dias. Foi a partir deste rossio que se formou a principal rede viária, que ainda hoje persiste em grande parte. Outro espaço privilegiado foi o Largo do Pelourinho.

As ruas principais, não só no século XVI como até ao século presente eram a Rua Direita e a Rua dos Mercadores, actual Rua da Alfândega. Esta última ligava a fortaleza a Santa Maria do Calhau e nela residiam os principais mercadores, com os seus estabelecimentos e também os comerciantes ingleses e flamengos.

XIII.1.b **Sé Catedral**

Largo da Sé, telef. 291 228155.
Classificada como Monumento Nacional.

Horário: de segunda a sábado das 9h às 11h e das 16h às 17h30.

A mais importante das obras do período manuelino foi a construção da Sé do Funchal, felizmente quase íntegra, começada por volta de 1493, a instâncias de D. Manuel que nomeou João Gomes como seu vedor. No entanto, devido a equívocos constantes e dilações pouco compreensíveis, a empreitada definitiva só começou em 1502, não sendo estranho ao facto o interesse e empenho pessoal do próprio D. Manuel I. Na essência, o edifício da igreja Maior, depois Sé Catedral, ficou completado em 1517, sendo responsável pelos trabalhos o mestre pedreiro Pêro Anes, que teve em Gil Eanes o principal auxiliar, artista cujo papel tem sido muito discutido e que tem de ser entendido como mestre-de-obras, isto é, em segundo lugar na hierarquia técnica do estaleiro.

Que os trabalhos duraram anos provam-no as contribuições financeiras do rei, assinaladas na documentação de 1517 e 1521. A igreja ficou muito ampla, posto que o seu projecto seja retardatário, no género dos que desde o fim do século XIII serviam para as principais igrejas do Continente. Tem três naves de cinco tramos, *transepto* saliente e cabeceira com três capelas de eixos paralelos, abobadadas de cruzaria ogival. As *chaves* da abóbada da capela-mor são muito bem executadas com as armas reais, a esfera armilar e a cruz de Cristo.

O corpo foi coberto com um tecto *mudéjar* de entrelaçados geométricos, rosas e *moçárabes*, posto que a decoração pictórica seja bem à maneira do renascimento centro-europeu.

A disposição interior dos volumes detecta-se pelos correspondentes do exterior, sobretudo pela fachada, com três registos, levantando-se o pano central muito acima dos laterais. Ao lado da cabeceira, ergue-se uma elegante torre com um *coruchéu* que servia para os sinos e muito provavelmente também de mirante ou vigia. A cobertura de

R.C.

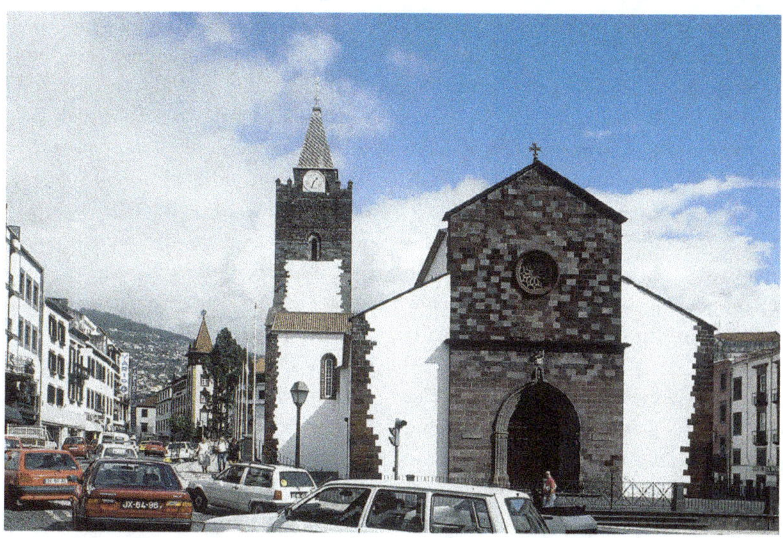

Sé Catedral do Funchal.

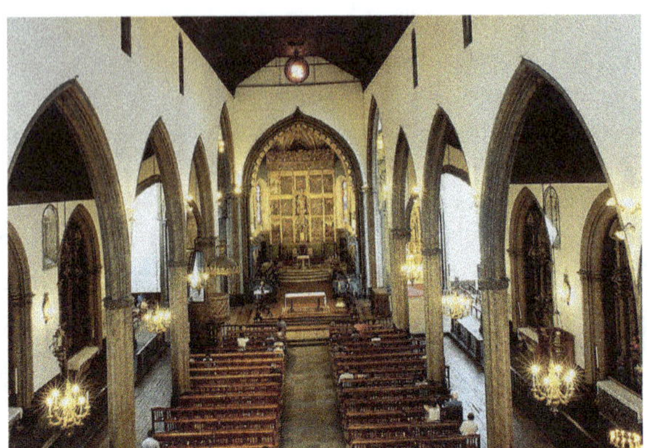

R.C.

Sé Catedral do Funchal, vista geral do interior.

telha dos *absidíolos* é completada por uma *guirlanda* flamejante. O portal principal tem a estrutura típica do gótico final, de traçado ogival, com sete *colunelos* paralelos que se prolongam após incipientes capitéis noutras tantas *arquivoltas*, tendo decoração apenas o penúltimo do lado exterior.

O retábulo-mor desenvolve-se em três fiadas de painéis unidos por delicadas estruturas entalhadas e algumas imagens de vulto, decorre, entre muitos outros aspectos, da circunstância de ser o único *retábulo* que se manteve praticamente íntegro, e no seu local de origem, entre os muitos que se fizeram em Portugal no período manuelino.

Para além de pontuais alterações que lhe foram introduzidas, uma das quais se traduz no nicho central onde se pode ver uma escultura barroca, é apenas o mau estado de conservação que impede a correcta apropriação dos seus originais e sumptuosos efeitos de visualidade.

Desconhecem-se informações históricas relativas à autoria do *retábulo*, que alguns investigadores filiam na produção do pintor de identidade enigmática, que se supõe ser originário dos Países Baixos, designado convencionalmente por "Mestre da Lourinhã". Para a execução de uma obra desta envergadura reunia-se habitualmente uma equipa de pintores que trabalhavam sob a direcção de um mestre responsável. Não há dúvida que o mestre deste *retábulo* denuncia uma grande proximidade estilística com os processos desenvolvidos pelos pintores dessa região da Europa. Porém, também é verdade que os pintores portugueses, principalmente os que atingiram maior notoriedade, e sobretudo os que desenvolveram a sua actividade junto da Corte, mostram ter assimilado essa influência predominante, que correspondia ao gosto da época, também ele desenvolvido em virtude do fascínio provocado pela mimética expressão do real da pintura nórdica importada. Trata-se, pois, de uma obra datável de cerca de 1515, de autoria desconhecida, mas directamente associada aos pintores do círculo de Lisboa.

O magnífico cadeiral que está na capela-mor deve ser datado entre 1508 e 1512, e a sua importância é acrescida pelo notável estado de conservação e pela localização que é ainda a original. O *retábulo* deve igualmente ser referido pelo notável trabalho de marcenaria que encerra, com influência de Olivier de Gand, mas que deve ter sido executado no local por um mestre flamengo que para aí se teria deslocado.

O cadeiral deve ser considerado obra de um mestre flamengo, de que se desconhece a identidade, e ser datado de época próxima de 1510. É composto por duas filas de cadeiras, possuindo a mais elevada sobrecéu e espaldar e a segunda somente um friso entalhado, já ao gosto do renascimento.

Revela escultura em relevo de grande qualidade, nas imagens dos *Apóstolos*, na fina decoração de cada uma das *edículas* que os limitam, assim como nos frisos decorativos. Segundo reza a tradição, foi exactamente a qualidade plástica dos relevos que obstou a que fosse logo de início dourado para não prejudicar a fruição dos volumes esculpidos. O douramento só veio a acontecer em 1755.

XIII.1.c **Alfândega Velha**

O edifício é, na sua expressão actual, ladeado pela Rua da Alfândega, Largo Dr. António José de Almeida e Avenida do Mar. A construção hoje visível resulta de obras manuelinas, bem como pombalinas e recentes adaptações para acolher a Assembleia Legislativa Regional. Telef. 291 223133.
Classificada como Monumento Nacional.
Horário: de segunda a sexta das 9h às 12h30 e das 14h às 17h30.

Foi D. Manuel I quem mandou construir um novo edifício em 1508, sendo responsável pelas obras Pêro Anes, o mesmo mestre que já trabalhava na Sé Catedral, e que tinha por auxiliar um tal Bartolomeu.
Um conhecido desenho do século XVII mostra o edifício manuelino com dois pisos e formado por corpos paralelos que se definem nas linhas dos telhados. As portas e as janelas eram molduradas com cantaria e no andar nobre um painel dividia os vãos. A porta norte tem um *arco canopial* rebaixado e capitéis de folhagem. A Casa do Despacho, situada no piso térreo, é um amplo salão dividido por arcarias paralelas de três vãos de arcos abatidos sobre pilares cilíndricos com capitéis decorados com elementos naturalistas iguais aos das mísulas donde arrancam das paredes. Os pilares e os arcos são chanfrados, mas nota-se a intenção de fazer aqui uma obra simultaneamente sólida e imponente. Este desiderato fica claramente patenteado no tecto *mudéjar* da Casa dos Contos, ao estilo dos das naves e *transepto* da Sé, com laçaria, rosas e *moçárabes*. Abria-se para o mar por uma grande porta ou janela de sacada com

R.C.

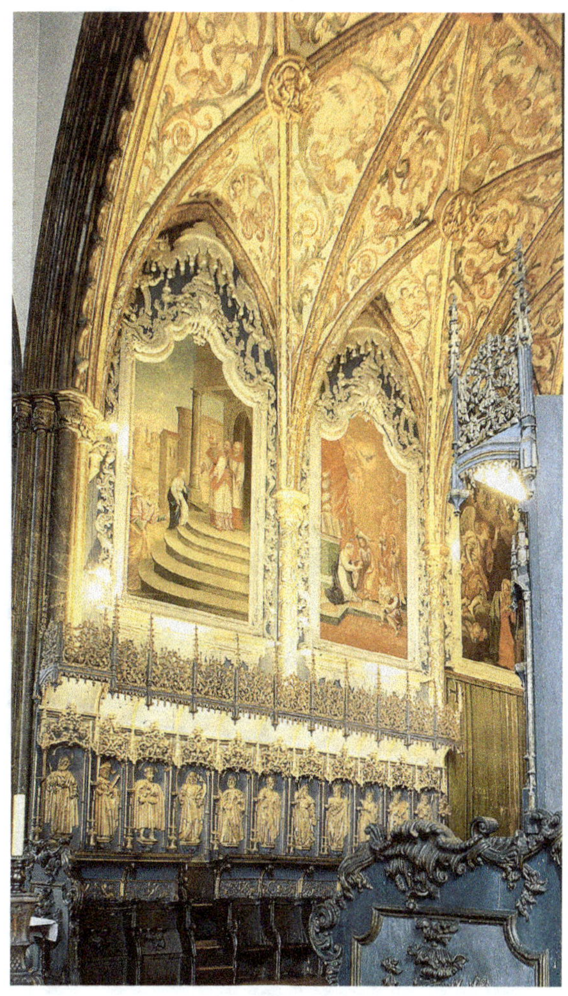

Sé Catedral do Funchal, capela-mor.

cerca de 4 m de altura que comunicava com um terraço. Do lado oriental o edifício era mais compartimentado, havendo ainda dois pequenos portais manuelinos, compartimentação de áreas relativamente mais reduzidas que era comum a todo o andar superior, no qual também os tectos eram de laçaria *mudéjar*.

XIII.1.d **Capela do Corpo Santo**

Largo do Corpo Santo.

Classificada como Imóvel de Interesse Público. Para visitas guiadas contactar DRAC, telef. 291 211830.
Horário: de segunda a sexta-feira das 10h às 12h30 e das 14h às 17h30, excepto nos feriados.

A Capela do Corpo Santo remonta aos meados do século XV e a sua fundação ficou a dever-se aos homens do mar. Levanta-se no lugar que marcava o fim da povoação, no chamado Cabo do Calhau. É provável que tenha sido inicialmente de madeira e coberta de colmo, vindo a ser levantada a estrutura de alvenaria no fim do século XV, de que guarda o essencial, nomeadamente o portal de arco ogival sem capitéis.
Em 1594 foram executadas grandes reformas, conforme consta de uma lápide, e a decoração interior mostra que foi sendo sucessivamente enriquecida.

XIII.1.e **Museu de Arte Sacra**

Localiza-se no antigo Paço Episcopal do Funchal e tem acesso pela Rua do Bispo nº 21, telef. 291 228900.
Classificado como Monumento Nacional.
A entrada é paga. Horário: de terça a sábado das 10h às 12h30 e das 14h30 às 18h, ao domingo das 10h às 13h. Encerra aos feriados.

O Museu de Arte Sacra, no âmbito de obras da ourivesaria do período manuelino, apresenta algumas das peças mais importantes do seu acervo, incontornáveis no estudo deste período artístico. Na sua quase totalidade provêm da doação póstuma de D. Manuel à Sé do Funchal, constituída por vinte e uma alfaias de prata, que ocorreu em 1528, sete anos após a morte do monarca.

Portal da Alfândega Velha, Funchal.

R.C.

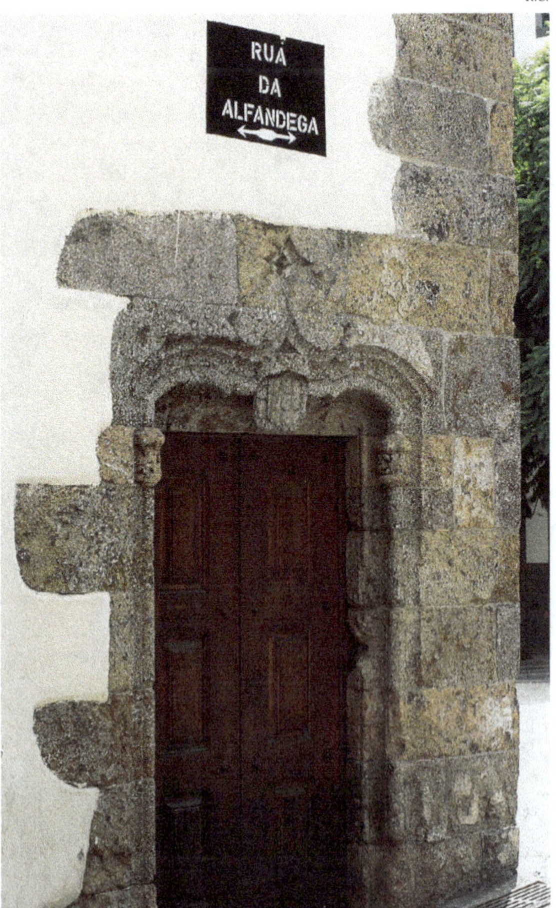

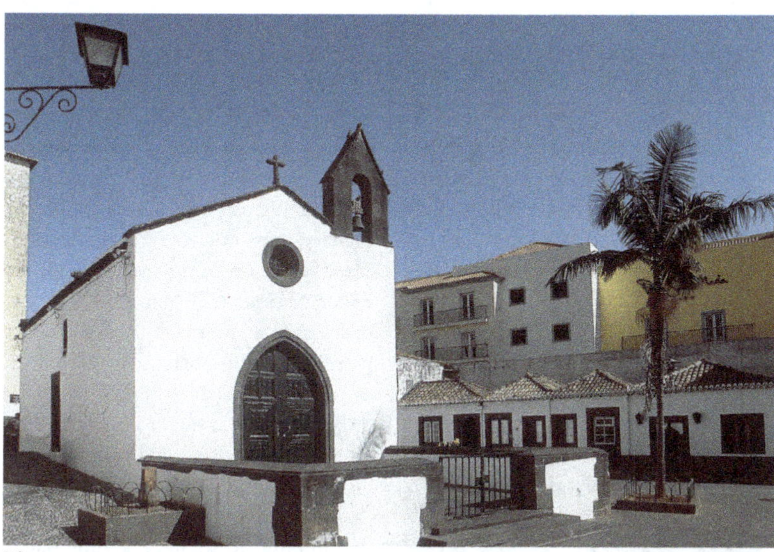
R.C.

Capela do Corpo Santo, Funchal.

A grandiosa cruz processional do Museu do Funchal, a maior do seu género em Portugal, inclui-se numa das ricas doações conhecidas do rei *Venturoso*.

Tal como na celebrada Custódia de Belém, hoje no Museu Nacional de Arte Antiga, em Lisboa, os símbolos do rei, ou a esfera armilar, surgem de modo muito destacado para que não se perca a memória do seu ofertante.

Igualmente oferta de D. Manuel possui o Museu de Arte Sacra um pequeno mas belíssimo porta-paz, incontestavelmente um dos mais notáveis da história da ourivesaria portuguesa. Este porta-paz reproduz livremente um *pórtico* renascentista. Sob o *entablamento* suportado por duas *pilastras* coríntias destacam-se, ao centro, as armas de Portugal ladeadas por duas figuras aladas. A figura a vulto pleno do Padre-Eterno, muito danificada, coroa a composição rematada em ambos os lados por criaturas fantásticas. No centro, encontra-se relevada e cinzelada a Adoração dos Magos. Cinco jacintos de boa cor enriquecem a decoração.

Igualmente lavrada em notável oficina lisboeta, encontramos a imagem de Nossa Senhora, proveniente da Confraria de Nossa Senhora do Rosário da Sé do Funchal. Trata-se de uma pequena imagem em vulto pleno, representando a Virgem em pé, com as mãos postas em atitude de oração e o rosto dirigido para o Céu, tendo sido pintadas tanto as mãos como o rosto. A modelação do seu traje, o ritmo quase musical das pregas do manto, que repousa na base da imagem modelada como uma rosa, tornam-na única dentro da escultura manuelina de prata.

Não menos notável é o grande cálice da Sé do Funchal, igualmente do período manuelino, que possui a particularidade de conservar ainda hoje todos os seus esmaltes originais, de grande efeito decorativo, na haste e no nó.

A colecção de pintura proveniente de diversas instituições religiosas da Ilha é

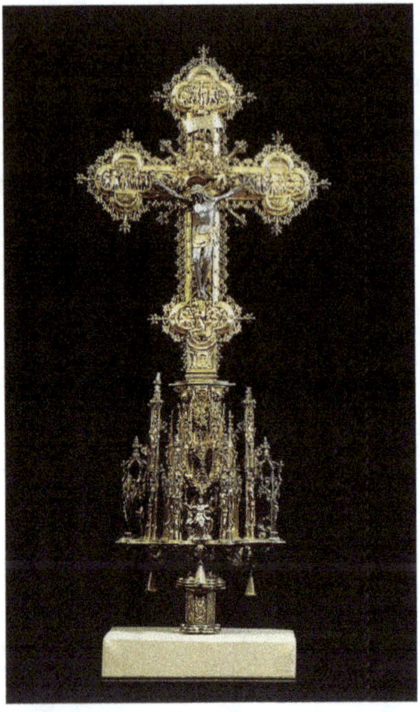
IPM/J.P

Cruz processional, c. 1520, Museu de Arte Sacra do Funchal.

IPM/J.P

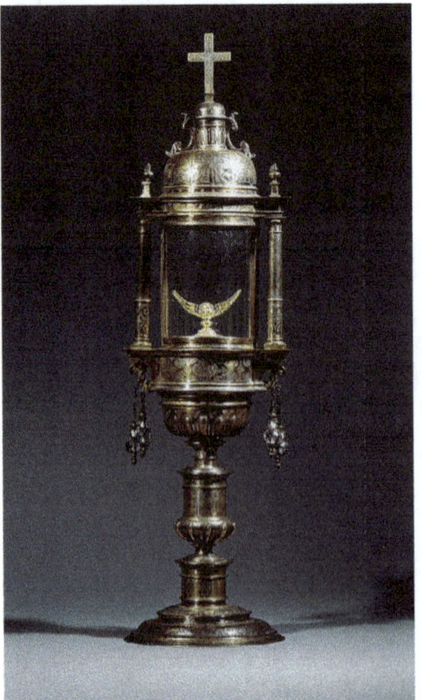

Cálice-custódia, c. 1600, Museu de Arte Sacra do Funchal.

hoje o testemunho mais expressivo da importância que no período manuelino assumiu em Portugal a pintura proveniente dos Países Baixos, especialmente a que se produzia nas oficinas flamengas.

Com raras excepções, a colecção é formada por painéis de grandes dimensões, facto que comprova ter derivado maioritariamente de encomendas e não da compra no mercado livre. De facto, o processo de importação foi incentivado pelas doações régias e pelas encomendas particulares, de acordo com as amplas disponibilidades materiais retiradas da produção açucareira e do seu comércio com a Flandres. E se a documentação fornece alguns dados relativamente à encomenda privada da poderosa nobreza terratenente, nomeadamente através de cláusulas testamentárias, é também a própria pintura que certifica o envolvimento directo desse sector social.

Assim, no magnífico tríptico da *Descida da Cruz*, atribuído ao flamengo Gérard David e seus colaboradores, pode ver-se nos *volantes* o retrato dos doadores, acompanhados de Santiago Maior, no da esquerda, e de São Bernardino, no da direita. Num outro tríptico atribuído a Pieter Coeck Van Aeist, que figura no painel central *Santiago Menor* e *São Filipe*, representam-se nos *volantes* Simão Gonçalves da Câmara e seu filho João, terceiro e quarto donatários do Funchal, as suas mulheres e descendentes.

A importância de cada pintura que forma este impressionante acervo, e como o prova o recente catálogo do museu, dificulta qualquer tentativa de selecção. Ainda assim, chama-se a atenção do visitante para o *Tríptico de São Pedro, São Paulo e Santo André,* atribuído ao pintor Joos Van Cleve, que oferece ao visitante a possibilidade de identificar uma série de estratégias e recursos expressivos, recorrentemente utilizados pelos designados "Primitivos Flamengos". No primeiro plano, recortados numa extraordinária paisagem, figuram os apóstolos com os seus atributos, envoltos em fartos panejamentos de opulento colorido. Os efeitos caprichosos dos pregueados e das dobras, modelados por uma sensível variação tonal, permitem ao pintor sugerir volumes anatómicos, deixando por vezes antever inverosímeis estruturas. O registo terra em que se inserem, tratado com impressionante realismo táctil, vai mudando gradualmente de cor, dos castanhos aos azuis, enquanto os elementos figurativos vão perdendo também definição e escala. Com esta notável capacidade de manusear a perspectiva aérea e linear, o pintor sugere ao espectador uma incomensurável profundidade espacial, que utiliza, no painel central, para representar o passo da vocação de Pedro no mar da Galileia.

As paisagens e os objectos que se representam nestas pinturas, usados ainda como cenários ou acessórios de temas religiosos, terão mais tarde um valor autónomo, em novos géneros de pintura, concretamente a natureza-morta e a paisagem. Porém, estes objectos e figurações secundárias, de aparência profana e de mero valor decorativo, têm uma significação simbólica que é necessário descodificar.

Este extraordinário tríptico, como sucede aliás noutros desta colecção, figura no reverso dos *volantes*, e portanto apenas visíveis quando fechados, a *Virgem* e o *Anjo da Anunciação*.

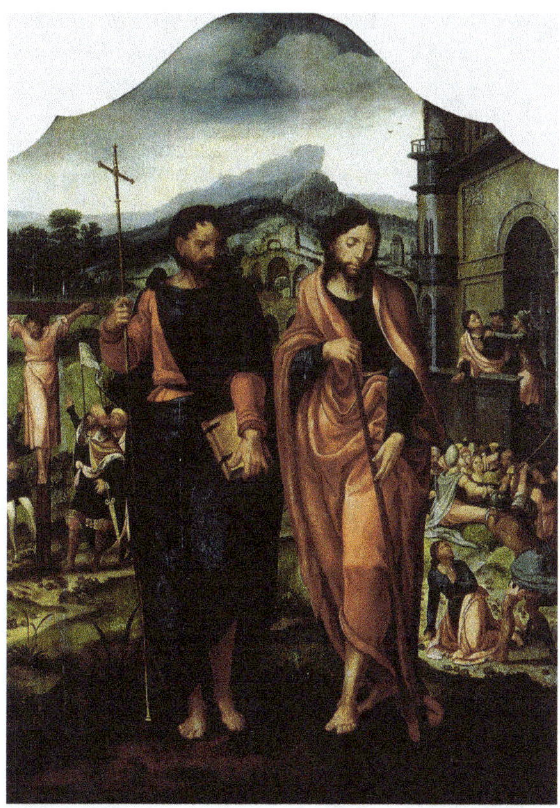

IPM/J.P

Atribuído a Pieter Coecr Van Aelst, "Santiago, São Filipe e Doadores", painel central do tríptico de Santiago Menor e São Filipe, proveniente da igreja do Socorro, óleo sobre madeira de carvalho, c. 1527-1531, Museu de Arte Sacra do Funchal.

A importância da ilha da Madeira durante o período manuelino é bem conhecida também pela importação sistemática de escultura, desde as peças quase miniaturais realizadas nas operosas e especializadas oficinas de Malines, passando por encomendas a oficinas da região de Antuérpia, até à importação de *retábulos* completos como o notável exemplar dos *Reis Magos*, de uma capela do Estreito da Calheta. Por isso mesmo, o Museu do Funchal possui peças de grande qualidade de que se podem destacar as imagens de *Nossa Senhora com o Menino*, provenientes de igrejas como a matriz da Ponta do Sol, do Machico ou da

Ribeira Brava, ou a *Deposição de Cristo*, de que o Museu conserva algumas imagens de grande expressividade. À ilha chegavam também figuras isoladas como o *São Sebastião*, que actualmente se guarda no Museu, mas que pertenceu a uma capela da mesma invocação, uma *Nossa Senhora com o Menino*, proveniente da capela de Nossa Senhora da Ajuda, entre outras.

XIII.1.f **Igreja e Mosteiro de Santa Clara**

O acesso faz-se pela Calçada de Santa Clara nº 15, telef. 291 742602. O conjunto edificado tem ainda fachadas para a Calçada do Pico e Rua das Cruzes.
Classificado como Monumento Nacional.
Horário: diariamente das 10h às 12h e das 15h às 17h.

IPM/J.P

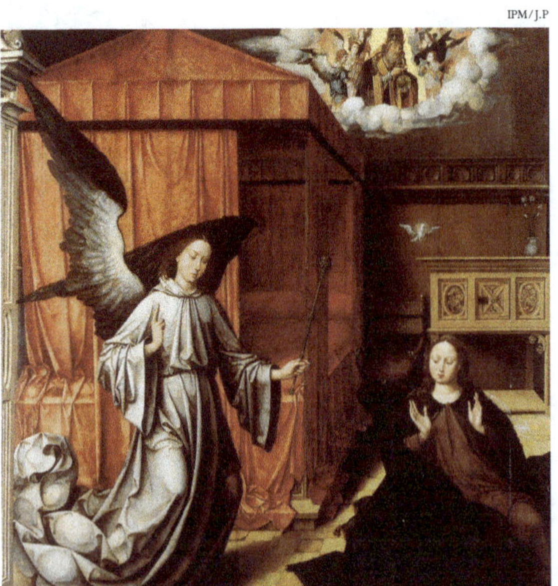

Atribuído a Joos Van Cleve, "Anunciação", painel do tríptico do Bom Jesus, proveniente da igreja do Recolhimento do Bom Jesus da Ribeira, óleo sobre madeira de carvalho, c. 1520, Museu de Arte Sacra do Funchal.

O Convento de Santa Clara, do Funchal, foi fundado no final do século XV por João Gonçalves da Câmara, tendo ficado como padroado da sua família. As obras começaram em 1492 e apenas cinco anos volvidos davam aí entrada as primeiras religiosas, idas de Setúbal. As construções cresceram em volta de uma capelinha que já existia antes e a que devia pertencer o portal gótico que hoje dá acesso ao seu interior.
Da época gótica, no campo da arquitectura, ficou o excepcional claustro, com arcos ogivais de excepcional traçado, mas de grande despojamento. No interior da igreja privativa, entretanto muito alterada, está o túmulo, de estilo gótico flamejante, de Martim Mendes de Vasconcelos, genro do próprio João Gonçalves Zarco.
No edifício destaca-se o conjunto de azulejos que cobrem quase totalmente o piso do coro alto e o piso do coro baixo, uma utilização pouco comum, nada mais nada menos do que 90 m^2 num total de quase quatro mil placas, executadas pela técnica de aresta, com oito padrões distintos de laçaria de raiz geométrica e mais dois com base em elementos fitomórficos. São ladrilhos simplesmente moldados em chacoto, vidrados com zarcão, o que produziu diferentes tonalidades de verde. No centro do coro alto foi elaborado uma espécie de tapete ou medalhão com forma quadrangular, com cem azulejos, mas com a policromia comum.
O gosto *mudéjar*, aqui, fazia-se sentir também na estrutura e decoração do tecto, de obra de laçaria, como se prova pelos mais antigos vestígios.
Se é certo que o coro baixo foi também muito remodelado em épocas posteriores, nomeadamente em meados do

século XVIII, o pavimento de azulejos *mudéjares* foi mantido e mais recentemente restaurado e posto totalmente a descoberto. É este um conjunto único, manifestação clara de gosto requintado, capacidade económica e sábia adaptação dos melhores materiais aos usos quotidianos.

Saindo do Funchal em direcção à Ribeira Brava, deve seguir pela R 101 no sentido Câmara de Lobos / Estreito de Câmara de Lobos / Campanário até Ribeira Brava (21,3 km.).

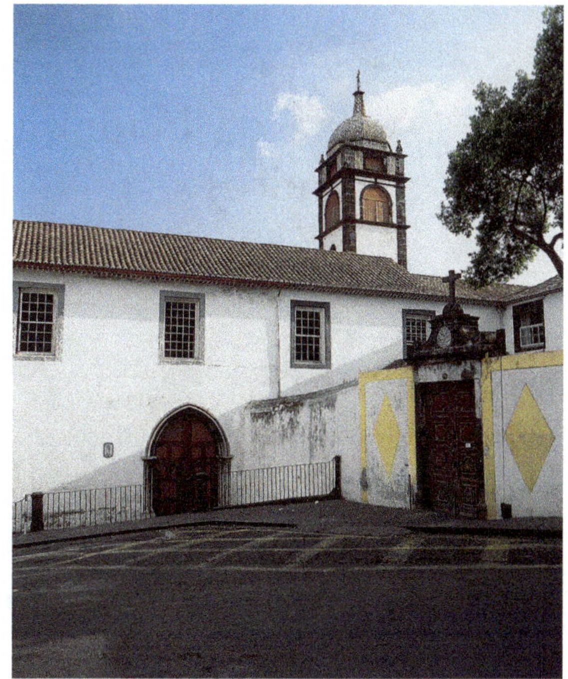

R.C.

Convento de Santa Clara, Funchal.

A ilha da Madeira: Entre Portugal e a Flandres

**Pedro Dias, Dalila Rodrigues,
Nuno Vassallo e Silva, Fernando Grilo**

Segundo dia

XIII.2 RIBEIRA BRAVA
XIII.2.a Igreja de São Bento, matriz de Ribeira Brava

XIII.3 PONTA DO SOL
XIII.3.a Igreja de Nossa Senhora da Luz,matriz de Ponta do Sol

XIII.4 CALHETA
XIII.4.a Igreja do Espírito Santo, matriz de Calheta

XIII.5 SANTA CRUZ
XIII.5.a Igreja de São Salvador, matriz de Santa Cruz

XIII.6 MACHICO
XIII.6.a Igreja de Nossa Senhora da Conceição, matriz de Machico

Porto Santo

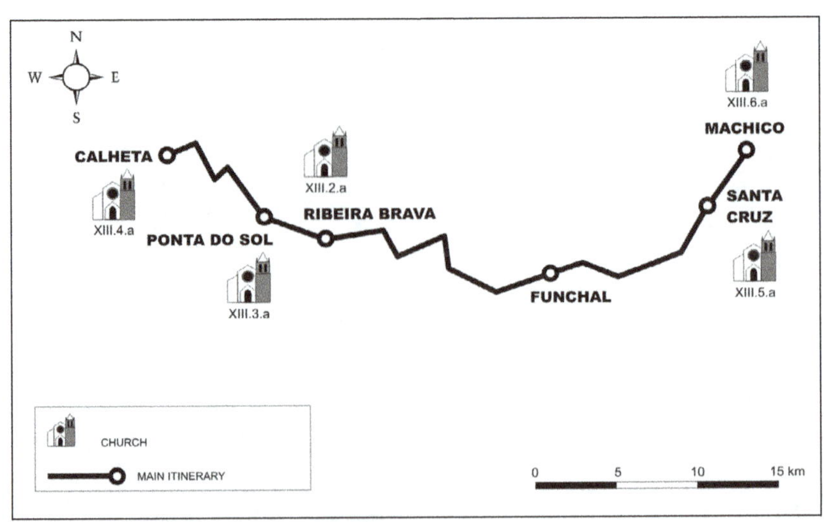

A costa sul da ilha da Madeira

O desenvolvimento da ilha da Madeira, logo a partir do estabelecimento dos primeiros colonizadores, deu-se sobretudo na zona Sul, onde a costa era mais propícia ao desembarque e as comunicações mais facilitadas, devido aos recortes, às enseadas e ao regime dos ventos e das marés. Também a existência de alguns vales menos declivosos permitiam o plantio de espécies diversas, nomeadamente as que eram imediatamente destinadas ao consumo dos habitantes. Foi nestas lombadas que igualmente se iniciaram as plantações de cana e, nas respectivas levadas, que se construíram os indispensáveis engenhos.
Não é, pois, de estranhar que seja nestas terras que se encontrem os mais importantes testemunhos da arte da época dos Descobrimentos, particularmente do século XVI e do tempo do reinado de D. Manuel I.
Do Caniçal ao Estreito da Calheta são muitas as povoações que merecem visita, escolhendo-se aquelas que nos pareceram mais significativas, neste caso concreto e pontual, o que não pode ser motivo de desinteresse pela paisagem, pelo enquadramento urbano e pelos testemunhos de outros tempos e de outros ciclos económicos.

XIII.2 RIBEIRA BRAVA

XIII.2.a Igreja de São Bento, matriz da Ribeira Brava

Situa-se no centro da vila, com acesso pelo Largo da Matriz e pela Rua do Visconde da Ribeira Brava, telef. 291 952172.

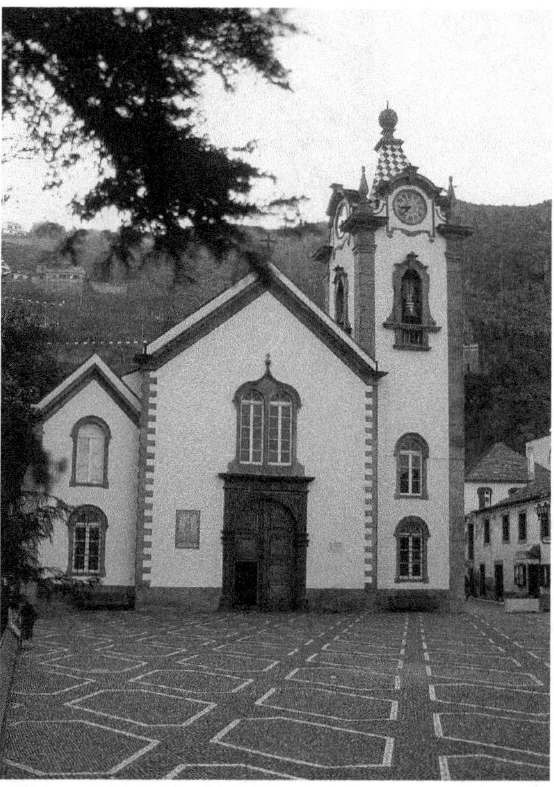

Igreja matriz de Ribeira Brava.

Classificada como Imóvel de Interesse Público.
Horário: de segunda-feira a sábado das 7h às 12h e das 15h às 18h.

A igreja matriz da Ribeira Brava teve origem numa pequena capela da invocação de São Bento fundada ainda no tempo do governo do duque de Beja, D. Fernando, irmão de D. Afonso V e pai de D. Manuel I. No entanto, os mais antigos vestígios arquitectónicos datam já da época manuelina, período durante o qual o templo foi completamente modificado, para corresponder ao aumento de população e riqueza da vila. Um forte aluvião destruiu a igreja ou parte dela, o que provocou novas obras

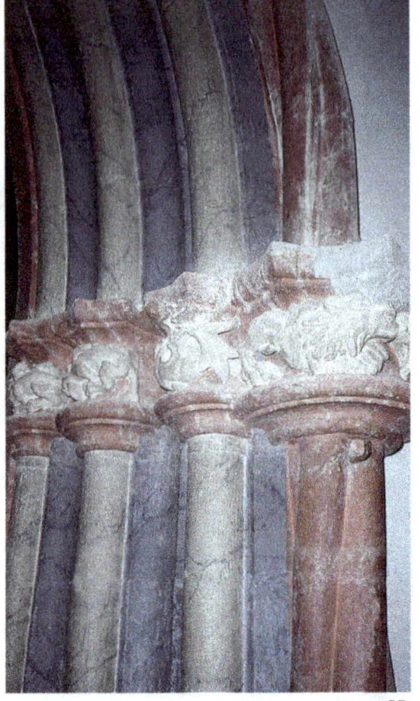

Igreja matriz de Ribeira Brava, pormenor, interior.

P.D.

que determinaram a sua volumetria actual, posto que as arcadas das naves sejam neogóticas e a frontaria ainda mais recente.

O arco de entrada da actual capela do Santíssimo Sacramento é do período manuelino, arcaizante por certo, mas com elementos naturalistas na cesta dos capitéis das *arquivoltas* que são pouco comuns antes da primeira década do século XVI. A estrutura é ainda a do gótico flamejante de matriz batalhina, a que se acrescenta o novo gosto pelo exótico que marcou a Madeira nas primeiras décadas do século de Quinhentos.

A uma mesma empreitada pertencem o púlpito com a excepcional mísula com um anjo com uma *filactera* e também a pia baptismal, tudo muito homogéneo e a identificar um mestre hábil tanto na construção como na escultura decorativa.

R.C.

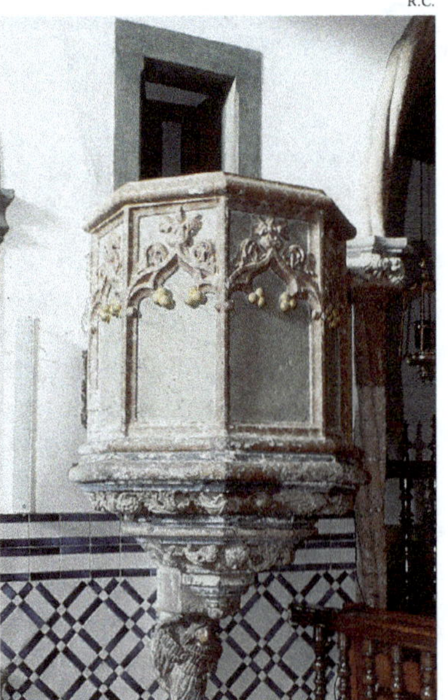

Igreja matriz, de Ribeira Brava, púlpito.

Saindo de Ribeira Brava, retome a R 101 até Ponta do Sol (3,3 km).

XIII.3 PONTA DO SOL

XIII.3.a Igreja de Nossa Senhora da Luz, matriz de Ponta do Sol

Situa-se no centro da vila, destacando-se do casario envolvente.
Classificada como Imóvel de Interesse Público.

Da igreja matriz de Ponta do Sol conhecemos a sua origem. Está documentado que em 1486 Rodrigues Anes, o *Coxo* mandou fazer esta igreja da invocação de Santa Maria com uma sepultura na capela-mor, para aí ser enterrado. O que se vê é um conjunto de muitas obras que vão desde o início do século XVI até hoje.

O plano é simples, só com uma nave e com a capela-mor a conformar a cabeceira, ambas de planta rectangular. Duas capelas abrem-se lateralmente à zona do cruzeiro como se fossem um falso *transepto*, ambas com estrutura tardogótica, a da esquerda com a *abóbada de cruzaria*, mas a do lado direito só com o arco de entrada. O mesmo gosto e estilo estão patentes no arco da actual capela do Santíssimo Sacramento, com um talhe delicado e uma bela representação de elementos fitomórficos. No campo arquitectónico, é o tecto de laçaria *mudéjar* da capela-mor que mais impressiona, obra feita já bem avançado o século XVI.

Para Calheta, deverá seguir pela R101 em direcção a Madalena do Mar até Calheta (7 km).

XIII.4 CALHETA

XIII.4.a **Igreja do Espírito Santo, matriz de Calheta**

Estrada da Calheta. O adro está murado e o acesso faz-se através de dois portões de ferro forjado.
Classificada como Imóvel de Interesse Público.

A igreja matriz de Calheta tem conservada a sua estrutura manuelina, ainda que tivesse sofrido profundas reformas entre 1604 e 1609, o que levanta problemas quanto à datação dos referidos tectos. Estamos convencidos que o mestre das obras reais, Jerónimo Jorge, desmontou e adaptou a obra *mudéjar*, mandando eventualmente incluir qualquer elemento que faltava ou completar zonas novas.

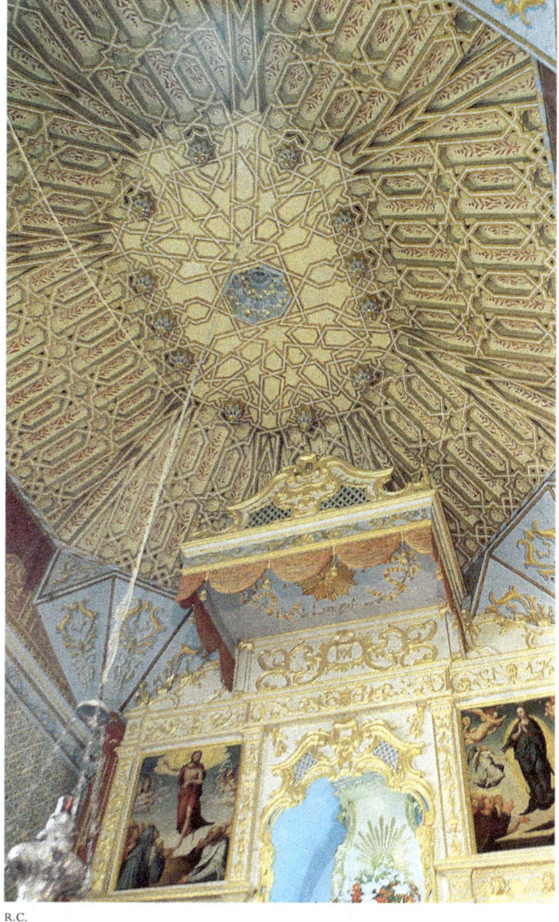
R.C.

Igreja matriz de Ponta do Sol, tecto mudéjar da capela-mor.

A estrutura do tecto está completa, com a esteira central octogonal alongada com um *almocarabez* central todo dourado e oito trapézios oblíquos que se apoiam nos flancos e nas inevitáveis trompas de ângulo, aqui em forma de vieiras invertidas. O desenho é de boa mão, quer no centro quer nas abas,

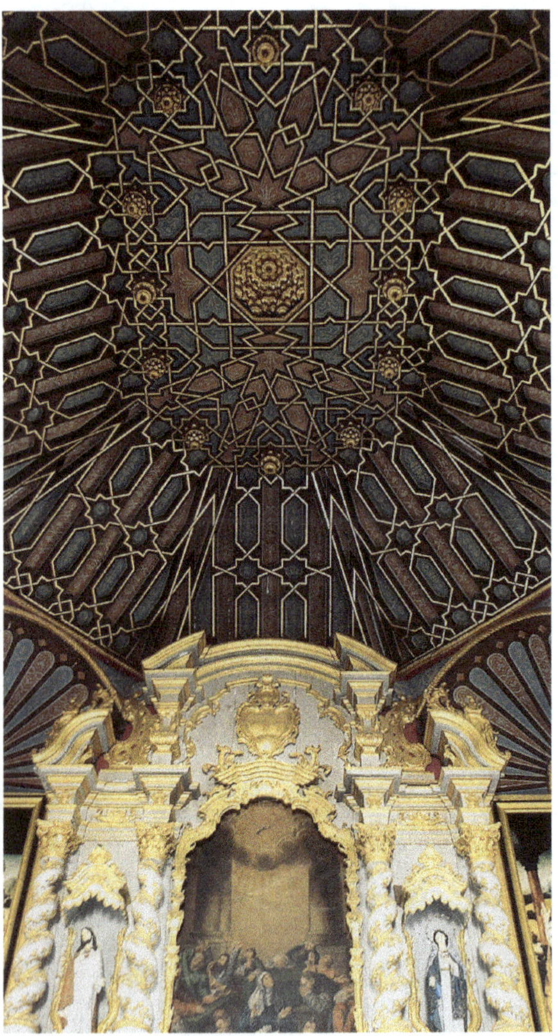
R.C.

Igreja matriz de Calheta, tecto mudéjar.

baseado na interligação de estrelas de oito pontas e losangos. Os *cachorros* e tirantes da nave são também *mudéjares*, estes com um esquema reticulado muito miúdo.

Se for para Santa Cruz, deverá seguir pela R 204 até S. Gonçalo / Caniço / Santa Cruz.

XIII.5 SANTA CRUZ

XIII.5.a Igreja de São Salvador, matriz de Santa Cruz

Situa-se no centro da vila e é ladeada por um jardim arborizado.
Classificada como Imóvel de Interesse Público.
Horário: diariamente das 8h às 19h.

Da igreja matriz de Santa Cruz conhecem-se alguns dados. A primeira referência documental parece datar de 1479, quando Gil Eanes institui uma capela da invocação de Jesus, no templo primitivo que viria a ser substituído canonicamente por outro, a "igreja nova" por oposição àquela, a "igreja velha". Porém, há dados também sobre as obras de que resultaria o edifício que chegou até aos nossos dias, da invocação do Salvador.
A 25 de Janeiro de 1502, D. Manuel I ordenou aos habitantes do lugar que acabassem o corpo do templo e que o almoxarife desse início à construção da capela-mor, cujo encargo cabia ao rei, como padroeiro que era, mas que foi doada a João de Freitas para sua sepultura. Em 1508 estava à frente do estaleiro o mestre Fernão Mouseiro que tinha por primeiro auxiliar um tal Diogo. Os trabalhos demoraram vários anos, pelo menos até 1511.
A fachada tem hoje dois grandes contrafortes, obras que são posteriores à época manuelina, abrindo-se nela um portal de desenho ogival com *colunelos* reentrantes e de grossura diversa alternados com capitéis naturalistas com elementos do mundo vegetal. Sobre o

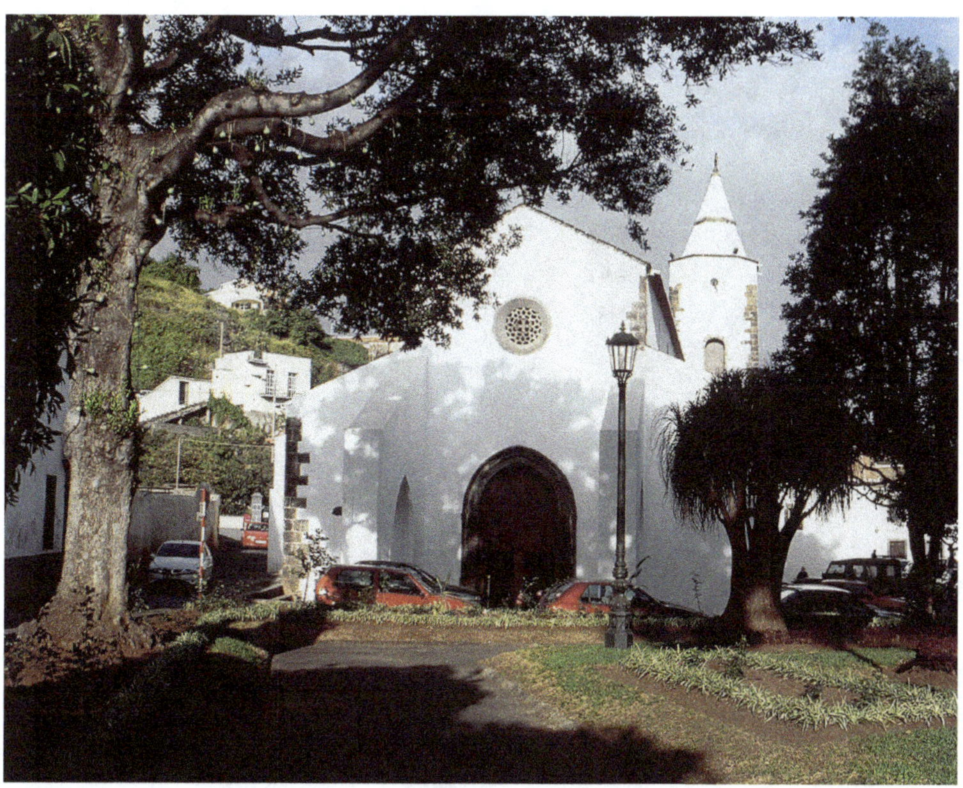

Igreja de São Salvador, matriz de Santa Cruz.

portal abre-se um óculo redondo, mostrando o desenho geral da frontaria a diferença de altura das três naves do interior. A torre sineira, e também de vigia, levanta-se na zona da cabeceira e é ainda da época manuelina, com grandes ventanas para os sinos e o seu *coruchéu* piramidal. Serve para perceber como eram estas torres das outras igrejas paroquiais da ilha que desapareceram.

O corpo tem três naves separadas por arcarias simples, sem ornatos. A capela-mor é coberta por uma *abóbada de cruzaria* que forma no centro um octógono e em cujas *chaves* estão as armas reais, o escudo de Portugal e a cruz de Cristo. De destacar é a porta da sacristia de duplo vão com pilar médio, de traçado e uma riqueza ornamental fora do comum, com elegantíssimos *arcos polilobados* rebaixados e meias esferas a ornar a *arquivolta* geral e os consequentes pés-direitos. Das capelas laterais destacamos a capela de São Tiago, instituída antes de 1522 por João de Morais, com escudo de armas no fecho do arco de entrada, obra de cariz tardogótico com capitéis naturalistas e com o *arco de volta perfeita*.

No mesmo estilo e de 1516 é a *edícula* tumular de Micer Batista, cavaleiro e mercador genovês que morava na vila. Saliente-se ainda, no melhor estilo

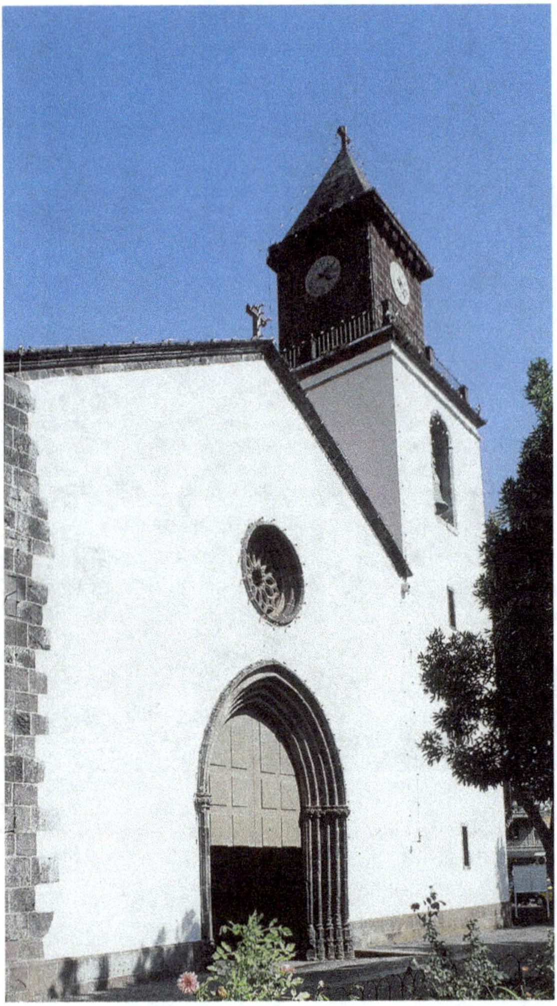

R.C.

Igreja matriz de Machico.

manuelino que conhecemos, a *edícula* aberta junto da pia baptismal, para servir de armário.

Se pretender dirigir-se a Machico, deve retomar a R 101 em direcção a Vila de Santa Cruz / Água de Pena / Vila de Machico.

XIII.6 MACHICO

XIII.6.a **Igreja de Nossa Senhora da Conceição, matriz de Machico**

Localiza-se no centro da vila, num grande espaço arborizado, telef. 291 965139.
Classificada como Imóvel de Interesse Público.
Horário: diariamente das 9h às 18h.

A igreja matriz de Machico conserva a sua estrutura manuelina, estando também documentadas diversas fases de obras. O primeiro mestre construtor foi Pedro Álvares a quem foram feitos diversos pagamentos, nomeadamente em 1511, para acabamentos. No entanto, mais tarde, em 1521, foi posta em pregão a obra da capela-mor.
Sabemos que foi necessário trazer de fora da ilha muito do material, nomeadamente madeira de cedro, mandada vir da Flandres, em meados de 1526. As obras só foram concluídas em 1529, depois de terem sido postas em pregão no ano anterior e terem sido arrematadas pelo mesmo Pedro Álvares. Quanto à capela-mor, cujas obras parece não terem fim, repetiu-se a empreitada em 1535, pois a que fizeram antes estava toda aberta e era necessário demoli-la e levantá-la de novo.
A obra foi dada por terminada por Grão Vasco, em 28 de Abril de 1537, faltando apenas a guarnição exterior e as ameias do telhado, que dois anos depois ainda estavam por fazer.
Como se pode verificar, a estrutura da igreja é essencialmente a manuelina.

A frontaria mostra o portal de traça ogival e cinco elegantes *colunelos* dóricos com capitéis finamente decorados e de pendor naturalista, tudo feito compedra da ilha. Por cima, abre-se um pequeno óculo da mesma época. Lateralmente, e virado à praça, há outro portal de dois *lumes* com *colunelos* de mármore branco de importação.

No interior, o espaço é o manuelino, embora ao longo dos séculos tenham sido acrescentadas obras diversas. Do gótico final destaca-se o arco da capela-mor e as três capelas de flanco, duas como que a formar um falso *transepto* e outra a meio da parede lateral esquerda. As primeiras são dotadas de abóbadas de nervuras de cinco *chaves*, típicas do manuelino batalhino, enquanto a terceira possui uma estrutura mais simples, apenas com nervuras simples cruzadas.

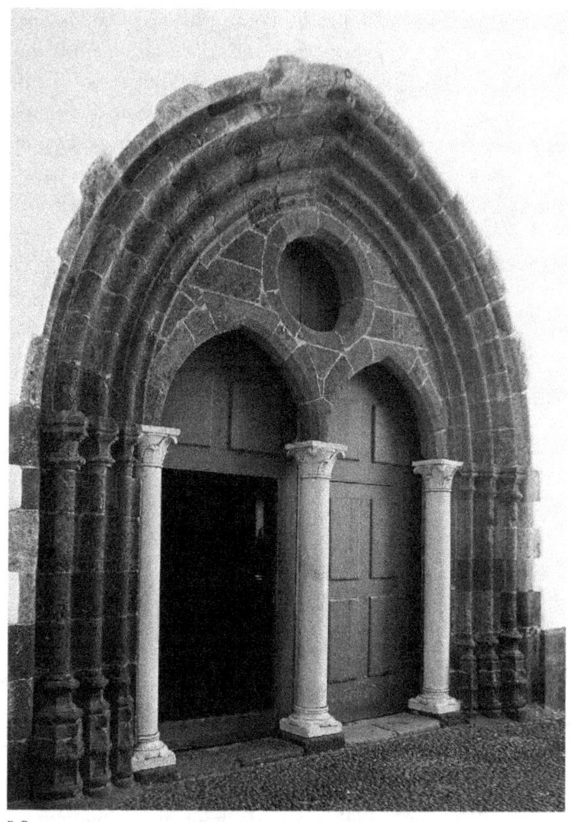

R.C.

Igreja matriz de Machico, portal lateral.

"A ilha de Porto Santo é pequena, mas fresca, de bons ares e sadia, ainda que não tenha boas águas, por ser seca e de pouco arvoredo, e o principal (tirando os dragoeiros) é zimbro e urze. Está no caminho, quando vão de Lisboa para a ilha da Madeira, da qual está vinte léguas de porto a porto, quero dizer, do porto da Vila ao porto do Funchal, e de terra a terra são doze léguas. Está em trinta e três graus de altura, da parte do Norte. É pequena e quase redonda, de três léguas de comprido e uma e meia de largo, ou pouco mais.

No porto das Cagarras, assim chamado por haver ali na rocha muita criação delas, que está da banda do Oriente, ao Nordeste da ilha, vem ter ao mar de longe uma ribeira salgada;

Do porto dos Frades, pouco mais de meia légua, indo para o Ocidente pela mesma parte do Sul, está um ilhéu grande e redondo, meia légua afastado da terra, Norte e Sul dela, e alto das rochas todo à roda, que tem em cima grande campo, como de dois moios de terra, onde há muitos paus de dragoeiros, e por isso lhe chamam o ilhéu dos Dragoeiros; tem também zambujos, e criam-se nele muitas cabras, cagarras e coelhos de diversas cores.

Deste ilhéu dos Dragoeiros, a meia légua a Oeste, pela mesma banda do Sul, está um penedo grande e redondo como ilhéu pequeno, que (parece), por ali alguém se deitar a dormir, se chamou antigamente Penedo do Sono.

Do Penedo do Sono até ao ilhéu do Boqueirão, que será espaço pouco mais de légua e meia, que é a ponta derradeira do Poente da ilha, é tudo areia branca, sem ter nenhuma pedra e é baía não muito curva, nem com grandes pontas ao mar, porque com qualquer tempo podem sair os navios do porto da Vila, que está no meio desta baía e praia, que, pela razão do porto já dita se chama Vila de Porto Santo.

Finalmente esta Ilha de Porto Santo é mui sadia, de bons e frescos ares, ainda que é pequena, de três léguas e meia de comprido e uma e meia de largo pouco mais ou menos (como já se disse); e não tem águas, por ser seca e de pouco arvoredo, e o principal (tirando os dragoeiros) é zimbro e urze. E em muitas partes desta ilha produziu a Natureza muitos dragoeiros, do tronco dos quais se fez muita louça, e muitos são tão grossos, que se fabricam de um só pau barcos que hoje em dia há, que são capazes de seis, de sete homens, que vão pescar neles, e gamelas que levam um moio de trigo. Tira-se desta louça bom proveito, de que se paga dízima a el-Rei, e se aproveitam muito do sangue do dragão, muito prezado em boticas; criam estes dragoeiros uma fruta redonda que, madura, se faz muito amarela, e é mui doce, e no tempo em que havia muitos dragoeiros engordavam os porcos com este fruto (que são como avelãs e, assim, se chamavam maçainhas); já agora há poucos e vão faltando, pelo muito proveito que se fazia nas gamelas deles, que são muito leves, como são secas, e também nas rodelas."

Gaspar Frutuoso, "Da descrição da Ilha de Porto Santo e da abundância e moradores dela", *Saudades da Terra*, 1560.

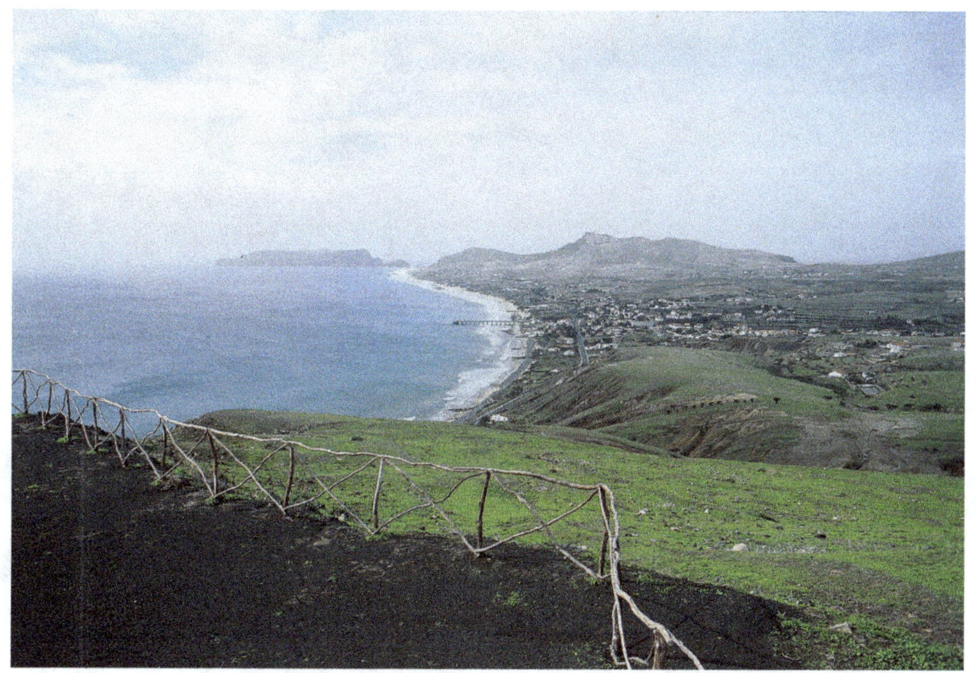

R.C.

Vusta geral do Porto Santo.

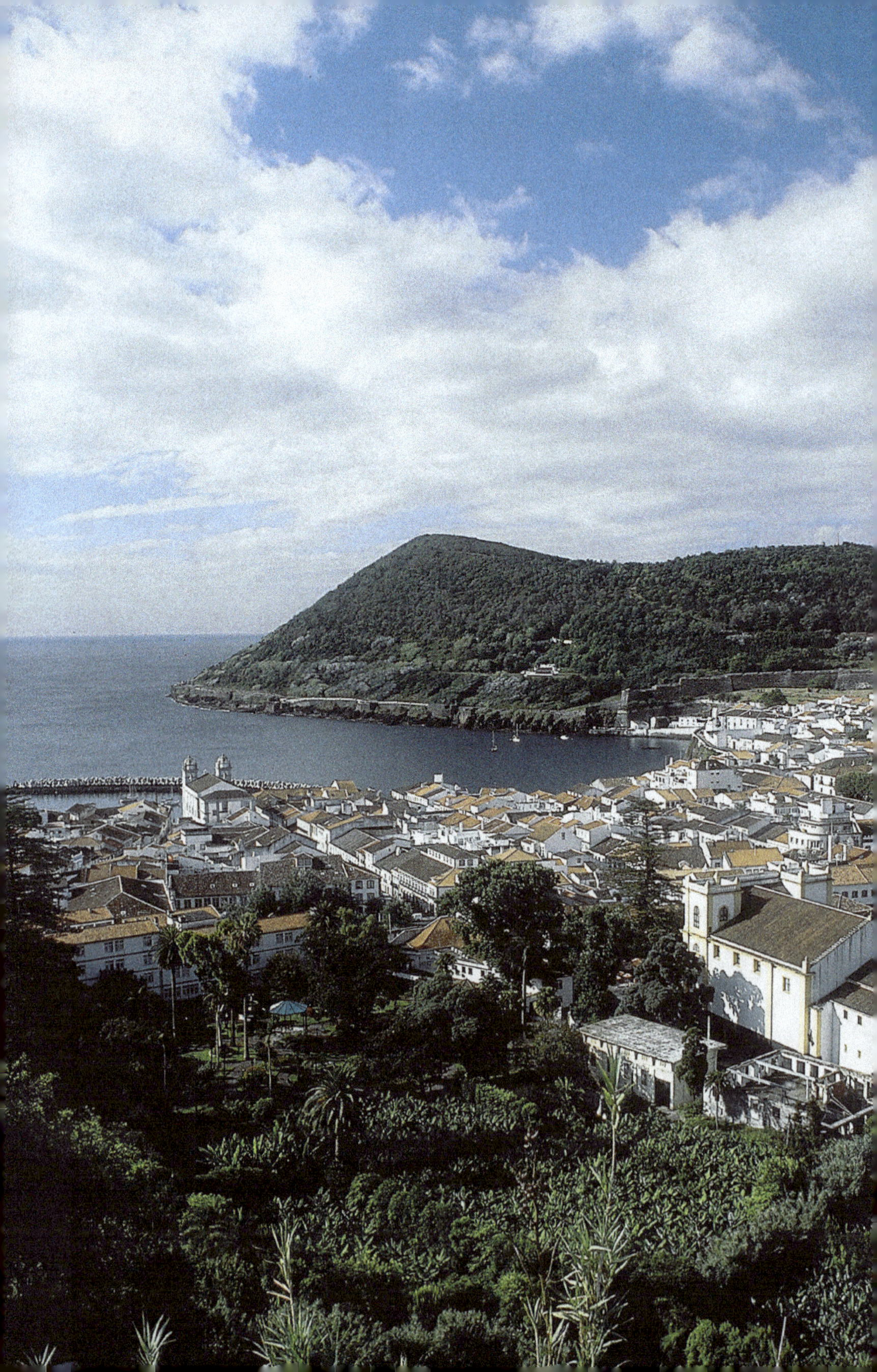

Os Açores nas rotas do Ocidente e do Oriente

Pedro Dias, Dalila Rodrigues,
Nuno Vassallo e Silva, Fernando Grilo

Primeiro dia

XIV.1 PONTA DELGADA
- XIV.1.a Igreja de São Sebastião, matriz de Ponta Delgada
- XIV.1.b Museu Carlos Machado

XIV.2 VILA FRANCA DO CAMPO
- XIV.2.a Igreja de São Miguel Arcanjo, matriz de Vila Franca do Campo

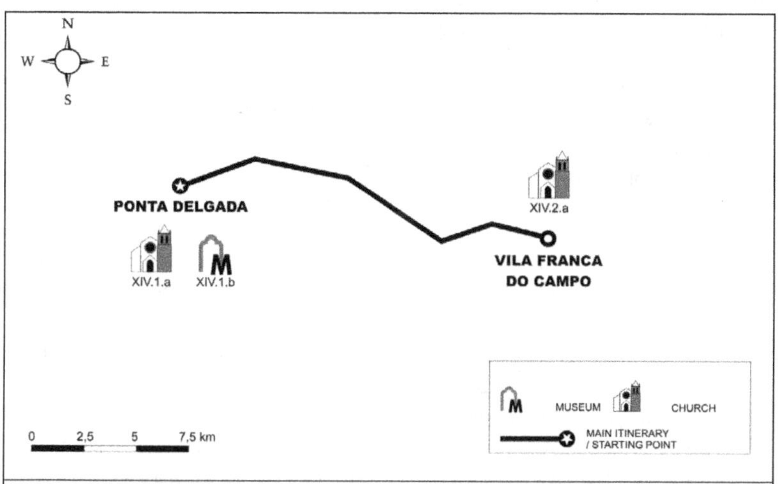

Baía da Angra do Heroísmo.

Situado em pleno oceano Atlântico, a meio caminho entre a Europa e a América, as nove ilhas do arquipélago dos Açores apareciam já desenhadas com razoável precisão em cartas catalãs e italianas, antes da data do seu achamento oficial. O que quer que tenha acontecido antes, certo é que Gonçalo Velho Cabral chegou à ilha de Santa Maria por volta de 1431, passando os anos seguintes a São Miguel, Terceira, Faial e Pico. O primeiro documento que refere concretamente este facto é a carta do infante D. Henrique, datada de 2 de Julho de 1439, na qual informava o irmão e regente D. Pedro, duque de Coimbra, que lançara ovelhas naquelas ilhas e que se ele estivesse de acordo as mandaria povoar. Faltava então ainda descobrir ou redescobrir duas, as Flores e o Corvo, alcançadas por Diogo de Teive, em 1452.

D. Pedro de Coimbra interessou-se permanentemente pelos Açores, obtendo diversas mercês do seu sobrinho, D. Afonso V, para os habitantes e terras micaelenses. Assim, foi o Infante D. Henrique, que determinara já o povoamento de Santa Maria, quem o substitui nesta empresa, com o apoio explícito da irmã, D. Isabel, duquesa de Borgonha, já que ao Reino faltavam meios humanos para tal empreendimento. Deste facto resultou a intensa presença de flamengos nos Açores, com particular incidência na ilha do Faial, o que teve reflexos na produção artística e na formação do gosto. Aqui soavam nomes como Van Aard, Govaert, Groot, der Haghe, uns de gente distinta, outros de simples artífices, outros ainda de degredados. De todos, parece lícito salientar Jácome de Bruges, que vivia anteriormente na cidade do Porto e que foi para a Terceira acompanhado por grande número de patriotas seus e de homens do Norte do Reino.

A primeira capitania foi constituída pelas ilhas de Santa Maria e São Miguel que, em 1474, se desdobrou em duas. Em 1454, o Infante D. Henrique instituiu uma comenda que deu a Gonçalo Velho, delegando-lhe poderes que eram titulados pela Ordem de Cristo. O apoio religioso às primeiras populações esteve a cargo desta ordem, mas, desde cedo, os religiosos de São Francisco e de outras congregações juntaram-se aos povoadores. Parece poder concluir-se que o primeiro convento açoriano foi instituído em Vila Franca do Campo, em São Miguel, situado junto do monte de Nossa Senhora da Paz. Destruído pelo megassismo de 1522, foi depois reerguido sob a invocação de Nossa Senhora do Rosário. Outra das instituições que muito contribuiu para o desenvolvimento das ilhas e que habitualmente é tida como a que primeiro existiu é o Convento de Nossa Senhora da Guia, localizado em Angra, e que deve remontar a 1452. Quanto aos conventos femininos, contam-se seis, só no século XVI, na Vila da Praia, Vila Franca do Campo, Horta, Ponta Delgada, Ribeira Grande e Angra.

A produção agrícola açoriana era variada mas, desde os primeiros tempos, o trigo desempenhou um papel importantíssimo, sobretudo pelo facto de o Reino ser cronicamente deficitário e as necessidades das praças de Marrocos serem igualmente grandes. Não se pode esquecer a pecuária e principalmente o pastel, de grande valor nos mercados do Norte da Europa, para a indústria têxtil.

O fim do século XV, com a abertura do caminho marítimo para as Américas e

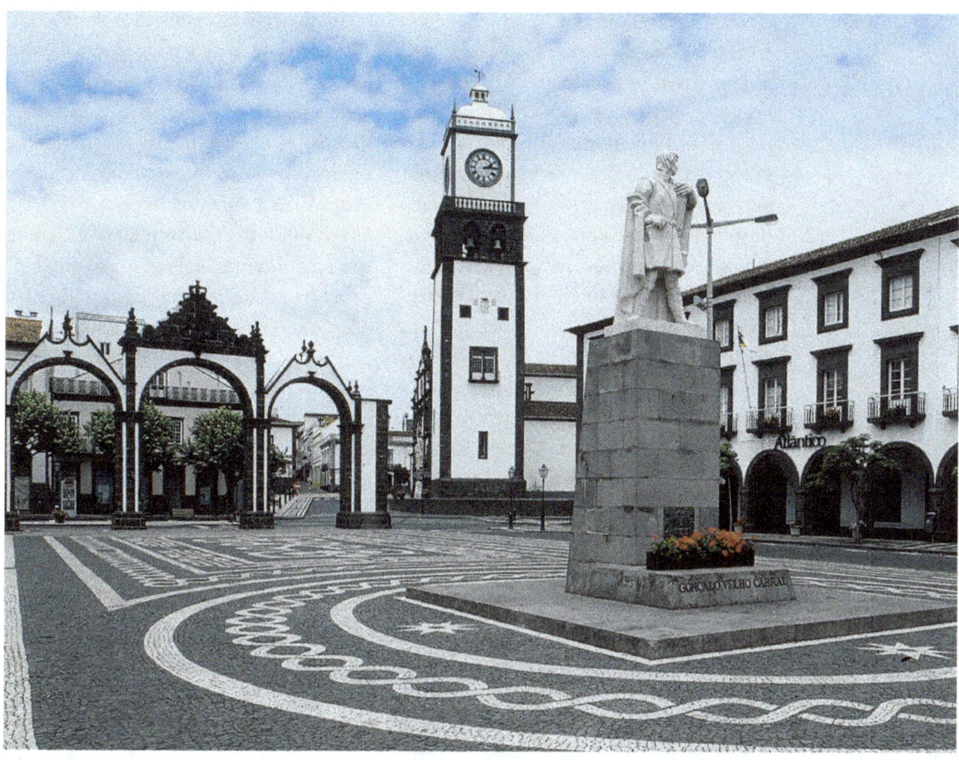

R.C.

Centro histórico da Ponta Delgada.

para a Índia, conferiu maior importância às ilhas, particularmente à Terceira e à sua capital, a vila de Angra que, em breve, foi elevada a cidade e a sede de uma nova diocese, em 1534.

A partir de 1518 é crescente o número de escalas das Índias na ilha Terceira e entre esse ano e 1598 a armada da América foi aqui assistida pelo menos quarenta e duas vezes, guardando em terra os cofres cheios do ouro e da prata do Novo Mundo. O papel de plataforma giratória do tráfego marítimo atlântico manteve-se, proporcionando a estas ilhas e às suas populações uma actividade importante na área dos serviços para fazer face às necessidades dos viajantes.

XIV.1 PONTA DELGADA

A ilha de São Miguel, ou Ilha Verde, é a maior do arquipélago, com quase 760 km^2. Tem uma forma oblonga, com um comprimento máximo de 65 km por 12 de largura. As suas paisagens são deslumbrantes, com picos elevados e diversas lagoas nas crateras de vulcões extintos e uma flora diversificada.

A descoberta desta ilha ocorreu entre 1426 e 1439, ano em que, podemos afirmar com segurança, se deu início ao povoamento. A principal povoação é Ponta Delgada, ainda que haja outras cidades e vilas notáveis pelo seu património artístico, como a Ribeira

Grande e Vila Franca do Campo, sobretudo da época do Barroco, que aqui tem características muito peculiares. No entanto, os tremores de terra, como o de 1522, bem como a modéstia das construções do primeiro século açoriano, fizeram com que poucos edifícios desses tempos se conservassem. Assim, apenas analisaremos duas igrejas e algumas outras obras iconográficas conservadas em museus ou colecções.

As mais antigas referências a construtores e mestre de obras datam já de 1507 e constam num contrato celebrado entre os fidalgos da vila da Ribeira Grande e o mestre biscainho João de la Penha, para a construção da igreja local, que não resistiu muito tempo e teve que ser reconstruída alguns anos depois. Em 1520, foi construída na mesma vila uma ponte de pedra, cuja empreitada foi dada ao português Fernão Álvares. Este mestre já vivia em São Miguel, pelo menos, desde 1514 e acabou por passar quase toda a vida nos Açores.

Foi muito intensa a actividade construtiva na época manuelina, o que não é de estranhar, dado o desenvolvimento económico e social que o arquipélago conheceu. Não parece haver uma linguagem única, mas sim diversidade que não pode deixar de corresponder às diferentes origens dos mestres e, obviamente, ao longuíssimo tempo que o tardogótico perdurou. As fortes estruturas das abóbadas, com uma complexidade de nervuras que não encontramos em qualquer outro lugar, só se pode explicar como uma resposta aos constantes abalos telúricos. Pelo que existe e pelo que sabemos que desapareceu, temos de considerar este como um dos momentos mais altos da história da arquitectura açoriana e um dos pontos máximos do gótico final português e europeu.

J.B.

Igreja de São Sebastião, matriz de Ponta Delgada.

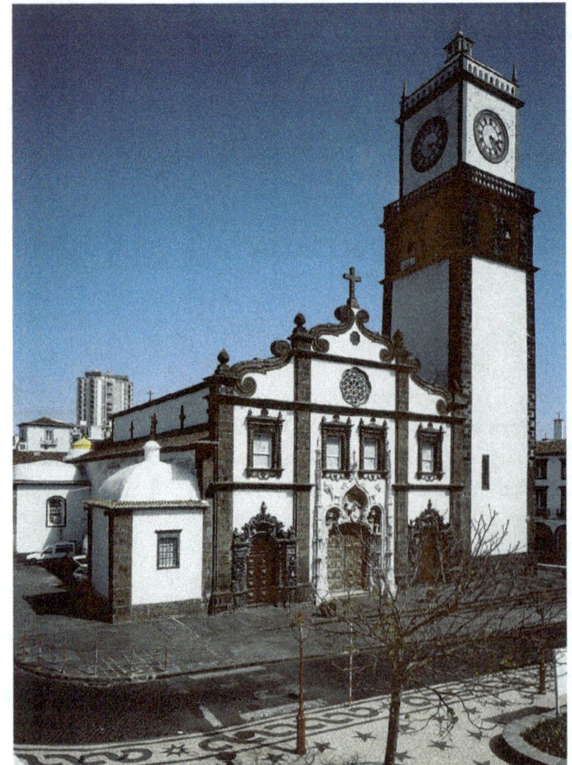

XIV.1.a **Igreja de São Sebastião, matriz de Ponta Delgada**

Largo da Matriz (a entrada faz-se pela porta lateral), telef. 295 904554.
Classificada como Imóvel de Interesse Público.
Horário: diariamente das 9h às 12h e das 13h às 18h, no Inverno, e das 8h30 às 20h, no Verão, e ao sábado das 9h às 12h30 e das 17h às 18h30.
Nesta igreja existe um pequeno Museu de Arte Sacra com entrada gratuita, visitável fora do horário de culto e apenas em dias úteis.

A igreja matriz que é da invocação de São Sebastião, está bem documentada. Se é verdade que já possui elementos renascentistas, o desenho dos três portais exteriores e das abóbadas de algumas capelas é ainda tardogótico. Houve um primeiro edifício feito antes de 1514, mas as campanhas de obras de que resultou o actual decorreram entre 1533 e 1545. Foi seu mestre um tal Lúpedo que contratou a obra por um conto e trezentos e cinquenta mil reais, verba avultadíssima para o tempo, mas por se ter demorado em Lisboa foi substituído por Afonso Fernandes, ido expressamente da Corte. Foi também enviada pedra para os portais, que foram lavrados por Nicolau Fernandes e André Fernandes. A obra de alvenaria deve-se aos irmãos Estêvão da Ponte e Brás da Ponte, enquanto a carpintaria a Diogo Dias, Pêro Fernandes e Diogo Alves.

Nos portais exteriores há *grutescos* da primeira renascença italianizante e capitéis de fantasia. Têm uma estrutura muito complexa e foram planeados para marcarem claramente o poder e a capacidade económica dos seus encomendantes. São vistosos, de aparato, com a intenção de impressionar quem os visse.

No interior interessam as *abóbadas de cruzaria* de duas das capelas, já que apresentam um desenho pouco comum, pois uma é a tradicional de cinco *chaves* e outra, apesar de ter os elementos essenciais rectos, forma depois uma circunferência pela união de todas as *chaves* secundárias. O abobadamento da capela-mor é muito mais complexo e divide-se em duas zonas, a do coro e a da *ábside*. Sem deixarem de estar bem marcados os

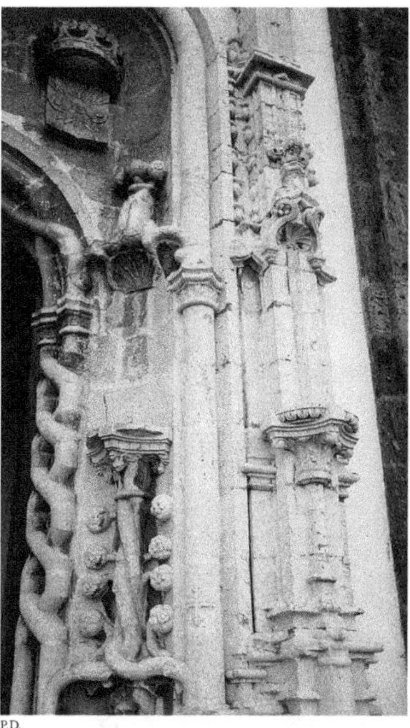

P.D.

Igreja matriz de Ponta Delgada, pormenor do portal.

arcos cruzeiros, o mestre que a planeou criou uma trama densa de segmentos de nervuras que se davam garantia de maior segurança, sobretudo num templo que já antes fora abalado por diversos sismos, tinha também claros efeitos decorativos.

XIV.1.b **Museu Carlos Machado**

Rua João Moreira, telef. 296 283814. O antigo convento de Santo André está classificado como Imóvel de Interesse Público. Horário: dias úteis, no Inverno das 10h às 12h e das 14h às 17h, e ao fim-de-semana das 14h às 17h30, e no Verão das 9h30 às 12h30 e das 14h às 17h30, e no fim-de-semana das 14h às 17h30. Encerra à segunda-feira.

O Museu Carlos Machado está instalado no Mosteiro de Santo André, cuja

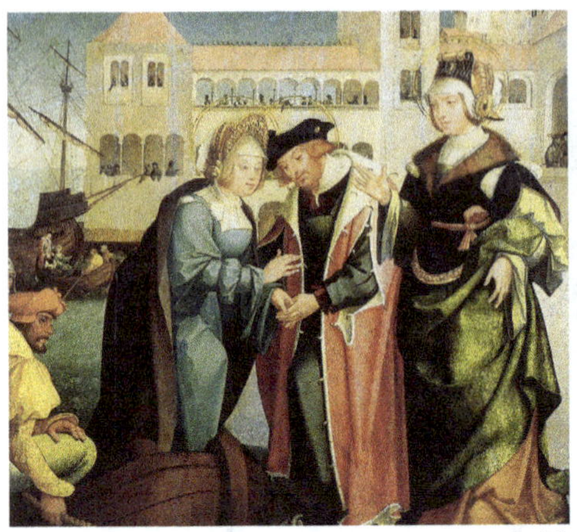

R.C.

"Santos Mártires, Veríssimo, Máxima e Júlia – Desembarque em Lisboa", óleo sobre madeira, séc. XVI, Museu Carlos Machado, Ponta Delgada.

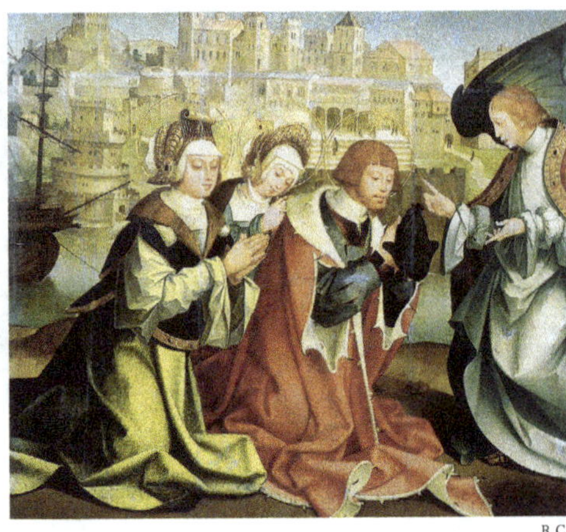

R.C.

"Santos Mártires, Veríssimo, Máxima e Júlia – Anunciação do Martírio", óleo sobre madeira, séc. XVI, Museu Carlos Machado, Ponta Delgada.

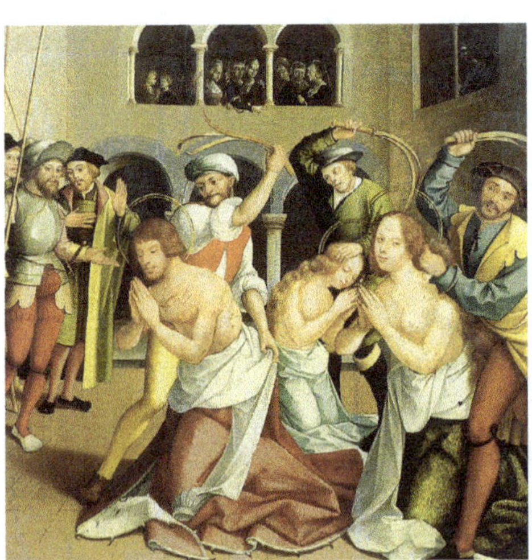

R.C.

"Santos Mártires, Veríssimo, Máxima e Júlia – Flagelação", óleo sobre madeira, séc. XVI, Museu Carlos Machado, Ponta Delgada.

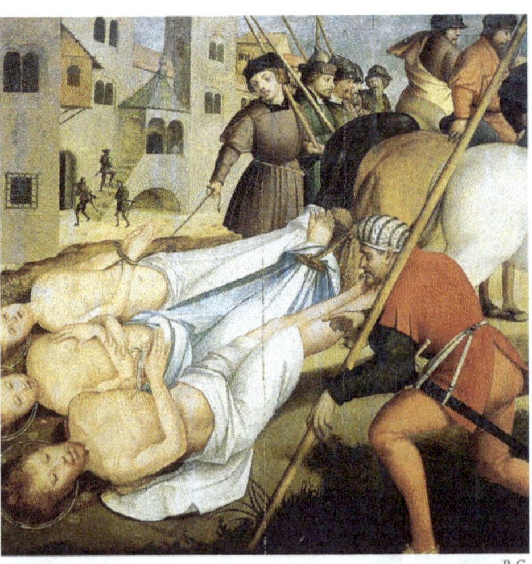

R.C.

"Santos Mártires, Veríssimo, Máxima e Júlia – Morte por Arrastamento", óleo sobre madeira, séc. XVI, Museu Carlos Machado, Ponta Delgada.

estrutura barroca se mantém bastante bem conservada e remonta, no essencial, aos séculos XVII e XVIII. Das suas colecções destacam-se diversas pinturas antigas de oficinas do Reino.

Os dois painéis de *predela* que representam, respectivamente, *Santa Catarina, Santa Bárbara, Santa Margarida e Santa Apolónia*, foram doados ao museu pelos herdeiros de Vasco de Bensaúde. Com o inconfundível formulário da produção da oficina dos "Mestres de Coimbra", as duas pinturas, que teriam pertencido à *predela* de um *retábulo* manuelino, não oferecem dúvidas quanto à autoria. Por um lado, verifica-se um acentuado esquematismo do desenho das figuras e a total ausência de caracterização dos rostos, num processo de simplificação quase desconcertante, por outro um trabalho exímio ao nível da indumentária e dos adornos de joalharia, numa elaboração extraordinariamente paciente.

Outro conjunto importante é constituído por quatro tábuas com 73 por 83 cm, evocativas do *Martírio dos Santos Veríssimo, Máxima e Júlia*, cuja origem foi também uma doação da família Bensaúde. Têm de se atribuir a uma das melhores oficinas de Lisboa, do fim do reinado de D. Manuel I, sendo particularmente relevante o Desembarque, pois foi representado o Paço da Ribeira de Lisboa, a cujo cais atracou uma caravela. Aliás, as referências topográficas à capital portuguesa não se ficam por aqui, havendo outras sugestões ao palácio manuelino, quer no quadro da *Flagelação* quer no da *Morte por Arrastamento*. Não nos esqueçamos que estes santos foram martirizados em Lisboa, no tempo do domínio romano, de modo que o artista, por certo alguém que aprendeu e trabalhou com Jorge Afonso, resolveu compor um cenário que se aproximasse do que então existia e que permitisse uma clara identificação do local dos martírios.

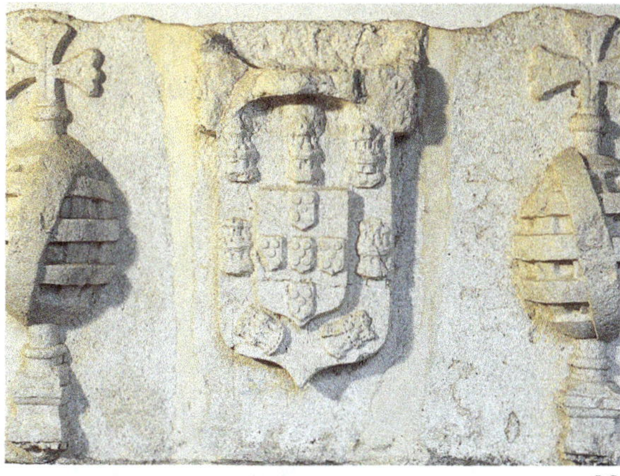
R.C.

Pedra de armas, calcário, séc. XVI, Museu Carlos Machado, Ponta Delgada.

No museu, há ainda outros testemunhos da arte manuelina e também do encontro de culturas do Ocidente e do Oriente proporcionado pelos Descobrimentos portugueses. Lembremos a pedra com as armas reais, a esfera armilar e a cruz de Cristo, feita em Lisboa, em lioz, que pertenceu ao Palácio dos Condes da Ribeira Grande, a verga em *arco canopial* do antigo Convento de Santo André de Ponta Delgada, e diversos elementos decorativos de outras construções coevas, quer em traquito quer em ignimbrito: uma esfera armilar, uma *gárgula*, uma pia de água benta, um fecho de abóbada, entre outras peças.

Quanto às obras luso-orientais, há que destacar a colecção de esculturas de marfins, quer de factura goesa quer cingalesa.

Saindo de Ponta Delgada em direcção a Vila Franca do Campo deverá seguir pela ER 1-1ª no sentido São Roque / Lagoa / Água de Pau / Ribeira Chã / Água do Alto até Vila Franca do Camp (20 km).

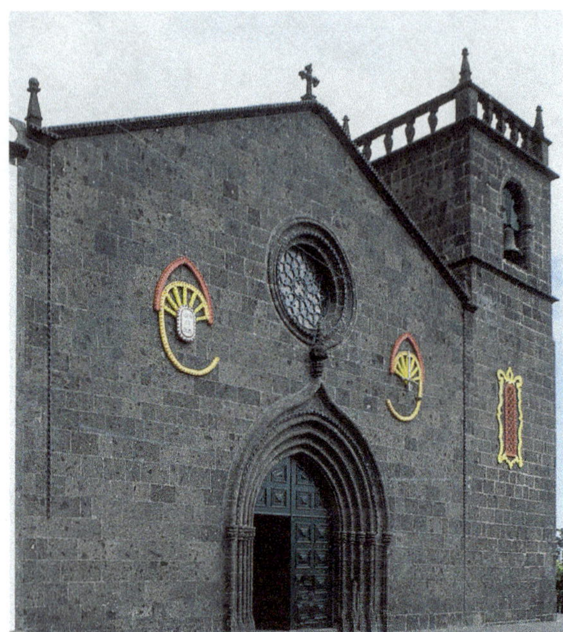

R.C.

Igreja de São Miguel Arcanjo, matriz de Vila Franca do Campo.

XIV.2 VILA FRANCA DO CAMPO

Vila Franca do Campo foi a capital da ilha de São Miguel, até ao ano de 1522, quando um enorme sismo a destruiu por completo, morrendo a maioria dos seus habitantes. Os populares voltaram a erguer as casas no mesmo lugar, refazendo também as igrejas e capelas desaparecidas. Nos séculos seguintes a vila foi crescendo, sendo importante o seu património da época de vigência do maneirismo e do barroco. Das primeiras décadas do século XVI ficou apenas a igreja matriz da invocação de São Miguel.

XIV.2.a Igreja de São Miguel Arcanjo, matriz de Vila Franca do Campo

Rua Teófilo Braga. Informações: Câmara Municipal, telef. 296 539100.
Horário: diariamente, das 8h às 18h, ao sábado das 8h às 12h e ao domingo das 8h às 18h.

Podemos afirmar com segurança que de todos os edifícios conservados o mais antigo é a igreja matriz, cuja estrutura remonta ao tempo do reinado de D. Manuel I.
As suas características são visivelmente arcaizantes, parecendo um edifício do gótico tradicional, de meados de Quatrocentos. A porta axial tem a forma de *arco canopial* terminado por um cogulho de cariz vegetalista, com quatro *colunelos* por lado que continuam nas *arquivoltas*. Os capitéis são de anel com folhagem e têm os *ábacos* muito desenvolvidos. As bases são complexas, de tipo arquitectural flamejante. Devemos notar que este tipo de portal teve também voga na ilha da Madeira.

Para se dirigir a Angra do Heroísmo, na ilha Terceira, tem duas opções: poderá prosseguir de barco (ver horários para Angra do Heroísmo) de Ponta Delgada (170 km, 5 horas), ou seguir de avião a partir do aeroporto, localizado na mesma cidade.

Os Açores nas rotas do Ocidente e do Oriente

Pedro Dias, Dalila Rodrigues,
Nuno Vassallo e Silva, Fernando Grilo

Segundo dia

XIV.3 ANGRA DO HEROÍSMO
- XIV.3.a Fortificações
- XIV.3.b Museu de Angra do Heroísmo

XIV.4 SÃO SEBASTIÃO
- XIV.4.a Igreja de São Sebastião, matriz de São Sebastiaõ

XIV.5 PRAIA DA VITÓRIA
- XIV.5.a Igreja de Santa Cruz, matriz de Praia da Vitória
- XIV.5.b Igreja do Senhor Santo Cristo das Misericórdias

O fabrico de mobiliário na ilha Terceira, no século XVI

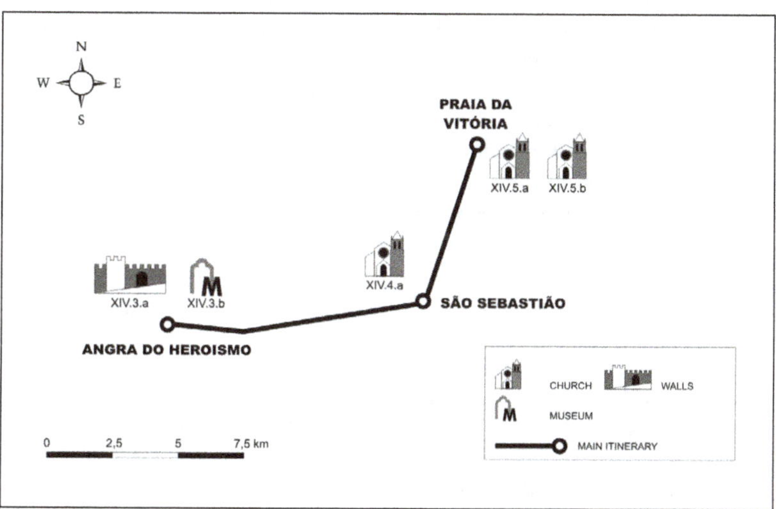

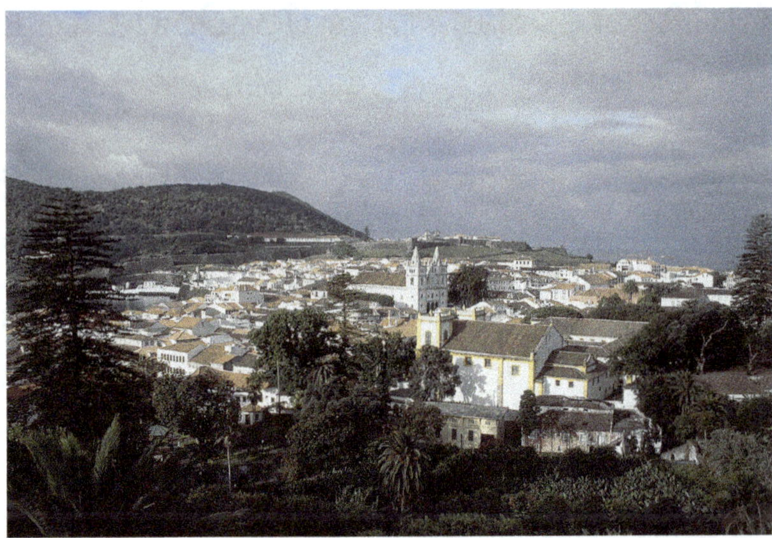

Angra do Heroísmo, Ilha Terceira.

R.C.

A ilha Terceira tem uma superfície aproximada de 382 km^2, e é também oblonga, tendo na sua maior extensão 29 km e na maior largura 17,5. Parece que inicialmente se chamou ilha de Nosso Senhor Jesus Cristo ou do Bom Jesus, tendo sido colonizada, a partir de 1450, por um flamengo chamado Jácome de Bruges.

A sua posição privilegiada fez dela um ponto de escala obrigatório na navegação do Atlântico Norte e local de reunião das armadas que regressavam do Oriente. O próprio Vasco da Gama, quando da viagem inaugural à Índia, em 1497 e 1498, fundeou aqui, vindo a falecer na então vila de Angra o seu irmão Paulo da Gama, que recebeu sepultura no Convento de São Francisco.

Este movimento intenso entre o Ocidente e o Oriente deu às artes terceirenses um fácies único, nomeadamente ao mobiliário e à escultura, misturando-se as estéticas da Europa e da Ásia, por vezes manifestadas em materiais vindos das Américas, como os metais preciosos, a pedraria e as madeiras.

XIV.3 ANGRA DO HEROÍSMO

Devido à extraordinária riqueza artística da cidade, a UNESCO declarou Angra como Património da Humanidade, em 1983.

Tornada sede de uma diocese em 1534, Angra, situada à beira mar, na costa sul, cresceu de forma ordenada, com uma malha racional e ortogonal, em cujos quarteirões foram sendo construídas casas de habitação de burgueses e em cujos baixos funcionavam lojas e oficinas. Naturalmente, criou-se um complexo defensivo enorme, quer para proteger a cidade quer os outros pontos vulneráveis da ilha. Ao mesmo tempo, muitas das ordens religiosas levantaram igrejas e conventos e a Companhia de Jesus, no século XVII, fez mesmo um dos seus maiores colégios ultramarinos. Como já no final do século XVI dizia o mais ilustre historiador insular, Gaspar Frutuoso, "...Angra (era) a universal escala do mar do poente por todo o mundo celebrada onde reside o coração de todas as ilhas...". Tinha então a cidade entre 5 000 a 6 000 habitantes.

XIV.3.a **Fortificações**

O forte de São João Baptista, está situado no Monte Brasil. Do cimo do Monte Brasil, que pode visitar durante o dia, desfruta de uma boa panorâmica sobre o forte.
Classificado como Imóvel de Interesse Público.
O forte de São Sebastião, também conhecido por "castelinho", situa-se no Porto das Pipas. Classificado como Imóvel de Interesse Público.

A partir da época manuelina a importância dos Açores foi crescendo, mercê do incremento das viagens para o Oriente, para a América espanhola e para o Brasil. Deu-se então início à construção de grandes fortificações – o forte de São João, no Monte Brasil, de um lado, e o forte de São Sebastião, do outro, no Porto das Pipas – para proteger os portos e as povoações e para dar abrigo às armadas que guardavam os mares. Os navios carregados de mercadorias atraíam os piratas e corsários que buscavam também nas ilhas açorianas apoio logístico e mantimentos, antes de desferirem os seus ataques. Em 1542, já se pensava em dotar algumas das povoações com muralhas e *baluartes* de pedra e cal, mas demoraria alguns anos até que os trabalhos começassem efectivamente. Um ano depois, Bartolomeu Ferraz aconselhou D. João III a fortificar as ilhas, por causa dos muitos piratas franceses que andavam naqueles mares.
Mais tarde, o provedor das armadas tomou a seu cargo preparar os terrenos mais adequados, quer em Angra quer em Ponta Delgada, estando a fortaleza de São Brás já em obras em 1551.
Os planos das fortalezas foram desenhados pelo engenheiro e arquitecto Isidoro de Almeida, coadjuvado pelo doutor Manuel Álvares. Com o ataque dos corsários franceses à Madeira, foi organizada uma expedição às ilhas, constituída por técnicos de altíssimo gabarito, Pompeo Arditi e Tommazo Benedetto de Pesaro que, na Primavera de 1567 estavam em São Miguel, visitando seguidamente as ilhas Terceira, de São Jorge, do Faial e de Santa Maria.
Em 1577, Pedro de Maeda tentou promover um primeiro plano geral de defesa das ilhas, seguindo-se outro, em 1592, por João de Vilhena. Embora estas edificações ultrapassem os limites cronológicos fixados para esta exposição, é um facto que são o resultado das navegações e dos Descobrimentos marítimos que aqui nos interessam.

P.D.

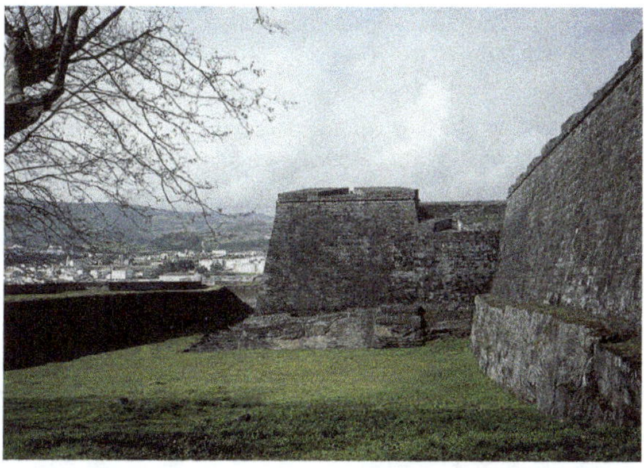

Forte de São João Baptista, Angra do Heroísmo.

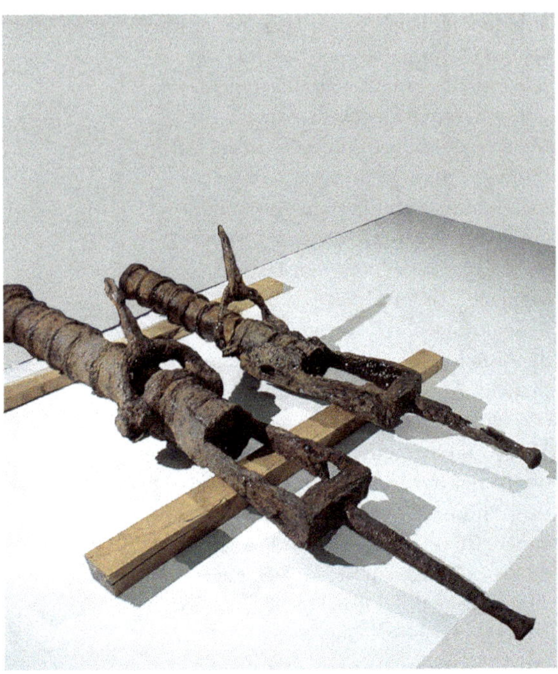

R.C.

Berço "veuglaire", estaleiro medieval na costa portuguesa, ferro forjado em barras e argolas, séc. XV, Museu de Angra do Heroísmo.

A Corte não deixou de pensar em novas e mais poderosas fortalezas e, por 1590, fizeram-se grandiosos projectos elaborados a partir do plano geral de defesa da autoria de D. António de la Puebla, posto em prática por João de Vilhena. Em Angra trabalhou, então, um outro grande fortificador italiano, o engenheiro Tiburzio Spanochi, saindo das suas mãos o projecto da fortaleza de São Filipe, no Morro Brasil, cujas obras se prolongariam durante décadas, concluindo-se já em plena Restauração, em 1643, sendo rebaptizada com o nome de São João, em homenagem ao novo rei D. João IV.

XIV.3.b **Museu de Angra do Heroísmo**

Com acesso pela Ladeira de São Francisco, telef. 295 213147.

O antigo convento de São Francisco está classificado como Imóvel de Interesse Público. Horário: no Inverno, de terça a sexta-feira das 10h às 12h e das 14h às 17h, e ao fim-de-semana das 14h às 17h, e no Verão de terça a sexta-feira das 9h30 às 12h30 e das 14h às 17h30, e ao fim-de-semana das 14h às 17h30.

O Museu de Angra do Heroísmo está instalado no antigo Convento de São Francisco, uma das primeiras instituições religiosas que os portugueses fundaram além-mar. Foi aqui que Vasco da Gama sepultou seu irmão Paulo da Gama, quando do regresso da viagem inaugural à Índia, em 1499.
No seu espólio, o Museu guarda alguns elementos arquitecturais de edifícios manuelinos, do próprio, desde logo, mas também da antiga capela de Nossa Senhora da Guia.
A exposição permanente tem por lema *Do Mar e da Terra; uma história do Atlântico*, e pretende ilustrar a vida açoriana, e terceirense em particular, desde o descobrimento e primeiro povoamento, até data bem recente. Está organizada nos seguintes núcleos: o Conhecimento da Ilha dos Açores; Angra, os Açores e o Mundo; da Capitania Geral ao Liberalismo; e, finalmente, Formação do Contemporâneo.
Podem admirar-se réplicas de embarcações e de outros artefactos náuticos, belas fotografias dos séculos XIX e XX, mas também imensas obras de arte e utensílios originais, das armas à cartografia, da escultura à pintura, às alfaias de culto, às obras indo-portuguesas ou à magnífica produção local de mobiliário e escultura.

Para São Sebastião, deverá seguir pela Estrada Regional nº1-1ª, passando pela Ladeira

Grande, Feteira, e Porto Judeu de Cima, num percurso paisagístico de grande beleza (13 km).

XIV.4 SÃO SEBASTIÃO

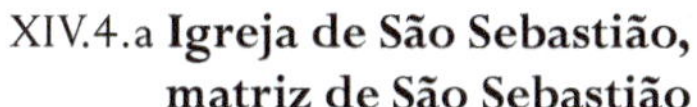

São Sebastião é uma das mais importantes vilas da ilha Terceira e certamente o primeiro local ocupado pelo Homem. Recebeu carta de foral em 1503 e foi um dos municípios que conheceu maior desenvolvimento durante o século XVI, até pela sua posição entre Angra e a Praia, o que justificou a edificação de uma grande igreja matriz.

XIV.4.a **Igreja de São Sebastião, matriz de São Sebastião**

Largo de São Sebastião.
Classificada como Imóvel de Interesse Público.

Outro edifício tardogótico que conserva a estrutura quase intacta é a igreja matriz de São Sebastião da ilha Terceira. Teve profundas obras de restauro, durante as quais foram destruídos quase todos os acrescentos posteriores, alguns de enorme interesse histórico e estético, como eram as talhas.
A estrutura interior é constituída por três naves com seis tramos, sendo a nave central mais elevada do que as laterais.
O *transepto* é conformado por duas capelas de planta quadrangular de eixo perpendicular ao corpo, mas desalinhadas em relação às naves colaterais. São cobertas por abóbadas estreladas de bom desenho com cruzeiros, *cadernas* e *terceletes* rectos, mas ligados depois por secções curvas. É o mesmo tipo de abobadamento muito plano que se admira na capela de flanco do lado direito. As nervuras, *colunelos* e *arquivoltas*, bem como as *chaves*, têm um desenho tardogótico. A capela-mor é abobadada ao estilo renascença, mas a sua estrutu-

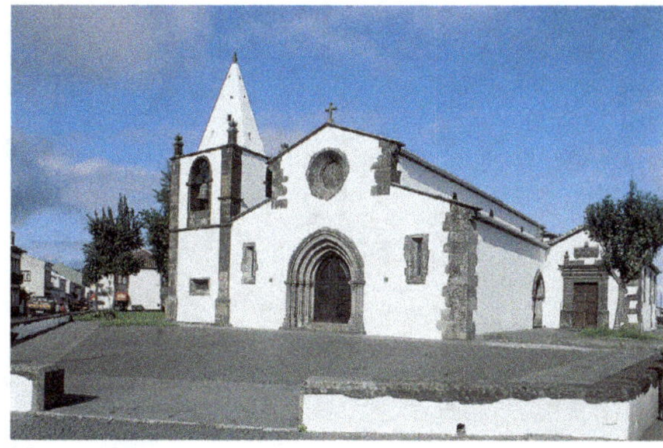

R.C.

Igreja de São Sebastião, Ilha Terceira.

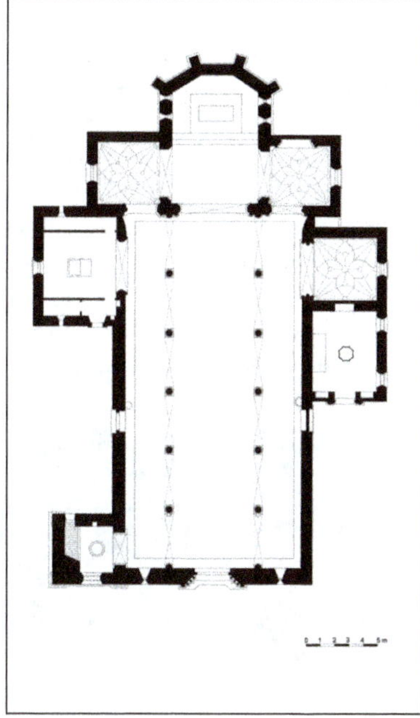

Igreja de São Sebastião, planta, D.G.E.M.N.

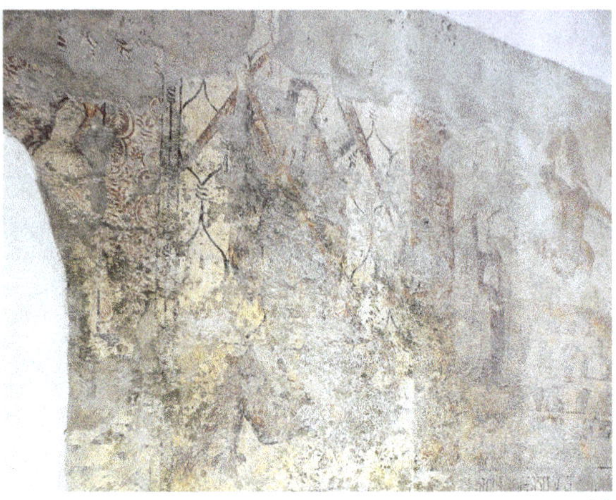

R.C.

Frescos da igreja de São Sebastião, Ilha Terceira.

ra parietal é arcaizante ou mesmo anterior à cobertura, com contrafortes de ressaltos.

Nas paredes laterais conserva-se o mais importante conjunto de pinturas a fresco de todo o espaço do Atlântico, obras já com elementos decorativos da renascença, embora ainda reflectindo o gosto de um mestre e de auxiliares que se haviam formado no tardogótico.

Continue na Estrada Regional nº 1 até Praia da Vitória (8 km).

XIV.5 PRAIA DA VITÓRIA

A Praia da Vitória foi a sede da primeira capitania da ilha Terceira, entre 1456 e 1474, no período do primeiro povoamento. Conheceu grande desenvolvimento nas épocas seguintes, apesar da sua preterição em relação a Angra, sendo mesmo elevada a cidade em 1640. Conserva um importante conjunto arquitectónico, de que se destacam a igreja matriz e a igreja do Senhor Santo Cristo das Misericórdias.

Foi aqui que se deu a famosa Batalha da Salga, em 1581, e onde, no ano seguinte, foi aclamado rei de Portugal D. António, então em guerra aberta com seu primo, Filipe II, de Espanha, que acabaria por consolidar a sua posição no trono português.

R.C.

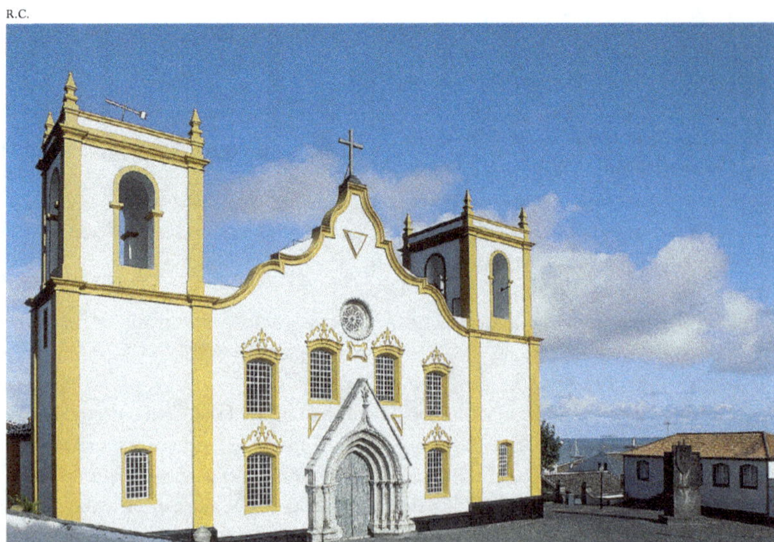

Igreja de Santa Cruz, matriz de Praia da Vitória.

XIV.5.a **Igreja de Santa Cruz, matriz de Praia da Vitória**

Ladeira de S. Francisco, telef. 295 542100. Classificada como Imóvel de Interesse Público.
Horário: de segunda a sexta-feira das 14h às 19h e aos sábados e domingos das 9h às 12h.

A igreja matriz conserva diversas estruturas manuelinas, embora a generalidade do edifício seja já do século XVIII. Tem elementos decorativos que não se encontram noutros lados, de um naturalismo mais vigoroso e até figuras antropomórficas. No interior, nos flancos, abrem-se capelas como a de São Francisco e do Senhor dos Aflitos, com os arcos de entrada debruados por cordas, e com abóbadas de nervuras de perfil muito baixo, com cruzeiros, *cadernas* e *terceletes* a conformar quadrifólios, juntamente com segmentos curvos.
Na frontaria lê-se a data de 1517 que deve corresponder à campanha de obras de que resultou o portal axial. Este é de bom traçado, com elementos de cariz naturalista, mas ainda com um *gablete* dentro da tradição batalhina de meados do século XV.

XIV.5.b **Igreja do Senhor Santo Cristo das Misericórdias**

Adro da Igreja de Santo Cristo.
Horário: das 9h às 17h de segunda a sexta-feira e aos fins-de-semana da parte da tarde.
A igreja da Misericórdia foi totalmente remodelada no século XVIII, mas conserva obras de arte da época manuelina e do início do reinado de D. João III; tardogóticas, em qualquer situação. Destacamos as tábuas de fortíssima influência flamenga. São obras pintadas a óleo e têmpera sobre madeira de cedro, nalguns pontos muito repintadas, o que dificulta a sua análise.
A tábua central, quase quadrangular, danificada, representa a *Descida do Espírito Santo sobre a Virgem e os Apóstolos*. Todo o ambiente é gótico bem como o mobiliário e a arquitectura, baseando-se as figuras humanas em modelos quinhentistas das oficinas ganto-brugenses. Há aqui alguma capacidade para figurar a perspectiva, posto que ainda seja empírica, mas o corpo humano é muito maltratado. Vê-se que o pintor conhecera boas obras, que talvez tivesse sido até um auxiliar em qualquer *atelier*

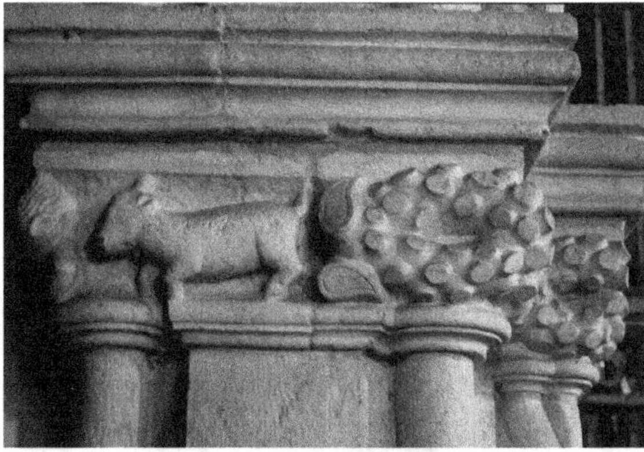
P.D.

Igraja matriz de Praia da Vitória, capiteis do interior.

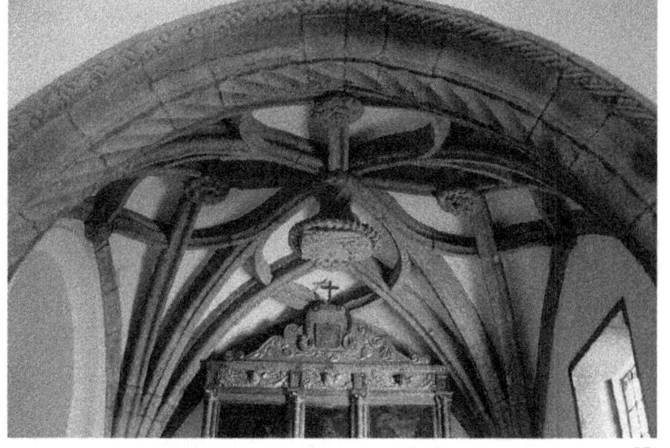
P.D.

Igraja matriz de Praia da Vitória, interior.

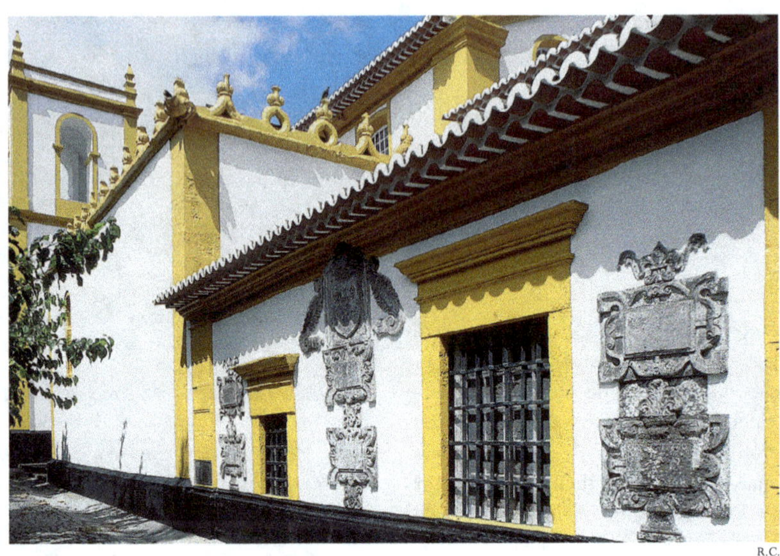

Igreja de Santa Cruz, fachada lateral.

R.C.

flamengo e que, a dada altura, rumou para os Açores. É apenas uma hipótese de trabalho, até porque não se encontra qualquer obra idêntica ou minimamente parecida.

As tábuas da *Aparição de Cristo à Virgem* e da *Subida de Cristo ao Céu* são mais conseguidas, estereotipadas é certo, mas isso impediu os erros cometidos na tábua central deste conjunto que originalmente devia ter sido um tríptico. Quanto à data de factura propomos os anos próximos de 1530.

Durante muitas décadas, os estudiosos das artes decorativas interrogaram-se sobre a origem de um tipo de móveis com decoração incisa, que mesclava modelos orientais e ocidentais. Estudos recentes provaram que eram feitos na ilha Terceira, desde o século XVI. Vejamos o que dizia dessa actividade o holandês Huyghen van Linschoten, em 1596.

"A ilha tem muita madeira excelente, nomeadamente cedro, que abunda de tal forma que dela se fazem todas as barcas e carros e outras obras grossas e na sua maioria é lenha, pelo que é considerada como a madeira de menos estima, e isso pela grande abundância. Há outro tipo de madeira a que chamam sanguinho; é muito bonita, de cor avermelhada. E ainda um outro tipo a que chamam madeira branca, pois é tão branca como o giz. Existe também uma outra que é perfeitamente amarela de seu natural, sem ser tingida. Por essa razão vivem na Terceira muitos bons artesãos de marcenaria, que fazem coisa bonitas com grande mestria, tais como escrivaninhas, guarda-louças, caixas e mil e outras obras, que são levadas em quantidade para Portugal e muito estimadas, tanto pela beleza da madeira como pela habilidade da obra, principalmente pela gente da armada da Índia espanhola, que lá vai sempre tomar os seus refrescos. Vendem-se muitas destas peças, que são das melhores e mais cuidadas

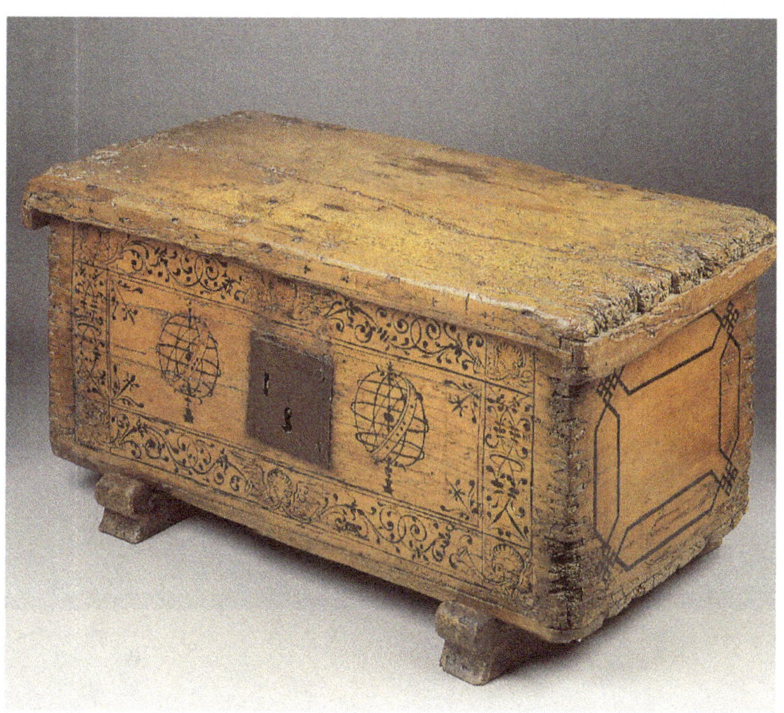

Arca açoriana, fabrico de Angra, séc. XVI, colecção particular.

que se fazem em Espanha e em Portugal, embora não se comparem com as escrivaninhas e obras artísticas de Nuremberga e tais regiões. Porém, em quantidade de madeira a ilha ultrapassa todos os outros lugares, pois as mencionadas armadas espanholas trazem também, além das madeiras já ditas, mil outras variedades de madeira, coisa milagrosa de se ver, pois vêm em todas as cores que se podem imaginar, sendo difícil pintá-las mais formosamente. Na ilha do Pico, a 12 léguas da Terceira, existe uma madeira chamada teixo. É uma madeira primorosa e real, pelo que o seu corte é interdito, se não for feito da parte de el- rei ou por um seu oficial. É uma madeira dura como o ferro, que quando trabalhada tem por dentro uma cor chamalote vermelho, com as mesmas águas, e quanto mais velha e mais usada, mais bonita fica a cor, pelo que é digna de ser estimada, como na verdade também o é."

GLOSSÁRIO

Ábaco	Elemento superior do capitel no qual assenta a arquitrave ou o arranque dos arcos.
Aberta	Espaço entre duas ameias.
Abóbada de aresta	A que é resultante da justaposição de duas abóbadas de berço (projecção de um *arco de volta perfeita*) iguais e que possui arestas vivas.
Abóbada de cruzaria	A que tem uma estrutura composta por quatro panos iguais, com nervuras salientes, podendo ainda ser divididos cada um destes panos por nervuras secundárias, denominadas liernes e tercelões, compreendendo dois *arcos torais* e dois arcos formeiros apoiados nos pés-direitos.
Ábside	Recinto semicircular, quadrado ou poligonal, em geral abobadado, obedecendo a uma orientação, na extremidade de um edifício; por extensão, designa a capela-mor.
Absidíolo	*Ábsides* secundárias, de dimensão mais reduzida que a *ábside* central, abrindo-se para o *deambulatório*, naves ou braços do *transepto*.
Adarve	Espaço situado no parapeito de uma muralha ameada; destinava-se às sentinelas de vigia.
Aduela	Pedra talhada em cunha, constituída por seis faces, parte integrante de um arco ou abóbada.
Alcácer	Palácio, na designação muçulmana; castelo ou reduto da fortaleza ou praça de guerra, na qual residia o alcaide ou governador (port. ant.).
Alcáçova	O mesmo que castelo, ocupando geralmente uma área sobranceira à povoação.
Almocarabez	Decoração de tectos de edifícios, com elementos prismáticos produzindo o efeito de estalactatites.
Arco canopial	Arco formado por duas linhas curvas côncavas que se encontram no vértice que em seguida se inflectem, tornando-se convexas.
Arco cruzeiro	Aquele que separa o corpo da igreja da capela-mor; também referido como *arco triunfal*.
Arco de volta perfeita	Semicírculo perfeito; também de meio ponto, de volta inteira, volta redonda, pleno, pleno cimbre, pleno centro, de círculo.
Arco polilobado	Formado por vários arcos abertos no intradorso (lóbulos): as porções de círculo podem ser de volta perfeita ou ultrapassadas.
Arco quebrado	Composto por duas porções de círculo que se cortam no fecho; também de três pontos.
Arco toral	Aquele que reforça ou decora a abóbada, delimitando cada um dos seus tramos; também mestre, de cinta.
Arco triunfal	Ver *arco-cruzeiro*.
Arcobotante	Arco em talude que parte de um contraforte exterior, aguentando o empuxo das pressões verticais e horizontais exercidas pelas abóbadas.
Arcossólio	Nicho escavado numa parede em forma de arco, destinado a albergar um túmulo.
Arquivolta	Conjunto de molduras ou arcos que se sucedem num portal, porta, janela; moldura que rodeia o extradorso de um arco.
Baldaquino	Originalmente, um pálio em pano, remate arquitectónico que assume várias formas, por vezes colocado sobre altares em igrejas barrocas.

Baluarte	Construção de arquitectura militar situada nos ângulos das fortalezas; polígono irregular ou regular.
Barbacã	Muralhas baixas que circundavam e defendiam o fosso e reforçavam os muros da praça de armas.
Bastião	O mesmo que *baluarte* (port. ant.).
Cachorro	Peça saliente, disposta a intervalos regulares, que suporta cornijas, cimalhas, varandas, sacadas, balcões.
Caderna	Troço recto numa abóbada de nervuras.
Cairel	Motivo ornamental, debrum por vezes rendilhado.
Caixotão	Painel de madeira, pedra, bronze ou estuque, formado em tectos planos, abóbadas ou cúpulas; pode ser liso ou decorado.
Carpintería de lo blanco	Arte de ensamblar estruturas de madeira, como armações, pontes, etc.
Chave	Aduela central ou fecho superior de um arco ou abóbada, normalmente ornamentada no estilo arquitectónico em que se insere.
Charola	O mesmo que *deambulatório*.
Colunelo	Coluna de pequeno diâmetro, alongada.
Conventus	Designação da assembleia convocada pelo governador de uma província romana para a administração da justiça. Mais tarde, o nome estender-se-ia tanto à cidade como ao distrito onde tinham lugar essas actividades.
Cornija	Parte que encima o *entablamento*. Sequência de molduras salientes que coroam pedestais, frontões, balaustradas, etc., usada para o escoamento das águas, podendo dividir a parede em andares. Empregue como elemento decorativo, quebrando a monotonia do edifício ou acentuando determinadas linhas.
Cortina	Lanço de muralha avançada em relação aos muros do castelo ou da cidadela, em direcção à água, terminando por um dos *baluartes*.
Coruchéu	Pináculo em forma de cone ou pirâmide que remata torres ou campanários.
Cripta	Local subterrâneo, geralmente abobadado, destinado a sepultar mártires, santos ou altos dignitários, sobre o qual é edificada uma igreja.
Criptopórtico	Pórtico ou galeria semi-subterrânea usada na arquitectura romana como embasamento artificial de vilas e jardins romanos.
Cubelo	Torreão redondo e saliente em relação à muralha, possibilitando o seu flanqueamento.
Deambulatório	Galeria utilizada em igrejas de grande dimensão, sendo o prolongamento, geralmente de planta semicircular, das naves laterais. Círculo envolvente da capela-mor.
Edícula	Nicho escavado numa parede, destinado a albergar uma estátua; nicho decorado ou simples, para imagem; oratório.
Entablamento	Elemento arquitectónico das ordens clássicas, composto por arquitraves, friso e *cornija*.

Filactera	Banda de tecido, representada em pintura ou escultura para transmitir um mote ou conjunto ritual de termos. Utilizado na representação da Anunciação, revelando as palavras do Anjo Gabriel "Ave Maria Gratia Plena".
Gablete	Empena com origem no frontão triangular que moldava a parte superior das arquivoltas dos portais das igrejas e outras construções.
Galilé	Construção que antecedia a fachada das igrejas, justapondo-se ao portal, a toda a sua largura, ou ultrapassando-a.
Gárgula	Goteira para escorrer a água da chuva nas construções medievais, muitas vezes esculpida em formas grotescas; orifício que deita a água da fonte.
Gharb al-Ândalus	Zona Ocidental da Península Ibérica a que corresponde, em traços gerais, às actuais regiões Centro e Sul de Portugal.
Guirlanda	Motivo decorativo ou ornato, formado por folhas, flores e frutos entrelaçados dispostos em banda, tira e círculo.
Grisalha	Pintura monocromática em tons de cinzento, dando a impressão de um baixo-relevo. Foi aplicada, sobretudo, na pintura decorativa e também na "pintura primitiva" europeia, no reverso dos *volantes*.
Grutesco	Decoração parietal que mistura figuras humanas, animais, fantásticas, estilizadas, com medalhões, efígies, etc.
Iconografia	Identificação das imagens sacras e pagãs.
Igreja-salão	Aquela em que as naves têm aproximadamente a mesma altura, conseguindo uma total unificação do espaço.
Incunábulo	Livro impresso antes de 1501.
Intercolúnio	Intervalo entre duas colunas, cujo módulo varia consoante as ordens arquitectónicas, em proporção ao diâmetro das colunas.
Lanternim	Pequena torre aberta lateralmente, ou coroando um zimbório, iluminando o seu interior; processo construtivo que permite a iluminação na parte superior de um edifício.
Lume	O mesmo que janela ou fresta.
Mainel	Pequeno pilar que divide uma fresta verticalmente, sustentando a respectiva bandeira ou saimel de arcos; corrimão.
Mata-cães	Balcão militar que surge nas torres de menagem, nas secundárias e sobre entradas, nos ângulos das ameias e a meio das faces. Apoia-se em mísulas salientes, com largos orifícios (mata-cães) no pavimento e compõe-se de pequeno parapeito com ameias.
Merlões	Parte saliente, quadrangular, do parapeito de uma fortaleza, entre duas ameias, alternando-se regularmente.
Moçárabe	Cristão que vivia no Ândalus sob o domínio muçulmano.
Mudéjar	Estilo decorativo dos Árabes em território cristão peninsular, caracterizando-se por ornatos de linhas rectas entrelaçadas.

Namban	Arte japonesa de inspiração ocidental; aplica-se aos séculos XVI e XVII; objectos japoneses concebidos com formas e funções europeias.
Naveta	Pequeno vaso, em forma de nau, em que se coloca o insenso para ser transportado para o *turíbulo*, nas cerimónias religiosas.
Olifante	Corneta usada na Idade Média, feita com um dente de elefante.
Oppidum	Cidade romana fortificada.
Par y nudillo	Madeiramento de cumeeira no qual, para se obter um maior esforço e evitar que as pernas empenem, se coloca uma viga horizontal chamada "nudillo" entre as pernas correspondentes.
Páreas	Tributo pago antigamente por um soberano ou Estado a outro, em reconhecimento de vassalagem.
Pedra de ara	O mesmo que mesa de altar.
Pilastra	Pilar de quatro faces, embebido na parede, com proporções e ornamentos idênticos ao das ordens clássicas.
Pináculo	Pequena pirâmide terminal de um contraforte, *arcobotante*, cúpula ou *coruchéu*.
Píxide	Vaso, geralmente cilíndrico, em que se guarda o Santíssimo Sacramento.
Platibanda	Moldura chata; resguardo (muro, grade, balaustrada, etc.) que rodeia um terraço ou telhado.
Políptico	Retábulo com painéis em número superior a três (tríptico), fixos ou móveis.
Pórtico	Local ou átrio coberto, ladeado de colunas, erigido na fachada de edifícios sumptuosos, podendo ser adossado a estes.
Predela	Painéis que formam um friso na parte inferior de um retábulo, inserindo-se na composição ou autonomizando-se; degrau superior do altar.
Retábulo	Construção de pedra, madeira, etc., com lavores, na parte superior de um altar ou por cima deste, composta de pinturas ou esculturas litúrgicas, rematadas por decoração no estilo vigente. Assenta numa *predela* e pode terminar num *baldaquino*.
Scriptorium	(pl. *scriptoria*) Local, num mosteiro, onde os monges copistas e iluminadores trabalhavam.
Seteira	Abertura estreita e alta nas muralhas das fortificações. Na pirobalística tem a forma de torre invertida.
Taipa	Remoto processo construtivo, constituído por massa, com grão de areia e brita, ligados por argila; parede levantada sobre armação de varas cobertas por barro mole; tabique.
Tercelete	Nervura característica da cruzaria de ogivas que parte das nascentes de uma abóbada estrelada e se une à cadeia, sem interceptar o fecho principal.

Tímpano	Espaço triangular delimitado pelas cornijas do frontão, normalmente ornamentado, da arquitectura clássica; espaço semicircular compreendido entre o lintel e as *arquivoltas* do portal.
Tondo	(it., pl. *tondi*) Relevo ou pintura de forma circular.
Troneira	Abertura redonda numa muralha ou baluarte para o tiro das armas de fogo primitivas.
Transepto	Nave perpendicular às naves longitudinais da igreja, sendo saliente quando excede a largura das naves, dando ao templo a configuração de cruz, ou inscrito quando é apenas enunciado em altura.
Turíbulo	Vaso metálico, geralmente precioso, fechado por um opérculo e sustentado por correntes, usado nas cerimónias litúrgicas para queimar incenso.
Volante	Painel construtivo de um *retábulo* giratório, que se fecha sobre o central, pintado ou esculpido numa das faces.

REIS DE PORTUGAL

PRIMEIRA DINASTIA (1139-1383)

D. Afonso Henriques (n. 1109? - R. 1139 - m. 1185)
D. Sancho I (n. 1154 - R. 1185 - m. 1211)
D. Afonso II (n. 1185 - R. 1211 - m. 1223)
D. Sancho II (n. 1209 - R. 1223 - m. 1248)
D. Afonso III (n. 1210 - R. 1248 - m. 1279)
D. Dinis (n. 1261 - R. 1279 - m.1325)
D. Afonso IV (n. 1291 - R. 1325 - m. 1357)
D. Pedro I (n. 1320 - R.1357 - m.1367)
D. Fernando (n. 1345 - R. 1367 - m. 1383)

SEGUNDA DINASTIA (1385-1580)

D. João I (n. 1357 - R. 1385 - m. 1433)
D. Duarte (n. 1391 - R. 1433 - m. 1438)
D. Afonso V (n. 1432 - R. 1438 - m. 1481)
D. João II (n. 1455 - R. 1481 - m. 1495)
D. Manuel I (n. 1469 - R. 1495 - m. 1521)
D. João III (n. 1502 - R. 1521 - m. 1557)
D. Sebastião (n.1554-R.1557-m.1578)
D. Henrique (n. 1512 - R. 1578 - m. 1580)

TERCEIRA DINASTIA (1580-1640)

D. Filipe I (n. 1527 - R. 1580 - m. 1598, II de Espanha)
D. Filipe II (n. 1578 - R. 1598 - m. 1621, III de Espanha)
D. Filipe III (n. 1605 - R. 1621-1640- m. 1665, IV de Espanha)

QUARTA DINASTIA (1640-1910)

D. João IV (n. 1604 - R. 1640 - m. 1656)
D. Afonso VI (n. 1643 - R. 1656 - m. 1683)
D. Pedro II (n. 1648 - R. 1683 - m. 1706)
D. João V (n. 1689 - R. 1706 - m. 1750)
D. José (n. 1714 - R. 1750 - m. 1777)
D. Maria I (n. 1734 - R. 1777 - m. 1816)
D. João VI (n. 1767 - R. 1816 - m. 1826)
D. Pedro IV (n. 1798 - R. 1826 - m.1834)
D. Miguel (n. 1802 - R. 1828 - m. 1866)
D. Maria II (n. 1819 - R. 1826 - m. 1853)
D. Pedro V (n. 1837 - R. 1853 - m. 1861)
D. Luis (n. 1838 - R. 1861 - m. 1889)
D. Carlos (n. 1863 - R. 1889 - m. 1908)
D. Manuel II (n. 1889 - R. 1908-1910 - m. 1932)

1415 Reconquista de Ceuta aos mouros.
1426 Realizam-se obras na cabeceira da Sé da Guarda.
1428 Viagem do pintor Van Eyck a Portugal.
1433 Morre D. João I e inicia-se o reinado de D. Duarte.
1438 Morre D. Duarte e inicia-se a regência de D. Pedro em nome de D. Afonso V.
1449 Batalha de Alfarrobeira e morte de D. Pedro.
1450 Nuno Gonçalves é feito pintor d'el-rei D. Afonso V.
1460 Morre o Infante D. Henrique.
1471 Tomada de Arzila (Marrocos).
Nuno Gonçalves é feito pintor das obras de Lisboa.
1481 Morre D. Afonso V e inicia-se o reinado de D. João II.
1485 Inicia-se a construção do Convento dos Lóios de Évora.
1490 O duque de Beja, D. Manuel, edifica a igreja de São Tiago de Soure.
1491 Inicia-se a igreja dos Lóios de Évora.
1492 Funda-se em Lisboa o Hospital Real de Todos-os-Santos.
Dá-se a expulsão dos judeus residentes em Espanha.
Realiza-se a primeira viagem de Colombo.
1493 Decorrem obras de construção na igreja maior do Funchal.
1494 Celebra-se o Tratado de Tordesilhas entre Portugal e Espanha
Funda-se a primeira tipografia em Portugal.
João Rianho é nomeado mestre-de-obras da igreja de Vila do Conde.
1495 Morre D. João II e é aclamado rei D. Manuel I.
1496 Expulsão dos judeus.
D. Manuel I manda reconstruir o castelo de Alvor.
1497 Vasco da Gama parte para a Índia.
1498 Fundam-se as Misericórdias.
Boytac é privilegiado com uma tença anual de oito mil reais pelo seu trabalho na igreja de Jesus de Setúbal.
1499 D. Manuel (I) manda reedificar a Sé de Silves.
Decorrem grandes obras no Convento de Cristo, de Tomar.
1500 O Brasil é descoberto oficialmente por Pedro Álvares Cabral.
Começam obras importantes no Paço da Ribeira, em Lisboa.
Sancho Garcia dirige as obras da igreja de Vila do Conde.
1501 Iniciam-se as obras de construção do Mosteiro dos Jerónimos.
1502 Constrói-se o Convento de Santo António, de Serpa.
Começa a empreitada da igreja maior do Funchal, dirigida por Pêro Anes.
Decorrem obras no Convento de S. Domingos, de Lisboa.
Representação do primeiro auto de Gil Vicente (*Auto da Visitação* ou *Monólogo do Vaqueiro*). O auto é composto em castelhano, em celebração da maternidade da rainha D. Maria (mãe de D. João III).
Nasce Damião de Góis.
Primeira referência ao pintor Vasco Fernandes.
1503 Estabelece-se uma convenção com os Welser para a venda de mercadorias da Índia.
Nuno Vaz é nomeado mestre-de-obras de carpintaria da cidade de Lisboa.
Decorrem obras na igreja de S. Julião de Lisboa.
Concluem-se as obras da igreja da Misericórdia, de Arzila, em Marrocos.
Constrói-se a primeira feitoria em Cochim, na Índia (Costa do Malabar).

1504 Pêro e Filipe Henriques iniciam as obras de acabamento da Sé da Guarda.
Termina-se a capela-mor da igreja da Colegiada, de Barcelos.

1505 Inicia-se a reconstrução da Sé de Viseu.

1506 É concluída a Custódia de Belém, encomendada à oficina de Mestre Gil Vicente.
Pedro Afonso trabalha em La Laguna, nas Ilhas Canárias.
Fernão Gomes é mestre-de-obras da fortaleza de Quíloa.
Tomás Fernandes é mestre-de-obras de fortificação no Índico.
João Vaz dirige as obras da fortaleza de Sofala, em Moçambique.
Constrói-se o castelo da ilha de Socotorá.

1507 Tomás Fernandes começa a construção da fortaleza de Ormuz, no Golfo Pérsico.
Boytac inicia a reconstrução da igreja de Santa Cruz, de Coimbra.
Decorrem obras no Convento da Pena, em Sintra, dirigidas por Boytac.
Martim Lourenço é nomeado mestre-de-obras do Convento de S. Francisco, de Évora.
João de La Penha começa a construção da igreja matriz de Ribeira Brava.
Inicia-se a construção da fortaleza de Safi, em Marrocos.

1508 Jorge Afonso é nomeado pintor régio de D. Manuel I e examinador e vedor de todas as obras de pintura do Reino.
Francisco Danzilho trabalha nas muralhas de Almeida, Castelo Rodrigo e Castelo Bom.
Terminam as obras da igreja do Pópulo, das Caldas da Rainha.
Diogo de Arruda trabalha no baluarte do Paço da Ribeira, em Lisboa.
Decorrem obras no Convento da Conceição, de Beja.
Pêro Anes constrói a alfândega do Funchal.
Fernão Mouseiro dirige as obras da igreja de Santa Cruz, na Ilha da Madeira.
Pêro de Carnide é contratado como empreiteiro das obras de ampliação do Paço da Vila de Sintra.

1509 Mateus Fernandes termina o arco das Capelas Imperfeitas, na Batalha.
João de Castilho acaba a empreitada da capela-mor da Sé de Braga.
Boytac trabalha nas obras do Mosteiro da Batalha.
Lopes Fernandes colabora na construção do Hospital de La Laguna, nas Canárias.
Iniciam-se obras na igreja de Cochim.

1510 Terminam as obras na igreja de S. João Baptista, em Tomar.
Boytac fiscaliza obras em Arzila.
Diogo de Arruda começa a empreitada de obras no Convento de Cristo, de Tomar.
Francisco de Arruda reedifica as muralhas de Moura, Mourão e Portel.
Pêro Galego constrói o Convento de Santa Ana, em Viana do Castelo.
Decorrem obras de reparação nas Muralhas de Lisboa e Évora.
Construção do corpo manuelino do Paço Ducal de Vila Viçosa.
Início das obras das muralhas de Goa.
Nasce o cronista Fernão Mendes Pinto.

1511 João de Castilho toma de empreitada o acabamento da igreja de Vila do Conde.
Francisco Danzilho era mestre-de-obras de Alcácer Ceguer (Marrocos).
Tomás Fernandes edifica o castelo e a fortaleza de Malaca.

1512 Francisco Henriques viaja para a Flandres, encarregado de uma missão comercial relacionada com o comércio de especiarias.

1513 Boytac celebra um contrato para acabamento da igreja de Santa Cruz, de Coimbra.
João de Cáceres é nomeado mestre-de-obras reais da ilha da Madeira.
Fecha-se a abóbada dos nós da Sé de Viseu.
Diogo Pires-o-Velho constrói a Capela dos Almeida, na igreja de Vouzela.
Fernão Pires trabalha nas obras do Castelo de Mértola.

1514 Começam as obras da igreja matriz da Vila da Batalha.
Boytac trabalha nas obras do Mosteiro da Batalha.
Francisco e Diogo de Arruda encontram-se em África, trabalhando em Ceuta, Safi e Azamor (Marrocos).
Afonso Gonçalves executa as obras nas tercenas (*fábricas, arsenais; tulhas ou celeiros à beira rio ou perto de um cais*) e nos armazéns de Lisboa.
Fernão Álvares trabalha em Ponta Delgada.
Rodrigo Afonso começa a construção da Capela de S. Jerónimo, de Belém (Lisboa).
Iniciam-se as obras da Fortaleza de Mazagão (actual El-Jadida, em Marrocos).
Martim Lourenço é nomeado mestre-de-obras de Alcácer Ceguer (Marrocos).

1515 João de Castilho conclui a obra da chamada Casa do Capítulo do Convento de Cristo, de Tomar.
Morre o mestre Mateus Fernandes que é substituído nos cargos que ocupava por seu filho do mesmo nome.
Boytac encontra-se a dirigir as obras do Mosteiro dos Jerónimos, em Lisboa.
Francisco Arruda começa a construção da Torre de Belém, em Lisboa.

1516 João de Castilho substitui Boytac na direcção das obras dos Jerónimos.
Pêro e Francisco Henriques terminam a Sé da Guarda.
André Pires é nomeado medidor das obras da cidade de Lisboa.
Brás Martins e Francisco Esteves trabalham no Paço dos Estaus de Lisboa.
João Favacho constrói a igreja de S. Julião, de Setúbal.
Pêro Gomes constrói a Alfândega de Safi (Marrocos).
Francisco del Barco era mestre-de-obras das valas de Arzila.
Constrói-se o Convento de S. Francisco de Arzila.
Gonçalo de Évora é nomeado mestre-de-obras da fortaleza de Ormuz, no Golfo Pérsico.
Tomás Fernandes passa a receber uma tença pelos serviços prestados no Oriente.

1517 Nicolau Chanterene trabalha no portal principal do Mosteiro dos Jerónimos.
Marcos Pires toma conta das obras do Mosteiro de Santa Cruz e do Paço Real, de Coimbra.

Reiniciam-se as obras na igreja matriz de Azurara.
Brás Rodrigues, Bastião Afonso, João Pires e Luís Gomes trabalham no Paço da Ribeira, de Lisboa.
Inicia-se a construção do Convento de S. João, de Setúbal.
Começa-se a igreja de Nossa Senhora da Assunção, de Elvas.
Terminam as obras na igreja matriz de Praia da Vitória, nos Açores.
Correm obras no Convento de São Francisco de Safi (Marrocos).
Leonardo Vaz dá início ao refeitório do Mosteiro dos Jerónimos.

1518 João de Castilho toma de empreitada obras no Mosteiro de Alcobaça e constrói o portal lateral e o claustro dos Jerónimos.
Diogo de Castilho começa a trabalhar em Coimbra.
Diogo de Arruda começa o Castelo Novo, de Évora.
Inicia-se o Convento de S. Bernardo, em Portalegre.
Constrói-se a igreja Matriz de Mazagão (Marrocos).
Cristóvão Fernandes, Álvaro Anes e João Rodrigues edificam o Convento de Santa Clara, de Estremoz.

1519 Boytac trabalha no Mosteiro da Batalha.
Edifica-se a Catedral de Safi (Marrocos).
Cristóvão Martins era o mestre-de-obras reais de Arzila.
Pedro Nunes é nomeado mestre-de-obras do Paço Real de Almeirim.
Termina-se a Torre de Belém.
Partida de Fernão de Magalhães para a primeira viagem de circum-navegação.

1520 Brás Rodrigues trabalha na Armaria de Lisboa.
Afonso Pires, Luís Gomes e Gil Fernandes trabalham no Mosteiro de S. Francisco, de Lisboa.
Começa-se o claustro do Convento de S. Bernardo, de Portalegre.
Estêvão Lourenço constrói o claustro do Convento de S. Bento de Cástris, de Évora.
Fernão Álvares é contratado para a obra da ponte de Ribeira Brava.
Antão Pires é substituído no cargo de mestre-de-obras de Azamor por Mestre Álvaro.
Gonçalo Mateus é nomeado mestre-de-obras reais de Alcácer Ceguer.

1521 Morre o arquitecto Marcos Pires.
Termina-se o Claustro do Silêncio do Mosteiro de Santa Cruz de Coimbra.
Realizam-se obras na capela-mor da igreja do Machico, na Madeira.
Constrói-se o Convento de S. Francisco, de Goa.
Morre D. Manuel I subindo ao trono D. João III.

1522 João de Castilho começa o abobadamento da igreja dos Jerónimos, em Lisboa.
Diogo de Castilho constrói a capela-mor da igreja do Mosteiro de S. Marcos.
João Álvaro e Álvaro Anes terminam as obras no claustro do Convento de Espinheiro, em Évora.

1523 Realizam-se obras nas igrejas de Évora, Alcobaça, Cela, Alvorninha e Aljubarrota.

1524 Diogo de Castilho é nomeado mestre-de-obras reais em Coimbra.
Duarte Coelho edifica o claustro da Sé de Lamego.

Terminam-se as empreitadas do Mosteiro de S. Domingos, de Lisboa.
Pero de Trillo trabalha no Convento de São Francisco, de Lisboa.
Diogo Fernandes e Pedro Pexão são empreiteiros das obras do Paço da Vila de Sintra.

1525 Diogo de Arruda é nomeado mestre-de-obras dos Paços Reais de Évora.
Começa-se a Capela dos Coimbra, em Braga.
João Marques executa o portal do Hospital do Espírito Santo, de Arraiolos.
Inicia-se a construção do Castelo de D. Teodósio, em Vila Viçosa.
Acabam as obras fundamentais do Castelo de Calicut (Índia).
Bernardo Anes é mestre-de-obras no Mosteiro de Almoster.

1526 Fernando Gil fazia as obras da Casa da Câmara, açougues e outras, em Setúbal.
Constrói-se a Capela de Nossa Senhora da Conceição no Convento de Santa Clara, de Vila do Conde.

1527 Diogo de Castilho recomeça as obras de ampliação do Mosteiro de Santa Cruz, em Coimbra.

1528 Diogo de Castilho termina a capela-mor da igreja de Atalaia, do Ribatejo.

1529 Diogo de Castilho edifica a capela-mor da igreja de Góis e o Paço de D. Luís Silveira.
João Português constrói a igreja do Convento de Celas, em Coimbra.

1530 Terminam as obras da igreja de São Quintino, em Sobral de Monte Agraço.
Acaba-se a Igreja do Convento de São Bernardo, de Portalegre.
Diogo Dias de Lisboa constrói o Paço da Audiência de Lima, no Peru.

1531 Morre Diogo de Arruda que é substituído nos cargos que ocupava por seu irmão Francisco.
Realizam-se obras de construção do Castelo de Évora Monte.

1532 Termina-se a igreja matriz da Batalha.

1533 Pêro Garcia trabalha no Convento de Santo António, de Ferreirim.
Iniciam-se as obras da igreja matriz de Ponta Delgada, nos Açores.

1534 Diogo de Castilho constrói a capela-mor da igreja de Trofa do Vouga.

1535 Edifica-se a Capela de D. Fradique, na Igreja de São Francisco, de Estremoz.

1536 É construída a Torre dos Azevedos, junto a Barcelos.

Afonso Domingues (m. 1402)
Mestre arquitecto ligado às obras do Real Mosteiro de Santa Maria da Vitória (Mosteiro da Batalha) de 1387-88 a 1402, a quem se atribui a primeira planta deste edifício.

Aires Gomes da Silva
Fidalgo da corte de D. Manuel I, protector dos monges jerónimos em Coimbra. Encontra-se sepultado no Mosteiro de São Marcos (Coimbra). Encomendou um monumental retábulo a Nicolau Chanterene para a decoração da capela-mor do cenóbio.

António Carneiro (1460-1545)
Em 1482, exercia já o cargo de escrivão de câmara de D. João II e mais tarde D. Manuel atribui-lhe o mesmo cargo. Em 1500 recebe em mercê a capitania da ilha do Príncipe. Desde 1509 passou a desempenhar as funções de secretário de Estado, orientando os negócios importantes, os registos de chancelaria e a correspondência diplomática.

Arnau de Carvalho
Mestre entalhador ou escultor de origem nórdica que trabalhou essencialmente no Norte de Portugal e também na região da Galiza. A sua actividade no nosso país é reveladora da influência da conjuntura artística flamenga no ambiente da corte de D. Manuel I. Como entalhador, colaborou com o pintor Vasco Fernandes.

Boytac (m. 1525)
Célebre arquitecto que viveu e trabalhou em Portugal em finais do século XV, inícios do XVI. A partir de 1504, é o responsável por um conjunto de obras de iniciativa régia. Foi um dos mais importantes arquitectos do Manuelino, tendo traçado e realizado inúmeras obras, nomeadamente a segunda igreja do mosteiro de Santa Maria de Belém (Lisboa). Encontra-se sepultado no mosteiro de Santa Maria da Vitória, cujas obras dirigiu no final da sua vida.

Brás de Albuquerque (ou Afonso de) (1501-1581)
Filho do governador da Índia, Afonso de Albuquerque, foi baptizado de Brás por indicação de D. Manuel I, tendo depois usado o nome de Afonso para perpetuar a memória de seu pai. No reinado de D. João III foi vedor da Fazenda e presidiu ao Senado de Lisboa. Depois de algum tempo por Itália e detentor de uma profunda cultura de raiz italianizante, mandou construir a Quinta da Bacalhôa (Azeitão), um palácio à italiana com o seu *belvédère* e pavilhão de lazer sobre um lago.

Cristóvão de Figueiredo
Pintor quinhentista, com actividade documentada entre 1515 e 1543, abrangendo os reinados de D. Manuel I e de D. João III. Terá feito a sua aprendizagem na oficina do pintor Jorge Afonso, a quem se ligou por parentesco ao casar-se com a sua sobrinha. A partir de 1513 foi pintor do cardeal-infante D. Afonso, trabalhando em parceria com Gregório Lopes e Garcia Fernandes.

Della Robbia
Família de escultores italianos activos nos séculos XV e XVI, que se celebrizaram pelos seus trabalhos em majólica, um processo de pintura e vitrificação em terracota. Em Portugal, no Museu de Arte Antiga (Lisboa), existem várias obras desta oficina tais como tondos, frontais de altar e até esculturas de vulto.

Diogo Ortiz de Vilhegas (D.)
Era natural de Calzadilla, no reino de Leão, e veio para Portugal em 1476 como capelão da rainha D. Joana, a *Beltraneja*. Em 1491, D. João II nomeou-o Bispo de Tânger e três anos mais tarde tornou-o seu capelão-mor. Em 1482, presidiu à Junta dos Matemáticos. Foi ainda bispo de Ceuta, a partir do ano 1500, e quatro anos depois foi nomeado bispo de Viseu. Nesta cidade patrocinou a construção da abóbada manuelina da Sé. Devido ao seu papel de destaque, foi escolhido por D. Manuel I para professor dos infantes. Em 1517, o rei nomeou-o seu testamenteiro. No campo literário, é autor de uma cartilha intitulada *Catecismo Pequeno*.

Diogo de Azambuja (1432-1518)
Desde muito jovem que se ligou às casas senhoriais, onde a sua carreira de fidalgo foi bem sucedida. Começou por servir o filho do infante D. Pedro Duque de Coimbra, tendo-o acompanhado mesmo no exílio. Em 1458 esteve em Alcácer Ceguer a combater os castelhanos, ao lado de D. Afonso V. Com D. João II, em 1487, foi nomeado vedor-mór dos armazéns militares do reino. No reinado de D. Manuel continuou a prestar serviços à coroa, em especial no norte de África, onde mandou edificar várias fortalezas.

Diogo de Castilho (c. 1493-1574)
Nasceu em Santander. Veio para Portugal, tal como o seu irmão João de Castilho, onde ambos fizeram carreira artística. Esteve envolvido em importantes obras tais como Santa Maria de Belém. Fixou residência em Coimbra tendo sido nomeado mestre dos paços reais. Tornou-se num dos mais importantes arquitectos da época a par de João de Ruão, com quem colaborou durante muitos anos. Em 1527 recebeu honras de cidadão do Porto e, vinte anos mais tarde, as de cavaleiro da Casa Real.

Diogo de Arruda (m. 1531?)
Engenheiro e arquitecto, desenvolveu a sua actividade entre 1508 e 1531. Com o seu irmão Francisco de Arruda, é um dos mais destacados criadores da arte manuelina. Trabalhou nos paços reais de Santarém, mas foi como arquitecto militar que mais se notabilizou, principalmente em contruções de fortificações nas praças de África.

Diogo Pires-o-Moço
Escultor que esteve activo em Portugal durante os anos de 1491 a 1530. Era provavelmente filho de Diogo Pires, depois designado o *Velho*, precisamente para os distinguir. Uma das suas obras mais importantes é o túmulo de Diogo da Azambuja, na igreja dos Anjos (Montemor-o-Velho). Podemos ainda referir como obras da sua autoria o frontal de altar da Sé Velha de Coimbra (1491), a pedra tumular do bispo D. Álvaro e o seu *Anjo Custódio do Reino*, todas fazendo parte do espólio do Museu Machado de Castro (Coimbra). Deverá ter colaborado com o artista Diogo Mendes na elaboração dos três túmulos que se encontram na capela-mor da igreja de S. Marcos.

Diogo Pires-o-Velho
Escultor que trabalhou em Coimbra no último quartel do século XV. De relevo são várias representações de Nossa Senhora, das quais podemos citar a que se encontra na igreja paroquial de Leça da Palmeira e que data de 1481.

Diogo de Sousa (D.) (1461-1532)
No campo da cultura é considerado como uma das mais importantes figuras na introdução do Humanismo em Portugal. Frequentou as Universidades de Salamanca e de Paris, onde veio a doutorar-se. Em 1493, D. João II mandou-o a Roma prestar obediência a Alexandre VI, e em 1505 é a vez de D. Manuel o enviar, mas desta vez a Júlio II. É ainda neste ano nomeado arcebispo de Braga. Foi sepultado no sarcófago que mandou fazer na capela de Jesus, na Sé de Braga.

Diogo de Torralva
Era genro de Francisco de Arruda, e a sua actividade como arquitecto encontra-se documentada entre os anos de 1520 e 1554. Das suas obras mais importantes podemos destacar o claustro de D. João III, no convento de Cristo (Tomar).

Egas Moniz (m. 1146)
Ficou célebre pela lenda que lhe atribui um papel de destaque na libertação do preito de homenagem prestado por D. Afonso Henriques ao rei D. Afonso VII de Leão durante o cerco de Guimarães. Foi a personagem mais importante na corte de D. Afonso Henriques, tendo sido nomeado mordomo-mor, o cargo mais importante da cúria régia. Encontra-se sepultado no Mosteiro de Paço de Sousa, que foi por ele muito enriquecido.

Fernão Munõz
Pedreiro e escultor biscainho que trabalhou na empreitada de João de Castilho na igreja matriz de Caminha. Talvez seja o mesmo mestre que mais tarde assume a empreitada das monumentais esculturas dos Profetas, deixadas inacabadas por Olivier de Gand, na charola do Convento de Cristo, em Tomar.

Francesco da Cremona
Arquitecto italiano que D. Miguel da Silva, bispo de Viseu, chamou ao nosso país, encomendando-lhe o claustro da Sé de Viseu e outras importantes obras na Foz do rio Douro.

Francisco de Arruda (m. 1547)
Arquitecto régio, sabêmo-lo a trabalhar com o seu irmão no convento de Cristo (Tomar), em 1512. Dois anos mais tarde, encontra-se documentado entre os mestres que operavam no Mosteiro de Santa Maria de Belém (Lisboa). Entre 1515 e 1519, construiu a famosa Torre de Belém (Lisboa). Dos seus projectos podemos ainda referir a igreja da conceiao de Elvas e o aqueduto de Água de Prata (Évora).

Francisco Henriques (m. 1518)
Pintor de origem flamenga que, segundo os autores, terá fixado residência em Portugal, pelo ano de 1500. Aqui casou com a filha de Jorge Afonso, outro importante pintor. No tempo de D. Manuel I, era considerado como o melhor oficial de pintura do Reino. Encontramos obras suas espalhadas por diversos locais do país desde museus a igrejas, como é o caso da igreja de S. Francisco, de Évora.

Frei Carlos
Pintor da primeira metade do século XVI, de origem flamenga. Terá falecido antes de 1553, no Convento do Espinheiro, nos arredores de Évora, local onde professou.

Gaspar Vaz (1490-1569)
Encontramos a sua actividade como pintor documentada a partir de 1514 e até ao ano de 1568. Inicialmente encontramo-lo a trabalhar, em Lisboa, na oficina de Jorge Afonso, onde também estavam artistas como Vasco Fernandes, Garcia Fernandes e Gregório Lopes. Sabemos que colaborou em diversas obras de oficina, embora assinadas e datadas não se conheça nenhuma.

Garcia Fernandes
Pintor que esteve activo entre os anos de 1514 e 1565. A sua aprendizagem foi feita na oficina de Jorge Afonso, em conjunto com Gregório Lopes e Cristóvão de Figueiredo, com os quais levou a cabo a pintura do retábulo de Ferreirim, sendo até hoje conhecidos pelos *Mestres de Ferreirim*. As obras que lhe são atribuídas são diversas e encontram-se espalhadas pelo país.

Gregório Lopes (m. 1550)
Célebre pintor, da 1ª metade do século XVI, documentado em Lisboa, entre 1513 e 1550. Foi pintor régio de D. Manuel I e de D. João III e também cavaleiro da Ordem de Santiago. Executou obras para o Mosteiro de São Francisco, em Lisboa, Mosteiro de Ferreirim e Convento de Cristo, entre outros.

Gil Eanes
Navegador que deu início à navegação europeia para sul do cabo Bojador e que dobrou este cabo, após doze anos de consecutivas tentativas. Conseguiu navegar 50 léguas ao longo da costa ocidental de África. D. Henrique fê-lo escudeiro de sua casa.

Gil Vicente (c. 1465-c. 1536)
Ourives e poeta quinhentista. Data de 1506 a sua obra mais importante, a famosa Custódia de Belém, uma verdadeira jóia de ourivesaria portuguesa de cunho religioso. Esteve ao serviço da rainha D. Leonor, embora tenha desempenhado também as funções de mestre da balança da Casa da Moeda de Lisboa.

Gualdim Pais (1118-1195)
Membro da nobreza minhota, distinguiu-se no período de reconquista. Governou entre 1157 a 1195 a Ordem Militar do Templo, da qual foi o primeiro mestre em Portugal, cargo que ocupou durante trinta e oito anos, até à sua morte. Encarregue da defesa da fronteira do Tejo, após a reconquista, recebeu muitas terras em doação onde os templários começaram a construir, em 1160, o castelo de Tomar.

João de Castilho (1490-1551)
Arquitecto biscainho, era natural de Santander. Realizou os seus estudos de artes e de arquitectura civil e militar na cidade de Nápoles. Sabemos que em 1517 já se encontrava em Portugal, a trabalhar no Mosteiro de Santa Maria de Belém, cujas obras dirigiu a partir de 1522. Trabalhou ainda no Convento de Cristo (Tomar) e nos Mosteiros de Alcobaça e de Santa Maria da Vitória. Em Mazagão foi responsável pela construção de um importante bastião.

João de Ruão (m. 1580)
Escultor francês, chegou a Portugal por volta de 1517 onde se manteve até ao final da vida. Tem uma obra numerosa, espalhada pelo Centro e Norte do país, composta fundamental-

mente por retábulos e figuras de vulto. Foi ainda um dos principais responsáveis pela introdução da gramática do Renascimento em Portugal.

Jorge Afonso (c. 1475-1540)
Nasceu cerca do ano de 1475. Foi nomeado pintor régio no ano de 1508, desempenhando as funções de examinador e vedor das obras de pintura durante os reinados de D. Manuel I e de D. João III. Das obras mais importantes que lhe são atribuídas podemos destacar os quadros da charola do Convento de Cristo, em Tomar, bem como as cenas da infância de Jesus, que fazem parte do conjunto da igreja de Jesus, em Setúbal. Foi, sem dúvida, um pintor de excelente qualidade, destacando-se pelo seu desenho, colorido equilíbrio compositivo. Influenciou toda uma geração de pintores do Renascimento, mantendo uma operosa escola em Lisboa.

Jorge de Almeida (D.) (1458-1543)
Era irmão do primeiro vice-rei da Índia, D. Francisco de Almeida. Decorria o ano de 1481 quando foi eleito bispo, com apenas 25 anos e sendo, até então, apenas clérigo. Em Março de 1485, recebeu a ordenação sacerdotal e em 1488, a ordenação episcopal. O seu pontificado foi longo, mais de sessenta anos, nos quais realizou obras de diversa índole, nomeadamente na Sé Velha de Coimbra, tais como a contratação de Olivier de Gand, para realizar o monumental retábulo da capela-mor. No campo literário, deixou-nos um importante contributo com as suas *Constituições do Bispado*, que escreveu em 1521, e que são um valioso documento para o estudo do seu tempo.

Luis de Camões (c. 1524-c. 1580)
Um dos maiores vultos da literatura do século XVI. Autor de *Os Lusíadas*, considerada uma obra-prima da literatura renascentista, onde descreve a epopeia marítima dos portugueses. Foi editada pela primeira vez em 1572. Da sua vida, sabe-se que foi apaixonante e desafortunada. Degredado por duas vezes, percorreu a costa africana e o Oriente, onde combateu.

Machim
Escultor flamengo activo em Portugal na primeira metade do século XVI. Responsável pelo frontal de altar da Sé da Guarda, onde se revela um escultor de grande qualidade plástica.

Manuel Vicente
Filho do pintor Vicente Gil, também ele seguiu a mesma profissão de seu pai tendo estado activo em Coimbra entre 1521 e 1530.

Marcos Pires (m. 1521)
Arquitecto responsável pela campanha de obras no mosteiro de Santa Cruz, de Coimbra e autor da traça do Claustro do Silêncio.

Mateus Fernandes (m. 1515)
Esteve envolvido em obras em Santarém e nas fortificações da Madeira e no Convento de Alcobaça. Foi um dos mais relevantes mestre das obras reais do Mosteiro de Santa Maria da Vitória, que dirigiu a partir de 1490. Da sua autoria pensamos ser o portal de acesso às Capelas Imperfeitas (Panteão de D. Duarte), datado de 1509, e que se destaca pela sua grande qualidade estética e plástica.

Mestre da Lourinhã

Pintor anónimo que esteve activo durante a primeira metade do século XIV. A partir do seu quadro intitulado *S. João Evangelista*, da Misericórdia da Lourinhã, os autores atribuem-lhe outras obras dispersas pelo Museu de Arte Antiga de Lisboa, e por outros locais, o que não tem sido fácil devido às afinidades da sua arte com a obra de Frei Carlos.

Miguel da Silva (D.) (1480-1556)

Era filho dos primeiros condes de Portalegre e realizou os seus estudos nas Universidades de Lisboa, Paris e Siena. Em 1514, D. Manuel I nomeou-o seu embaixador junto do Papa. Ficando a residir em Roma, tornou-se amigo dos papas Leão X e Clemente VII e do pintor Rafael. De regresso a Lisboa, em 1525, D. João III deu-lhe o bispado de Viseu e tornou-o escrivão da puridade. Em 1541 foi nomeado cardeal, contra a vontade do rei, o que o levou a fugir para Roma onde se fixou. Pela sua mão terá vindo para Portugal o arquitecto Francesco da Cremona que realizou, entre outra obras, o claustro da Sé de Viseu.

Nicolau Chanterene

Escultor francês, activo em Portugal entre 1517 e 1551. Artista notável, amigo de humanistas e pioneiro da introdução do Renascimento em Portugal, tendo esculpido obras em Lisboa, nomeadamente o portal axial de Santa Maria de Belém, o retábulo do Palácio da Pena (Sintra), Coimbra e Évora, que são bem reveladoras da sua estatura artística e intelectual.

Nuno Gonçalves

Pintor activo entre 1450 e 1492. A 20 de Julho de 1450 foi nomeado pintor régio de D. Afonso V, tendo sido responsável por diversas e importantes pinturas do século XV. Em 1470 foi nomeado cavaleiro da Casa Real e um ano mais tarde assumiu o cargo de pintor da cidade de Lisboa.

Odart

Escultor francês que chega a Portugal na primeira metade do séc. XVI vindo de Toledo onde deixou obra. Artista virtuoso no trabalho em barro, realizou algumas peças de relevo das quais se pode destacar uma *Última Ceia*, executada para o Mosteiro de Santa Cruz, de Coimbra e que actualmente se encontra no Museu Nacional Machado de Castro (Coimbra).

Olivier de Gand

Escultor e entalhador flamengo de grande categoria plástica, autor do monumental retábulo da Sé Velha de Coimbra, obra ímpar no panorama da escultura flamenga em Portugal. Ao serviço de D. Manuel I executou igualmente um extraordinário conjunto de esculturas em madeira, de tamanho superior ao natural, para a Charola do Convento de Cristo (Tomar).

Pedro Álvares Cabral (1460/70-1520)

Nasceu em Belmonte. Era filho do alcaide-mor de Belmonte e cedo ingressou na Corte. Casou-se com uma das filhas de Afonso de Albuquerque e foi agraciado por D. João II com uma tença anual. Comandou a armada que efectuou o descobrimento do Brasil, a 22 de Abril de 1500, onde lançou ferro dois dias depois num local por ele designado de Porto Seguro.

Pedro de Meneses (D.) (m. 1437)
Era filho do primeiro conde de Viana do Alentejo que, em 1383, quando da sucessão de D. Fernando, partiu com a família para Castela. Tomou parte na conquista de Ceuta, onde foi armado cavaleiro e onde desempenhou o cargo de governador, defendendo-a dos ataques dos mouros, durante vinte e dois anos. Foi feito conde de Vila Real, por D. João I. Em 1424 aparece também designado com o título de segundo conde de Viana do Alentejo.

Pêro de Alcáçova Carneiro (1515-1593)
Filho do secretário de Estado António Carneiro, Pêro nasceu em Lisboa. A partir de 1545 foi o maior privado do reinado de D. João III e em 1564 D. Sebastião demitia-o para depois voltar a receber a confiança deste monarca. Acompanhou D. Sebastião ao encontro com Filipe II, a Guadalupe. Mais tarde, o cardeal-rei D. Henrique desterrou-o para Torres Vedras acusando-o de culpa na expedição a África. Defendeu a política pró-espanhola, tendo sido feito conde de Idanha-a-Nova, em 1582.

Pero Henriques
Era filho do mestre-de-obras do Mosteiro de Santa Maria da Vitória (Batalha) Mateus Fernandes, e irmão de Filipe Henriques. Como nos esclarecem inequivocamente os textos do tempo, ambos os irmãos foram mestres das obras da Sé da Guarda que decorreram entre 1504 e 1516.

Quentín Metsys (c. 1465-1530)
Pintor de origem flamenga, cuja obra foi muito admirada em Portugal. Encontram-se quadros seus em Coimbra, em especial no Mosteiro de Santa Cruz e no Museu Nacional Machado de Castro.

Rodrigo de Pontezillas
Escultor espanhol que trabalhou em Santa Maria de Belém, dirigindo a execução do importante portal da Casa do Capítulo daquele mosteiro.

Sesnando (D.)
Foi governador de Coimbra e era filho de moçarabes que detinham grandes propriedades na região de Tentúgal, Coimbra. Em 1026 vai para Sevilha como prisioneiro dos muçulmanos. Na corte do chefe abássida ocupou altos cargos de ministro e membro do Conselho Supremo. Refugiou-se junto de Fernando Magno, rei de Leão e Castela, aconselhando-o a conquistar Coimbra. A 9 de Julho de 1064, e depois de seis meses de cerco, ficou como seu governador e passou a usar o título de conde. Participou ainda em outras conquista onde desempenhou papel de relevo.

Tomé Velho
Escultor maneirista, discípulo de João de Ruão, com importante obra nomeadamente na cidade de Coimbra.

Vasco da Gama (c. 1468-1524)
Navegador. Capitão-mor da armada que terminou o descobrimento do caminho marítimo para a Índia. Para a sua viagem saiu de Lisboa em 1497, levando 3 naus e um navio de man-

timentos. Calecut era o local de destino. Ao regressar à capital, D.Manuel nomeia-o almirante-mor do mar das Índias. Vasco da Gama volta a realizar a viagem à Índia em 1502 e em 1524, esta última já com o título de Vice-rei.

Vicente Gil

Pintor de D. João II e que sabemos activo em Coimbra entre os anos de 1498 e 1525, pai de Manuel Vicente.

ALMEIDA, Carlos Alberto F. de, *Alto Minho*, Lisboa, 1987.

ALPUIM, Maria Augusta de, e VASCONCELOS, Maria Emília, *Casas de Viana Antiga*, Viana do Castelo, 1983.

ALPUIM, Maria Augusta de, *A Sé Catedral de Viana do Castelo*, Viana do Castelo, 1984.

ALVAREZ VILLAR, Julián, "Ecos hispánicos del manuelino", *As Relações Artísticas entre Portugal e Espanha na Época dos Descobrimentos*, Coimbra, 1987.

ALVES, Alexandre, "Artistas espanhóis na cidade de Viseu nos séculos XVI e XVII", *As Relações Artísticas entre Portugal e Espanha na Época dos Descobrimentos*, Coimbra, 1987.

ALVES, Ana Maria, *Iconografia do Poder Real no Período Manuelino*, Lisboa, 1985.

ALVES, Lourenço, "Do gótico ao manuelino no Alto Minho, Monumentos religiosos", *Caminiana*, Caminha, 1984.

ALVES, Lourenço, "Do gótico ao manuelino no Alto Minho, Monumentos religiosos", *Caminiana*, Caminha, 1986.

ARAGÃO, António, *Para a História do Funchal*, Funchal, 1979.

ATHAÍDE, Luís Bernardo Leite d', "Património de arte em S. Miguel", *Insulana*, Ponta Delgada, 1953.

ATHAÍDE, Luís Bernardo Leite d', *Etnografia, Arte e Vida Antiga nos Açores*, Coimbra, 1974.

AVERINI, Ricardo, "Storia dell'arte portoghese", *Estudos Italianos em Portugal*, Lisboa, 1970.

AZEVEDO, Carlos de, *Solares Portugueses*, Lisboa, 1969.

BARREIROS, Manuel de Aguiar, *A Egreja de Villar de Frades no Concelho de Barcelos*, Porto, 1919.

BARREIROS, Manuel de Aguiar, *A Capella dos Coimbras*, Porto, 1922.

BARREIROS, Manuel de Aguiar, *A Capella de Nossa Senhora da Conceição (Braga)*, Porto, 1923.

BORGES, Nelson Correia, "Artistas e artífices espanhóis em Portugal durante o barroco e o rococó", *Relaciones Artísticas entre Portugal y España*, Salamanca, 1986.

CARITA, Rui, *Introdução à Arquitectura Militar na Madeira. A fortaleza palácio de S. Lourenço*, Funchal, 1981.

CASTILHO, Júlio de, *Lisboa Antiga*, Lisboa, 1935-1966.

CASTILHO, Júlio de, *A Ribeira de Lisboa*, Lisboa, 1941.

CORREIA, José Eduardo Horta, *A Arquitectura Religiosa do Algarve de 1520 a 1600*, Lisboa, 1987.

CORREIA, Vergílio, *As Obras de Santa Maria de Belém*, Lisboa, 1922.

CORREIA, Vergílio, *Mosteiro da Batalha*, Porto, 1928.

CORREIA, Vergílio, "A Arte no Séc. XVI", *História de Portugal*, vol. V, Barcelos, 1933.

CORTEZ, Fernando Russel, "Artistas portugueses que trabalharam na Galiza nos séculos XVI e XVII", *As Relações Artísticas entre Portugal e Espanha na Época dos Descobrimentos*, Coimbra, 1987.

DIAS, Pedro, *A arquitectura de Coimbra na Transição do Gótico para a Renascença, 1490-1540*, Coimbra, 1982.

DIAS, Pedro, "O Manuelino", *História da Arte em Portugal*, vol. V, Lisboa, 1986.

ESPANCA, Túlio, *Inventário Artístico de Portugal – Concelho de Évora*, Lisboa, 1966.

ESPANCA, Túlio, *Inventário Artístico de Portugal – Distrito de Évora*, Lisboa, 1966-1978.

ESPANCA, Túlio, *Inventário Artístico de Portugal – Distrito de Évora, Concelho de Arraiolos, Estremoz, Montemor-o-Novo, Moura e Vendas Novas*, Lisboa, 1975.

FERREIRA, Manuel Juvenal Pita, *A Sé do Funchal,* Funchal, 1963.

FREITAS, Eugénio de Andrea da Cunha e, "Os mestres biscainhos na Matriz de Vila do Conde, João Rianho, Sancho Garcia, Rui Garcia, e João de Castilho", *Anais da Academia Portuguesa da História,* Lisboa, 1951.

FREITAS, Eugénio de Andrea da Cunha e, "Igreja de Nossa Senhora da Oliveira. Notícia histórica", *Boletim da Direcção-Geral dos Edifícios e Monumentos Nacionais,* nº 128, Lisboa, 1981.

GONÇALVES, António Augusto, *Estatuária Lapidar no Museu Machado de Castro,* Coimbra, 1923.

GONÇALVES, António Nogueira, *Inventário Artístico de Portugal – A cidade de Coimbra,* Lisboa, 1947.

GONÇALVES, António Nogueira, *Inventário Artístico de Portugal – Distrito de Aveiro, Zona Sul,* Lisboa, 1959.

GONÇALVES, António Nogueira, *Estudos de História da Arte da Renascença,* Coimbra, 1979.

GONÇALVES, António Nogueira, «Lamego. Sé Catedral», *Guia de Portugal,* vol. V, tomo II, Lisboa, s/data.

GOULÃO, Maria José, "Alguns problemas ligados ao emprego de azulejos mudéjares em Portugal nos séculos XV e XVI", *As Relações Artísticas entre Portugal e Espanha na Época dos Descobrimentos,* Coimbra, 1987.

GUERRA, Luís Figueiredo da, *Viana e Caminha,* Porto, 1929.

HAUPT, Albrecht, *A Arquitectura da Renascença em Portugal,* Lisboa, 1924.

HOOYKAAS, R., *Os Descobrimentos e o Humanismo,* Lisboa, 1983.

IRIA, Alberto, *O Algarve e os Descobrimentos,* Lisboa, 1956.

JÚDICE, Pedro Mascarenhas, *A Sé e o Castelo de Silves,* Gaia, 1934.

KARLINGER, Hans, *Arte gótica,* Madrid, 1932.

KEIL, Luís, *Inventário Artístico de Portugal – Distrito de Portalegre,* Lisboa, 1943.

LIMA, Batista de, "A Igreja de S. Sebastião da Terceira", *XVI Congrès International d'Histoire de L'Art,* Lisboa, 1949.

MANIQUE, Luís de Pina, *A Arquitectura Manuelina de Alvito,* Lisboa, 1949.

"Matriz da Batalha", *Boletim da Direcção-Geral dos Edifícios e Monumentos Nacionais,* nº 13, Lisboa, 1938.

MOREIRA, Rafael, "Arquitectura militar do Renascimento em Portugal", *A Introdução da Arte da Renascença na Península Ibérica,* Coimbra, 1980.

MOREIRA, Rafael, "Arquitectura", *Catálogo da XVII Exposição de Arte, Ciência e Cultura do Conselho da Europa, Museu de Arte Antiga I,* Lisboa, 1983.

MOREIRA, Rafael, *Jerónimos,* Lisboa, 1987.

PEREIRA, Gabriel, *Estudos Eborenses. O Mosteiro de Nossa Senhora do Espinheiro,* 2ª edição, vol. I, Évora, 1947.

RIBEIRO, Bartolomeu, *Convento de Santo António do Varatojo,* Braga, 1956.

SANTOS, Reinaldo dos, *A Torre de Belém, Estudo Histórico e Arqueológico,* Lisboa, 1922.

SANTOS, Reinaldo dos, *A Torre de Belém,* Coimbra, 1922.

SANTOS, Reinaldo dos, "Madre de Deus", *Guia de Portugal,* vol. I, Lisboa, 1924.

SANTOS, Reinaldo dos, *O Estilo Manuelino,* Lisboa, 1952.

SANTOS, Reinaldo dos, "O Portal da Igreja Matriz de Vila do Conde", *Vila do Conde,* nº 3, Vila do Conde, 1961.

SANTOS, Reinaldo dos, *Oito Séculos de Arte Portuguesa,* Lisboa, s/data.

SEGURADO, Jorge, *A Igreja de S. João de Moura*, Lisboa 1929.

SEGURADO, Jorge, "Da génese da Igreja de S. João de Moura", *Belas Artes*, Lisboa, 1975.

SEQUEIRA, Gustavo de Matos, *Inventário Artístico de Portugal – Distrito de Leiria*, Lisboa, 1955.

SOARES, Joaquim, e SILVA, Carlos Tavares da, *Património Construído de Setúbal, Época dos Descobrimentos*, Setúbal, 1983.

SOUSA, A. D. de Castro e, *Memória Histórica sobre a Origem da Fundação do Real Mosteiro de N. S. da Pena, situado na Serra de Sintra*, Lisboa, 1945.

SOUSA, J. de, *A Torre de Belém, Castelo de Sam Vicente a par de Belém*, Lisboa, 1959.

SOUSA, Nestor de, *A Arquitectura Religiosa de Ponta Delgada nos Séculos XVI a XVIII*, Ponta Delgada, 1986.

TAROUCA, Carlos da Silva e CHICÓ, Mário Tavares, "Igreja dos Lóios de Évora", *A Cidade de Évora*, Évora, 1945.

TEIXEIRA, Garcez, "A casa do capítulo incompleta do Convento de Cristo", *Lusitânia*, vol. III, Lisboa, 1925.

VALADARES, Álvaro de, "História das igrejas do Algarve", *O Algarve*, Faro, 1958.

VALADARES, Álvaro de, "A Arte no Algarve", *O Algarve*, Faro, 1958-1959.

VASCONCELOS, Joaquim de, *Da Arquitectura Manuelina*, Coimbra, 1885.

AUTORES

Pedro Dias

Nasceu em Coimbra em 1950 e é Professor Catedrático de História de Arte da Universidade dessa cidade. Desenvolveu trabalhos de investigação em Espanha, Itália, Holanda, Alemanha, França, Brasil e Índia, como bolseiro do Instituto Nacional de Investigação Científica, da Fundação Calouste Gulbenkian ou com o patrocínio da UNESCO e da União Europeia. Desempenhou os cargos de Director do Instituto de História da Arte da Universidade de Coimbra, de Director do Museu Nacional Machado de Castro, de Delegado da Secretaria de Estado da Cultura para a Zona Centro, de Vogal do Conselho Editorial da Imprensa Nacional-Casa da Moeda, de Vogal do Conselho Consultivo do Instituto Português do Património Arquitectónico e Arqueológico, e de Vogal do Conselho Científico da Comissão Nacional para as Comemorações dos Descobrimentos Portugueses. É Vogal da Academia Nacional de Belas Artes, da Real Academia de Bellas Artes de San Fernando de Madrid, da Real Academia de Bellas Artes de la Purísima Concepción de Valladolid, e do Comité Internacional de História de Arte, a cuja Secção Portuguesa preside.
Esteve ligado à organização de importantes exposições, tendo sido Comissário Científico de algumas, como *O Tempo das Feitorias*, em 1991, no Museu Real de Antuérpia; *A Arte da Época dos Descobrimentos*, no Museu Nacional de Arte Antiga de Lisboa, em 1992; *Álvaro Pires de Évora, um pintor Português no Quattrocento Italiano*, em Lisboa, na Torre do Tombo, em 1994; *O Rosto do Infante*, em Tomar e Viseu, também em 1994; *Reflexos: Símbolos e Imagens do Cristianismo na Porcelana Chinesa*, no Museu de São Roque, em Lisboa, em 1997; e *O Brilho do Norte. Escultura e Escultores do Norte da Europa em Portugal. Época Manuelina*, em Lisboa, no Palácio da Ajuda, em 1997. Em 1983, foi condecorado com a Medalha de Mérito de Belas-Artes – Classe de Ouro. Três dos seus livros receberam o Prémio José de Figueiredo da Academia Nacional de Belas Artes: *A Arquitectura de Coimbra na Transição do Gótico para a Renascença*, em 1982; *Nicolau Chanterene escultor da Renascença*, em 1987; e *A Arquitectura Gótica Portuguesa*, em 1994. Foi também um dos autores do livro *Flandre et Portugal*, que em 1991 recebeu o prémio belga Duque d'Arenberg. Das suas últimas publicações destacam-se: *Os Portais Manuelinos do Mosteiro dos Jerónimos*, Coimbra, 1993; *A Viagem das Formas*, Lisboa, 1995; *A Escultura Maneirista Portuguesa; Subsídios para uma Síntese*, Coimbra, 1995; *O Fydias Peregrino; Nicolau Chanterene e a Escultura Europeia do Renascimento*, Coimbra, 1996; *História de Arte Portuguesa no Mundo (1415-1822). O Espaço do Índico*, Lisboa, 1998; *História da Arte Portuguesa no Mundo (1415-1822). O Espaço Atlântico*, Lisboa, 1999; *Arquitectura dos Portugueses em Marrocos, 1415 a 1769*, Coimbra, 2000.

Dalila Rodrigues

Nasceu em Granja de Penedono em 1960. É doutorada em História de Arte pela Universidade de Coimbra. É Directora do Museu Grão Vasco e Professora do Instituto Superior Politécnico de Viseu. Investigadora especializada em História da Pintura Portuguesa, tem participado em diversos projectos de investigação e desenvolvido colaborações com várias instituições nacionais, designadamente com o Instituto Português de Museus, com o Instituto Português do Património Arquitectónico e com o Serviço de Apoio à Leitura da Fundação Calouste Gulbenkian. Desenvolveu trabalhos de investigação nos E.U.A., com o apoio da Fundação Luso-Americana, e na Índia, com o apoio da Comissão Nacional para a Comemoração dos Descobrimentos Portugueses (CNCDP).
Comissariou a exposição *Grão Vasco e a Pintura Europeia do Renascimento* (CNCDP, Palácio Nacional da Ajuda 1992); e o núcleo Mestres de Ferreirim, da 3ª Bienal de Arte (Fundação Cupertino de Miranda, Museu de Lamego, 2001).

Foi bolseira do Serviço de Belas-Artes da Fundação Calouste Gulbenkian e do PRODEP e tem participado em diversos encontros científicos em Portugal e no estrangeiro.
É autora de várias publicações, artigos, ensaios e comunicações.

Fernando Jorge Artur Grilo

Nasceu em Lisboa em 1962. É doutorado em História de Arte pela Universidade de Lisboa.
É docente da Faculdade de Letras de Lisboa na área da História da Arte do Renascimento, Maneirismo e Barroco, área onde tem publicados vários trabalhos.
Tem participado em diversos projectos de investigação, designadamente com o Instituto de História de Arte da Faculdade de Letras da Universidade de Lisboa, nos projectos *Medusa – Pedreiras do Mosteiro da Batalha. História da lavra das pedreiras na construção e no restauro do monumento,* e *A Arte do repovoamento em território português. Os testemunhos da actividade cristã no Ocidente peninsular entre os séculos IX e XI.* Foi bolseiro da Fundação Calouste Gulbenkian, tendo trabalhado em arquivos espanhois, franceses e italianos.
Foi Vice-Comissário científico da exposição *O Brilho do Norte. Escultura e Escultores do Norte da Europa em Portugal. Época Manuelina,* realizada no Palácio Nacional da Ajuda, 1998. Tem participado em diversos encontros cientificos.
É autor de diversas publicações e artigos, designadamente "O Gosto do Olhar. A colecção de pintura do Banco Mello", "Andrea Sansovino em Portugal no Tempo de D. Manuel" e "Nicolau Chanterene. Um escultor do Renascimento em Évora".

Nuno Vassallo e Silva

Nasceu em Lisboa em 1961 e é licenciado em História, na variante de História de Arte pela Faculdade de Letras de Lisboa. É Director-Adjunto do Museu Calouste Gulbenkian, cargo que ocupa desde 1999. Actualmente, prepara a sua dissertação de Doutoramento sobre "*Ourivesaria e Objectos Preciosos Indianos para Portugal*", para a qual obteve uma bolsa da Fundação Oriente. As suas áreas de especialização são a História das Artes Decorativas em Portugal (Joalharia e Ourivesaria), a produção de objectos preciosos na Índia Portuguesa e a história do colecionismo. Desenvolveu colaborações com várias instituições culturais como o Museu Nacional de Arte Antiga, o Instituto Português do Património Arquitectónico, a Galeria de Pintura do rei D. Luís, o Palácio Nacional da Ajuda. Foi conservador do Museu de S. Roque/ Santa Casa da Misericórdia de Lisboa.
Comissariou diversas exposições, nomeadamente: *No caminho do Japão* (1993), *Tesouros Artísticos da Misericórdia do Porto* (1995), *O Púlpito e a Imagem* (1996), *A Herança de Rauluchantim* (1996), *Esplendor e Devoção: Relicários de S. Roque* (1998), *Arte do Retrato: Quotidiano e Circunstância* (1999) e *Exotica: Portugals Entdeckungen in Spiegel fürstlicher Kunts – und Wunderkammern der Renaissance* (2000), numa parceria com Helmut Trnek.
É autor de diversas obras, das quais se referem a *Joalharia Portuguesa/ Portuguese Jewellery* (1996) e a *Colecção de Ourivesaria do Museu Alberto Sampaio* (1998), bem como de vários artigos, ensaios e comunicações que realizou em Portugal e no estrangeiro.

www.ingramcontent.com/pod-product-compliance
Lightning Source LLC
LaVergne TN
LVHW010851110826
845149LV00005B/1387

* 9 7 8 3 9 0 2 7 8 2 4 4 1 *